異端の試み

日本経済史研究を読み解く

武田晴人

日本経済評論社

はしがき

「異端の試み」というタイトルのもとに展開するこの講義録は、日本経済史・経営史の古典的な研究の研究史上での意義を明らかにするために、著者が東京大学大学院経済学研究科で行った講義を基礎に、その速記録として個人のHPに掲載されていたものです。その最初の講義は一九九六年に行われましたが、その時には、研究史の整理を意図した小さな本の企画を前提にして、そこで取り上げようと考えていた書物を中心に計画されていました。その後、出版計画が棚上げにされたまま、類似の講義が何度か行われてカバーする研究の範囲もかなり広くなっていますが、そのうちの主要なものについて、改めて加筆修正を施して、ジャパン・デジタルアーカイブス（J－DAC）の「研究者の広場」にコラムとして二〇一五年から掲載されていました。当初は、戦間期編を主としたものでしたが、新たに二〇〇九年四月からの大学院講義の録音記録をもとに近代編も加えられ、それらをおおむね時代順に再編集したものです。また、番外編には私の研究経歴などについての発言録を収録しています。重複する部分をできるだけ整理するなどの作業などを加えていますが、それぞれ独立した講義なので、その流れを残すようにしたところもありますから、繰り返されている部分については著者の思い入れが強い部分とお許しください。また、原稿の段階で読み、いろいろとアドバイスをしてくださった渡邉恵一さんほかの皆さん、講義に参加した当時の大学院生たち、そして、講義録の最初のバージョンのテープ起こしをしてくださった渡辺純子さん、たくさんの方の協力がこの講義録に詰め込まれています。協力してくださった一人一人の顔を思い起こしながら、心からありがとうと申し上げます。

このタイトルが意味しているのは、どのような通説も、その発表当時は、異端者のささやかな試みから始まり、その当時の通説への異議申し立てであったこと、したがって、研究の発展自体が、このような異端の試みの積み重ねとして実現されていることを表現しています。みなさんにも是非、そうした異端者の心意気や意図をくみ取って、そのあとを追っていただくことを期待しています。

自らの設定した研究課題にそって論文を書く作業に集中していると、研究史の大きな流れを見失うことがあります。また、直近の研究に向き合っているだけだと、それらの研究が乗り越えようとしていたそれ以前の研究に気がつかず、批判されていた内容と同じような方向に振り子を戻してしまうような落とし穴に陥ることもあります。そんなことに気付くことができるのは、研究史の代表的な著作を読み、そこでそれぞれの研究がどんな問題と格闘していたのかを学ぶことではないかと私は考えています。読者の皆さんが、この本を手掛かりにして、取り上げられている数々の著作を自らひもといていただくことを期待しています。

武田晴人

目次

はしがき　iii

近代編

第1章　幕末開港と資本主義への移行
——芝原拓自『日本近代化の世界史的位置』と石井寛治『近代日本とイギリス資本』——　……3
1　幕末開港の経済史的位置づけ　3
2　政治・外交史的なアプローチ——外圧の差　9
3　芝原説の概要　12
4　石井寛治さんの「商人的対応」　14
【質疑】　18

第2章　自由民権運動の歴史的な位置
——大石嘉一郎『日本地方財行政史序説』——　……22
1　福島という研究の出発点　22
2　デモクラシーの起源を問う　23
3　大石さんの民権運動期の捉え方　25
4　長期の明治維新　26
5　大石嘉一郎「農民層分解の論理と形態」について　28

6 自由民権運動の歴史的評価 32
【質疑】 36

第3章 地租改正とその背景 ……… 42
——丹羽邦男『明治維新の土地変革』——

1 領有権の解体と土地所有 42
2 大石説と丹羽さんの地租改正論 46
3 地租の性格について 49
4 地租改正の意義 51
5 所有権の概念について 52
【質疑】 55

第4章 産業革命研究の到達点 ……… 59
——大石嘉一郎編『日本産業革命の研究』——

1 大石嘉一郎さんの産業革命研究 59
2 産業革命期研究への関心 60
3 大石説の特徴と宇野理論 62
4 二部門定置説を再評価する 62
5 再生産論の具体化という方法 65
6 産業構造から経済構造へ、そして階級構造の分析 68
7 綿業中軸説の基礎としての宇野理論 70
8 論争の現段階 73
【質疑】 76

第5章 紡績業と日本資本主義の確立 ……… 89
——高村直助『日本紡績業史序説』——

1 方法的特徴 89
2 本書の概要 91
3 再び方法的特徴について 94
4 実証的な貢献 96

5　独占体制の成立について　98
【質疑】　100

第6章　製糸業と重層的階級構造――石井寛治『日本蚕糸業史分析』――……106
1　資本主義史としての課題設定　106
2　分析視角の特質――新しい論点　108
3　製糸家における二類型と売込問屋支配体制　111
4　女工の問題　113
5　養蚕農家との関係　114
6　重層的階級構造の構図　116
7　石井説の意義　117
【質疑】　120

第7章　賃労働史研究の問題提起――隅谷三喜男『日本賃労働史論』――……124
1　労働問題への関心　124
2　出稼ぎ型賃労働論　126
3　隅谷さんの大河内批判　127
4　都市雑業層論　130
5　賃労働の理論　133
6　労働者の組織化と労働運動　134
【質疑】　136

第8章　産業革命像再構築の試み――鈴木淳『明治の機械工業』――……139
1　機械工業史研究の問題関心　139
2　『明治の機械工業』の要点　141
3　機械工業の全体像の提示と産業革命研究への貢献　145

4 二部門定置説との関係 147
【質疑】 152

第9章 歴史制度分析と経済発展論 ………………………………… 158
——岡崎哲二著『日本の工業化と鉄鋼産業』——
1 比較制度分析という分析視角の導入 158
2 経済発展論的な観点の借用 161
3 資本市場の役割への注目 163
4 鉄鋼カルテル分析 165
5 製鉄合同問題 167
6 残されている課題 169
【質疑】 171

第10章 在来的経済発展論について ………………………………… 178
——谷本雅之『日本における在来的産業発展と織物業』——
1 織物業史の現在と在来的経済発展論の分析視角 178
2 幕末明治前半期の再編成 180
3 明治後半期の問屋制家内工業の形成 181
4 谷本説の特徴点 183
5 在来的経済発展とは何か 185
【質疑】 188

第11章 経済成長の長期的把握 ………………………………… 196
——中村隆英『戦前期日本経済成長の分析』——
1 研究史的背景 196
2 中村説の新しさ 198
3 国内市場狭隘論批判 199
4 第一次大戦後の不均衡成長 203

【質疑】 209

第12章　経済発展と産業資金 ……… 211
——寺西重郎『日本の経済発展と金融』——
1　寺西説の特徴点と設定された課題　211
2　資金供給・資金仲介としての金融の役割　213
3　金融仲介機能の転換点はいつか　215
4　預金銀行化という考え方　216
5　銀行制度の形成と金融市場の統一性　218
6　産業間資金移動について　219
7　銀行集中と貿易金融　222
【質疑】 223

戦間期編

第13章　帝国主義の経済構造について ……… 229
1　帝国主義史への関心　229
2　背景としてのファシズム論・国家論　230
3　帝国主義段階研究前史　233
4　帝国主義侵略と経済的内実　236
5　綿業帝国主義論　238
6　β型帝国主義論とその批判　240
7　帝国主義経済構造と労使関係　245
【質疑】 251

第14章　財閥をめぐる研究 ……… 258
——柴垣和夫『日本金融資本分析』——
1　財閥研究前史　258
2　柴垣説における金融資本概念と自己金

融　260
3　柴垣説への批判の展開　264
4　経営史研究と財閥論　267
【質疑】　269

第15章　資本市場と金融市場の発展
——志村嘉一『日本資本市場分析』——……278
1　資本市場史研究の開拓的業績　278
2　『日本資本市場分析』の問題意識　281
3　全体の構成　283
4　時期区分と社債市場　286
5　株式所有構造の検討　288
【質疑】　291

第16章　戦間期日本の対外金融
——伊藤正直『日本の対外金融と金融政策』——……297
1　遅れていた対外金融研究　297
2　第一次大戦期　298
3　一九二〇年代　301
4　昭和恐慌から一九三〇年代　303
5　成果と残された課題　304
【質疑】　307

第17章　労働問題と労資関係研究
——兵藤釗『日本における労資関係の展開』——……314
1　労働問題研究の展開　314
2　熟練の問題　317
3　労使関係の分析へ　319
【質疑】　323

第18章 第一次大戦前後の労資関係——二村一夫「労働者階級の状態と労働運動」を手掛かりに——……330
1 労働運動史研究 330
2 二村論文の論点 332
3 第一次大戦期の労働力市場 334
4 実質賃銀は上昇したのか？ 336
【質疑】 338

第19章 農業問題と地主制——暉峻衆三『日本農業問題の展開』——……349
1 農業史研究の分析視角 349
2 地主制と経済社会構成体（ウクラード論） 352
3 暉峻説の特徴点 357
4 暉峻説の問題点 362
【質疑】 364

第20章 国家独占資本主義と経済政策史研究——三和良一『戦間期日本の経済政策史的研究』——……368
1 基本的視点 368
2 第一次世界大戦後の日本 370
3 金解禁政策から経済政策体系の把握へ 372
4 国家独占資本主義への移行の二つの契機 374
5 経済政策体系の構図 375
6 国家独占資本主義論とは何だったか 377
7 資本主義の新しい段階 378
8 三和説の新しさ 380
9 現代資本主義論へ 382
【質疑】 384

第21章　大恐慌論と内部循環的蓄積……394
——橋本寿朗『大恐慌期の日本資本主義』——
1　戦間期研究への転換　394
2　国家独占資本主義論から現代資本主義論へ　395
3　日本資本主義の「強靭性」論と方法的特徴　397
4　大恐慌の取り扱い方　400
5　農業恐慌の位置づけ　400
6　国際経済論からの問題提起　402
7　高橋財政の評価　404
【質疑】　407

第22章　戦時経済をどう捉えるか……418
——原朗『日本の戦時経済研究』——
1　基盤となっている資料の発掘と収集　418
2　原朗さんの戦時経済論の特徴点　420
3　戦時の断絶と連続　423
4　戦時経済分析の特質　425
5　変化の不可逆性　429
6　時期区分の問題　430
7　その後の戦時経済研究　432
【質疑】　435

産業史の方法

第23章　産業史分析の方法……441
1　産業史研究のはじまり　441
2　隅谷三喜男さんの石炭産業分析　442
3　高村直助さんの紡績産業分析　447
4　石井寛治さんの蚕糸業分析　450

5　山崎広明さんの化繊産業史　453
6　どのように継承するのか　455
7　コストへの注目　458
【質疑】　463

第24章　国際的視点とコスト分析
――山崎広明「日本綿業構造論」を手掛かりに――……466
1　日本綿業への国際的関心　466
2　日本綿工業の国際競争力を評価する　468
3　コスト分析の意義　469
4　戦間期産業研究の進展　472
5　綿業生産費分析について　474
6　産業企業のコストを探る　476
【質疑】　478

第25章　『日本産銅業史』の作られ方……480
1　最初の構想　480
2　修士論文のころ　483
3　産銅業史の構想と執筆　490
4　主な論点　491
【質疑】　502

番外編

第26章　『日本産銅業史』の先に見えてきたもの
――私的研究史の方法的な回顧――……509
1　はじめに　509
2　研究の出発点としての産銅業史研究　510

3　方法的視点としての「コスト分析」　512
4　独占研究への展開　513
5　国民統合にかかわる「調停法体制」論　515
6　一国資本主義論的アプローチの限界　517
7　独占停滞論からの脱却と現代資本主義（国家独占資本主義）論　518
8　組織化という捉え方　521
9　産業から企業へ　522
10　「市場か、組織か」から「市場も、組織も」へ　523
11　市場の発展とその限界　525
【質疑】　528

第27章　夢をそだてる――退職記念報告――……531
1　はじめに　531
2　産業史という拠点　532
3　「一九二〇年代史研究の方法に関する覚書」について　534
4　『帝国主義と民本主義』における視角　537
5　成長の経済史への関心の傾斜　539
6　市場と企業にかかわる問題関心　541
7　経済発展の評価基準としての「安定化」　544
8　岩波新書『高度成長』の視点　546
9　資本主義の段階的変化と現状認識　548
10　鈍行に乗る勇気　553

索引　564

近代編

【近代編1】

第1章　幕末開港と資本主義への移行
――芝原拓自『日本近代化の世界史的位置』と石井寛治『近代日本とイギリス資本』――

テキスト　芝原拓自著『日本近代化の世界史的位置――その方法論的研究』岩波書店、一九八一
石井寛治著『近代日本とイギリス資本――ジャーディン＝マセソン商会を中心に』東京大学出版会、一九八四

1　幕末開港の経済史的位置づけ

ここでとりあげるのは、日本経済史の研究において初期から続いている論争点の一つで未だに明確な結論が出ていないものです。このような論争のあり方は、もともと課題設定についての方法的な準備が不十分である場合に生じやすいようです。この論争にもそうした面があって、資本主義的な発展段階についての、やや図式的な理解がベースにあって論争がはじまったことに不幸な生い立ちがあります。

このような時代を画する論争は現在ではほとんどみられなくなっていますが、しかし、日本近代史を考えるうえで極めて重要な論点が含まれていることに加えて、さまざまな方法が試みられたことからも面白い論争だと思います。

起点になっているのは服部之総さんの「厳密な意味でのマニュファクチュア段階」に幕末開港前の日本は到達していたのではないか、という問題提起です（「維新史方法上の諸問題」『歴史科学』一九三三年四・七月号）。これは通説への挑戦です。日本の資本主義化について、講座派も労農派も共通して、幕末維新を契機にした「上からの資本主義化」

と捉えていました。つまり、開港を強制されたことを契機に成立した明治維新政府が、政府主導で工業化を進めたことにより資本主義経済への移行が実現したと考えられていました。この「上からの」という捉え方は現在でも有力な説明だと思います。

これに対して服部さんは、日本が資本主義社会に移行できた理由として「外圧」を重要な契機としたことは認めつつも、それ以上に重要なこととして、自律的な経済発展がある程度進んでいたという基礎的な条件にあるとの仮説を提示したのです。服部さんの問題提起は、内生的な条件の成熟がなくても、外生的なショックに対する政策的な対応によって経済発展が可能であると考えてよいのかという疑問を出発点にしています。発想はマルクス主義の経済決定論的なもので、経済過程が基底的な意味を持つのだとすれば、明治維新といえども経済的な要因から説明できるのではないかという、歴史のトータルな理解にかかわる論争点を提起しています。ですから、服部さんの問題提起は当時の資本主義史論のシェーマに忠実な考え方の土俵上で議論しているといってよいものです。そしてその内容から、資本主義論争の中では、日本の資本主義化が黒船による開港を契機とする移植産業主導のもとで実現したと理解している講座派などの主流派の明治維新理解に対する批判として受け止められることになります。

服部さんは、このような疑問をさらに展開して、外圧によって資本主義化へと進む可能性が開かれるのはどのような内生的な条件の成熟が必要条件となるのか、つまりどのくらいの経済発展の成熟段階・水準に達していたのかを論じるべきだと考えました。このような考えに沿って、仮説として日本は幕末開港までに「厳密な意味でのマニュファクチュア段階」に達していたのではないかと提起したのです。この段階的な捉え方は、マルクスが提示した発展段階論（経済社会構成体の段階的な変化）を後進国日本にも適用して捉えるという考え方になりますから、それ自体、そのまま図式的に適用して議論できるのかも判断が分かれるかもしれません。しかし、開港までの日本国内の経済発展、内生的な条件の成熟に目を向ける重要な契機になったことは確かです。

この問題提起の背景にはもう一つ重要な要素があります。それは比較という観点です。服部さんは「日本ではなぜ資本主義化が成功したのか」を問いかけることを通して、中国（清）との違いを問題にしていたからです。つまり、欧米諸国の東アジアへの進出に伴って開国を迫られた清と日本は、なぜ一方が半植民地化し、他方が資本主義化に成功し植民地を支配する帝国へと転化し得たのか、この岐路はどのような条件によって生じたのかを問題にしていました。開港当時の世界の認識では清国はかなり発展した強国とみられていました。それに比べれば日本は極東の小国でしたから、日本の経済発展が清国より進展していたとは考えにくかったのですが、資本主義化を達成したのは日本ですから、逆転の理由が問われたわけです。服部さんはマルクス主義を信奉する歴史学者として自然な発想で経済発展の内実が日本の方が成熟していたと考えたらどうかと述べたわけです。こうして幕末開港をめぐる論争は、単に西欧基準の経済発展の程度を測るだけでなく、中国との比較史的視点での論点を内包する重要な論争になったのです。

服部さんの問題提起をうけて、日本国内では地方レベルでマニュファクチュア段階を実証できるような産業発展、経営発展を見いだせるのではないかという動機での研究が活発に行われます。この研究には大塚久雄さんの「局地的市場圏論」という理論的な枠組みが援用されながら進みます。大塚さんの理論的な説明の魅力も加わって、多くの研究者を引きつけ、近畿地方など生産力が比較的高いと考えられた地域の織物生産などについて、自生的な発展がどのように見出されるのかという問いに対する実証研究に膨大なエネルギーが注入されました。

結果的に、これらの研究は日本の地域史研究に実証的な面で大きな成果を残すことになります。しかし、服部さんが想定したような「厳密な意味でのマニュファクチュア段階」と主張できるような根拠を見いだすことはできませんでした。後に、服部さん自身がこの問題提起を実質的に取り下げることになりますが、この論争は、そもそもマニュファクチュアとは何か、厳密な意味でのマニュファクチュア段階とは何かということが明確にされないままに、大規模作業場の発見という実証に進んでいったことに問題があったようです。本来の意味でのマニュファクチュア段階であるかどうかを議論するのであれば、その時代の産業発展を主導する産業分野でマニュが重要な位置を占めるようになったかどうかが焦点だったのですが、単純なマニュ探しになってしまった印象があります。

マニュファクチュアとよばれる集中作業場（工場制）の手工業生産は、問屋制家内工業からマニュファクチュア、そして機械制工場生産という経営形態の段階的な発展を論じた枠組みに沿って設定されているものです。その中でマニュは、産業革命を主導する機械制大工業の成立に先行し、資本主義経済への移行期に展開するものと理解されていました。その特徴は、技術的にみると機械制大工業の形態を可能にする条件を備えていないという意味では未熟であっても、資本と賃労働への分離が進行している集中作業場である限りで、資本家的な経営の本格的な成立の前史をなす、その萌芽的な形態を示すものと考えられていました。服部さんは、その萌芽的な形態にまで日本の国内経済発展が進展していたから、開港を契機に技術的制約が解除されれば資本主義的な生産が急拡大できたと想定したのです。

しかし、そのためには問屋制家内工業ではなく、工場制を採用するような技術的な条件が何であるか、それはどのように満たされるのか、あるいは必要な雇用労働力が供給可能な社会的条件があったのかなど考えておくべき論点があったはずです。内生的な条件が成熟しているというのは、このような条件が満たされて、続々とマニュが発生しうるレベルに経済社会が成熟していることを明らかにすることが課題でした。ところがマニュ探しをするというのは、偶然的な条件であってもそのような大規模作業場という形態が発生したケースも拾うことになりますから、一体どのくらいの数だけ見つかれば段階としてのマニュ段階に達しているのかは明快ではありません。はっきりとした基準は理論的に設定されなければなりませんが、その準備が整っていませんでした。だから論争の決着がつきにくいのです。そもそもマニュが発生する経済段階とは何かがあらかじめ議論されていなければならなかったと思います。

理論的にこれについては、堀江英一さんが幕末維新期の日本の経済発展はマニュ段階以前の「小営業段階」と捉えるべきだという議論を提出し（「資本主義経済の発展段階」『経済論叢』八一巻四号、一九五八）、それに対して、大石嘉一郎さんの「農民層分解の論理と形態」（『商学論集』二六巻三号、一九五七）という論文が書かれるなどの検討が進みます。これには藤田五郎さんが提示した「豪農」という概念規定などが大きな影響を与えたといわれています（『封建社会の展開過程』有斐閣、一九五二）。これらの理論的な検討では、起点となる小経営が発展しうる条件として、①

技術進歩（生産力の水準の上昇）と、②雇用労働力の供給余力が必要であることが指摘されています。そして、そのような理論的な視点に基づいて、幕末維新期の日本はこれらの条件の成熟が不十分な、マニュ以前的な経済発展段階と考えられるようになりました。

それは、次のような理由からです。まず、雇用労働力の供給余力に限界があるために――つまり農民層分解が不十分で農村内にもそれほど潤沢な過剰労働力がない――家族労働力への依存を越えて経営規模を拡張しようとすると賃銀の負担によって収益の増加が見込めなくなり、経営拡大への意欲が生まれにくいということです。農業生産も手工業生産も労働節約的な技術の進歩がみられればこの限界は緩和できますが、技術的にもそのような条件はない。だから、労働供給の制約は改善されない。そういう発展段階であったのではないかというわけです。そうした条件の下では、小経営が獲得した剰余は家族労働を完全燃焼させる範囲内では規模拡大に利用される可能性もあるとはいえ、それを越えるのは難しい。そのために土地所有の拡大とその地主的な経営に、つまり資本家と賃労働者へと階層分解が進むのではなく、地主と小作へと農村社会が分裂していくような経済発展の段階と評価すべきだという説明です。この議論を受け入れれば内生的な条件の成熟は不十分だったとの評価に落ち着きます。藤田五郎さんが「豪農」という概念を用いて提示し、大石さんが理論的に検討を深めたのは、このように一面では資本家的な経営発展の萌芽的な特徴を帯びながらも、他面では客観的な条件が未熟であるために、経営規模の拡大が地主的土地所有の拡大に、それも経済外的な強制を伴うような高率の小作料収奪を行うという意味では半ば封建的な性格を認めざるを得ないような中途半端な存在にとどまる状態を捉えるものでした。なお大石説については第2章で詳しく説明します。

もちろん先ほどもいったように、実証的な面ではいろいろなことがわかるようになりました。農業生産力が高い近畿地方などでは、農村に手工業生産が展開しつつあり、飢饉などの影響もありますが、農民たちの間の経済格差がかなり拡大していました。本百姓体制は本来的には農民家族を養うに足る程度の耕地が比較的平等に割り当てられていることを原則とするはずですが、幕藩体制の半ば以降幕末期にかけて、農家の持ち高に大きな差が発生し、「無高」

とされる土地という生産手段を保有していない農村在住者も発生していました。また村内にはさまざまな職業に従事する人たちがいることもわかってきたのです。これらは農村内に社会的な分業が発生するとともに、階層分解によって賃労働者予備軍も発生していたことを示唆していました。その意味では、幕藩制社会を図式的に農業社会として停滞的に描くということが不適切であることは間違いありません。

しかし、こうした事実発見から直ちに幕藩体制期を市場経済的な仕組みで説明できるというのも言い過ぎだろうと思います。多様な職業の誕生も副業的なものにとどまっているものが多いようです。そもそも封建社会が非市場経済であったという図式化が間違っているのですが、市場経済的な関係を発見したから幕藩制社会を市場経済システムと捉え、近代以降との連続性を説明できるわけではないことも認められなければなりません。大塚さんの局地的市場圏論が資本主義への移行の議論として注目され、それが自給的な農村地域内での小商品生産の展開を起点とする市場経済関係の発展を強調していたために、あたかも封建社会は自給的な農業社会であるかのような理解になりやすかったことは事実でしょう。この大塚理論の影響が強すぎたためもあって、幕藩制社会が、あるいは封建社会が一般的に市場経済的な関係を不可欠の要素として組み込む社会であることに十分な注意が払われなかったのです。

もともと封建的な経済社会では貢租を受け取る領主は、現物であれ貨幣であれ、受け取った貢租を自らの消費生活や統治の費用、公的な投資費用に使うことになるわけですから、領主経済が成立するためにはカネが媒介になる経済関係が不可欠です。これを領主的商品経済といいますが、こうした関係が農村の自給的な経済関係と対になって経済社会の持続性が保たれています。だから、江戸時代の日本で三都を核にして遠隔地商業が展開していることは、封建社会の基本構造の一つの側面です。封建領主の周辺で発生する商品経済的な関係が農村の農民の生活との接点で貨幣経済的な関係、市場的な取引を徐々に拡大していくことは、そのような基本的な関係から派生的に生じる現象に過ぎません。それでも、経済社会の基本的な骨格は、農家という小経営――そこでは年貢の納入と日常の費えに必要な農業生産と手工業生産が複合的に営まれていると想定されていますが――が領主に収める貢租を、領主的な商品経済の起点とするものであることは間違いないと思います。その逆ではありませんから、領主的な商品経済の展開は、年貢の徴収の仕組みに依存しており、それが幕藩制社会の特徴なのです。この点は、近代の資本主義経済社会が、資本家的な企業経営によって行われる生産活動が基本的な特徴となっていることと対比すれば、明瞭なはずです。私は、そうした社会の基本的な仕組みの差異に注目して時代を区分することは重要なことだと思っています。

2　政治・外交史的なアプローチ――外圧の差

さて本題に戻りましょう。服部さんの問題提起は、以上の説明からもわかるように、その意図した説明を歴史的には実証できないまま行き詰まってしまいます。内生的な発展の成熟も説得的には示せませんでしたし、そのためもあって清国との差がどこにあったのかも示すことはできませんでした。

そうした事情もあって歴史学界の幕末開港に関する議論は、経済的な側面よりは政治的、外交的な側面からの説明が有力と考えられるようになりました。清国との差を明らかにすべきだという服部さんの指摘は、経済史研究だけでなく、歴史学界全体への問題提起になっていたからです。有力な説明の一つは、幕末開港期の「外圧」について、日本と清国とで差があったというものです。この点について、すでに遠山茂樹、井上清、石井孝、そして芝原拓自などの歴史研究者たちが論争していました。

遠山茂樹さんは「東アジアの歴史像の検討」（『歴史学研究』二八一号、一九六三）という論文で、①一八八〇年代以前には民族国家の創設と資本主義化の可能性が残されていた、②一八六四～八四年は極東の外圧が緩和されていた、③中国の同治中興・洋務運動と明治維新とは歴史的性格と方向において同一性のものであるとの仮説を提示していました。

芝原拓自さんは、この遠山説を批判するかたちで立論することになります（芝原さんの業績については、毛利敏彦さんの『史学雑誌』九一巻七号、一九八二年に掲載の書評を参考にしています）。芝原さんは、自らの課題設定の背景として、これまで説明してきた「服部之総の厳密な意味でのマニュファクチュア段階論」をとりあげるとともに、野呂栄太郎、羽仁五郎などの初期講座派ではその世界史的な問題関心から国際的契機の再検討が行われてきたと捉え、明治維新期の日本が「半植民地化の危機」に直面していたとの認識の重要性を強調しています。一方、遠山さんは、一九五一年に出版した『明治維新』では、「わが幕末社会が開国以前に、なお微弱であるが、自主的に絶対主義に転化する力を持ちえたことが、ほぼ同じ欧米資本主義の圧力下にも、中国と異なる運命を切り開き得た所以である」という問題提起を行って服部説を継承する立場を明らかにしていました。この時の遠山さんは、日本では微弱ではあっても内生的な条件の成熟が進んでいたことから、民衆的な抵抗が強かったと考えています。ただし、この場合の内生的な条件が経済的な基盤として実証的に裏付けられていたわけではありません。遠山説は、政治史的な視点から幕末維新期の討幕運動が盛り上がった基盤には民衆レベルでの封建社会への抵抗があったからだと捉えています。民衆の抵抗は、当然のこととして経済的な側面でも封建領主による支配体制の転換を求めるものであったというわけです。この民衆的な抵抗の強さに直面して、対日外交をリードしたイギリスは、インドや清国の民族運動の経験も考慮して日本に対する圧力を緩和させたと考えていました。遠山さんは、「アジア諸国のなかで、日本が幕府の買弁化を通ずる半植民地化の危機を脱しえたのは、改良的武士的中間層に指導された人民の反封建・反幕府の革命的エネルギーの故であった」と述べています。いうまでもなく、この議論は、服部説が成り立たないことが明確になってくると説得力がなくなっていきます。ただし、遠山さんの「東アジアの歴史像の検討」のように、イギリス側の事情の変化によって、イギリスの外交政策が対清と対日で変化したのではないかという外交史的な観点からの仮説は有力な説明として残りました。説明を省略しますが、それが小英国主義というイギリスの外交政策の時期的な変化からの説明です。

このような研究状況に新たな地平を切り拓いたのが芝原拓自さんです。芝原さんは一九六一年の歴史学研究会大会で「明治維新の世界史的位置」と題する報告を行い、それを起点に積み重ねた研究を一九八一年に集大成しました。

この芝原さんの書物の特徴は、国際的な視点が強調されていることです。それは一九六〇年代に登場する日本近代化論への批判に加えて、七〇年代には経済大国になった日本と、対立と激動のさなかにある国際社会状況を反映していました。国際的な視点では、南北問題の激化、資源問題の深刻化、ラテンアメリカの累積債務問題などに関連して注目されていた「従属理論」などからも学んで問題設定が明確化されていきます。とくに日本近代化論も従属理論も、日本の例外的な経済発展を肯定的に評価しようとしていたことに対する批判が芝原さんの課題設定には意図されていました。そこには戦前日本の非民主的な政治制度（絶対主義的専制）などを視野に入れずに、経済的成功だけに注目することに対する正当な疑問が提示されていたのです。

今の学生にとって「従属理論」といってもピンとこないかもしれませんが、芝原さんが方法的な視点を論ずるにあたって、この本の序章において従属理論への批判から出発している問題意識は次のようなものです。この当時、A・G・フランクを代表格として世界経済が中心国の経済発展を促す一方で、南の国はその展望を得られず、先進国からの搾取によって低開発の深刻化に直面していると世界経済のあり方を批判していたのが従属理論です。中枢にある先進国が周辺の低開発国を従属させ、収奪しているという構図です。そうした議論に沿って、「低開発」を強いられてきた第三世界のなかで、例外的に資本主義的工業化を達成しえた日本が論じられていたのです。これに対して、例外的な事例として問題にする前に日本とアジア（またはアフリカ・ラテンアメリカ）との同一性こそが検討さるべきだと芝原さんは主張したのです。工業化の水準が大きく異なる先進国との貿易を強制された従属国という側面では、現代の南の国も、一〇〇年前の東アジアの国々も同じではなかったのかというわけです。それ故、資本主義世界市場の形成過程において、日本もインド・中国など他のアジア諸民族も資本主義世界体制に編入・包摂されたことは「諸民族の、それ以前の生産諸様式が多かれ少なかれ破壊され、いずれ資本主義的搾取・収奪に対応するように再編されること、そのような破壊＝再編の社会的変革が強制されることを意味する」と考えたのです。

3　芝原説の概要

それでは、従属を強いられている諸民族のなかで、日本のみが国家的自立・民族的統一と資本主義的工業化に成功したのはなぜかという問いに対して、芝原さんはどのように答えたのでしょうか。

まず、第一篇「資本主義世界体制と東アジア」では、一九世紀後半における資本主義世界体制のなかで日本や中国など東アジアが置かれた位置について包括的に考察しています。強調されていることの一つは、イギリス綿製品貿易に関連して、中国向け輸出が日本より二倍以上大きかったことや、一八六〇〜七〇年代の中国の貿易収支は出超続きであり、その意味で「客観的には、日本以上に主体的な対応を可能にさせる対外的諸条件も存在していた」ことです。つまり、貿易収支の黒字から見れば、後発国が開港によって直面する貿易面での不利は回避されており、先進諸国から見れば中国産品の需要がそれほど強く、これらの条件を利用すれば、清国が経済発展へとテイクオフできる可能性があり、同様の可能性をもっていた日本と比べても、その潜在的な力は清国の方が強かったというわけです。

このような分析を通して、経済的な条件の差によって日本が有利であったという捉え方に否定的な評価が与えられます。また、「自由貿易帝国主義」論を援用しながら、小英国主義という理解そのものを否定し、日本や中国で「砲艦政策」が緩和する理由は、清朝や幕府・薩長指導層の態度転換により「非公式の支配」を通じて通商を発展させうる可能性が開けたからにすぎないと評価しています。このようにして外圧の強さについての説明も、時期による違いからも相手国に関する差異からの説明も成立しないことになります。

この理解を前提に幕末開港の経済的な影響を第二篇「日本の近代化をめぐる基本的対抗」において分析しています。それは単に貿易の経済的影響だけでなく、それによる社会的動揺をうけて展開する討幕運動などの政治的な変革の側面まで及び、維新後の政治体制や採用された経済政策の特質にまで分析が進みます。このあたりは直接読んでいただく必要がありますけれど、要するに、幕末期には「幕藩制的・領主的商品経済の枠をゆるがす農民的商品経済の全国的連鎖、それを土台とした『国民的国内市場』の形成が立論されうるほどの事態」にまで至っていたと捉えられています。ここでは、自立的な経済発展の条件が成熟していたとは主張されていませんが、開港の衝撃、つまり貿易の開始による輸出入品の増加が与える影響を、国内経済に広く伝播するような共鳴板となるほどの「国民的国内市場」が形成されていたことを前提条件として認めています。ただし、このような国内市場の形成は、自律的で下からの農民的な商品生産の発展の結果と評価できるわけではなく、領主的商品経済の結果としても生じますから、このような捉え方が下からの発展についての主張を支持しているわけではありません。

そのために対外貿易が急伸長し、輸入品の圧力による綿・糖など在来産業の破壊と輸出品価格に牽引された物価の未曾有の暴騰が生じます。そうして生じた危機の深化のなかで幕藩体制の解体と新たな国家統一が進んだこと、資本主義化に必要な資本形成については新政府による金禄公債交付などの家禄処分が大きな意味を持ったことなど、旧領主層の主導性を重視しています。こうして明治維新の政治変革を起点として明治一四年政変から憲法制定にいたる絶対主義的天皇制の形成が論じられるのです。国家体制へと議論を収斂させるのは、講座派的な伝統を継承している当時の歴史学界では特別のことではありません。

第三篇「明治維新と洋務運動」は、以上の分析を受けて日清間の岐路がどこにあったかが問われることになります。そこでは、明治維新も清国の同治中興、洋務運動もともに、資本主義的世界市場と国際政治の舞台に強制的に包摂されていった東アジア諸民族が生み出した対応と捉えたうえで、歴史的な性格が同一であったとする遠山説を批判しています。つまり、洋務運動の限界を封建大地主・大官僚という階級属性に見出し、それ故に洋務派は、中国の資本主義化を「抑圧・阻止」する性格を持ち、「半私兵的な反革命軍団にその主柱を依存しはじめた清朝封建支配の体制再編の一過程」を担っていたと評価しています。それは洋務派を明治維新期の大久保政権と同一方向を目指すものとした遠山さんの議論を否定するものでした。

このような限界をもった洋務派に対して日本では、明治維新を介して崩壊した旧幕藩体制を「絶対主義的権力」へと集権的に再編し、「近代的」土地＝租税制度や貨幣金融制度を創出し、主要諸部門の「上から」の資本形成を強行したことが、日本の半植民地化の現実的可能性を阻止し、「近代化」＝「工業化」を例外的に可能にさせた決定的条件であったとされています。中央集権国家の形成を果たしていく明治維新政府の取り組みのなかに、日本の独立を保障し、植民地化の危機を回避した基本的な要因を見ているのです。

これが幕末開港期の日本の半植民地化の危機を回避させた「権力的対応」と研究史上で位置づけられるものになります。構造的で全機構的な把握をすることが歴史を研究する最終目標であり、芝原さんが強調している歴史研究の基本的なあり方です。それは戦後の歴史学研究の特徴を継承したものであり、一九六〇年代から七〇年代の歴史研究はこうした壮大な問題設定を追求する雰囲気に満ちていたのです。

4　石井寛治さんの「商人的対応」

この芝原説に対して、対案を示したのが石井寛治さんによるジャーディンマセソン商会（ＪＭ商会）を素材とする幕末維新期日本の対外経済関係についての分析です。ＪＭ商会は、開港当時から横浜で「英一番館」とよばれた代表的な外国商館です。

この単著が出版される前に、東京大学経済学部主催のコンファランスをまとめた『世界市場と幕末開港』（関口尚志・石井寛治編、東京大学出版会、一九八二）が刊行されています。このコンファランスでは、経済史的な分析視角から、毛利健三さんが紹介した自由貿易帝国主義論などを拠り所にしつつ、日本に迫ってくる外圧の背景にある、それぞれの国の経済的利害などが議論されています。このコンファランスでは、関口尚志さんが芝原さんの「権力的対応」という見解に対置するかたちで、国内における小生産者の発展を通して実現した「地域的＝民衆的対応」という評価の可能性を提示しています。これは大塚久雄さんの局地的市場圏論を基盤とする内生的な経済条件の成熟を改めて評価しようというものでしたが、賛同者はほとんどいなかったように記憶しています。

こうしたコンファランスの議論も踏まえながら、石井さんの『近代日本とイギリス資本』は、これまでの研究で強調されてきている内的な発展（国内的契機）と外圧（国際的契機）の双方を視野に入れて検討するとの視角を継承しながら研究課題を設定しています。すなわち、「近代日本のあり方を幕末維新期において大きく規定した『外圧』の経済的実態を、横浜居留地の外国商館の活動に即して、できる限り実証的に究明し、そうした『外圧』への対応のなかから打ち出されてくる経済構造の特質について若干の展望を試みることを課題」とすると述べられています。

この課題の設定は、芝原拓自さんの「権力的対応」も関口尚志さんの「地域的＝民衆的対応」も説明として不十分との認識に基づいています。石井さんの捉え方は、「商人的対応」と表現されていますが、商人に注目する理由は、「『外圧』の直接の担い手である外国貿易商人と開港場その他において取引するのは、生産者ではなくて商人であり、その対応のあり方（むろん権力や民衆の動向と緊密に関連する）によって外国資本がどこまで国内経済に喰い込むかが変ってくるだけでなく、対外面で新たな機能を担うに至った商人のなかから産業資本家（ないしその資金供給者）に転化するものが現われることが多いから」であると説明されています。また、半植民地化の危機への対応における「岐れ路の一つは、先進国の貿易商人が後進国の国内流通網や金融機構、さらに生産分野をどこまで掌握するかにかかっていたのであり、その意味でも『外圧』の構成要素たる外国の貿易商人の役割はきわめて重要」だからです。

具体的な分析はＪＭ商会の経営文書の分析による詳細な実証によって進められています。一年を超える英国留学期間を使って、経営文書を筆写しながら読み解き、丹念に事実を掘り起こして積み上げられた重厚な実証分析ですから、これを一つ一つ検討することは大変なのでここでは省略しますが、大事なことは、これは経営文書を使っているといっても、ＪＭ商会の経営史的分析ではないということです。ＪＭ商会という素材を使って論じられているのは、幕末維新期の経済社会の構造変化をもたらした要因は何かという、芝原さんと共通する問題意識です。そのような問題意識に基づいた分析のなかで、ＪＭ商会が展開した対日貿易（生糸取引、茶取引、金貨の輸出）などの実態が示されています。さらに売込商と対になった引取商の役割の大きさを強調したこと、一八六六年恐慌がそれまで独占的地位を享受してきた「巨大商社」に大きな打撃を与え、それを契機とする中小商社の進出と相まって、貿易商社の性格を転換させる画期となったことが明らかにされています。またJM商会の高島炭鉱投資に関する検討では、後藤象二郎に対する多額の資金供与を行っていたものの、実質的には不良債権化したことが示されています。

以上のようなJM商会の対日活動の分析を通じて明らかになったこととして強調されているのは次の二点です（四二一～三頁）。ひとつは「圧倒的に強大な資力を有して巨額の譲渡利潤を蓄積する外国商館群という従来のイメージの『虚像』性」です。つまり外国商館の貿易支配力を過大評価はできないということです。もう一つは、JM商会は日本人商人の買弁化を通じて国内流通過程に入りこもうとして資金の前貸しや融通を行っていたこと、その限りでは外国資本に日本国内の経済活動が支配される危険性が現に存在したことです。この指摘は、「圧倒的に強大な資力……」というイメージは過大評価だとしても、外国商人が日本国内に入り込み経済的利権をむさぼり、日本の近代化・工業化を阻止するような役割を果たす危険な存在だったと捉えるものです。

こうした認識に基づいて石井さんは、日本の対外的自立化は、「外圧に抵抗する明治政府の「権力的対応」に支えられて、外商を居留地内に封じ込めるという「商人的対応」にほぼ成功」し、「国内市場における商人的蓄積の局面を確保しえた」とまとめています。これがこれまでの研究史に対する石井さんの解答です。

ただし、注意しなければならないのは、ここで対置されている「権力的対応」と「地域的＝民衆的対応」「商人的対応」という概念は、両立不可能な排他的な概念ではないことです。つまりそれぞれの意味は、外圧に対する「対応」における①権力の主導性、②民衆的基盤の規定性、③商人の動向の重要性というくらいの意味であり、いずれも一面の特徴を捉えているのだと思います。とくに石井説では、①が誤りで③であるといっているわけではなく、①の権力的対応によって設定された制度的な枠組みに実質を与え、現実的な打開策を取引の現場において見出し、開港によって発生した「貿易の利益」を国内の資本蓄積にとどめることに成功したのは、商人たちの活動にある、という認識に立っています。その意味では、外圧のもとで幕末開港期の日本が半植民地化する危険性をはらんでいたとの共通認識のもとで、石井さんは、内地通行の禁止、居留地貿易の強制という権力的対応の下で貿易取引の前面に押し出されていた商人たちが、清国とは異なって「買弁化」しなかったことが重要と考えているのです。したがって、石井説は芝原説と補完的な関係にあると言ってもよいでしょう。

もちろん「買弁」の評価については、言語、文化などの差異性を考慮したとき、現地商人を代理商とすることは、そのような「非関税障壁」を克服して取引にかかわる手間を簡略化するうえでは合理的な方法でしたから、買弁の役割を果たした商人がいたことが問題なのではありません。問題にされているのは、代理制度という一般的な意味での「買弁」ではなく、外商に従属することによって国民経済の発展を阻害する存在に転化した「買弁」です。この点はさらに検討する余地はありそうです。引取商たちが自らの経済的な利益を優先させるような行動をとれば、「買弁化」して国民的な利益を損なうことは十分に起こりうることです。それが大勢的には「買弁化」しなかったとすれば、そこには幕末維新期の攘夷運動という思想的な影響などを考える必要があるかもしれません。

それはともかく、石井さんの理解では、商人たちの行動が貿易の利益を国内にとどめる役割を果たすことによって工業化に必要な資本蓄積（原始的蓄積）を推し進める役割を担い、自ら産業資本へと転化していく道を拓いたことになります。ここで「貿易の利益」を国内にとどめることとの「含意」は、引取商が輸入綿糸の国内流通を介して綿織物産地の再編を進めたことが、外国資本による剥き出しの収奪に曝される危険を緩和したと考えられること、また、売込商が生糸生産地の拡張を金融的に支える要の位置を占めたことなどに見出されているようです。したがって、それらは関口さんがいうような「民衆的な」「下から」の工業化そのものを可能にするものではなく、その「上から」の再編成によって工業化が進展するという日本の資本主義化の特質に結びつけられて考えられています。その点では商人的な対応と民衆的な対応という捉え方の間には、両立しえないような認識があると言うべきでしょう。

以上のような論争は、その後、そのままで立ち止まっている気がします。加藤祐三さんの著作『黒船前後の世界』

（岩波書店、一九八五）が後に続いていますが、日本経済史の研究は、いずれかといえば明治維新期の画期性を軽くみるような、幕藩制社会からの連続性を重視する方向の議論が強まっているというべきかもしれません。プロト工業化論や江戸時代を市場経済システムとして捉えるような考え方を背景にした工業化過程に関する最近の議論は、実質的には「地域的＝民衆的対応」という捉え方と共通する枠組みに立っているように見えます。これが江戸の市場経済の発展を高く評価する「連続説」の特徴です。

これらの議論に対して、工業化の担い手は小生産者の自律的発展ではないという意味で非連続的に捉えるというのが一貫して石井さんの資本主義化論となります。ただし、商人的な活動の持つ意味について、大塚久雄さんのように前近代的な性格を一面的に強調しているわけではないことは留意すべきことです。たとえば開港場での取引について、金銀比価の差異に基づく「金貨流失」という著名な出来事についての分析で示されているのは、開港場において、制度的な枠組み（通商条約の定め、国内の通貨制度に関わる幕府の布告等）にもかかわらず、金貨の「相場」が発生し、制度的な定めから乖離した取引が現実化し、これ以降、横浜開港場では、メキシコドル相場が為替市場を代替することになるという事実です。そのような現実的な解決策は、市場経済の枠組みにそって見出されています。その意味で、幕末までの経済発展の意味を過小評価すべきでないとはいえ、商人たちがそのような柔軟な対応をしたことそれ自体が「商人的対応」の積極面として理解されていることになるのだろうと思います。

【質疑】

質問　阿部武司さんや谷本雅之さんの織物業史についての議論などはどのような位置づけになるのでしょうか。

武田　お二人の議論は、とくに谷本さんの方が明確なような気がしますが、幕末開港を契機とする産地間の競争を介した**産地の再編成**を重視するという限りでは、連続している面と断絶している面とをともに認めていこうという意味では単純な連続説ではありません。第10章で詳しく議論しますが、谷本さんの問屋制家内工業についての意見は、服部説が前提としていた段階的把握自体が間違いではないかということを強調し、明治後半期にかけて産地織物業が問屋制的家内工業として発展を続けることを明らかにしたところに特徴があります。しかし、それは幕末期までの産地のあり方と経営形態の面で共通していることは確かかもしれませんが、産地再編の中核となる問屋のあり方なども含めて開港による貿易の開始が大きな転換をもたらしていることを強調する議論です。

それと対比したとき、石井説も連続的な面を認めながら、基本的には断絶説に立つという点では大きな差は感じません。商人的対応では、貿易の担い手となる商人たちは、系譜的に見ると必ずしも幕藩体制期からの有力商人たちではありませんが、三都を中心とした領主的商品経済の担い手たちが国内流通や金融的な枠組みの基盤を支えています。石井さんはのちの著作（『経済発展と両替商』有斐閣、二〇〇七）では、幕藩体制期に形成されてくる金融的な仕組みが国立銀行の設立によって近代的に金融制度が整備されるまでの期間に重要な役割を果たし続けたことを強調しています。その意味では系譜的にも連続した商人活動も幕末維新期の経済的な変化に対応し、資本主義化の基礎を築くことになります。商業活動だけでなく金融的な活動を介して蓄積される資金は資本主義社会形成の重要な要素なのです。その面だけを強調すれば連続しているということも認めています。

もともと、連続か断絶かというしばしば使われる図式は、何を議論するかを明確にしないと意味をなさないものです。歴史的な事象は、人々の日々の営みの積み重ねとして紡ぎ出されるものですから、それが自然災害などの突然の外生的な事情でもない限り、つながりをもつものです。ですから、単に連続であることを説明することが歴史分析の到達点であるということも、断絶であることを結論づけることも、それが結びにはなりません。そこでマルを打って一端立ち止まるのはかまわないのですが、連続であろうと断絶であろうと、そこから次の問いが生じるはずです。たとえば連続的に経済が発展していたことが幕末維新期を通して明らかにできたとしても、それではなぜ明治維新は起きたのかという疑問にどう答えるのかという次の課題が生まれます。反対に、外圧を背景にした政治変革が工業化の起点になったと断絶を強調したとしても、それでは工業化は何もかもが「上から」作り出されたというのも極論だろうと思います。政治的な変化によって経済発展の速度とか方向とかが影響を受けるということは認めるほうが適切な気がしますが、その速度の変化をもって断絶というのか、それとも速度が変わっているだけで走っていることには変わりないとするのか、というような違いなのです。政治的な要素も経済的な要素も双方向に相互に影響し合っているのだろうと思います。

いずれにしても、歴史的な現実に即して理解を深めようとするのであれば、AかBかというような問いを立てて、そのどちらかを選択するような単純な理解の仕方では、先に進めなくなるだけで、歴史的な事象のもつ豊かな内実を見逃すことになるだろうと思います。問いを立てるとき、ある問題が明らかになったとき、次の疑問が生まれるような連鎖をもっているような問いを立てることが大事なのです。

質問　『世界市場と幕末開港』の議論は経済史的なアプローチと考えてよいでしょうか。

武田　確かに、『世界市場と幕末開港』では、経済史からのアプローチが前面に出されているという特徴があります。その議論の基盤に自由貿易帝国主義があり、それが一つの道筋をつけたということもできますが、改めて服部之総さんの問題提起に立ち戻って、政治史研究と経済史研究の緊張関係をもった分析をめざしたということだと思います。そのなかで、芝原さんの「権力的対応」という政治権力のあり方を経済的な基盤との関係で考えようとする議論もあり、石井さんのようにそうした説明を受け入れながら、それだけでは不十分という議論が提出されてくる、というのが論争の経過です。もちろんのことですが、日本でも清国でも、工業化前夜となる経済発展があったとの認識にあまり大きな差はありません。

質問　**商人的な対応**とは具体的にどのようなものということか。

武田　誰でもが、貿易取引の最前線にいる引取商や売込商などの商人の動向が重要ということは理解できるはずですが、その対応が半植民地化への「抵抗」線になったという評価の意味は分かりにくいのかもしれません。権力的な対応という側面の方が理解しやすく、たとえば高島炭鉱の経営権にかかわる問題に対処して、維新政府が鉱業権に関する「本国人主義」を採用して、外国資本の鉱山経営への進出を阻止したことなどは、よい例になるかと思います。他方で、横浜の商人たちが商権回復を狙って直輸出を企てたという事例は、「商人的対応」の典型例かもしれませんが、石井さんが注目しているのは、貿易取引のなかで「買弁化」しない商人たちのあり方のようです。商人たちが独自に貿易取引で富を蓄積したということは、完全ではないにしても、外国資本による収奪が回避されていた、あるいは緩和されていることを意味しているはずです。他方で、権力の側は鉄道利権の回収のため外債発行を行うなど柔軟に対応している面もありますから、攘夷運動と思想的に連続するような排外主義的な外資排除政策が決定打というのも言い過ぎかもしれません。「権力的対応」と「商人的対応」が補完的な関係で外圧による半植民地化の危機を回避したというのが、この論争を通して私たちが学びうることだろうと思います。ただし、議論はここで止まっています。後継の研究者は私も含めてこの議論に続くような問題提起をし、それに即した実証研究をしてこなかったということを認めなければならないと思います。この時期の研究は、工業化のプロセスについてのプロト工業化論に影響を受けた議論などが続けられていますけれど、そうした議論もこの幕末維新期に関する論争に立ち戻ることはなかったように思います。少し残念なことですが、経済史的な研究が経済的な事象に関心を集中するようになったという学界状況が影響しているかもしれません。

以上

この講義は、二〇〇九年五月一一日に行われた大学院講義を基礎に一九九九年の講義記録などで補筆して作成されたものです。

【近代編2】

第2章　自由民権運動の歴史的な位置
――大石嘉一郎『日本地方財行政史序説』――

テキスト　大石嘉一郎著『日本地方財行政史序説――自由民権運動と地方自治制』御茶の水書房、一九六一

参考文献　原口清　書評「大石嘉一郎著「日本地方財行政史序説――自由民権運動と地方自治制」」『商学論集』二九巻四号、一九六一

下山三郎　書評「大石嘉一郎著「日本地方財行政史研究序説」によせて」『史学雑誌』七〇巻一〇号、一九六一

大江志乃夫　書評「大石嘉一郎著「日本地方財行政史序説」」『歴史学研究』二五八号、一九六一

1　福島という研究の出発点

とりあげるのは、大石嘉一郎さんの『日本地方財行政史序説』です。難しい本なので、この本の書評を参考文献に示しておきました。これほど内容とタイトルが乖離しているようにみえる書物も少ないと思いますが、自由民権期を中心に地方制度、地方財政制度がどのように決まってくるのかを問題にしているという限りでは「財行政史」が課題に据えられていることが書名に表れています。しかし、議論の力点は、自由民権運動期の日本の資本主義化を段階的にはどのように捉えるかにあると思います。乖離して見えるのは読み手の読み方が浅いということなのでしょう。

大石さんは、家庭の事情から福島の実家の醸造業を継がなければならないということで学部を卒業すると郷里に戻

っているので、大学院に進学していません。郷里に戻ってみると時間があるというので、福島大学の学部長のところに行って「俺を雇え」という交渉をしたという逸話のある人です。今では考えられない話ですが、福島大学ではそれが先例になってもう一人、そのようなプロセスで採用された人がいるという話です。どこまで本当なのか……。

そのころの福島大学は、幕末維新期研究では錚錚たる人材が集まっていました。福島は養蚕地帯であったし、幕末期には経済的には比較的発展した地域でした。この地域は座繰製糸でしたから、事後的には諏訪に追いこされていきますが、幕末開港期から生糸の輸出拡大を通して大きな影響を受けています。また、自由民権運動では福島事件が起きていますから、そうしたことも民権期の研究に対する関心を高める要因になっていたようです。

実証的には庄司吉之助さんという、正規の研究者教育を受けていない方ですが、その庄司さんが中心になって地域の資料の発掘・解読がこまめに進んでいました。理論的には、前章でもふれましたが、藤田五郎さんが、服部之総さんの影響を受けて幕末維新期の経済発展を「豪農」という範疇を設定して説明することを試みていました。この藤田説は、内発的な経済発展の推進者であり、それが明治維新の基礎にあり、資本主義化の基盤を作り出す可能性を持った主体として考えていくという独特の議論です。こうした議論を中心にさまざまな議論を展開した人がいました。この藤田さんの影響を当時の福島大学の人たちは強く受けていたようで、大石さんも例外ではありません。大石さんのほかにも、吉岡昭彦さんとか山田舜さんとか星埜惇さんとかいろいろな人たちが梁山泊のように集まっていたのです。それが大石さんの研究活動の出発点となった福島の状況です。

2　デモクラシーの起源を問う

大石さんは、理論的な研究というよりは、地道な実証研究を続けていくなかで、その研究を資本主義発達史にどう位置づけるのかを議論し始めたようです。大石さんは、この議論の中で、服部さんや藤田さんのような内発的な発展の契機を強調する見解にも学びながら、講座派的な見解の正当な継承者として「上からの資本主義化」と絶対主義的天皇制という捉え方に沿った方向で、自由民権期の可能性も、そして限界も見据えて位置づけ直そうとします。

当時の研究状況からいうと、戦後改革＝民主化という現実を受けて、日本における民主主義の起源を探るという問題関心から自由民権運動に関する研究が政治史の分野では活発に行われていました。このデモクラシーの起源を問うという課題設定は、民権期研究と同時に大正デモクラシーに関する研究の隆盛にもつながるものです。自由民権運動と大正デモクラシーの研究は、日本における民主化、民主主義の可能性が戦後改革以前に自律的に存在したのかどうか、その民主化の可能性を歴史のなかに探すという問いかけでした。

民権運動に限っていうと、民権運動のなかにブルジョア的な経済発展を牽引し、政治制度の民主化を実現できる可能性が見出せないかです。それに積極的に応えて民権運動の性格を高く評価するような議論も政治史のなかでは出てきます。これに対して経済史の方では、前章でお話ししたように服部さんの問題提起に沿って内発的な経済発展の成熟を明らかにしようと試みていたのですが、その成果は芳しくはありませんでした。そのためもあって、藤田五郎さんは、幕末期の経済発展は順調な資本主義化を可能にするような成熟には達していない、その前段階だったという認識を理論的に整理するために格闘することになります。幕末期に富農的な経営が不十分ながら部分的に雇用労働を入れることで商品経済に対応できるような、つまり資本主義的な経営体の萌芽的な性格を持つようになっていたと捉えることはできる。しかし、彼らは将来のブルジョアジーの候補者、ブルジョア的発展を代表しうる存在であるとしても、未熟な存在として捉えるべきだと藤田さんは考えた。これが「豪農」という範疇を設定した理由です。

このような理解は、ブルジョア的発展の萌芽があるとはいえ、それがそのまま資本主義経済社会を自律的に実現できる状態に達していたという仮説は支持しがたいというのが有力な意見となっていたことを反映しています。開港以降の外圧のもとで集権的権力が殖産興業を展開する中で資本主義化が商人資本主導で進展するという説明が強くなりつつあった。したがって、政治史的な観点から民権運動にブルジョア民主主義運動の萌芽をみるという見解と経済史研究の到達点とのずれがあり、この問題をどう理解したらよいかということが改めて課題となります。

これが当時の研究者にとってはある種の難題でした。このような「難題」はただ研究史上では、しばしば起こってきた種類のものです。たとえば日清戦争の評価について、資本主義としては未熟なのになぜ植民地支配につながるような「帝国主義戦争」をしたのかという問いかけとか、絶対主義天皇制がなぜ大衆民主主義を基盤とすると考えられているファシズムにつながるのか、というような類いの問題なのです。そういうタイプの研究史上の「難題」なのですが、それは経済規定論的な議論の枠組みで図式的に捉えすぎていることに由来している面があります。しかし、そうした囚われた枠組みの問題を別にしても、政治史研究と経済史研究の対話が必要であることは間違いありません。

3　大石さんの民権運動期の捉え方

大石さんは、こうした難題を説明することにこの書物で挑戦し、ある程度それに成功し、現在に至る通説を形成するような解釈を示すことになったと私は考えています。

大石説は福島事件を中心とする自由民権運動をその基盤となっている地域経済のあり方から説明するという側面と、もう一つは、民権運動が要求する政治制度、制度の設計がどの程度実現するのかを論じるという側面とをもっています。つまり、政治的な制度、権力の末端につながる地方財行政制度が、単に上から一方的に押しつけられて定着すると考えるのではなく、政府の意図とこれを受け止める民衆の側——新興の問屋商人たちなど——との緊張関係のなかで新たな制度的な枠組みがつくり上げられていく。だからその政治過程に注目するという側面を持っています。この政治過程は民衆運動に支えられているし、その運動には経済的根拠があるだろうと想定しています。

そのような意図で進められることになるのですが、その結果として大石さんの議論は、自由民権期について資本主義化過程における段階的な位置を示すことになりました。

　この本の中で、大石さんはいろいろなことを論じていますし、未熟な議論もありますけれど、序章では政治過程と経済過程とを相互規定的な関係として相互に照応するものとして捉えることが明らかにされています。とくに、従来の見解、たとえば地方財政問題を経済構造の単なる反映としてのみとらえる見解や、統治機構・支配体制の単なる基盤としてのみとらえる見解、あるいは官制的・天下り的・外来模倣的というかたちで把握する見解等々を批判し、地方自治制の成立過程を、日本資本主義の生成過程の一環として、すぐれて政治的・主体的なものとして捉えることを宣言しています。そのためにこの過程を地方財行政のあり方をめぐる諸階級の対立抗争や、国内の自生的発展と国際的条件の特質との相互関連のなかで究明するというわけです。

　ここからわかるようにこの大石さんの問題の立て方は、基底還元論ではありません。つまり、経済過程＝土台が政治過程を一方的に規定するというような素朴な史的唯物論に立っているのではなく、経済のあり方が階級的な対立関係に反映する、それぞれがそれぞれの経済的な条件に規定されて動くわけですが、そもそも経済状態が不安定なので、対抗している階級関係も流動的になると捉えています。だから経済状況の変化が説明の基本的な要因になっていることは事実ですが、それによって一義的に決まるとは考えていません。諸階級の運動が政治過程による制度の設計に影響を与え、制度変化が生じていくと考えています。そしてその制度が経済活動の枠組みとして重要な意味を持つ、再び強い影響力もつものとして戻ってくるという関係を想定しているわけです。

4　長期の明治維新

　特徴的なことの一つは、天保改革から大日本帝国憲法制定までの五〇年くらいの長い期間を明治維新と規定していることです。つまり、明治維新を、徳川幕藩体制と封建的危機・危機の深化と天保改革・安政の開港と尊皇運動・王政復古と廃藩置県・地租改正と殖産興業、西南の役、自由民権運動、憲法発布・議会開設までの一連の歴史過程の総体として捉えるというわけです。なお、明治維新の捉え方については、原口宗久さんが『論集日本歴史９　明治維新』（有精堂、一九七三）で多様な捉え方があることを解説していますので参考にしてください。

このように明治維新を時期的にかなり広く捉える大石説は、明治維新論としては最も長い期間を明治維新の変革期として捉えるものです。この長期の明治維新についての論旨・要点は、次のようにまとめることができます。すなわち、①幕藩体制の本来的な構造は「純粋封建制」であるとの評価を前提として、②幕末・維新期における「自生的経済発展」の性格を「小商品生産ないし小ブルジョア経済段階であり、農民層のブルジョア的分解は地主＝問屋商人の支配を余儀なくする段階にあった」と捉えるというものです。

長い期間をとるとはいっても、その全体を実証研究の対象としているわけではありませんが、幕藩体制を「純粋封建制」であることを前提に、資本主義移行の過程そのものとして「明治維新」を論じています。純粋な封建的な制度が一九世紀の初頭くらいからゆっくりと内部における商品経済の発展によって崩れかかっていく。天保改革期以降には、幕藩体制のもとでプリミティブな形での絶対主義的再編過程にはいる。つまり、幕府の手による絶対主義的再編成がはじまると想定して、この再編は、農民たちのなかに萌芽的に発生している余剰を権力側に収奪し権力基盤を強化するというねらいをもっていた。そのために商品経済的発展を担う商人たちを権力基盤に強く組み入れようとしていたわけです。これはヨーロッパにおける絶対主義の形成を比較基準として組み立てられた枠組みです。

この絶対主義的な再編の動きは、服部之総さんが主張した日本国内にもブルジョア的発展の萌芽があったという捉え方に対して、仮にそうした動きがあったとしても上からの再編によって萌芽的な発展それ自体が変質しつつあったという対案を示したことになります。これは藤田五郎さんの豪農論の提起に近いものです。この捉え方では、下からの発展を権力は見逃さずに再編しようとしていると見ています。だからこそその再編過程と下から商品生産者として成長しようとする人たちとの間には強い緊張関係が発生するというわけです。

5　大石嘉一郎「農民層分解の論理と形態」について

そういう構図の中で実際には商品経済の発展が不十分なために農民的な小商品生産にもとづく経営的拡大には限界があったことが強調されています。この議論は、本書に収録されてはいないのですが、大石さんが『商学論集』に書いた論文「農民層分解の論理と形態」で理論的に整理され、説明されています（後に大石『日本資本主義史論』東京大学出版会、一九九九の第五章に収録）。

この枠組みは、商品経済的な関係が小経営として発展していくためには、生産力の発展が不可欠の条件として前提にされています。本来の封建的な関係のもとでは、農家経営の生計の維持と経営の持続に必要な生産物を超えるような「余剰」は年貢として権力に収奪されることが原則です。つまり農民の側には「余剰」発生の余地はないわけです。自然条件――好天に恵まれ天候不良がないなど――に恵まれれば、年貢を納めても手元に「余剰」が偶発的に残ることもありますが、そうした条件の下では穀物などの貯蔵可能な食糧は不作の時の「備荒貯蓄」などに向けられることになります。ある種の貯蓄ですが、それを投資するという考え方はないというのが基本的な特徴です。

これに対して小経営の発展は実態としての「余剰の発生」を前提としています。耕地面積あたり一定量の年貢を収める制度を前提にすると、土地生産性が上昇すれば余剰が農民の手元に残ることになる。だから生産力の発展（この場合は土地生産性の上昇に結実するような変化）が前提になる。そうして恒常的に余剰部分が発生するようになり、これが商品として販売されるようになれば、小経営の拡大の道が次第にひらかれてくるという論理なのです。

現実には農業における農業生産力の上昇は一九世紀においてそれほど順調に進展したわけではありません。だからブルジョア的な発展が急激に進むわけではないだろうと大石さんは強調するのです。

私たちは、このような捉え方について、農業生産の技術進歩というよりは、農産物の加工部門での技術進歩だったのではないかと考えることもできますから、論理としては問題があると感じます。つまり、綿作の生産の拡大というよりは、綿の糸への加工や織物の生産力が上がっていく場合です。手工業生産における生産性の上昇なども加わった形で国民経済全体の生産力が上がっていくのですが、実態としてはその部分でも新しい機械の発明などが見られたわけではないので、商品経済の急速な発展をもたらすほどには生産性は上がらなかったのです。

したがって農民層分解の形態はゆっくりとしたものになります。これが重要なのですが、経営的な発展が遅いということは、成長の可能性を制約するものになります。そもそも自然的な条件に依存しているために毎年の生産には豊凶の変化が大きいですから、その豊凶の変化の激しさによって多少の余剰部分が発生する条件があっても反対に経営が破綻してしまう危険性があります。そうした条件から経営的な発展が不安定になるという点が一つです。

もう一つは、農民層分解によって貧農から半プロへという形で雇用労働力の予備軍が作られていくスピードも遅いことになります。雇用労働力の供給が限定されているのですから――以下は、大石さんの議論ではないですが――ルイス・モデルのような労働力の無制限供給という固有の特性が後発国にはあるという理解そのもの、そういう前提が成り立たないのです。ルイス・モデルは第二次大戦後、人口爆発が起きた発展途上国を前提にしています。歴史的条件が違うので安い賃銀でいくらでも雇用可能な労働力が潤沢にあるわけではありません。工業化を主導する経営体が何らかの条件によって生まれていて、その高い生産性によって相対的に高い賃銀を払うことができれば――農業からの離脱を促すような十分に高い賃銀を提示できれば――かなりの雇用労働力を吸引できるということにすぎないので、資本主義社会への移行期に労働力供給には限界がある、制限があると考える方が適切だと理解しています。従来の農民層分解論とは論理が逆になっている感じだろうと思います。年季奉公人などはある程度確保できますが、日雇いを含めて恒常的に賃銀収入による生活という生計の途を選ぶには、かなり大きな制約があるのです。それだけ賃銀労働者になるのに社会的な制約が大きかったというわけです。だからこそ、イギリスの囲い込み運動のような歴史的な出来事によって大量の半プロレタリアートが都市下層社会に滞留するようになったことの意味が大きい。しかし、そうした事情はイギリスに固有のことで、一般的に想定することはできません。

こうなると賃労働者を雇用するのは「高くつく」可能性が高いのです。少なくとも家族労働力に想定できる自家労賃よりも高くなるだろうと想定できます。もし高くなると、経営発展のために土地を買い増したり借り入れたりしても、この土地の耕作に必要な労働力が家族では手が足りないからといって、人を雇うと賃銀が高くつく分だけ収益は減少する（余剰が賃銀に食われてしまう）。これに土地の取得費用の償却とか、あるいは借地の場合に借地料を差し引けばさらに期待できる収益は減る。そうしたことを考えなくとも、賃銀が高いという前提条件では収益が圧迫されることは想定できます。土地を買い増したり借り増したりして経営拡大することに制約が大きい、期待収益が小さいから投資が抑えられることになります。

この制約を突破できるのは、囲い込み運動などによる強制的な低賃銀基盤の形成という状況を別にすれば、二つのケースです。一つは労賃上昇に比べて生産物の価格上昇が急激であれば、物的な生産性が上がらなくても収支という面では好転する可能性があります。恒常的な製品価格の上昇が賃銀に対する相対価格を有利にしながら進行するケースです。インフレ期の実質賃銀の下落という一般的な条件に翻訳可能に見えるでしょうが、そこまでの必要はなく、幕末の開港によって生糸輸出が急増して生糸価格が急上昇するような特定の製品について発生するだけで起こりうることです。インフレによる実質賃銀の下落の場合は、雇用が拡大するとともに名目賃銀上昇が起こりますから、インフレよりは特定産品の相対価格の上昇の方が恒常的な変化を起こしやすいというべきでしょう。

もう一つのケースは、労働生産性が上がるような技術革新が起こる場合です。この場合には賃銀が高くついたとしても、賃銀コストは低下するので収益面ではプラスになります。こちらは説明の必要はないでしょう。

こういう条件のいずれかが起こらなければ経営的な発展、つまり経営規模の拡大による増収増益は期待薄だということになります。制約が克服できない場合には、規模拡大が可能な余剰が手元にあったとすると、それを手にした富裕な農民は土地を抵当とする貸金業を拡張するかもしれないし、その抵当貸しで質流れになった土地を取得しても手作りせずに小作に出すことを選ぶかもしれない。定額の借地料を取る方が確実な収益機会だからです。

この議論から明らかになることは、経営発展を志すような小経営が生まれるような条件があっても、ある規模まで達すると――その規模の限界を画しているのは家族労働力の大きさですが――、規模拡大を躊躇し、場合にはよってはあきらめてしまうかもしれないということです。注意して欲しいのは、ここでの議論では、経営的な発展は小経営が商品生産者という属性をもって規模を拡大することに限定された意味で使われています。感覚的には、貸金業でも地主経営でも、その富裕な農民の資産が拡大していくという限りで、「経営的に発展している」と表現しても間違いではないのですが、ここで論じられているのは、資本主義経済への移行を牽引する経済主体が農民層の分解によって生まれることなのです。ですから彼らが貸金業のような商人的な経営に転化し、あるいは地主経営が拡大して自らは生産過程から離脱するのは、「発展」という評価には値しないと考えられています。

こうした条件の下で「あきらめて金貸しや地主になる」という不安定な存在として設定されたのが「豪農」であり、その特性です。豪農はそれ自体としては商品経済的な関係を拡大する役割を担い、幕藩制の基礎を揺るがす存在であるにもかかわらず、商品経済の発展の道を自らあきらめてしまう存在でもありうるという二面性をもっています。地主に転化することによって封建的なというか、正確には絶対主義的な権力構造を支える側に立つことになることもあると評価されています。絶対主義的な権力にとって望ましい存在となってしまうのは、豪農経営からみるとその経営基盤を権力によって保障されている面があるからです。なぜかというと、本来は土地所有権の移転、土地の売買は制度的には禁止されているものですから、事実上の土地所有権の移動は権力の黙認によって可能になっている面があるからです。そして、彼らの商品生産物が幕藩権力にとって専売制などを介して財政的な基盤を強化する手段として組織化できる限り、商品生産それ自体はもはや抑圧すべきものではないと捉えられるようになってきたからです。やや理屈が勝った議論ですが、こうした構図がヨーロッパの絶対主義などとも共通のものとして想定されています。

以上のような形で、藤田さんが提起した豪農範疇を大石さんは積極的な側面と同時にブルジョア的な発展を否定するような過渡的性格として捉えていたのです。これが「農民層分解の論理と形態」についての私の理解です。

6　自由民権運動の歴史的評価

この議論に沿って大石さんは自由民権期の研究に取り組んでいます。自由民権期の階級対立を分析していくわけですが、そこで特徴的なのは分析対象である福島の位置づけを明確にするために、国内を先進・中間・後進の三地帯に分け、福島は中間地帯に属する地域と捉え、自らの研究を中間地帯の経済発展と階級対立に関する実証研究と位置づけたことです。近畿地方などの先進地帯ではかなり商品経済が発展していて、そうしたところでは部分的には「下からのブルジョア的発展」がみられるという議論を一応承認したうえで、日本全体では中間地帯の変化が帰趨を決めるという点で重要と主張されています。そこでは「豪農」の存在は極めて不安定であり、そういう不安定さを抱えた豪農たちが民権運動を通してブルジョア的要求をしたという特質があるとの捉え方になります。

第二章の叙述に即していうと、福島における農民層分解の形態について、富農と貧農に両極分解するような正常な農民層のブルジョア的発展＝分解が緒について富裕農の小ブルジョア的経営が生成しつつある一方で、農民層分解が「地主・小作分解」に転化してしまうような状況も見出されていて、いわば「二つの道」が同時的に進行しつつあることを強調します。そして正常なブルジョア的発展をおしとどめ、「地主・小作分解」を一層促進していった全機構的な条件は「農業生産力発展の低位性」にあったと理解しています。そのうえで、さらに①地租改正をはじめとする全国的・統一的・貨幣的な財政＝租税制度の成立と農民収奪の進行、②国家的産業・流通規制体系と結合する商人資本家の独自な跳梁とそれによる農民的商品流通の支配の展開、③半隷属的状態下での外国商品の急激な流通と商人資本家による機械制工業の移植、それによる特徴的形態をもつ農工分離の進展等々を指摘しています。

こうした変化が進む理由については、「国際的契機」を強調して「外圧」によって体制的な再編成を進めなければならなかったという事情が、ブルジョア的な発展が成熟するまで待たずに資本主義化を進めることを強制したと捉えているのです。このあたりは基本的に通説となっている講座派的な捉え方と共通するところの大きいものです。

ただし、大石さんの議論では、だからといって開港で決着がついていたということではありません。すなわち、資本主義化は、自生的な発展段階としては「小営業」段階であるが、他律的条件下では特殊な形態で産業革命が緒につくことになり機械制大工業への飛躍的な転化過程がみられるということから、服部さんが見出そうとした「マニュ段階」は本来的な形態で現れることはなかったと評価したうえで、日本では、異なった二つの経済発展段階――自生的変革コースと寄生地主商人による反動コース――の同時的な進行が見出されると捉えています。しかもこの同時進行のなかで後者が他律的に産業資本へ転化して改良コースを歩みながら国家的規制と結合し前者と決定的に対立するという構図を描いています。この併存・同時進行状況をもたらしたのが「外圧に強制された」変革の特徴となり、下からの発展を追求する動きがあることを民権運動が高揚する基盤と捉える。だからこそ民権運動は力を持ち得たと考えているのです。こうして大隈財政期までは、民権運動が天皇制絶対主義のような国家体制とは異なる政治体制を追求しうるだけの可能性をもっていた、そういう可能性が歴史的には存在していたと考えています。そうした評価をするためにも明治維新が長い期間で捉えられ、かつて講座派の主流が強調していた幕末開港から王政復古にかけての経済混乱と政治体制の変化によって絶対主義的な権力が成立するという理解を批判するものとなります。そうした短期間の決着のつき方ではないというわけです。

このような理解のもとで福島の民権運動の要求を分析し、そこで目指されたものを明らかにしていきますが、第三章では、そうした動きが内在的に持っている弱さが指摘されます。すなわち、福島事件の基盤となる富農・豪農たちの運動形態が組織的に未熟であっただけでなく、ブルジョア的発展を可能にするような制度的な条件を要求すべき豪農たちが、権力と全面対決できるほどに要求を明確化できていなかったと評価されています。運動の論理としては、小ブルジョア指導者層による「輸入革命思想」がわずかに鼓吹されていたに過ぎないと指摘されています。

この大石説の特徴的な点は、国会開設請願にみられた民権派の国家観が、立憲君主制政体を志向するものでありながら、「容易に超越的権力になりうる天皇を容認」したことに注目して、そこには民権運動家や運動を支える民衆の

「自生的ブルジョア的発展の未熟さに基づく」弱さがあると考えていることです。そのために、その要求の一環には、つねに「上下調和」「君民一致」の君臣の倫理に基づく立憲君主制が容認されていたと評価し、デモクラシー運動としても未成熟であったと捉えています。だから民権運動の指導部上層が藩閥政府の側に取り込まれてしまったり、あるいは豪農層が松方デフレ期には雪崩を打って地主に転化してしまうというわけです。

ついでに説明しておくと、その後の民権運動研究では、色川大吉さんなどが武蔵五日市などの民権運動の史料を発掘し、もっと草の根のレベルで開明的な民権思想を農民たちが自分のものとして、借り物ではなく身につけていたことを紹介しています。そこでは私議憲法案なども作られていたことが発見されていて、そうした案のなかには天皇制に対抗しうるような立憲思想、近代的な民主主義思想を持っていたものがあることが強調されることになります。また、豪農民権で民権運動が衰退に向かうという見方に対しては、「秩父事件」についての井上幸治さんの著作（『秩父事件　自由民権期の農民蜂起』中央公論社、中公新書、一九六八）のように貧農民権期の運動の再評価も進むことになります。それらは大石さんの時代の自由民権期研究を補完し、自由民権運動の革新性をより強調するものになっています。

以上のように、自生的発展に関する評価では、国内を先進・中間・後進の三地帯に分けたうえで、中間地帯に属する福島県では「小営業段階」にとどまっており、「地主・小作分解」に帰結（工業面では問屋・賃挽農家関係に帰結）していくような、初期的段階にあったと大石説では捉えられています。このような条件を強調することは、服部さんの問題提起について、国内経済発展の成熟度についての限定的評価を下すことになります。それでも資本主義化と政治的独立が可能になったのは、日本の置かれた国際的条件の下で、農業においては農民層の初期的分解の可能性を摘み取る形で進行し、その結果生まれてきた地主・小作関係が拡大強化されるとともに、工業面においてこの地主＝問屋制資本の「上からの」近代産業資本への転化が進行したからだと考えられています。

ただし、このような方向が明確化するのは松方デフレ期以降のことであり、それまでは二つの道の同時併存が指摘され、開国によって権力的に強行された資本主義化という「講座派」の見解とは距離を保ち、政治史研究の成果（維新の体制変革）と経済史的研究（自生的な発展とその限界）との架橋を図ろうとしているのです。このような政治・経済史の研究を見渡すような捉え方を提示することによって大石説は、以後通説的な位置を持つことになります。

「豪農」という存在の二面性をどう捉えるのかなどは問題が残っていますし、藤田説はとても難解です。その本質において小ブルジョアであるが、その基盤となっている自生的発展段階に規定されてたえず「商人＝寄生地主」へ転化する傾向をもつといわれる存在が豪農とされる範疇です。議論としては理解できないことはないのですが、そのように捉えることはどのような意味を持つのかという疑問に対する答えがすとんと落ちてこないところがあります。そのような存在だとして、現実に見出される富農的な経営体を豪農として性格規定したとたんに、これに対応する経済発展の状態についての評価が定まってしまうわけですから、同義反復のような定義のされ方という印象があります。そんな事情もあって現在ではあまり使う人はいないのですが、こうした議論（「商人＝寄生地主」という概念）は、西洋経済史学研究において提起された絶対主義成立期における農民層分解のあり方についての捉え方に由来するという限りで、普遍的な意味を持ちうるような資本主義化の過程を基準にして日本の近代社会の形成を理解するための手掛かりにされていたのです。

概念的な問題は残りますが、豪農の二面性を強調する議論の特徴に依拠した大石説では、自由民権運動期まで資本主義化の道について二つの可能性が残っていたとする捉え方が示されています。これは歴史的な変化を捉えるうえでは極めて魅力的なものです。経済史では単線的な因果関係を追いかけて必然的な一筋の道を描きがちなのですが、この大石説はそうした捉え方からは自由になっているからです。

【質疑】

質問　**農民層の分解を規定する条件**についてもう少し説明してください。

武田　大事なことは生産力の発展あるいは技術進歩のあり方と、労働力の供給の条件です。一般的に経済発展を議論する場合、それは大塚さんの局地的市場圏論でも、プロト工業化論でも、服部さんの厳密な意味でのマニュファクチュア段階論でも、生産力の発展をもたらすような技術進歩は外生的に与えられていて、なおかつ、その変化は単調になだらかなもので、なだらかな生産力の上昇を想定しています。

この技術変化のあり方に注目すると、小経営の発展を順調なプロセスとして想定することは難しく、条件次第では「後戻り」することもあると理解されています。大規模な治水などの環境条件の変化は、もともと小経営の発展を自律的にもたらしうるものというよりは外生的なものですが、農具の改良とか品種の改良が重ねられていくことが生産力上昇の基礎にはあります。しかしその一つ一つの影響はかなり小さなものですから、技術的な前進が毎年の自然条件いかんによっては吹き飛んでしまう可能性もあり、そうした偶発的な条件なども克服して安定的な増収を実現できるまでにはかなり長い道のりが必要で、容易に到達はできません。その意味では発展の条件としての生産力上昇はかなり長期の視点をもつことでようやく観察できることであり、それだけに変化は漸進的になります。条件次第では生産力の上昇が不十分であるために地主・小作分解になるのも十分に考えられるのです。

もう一つの労働力の供給にも制約があります。見逃してしまいがちな問題ですが、この点に注意を喚起したのは重要な貢献です。賃労働に依存するような生計手段を選択することには強い社会的な制約があるとみた方が良いと理解されています。だから年季奉公などの雇用形態はともかく、自発的に農業からは離脱しない。だから、自生的な発展はこの制約をどう突破したかを明確にしなければならないわけです。この労働力供給の限界について、大石さんは、おそらく幕末開港期の経済的混乱、インフレに伴う急激な農民層の貧窮化のなかで他律的に解除されてくると考えています。これに対して自生的なモデルでは富農が生まれる反対側には必ず貧農が生まれ、彼らは労働者予備軍となる。つまり自生的な発展ではブルジョアジーもプロレタリアートも同時に自律的に生まれると考えられています。しかし、このような理解の仕方では、日本の資本主義化を捉えることはできないというわけです。このような労働力供給条件の変化は、連続的に工業化のプロセスを考える人たちも、断絶的に資本主義化を捉える人たちも議論しなければならないと思います。どちらも資本の側の経営的な拡大やその系譜的連続性・断絶性、あるいは技術的な条件に目を向けがちですが、労働力が潤沢に供給されるということは歴史的な変化を考えるうえでは与件として想定すること自体に問題があるからです。この点は重要な問題提起だと思います。

このような制約条件のもとで、**小経営の発展の可能性**を考えるという枠組みで議論が組み立てられています。

少し繰り返しになりますが、安定的に余剰が発生するような農業生産力の発展があることが経営拡大の条件だとしても、それが偶発的なものであれば、そうした余剰が投資に回ることは自明ではありません。備荒貯蓄されることもあり得るからです。また、安定的な余剰が発生しても、それを投資することで農業経営の拡大につながるかどうかについては、必要な労働力に対する支払いが制約要因になり得ることは既に説明しました。このような制約に直面すると、資本賃労働関係の拡張を伴う経営規模の拡大が選択されるかどうかはわからない。余剰が貸金業にまわされても、あるいは地主経営のための土地取得になっても、その経営体に注目すれば規模は拡大し、資産が増えていますから、経営拡大をしていると見ることもできます。しかし、ここでの議論では、経営拡大が資本賃労働関係の拡大につながるのか、それとも借地経営（地主経営）になるかで、資本主義化にかかわる意味が異なるだろうと考えていて、前者だけが評価すべき経営的発展とされています。言い換えると、地主的な拡大はブルジョア的な発展にとって評価が低いことが論理的には大前提になっています。価値判断が強く働いている論理なのですが……。

もちろん、小作人が雇用労働者を雇って規模拡大をすればブルジョア的発展になるのですが、高い年貢・地租や地代の支払いに加えて、労働力供給に制限があれば、借地農的な経営発展の条件に乏しいと考えることができるので、小作経営の増加は経営的な発展にはつながらないと判断されています。

大塚久雄さんの議論では、小商品生産者としての独立自営農民が、家族労働力を完全燃焼させるほどに働き、生計費を節約して貯蓄し再投資にまわすという行動原理が宗教的な倫理に基づいて説明され、そうした努力を重ねる主体がブルジョアジーとして成長し近代社会の基盤を作り出していくと想定されています。この場合、イギリス史を前提にする限り労働力は囲い込みによってふんだんに供給できる条件が歴史的に与えられているから、問題にされていないのですが、それでもそうして供給される労働者を雇い入れて規模拡大していく姿が資本主義形成のモデルとなっているのですから、ここでも鍵を握るのは資本賃労働関係の拡大なのです。

モデルとしてはこのように議論されていますが、現実に工業化の端緒を開くのは農業部門のなかでも手工業生産の変化、つまり農産物の加工のところなので、このモデルがどこまで説得的であるかは問題が残るのです。実際の手工業的な生産への拡張の場合には、土地の生産性ではなくて手工業生産の技術進歩と雇用労働力の供給条件が主として問題になります。具体的に見ていくと、衣料生産では原料作物の土地生産性以上に制約になったのは、綿では紡績工程の生産性の低さであり、製糸では奢侈品である絹織物の需要の限界ではなかったかと思います。つまり伝統的な生産方法では、糸を紡ぐ作業のところがボトルネックになって、手織機があっても必要な糸が十分には供給されなかったのです。そのことが供給拡大の制約になっています。ややあと知恵ですが、開港後に外国綿糸が輸入され、その後に紡績の機械化が進むときに手織機でもかなりの織物生産が可能になったことからみると、紡績工程の生産性の低さが手工業的な織物生産の経営的な拡大の制約条件だったのだと思います。これに比べると、生糸の場合には、糸の輸出が拡大することに対して小規模な経営が座繰りなどの技術で対応して生産量を伸ばしていますから、紡績ほどの製糸の工程の生産性の制約はなく、開港まで生糸生産が拡大しなかったのは市場が限定されていたからと、私は考えています。生産力的な限界という視点で幕末期までの生糸生産の推移を説明することはできないと思います。

質問　そうすると**国際的契機**を強調する意味があるということですね。

武田　外的な契機あるいは国際的な契機に規定されるという議論ですが、これを貿易の開始によって生じた条件変化として考えて見ると、地主・小作分解に向かうような経済的な環境を変えた可能性があります。

従来の議論でも指摘されていますが、貿易の開始によって綿製品が輸入されると、それらの商品が農村副業の基盤を掘り崩して過剰労働力を発生させるといわれていますから、労働力の制約は小さくなります。その分だけブルジョア的発展の可能性が開けるということもできます。製糸業が市場的な制約を解除されるというのも、同じような意味を持ちます。ややこしいのは、輸入綿糸が国内の副業的な織物業に与える影響ですが、この場合には、過剰化する農家労働力に新しい仕事を与えたということになるかもしれないと考えています。谷本雅之さんが考えているように、問屋制下の賃機が再編成されて、農家における家族労働力の配分の仕方を変えていくかもしれないからですが、このような影響の与え方だと労働力の供給制約の緩和は農民層分解の図式通りにはいかないと思います。

しかし、いずれにしても、幕末開港という外的な契機が必ず「上から」の資本主義化に帰結するというのは早計ですが、内発的な発展を加速するかもしれないということは考慮に入れなければなりません。伝統的な「上からの資本主義化論」が主張するように外圧を契機に資本主義化のあり方が一義的に決まるという主張は再考の余地があります。第一に、貿易の影響によって輸出品の価格上昇が起これば、それは生産性の上昇の限界を緩和して経営的な発展の可能性を拓くこともありうるからです。そして開港に伴う経済的混乱と権力闘争による政治的混乱のなかで生じた物価上昇は、西南戦争前後の政府紙幣の乱発に伴う物価上昇まで断続的に続いていくわけですから、こうした条件は個別の小経営にとってみると、事業拡大の機会が広がる可能性があります。もちろんその反面で破綻のリスクも大きくなりますが、そういう経済状況が幕末維新期の特徴です。だから、外圧を契機にした資本主義化が直ちに下からのブルジョア的発展を圧倒し抑圧してしまうことにはなりません。大石さんの議論は、この点をあまりはっきりとは書いていないのですが、二つの道、二つの可能性があったという議論を私たちが受け止めるとすれば、そうした過渡的な時期として「長期の明治維新」を捉えようとするものとしてだと思います。

もちろん外的な契機が上からの道を強める側面もあります。半植民地化の危機に維新政府が直面していたとすれば、この危機を回避するために集権的な権力機構によって独立が保障できるような軍事組織の編成とか、その基盤となる工業生産が必要であるとの政策認識のもとで工業化が推進されます。そうしたかたちで資本主義化が促されたことも事実です。そしてその原資として農民たちからの租税収奪が強められることもありうるので、このような動きは、農民たちの利害とは対立する。だからこそ、民権運動が強いせめぎ合い、緊張関係を作り出すのです。

質問　そうすると**民権運動の要求**はどのように捉えればよいですか。

武田　ここまでの説明からもわかるように、富農を中心とする民権運動の要求は、政治的な民主化の要求という外見をとっていますが、その背後には経済的な利害があり、その利害を貫くことを阻むものとして藩閥政府の専制性が批判されています。自らの経営的な発展を阻害するような租税収奪に反対し、地域における経済発展を優先すべきだという態度をとって、「上から」の動きに対立しています。この要求を実現するために、政治制度そのものに異議を申し立てているという筋で理解されています。その限りでは西欧の民権思想に共感したという思想の側面よりは、経済的利害が強く反映された政治運動というのが民権運動の理解の仕方です。しかし、そうした構図を描きながらも、既に説明したように、経済的な利害を代表する豪農が極めて不安定な存在であり、議会制民主主義のような近代的政治制度を要求するほどにはブルジョアジーとしては成熟していない。それだけでなく、経済的な条件の変化によっては――現実には松方デフレのもとでインフレによるビジネスチャンスが萎んでいき、地主・小作分解の方向が明確化すると――政治的要求それ自体が変質し、「上から」の動きに取り込まれうるものだったと考えているのです。

ここまでいけば色川さんたちの主張は、大石さんが指摘している思想の「未熟さ」という解釈とは対立していることはわかります。自由民権運動の評価は視点によって多様だと思いますし、実際に極めてラディカルな思想を自らのものにした人たちがいたことも事実ですが、それだけでは時代の変化は説明できないようです。実際には、大石さんの議論に即していえば、「上下調和」「君民一致」の君臣の倫理ということですから、そうした考え方も含めて、安丸良夫さんが強調するような民衆の側にある「通俗道徳」が決定的な役割をしたという解釈の方が妥当ではないかと私は考えています。その意味では新しい時代状況の中で選択可能な二つの可能性のなかから、そのいずれかを選択する際に、輸入思想の影響以上にそれまで人々が共有していた行動原理の方が大きな影響を与えたのではないかと思いますし、経済的には自律的な発展をリードする可能性を秘めた豪農たちも自らの利害を貫くための思想的な根拠を新たに獲得するような自己革新を遂げた存在ではなかったことになります。

以上

この講義は二〇〇九年五月一八日に行われた録音記録から再現し、補筆したものです。

【近代編3】

第3章　地租改正とその背景
――丹羽邦男『明治維新の土地変革』――

テキスト　丹羽邦男著『明治維新の土地変革――領主的土地所有の解体をめぐって』、御茶の水書房、一九六二

参考文献　長岡新吉「地租改正の歴史的性格」歴史学研究会編『明治維新史研究講座4』平凡社、一九五八
丹羽邦男「明治前期における租税の性格について」一～六『商経論叢』八巻～一〇巻、一九七二～一九七四

1　領有権の解体と土地所有

テキストは、丹羽邦男さんの『明治維新の土地変革』ですが、それは、領主制の解体（廃藩置県と家禄処分）を歴史的な前提として分析したうえで、壬申地券から地租改正法の決定過程に及ぶ地租改正の経過を追ったものです。ただし、日本資本主義論争以来の論争点になっていた地租の歴史的な性格（封建的な貢租かどうかなど）については、参考文献に掲げた『商経論叢』の論文に委ねられています。

全体を概観すると、明治維新の土地変革という主題に即して明治維新期の経済政策史研究という性格を持っていますが、そのなかでも財政収入面の制度設計が主たる対象とされています。そのために領主制とどう向き合うのかが問題であり、これについて版籍奉還、廃藩置県、地租改正、秩禄処分という四つの大きな改革を一体として捉えて、そ

の改革を通してつくり上げられる維新政府の歴史的性格を論じるという構成になっています。

丹羽さんの議論では、この維新政府の性格を論じる上でポイントとなっているのは二つあります。一つは、旧領主層との距離感です。維新政府は、旧領主層を基盤としながら権力を奪い取り、新都東京に作り出されるわけですが、その際、分権的な統治体制では政権を維持できないために集権国家体制を構築する必要に迫られています。そうなれば領主権をどう処理するかが問題です。平たくいえば旧大名たちをどのように処遇するか、それに連動して士族層とどのように向き合うかが問題です。この問題の解決は、各藩が幕末期にかけての藩財政の困窮化に加えて、戊申戦争にかかわる費用の捻出のために抱え込むことになった債務処理などを絡めながら進められることになります。

一言で言えば、この解決の方法は「領主制の有償解体」です。有償解体というのは、一定の対価を支払って新政府が領有権を買い取ったかたちになったということです。この対価の支払いが秩禄処分につながる旧領主層への処遇問題であり、同時にその対価の支払いの財源を如何に確保するのかという財政制度の改革の問題につながります。

重要なことは、領主的所有権が解体されることによって、領主的な土地所有権と農民的な土地所有権とに二重化されていた土地所有権が一元的に私的権利として農民の手に渡っていくことになったことです。二重化されていたというのは、次のようなことです。領主は幕府から与えられた領地について排他的な租税徴収権をもっていましたから、そうした権限に注目すれば、領主が領地を支配し、所有していたというのが封建社会のあり方とされています。その一方で、耕作する農民、「本百姓」といわれる農民たちは、年貢を納める義務を負いながら、それぞれの家族を養うにたる耕地を排他的に利用しており、それは代々相続されていくものですから、農民の土地に対する権利もかなり強いものがあります。これを農民的な土地所有権として概念化し、封建社会では土地に対する権利が二重に存在すると捉えるのが、通説的な封建社会についての理解だったのです。この理解に沿って明治維新後の土地変革は、これを一元的な土地所有権に改めるものだという視点から議論が進められています。

土地所有権を明確化することになる制度改革が、地租改正です。地租改正は、それ自体としては租税制度の改革であり、新政府の財政基盤の確保のためのものでしたが、それが主たる課税対象となる耕地に対する所有権を確定することになったことはよく知られていると思います。

ところで、領有権の有償解体という過程を私たちは当たり前の変化、唯一の選択肢であったかのように見ているかもしれません。しかし、それは決して唯一の方法ではありません。なぜなら、政治体制の大規模な転換が起き、その転換にともなって旧体制を支えていた封建的な領主制が否定されていくとき、たとえば、領有権の解体はフランス革命のような暴力的な変革では、領主身分の剥奪と一体になって無償で、極端な場合には彼らの命とともに新権力が奪い取ることもあり得るからです。したがって、有償解体は、旧領主層の利害にも配慮したものであり、政治体制の変革としては妥協的な側面を持っています。この妥協的な性格は、維新政府の中心にいる人たちが、もともと下級とはいえ武士身分の出身者であったという事情があるためだと考えられています。それだけでなく、幕末維新期の外圧のもとで、領有権の解体・否定に反発する領主層が反乱を起こし、それが深刻化し長期化すれば、新政府のもとでの独立が危うくなるという事情もあったというべきでしょう。早急に中央集権権力を作り出すためには、旧領主層の反発をできるだけ押さえ込める方策が必要でした。それでも、士族反乱などが起きているのですが……

妥協的であったとはいっても、新政府の取り組みには、重要な特徴があります。一般的には、耕地の所有権の設定について、「耕作者に土地所有権を付与した」と表現されていますが、このような表現は、必ずしも正確なものではありません。もし耕作者が重視されているのであれば、幕末期までに広汎に展開していたとされる質地地主関係のもとで、実際に耕作にあたっている小作人に所有権がなぜ与えられなかったのかが説明できないからです。その意味で、所有権の設定の仕方には耕作者という原則では割り切れない、説明しきれない要素が含まれています。

これは著書に明示されているわけではありませんから推測ですが、たぶん丹羽さんはこの点を気にしていて、現実には耕地の所有権が移転されていて、地主経営や豪農経営が発生している、そういう状態を追認しながら納税義務を負うものが誰かを決めていくことになったと考えています。だから耕作者である小作人ではなく、地主に所有権を与えることの方が抵抗が少なく、政策的にも望ましいと判断したと理解しているのです。領主的な土地所有権は否定するが、農民間での事実上の所有権の移転が進んでいることは受け入れるわけですから、地主の利益は守られています。こうした捉え方から、明治維新政府は、地主制を階級的な基盤としていると評価されています。自作地は自作農のものとなりますが、たとえば永代小作権を持っているような小作人でも、耕作権が優先されることはなく、土地所有者からは排除されています。地券の交付先について、地主小作関係が展開していれば、その現実を追認して地券が地主に交付され、そうした関係がなければ耕作者として自作農が作り出されていくというわけです。これは地租が高かったとか、その租税がどのような本質を持つかという資本主義論争での論点とは別のことです。地租改正は、幕末維新期にまで進展していた農村経済社会における農民層の分解の結果を追認していくという性格を持っていたという評価は、重要な意味を持つと思います。

それではなぜ領主ではなく、地主だったのでしょうか。地主を制度的に認めるというのであれば、旧領主層に土地所有権を与えて、そうして生まれる巨大地主が耕地を分割して所有するような仕組みにし、実際の耕作者は自作農も含めて小作人にするというような制度改革も想定できないわけではありません。イギリスなどでも大規模な土地貴族は残っているのですから、荒唐無稽ではないのです。巨大地主のもとで、農村内で発生している地主たちに耕作権を与え、彼らがその耕作権をさらに小作人に又貸しする二重の小作関係を作り出すということも可能かもしれません。しかし、維新政府はこのような方式は駄目だと考えていました。実際に採用されなかったのですから、そう考える以外にはありません。想像ですが、このような方式では領有制を解体しても集権権力が樹立できないと考えたためだと思います。しかし、このあたりの構想がどのようにしてまとまってくるのかはよく分かりません。この本を読んでも当然の選択のように、つまり旧領主層の領主的所有権は否定する方向で、初めからそのように決めつけた方針に沿って進められていくようにみえます。その点では租税制度の改革のなかに見出される試行錯誤や、その前提となるような複数の構想のせめぎ合いに対比できるような経過が領有権の解体については明確ではないので、当事者たちは選択肢が多様にあり得ることを考えていないという印象を与えるものになっています。

しかし、これは少し奇妙なことです。ただこれ以上の手掛かりはありません。地租改正に至る過程で地方官会同などを開いて意見を聴取したりしていることは、この時期のものの決め方としては極めて民主的な方式をとっています。五箇条のご誓文の「広ク会議ヲ興シ万機公論ニ決スベシ」という宣言に沿って下からの意見を聞こうとしているものです。もちろん決定の権限は権力の中枢に握られているという意味では限界がありますが、知恵を絞っているように見えます。そうした改革の進め方とも版籍奉還、廃藩置県による領有権の解体過程は異質です。それだけ、領主と土地との関係を切ること、それによって領主層がもちうる潜在的な反乱・反抗の可能性を排除することが領有権の解体過程では重視されていたのだと思います。

2　大石説と丹羽さんの地租改正論

ところで、以上の議論の展開から分かるように、丹羽さんは、農村経済の変化のなかでは、地主的な経営発展を重視しています。それは、本書第2章で説明した大石説、つまり自由民権期までは下からの発展の可能性も残っていたという見解とは異なっているようです。大石説の構図と対比すると、維新直後の丹羽さんの理解は、豪農がもつ二面性の一方だけに政権の基盤を見出したことになります。丹羽説は維新政府の性格が地主的なものになっていくことが明確化するにつれて、それとは異なる発展の道を追求する勢力が民権運動を支えるようになり、大石さんが描くような対抗的な関係が改めて作り出されたと考えていると解釈することもできます。

ただし、このように理解しても、丹羽さんが維新政府の階級的な基盤として重視する地主的発展が松方デフレ期以降の寄生地主制の発展に直結していくものなのかどうかははっきりしていません。これに関連して寄生地主制の研究について一言触れておくと、寄生地主制研究では、資本主義経済の形成との関係で寄生地主制が成立してくると考えるのが有力な見解です。つまり、寄生地主制論では、地主は資本家的な経営発展を断念して小作料収入へ依存する存在であり、そのようなあり方が基盤を固めていくのは、高率の小作料の収奪が資本主義セクターでの経済発展と親和的な関係、相互補完的な関係になっていくからという理解ですから、資本主義発展への道筋が明確ではない明治維新の地主制とは性格が異なっています。したがって、寄生地主制に対する通説と、明治維新期までの地主的発展なるものとの関係は別に議論する必要があるように思います。この時期の地主的経営の発展は大石説では、豪農的な発展の制約のなかで生じているものだからです。

もちろん「地主」か「豪農」かについては属人的な議論をすることの意味はありませんから、同時に併存・進行していることと、政府の改革が地主的な利害に有利なものとなっていく傾向を持ったことは矛盾するわけではありません。しかも、地租改正の実施のために策定された「検査例」は、あとで詳しく議論しますが、自作地と小作地とを区別して、それぞれの地価の算定方式を示していますから、政策を立案する側は、少なくとも実態としての耕地について自作地と小作地が存在することは認めています。ここにも実態としての変化を追認したことが現れています。

問題はその意味ですが、なぜ第二則を必要としたのかを考えると、建前の制度論としてはおかしい。土地の永代売買の禁令が解除されているとはいっても、解除されたばかりの時期の話ですから、解禁後に地主小作関係が急展開しているという非現実的な見方をしない限り、小作地を想定した検査例を必要とする理由は、建前論からは説明できません。したがって合理的な解釈としては、新政府の官僚たちは少なくとも地主的な土地所有が展開しつつある現実を認識しており、それ故に法的な建前はともかく、現場での混乱が小さい方を選択したということでしょう。地主とか豪農とかが登場しつつあるという農業経営の変質、封建的な建前からの逸脱を公式に受け入れていたことになります。むしろ、その意味では新政府の担い手たちは、封建的な制度的枠組みの原則からは一歩進んだ、変化した経済社会の状況に依拠していたのです。比較歴史制度分析の捉え方で表現すると、人々の行動がすでに変わっているという意味では「制度化」されていたものを、公式の制度のなかで追認したというべきかもしれませんが、少なくとも建前を振りかざす可能性が残っていた地主の土地所有に対する権力的な介入は封じ込められたことは認めてよいでしょう。それによって安定的な租税収入が確保できると考えていたのだと思います。よく分からないのですけれど、このあたりの説明は丹羽さんの場合には、政策構想のレベルでは維新政府の担当者が経済実態を十分に理解していたとは言えないと考えているようですが、現実的な解決策を推進したと理解する方が筋は通ります。

ところで豪農的な経営発展という視点で見ると、第二則の六八％という小作料の想定は、土地を借り増して経営規模を拡大することをほとんど不可能にするほどの地代ですから、豪農的発展を許容する方向をもっていれば、地租改正の方式は違ったものになったかもしれないと思います。しかし、そうではないので、改革者たちには地主的な発展しか見えていなかったのでしょう。また、土地を買い増すということを考えても、地租改正が税収を確保するために実勢より低い金利を計算式に入れ込んで、結果的には計算される地価を高いものにしていますから、豪農経営のブルジョア的発展の方向には不利なものです。その意味では、私は地租改正を中心とした改革は地主・小作分解を追認する方向にあり、豪農的な発展とは対立する側面が強いと思います。

前章でも話したように、幕末開港によって豪農経営の発展を制約していた条件が変わったと私は考えています。綿では輸入綿糸によってそれまでの紡績工程での生産性の制約が解除され、生糸では価格上昇が収益性を改善したからです。だから明治維新期に地主的な経営発展だけが有力であったというのは実態とは異なっていると考えています。これに対して丹羽さんが維新の改革過程が地主を権力的な基盤に組み込むような動きをしていたと評価しているのであれば、それは豪農的な発展を抑圧するような権力の誕生を語っているように思います。

一九六〇年代の研究は、明治維新政府は本質的にはどのような歴史的性格を持っているのかという議論につなげていく志向を持っていますから、階級的な基盤などを重視します。私たちはそれを視野に入れなければならないとは思いますが、だからといってそれに完全につきあう必要もないとは思います。

しかし、明治維新期に起きた事柄が自由な営業活動の基盤を作り出していくような制度改革を伴ったとか、私的所有権を最終的に承認したとかの進歩的な側面だけを強調する議論については、もうすこし慎重に明治維新政府の過渡的な性格をとらえる視点が必要だと思います。そのような評価を視野に入れて幕藩体制期から明治期にかけての経済発展をどのように捉えていくかを考えていく意味はあると思います。本当に営業の自由は保障されるのか、契約の自由はどうか、民間人の経済活動は当事者の同意がないままに恣意的な権力の介入が抑止される、権力的介入からの自由が保障されているのかを実態に即して捉えることは大切な問題だと思います。

3　地租の性格について

つぎに、資本主義論争以来の争点になっている地租の性格についてもふれておきましょう。かつて講座派は、成立した地租が極めて高率であり封建時代の年貢と大きな差がなかったこともあって近代的な租税ではないと主張し、これを絶対主義権力成立の根拠としても強調していました。高率である理由は、伝統的な共同体的社会関係に基づく「経済外的強制」にあると考えられていました。これに対して、労農派は地租が形式的には資産の収益に対する課税であることを主たる根拠として近代的な租税制度の出発点に位置づけていました。高すぎる小作料は農村社会に貧農層が多く、限られた耕地を争って小作地として借り受けようとするからだと説明されていました。この評価は明治維新をブルジョア革命とみる労農派の見解と整合的なものですが、いずれの見解も論争の背後にある左翼運動の方針の対立を反映したものでした。だから、結論が先にある印象が強いものです。

その後の研究は、地租という制度が形式的・外見的には資産課税という近代的な租税と共通するような考え方に立っていることは認めたうえで、もっぱら講座派的立場から、それでもなお地租を近代的な租税と評価するのは問題があることを明らかにする試みであったといっても良いと思います。その中で、地租改正の実施過程に注目して分析したのが丹羽さんの研究であり、このほかにも福島正雄さんの仕事（『地租改正の研究』有斐閣、一九六二）など多くの研究が残っています。実施過程で地主的な利害に沿うものであったと評価する丹羽さんの見解は、地租が近代的な租税制度としては問題を残している、前近代性をはらんでいるという立場に立っていることになります。

この地租の性格について丹羽さんの考え方は、「明治前期における租税の性格について」という『商経論叢』の論文で詳細に示されています。そこでは、結論的にいえば、地租改正法令に示された内容それ自体は、地租が近代的租税としての性格を備えているとの評価を下しています。そのような形式にもかかわらず、地租改正法令には、近代的租税として地租を設定するという理念とともに、「地租改正ノ始先ツ旧来ノ歳入ヲ減セサルヲ目的ト」するという国家財政上からする現実の差し迫った要請も働いていたことに注意を向けることを求めています。

丹羽さんはこの現実の要請に対処するために、地租改正において実質上地価決定の準拠となった検査例が作られたと考え、その内容を検討していきます。検査例の内容はよく知られているので、それ自体には立ち入りませんが、丹羽さんは、さまざまな修正が実施過程で加えられた結果、検査例は現実の土地の「真価」を探るという建前から離れ、実質的には収穫米高（または小作料額）から地価を算出する単なる数式になってしまったと評価しています。なぜかというと、この算定式は、実質的には収穫米に定数八・五を乗ずれば地価が決まるというだけの意味しか持ちません。そのような関係が成り立つように利子率などが恣意的に選ばれ、税収を多くすることが試みられています。だから収益還元方式によって地価を定め、その一定率を地租とする資産課税の考え方は、外見的には近代的であってもその実質がどのようなものになるのかは、運用次第では変わってしまうものだったのです。

丹羽さんは、地租改正によって従来の税収額を少なくとも維持しなければならないという現実的な政治的要請があるため、政府側は税負担の軽減についてはふれず、ただ税負担の公平均一化を強調してきたとみています。しかし、こうした形をとった税負担の不公平是正の強調は、ブルジョア的な税負担公平の原則の表示ともとれるし、他方で、旧来の儒学思想によっても理解されるところのものであると考えています。

このような認識から、丹羽さんは地租改正法における地租の近代的性格は、その後の実現過程で内容的には否定されたと評価します。つまり、地租改正の実現過程ではさまざまな操作によって地価を政府の想定する「目的」額にまで引き上げる規定が追加され、その本質が露呈したというわけです。この点を丹羽さんは、地租改正事務局議定とか地租改正事務局達、さらに府県の伺に対する指令等の文書から明らかにしています。

変質をもたらした理由の一つは、改組前には、廃藩置県の指導理念である「万国対峙」を実現するための条約改正が企図されており、これについての希望的な見透しに基づいて国内における税法の改革が計画されたという事情がありました。丹羽さんの評価では、十分な国内外の事情を把握せずに、それ故に経済実態などについての理解が不十分なままに改革が構想され、現実には条約改正による関税の増収が実現できないことが明確化するとともに、財源確保が優先されるようになり、これへの現実的な対応が進んだというわけです。だから、構想のレベルで大蔵省官僚が抱いていた理念としての近代的税制とは実質的に異なるものが現実化したのです。したがって、外見的な資産課税方式から地租の歴史的性格を捉えるのは不適切だということです。

4　地租改正の意義

地租改正は、これまで話してきたことからもわかるように、明治維新期の重要な租税制度の改革であると同時に、土地所有にかかわる制度改革でもありました。前者の点では、地価の決定方式に由来する特徴が資産課税であるために物価変動に対して非弾力的（毎年地価を市場価格で改定しない限り）なことに加えて、共通する計算式で定められるという限りで形式的には全国的に統一された「公平」な税制度であったこと、さらに現物納から金納に変わったことによって徴税のためのコストが大幅に削減されたことなどが指摘できます。この最後の点は、後の研究で現物納では徴税コストが一五％程度という高さであったことが明らかにされています。

このような租税制度の変化以上に研究史上で重視されたのが、土地所有権のあり方に与えた影響であることも異論はないところのようです。

繰り返しになりますが、この土地所有権について、廃藩置県以後の明治政府の土地政策が、地主的土地所有を解消する方向から、地主的土地所有を創出する方向へ大きく転換しているという評価をしている点に丹羽さんの特徴があります。この評価には、改正に先立つ議論のなかで提示された陸奥宗光の「沽券税法案」などが地主的土地所有の否定を企図するものと評価できる側面を持つとか、あるいは領主・家臣団に有利な形での領主的土地所有の妥協的改変を意図したものであったと評価できること、これとの対比で明治六年以降の地租改正実施過程を評価して、改革の方向が転換していることを主張するものです。それゆえに、この主張は長岡新吉さんによって、「地租改正における地主制展開の内在的メカニズムを明らかにしたにとどまらず、明治政府の基本政策が廃藩置県の時点を画期として大きく屈折している点を検証し、地租改正・秩禄処分の基礎に政商・寄生地主の階級的利害が貫徹していることを究明することによって、明治維新の本質解明のためには、たんに討幕過程の分析にとどまらず、地租改正の意義と役割を明確にすることが不可欠の前提であることをわれわれに示した」と評価されたのです。長岡さんは、宇野理論を基礎に日本近代経済史を考えていた人ですから、立場から言えば労農派的な見解に近い人ですが、そうした人からも好意的な評価が示されています。こうして丹羽説は地租改正についての通説的な見解となったように思います。

なお、この丹羽説について、暉峻衆三さんは、地租改正を契機に小作料の改訂・引き上げが行われている事例に基づいて、そうした動きの根拠に検査例第二則で例示された高率の小作料率六八％があるという丹羽さんの評価について、そこまで断定し維新政府が地主制と結合関係にあると評価するのは言い過ぎだと批判しています。この暉峻さんの批判は、大石説に近い立場からの批判ということになるかと思います。

5　所有権の概念について

次に土地所有権との関係を考えてみましょう。この場合、実質的な所有権の移転が質入れの形式で起きていることと制度的にそれが認められているかどうかは、とりあえず区別すべき問題として考える必要があります。たとえば残余財産権を経済学が議論するときには、対等な契約関係が前提になっています。しかし、封建制の下では租税の徴収については権力側が一方的に決定できるとすれば、たとえ排他的な耕作権を持っていたとしても、租税の一方的な決定に異議を申し立てられないので、所有権の承認という点に関しては、近代的な観念、制度的な保障はないと評価できます。西欧社会を基準にした場合には、ブルジョア革命で成立する近代的所有権は、ブルジョアジーが絶対主義権力による恣意的な租税賦課に異議を申し立てて自らの権利を獲得したと理解されています。

このような比較史的な視点から考えると、明治維新前の幕藩制社会における農民の耕地に対する権利は近代的所有権とは区別されるものと理解すべきという立場に立っているのが、現在の通説的な理解です。権力からの介入を排除し、自らの代表が議会で決めたルールであれば従うという論理が近代社会の所有権に対する保障の仕方だからです。実態として土地が売買されていることは否定できないと思いますが、所有権のもつ排他的な資産収益の支配権を封建的な土地に関する権利関係では、制度的には保障されていないのです。

いうまでもなく、変化した側面はあります。完全ではないにしても明治維新の変革過程では、土地に対する私的な権利が認められる方向にあったことは間違いなく、それは職業選択の自由を制限する身分制を廃止するとか、営業の自由の制限も緩和されたこととも共通しています。これは、権力による私的領域への介入への制限ということができますから、こうしてさまざまな経済的な自由が認められ、権利として獲得されるという構図の変化にも注意を払うべきでしょう。その時、私たちが重視しなければならないのは、近代的な自由、人権というのは、権力による恣意的な介入との強い緊張関係のもとで確立されてきたものであるということです。そうした緊張関係をはらんでいるからこそ、何か問題が起きたときにきちっとそれらの自由や権利が保障されていることが明白でなければ近代社会の形成としては不十分だということです。外見や形式で結論づけるわけにはいかないし、そうした経緯で生まれただけに、それらの自由や権利は現在に至るまで、権力が恣意的に侵害することを抑止することが法体系の根幹に埋め込まれているのです。それが近代社会の特徴だと思います。

経済発展とか資本主義社会の形成という近代の入り口に立ったとき、私的所有権を認め、所有物の売買の自由を認めることが近代経済社会の基本的な前提条件であることは説明を要しないかもしれません。そうした自由が認められることによってはじめて企業経営は自律的な発展を遂げることができるようになります。こうした条件が認められることによって、企業経営にとって必要な計算可能性が明確になります。この条件が満たされないと、つまり恣意的な権力的介入がいつでも起こりうるというのでは、計算可能性は危うくなります。この違いが近代を画すると私は考えています。前近代にも近代企業に比定できるような事業組織が存在し、市場取引が都市などを中心に行われているとしても、それらの活動の自由は、権力がそれらを黙認しながら利用しているだけということだと考えています。もちろん、そうではない考え方、評価もありうるとは思いますが、近代社会が工業化・産業化という側面と同時に、政治的な民主化を特質とするという歴史的な捉え方を尊重するとすれば、民主主義の本質が権力を民衆の支配下に置くこと、権力を管理し、必要であれば民衆がこれに抵抗し、交替を求めることができることにあるとすれば、権力的な介入の恣意性が残る余地があるような制度的な状況が改められていくことが必要なはずです。石井寛治さんが『日本経済史』で、代議制を欠いたまま藩閥政府が一方的に設定した地租は、絶対主義的な性格を持つというような評価を下しているのは、そのような見方に立つものであり、近代的租税というためには、その租税制度としての外見的な形態だけでなく、民衆による同意が条件として備わっていることが重要だと考えていることを示しています。

近代社会への移行という問題は、地租改正というような租税制度の変化だけに注目して議論できるものではありません。税制度の実質論では、租税制度が上から押しつけられていても、制度的に安定すれば十分ではないか、つまりどのように決定されたかによって固定的な性格規定をする必要はない、その意味は時間の経過とともに変化しうると私は考えています。しかし、それ以上に重視しなければならないのは、資本主義的な経済制度が近代的な産業化・工業化を推進する経済制度として中核的な役割を果たすとすれば、その基盤となる市場経済システムの主要なプレーヤーである経済主体が経済的な自由を確保できることは必要な条件だということです。その点では、税の決まりかたに限らず、制度的変化が明治維新期に起きたことの意味を実態に即して的確に評価していく必要があると思います。

【質疑】

質問　**領有権の解体**という視点から地租改正を議論することが丹羽説の特徴になりますか。

武田　有償解体という評価はその通りだとしても、地租改正に至る道が地主的土地所有の容認という方向であったと言い切るのはすこし無理があると思います。しかし、地租改正の前提として租税徴収権を集権化する必要があったこと、そのために版籍奉還や廃藩置県が必要であったとすれば、地租改正を単独の改革として議論することの方が難しいことは異論がないと思います。中央集権国家をつくり上げるためには領主の権力を剥奪する必要があった。そうでなければ彼らが保持していた軍事特権と租税徴収権が集中できないからです。それを実行したのが版籍奉還であり、廃藩置県です。これを進めていけば、租税制度の改革が必然的に日程に上るという関係だと思います。同じように士族の処遇にかかわって、秩禄処分と並行して徴兵制を核とする軍事組織の編成も必要になるというわけです。

ここでは、丹羽さんの分析が、政策史的な視点あるいは政治経済学的な視点によって貫かれていることに注意すべきです。我々が学ぶべきことは、対象として設定された歴史的な事象が、そうした研究の視点を要求していることに即して選ばれているということです。あらかじめ方法的な視点を定めて事象を眺めるのではなく、その事象を説明するために必要であれば、経済史的な視点を超えた分析が進められていきます。つまり、歴史研究においては、対象が方法を規定するのであって、その逆、方法によって対象や分析の範囲が選ばれるのではないのです。後者は、しばしば応用経済学的な分析において見られることですが、それは歴史研究とは明確に一線を画する、別の研究分野の仕事であり、そうした方法との差異を理解し合ったうえで、相互に尊重し参照し合うべき研究領域なのです。

質問　**地租の性格**については形式的・外見的な租税の形式から評価することでは不十分と言うことですが……

武田　そのような批判的な見解が現在では通説的な位置を占めています。つまり形式と実質的な内容とが乖離するということです。それまでの地租の本質規定についての論争――地租を封建貢租か近代的租税かという――は、資本主義論争の時代以来続いてきた論争です。それは地租改正論争というだけでなく、天皇制国家のあり方にまでつながる論争でした。現時点では、このままのかたちで論争は継承できないと思います。AかBかという二者択一の問いかけ自体に問題があります。

仮に丹羽さんが明らかにしたように、当初の意図では近代的な租税制度に近いものが構想されていたとしても、それが挫折し、近代的租税の形式を持ちつつもその内実が「押し付け反米」となっていったこと、そのために実質的には「人民の同意を条件として確保していない専制的な性格」を持ったことも認められるとしても、そこからはさらに議論すべき問題が生じます。つまり、そうした租税制度が、現実の経済社会のなかでもった機能は、どのようなものであったか問題です。政策史研究は、そうした政策の実施過程とその効果にかかわる検討を放棄しては完結し得ないからです。と同時に、かりに租税制度の近代性を限定的に理解するとすれば、そのような性格はいつまで持続するのか、たとえば議会制度の整備などによって変化するかという問いを立てることも可能だろうと思います。課題はこのように残り、検討を求めています。

質問　地租改正についての最近の研究はどのようなものがありますか。

武田　丹羽邦男さんは、参考文献で示した論文などの趣旨にそって『地租改正法の起源』（ミネルヴァ書房、一九九五）を出版しています。また、奥田晴樹『日本の近代的土地所有』（弘文堂、二〇〇一）があります。奥田さんはこの時期の研究を精力的に現在も続けている研究者です。このほか、佐々木寛司さんの『日本資本主義と明治維新』（文献出版、一九八八）があります。この佐々木さんの仕事は、地租改正を日本における原始的蓄積過程の主要な出来事と位置づけたうえで、資金の創出の役割を地租改正と国立銀行設立が果たしたと主張していますが、この議論はあまり説得的ではないように感じています。資金蓄積については、石井寛治さんなどの研究によって、産業化の資金源泉としては商人的な富の蓄積が重要であることが実証的に明らかにされています。

むしろ、原始的な蓄積過程から産業革命期にかけて、**工業化の担い手とその資金源泉**を議論しようとすると地租改正の議論からはどんどん離れてきているようです。これに関連して、少し最近の議論にふれておくと、地方における産業発展の担い手として地方名望家論などの議論があります。この議論は、産業革命期にかけてのことですから時期的にはあとの時代になりますから、直接的に豪農的な発展との連続面を見ているわけではありません。どちらかといえば伝統的な共同体的な性格を持つ社会構造との関係を意識しながら、そうした地域で工業化の担い手、あるいは近代産業の出資者となる階層が存在し、それなりの役割をしたことも明らかにしています。名望家という捉え方については、谷本雅之さんや阿部武司さんなどの議論では、産業化の担い手であるとともに、地方で必要とするさまざまな投資資金の提供を利益目的というよりはある種の社会的な貢献として行うという側面が見出されているように思います。他方で中村尚史さんの「地方の工業化」という捉え方では、産業化にも地域の政治活動にもアクティブな階層が存在したことが、国内の産業発展に重要な意味を持ったことが強調されています。

このような問題提起を、地租改正を含めた明治維新期の経済史研究にかかわって考え捉え直すことは、今日的な課題ではないかと考えています。直感的で実証的な根拠は十分ではないのですが、地主的な土地所有が明治維新期には政治体制の基盤として期待されながら、他方で自由民権運動を生み出すような政治勢力を、その経済的な基盤とともに育て、松方デフレ期までは二つの可能性があったという大石説を考慮すると、その後のデフレ期に寄生地主制が形成されつつ、同時に地方でも工業化の担い手が改めて登場するという議論になります。その時に、その工業化の担い手が政治的にもアクティブな主体であり、おそらくは系譜的には民権運動期を経験している人たちの中から再びブルジョア的な発展の契機が出てくるということになります。私は寄生地主の成長が地方の経済階層の最上層を形成する一方で、それよりも下位のグループに経済的にも政治的にも変化の目を生みうるような可能性をもった人たちが生まれたということではないかと考えています。

質問　経済政策を全体としてみるとすれば、**殖産興業政策**についてはどう捉えればよいですか。

武田　殖産興業政策の古典的な研究としては、小林正彬さんの『日本の工業化と官業払下げ』(東洋経済新報社、一九七七）と石塚裕道さんの『日本資本主義成立史研究』(吉川弘文館、一九七三）があります。政策の意図は地租改正を含めた維新の諸改革に共通するものであり、対外自立を急ぐための工業化政策と外資排除の徹底が特徴になります。そこには独自の軍事組織の形成に見合った軍事工業を重視した工業化政策だけではない、より広い産業化政策という側面があることは確かだろうと思います。他方で、どのような効果をもったのかについて殖産興業政策の評価はさまざまに分岐します。政府部門の失敗の典型のように説明する人たちもいますが、技術導入についての成果は上がっているという見方もあります。関連したさまざまな論争が一九七〇年代にはあったのですが、その後はそれほど目立った議論の展開が見いだせないということではないかと思います。最近の議論は、このような官営事業の展開よりも民間の経済主体の変化、発展に関心が集中しているようです。

以上

この講義録は、二〇〇九年五月二五日に行われた大学院の講義の録音記録や、関連文献を参照して作成されたものです。

第4章　産業革命研究の到達点

――大石嘉一郎編『日本産業革命の研究』――

テキスト　大石嘉一郎編『日本産業革命の研究』上下、東京大学出版会、一九七五
参考文献　A　大石嘉一郎「日本資本主義確立期に関する若干の理論的問題」『歴史学研究』二九五号、一九六四
B　大石嘉一郎「日本における「産業資本確立期」について」『社会科学研究（東大）』一六巻四・五号、一九六五
C　大石嘉一郎編『シンポジウム日本の産業革命』学生社、一九七二

1　大石嘉一郎さんの産業革命研究

まず、大石さんが書いた参考文献に取り上げた一連の論文から始めようと思います。その後で、大内さんの議論と高村さんの議論も視野に入れて議論を進めます。

大石さんの論文には、大きく言うと二つのポイントがあります。一つは、山田盛太郎以来の研究史全体をどう理解するか、あるいは、どう批判的に継承するか、という問題です。二つめには、そのことを踏まえて、日本の産業革命をどのようなものとしてとらえるかという議論があります。参考文献の論文（A）は主として後者のことを書いたもので、論文（B）は先行研究批判を意図したものです。これらの議論は学生社シンポジウム（C）や産業革命研究会

がまとめた今回のテキストに要約した形で改めて提示されています。

これから紹介する産業革命に関する大石説は講座派的な伝統をふまえた通説として概ね受け入れられていると考えてよいと思います。もちろん、例えば三和良一さんの教科書ですとか、岩波のシリーズ『日本経済史』では、全く違う議論をしていますから、研究状況から見ると多様な意見が表明されたままの状態にあるというべきかもしれません。この章の後半でとりあげる高村直助さんの議論も講座派批判です。他面で、経済史の枠を取り払って歴史研究全般でみると、講座派的な見解の影響力が強いようです。いずれにしても近代社会を理解する上では産業革命を避けて通るわけにはいきませんから、きちっと研究史を理解し、それぞれ自分なりに考えておく必要があります。

大石さんは一九二七年生まれですから、三二歳の時に論文（A）を書いたわけです。一九六三年に福島大学から東大の社研に移って産業革命研究会を、大石さんより一〇年歳下の高村さん、石井寛治さん、中村政則さんなどと始めました。大石論文（A）に触発された若手が集まったのです。一九六〇年代の半ばのことです。一九七二年に出ている学生社のシンポジウムの本（C）はその途中経過報告のような側面を持っています。この時に大石さんが四〇歳代の真ん中、ほかの人たちはほとんどが三〇歳代です。メンバーみんながすごく若く、私たちからみると大先生が練り上げられた堅固な議論を展開しているように思えるのですが、若い世代が新しい研究課題に意欲に燃えて、新しい議論の基盤を作ろうとしているのです。こういう状況を理解して読んでいかないと、大事なことを見落とす気がします。そこでは、四〇年前の日本資本主義論争以来のさまざまな議論を発掘して再吟味しながら、これを批判的に継承して産業革命期以降の経済史研究をどう進めていくかを議論しています。それからさらに五〇年以上たっていますが、現在の私たちも、単に「古い議論」として切り捨てるのではなく、どのように継承できるかを考えていこうと思います。

2　産業革命期研究への関心

日本の経済史研究を振り返ってみると、一九五〇年代には明治維新史研究や地主制研究が主流だったようです。時期的には、幕末維新期から明治一〇年代くらいまでの日本を対象としていました。このように資本主義社会への移行期が問題になっていましたが、一九六〇年代には移行期の研究が行き詰まりを見せていました。第1章で紹介したように、服部之総さんの問題提起に基づくマニュファクチュア論争とか、大塚久雄さんの局地的市場圏モデルに基づく自生的発展の検出という実証的な試みが期待したほどには成果が上がらなかったからです。いくつか注目すべき事例は見いだせたのですが、商業的な発展の中心は三都の商人たちが主たる担い手になる遠隔地商業であるという事実を覆せない。そのために改めて「上からの資本主義」という捉え方に戻っていこうとしていました。それが幕末開港をめぐる芝原拓自さんの研究の背景でもありました。

このような状況の中で、移行期の問題の重要性も認めつつ、近代に成立した資本主義社会そのものを歴史学、経済史学が研究対象とすべきだという提言が歴史学研究会で、西洋経済史研究者である吉岡昭彦さんによって提示されます。明治維新から一〇〇年近くを経過し、高成長を遂げつつある日本経済を前にして歴史研究者としても資本主義社会の分析を主題として、「産業革命期の研究へと研究の重点を移すべきだ」というわけです。歴史研究が現代的な問題関心からずれ始めているということなのですが、この背景には六〇年安保で左翼勢力が明示的なオルターナティブを出せないということへの反省などがあったように思います。現代的な関心に引きつけて研究を進めるためには資本主義の構造分析ができるような研究活動が求められたわけです。

この提言を受けて、産業革命の研究へと歴史研究の関心が移されていくようになり、日本については大石さんを中心とした研究グループがアプローチの骨格を固めるような研究を発表していくことになります。紡績業や製糸業の研究が進められ、このほかにも応用経済学の研究分野の研究者が財閥や恐慌の研究を発表していました。その結果、私が一九七〇年代前半に大学院に入るころには、新たにどんな研究をすればよいのか迷うほどの産業革命期の研究蓄積が生まれました。

3　大石説の特徴と宇野理論

議論をリードした大石さんの方法的な特徴は――これは大石さんがどのような問題を扱う時でも共通するものですが――それまでの論争の双方に目を配って統合的に継承しようと試みることです。そのために講座派の山田盛太郎に代表される構造論的な捉え方と、労農派の考え方を継承して資本主義の発展を段階的に捉えようとする宇野理論的な捉え方について、両者の長所をとってよりリアリティのある歴史認識として提示しようとしています。ただし、大石さんは基本的には講座派に近いスタンスをとった上でその限界を克服しようと議論を進めるという点では、研究者としての生涯を通して変わっていません。この点は、社会科学研究所の共同研究において、戦後改革についての、いわゆる「連続説」と「断絶説」を統合しようと試みたことや、帝国主義史研究会の共同研究での研究の総括の仕方などでも貫かれていると思います。

したがって、大石さんの議論の一番大きなポイントは、山田盛太郎『日本資本主義分析』の議論をどう批判的に継承するかということにあり、その際にこれと対極にある大内力さんなどの宇野理論を基礎とする見解をどう取り入れるか、継承すべきポイントは何かということになります。師弟関係から見るとねじれがあるのですが、つまり、大石さんは大内力ゼミの出身、その大内さんは大塚久雄ゼミの出身というわけですから、大内さんも、大石さんも自分の先生には批判的です。しかし、強い影響を受けている面もあります。

4　二部門定置説を再評価する

さて、産業革命論ですが、この点では山田盛太郎『日本資本主義分析』の二部門定置説の意味解釈、再評価がまず問題になります。

議論の前提として、産業革命を資本主義社会の成立の指標とすることについては、対立する学派の間にこの時点では特段の異論はありません。この時点ではというのは、一九七〇年代にプロト工業化論が登場し、その後イギリスの産業革命について「革命的変化」への疑問、もっとゆっくりとした連続的な変化だったという主張が出てきますが、この時点では産業革命の画期性について異論がないからです。そして、産業革命を論ずるにあたって、機械制大工業の成立という、技術的な要素を含んだ生産力的な発展と生産様式の変革が焦点であることも共通認識です。重要なことは、単に生産力的な変化ではなく、それを通して資本家的経営が成立してくることを重視していたことです。

このような共通の基盤のもとで、山田『分析』を資本主義の構造論との関連でどのように具体的な歴史認識として評価するかで議論が分かれていきます。資本主義全体の構造を論じることが大塚久雄さんや大内力さんの議論では十分にできないという判断がその背景にはあります。まず大塚久雄さんの方法、つまり、資本主義社会の形成を局地的市場の発展に基づく共同体関係の解体という方向から考えることについては、「消極的」な規定の仕方であり、構造論としては不十分と考えています。伝統的な社会の解体ではなく、新しい社会の特質を論じうるような方法的な視点が必要と考えています。また、大内さんの農民層の分解から考えるのも、大塚史学と共通するミクロの理論としての限界を指摘することになります。農民層分解からプロレタリアートが析出されてくることは重要だとしても、それだけでは積極的には資本主義社会の形成を捉えられないと考えています。共同体的な社会構造の解体という点に焦点を当てているという点で、大内さんは大塚さんの影響を受けているという解釈も可能かもしれません。関連して、これはちょっと別の議論ですが、古島敏雄さんの自生的で伝統的な産業部門の機械工業化を重視する議論についても、大石さんは産業革命論としては不適切と論文（B）で指摘しています。この古島さんの議論は産業諸部門で機械制の工場制工業が支配的にならない限り、資本主義社会が成立したとは言えないとの仮説に基づいて『工場統計表』を分析して、早くみても大正三年にならないと工場制が優勢にならないから、日本資本主義の確立をその時期まで後ろにずらして考えるべきだと主張したものです。この古島説に対して産業革命の歴史的な意味を正確に捉えていないと批判しています。こうした批判的な視点を出発点に日本の産業革命について大石さんは議論することになります。

大石さんは、国民経済の構造転換、資本主義的生産様式への移行を論じることが必要だとの立場に立っています。国民経済レベルの構造的転換、経済制度の移行を論じるためには二部門定置説が有効と考えています。

『日本産業革命の研究』の「序章　課題と方法」で大石さんは、岡田与好さんの産業革命とは「歴史的＝経過的生産様式としての近代資本主義の確立を決定づけたところの、国民経済の急激な資本主義的改造の歴史的画期」との捉え方を支持することを明言しています。この岡田さんの捉え方は、そもそも資本主義も歴史的な存在であり、経過的な生産様式であるとの立場に立つものですから、資本主義の形成は市場経済の発展一般に解消されないものだという理解に立つものです。資本主義も克服されていく歴史的存在であり、社会主義への移行をその先に想定する史的唯物論が基礎にあることは確かでしょう。

ただし、注意すべきは、ある国民経済が存在して、それが資本主義に変わるのか、それとも国民経済が新たに形成されるとともに資本主義になるのかを区別しようとすると、その点は大石さんの説明では明確ではありません。少なくとも日本の場合には、あるいはドイツにとっても、イタリアにとっても近代国家の形成ときびすを接するように資本主義経済が展開しています。この経過はイギリスの場合とは違います。また、広大なフロンティアをもったアメリカも違った捉え方が必要かもしれません。つまり、国民国家が成立し、これに対応した国民経済が形成されていたことを前提に、それが資本主義経済制度へと改造されるという岡田さんの捉え方はイギリスの史実に忠実に過ぎて少し問題があると思います。

この点を留保した上で大石説に戻ると、この国民経済の「改造」は、「生産様式の変革」とともに「資本賃労働関係を基本とする階級社会」の成立を意味しています。それは封建社会の領主と農民から資本家と賃労働者という対抗関係に変わることですから、その意味で農民層の分解が進行することが必要条件となっています。この過程はマルクス経済学では資本の原始的蓄積過程とよばれているものですが、大石さんの産業革命論では産業革命はその「原始的蓄積の最終局面」として捉えられることになります。この点は宇野理論とは微妙な差があって、宇野さんの場合には自由主義段階の起点として捉えているので、後ろの時期に含まれるのですが、大石さんたちの考え方は「最終局面」ですから、原始的蓄積の過程が終われば産業革命も完了しているということになります。あまり厳密に議論することに意味はない気もしますが、いずれにしても移行期の問題です。

5　再生産論の具体化という方法

その上で、産業革命分析するために山田『分析』からの継承点として「再生産論の具体化」と「地代範疇」という二つを取り上げているのが序章の第二節です。これらの議論は私もよく分からないところが残る難解な議論です。再生産論の具体化の方法的手続きとして大石さんが出してきた「産業構造」「経済構造」「階級構造」の三つのレベルを想定するところからは理解できるのですが、そこまでの議論は難解です。

再生産論の具体化という議論がもともと山田『分析』のなかで明快ではないのです。いろいろと議論が続けられてきましたが、具体的に示されているのは『資本論』で提示されている二部門を想定した再生産表式です。この議論はマルクス経済学のなかではいろいろな論点につながっています。おおざっぱにまとめれば、恐慌の必然性とか大衆の窮乏化などに関連して言及され、社会主義革命に至る資本主義社会が内包する矛盾、不均衡を明らかにするという論理展開に再生産論が用いられていました。しかし、『資本論』を「自律性をもつ資本主義社会のあり方」を分析する経済学の書物として読んだ場合には、再生産表式は資本主義社会の単純再生産（そして拡大再生産）がもつ構造的な特徴、つまり消費財と生産財とに分けて、この二つが均衡的に発展しうる条件をそもそも備えているが故に、資本主義社会は再生産が可能だということを明らかにしているものです。

もっとも資本主義社会の再生産が可能であるということについては、もう少し広い視点で見る必要があります。ある社会が持続可能であるための条件を考えると、それはどのような経済体制であっても、それぞれの時代のそれぞれの経済社会の成員が必要とする食糧などの消費財と次の時期の生産活動を開始するための投資財、あるいは貯蓄が不可欠です。再生産表式はそうした条件を示しており、さらに経済規模が拡大するための条件は投資にまわされる余剰がその前の時期よりも大きくならなければならないことを示すものです。そういう意味では経済体制にかかわらず普遍的な「経済原則」を表現するものとも考えられます。つまり、ある閉鎖的な経済が持続することを考えてみると――これをその経済社会の「再生産」と表現しますが――そこでは社会の成員が生きていくために必要な生活資財（食糧や衣類など）を生産するために必要な労働力が確保されなければなりません。この労働力の再生産とは、人々の生存が保障されることです。他方で、生活資財を作るためにはそのための道具や原材料が必要になります。これが投資財です。したがって社会の再生産には消費財（生活資財）と投資財との二つの財が必要であることは、特定の経済システムに依存しない「経済原則」――資本主義であろうと社会主義であろうと、あるいは封建制であろうと共通する原則――だということです。もしこの条件が満たされなければ人口の方を調節する、インボリューションのような状況も生じうることは文化人類学の観察でも確認できることでしょう。だから生産財と消費財がともに適切に生産されていることは、資本主義に固有のことではありません。そのような枠組みである再生産表式を産業革命を論じるために使うことに積極的な意味があるとすれば、それは二つの部門が異なる経済主体によって担われているということなのです。

どういうことかと言うと、そもそも前近代の農業社会では、農具などが部分的に鍛冶屋などの専門職によって作られることはありますが、肥料をはじめとする農業生産に必要なものは、基本的には農家経営の中で作り出される。最も重要な次年度の耕作を始めるために必要な種籾などもその年の生産物の一部が蓄えられたものです。もちろん、年貢として収められた部分は道路の建設や治安維持の費用などに使われていますから、そうした社会資本は別ですが、生産そのものが繰り返される仕組みは農家経営に内包されています。

このように資本主義経済社会成立前の生産の仕組みは、生産財と消費財の生産主体が明確に分離されないままの状態にあります。したがって、それぞれが分離された生産主体のもとでその経営体が資本家的経営の特徴を備えるようになるというのが、再生産表式の二部門を利用して資本主義経済社会の成立について議論することを意味あるものにする視点なのです。二部門が想定されることは、最低限の社会的分業が成立しており、それを結びつける市場が形成される必要がありますから、その意味でも近代的な経済社会の特質を映しています。しかも、市場経済的な関係は、この分離に伴って生産に必要な労働の主体のあり方に浸透していきます。その点を表式の各部門がC＋V＋mという構成をとることが示しているというのが再生産表式を資本主義分析の道具として認めている人たちの解釈です。そういう意味で、素材の面（生産財と消費財に代表される）での循環とともに、資本と賃労働が繰り返し確保され続けているという側面も表式論は表現しているというのが大石さんたちの独自の解釈です。それは資本・賃労働という階級関係の再生産が行われることも意味しているのだというわけです。この解釈では、二種の財が単に生産されることだけではなく、それが資本主義的な生産関係のもとで生産されることが必要になります。物的な側面ではなくて、それが資本と賃労働との関係のもとで生産されていることでなければ積極的には意味をもたないからです。

資本と賃労働と社会的な余剰とを二部門に分割して考える捉え方は、マルクス経済学に固有の議論ではありません。現在ではあまり言及されることはありませんが、ロバート・ソローなどの成長モデルの展開系として二財モデルとして経済成長を論じようというモデルの構築が試みられたことがあります。宇沢弘文さんの初期の重要な仕事のなかにこれに関する論文があります。ただし、その後の理論的な深化はあまりみられず、私が不勉強なこともありますが、経済成長のモデルは、単純な一本の方程式で表現されることが通例となりました。これまでの議論と対比すると、再生産表式が経済原則だとすれば、成長モデルも同様に経済原則のレベルの議論で、それ自体が資本主義の発展とか市場経済メカニズムの発展を意味するわけではなく、単に産出量の増加を問題にしているだけのモデルです。

これに対して、大石さんたちを中心とする山田説を支持する人たちは、資本主義社会は資本と賃労働を基軸とする階級社会であるから、経済原則もそういう階級関係そのものの再生産が安定的に行われることによって貫かれるはずだと考えています。資本主義が資本主義として成立した、持続的な社会関係になったと判断しうるためには、二つの部門がともに資本主義的なセクターとして成立していなければならないはずです。この再生産表式という経済原則を基礎とするモデルを資本主義的に読み替えて適用すると、資本主義経済の確立は二つの部門ともに資本家的に担われていることが必要十分条件と考えるのです。そうすることによって、特定の部門から始まる機械制大工業の展開が資本主義の確立をもたらすという構造変化の終期を確定できるはずだということになります。

6　産業構造から経済構造へ、そして階級構造の分析

二部門に即して分析するとはいっても簡単ではありません。そこで大石さんはすでにふれたように、具体的な分析の第一歩に「産業構造」を置いています。そこでは産業構造の高度化が進むことに生産力の発展が表現されると捉えるとともに、それぞれの産業部門における資本家的経営の成立が資本主義経済の形成の鍵を握ると考えます。前者は紡績業などの軽工業中心の産業構成が重工業中心に変われば生産力が発展していると解釈できるということです。これは再生産表式論では「構成高度化表式」とよばれる議論と関わっています。もともとの表式は資本と労働力の関係（相対比率）は変わらないまま規模の拡大を論じているだけなのですが、技術進歩があって資本装備率が高まれば、表式のCとVの関係が変化します。それにより再生産の条件も変わることを示したのが構成高度化表式とよばれるものです。CとVの関係が変わってより多くのCが必要となるとすれば、投資財部門の方がより速いスピードで成長することになる。この投資財部門の産業発展が進むことを具体的な産業の態様に合わせると重化学工業の発展というイメージと重なる。つまり生産力発展をもたらす技術進歩は産業構成の高度化に結果するだろうというのは、そうした理解から出てくるのです。ただし、一言だけ付け加えておくと、現実の重化学工業化は中間財の生産の拡大という形

で進展している面があるので、それが直ちに技術進歩によるものかどうかは議論の余地があります。

この産業構造の議論の次に「経済構造」が問題にされるのは、産業構造論だけでは財政などの政府の役割や金融などの問題が視野にはいらないからです。それらを含めた経済全体のマクロの構造を議論することが次の手順です。そして、最後に政策を遂行する国家を問題にするために「階級構造」が問題になります。

再生産論の具体化と並んで重視されたのが、「地代範疇」ですが、これこそが日本資本主義の特殊性を理解する上で必要な規定を与えると山田『分析』では考えられています。大石さんはこの議論を継承し、重視しています。「地代範疇」が『分析』で明示的に論じられているのは冒頭の凡例と序言ですが、ここで主張されているのは、資本主義は一般的な特徴によって説明できないような、国ごとの特殊性を持つことです。その特殊性は封建的土地所有の解体の差異に基づいて類型化されています。イギリスのような囲い込み運動による場合、ロシアのような農奴解放による場合等々です。この土地所有制度の解体の仕方が資本主義の「型」を決めると山田盛太郎さんは主張しています。この議論を翻訳し直すと、前近代社会から近代社会への移行過程で生じる近代的土地所有制度の形成のされ方が重要だということになります。結果的にはこの議論が山田『分析』では地主制の議論につながるのです。

こうした継承の面とともに大石さんが方法的な視点として重視しているのが、山田『分析』では一国史的な視点にとどまっていることを克服するために、国際的な契機を導入することです。こうして世界史的な規定性を明確にすべきことが主張されています。この研究が日本の開放経済体制への移行期に進められていることや、外圧への対応という近代化の起点に国際的契機を重視した研究が重ねられていたことなどを考えると、自然な問題関心であったと思います。

7　綿業中軸説の基礎としての宇野理論

大石さんの産業革命論のなかで、主たる批判の対象となっているのが「綿業中軸説」です。労農派の見解を受けた形で理論的に洗練されてきた「宇野理論」を基礎にして、大内力さんや高村直助さんなどが主張したのが綿業中軸説です（大内力『日本経済論　上』東京大学出版会、一九六一、高村直助『日本資本主義史論』ミネルヴァ書房、一九八〇）。

綿業中軸説の説明の前に、宇野理論の特徴を簡単に見ておくと、①経済理論を現実の経済を分析する際に有用な道具とするために中間理論としての「段階論」を構想したことに積極的な意味があり、②労働力の商品化を資本主義の基本規定とする理論体系であることです。つまり経済理論としては、労働力商品化に資本主義経済制度の特質を見出すとともに、そこに横たわる「無理」が資本主義経済制度の限界を予告するものと考えています。

この宇野理論の段階論を大内さんは、日本のような「後進国型」資本主義を認識するために必要な枠組みと位置づけています。そこには、一方で、戦前の講座派が、資本主義の一般理論を適用して日本経済を分析し、一般理論からの逸脱をすべて半封建的と見なす誤りを犯していたこと、これに対して、労農派は、講座派を批判しつつ、他方で、資本主義は発展すれば、同一の発展のパターンに近づくと考えていたために、これも現実的な分析として成功しなかったという資本主義論争に対する批判、反省があります。

ただし、これについて私見を付け加えておくと、宇野弘蔵さんの段階論では自由主義段階の段階としての特質は必ずしも明確ではありません。帝国主義段階などについては独自の議論がありますが、自由主義段階についての説明は資本主義への純化傾向を示すという捉え方に立つ限り、原理的な世界の捉え方と区別がなくなるからです。大内さんの説明の仕方に沿って考えると、自由主義段階への移行を画する産業革命では、衣料生産の機械制大工業化がそれまで農業と結合されていた自給的家内工業を決定的に破壊し、農民層分解を介して商品経済を全社会的におしひろげることが最も重視されます。これが労働力を商品として資本が支配することを可能にする基礎条件だというのが、宇野さん、そして大内さんの自由主義段階、産業革命の捉え方です。

この議論では、労働力の商品化が進展することが産業革命の本質だと考えています。伝統的社会の生産活動は単に農業生産に集約されたのではなく、農業生産と手工業生産が一体化しており、封建社会における農家経営はそれらを複合的に経営している主体であるとの捉え方が前提になっています。この関係を機械制大工業の製品が破壊し、手工業生産を壊滅に追いやり、農家経営の基盤が揺らぎ農民層が分解していくと想定しています。これが綿業中軸説の基礎にある考え方で、言い方を変えると、綿業中軸説の特徴は、自動的な農民層分解進展説であり、それは商品経済の浸透力を前提としているのです。そこでは、資本家的経営によって生産される商品の価格と品質が、否応なしに農家の家内工業生産を破壊し、農村を商品経済に一方的に巻き込むと見ています。だから、大内さんが「われわれは資本主義は産業革命を契機として確立するものとして理解するが、それは必ずしも資本家的生産が生産の大部分を占めるにいたるという意味ではない。たとえ量的には部分的であっても経済全体の動向を左右するような基軸産業において資本家的生産が確立し、資本主義に固有の経済循環が規則的に現れるようになれば、それをもって資本主義の確立と考えることができるという意味である。循環的恐慌の開始をその指標とするのはそのためである」（大内『日本経済論上』二〇〇〇）というとき、そこでは衣料生産の機械制大工業化を契機に産業革命が農民層の分解を伴って自動的に進むかのような語り口になります。

このような捉え方はもともと宇野理論が新古典派の経済学と共通点を見いだせるような純粋資本主義を想定することに由来するように思います。市場メカニズムの自動的な調整過程を想定しているのです。

しかし、本当にこの過程は自動的かつ不可逆的に進展するのでしょうか。最低限同意できるのは、この説明の最初のステップで労働力が余ることだけです。これは間違いなさそうです。手工業生産から機械制大工業にある分野の生産が代替されれば、単位あたりの生産物に必要な労働量は減るからです。このようにして農家経営が副業的な手工業生産の放棄に追い込まれれば余ります。しかし、余ったからといってそれを市場で労働力として売ることができる雇用機会が発見できるとは限りません。大内さんは日本資本主義を論じるときに、過剰労働力の圧力が強いことを強調しています。それは後発国であるために資本の有機的構成が高い生産技術が導入された移植産業が発展するために相対的には雇用吸収力が弱いからだと説明されています。だからこそ過剰労働力が低賃銀に帰結するとともに、潜在的に過剰化する労働力を抱え込まされる農家経営では高率小作料を競争的に受け入れさせられていると説明します。つまり、実際の歴史過程の説明でも、余った労働力が新たな雇用機会に出会うことで生存を保障されるようなプロセスになることは説明されてはいないのです。しかし、理論的にも現実的にも、過剰労働力が吸収されていくような雇用機会が創出されるというシナリオを想定できないとすると、過剰であるために生ずる潜在的失業状態は社会を不安定化すると思います。もし資本主義が新時代を切り拓く生産様式だとすれば、経済社会の安定性を損なうという捉え方では問題があると私は感じています。

宇野さんの理論的な想定では、失業者や過剰人口は資本主義経済システムの外側に存在しています。宇野理論における「純粋資本主義」では、労働力は資本主義経済システムにある程度自由に出入りする。理論とはそうしたもので、つまり過剰人口のプールを農村や都市のスラムなどの非資本主義セクターに現実には依存するのですが、そこはまさしく非資本主義的なセクターですから、その点まで経済理論が説明する必要がないと割り切っています。景気循環によって必要な労働力量は変動します。それはその社会の人口の規模という大枠に制約されているとは言っても、ある程度の範囲内ではその変動を許容するのです。このような理解は、現実の社会に即してみると、資本主義社会が市場メカニズムの上で機能するようになったとしても、その作用する範囲は部分的だということです。そしてこの非資本主義セクターというバッファーを食いつぶしながら、資本主義は社会に広く浸透していきますが、それが社会的に安定したシステムであることを、資本主義論として説明するためには、労働者の生存が保障される仕組みであることを説明する必要があります。

その意味では、資本主義的な商品による市場メカニズムの浸透によって伝統的な農村社会、共同体的な関係が解体されていくだけでは不十分だと思います。資本主義はそうして生じる農民層の分解によって生存の危機に陥る労働者の予備軍を本隊に組み入れていく、つまり雇用を拡大していくメカニズムであることを説明する必要があるのです。この説明を省略すると、安定的な経済システムが形成されることにはならないので、問題があります。

議論を先に進めるためには、資本主義的な経済システムが拡張していくこと、つまり資本家的な経営が拡大しそこに雇用機会が創造されていくことによって労働者が生活の糧を得られるようになるプロセスを考える必要があります。現実にそれは産業の発展を通して見出されることですから、特別なことではないのです。しかし、だからといって、たとえば衣料生産で機械制大工業が成立すれば、関連産業も自動的に発展するとは限りません。関連産業の発展や補助的なサービスなどのニーズに対応した企業発展が実現するという条件が必要になります。このことは植民地プランテーションがその領域の経済をモノカルチュア化させるだけにとどまることを思い起こせばわかりやすいと思います。そこでは経済発展はかなり歪んだかたちになり、それこそ貧困の再生産が続くことになります。

仮に資本主義の基本的な特徴が、宇野理論が主張するように労働力の商品化にあるとして、これを各国資本主義の「現状分析」に適応しうる媒介理論としての「段階論」として構成する際には、商品化の歴史的なダイナミズムを具体的に分析しうる視点を明示する必要があります。その意味で綿業中軸説には問題があるのです。

8　論争の現段階

したがって、一般的には、第一に国民経済の形成が地域間分業を介した全国的な市場経済の展開として見出されることが資本主義経済の成立の前提になります。なぜなら、このような条件が形成されることによってはじめて、資本家的な商品が自給的生産を破壊していく回路が形成されていると考えることができるからです。この回路を欠いては、資本商品が流通し浸透していくことはないと思います。第二に、綿業中軸説が注目するように、自律的な機械制大工業の発展とそれによる農村家内工業への破壊的な影響が浸透することになりますが、そのうえで、第三に、農村社会の動揺を抑制し得るような社会的基礎の形成、つまり一方で国家の救貧政策が施されるとしても、より本質的には市場経済の発展に伴う雇用機会の増大を通して経済社会の安定性が確保されることが重要だということです。

高村直助さんはこのような問題を意識して大内説を部分的に修正し、国民経済の自律性への配慮を「その円滑な再生産の諸条件の確定」という形で表現しているようです。しかし、その議論は実際には生産財生産部門での自給度の向上というような、産業発展が輸入代替を通じて進むことを重視する議論です。このような視点は、モノのレベルでの順調な循環が可能になるという意味で、講座派的見解（二部門定置説）に歩み寄っているのですが、それだけだと、宇野理論が強調する労働力商品化論との関係が明らかではありません。なぜ、モノのレベルにこだわるのか。賃労働はどのように議論されるのかについて、明確な議論が必要だと思います。モノのレベルの議論という点では、高村さんの意見は大石さんの産業革命論と共通性が高く、争点が見出しにくい議論になりました。

これに関連して注目しておきたいのが石井寛治さんの「二部門定置説」についての理解です。『日本経済史　第2版』（東京大学出版会、一九九一）では、山田『分析』の視点を基本的に継承するとはいえ、その際には階級社会の成立を産業革命の意義を論じる上で重視しているようです。つまり、産業革命とは、全社会を資本家と賃労働者の両極に分裂せしめていく原始的蓄積の最終局面＝資本制蓄積の全面開始期であると捉えて、そこでは、資本家は機械制大工業経営において賃労働者への支配を完成することが重視されています。これは、熟練労働の無力化（熟練労働力を排除するというマルクス経済学の視点）を雇用労働者の内実に即して理解するという意味でも重要なものです。このような視点は第6章で説明するように、石井さんが製糸業の分析を通して器械製糸業では手工的熟練に依存しつつも等級賃銀制によって熟練女工といえども自らの裁量で労働することはできず、資本家の求めるように働かされる、つまり資本によって賃労働の支配が貫徹すると捉えたことに基づいています。こうした捉え方によって、機械制大工業のような労働の単純化だけではなく、他の方法によっても資本の賃労働支配は形成されうることが示されたのです。

つまり、経営の中で熟練労働力の抵抗が無力化されれば、それを根拠にして資本家的経営が成立する。したがって石井さんの産業革命論は、①機械制大工業の成立によってマクロ的に見れば、安価良質の製品の大量供給による商品経済の浸透をもたらすという影響を認める一方で、②ミクロ的に見れば、労働の現場の主導権の争奪にかかわって、資本家的な企業経営成立の根拠を明確化し、これを指標とすることを重視するものです。

このほか、石井説では、綿業中軸説に対して、イギリスでも衣料生産が農村家内工業として営まれていたという事実は根拠に乏しいと批判しています。つまり、綿工業の発展に先行する衣料生産の主力が毛織物工業であり、それらは地域間の分業を基盤に統一的な国内市場を形成していたこと、これが綿業における機械制生産が国民経済に急速にかつ広範囲に影響を及ぼし得た歴史的前提をなしていることを指摘しています。ここでは商品経済関係の浸透が先行しており、綿業の産業発展が切り拓いた商品経済関係という綿業中軸説とは逆転した関係として捉えるべきだというわけです。このようにイギリスの産業革命においても綿業の過大評価があると綿業中軸説を批判しています。

私は、こうした議論に対して、確かに紡績業は日本の産業構造の基軸産業であり続けていたが、明治三〇年代から四〇年代にかけて産業構造を変容させるようなリーディングセクター（主導産業）は重工業部門に移動したことを示すことによって、二部門定置説が強調してきた産業構造の変化が進展していると説明しています。それは、個別にモノのレベルの国産化などを論じるのではなく、産業構造の変容をもたらすような力を重工業が持ち始めていることに産業革命の進展・成果が見出されると主張するものです。

意図していることは、二部門定置説を「後進国日本の産業革命」に適用する場合に、不均衡な産業発展のために、産業革命の終期の確定が困難であるとか、農民層＝中間層の分解が不十分であるなどの問題点は同意できるのですが、「生産手段の国産化の方向が確定した時期」を終期とするなどの主張は、生産手段生産部門の量的な劣位に囚われすぎた議論という印象があり、このような議論を改めた方がよいということです。確かに、イギリスと比較すれば産業発展の不均衡は著しいのですが、基軸産業としての繊維工業と主導産業の重工業部門への移行という捉え方で、明治後半期の産業構造の変化を把握できれば、二部門の意味は無理なく理解できるというわけです。これが武田「産業革命期の需要構造と産業構造」（『日本史講座第8巻　近代の成立』東京大学出版会、二〇〇五）の主張点の一つです。産業構造の変化に注目し、資本主義経済システムが自律的に経済発展の主導力となり、確実に雇用の機会を生みながら展開し始めたことを意味していると理解することによって、綿業中軸説がもつような不十分さを克服しながら、モノのレベルの問題にこだわっているように見える講座派由来の産業革命論の問題点にも解決の道筋をつけようとしたのです。

以上が方法的な問題です。最後に『日本産業革命の研究』がその後の研究に与えた影響とか、注目した論点について簡単にふれると、実証的な論点では、この書物とこれに結実する各執筆者の研究が与えた影響は極めて大きいものがあります。高村さんの綿業論や石井さんの製糸業はもちろんですが、①第二章で、産業貿易構造に関して、名和統一の三環節論を批判し分断的産業構造と分裂的貿易構造論を提示したこと、②第五章でそれまでの流通独占に偏っていた財閥論に対して、鉱山業を中心に財閥資本の蓄積を描いたこと、③第六章で官営工場における「ワンセット生産体制」を指摘したこと――このワンセットという捉え方は宮崎義一さんの企業集団論に出てくる表現を借用したものと思いますが――、④第七章で地主制と資本主義の同時確立説を唱えたこと、⑤第一〇章で「綿米交換体制」として植民地化以前からの「植民地」朝鮮の支配の意義を論じたことなどは、その後も議論が重ねられる論点になります。

【質疑】

質問　産業革命論の指標の一つとされる「**中間的利害**」とは何ですか？

武田　中間的利害というのは、資本主義社会の基本的な階級構成を理論的には、資本家・賃労働者と考え、これに地主を加えた階級構成からはこぼれる人たちの利害です。具体的に小生産者としての農民が代表的な存在で、これがなぜ中間的な存在かというと、農民層の分解を通して資本と賃労働に分離していく以前の存在であり、資本家でもプロレタリアートでもない存在だからです。資本主義社会が階級構成面で純化していくとすればこうした存在は分解されていくので、中間層が残っているのは未分化の移行期と観念される。ただし、ここでは「中間的利害」ですから、実態として小経営者がいなくなることが問題ではなくて、あくまで利害意識の問題です。したがって、小生産者が独自の利害を主張する条件を失って労働者とともに社会的弱者として労・農の広い利害の一致が成立してくるようになることが「利害の消滅」になります。この説明からわかるように、資本・賃労働が基本構成だという資本主義論からは演繹的にはそのような指標に意味を与えることはできますが、これを実証的な指標とすることは無理のように感じています。家族労働力に依存している農家とか商業者などの小経営を、経営体として捉えようとしても、雇用関係は擬似的にしか存在しません。その経営が「収益の最大化」という行動原理に従っていると捉えようとしても、それは観察する側の都合で設定されている仮定に過ぎないので無理があります。もともと資本家とか賃労働者もその社会的な機能に即して規定されているので実態としての人間のあり方には、この機能では捉えきれない多様な側面があります。そして農家経営はそれ以上に曖昧な存在です。前近代社会における農家経営は資本家的な経営への萌芽的な性格を持つことは、大塚久雄さんのモデルなどでも想定されていますが、これは農家経営は資本家的経営の性格を備えていないことが基本的なあり方として前提になっています。そうした社会階層が近代社会の形成、産業革命の進展とともに解体されていく、少なくとも独自の利害を主張できない性格を帯びるようになることが問題になっています。そういう状態になれば、資本主義的な経済関係が支配的になったということもできるという意味で、資本主義の確立の指標として利害意識の変化に注目しているのです。

質問　資本家的経営の成立と**熟練労働力の抵抗の無力化**について、現実には熟練技能の意味は残っているので、そこでの制度的な工夫の意味をもう少し説明してください。

武田　ここでは、資本家的な経営の成立は、資本の指揮のもとで生産現場では最大限の労働支出を強制するような仕組みができることだと考えています。そうすることで企業は最大限の効率性を追求する、収益の最大化に従う組織として成立するからです。

この「熟練の無力化」という議論は、もともと紡績業における単純労働化が生産工程における熟練労働力の抵抗を排除して経営の自立性をもたらしたという理解に基づいています。機械制大工業の意味をそのように捉えたうえで、もしそうであれば、他の産業ではどのように議論するのか。単純に考えれば機械技術体系の採用によって単純労働化がほかでも観察されることでしょうが、この基準を用いると、日本の製糸業や石炭鉱業では資本家的経営の成立は昭和初期かそれ以降になる。それでよいのか。あるいはイギリス鉄鋼業のパドル法が作業の「機械化」と評価できる技術水準なのかという疑問が生じてきます。そうした機械技術の変化ではなく、技術進歩が与えた本質的な変化が熟練を排除することで生産現場に対する資本家の支配、使用者の裁量に従って作業が滞りなく進められるようになることにあると理解し、そのような特徴的な変化に即して捉え直そうと考えているのです。

これは資本主義という経済システムを捉えるうえでは本質的なことだと思います。なぜかと言えば、市場経済メカニズムが資源配分を効率的に実現していくためには、市場のプレーヤーとなる企業が効率性を追求するような組織でなければなりません。それが成立しなければ、市場は期待されるような効率性を実現できないからです。そして、企業がそのような性格を持つためには、生産現場において最大限の効率性が追求されなければなりません。熟練労働の存在は、このような条件を満たすことを制約するものです。

もし熟練労働の供給に制限があるとすると――単純労働の無制限供給のような状態ではないとすると――資本家はその熟練労働者を思うように働かせることができるかどうかは重要な経営課題になります。出来高制のような制度を工夫するのがその解決策の一つです。その場合、標準作業時間などを正確に把握して、それを基準に成果を評価して賃銀を払えば労働者の働き方は変わるかもしれません。ただし、近代初期に使用者側が直面した問題は、経営の計画に沿って働いてもらうことが熟練労働者に対しては難しく、そのために効率的な経営が損なわれたという現実なのです。なぜそうなるのかは、歴史的にみると熟練労働者は賃銀の最大化を必ずしも自らの行動原理にしていなかったという実態があったからです。ここでは経済学の仮定、経済主体が「経済人」としての原理に沿って行動するとの仮定が意味をなさないのです。もともと、人が働くときに収入としての賃銀が最大になるように努力するというのはフィクションでしかありません。産業化の初期には就業時間も守られず、その日その日の課業がどの程度遂行されるかは、労働者の裁量に委ねられていました。もし供給に制限がなければ解雇という脅しが効くでしょうが、代わりがいなければ労働者の交渉力が強く、経営の支配力は損なわれてしまいます。もっと働かせようと高い賃銀を払うとすれば、経営の収益性は低下します。だから、彼らの行動を経営の計画に沿うようにどうやって管理するかが課題だったのです。こうした条件が満たされない限り資本家的経営としては不十分だったと、この議論では考えています。

もちろん、どのように制度的に工夫をしても労働者という人間の気儘さを完全にコントロールすることはできません。課業をマニュアル化し、賃銀制度を巧妙に設計することは繰り返し試みられてきましたが、それは現代に至るまで完全に成功したとは言えないでしょう。その意味では資本家的な経営の成立にかかわる「支配」の評価は程度の問題です。能率給などの賃銀制度が議論されるとき、労働者も賃銀の最大化を望んでおり、それを唯一の原理として行動すると仮定できれば、制度の設計は不可能ではありません。しかし、そうした制度のもとでも労働者は賃銀の上昇ではなく、したがって所得が減ってもオフの時間が増えることを選択するかもしれません。また、一〇時間も一二時間も残業を含めて働く労働者が、実は所定の八時間でできる仕事を引き延ばして残業しているだけということもありえます。こうした事柄は近代的な経営体が成立したあとにも観察されるものですが、そのような意味で資本の賃労働支配が十分にできることも理論的な想定として近似的に捉えるべきことです。繰り返しになりますが、それでも熟練労働力の抵抗が無力化する、つまり彼らに経営の計画に従った作業を遂行することが十分に期待できるような制度的な工夫ができあがる、つまり資本家の目論見に従って作業現場が動くということが、資本家的な経営の成立には不可欠だったと考えています。

質問　**宇野理論に基づく産業革命論**をもう少し説明して下さい。

武田　産業革命に関する大内説との関係を考える上では、まず宇野理論の段階論の受け止め方が問題になります。すべてがそうだとは言えませんが、宇野理論を前提とする人たちにとっては、日本経済論と日本経済史はまったく同義で、区別がありません。宇野弘蔵さんの「三段階論」という分析枠組みで提示されている「現状分析」は、段階論を前提としながら具体的な資本主義経済をあるがままの特質に即して分析することを課題とするものです。一般的には、現状分析という言葉は「現在の分析」という意味でしょうし、マルクス経済学者たちの間では帝国主義以後の、つまり第一次大戦・世界大恐慌以降の国家独占資本主義の時代を分析するというくらいの意味だったと思います。

しかし、宇野理論では、各国経済の具体的な分析は、発展段階を論じた「段階論」が参照基準とされるとはいえ、それをそのまま適用することはできないと考え、それらは「現状分析」として行われるという立場です。だから、産業革命期の日本資本主義を分析するのも、段階論を基準にした「現状分析」になるのです。宇野理論を基礎として段階論を適用して現状分析をすることは、一般に想定されている「歴史的分析」と論理的には同じものになります。宇野理論では、「現状分析」とは現在を分析することではなくて、その国の固有の現実に即して分析することなのです。したがって、最近の「二〇世紀資本主義」のような捉え方は、現状分析としての問題提起ではなく、基準とする段階論そのものが見直しを迫られていることを宇野理論の系統に属している人たちが告白しているのです。

誤解されている面があるかもしれないのですが、宇野理論の三段階論とは「原理論」「段階論」「現状分析」によって構成されるものです。言葉からみても、その内容から見ても、「段階論」は資本主義の発展段階論ですが、それは「重商主義段階」「自由主義段階」「帝国主義段階」の連続する三つの段階を提示しています。しかし、こちらの三つが三段階論という意味ではありません。「原理論」を基準に具体的な経済分析に使うためには、中間理論としての「段階論」

を必要とするというのが宇野理論の特徴です。つまり、宇野理論では、経済理論を具体的な経済分析に使うときには、段階論に示されるような歴史的な変化を取り込んだ中間理論を媒介項にすべきだと考えます。経済学的な原理、理論体系は具体的な経済のあり方を分析する上では抽象理論にすぎるからです。

宇野弘蔵さんがこのような理論体系を提出したのは、日本の経済学研究に対する深刻な反省からだったと言われています。日本資本主義論争での議論の混乱が、マルクス経済学を基盤とする経済理論を直接的に適用したことが理由であったと考えていたのです。そのために、資本主義経済の基礎的な理論を明らかにする原理論をマルクスの『資本論』をより純粋の論理としてつきつめていく一方で、その直接的な適用を避けるために段階論を設定したのです。

やや広げて言えば、現在でも経済史研究では事実に即して事実からスタートする人と、理論からスタートする人がいますが、その理論からスタートする人たちと、宇野理論に基づく現状分析としての日本経済論、日本経済史は同じ方向からのアプローチ、つまり理論からのスタートになります。ただし、重要な違いがあります。宇野理論の原理論では、純粋の資本主義を想定して経済理論を洗練させていくことを意図していました。このような理論の枠組みは、完全な市場を前提にして価格理論などを組み立てていく新古典派の経済理論と近似しています。そうした理論体系に対して、宇野理論ではこれを実際の経済分析に用いるためには段階論という中間理論が必要であり、もともと理論そのものは現実分析に対して抽象度が高すぎるという判断をしているのです。これに対して、最近の企業の理論など近代経済学の理論を用いた議論では、宇野理論が慎重に避けていた理論の歴史的な現実への直接的適用を躊躇なくやっているという意味では、大胆なものです。もちろん、理論体系の方がより現実的な枠組みに改善されていれば、そうしたアプローチが可能になるということもあるでしょう。しかし、そうした面での点検をせずに理論を現状分析に直接的に使おうとするのは、日本の経済学研究の歴史に対して無神経というか、逆行している気がします。この点は、宇野理論を支持するかしないかにかかわらず、広く理論的な枠組みを参照基準にしながら経済の現実にメスを入れようと考えている研究に携わるものは、常に考えておかなければならないことだと思います。

宇野さんが批判的にみていた日本資本主義論争における議論の混乱の例としては、山田『分析』における「再生産論の具体化」という分析視角を取り上げて考えることができます。論理の問題としては注意を払うべき点を示していますが、すでに説明したように再生産表式を分析道具として使うのであれば、歴史具体的な分析ではどのように適用すればよいかは改めて考えなければならないということです。具体的な分析道具として使うのであれば、二つの部門をどのように想定するかが明確にならないと、それぞれの部門での機械制大工業の形成とか、資本家的経営の成立を論ずることはできません。資本家的な生産の成立を論ずるのも簡単ではありませんが、どの産業をとりあげると二部門を代表できるのかも自明ではありません。単純に紡績業とか工作機械工業とかを取り上げればよいという話ではないのです。たとえば、綿糸紡績業は生産財を生産する第I部門なのか、消費財を生産する第II部門なのでしょうか。自動車はどうでしょうか。具体的な商品となると、この二部門の分割は使いにくいのです。綿糸は織物原料ですから、その点に注目すれば投資財ですが、イメージとしては消費財でしょう。自動車は現代の社会では「耐久」消費財ですが、タクシーやトラックに使われれば資本投資財です。

抽象的な理論を使って現実に存在する産業を分析するわけですから、無理があることは分かるはずです。このように理論の歴史分析への適用に慎重であるべきだというのが、私たちが宇野理論から学ぶべき最重要なポイントです。

質問　**外国貿易の位置づけ**と国民経済という単位での捉え方は適切だという立場でしょうか。

武田　実際の分析では貿易を考慮しないことは考えられませんが、貿易によって国境が意識されていることは、反射的に国民経済を分析の基本的な単位としているということだと思います。それは資本主義というのは、一つの経済社会を安定的に発展に導きうる、少なくともある時期まではそのような特徴をもつ経済制度として捉えていることを意味します。別の角度から言うと、ミクロレベルでの資本家的経営の成立だけでは十分ではなく、国民経済の編成が資本主義的な経済原理に従うようになることを明確に認識することが課題として意識されているのです。

たとえば、次のような例を考えてみます。オランダ植民地ジャワで砂糖プランテーションが盛んになった状態です。そこでは砂糖輸出によって経済的産出量は拡大する。その中核にはプランテーションがあり、そこには経営者がいて賃労働を雇っている。この経営体は、資本家的農業経営といってもよいものです。つまり、ジャワの経済は資本家的農業経営を中心にして経済発展を始めていきます。しかし、それではジャワではいつ資本主義経済が確立されたと考えればよいのか。経済規模が拡大しても、それがモノカルチュアとしての内実をもっているとすれば、資本主義の確立という議論は当てはめにくい。とすれば、独立した国民国家が基本的な単位として、法的制度的な枠組みを整え、自立した企業経営が可能になり、その活動が連鎖的に産業部門の多様性を高めていく、そんな状態が理念的には想定されてはじめて、資本主義経済社会であるかどうかの議論ができるのではないかと思います。

その場合、経営主体の国籍が問題なのではなく、それぞれの地域を一つの経済領域としてみたときに自律的な経済発展が可能な条件があるかが問題になります。日本が資本主義化をしていく時代には、国家間の貸借関係が半植民地化、植民地化などの支配従属関係につながる危険性がありましたから、安易な外国資本の導入は警戒されていました。現実の再生産には外国貿易が果たす役割が大きかったことは事実でしょうが、そうした場合でも貿易収支の健全性が損なわれることは自律性を低下させると考えられていました。そうした考え方があったからこそ、「従属理論」が生まれ、経済発展論では発展途上国の「工業化戦略」が輸入代替とか輸出志向が有力な選択肢となったのだと思います。今のように資本移動に制限がなくなり、同時にそれに対する権力的な介入のコストが高くなれば、現代の中国のように外資導入による経済発展も可能になります。それでも議論の単位は国民経済です。

もちろん、ヨーロッパ大陸の小国などを考えても、国としては自立しているけど、経済圏としての自律性よりは、相互依存性の方がはるかに強いということもあると思います。その意味で、国民経済という単位の取り方は、対象に即して設定される分析枠組みの問題に過ぎません。工業化の起点がどのようなものであったのかという関心であれば、大塚さんのような局地的市場に焦点を合わせることもあるでしょうし、黒沢隆文さんのよう国境をまたいだ地域経済に注目することも当然選択されることはあります（黒沢『近代スイス経済の形成』京都大学学術出版会、二〇〇二）。

山田『分析』が国を単位としている背景には、一九三〇年代という時代、そこではアウタルキー志向が強まっていたことがあったように私は思います。第一次大戦をきっかけに総力戦体制の経験などから、このような認識の枠組みが強まっていたことが反映されています。その意味では、戦後の貿易自由化が進んだ時代、あるいは変動相場制の下で資本移動の自由が大きく拡張された時代に、それぞれの国が資本主義経済社会として展開していく時には異なる視点からのアプローチが必要になります。ただ、これは日本の産業革命についての議論とは別のものです。

質問　講座派の日本資本主義理解の根底にある「土地制度史観」とか、**半封建性**という特徴づけをもう少し説明して下さい。

武田　簡単にいうと、山田『分析』では、資本主義の個性は、封建制が解体していく過程における土地所有制度とか領有権の変化のあり方によって決まってくるという理解です。労農派は、資本主義経済そのものを議論することに集中し、周辺的な部分に封建的な関係が残っていても資本主義社会の性格が先進国と異なるわけではないと考えているのに対して、農村における社会関係＝地主制とか土地所有のあり方を重視するのが山田説です。この山田説では、土地所有のあり方を「基柢」と捉えていますが、それは語義的に言うと「根」という意味になります。つまり、資本主義という大きな木があったときに、それを支えている根っこの部分が土地所有制度であり、日本では固有に地主的土地所有という特徴を持っている。比喩的な表現だとは思いますけれど、この根からあがってくる栄養分で木が茂るという構図を描いています。土壌のあり方によって茂る樹木も、茂り方も異なるというわけです。

その意味で山田説は、論理的には土地所有制度が資本主義のあり方を規定していることになる。このような捉え方は資本主義論としてはかなり独特のものですが、どうしてそうした発想が出てきたのかについての手掛かりは、『分析』の序言において、レーニンの『いわゆる市場問題について』とか『ロシアにおける資本主義の発達』を参照し、これと対立する議論となるローザ・ルクセンブルクの『資本蓄積論』に言及していることにあります。ローザへの批判を通して、レーニンは、ロシアにおける社会主義革命の必然性を主張するために、ロシアは発達した資本主義であることを説明する必要に迫られていました。そのため、資本主義の発展が農奴解放後の帝政ロシアでも確実に進みつつあることを論じようとしたのが、山田さんが参照している二つの著作です。貧窮化した農民たちが支配的な地位を占めるような社会でも資本主義発展が可能だということを、農民層の分解が進み社会的分業関係が進展していることを示すことを通して主張しているのです。たしかにロシアの経済は遅れているが、ロシア経済は確実に商品経済が浸透していくことによって、国内市場も拡大している。なぜなら自給的生産に依存していた農民たちが生活手段を買い求めざるを得なくなってきているからであり、そのようなかたちの資本主義発展は、農奴解放というロシアの事情によって特徴づけられているというわけです。

したがって、この資本主義形成の論理は、大塚さんの議論とも、あるいは宇野理論とも共通する階級関係の変化をもたらすような農民層分解を基軸に議論を進めているものです。そして、このような捉え方を参照しながら、もし農民層の分解が資本主義発展の基盤になるとすれば、その分解のあり方を規定するような土地所有制度の変革のあり方が、資本主義の個性を決めるものになることを山田『分析』は主張しているのです。

農民層分解とは、それまで農民家族・農家経営を維持するに足るような土地をもって封建的な貢租を納めていた農民たちが、部分的にせよ土地から離れることになることであり、それは土地所有制度の変化、たとえば土地所有権の排他的な承認とか、特定の階層の人々による土地の集積などが生じることになります。年貢を納める社会が変わるというのはそういう側面をもっているわけです。それは農民を土地に縛り付けていたような身分制度の解体も伴うだろうから、近代社会の形成の基本的な要素になっている。だから山田説では、土地所有の変革こそ鍵を握るというような捉え方になっているのだと思います。地主的土地所有の封建制とか半封建制という議論に目が行きすぎると、そうした議論をすることの意味が分からないという疑問も湧くかもしれませんけれど、論理の基礎にある捉え方はそれほど見当違いのものだとは思いません。いかがでしょうか。

質問　**農民層分解の具体的な契機**は、イギリスでは囲い込みと言われていますが、これはかなり特殊なものではないかと思いますが。

武田　確かにイギリスの事例は特殊だと思いますが、そのイギリスについて大塚久雄さん的な解釈もあるわけです。それは囲い込み運動がなかったとしても、農村社会内部における自律的な商品経済生産によって農民の階層分解は進展するというものです。これはあくまでも理念型的な経済発展のモデルですから、その通りに再現された現実がある必要はありませんが、説明のモデルとしてはそれなりの筋は通っています。しかし、すでに指摘したようにミクロレベルでの議論にとどまっているという問題があると私は思います。したがって、分解の契機は、外生的な要因によることもありうるし、内生的な要因でも進展しうると考えて具体的な分析をする以外にはないと思います。

農民層分解論に注目するのは、資本主義論としては労働力の供給基盤になるからで、その重要性は改めて説明する必要はないと思います。あえて強調しておきたいのは、この過程で資本主義社会が発展する上で重要な要件になる安価な労働力が供給されるようになることです。農民が土地によって生活手段を得られるようになっている限り、農民たちは簡単には土地から離れない。社会的な移動のコストが高いからです。イギリスでは、これを強制的に土地から引きはがして都市の貧困層に堆積させることになるのですが、これは一般的なことではありません。したがって、歴史的な変化としてみたとき、ルイス・モデルのような労働力の無制限供給は前近代社会に見出されるものではなく、この分解過程で生み出され、第二次大戦後の途上国では人口爆発によって常態化することになる。身分制のもとにある封建社会では、賃労働の供給には強い制限があり、資本主義はそういう身分関係を解体し農民と土地所有との関係を際限なく崩していくことになる。しばしば前近代社会の方が低い生活水準であり、したがって賃労働者予備軍が存在していただろうと想定しがちなのですが、これには狭い限界があり、その限界を資本主義は自ら打ち破っていくのです。だからこそ、そうしたかたちでは生存の不安を抱えるようになった多数の人々にどのようにして生活の糧を得る手段を用意するのか――この点はすでに強調しましたけれど――資本主義経済体制の成立という問題を論じる上では重要なのです。

質問　土地所有における**寄生地主制における半封建性**という考え方についてはどう受け止めればよいですか。

武田　まず、大石さんたちの世代を含めてそれからあとの人たちになると、土地制度が一方的に資本主義のあり方を規定するという考え方は、そのままでは継承されていないと思います。つまり、土地所有が半封建的だから、資本主義も半封建的という捉え方には立たないということです。講座派の伝統をひく研究者たちは、寄生地主制は競争による高率小作料に基づくという労農派の説明では満足せず、農村社会の経済外的な社会関係が地主と小作との関係に強く影響を与えていると捉えています。その意味で半封建的な社会関係だと寄生地主制を捉えています。しかし、それは経済制度としてみると近代日本の経済社会では主たる経済制度ではなかったと考えています。経済社会を支える経済制度は同時に複数の制度を含むことが可能であるという考え方を、この議論の系列では「ウクラード論」と呼んでいます。史的唯物論に沿って出てきたものですが、特定の歴史的に存在する社会は「社会構成体」としては一つの経済制度によって特徴づけられるという考え方を拡張して、一つの社会には同時に複数の経済社会構成体＝ウクラードが存在しうるという、それ自体としてはよりリアリティのある枠組みで考えるわけです。この考え方に従えば、資本主義の形成期には少なくとも、資本主義というウクラードと半封建的と見なすべき地主制度とが存在しうる。寄生地主制まで市場メカニズムで説明する必要はないことになります。より一般的に言えば、資本主義経済というのは、資本主義的な経済制度あるいは市場経済が支配的になった経済社会であって、だからといってすべてが資本主義的に運行されていると考える必要はない。同時併存している経済制度のなかでどちらが支配的なものになるかによって、その経済社会の基本的な特性が決まるけれども、歴史的な存在としてのその社会は、この組み合わせによって個性的なものになるというわけです。

日本の地主制は、そうした視点からは、近代的な借地農業制とは明らかに異なるものと理解した方が現実に即している。そういう異質なウクラードを内包しながら、日本の資本主義経済は急激に発展していきますが、その両者が矛盾しない限り、両者は相互規定になりうる。もちろん、何らかの条件変化によって矛盾しあうようになれば、支配的なウクラードが非支配的で従属的なウクラードを解体に追い込んでいくこともあり得るのです。これが大石さんたちの産業革命期における寄生地主制の位置づけになります。なお、第19章を参照して下さい。

この議論は拡張することも可能で、資本主義経済制度が発展していくとき、その経済社会には小経営が広い範囲で残存することは、それほど珍しいことではありません。資本主義経済制度は本来的に部分的にしか社会を包摂できないと言ってもよいと私は思っています。残存している小経営が資本家的な企業でないとしても、そうであるからこそ、そうした小経営をフロンティアとして資本主義へと包摂し続けることでその資本主義の発展は約束されている面があるのです。この歴史的転換点が産業革命になります。だから、歴史的には一回限りの出来事だということにもなります。

以上

この講義は一九九七年四月二六日と五月一〇日に行われたものを基礎にして編集したものです。

【近代編5】

第5章　紡績業と日本資本主義の確立
――高村直助『日本紡績業史序説』――

テキスト　高村直助著『日本紡績業史序説』上・下、塙書房、一九七一

1　方法的特徴

本章のテキストは高村直助さんの『日本紡績業史序説』という書物です。大石さんの本も『序説』でしたが、序説だからといってその後続いて本論が書かれているわけではなく、これが本論です。この書名の付け方は、大塚久雄さんが『欧州経済史研究序説』という本を書いて大塚史学の基礎を築いたことを念頭に置いて、『序説』なのです。他方で『分析』とする人もたくさんいますが、石井さんの本も含めてこれが山田盛太郎『日本資本主義分析』という書名を意識していることも間違いないところです。

余談はさておき、この本の構成上の特徴は、横断的な分析と縦断的な分析が組み合わされていることです。こういうやや特異な構成を取ったために、少し重複感がありますが、贅沢に書いています。

この構成に沿って紡績業の歴史的な発展を段階的に追いかけながら、著者が伝えようとしていた一番重要なメッセージは何かということを中心にお話ししたいと思います。結論を先に話しておくと、高村さんの最大の関心事は、日本における資本主義の確立という大きな問題であり、この本は高村さんなりの答えだと思います。つまり、紡績資

本の確立を明らかにすることを通して日本における産業資本の確立期を論じることに焦点があります。その意味でこの本は産業分析ではなく資本主義論です。高村さんも石井さんも産業を分析することを意図しているのではなく、素材としては紡績業とか製糸業が選ばれていても、課題は日本の資本主義を分析することです。

その分析にあたり、「はしがき」では、資本の論理に即して、貨幣資本の循環形式に即して、構造分析と縦断分析を行うことが明らかにされています。貨幣資本の循環形式は、貨幣からはじまって生産資本（原材料や労働力）が調達され、それらによる生産活動の結果得られる商品が販売されて貨幣に戻るという形式ですが、この考え方に即して、資金調達、原料棉花購入、労働力調達、製品市場での販売活動のそれぞれが論じられています。この点については、本書第23章の「産業史分析の方法」でも説明していますから、それも参照して下さい。

この分析方法の考え方について、石井寛治さんは、貨幣資本の循環形式は資本論の議論に即して考えると個別資本のレベルの問題なので、ミクロの視点であり、そこから資本主義を論じるのはおかしいと批判しています。比喩的に言えば新古典派が市場の分析で資本主義の全体を論じているようなスタンスに立っているのと似たような限界があるということなのです。個別資本レベルの議論の枠組みに沿って、紡績業の資金調達、紡績業の労働力というような視点で分析を進めることによって資本主義が議論できるのかというのが、石井さんから高村さんへの問いかけです。

高村さんは、そういう個別資本レベルでの運動を明らかにする一方で、その運動によって引き起こされる景気循環、とりわけ恐慌発生のプロセスを明らかにすることを通して資本主義の全体像に迫れると考えています。恐慌の分析を介してマクロ的な要素は視野に入るし、国内的な主役は紡績業だから問題はないと考えているのです。だからこそ、そうしたアプローチを通して資本主義の確立が議論できるということになります。

この恐慌に注目する視点が、横断的分析と縦断的分析を組み合わせる際の時期区分の仕方に現れています。つまり、横断的分析は、紡績資本の形成期と紡績資本の確立期、独占形成期の三つの時期を取り上げ、この間を区切るのが一八九〇年恐慌と一九〇〇〜〇一年恐慌であり、その前後の変化が縦断的な分析で取り上げられています。恐慌に注目する理由は、循環的な恐慌の発生は、資本主義経済に特有の現象であると理解されているからですが、歴史具体的には資本主義セクターの経済的な矛盾が恐慌の発生の主要因になるという状態が観察できれば、資本主義経済制度がその経済社会で支配的なものとなっていると認識できるという枠組み（本書七一頁参照）に依拠しているからです。恐慌史という視点では日露戦後恐慌（一九〇七年）も重要な対象になりますが、この本の考え方からみると、一九〇七年恐慌をとりあげる必然性に乏しい。なぜならすでに資本主義は確立しているからです。したがって、この本の書評などで一九〇七年恐慌の分析が不十分というような批評はあまり適切なものではないと思います。このような批判は、実証研究の課題としての重要性はともかく、高村さんのロジックを理解していないことになります。

2　本書の概要

少し内容に入って論点を紹介しましょう。序章「紡績資本形成の前提条件」では、在来産業の綿織物業は、輸入綿糸とバッタンを導入して、輸入品圧力に対抗しながら、維新政府の「原始的蓄積政策」下で没落しつつあった農民層を安価な労働力基盤として掌握し、問屋制的小生産者支配を強化したと捉えられています。こうした条件によって原価を低廉化し、銀相場下落に助けられながら、一八八〇年代に国内市場を回復したと評価されています。

この織物業の回復による市場回復が、国内における綿糸市場形成の前提になります。輸入糸によって作り出された市場ですが、その市場で競争できる品質と価格の国内糸が作られれば、買い手となる織物業者は十分に育っていたのです。紡績業への進出の最初の試みとなるのは、よく知られているように、政府が紡績業育成政策として内地棉作振興と結びつけて設置した「二千錘規模」の小工場でした。しかし、これは失敗であったと評価されています。失敗の理由は、⑴政府の育成政策は一八八一年の緊縮財政への転換とともに消極化したこと、⑵資金面に制約があり、機械を抵当とする資金調達の道も閉ざされていたこと、⑶技術水準が低いことなどに求められています。

高村さんはこのように二千錘紡績については低い評価を下していたのですが、その後の研究のなかでは、中岡哲郎さんが「ミュール機の導入」としてはかなり成功していると指摘しています（中岡哲郎『日本近代技術の形成』朝日新聞社、二〇〇六）。技術移転としては成功したのではないかという中岡さんの評価は技術史的な系譜をさらにさかのぼっていて堺紡績所、さらに薩摩の集成館に注目し、その時以来の技術導入の歴史を問題にすべきだという議論に展開しています。こうした技術史研究からの見方に沿って高村さんも後に評価を改めていますが、この本では経営的に成功したものは例外的であり、二千錘紡績が日本の紡績業発展の基盤を作ったとは考えていませんでした。

二千錘紡績の限界を克服したのが大阪紡績会社です。高村さんによれば、大阪紡績は⑴政府の直接的保護を受けていないこと、⑵ミュール紡績機一万五〇〇〇錘というこれまでにない規模であったこと、⑶蒸気機関を採用したこと、⑷官員技術者ではなく、自腹で技術者を養成（山辺丈夫）したこと、などによって経営的な成功への道が切り拓かれたと評価されています。

この会社の創設資金は、渋沢栄一などの仲介もあって、華族を大株主とした株主資本によって調達され、華族以外の株主としては、政商的性格の強い実業家（益田孝、松本重太郎など）が大株主として名を連ねています。このほかに中小の出資者としては大阪商人の株主が多かったことが特徴でした。当初からかなりの数の株主を要する株式会社であったことから、投資家の投資意欲を刺激するために、高率配当が必要不可欠であり、その前提として、高利潤獲得が必須条件であったことなど、資金調達のあり方が経営に強い制約条件を課していたことが強調されています。

資金調達の特徴は大阪紡績が当時としては格段に大規模な経営をめざしたことに由来していますが、この大規模な操業が規模の経済性を実現させたと想定されていると思います。これに加えて、女子労働力を低賃銀で利用できるようになったこと、低廉な中国棉花を使用するように原料調達を切り替えたこと、さらに昼夜業を採用したことによって好調な業績を上げるようになります。そして、この大阪紡績の成功に刺激されて新規参入が追随して起こるようになります。こうした企業勃興によって産業革命への道筋が切り拓かれていくことになりました。

一八九〇年代になると、紡績資本は当初導入されていたミュール機に代えてリング紡績機を本格的に使用するようになります。この機械は太糸生産に適したもので、それによる生産性の増大とともに、労働の単純化が徹底することから女工を数多く投入することができるというメリットがありました。なお、後の研究で明らかになったことですが、この時期に日本で採用されたのは、ちょうどこの頃イギリスの紡績機械メーカーが植民地などの後発地域向けに開発した改良リング機で、その開発意図からもわかるように太糸生産に適した効率のよい機械が供給されたということになります。このリング機による労働の単純化が、産業革命を機械制大工業による資本家的な経営の成立として説明するモデルの基礎を提供している歴史的な事実です。

こうして産業が発展すると労働力の調達では近郊の農村からでは不足するようになり、遠隔地労働力の募集と寄宿制が広がって行きます。また、原料面では中国棉花からインド棉花へと切り替えが進みます。このインド綿は中国綿より安かっただけでなく、繊維の長さが長いという特性があり、これによって二〇番手の糸を中核製品とする生産体制が作られていきます。アジア市場での最大のライバルはインドの紡績糸でしたから、それと同じ原料基盤で競争することになったわけです。遠隔地労働力の吸収や原料の転換などの変化によって糸の価格も下がり、国内の白木綿生産では原料糸としてのインド綿糸を、極太糸使用綿布からはガラ紡糸・手紡糸をそれぞれ駆逐して、ほぼ全面的に国内織物業との間に原糸供給の関係を取り結ぶに至ったわけです。

他方で、紡績機械設備は、三井物産などの貿易商社を介したイギリスからの輸入に依存しています。紡績業の発展は紡績機械の国産化という産業発展を引き出すことにはなりませんでした。経営的には資金調達において依然として払込資本金の比率が高く、これが株式の分割払込によって調達されています。輸入原料となる棉花については、輸入税が撤廃された一八九六年には紡績会社の外国棉の使用が九九％に達し、直輸入、つまり日本商社による輸入が六〇～八〇％を占めるようになります。

このような産業の構造的特徴は機械設備や原料輸入という面で紡績業の発展が多額の外貨を必要とするものであっ

たことを示唆していますが、そうした構図が一九〇〇年恐慌を説明するうえで重要な意味を持ちます。高村さんは、一九〇〇年恐慌について日本資本主義の中軸をなす紡績資本の動向によって直接引き起こされたと評価しています。その理由は棉花輸入の激増によって正貨準備が減少し、その結果、日銀信用の収縮による金融逼迫を引き起こしたことが引き金になって恐慌が発生したという点にあります。そうした恐慌の発生要因に注目しての評価です。だから、この恐慌は紡績資本にとって最初の本格的過剰生産恐慌であったともいわれています。

この恐慌を契機に紡績業では独占の形成過程に入ります。この問題が下巻の第五章、第六章で検討されます。すなわち、一九〇〇年恐慌後の不況が長期化することによって、⑴価格維持策として操業短縮を本格化するとともに、⑵高番手製品への進出や兼営織布部門の拡充によって経営基盤を強化し、⑶不況下で破綻した弱小紡績を合併していくことによって、市場シェアを高め六大紡績会社の支配的な地位が確立していくという筋になります。高村さんの研究は、おおよそ以上のような内容をもつ書物です。

3　再び方法的特徴について

この本の特徴は、⑴横断的構造分析と移行期の分析を組み合わせていることと、⑵構造分析では資本の論理として、貨幣資本の循環形式に沿って議論することにあります。この二つ目の視点から、労働力は客体としてしか扱わないという立場が明確にされていますが、考えなければならないのは、そういう分析方法をとったことでどういう成果が上がり、どういう問題点が残ったのかです。

資本の論理に従うという方法はそれだけでは抽象度が高いものです。ですから実際の分析では生産要素となる資金、労働力、原材料などの要素や機械の調達と製品販売などを議論しています。その分析では生産過程はややブラックボックスになっていますが、それは働かせ方などについては疑問の余地がないという認識に基づいています。なぜなら機械制大工業だからです。この点が製糸業との違いです。機械制工場の成立がもたらす変化についての常識には挑戦していないので、現場について問題はないと考えています。代替可能な労働力基盤があるからです。これで十分だと思っているのです。ただし、この常識はイギリスの現実に即してみると、少し問題があります。産業革命期のイギリス紡績業において広く採用されているのはミュール機です。この機械の方が細糸の生産に適していたからですが、リング機の採用は部分的で遅れています。このミュール機による生産では男子労働力が使用されており、それなりに熟練技能を必要としていました。つまり機械制工場が直ちに労働を単純化することに成功するというのは状況の変化を単純化するとともにやや極端に特徴づけしたものです。こうした理解が間違っているというわけではなく、それが典型的で徹底した形で日本では生じている面があるようです。つまり植民地向けの改良リング機は、イギリス国外では熟練技能者を確保できないから、そうした技能者に依存しない機械体系として設計されたものです。だから、それを利用した日本などの後発国では労働の単純化が進んだのです。

こういう現実的な条件に支えられていることもあって、紡績業の分析で高村さんは主体としての労働者の問題を考慮せずに議論を進めることができたのです。主体としての労働者の存在を軽視していることは事実だろうと思います。やや極論すると、労働力の追加供給コストがゼロであることが前提になっています。この労働力市場についての強い仮定があることが、資金市場や製品市場、原料市場に関する分析の仕方とは対照的なところです。

もちろん労働力の定着の問題などが労働コストに影響することもありうるのですが、労働の質からの制約がない限り、単純不熟練労働力はいくらでも調達可能だと考えればよいと判断されているのでしょう。女工についてはそういう前提での議論が進みます。紡績資本の資本蓄積に重大な制約にはならないと考えられています。それ自体は再考の余地があることですが、こうした側面に注目して高村説が見逃している問題を指摘したとしても、高村説を全面的に批判することはできません。むしろ高村説を補完し、より豊富な歴史認識する役割を果たすような、追加的な研究としての意味をもつことになりそうです。

分析方法として労働力を含めた生産要素のそれぞれに注目することは、何が利潤率の変化に影響を与えているのかという問題を解明するうえで、適切な方法的な視点だったと思います。これをさらに詰めていくと、それぞれの要素に見出される変動がコストにどの程度影響を与えているのかを解明することが必要になるだろうと思います。そこまで高村さんの検討は及んではないので、産業分析の方法としての問題点が残ります。この点は第23章を参照してください。高村さんの分析では、紡績業の場合には原料コストの比率が高いという事情もあって、労働コスト削減よりも原料の方に関心が向かっているように見えます。これは当事者たちもそう考えていたという判断でしょう。横断的分析によって得られた成果はこうした諸点にあるようです。

4　実証的な貢献

研究史との関係を実証面での貢献から説明すると、大阪紡績の成功を高く評価するそれまでの研究は、大阪紡績の強みを規模の経済性で片付けていたのですが、これに対して、それだけの要因ではないと指摘したことが一つのポイントです。動力面の変化（水車から蒸気動力へ）なども重要な意味を持ちますが、注目しているのは、たとえば原料棉花の中国棉花への転換です。最初はミュール機が導入されていたわけですから、リングのような短繊維の太糸向きとは必ずしも言えませんし、また単純労働に依存できる機械体系ではなかったことなどの問題もありました。こうした問題点が順次克服されていったことが重要だというわけです。

また昼夜業の評価については、賃銀コストを下げたり、生産性を上げるという面では効果がないと考えています。漠然と低賃銀の長時間利用と考えていたのがそれまでの通説ですが、この評価をひっくり返しています。二交替であれ、三交替であれ、交替制を採用すれば必要な労働者数は二倍、三倍になります。それぞれに支払う賃銀は交替制を採用しない場合と変わるわけではありません。賃銀率が変わらないのですから、生産性が上がらなければ賃銀コストは下がりません。それでは生産性はどうかというと、それは基本的には機械のスピードに依存していますし、労働の能率という点では深夜業などではミスが増えたりして交替制はマイナス要因です。だから、賃銀コストは昼夜業では下がりません。昼夜業が低賃銀利用によって競争力を強化したという評価は全くの虚構だと主張しています。

高村さんが昼夜業を積極的に評価するのは、資金の回転などを考慮した効果です。機械の連続運転によって生産量が倍加されたとき、機械の償却負担はそれぞれ一定の期間内で行われるので、その期間内の生産量が増えれば生産単位あたりの償却負担は小さくなるからです。こうした面では昼夜業はコスト低下に役立ったということになります。ただこれは微妙な問題があって、二倍動かせば機械の寿命が短くなるかもしれません。耐用年数を短くするようなことにならなければ、この高村さんの償却負担の軽減によるコスト低下という指摘は正しく、現実に昼夜業が浸透したことからみると、そのような効果があったのだと思います。

もう一つ考えられるのは、たとえば製錬所の熔鉱炉は連続運転しますが、これは火入れをしたり火を落としたりするときにエネルギーなどのロスが大きいからです。これとのアナロジーで連続運転している方が補助部門の蒸気機関の運転効率がよいとか、操業の開始とか終業時に発生する作業、つまり「段取り」を考えれば効率的かもしれません。そういう要因は働いていることがあると思います。

最後に、昼夜業によって生産量が増加すれば、対資本金利益率は高くなります。製品単位あたりの利益が、夜業の賃銀割増とか効率性の低下によって多少減ったとしても、それを上回る増産に伴う増益が期待できます。その結果、利益率は高まります。利益率は半年とか一年とかの期間で計算されるからです。その期間中の利益額が大きくなれば、分母となる資本金は期間の長さに関係なく一定金額ですから、利益率は高くなります。それは高配当を求める出資者の要求を満たす上では有力な手段になります。面白いのは、この説明の基礎には償却にしても配当にしても、一定の期間を想定して計算されることです。ここには近代営利企業の利益追求がもっている特徴が現れています。

5　独占体制の成立について

独占の形成に関して、それまでの議論はマーケットシェアを基準に、特定の少数の企業にシェアが集中していることに注目していました。これに対して、高村さんの独占論では、利潤率の格差に注目するところに特徴があります。大企業が相対的に高利潤である、中小紡と比べても、織物業と比べても高利潤だったことが独占成立を論じるうえでの重要な指標になっています。

これはなぜでしょうか。独占企業の特徴として、高村さんは、資金面での優位性が発生し、自己金融化が進んでいることに注目しています。それは、産業資本確立までの紡績資本が借入金に依存していたことや、原料購入に際して手形割引などの銀行の商業金融に依存していた側面を強調していたことと対照的な特徴点です。つまり資金調達への注目は、独占形成の論理を見据えてのことです。また、製品販売や原料調達での機会主義的で思惑的・投機的な企業行動を強調し、利潤の源泉がそうした流通過程での利益の獲得にあったことを強調していたのも、独占形成に伴う変化との対比を意識しているものと思います。つまり独占が成立すると、自己金融化によって資金面での制約がなくなるとともに、投機的な行動に依存しないような製品差別化や経営多角化に収益拡大の基盤を見出すように変わっていくというわけです。この場合、高村さんの説明では、中小紡が参入できないようなセグメント化された市場、高品質の細糸市場や輸出市場で相対的に高利潤を確保していることが重要なポイントになります。

この独占論では、紡績連合会の操業短縮などによって市場価格を管理しようとする試みがあることは事実として認めているのですが、高村さんの議論では六大紡による独占というような、大企業の産業支配という視点が前面に出ています。操業短縮という共同行為の参加者は産業内のほとんどの企業であり、メンバー数は五〇社を越えるのですが、それが全体として独占資本であるとは考えていません。独占資本と呼べるのは六大紡、五大紡だけであるとしています。その根拠となっているのが、ある程度の規模をもっている大企業の市場シェアが大きく、産業内の中小紡績や綿織物業などの中小企業との利潤率格差を作り出していることであり、そのような格差を生み出す企業行動なのです。つきつめて考えていくと、これは特定製品市場（高番手製品とか輸出市場）での優位性があることが独占利潤の源泉になっているという考え方のように思います。セグメント化された市場を一つ一つの市場としてみれば、そこで圧倒的なシェアを占めるような特定の企業群がそこでの寡占的な市場支配によって有利な価格を設定していることが想定されています。そうではない市場では競争的な関係によって平均的な利潤しか得ることができないでしょうから、この独占の論理は、寡占的な市場支配による独占利潤の収奪というものです。その限りでは特別のものではありませんけれど、一つ一つの市場での独占とか寡占を論じるような産業組織論的な方法ではなく、それらに複合的に接している紡績資本のなかに独占資本と呼べるような特質を備える大企業が出現することに注目し、これに基づいて、複数の「市場」を包含する産業レベルの独占を論じていることになります。

一般的には共同行為、カルテル協定などに注目がいくため、それまではカルテルの実態、効果などを検証せずに独占が論じられていたのですが、それに対して、独占利潤を問題にし、その根拠を実証的な指標としては利潤率格差に見出そうとしたところに高村さんの方法的な特徴があります。しかし、この方法については、後に第一次大戦後の日本の独占体制の成立をどのように捉えるのかに関連して、橋本寿朗さんと論争になります（橋本寿朗『重化学工業化と独占』東京大学出版会、二〇〇四年）。高村さんはあくまでも独占利潤が獲得されているかどうかが独占が成立したかどうかの指標になるというわけです。橋本さんは、そして私もですが、このような独占の捉え方を批判し、改めてカルテルなどの共同行為がもつ意味を捉え直すことを主張したのですが、これは紡績業分析を超えての話です。

これまでの議論と重なりますが、高村さんの独占論は、それまでの独占資本主義に関する実証的な研究と対比しても、また理論的な研究の流れから見ても、かなり特異なものです。ある意味では紡績業の特異な産業のあり方に由来するところがあるということもできます。先ほど話したように、当時の紡績業は規模のかなり異なる企業が五〇社ほどで構成されていました。そしてそれらがすべてインサイダーとして紡績連合会というカルテル組織のメンバーであり、その実効性については評価が時期によっても異なるとはいえ、操業短縮という共同行為に参加しています。生産数量の制限を課すことによって市場の需給関係を変え、価格の下落を抑制しようとしたカルテル行動が試みられていました。このような産業実態に対して、高村さんは紡績資本のすべてを独占資本と規定するのには躊躇があったのだろうと思います。それまで一般的に独占資本と規定する際には高い市場シェアなどを前提としていましたから、これを参照基準にする限り、紡績業における独占の成立は、カルテル行為の成果ではなく、シェアの高い少数の企業の優越的な地位に見出す方が適切と考えたのでしょう。カルテル行為がなくても独占が成立するという捉え方は、独占禁止法が制定された第二次大戦後にも適用できるものであるという特性が方法的にはあります。カルテル行為が禁止されている状況では、生産の集中度などが重要な指標になることは、戦後の公正取引委員会の調査などでも見出すことのできる捉え方ですから、戦後的な独占体制に親和性が高い論理ではないかという気がしています。

【質疑】

質問　**横断的な分析と縦断的な分析**を組み合わせたことの意味はどのように考えればよいですか。

武田　横断的分析と縦断的な分析は、構造的な安定期と構造の移行期・過渡期を交互に叙述することで動態的に産業発展を示そうとしていると考えることができます。この方法のメリットは何かということですが、そのためには、安定期と移行期を交互に書くことの意味を考えて見る必要があります。

日本資本主義論でも同じことなのですが、構造論的な捉え方をすることと、段階的な変化の移行過程を描くこととは、それぞれ異なる方法的な特徴を持っていますから、それを組み合わせる歴史叙述は簡単ではありません。紡績業だからできたという面があるのですが、たとえば宇野さんの段階論ですと、自由主義段階、帝国主義段階のそれぞれの構造を描くことはできますが、それぞれの構造を安定的に描きすぎると移行過程が説明しにくくなります。その点は制度的な補完性を強調する比較歴史制度分析の方がよりわかりやすいかもしれません。補完的な制度によって支えられる経済システムは安定的な均衡状態を示すと考えられていますから、それがなぜ壊れて次の構造に転換するのかを説明しにくいのです。

もちろん、転換・移行は、歴史具体的には説明できますが、その要因を内生的にではなく、外生的なショックで説明することが多いようです。宇野理論でも重化学工業化の進展という産業構造の変化から帝国主義への移行が説明されていますが、そもそものような産業構造の変化は生産力の発展が順調に進んでいくことを仮定しているから生ずるものです。しかし、なぜ生産力が発展するか、あるいは技術進歩が起こるかの要因を、自由主義段階の構造のなかからは説明できないのです。マルクス経済学では――新古典派の経済学の基本的な理論体系でもそうだと思いますが――生産力の発展は外生的な変数として与えられています。内生的に説明する、つまり横断的な構造として描かれるものの内部に変化をもたらすような要因が含まれているという書き方をすると、構造自体が不安定なものという書き方になりかねないからです。構造論はそういう問題を方法的には抱えています。この点は、日本経済史研究では、山田『分析』が提示した「全機構的把握」のもつ問題点としてすでに指摘されていたことでもあります。

高村さんの方法は、段階的な変化を前提にして各段階の構造と移行期とを書き分けるものです。そのために叙述にかなりの重複感がありますけれど、それを敢えてやっているのです。つまり高村さんは横断的な安定的な構造として描いたあとで、その構造にも問題が抱え込まれていて、それはこのような問題です、というような形で縦断的な分析を進めていきます。そこに縦断的な分析の意味があるのですが、この書き方が、先ほどいったように紡績業だからできている気が私はするのです。なぜかというと縦断的な分析の時期というのは、一八九〇年恐慌とか一九〇〇年恐慌とかの恐慌期の分析になっています。恐慌によって前後の時期で蓄積構造が変わっていくことを示すという方法です。とても魅力的なものだと思います。その場合に、「紡績業だから」というのは、恐慌の発生は、本来的には資本主義全体の問題のはずですが、その発生要因を紡績業の展開からかなりの程度説明できるからです。農業と製糸業も景気循環に影響を与えていますから恐慌の説明の際には、その動向にも注意が払われることはもちろんです。明治期の恐慌に関する歴史的研究は、大島清さんにしても、長岡新吉さんにしても紡績業の資本蓄積に注目しています（大島清『日本恐慌史論』上下、東京大学出版会、一九五二〜五五、長岡新吉『明治恐慌史序説』東京大学出版会、一九七一）。農業の変動は自然的な条件によるものだし、生糸の輸出に伴う対外貿易の影響も海外の経済動向に規定されている点では、日本経済の変動から見ると外生的な要因になりますが、紡績業の動向は日本資本主義の景気循環を内生的に説明できる位置にあると考えられています。したがって、そうした紡績業の動向に規定されて発生する恐慌が画期になって紡績業自体の資本蓄積のあり方が変化することを縦断的な分析の章で論じることは、紡績業の産業発展を内生的な条件の影響を主要因として説明しているように描くことができるものとなるのです。だから、筋が通っているのですが、これはたとえば私の産銅業史では使えないと思います。なぜかといえば、産銅業の動向によって日本の景気変動が生じるわけではないからです。景気循環は産業にとって一般的には外生的な要因になるというべきなのです。そこが違う。しかし、日本の景気循環に決定的な影響を持ったのは、この時期には紡績業であり、紡績業が基軸産業だから、この方法が効果的に使えるのです。つまり景気循環を規定するような産業分野を「基軸産業」と呼ぶとすれば、そのような産業構造上の地位にある産業についてだけ、高村さんのような叙述の仕方は採用できるものです。

だからほかの産業では移行過程の描き方は、多分に外生的な要因を説明要素として付け加えながらのものとなります。たとえば谷本雅之さんの織物業の分析では、明治末くらいになると電力が普及し、電動機の利用によって小規模な工場が力織機を用いて稼働できるようになる。そのような条件が整ってくると、問屋制賃機の優位性が失われていくという説明になります。つまり、電力業の発展によって電力価格が低廉化し、さらに中小工場でも利用できる力織機が供給されるような技術進歩を外生的な条件として、問屋制が工場制に変わっていくわけです。技術進歩は一つの例ですから、それ以外の要因が外生的に生じて産業の発展を画することもあると思います。産業の発展を内生的に説明する場合には、たとえばその技術進歩が産業内で生み出されていく仕組みがビルトインされていることを説明できる場合ということになります。このあたりが難しい点なのです。だから、私たちは、この本を学ぶことを通して過渡期をどう書くかが歴史叙述では如何に大切であり、難しいか、こんなにうまくできることは例外的だということも含めて理解する必要があります。そういう視点さえあれば、横断的な分析を安定的に描いていても、問題は少ないということもできます。もともと、安定期だといっても、日々刻々と産業の状態は変化している、歴史的な事象はみなそうなので、比較的変化のスピードがゆっくりしている時を安定期として描き、そうではない時期、安定期と安定期の間を転換期として描くという形で、階段状に描くということになります。

ついでに説明しておくと、明治期の景気循環を説明する際に、農業生産の不振に伴う消費減退などが景気後退の主要因になっているような状況だと、景気循環を外生的に説明することになるし、その要因が非資本主義セクターによって生じているので、資本主義経済制度が浸透し、確立していると評価するのは適切ではないという捉え方が、高村さんをはじめとして恐慌を歴史的に研究する人たちに共通する立場です。だから、一八九〇年恐慌を過渡的な資本主義恐慌と評価しているのは紡績業の影響が部分的なためです。この捉え方は、実は恐慌論という視角から資本主義の確立を論じるというアプローチなのですが、それに沿って議論すると、紡績業というような資本主義セクターの資本蓄積の限界が恐慌の主要因になることが資本主義経済の確立を示す指標になる。高村さんはこの本の中でこうした考え方に沿って一九〇〇年恐慌を画期にみているようですが、そうした問題を特定の産業発展のなかで論じることができるのも紡績業が基軸産業だからなのです。

高村さんが、下巻の第四章第二節で「紡績資本の確立」を論じるために、①機械制生産の確立と②資本制生産の確立という二つの側面で考えると述べて、②について「恐慌」を考察するとしているのは、そうした捉え方との関連ではじめて理解することができます。この後者の指標は他の産業には使えないと思います。ある産業の資本制生産の確立を恐慌から説明するのは無理な話なのですが、紡績業では機械制大工業によって資本の賃労働支配が単純労働化によって可能にされており、その労働力供給の限界が循環的な恐慌による相対的過剰人口の創出によって克服できる限り、紡績業は賃労働の制約から自由になり資本制生産を確立したということができます。だから、恐慌が問題なのです。このように紡績業の場合には、マルクス経済学の論理に沿って理解できるとしても、それは紡績業に特殊なことで、一般的には、ある産業における資本制生産の確立とは何かを、体制的な概念としての資本主義の確立とは何かという問いと区別して考えていく必要があると思います。この点は石井寛治さんが書評で疑念を提起しているところで、もともと「紡績資本の確立」の下位概念として「資本制生産の確立」ということを論じるという論理に問題があるというべきかもしれません。①の機械制生産の確立を生産力の側面で議論しているのであれば、②は資本家的な経営の確立を生産関係で議論するということなのでしょうが、紡績業の場合には、①の要因によって、資本賃労働関係（生産関係）における資本による賃労働支配が確実になっていくと理解されているので、もし①で生産力的な基礎も生産関係の変化も説明できるのだとすると、②は特定の産業分野での議論としては必要がないことになります。資本賃労働関係という視点があまり明確ではないのが高村さんの議論の特徴だと最初の方でも指摘しましたが、紡績業が必要とする労働力は、市場から自由に購入できて、生産過程で自由に利用できると考えている印象を全体に与えています。そうした議論の仕方が可能なのは紡績業の特殊な事情ですから、一般的には技術的な変化と生産現場での労働力の管理の仕方がともに変化していくことに注目するというのが、ある産業における資本制生産の確立を論じる正当な手順であり、そうした手順が主要な産業に尽くされていくことが必要だと私は考えています。

もう一つ、横断的分析のもつ課題として、労働力も含めてさまざまな要因が指摘されていますが、それらの要因をどのような形で総括できるのかという点があります。この点はあまり明確に意識されず、分析の手順としては結果としての利益率に注目しています。そのために、資金調達の変化がどの程度の意味を持つのか、原料調達の工夫はどうか。それぞれが重要な意味を持つとしても、そのどちらがより利益を上げるうえではより効果的な手段であったのかという疑問に答えにくいのです。この問題と格闘したのが、私の『日本産銅業史』ですが、これについては詳しくはあとでお話しすることにします。

質問　**経営史的な視点**とか経営者を問題にする必要はないのですか。

武田　高村さんの分析方法では、そもそも経営者を具体的に分析対象にする必要はないと考えられています。現実の紡績会社には出資者がいますが、この本の捉え方では出資者は企業の外にいて高い配当率を求めるようなかたちで経営に介入する存在として想定されています。紡績資本というのは特定の人格を想定できる存在ではないのです。この分析の枠組みでは、あえて言えば「資本の論理」を体現して推進しているのが「経営者」ということになるのかもしれませんが、そこでも資本＝経営者という存在は徹底した経済合理性を体現する存在であると考えられています。ですから、企業の理論が問題にするようなプリンシパル・エージェント問題は発生しないのです。そして、産業発展を実現するうえで適切な手段が選択されていく過程を描いていく限り、そこでは具体的な経済主体が登場する必要もありません。現実には人が何かを考え何かを決断して進んでいるのでしょうが、そのプロセスを観察する高村さんの関心は、そこに見出されるような資本の論理だけだからです。

したがって、企業の意思決定過程が見逃されているとか、企業者の固有の役割があるはずだというような単純なかたちで、高村さんの紡績業史研究を批判するのはあまり意味のあることではありません。高村さんの枠組みを十分に理解したうえで、たとえば企業者史とか経営史という視点で分析することにはもちろん固有の意味がありますが、そうした分析は補完的な関係に立つものであり、歴史像を豊かにしていくうえでは必要なことだと思います。やってみせることで方法的な意味が明らかになるかもしれないとは思います。

以上

この講義録は二〇〇九年六月八日と一二年六月四日に行われた講義の録音記録をもとに作成したものです。

【近代編6】

第6章　製糸業と重層的階級構造
——石井寛治『日本蚕糸業史分析』——

テキスト　石井寛治著『日本蚕糸業史分析——日本産業革命研究序論』東京大学出版会、一九七二

1　資本主義史としての課題設定

テキストは石井寛治さんの『日本蚕糸業史分析』です。副題が「日本産業革命研究序論」となっているように、この書物の特徴は、蚕糸業を素材としながらも日本資本主義を論ずるという狙いを持っているということです。その意味では、産業史の分析ではなく、高村さんと共通するような資本主義史研究という大きな視点からの分析です。いずれも、一九七〇年代初めの刊行であり、一九六〇年代における日本経済史研究の成果を代表する著作です。

全体の構成は、序章の課題設定にはじまって世界市場における日本製糸業、売込問屋支配体制の成立と展開、製糸女工の存在形態、製糸資本家と養蚕農民となっています。蚕糸業という捉え方は、戦前からも使われていたものですが、石井さんの研究と前後する時期には、経済史研究では「製糸業」と捉える方が一般的でした。これに対して、石井さんは、単に製糸部門をとりあげるのではなく、横浜の輸出にかかわる売込問屋などの生糸の流通過程の問題、あるいは養蚕業との繭の取引関係や製糸工女の供給などの問題も含めて対象とするという意図を込めて書名を選択しているのだと思います。

細かい実証について解説するのはこれだけ実証密度の高い書物ではとても難しいので、方法的な特徴に焦点を当てて議論していくことにします。

まず、序章における課題設定では、「戦前日本帝国主義の基礎をなした経済的構造＝戦前日本資本主義の特質を、蚕糸業という特定産業部門の検討を通じて明らかにすることを目的とする」とされています。このような視点から戦前の経済構造の特質を捉える枠組みを検討する出発点として、山田盛太郎『日本資本主義分析』を置き、基本的にはその分析視角に沿うことが、課題設定に続いて明らかにされています。重視されているのは、山田『分析』が戦前日本資本主義における蚕糸業部門の構造的位置づけを示していることです。しかし、それだけでは十分ではないということから、服部之総さんが提起した発展段階論的アプローチ、さらには大塚久雄さんの局地的市場圏論などの議論も参照し、発展段階とか、移行期の議論を組み込んで分析を展開する必要性が説明されています。

その上で、分析の焦点について、「本書は、主として産業資本確立過程（一八八七年前後から一九〇七年前後まで）における日本蚕糸業（製糸業と養蚕業）の階級構造——その重層的な特質——を、日本資本主義の産業＝貿易構造ならびに財政＝金融構造の分析を基礎としつつ、製糸資本の蓄積様式の分析を中心に、できる限り実証的に解明し、もって戦前日本資本主義の構造分析の一基礎とすること、を課題とする」と書いています。このように産業資本確立過程の階級構造の重層的な特質の解明が基本的な分析課題として設定されることになります。

それは、単なる産業史分析として構想されているわけではなく、蚕糸業を具体的な手がかりとして、それを通じて産業資本確立期の日本資本主義の構造分析とその特質の究明を意図しています。ただし、石井さんの叙述は構造論的な視点が優位のもので、発展段階論的なアプローチは参照されてはいますが、時期的に区分して蚕糸業の構造が変容していくという描き方はされていません。ここでは、段階的な変化や資本家的な経営の形成などの議論に言及してその重要性が指摘されながらも、そのような枠組みによることなく、むしろ構造論的なアプローチが基本的な方法的視点として選択されています。それが高村さんと石井さんの本の目次を比べて最もわかりやすい違いです。

2　分析視角の特質――新しい論点

分析視角に関係して新たな論点として提示していることは三つくらいあります。

一つ目は、産業革命期の研究についての第4章でも説明しましたが、この時期に資本主義史研究に関して国際的契機を重視すべきだという意見が強くなっていました。その背景には日本経済の国際化＝開放経済体制への移行という当時の状況があり、開かれた視点で日本資本主義を分析することの意義が強調されるという時代状況がありました。こうした問題関心にも応えるように、石井さんは、世界市場における日本生糸という視点を設定し、世界市場で日本製生糸がどのような用途に使われていたのか、どこで使われていたのかを問題にしています。開港当初には欧州市場向け輸出であったものが、後には圧倒的にアメリカ市場向けになっています。そのアメリカ市場での購入者となる絹織物工業では、日本糸が主として緯糸に使われていました。織物用の糸では、一般的に織布の縦方向の糸に良質の強度のある糸が使われます。これが経糸です。織機の構造からいって、縦の方向に糸を張ることになるので、この方向に張る糸はある程度の強度が必要なのです。この経糸に緯糸を通して織物ができあがっていくのですが、緯糸は縦糸ほどの強さを必要としません。絹織物工業で緯糸に使われていることは、品質が経糸に求められるほどの水準には達していないことを意味します。それが日本生糸の現実でした。

そうした市場条件が日本生糸の産業発展に強い影響を与えます。このような蚕糸業発展に対する世界市場からの規定性を重視して、製糸家の二類型を石井さんは設定するのです。すなわち、縦糸に使われるような「優等糸」を生産する製糸家群＝第Ⅰ類型と「普通糸」生産製糸家群＝第Ⅱ類型という類型設定です。

それまでの研究では、座繰製糸か器械製糸かという、基盤となっている機械装置・技術体系の違いに即した二分法が一般的であり、後者が輸入技術の模倣によるものであり、より進んだ技術基盤であったことから、座繰から器械製糸への展開というかたちで産業の変化について議論をしていました。これに対して二類型の設定によって分析視角を切り替えたことになります。

二つ目は、階級構造論的な視点です。つまり最終的には重層的な階級構造を論じるということです。当時の明治維新史研究などの歴史研究において、たとえば「世直し状況」論などを介して明治維新を成立せしめた階級的な基盤が何かを問題にしていました。石井さんの研究もそうした研究の進展に影響されている面もあるという気がしているのですが、これに加えて、資本主義が何よりも階級社会であることから定められた分析視点であり、日本資本主義の経済史分析でも階級構造を論じることを重視するということです。この分析の視点は、出版の時期は前後しますが、大石嘉一郎さんが産業革命研究の方法的な視点として、産業構造、経済構造、階級構造という三つを想定したことと共通する、当時の産業革命研究会の人たちに共有されていた考え方だと思います。つまり、産業革命の研究では、主要な産業の発展を追いかけ、それに影響を与える金融構造などの分析との内的連繫を保ちながら、新たな視点に基づく階級構造の分析をすすめました。おそらくその先には、戦前天皇制国家の特質などを論じることができるという見通しを持って進められたのだと思います。

石井さんの分析視角は、共同体論や局地的市場圏論を批判的に摂取しながらも、最終的には下からの発展への研究史上の過大評価を批判することになりました。やり玉に挙げられているのは、矢木明夫さんが局地的市場圏論にそって、製糸業では系譜的にみて小生産者のブルジョア的発展論＝「下からの発展」があったと主張した研究（矢木明夫『日本近代製糸業の成立』御茶の水書房、一九六〇）です。石井さんの批判点の一つは仮に系譜的に連続しているとしても、そのことをもって「下からの発展」が資本主義化をもたらしたというのは問題があるということです。どういう問題があるかというと、見出された小生産者的な発展は、金融的な手段を介した「上から」の資本主義化にからめとられていったことを見逃しているからです。そうした上からの動きが、その底辺に製糸家に支配される女工と養蚕農家に対する収奪的な関係を生み出していることを、石井さんは強調する。なお、矢木さんは石井さんの本の書評で、自分は移行過程で「下からの発展がみられた」と言っただけで、産業資本確立についてそのような特徴が見出されるとは主張していないと反論していますが、これはすれ違っているという以外にはないやりとりだと思います。

三つ目の方法的な新しさは、製糸業における資本の賃労働支配の確立を論ずる分析視点を明確化したことです。それまでの基本的な考え方は、機械制工場の成立によって熟練が排除されるというものでしたが、これをそのまま適用すると手工業的な技能に依存する製糸業では、座繰製糸はもとより器械製糸でも資本の賃労働支配は成立しないことになります。資本主義史という視点で蚕糸業の発展を論じるためにはクリアする必要がある論点です。このような個別産業における資本家的な経営の発展について、機械制工業化という指標を適用することには無理が大きいことは、隅谷三喜男『日本石炭産業分析』（東京大学出版会、一九六八）で指摘されていました。石炭産業を対象とした隅谷さんは、基本工程である採炭現場は基本的に手労働（手掘）に依存しているけれども、石炭の生産は坑外に搬出するという運搬の工程がなければ完結しないので、運搬工程も基本工程であり、この運搬工程で機械化が進めば機械制工場と同様の意味をもつと評価することができるという考え方を提示しています。なぜ、それで採炭の熟練による抵抗が排除できるかというと、機械化された運搬工程に対応して採炭現場でも効率的な労働が強制されるようになる、熟練労働者の抵抗を無力化できると考えたのです。このようなかたちで、熟練労働に依存した産業分野においていかにして資本家的な経営が成立するのかという問題に答えたのが隅谷さんです。ただし、この説明の仕方は、基本工程を拡張して捉えることによって、結果的には機械化による労働の質的変化を重視しているという意味で、機械制工業化の意義を強調するものであることには変わりありません。

この考え方を直接的に適用しても製糸業では糸繰り以外に基本工程を設定するのは難しいので、糸繰りの生産現場で熟練労働力の抵抗を制御することが課題になります。この条件を満たさないと、資本賃労働関係は安定しないのです。これは隅谷説では未解決だった問題なのですが、石井さんはこれを等級賃銀制度から説明することになります。ここが新しい点です。

3　製糸家における二類型と売込問屋支配体制

具体的な分析を進めるために、石井さんは製糸業に二つの資本類型を設定したことはすでに紹介しましたが、この二つの類型の関係が歴史的に変化を説明するうえで重要な意味を持ちます。すなわち、世界市場における生糸消費の動向から、日本生糸の品質は「経糸用『優等糸』たるイタリア・フランス生糸の品質と、緯糸用『普通糸』たる清国生糸の品質のちょうど中間に位置づけることができる」と概括していますが、そのうえで、第一次世界大戦前の世界市場において、日本生糸の用途は基本的には緯糸であったこと、そして一九〇〇年代後半から「優等糸」生産が並行的に発展するとはいっても、産業資本確立期において日本製糸業は緯糸用の「普通糸」生産を主力として急速に拡大したと捉えています。優等糸を生産する第Ⅰ類型が主役に躍り出るのは、製糸業における独占形成との関係が問題になる時期以降のことです。つまり第Ⅱ類型が産業資本確立期の日本製糸業を全体として主導し、第Ⅰ類型は独占段階を展望した重要な類型として分析対象とされることになります。その後の研究では、商標などによってアメリカ市場で差別化を図ろうとする動きがあったことや、優等糸生産のあり方などについてもきめ細かい議論は追加されていますが、この類型論に代わるような積極的な主張は見出されてはいないようです。

次に第二章で問題にされている売込問屋支配体制についてですが、製糸業の経営にとって最重要問題が原料繭購入のための資金であったとの認識に基づいて議論が進みます。つまり、器械製糸場が発展していくうえでの最大の問題であった資金問題について、とくに購繭資金の調達が問題であったことを前提に、その資金はどのように調達されたのかが解き明かされるべき課題となります。この資金は売込問屋を通して供給されていますから、製糸業の発展にはこのような経路の資金のあり方が重視されます。小規模な製糸家にとって購繭資金が制約になるのは、天然の産物である繭が当時の技術では長く在庫できるものではなく、零細な生産者である養蚕農民は、製糸家との取引では現金の決済を必要としていたからです。短期間に現金決裁が集中的に行われることになります。製糸家は原料繭を確保するためには、繭の購入期に一時的に大きな金額の資金が必要です。他方で、製糸家は現金で購入した繭で製品を作って販売代金が入るまでの期間、この購繭資金を負担し続けるだけの自己資本力がなければ経営を維持することは難しくなる。これが制約という意味です。だから、この制約を緩和する役割をもったものとして、横浜生糸売込問屋の前貸金融が製糸業の発展に与えた影響が重点的に検討されるのです。

売込問屋による前貸金融が製糸家の原料購入の資金源になるとして、売込問屋にはそれだけの資金力があったのでしょうか。現実には、この前貸金融は、政府が日本銀行、横浜正金銀行を介して強力な政策的金融を売込問屋に対して実行した結果として可能になったことが強調されます。売込問屋といえども必要な資金を確保できたわけではないので、このルートの資金供給を円滑にするために、政策金融の果たした役割が大きいのです。外貨獲得産業としての製糸業への強い期待から政府が実施した政策金融が製糸業発展を可能にする最重要要因だということになります。これが「上からの資本主義化」という視点での評価が下される根拠です。

したがって、一八九〇年代にかけて全国各地でみられた小生産者の上向的発展とみえる事実は、「上からの資本主義化」を推進していくために行われた売込問屋への政策的金融の結果として、それに牽引された「発展」にほかならず、そのような形でもたらされた小生産者の上向的発展は、言葉の真の意味における「下からの資本主義化」としての歴史的役割を果たしえなかったと評価されるのです。これが矢木明夫説への批判点です。

同時にここで重要な点は、このような政策金融の枠組みに反応したのは第II類型の製糸家だったことです。第I類型の製糸家は売込問屋の前貸金融に依存する度合が比較的小さく、売込問屋を排除して直輸出を行う傾向が強いため「売込問屋の支配体制の展開と第I類型製糸家の存在とは、互いに矛盾する側面をもっていた」と評価されています。京都の郡是製糸などの優等糸製糸家は、前貸金融に依存しない存在だったのです。これに対して、売込問屋の支配体制に組みこまれ、その前貸金融に依存して発展したのが第II類型の製糸家であったことを、長野県諏訪の製糸経営の事例によって論証しているのです。

この議論は、それまでの座繰製糸段階（＝小営業段階）から器械製糸段階（＝マニュファクチュア段階）への移行という技術史的な視角からの議論に対して、官営工場に紹介されたヨーロッパの製糸器械技術を模倣して、これを木製にするなど低廉化して利用することになる器械製糸でも、技術的な改良や器械装置の製造の低廉化だけでは製糸業の発展は不可能であったと考えていることを意味しています。そうした技術的な基礎以上に重大な制約として資金問題があったことを示すことで、幕末維新期以降の資本の原始的蓄積過程から順調に生産の拡大が実現していくとは考えていないのです。開港による海外市場の獲得が重要であったとしても、それによって座繰製糸から器械製糸への転換が進展したとしても、それらの変化を受け止めて産業発展につなげていくためには、政策金融を基盤とする売込問屋の前貸金融という支えが不可欠であったと考えています。つまり、資本主義的な発展の一翼を担うようになるほどの飛躍は政策金融に支えられているという意味で、それまでの技術史的な説明を書き換えようとしているのです。

4　女工の問題

第三章「製糸女工の存在形態」では、女工に対する資本の支配という問題が焦点になります。熟練を持つ女工をどのようにコントロールしたのかという問題です。ここでも、二類型間の差異に配慮しながら分析が進められますが、産業資本確立期の製糸経営は低賃銀・長時間労働という共通の基盤をもちつつも、賃銀形態において特徴的な類型間の差異が存在しました。すなわち、第Ⅱ類型の製糸経営下の女工の賃銀形態は長野県諏訪の例で示されるように等級賃銀制が採用されており、その特徴は、①製糸資本家があらかじめ賃銀の支払総額を決定したうえで、②賃銀格差を付けて女工間の競争をあおり作業能率を引き上げることができるというものでした。これは外見的に出来高制に近いように見えながらも出来高の絶対額に比例した賃銀支払いではなく、経営側からみると賃銀の支払総額はあらかじめ決まっていて、相対評価で個々の女工の賃銀額が決まるというものです。受験競争みたいな話です。どんなに自分の点数が高くなっても、順位が上がらなければ、よい結果は得られないのです。

これに対して第Ⅰ類型製糸家の多くは似たような賃銀制度を採用しているのですが、それは諏訪で採用されていたような相対評価に基づく等級賃銀制ではなく、出来高に応じて賃銀額が変化するものだったとされています。このような制度が採用された背景には、優等糸生産においては、良質の生糸を生産するためには女工の熟練度を十二分に引き出す必要があったためと考えられています。したがって、賃銀制度が二類型で異なっているのですが、第Ⅱ類型の等級賃銀制度こそが製糸業において女工の資本による支配を実現する手段であったと評価されています。なぜかと言えば、自らの賃銀額が他の女工の成果との比較で決まる限り、女工たちは気を抜くことができなかったからです。こうした賃銀制度を採用することで製糸業でも、手工業的な熟練作業に基盤があっても熟練労働者の抵抗を無力化できたというわけです。

女工との関係では、諏訪では「製糸同盟」という経営側の組織が女工たちの自由な経営間移動を抑制するようなカルテル組織を作っていたことなども強調されています。労働力の買い手独占が形成されていたわけですが、この諏訪製糸同盟の機能や女工たちの反応などの製糸女工をめぐる労働力市場の問題については、東條由紀彦さんの『製糸同盟の女工登録制度』（東京大学出版会、一九九〇）で、石井説を批判的に継承した実証的検討が行われています。

5　養蚕農家との関係

最後の第四章「製糸資本家と養蚕農民」でも二類型の製糸家と養蚕農民との関係に類型差があることが強調されています。すなわち、長野県諏訪の製糸家（第Ⅱ類型の典型）の購繭活動にみられる特徴は、①製糸家相互の競争によって生じる繭価の上昇を避けるために共同購繭が行われたこと、②繭の競争買を避け、繭価の引き下げのために開業日を協定したこと、③市場で繭価が上昇傾向にある場合には同盟罷買を行ったこと、などでした。これらはいずれも繭価の引き下げのための手段を行使する買い手独占的な行動であったことになります。このような行動を可能にする基盤は製糸家が十分な購繭資金を持っていることですが、それは自前ではなく、製糸金融に依存しているという意味で、製糸家も自立しているわけでありません。これに対して、現金での取引を求める養蚕農家は、製糸家の動きに対抗できずに反対に売り急ぎに走って価格下落を甘受させられるという非対称な取引関係が形成されていたのです。

そもそも生糸の品質を維持するためには繭の品質が重要だったわけですが、第Ⅱ類型の製糸家は優等糸の生産をめざしていないので、繭市場でこのような行動をとったと考えられています。彼らにとっては繭の品質よりは、いかに多量の低廉な繭を購入するかに関心があったということです。

それに対して第Ⅰ類型の製糸家では、良質の繭を確保することが優等糸の生産には重要な意味を持っていたために、その繭取引では、一九一〇年代以降全国的に普及していった「特約取引」の原型のような取引形態が早くから採用されています。この取引形態では製糸家が養蚕農民に良質な繭を作ることのできる蚕の卵を配布するなどして、優良繭を確保すると同時に、特約関係を通じて養蚕農民を確実に掌握し、製糸家間の競争を排除して繭価が高騰するのを阻止していたとされています。このようにして確保される繭の品質こそが優等糸の生産の基本的な条件でした。

この場合、特約取引についても養蚕農民が価格面で有利な取引ができるような条件はなかったというのが石井さんの評価です。少しはっきりしない部分はあるのですが、買い手独占になっているとみているので、製糸業全体としてみて、製糸家の購繭活動は、正常な取引関係というよりは収奪的な関係、低価格の強制という養蚕農家にとって一方的に不利な取引になっています。そのため、養蚕経営では投下した労働力に対する正当な補塡ができなくなります。これを「労賃」部分の実現が阻害されたと石井さんは表現していますが、その結果、養蚕農家が繭の生産販売を基盤に経営を大規模化する途が閉ざされ、基本的には「副業」の枠のなかに養蚕経営を押し止めることになったと評価されています。労賃を正当に支払うことができないとすれば、養蚕農家が家族労働力を超えた雇用労働力を調達して経営規模を拡大することは難しくなります。現実には第一次大戦の生糸価格の高騰期に繭の値段も高くなって養蚕農家のなかに経営規模を拡大する動きを見せるものが出現するのですが、これはブームのなかのあだ花のような存在で、一般的には経営拡大が厳しく制約されていたというわけです。だから、養蚕農民は、共同体規制と固く結合した自給的色彩の濃い稲作経営その他を放棄する力を持たないままで、農村の半封建的諸関係のなかに埋没せざるを得なかったという構図が示されています。それ故に製糸資本家の下への女工出稼ぎもまた、そうした諸関係を前提とし、それをむしろ維持してゆく要因になったというわけです。ここで想起されているのは山田『分析』が定式化した、高率小作料と低賃銀の相互規定関係です。

6　重層的階級構造の構図

以上の各章の分析を通して、石井さんは、第Ⅰ類型の製糸家と第Ⅱ類型の製糸家との間の違いを強調しています。もともとの類型設定は、生産される生糸の品質の差異をうみ出す仕組みの差にあるのですが、それは技術的な問題、つまり生産力の問題にとどまらずに、生産関係でも差があるという論理になっていることに積極的な意味があります。すなわち、①対横浜生糸売込問屋、②対製糸女工、③対養蚕農民とのそれぞれの関係において対照的であったことが強調されています。また、一八九〇～一九〇〇年代の産業資本確立過程を主導したのが第Ⅱ類型製糸家であり、一九〇〇年代を通じて第Ⅰ類型の製糸家の力が増大し、一九〇七年恐慌を画期として第Ⅱ類型製糸家の中から第Ⅰ類型製糸家への転換をはかる製糸家が出現していく形で、独占段階への変化を展望するというのが本論の内容です。

最後の終章の「総括と展望」では、当初の問題意識に戻って戦前日本資本主義の構造的特質に関連して三つほど指摘しています。

第一は、日本資本主義における製糸業の位置について、製糸業部門が綿紡績業や重工業などの主要生産手段や軍需物資を輸入するための外貨獲得の「最重要の輸出産業」として政策的に位置づけられていたことです。それが前貸金融を支える政策措置につながっているというわけです。

第二は、蚕糸業に見出される階級構造の基本的矛盾が「売込問屋と製糸家との間にあるのではなく、売込問屋に支配された製糸家と、製糸女工および養蚕農民、の間に存在した」ことが指摘されていることです。つまり、製糸資本家は売込問屋金融の体制に組みこまれており、その売込問屋の金融を支えるのは財閥系資本家などの有力資本家であり、日銀・横浜正金銀行を通じての政府の政策的金融であったというわけです。そして製糸資本家に視点を定めてみると、その製糸家は一〇万人以上の製糸女工を雇用しているだけでなく約一〇万の座繰小生産者とともに約八八万戸の養蚕農民から繭を購入していることに示されるように「日本蚕糸業内部にはピラミッド型の重層的階級構造が形成」されていたのです。これが全体の重層的階級構造の構図です。こうした構造を通して、製糸業は「日本資本主義が、半封建的農村を搾取・収奪しつつ急速に財閥主導の『上からの資本主義化』を遂げる場合の、搾取・収奪の直接の担当者として位置づけられていた」と規定されています。

第三は、産業資本確立の指標を機械の導入一般にとどめずに、機械の導入を通じての資本による賃労働支配の進展・確立に求めたことです。この視角から日本的特殊な意味において製糸業における等級賃銀制の全国的普及に注目して、「等級賃銀制は、マニュファクチュア技術に基づく賃労働者の『等級制』を固定化したままで、それをいわば逆用しつつ、資本家の賃労働支配」を完成させたとして、製糸業部門における産業資本の確立を主張しています。そうした理解を前提に、「日本資本主義の確立過程は、その一環に製糸業部門における独特な意味での産業資本の確立過程を内包していた」と捉える資本主義確立論が提示されるのです。

7 石井説の意義

この本について論ずべき点はいろいろあると思いますが、まず系譜論的な研究に対する批判の意味について考えて見ると――先ほど少し紹介した矢木さんの反論を積極的に取り込んで考えてみるとすればの話ですが――、明治維新期の経済状況について大石嘉一郎さんが松方デフレ期までの二つの途が併存していたという説明をしていることとの関係をどう見るかになるだろうと思います。矢木さんが強調している製糸業の発展は、松方デフレに入るまでの時期に見出される「下からの発展」に限定されるのであれば、大石説と大きな矛盾はありません。石井さんは、矢木さんがこの系譜に沿って日本の資本主義化が進んでいると捉えていると考えていますから、石井さんの読み方に沿えば矢木説は大石説を越えて下からの発展が継続していたことを主張することになるわけです。石井さんの議論は、松方デフレ期以降に資本主義が確立していく過程において製糸業がどのような条件で発展を遂げたのかということに焦点を定めたものですから、少しすれ違っていることは認めるべきでしょう。しかし、そもそも系譜的に下からの発展を担っていた人たちが松方デフレ期以降にも製糸経営の有力な担い手となったとしても、系譜的な連続性だけで議論することには問題があり、つまり自律的に発展しえたという説明は十分ではないので、石井さんのように構造的に捉えていく方が説得的です。

二つ目の問題は、この本が構造論的な把握を特徴としていることのデメリット、限界という側面です。つまり、蚕糸業の発展の歴史的展開に関して、独占段階への展望はともかくとして、開港から産業資本確立期までの段階的な変化についての関心が石井さんの分析では希薄だからです。幕末開港によって蚕糸業は大きな衝撃を受け、輸出の拡大に伴う価格の高騰に直面するわけですから、この時期に起きたことについてもう少していねいに分析する必要があるかもしれないと思います。少なくとも産業資本確立期から三〇～四〇年近い時間差があるので、段階的な変化を見出すことができるのではないでしょうか。この点は、中林真幸さんが製糸業を分析する時に強調していたポイントの一つでした。中林さんは、一八八〇年代と九〇年代との差に留意して、いつ頃石井さんが言うような構造的な特徴が明確化するかを考えていたのです。このような批判が生じたのは、石井説の弱点に由来しています。もっとも、中林さんも著作（『近代資本主義の組織――製糸業の発展における取引の統治と生産の構造』東京大学出版会、二〇〇三）にまとめるときに比較歴史制度分析という枠組みに合わせてそれまで発表した論文を改訂したので、このような段階的で歴史的な変容についての論点が不明確になったように思います。採用された比較歴史制度分析はもともと構造論的な方法という特徴を持っていることから、この面での石井説に対する批判が少し曖昧になった気がしています。

このほか製糸労働について最近では榎一江さんの批判（前掲『近代製糸業の雇用と経営』吉川弘文館、二〇〇八）が出ていますし、第一次大戦後については松村敏さんなどの研究（松村敏『戦間期日本蚕糸業史研究――片倉製糸を中心に』東京大学出版会、一九九二）が出て実証的には新しいことがわかっている面があります。養蚕でも井川さんとか荒木さんのお仕事がまとまっています（井川克彦『近代日本製糸業と繭生産』東京経済情報出版、一九九八、荒木幹雄『日本蚕糸業発達とその基盤――養蚕農家経営』ミネルヴァ書房、一九九六）。このように産業史的な研究がたくさん出ています。しかし、製糸業から資本主義を論ずるというような課題設定は希薄になっているようです。

石井さんの研究の論理の問題としてあと一つ指摘するとすれば、虐げられた養蚕農民という階級構造の捉え方について、すでにふれたように第一次大戦期には部分的で一時的な現象にとどまったとはいえ、養蚕大経営が出現したことをどのように位置づけるのかという問題があります。この点は、大戦期の生糸価格の高騰に連動して繭の価格の高騰を製糸家も受け入れざるを得なくなり、高価格を基盤に養蚕業でも経営規模拡大が可能になったということですから、製糸家の買い手独占による養蚕農家支配という構図も状況によっては変容しうるものだったという点を考慮しておく必要があるということです。構造論の問題点として繰り返し指摘していることですが、ここでも重層的階級構造のなかで養蚕農家の規模の拡大は阻止されているという点などが、あたかも強固な構築物で揺るぎがないように描かれすぎているということかもしれません。

なお、実証上の貢献としては、このほかに①直輸出問題について、委託輸出と買取輸出の混同があったのを区別して論じたこと、②座繰「大工場」の実体について共同の揚返場とその下に組織された座繰小経営であること、つまり大規模作業場は成立していないということを明らかにしたことなどがあります。

【質疑】

質問　**第Ⅰ類型と第Ⅱ類型との関係**ですが、たとえば郡是製糸のケースは自律的な発展の例にはならないのですか。
武田　いずれかといえば自律的で「下から」という性格を持っているのではないかと思います。ただし、このようなケースが支配的ではないということです。
　ここは推測になりますけれども、二つの類型の関係は、第Ⅰ類型の製糸家の方が「母型」ではないかと私は思っています。つまり、近世期の生糸生産は奢侈品としての絹織物の原料供給ですから、それが粗製濫造されていたとは考えにくいからです。奢侈品としての市場に市場規模が限定されていたので生産の量的拡大が第一義的に追求されるとは考えにくい。だから第Ⅰ類型がなぜ出てくるのかが問題なのではなくて、第Ⅱ類型がなぜ発生するのかが説明されるべき問題なのです。それは、たまたま欧州の蚕が伝染病で壊滅しているという状況の下で外商が開港直後の日本で生糸を買いあさったこと、それをきっかけとする急激な輸出拡大のなかで市場の制限が取り払われたことによって生じたものと理解できます。作れば売れる状態が生じて、そうした状況に対応した製糸業者が参入して生産を拡大するというわけです。こうして第Ⅱ類型が誕生し、それがリードしたことが製糸業発展の主要因だということですし、限界でもあるということだと思います。ただし、この類型論にはいろいろな方から批判もあります。たとえば上山和雄さんの「第一次大戦前における日本生糸の対米進出」（『城西経済学会誌』一九巻一号、一九八三）は、日本糸の品質についてアメリカ市場における評価の変遷に即して明らかにし、二類型論の再検討を求めています。
質問　山田『分析』が提示した「半封建的」規定をそのまま受け入れているのですか。
武田　本の特徴的な論点として**重層的階級構造**があるのですが、たとえば紡績業では農業との関係は、綿作農家の経営基盤を奪い、そこから流出する労働力を低賃銀で雇用するという関係ですが、製糸業の場合には、養蚕経営からの原料の購入、農業部門からの低賃銀労働力という二重の関係でつながっています。この関係は山田『分析』の相互規定関係という捉え方に重なっています。石井さんの議論の意味は、そうした仕組みがなぜできあがってきたのかを製糸業に即して明らかにしたことです。そこでは製糸家を支える上からの製糸金融が製糸業の発展の方向に強い影響力を持ち、それによって製糸家の収益基盤が狭く制約されているために急発展する産業であるにもかかわらず、低賃銀基盤を如何に維持するかなどの仕組みが必要だったことです。また原料繭の購入に際して養蚕農家の経営発展を阻害するような繭市場の取引が強制されています。そのため農家経営の過剰労働力が女工として排出されてくるという構図ですから、そのまま受け入れているというよりは山田さんの全機構的な把握の妥当性が実証的な研究を通して確認されていくということではないでしょうか。そうした手順を踏んで石井さんは、山田『分析』で示された半封建的特質をもつ日本資本主義という捉え方を肯定的に継承しているということができます。

重層的な階級構造を論じる上で重要なポイントの一つは、女工の雇用条件にかかわるもので、製糸女工は毎年更新される雇用契約になっています。『あゝ野麦峠』（山本茂美、朝日新聞社、一九七二）の話しに出てくるように年末から正月には工場を離れて実家に戻ります。この条件の下では、新規の雇用契約に際して、熟練技能の高い女工たちは売り手市場になり、そのような条件があれば賃銀は引き上げられてしまう。これに対抗するために諏訪の製糸家は、製糸同盟を作るわけです。諏訪の製糸同盟は、雇用先の工場を移ろうとすることを抑制する雇用者側のカルテルです。それでも女工たちの移動を抑制することは完全にはできないので、経営側の権利の売買のような移動に伴う損失の補塡の仕組みが作られています。しかし、このような雇用者のカルテルでは賃銀水準が熟練女工たちの要求に応じる形で引き上げざるを得ない状態を回避はできないので、等級賃銀制が重要な経営側の砦になるのです。この等級賃銀制については、大石さんが論文を書いてその意味を論じていますが（大石嘉一郎「日本製糸業賃労働の構造的特質――等級賃金制を中心として」川島武宣・松田智雄編『国民経済の諸類型』岩波書店、一九六八）、この制度が製糸業における資本家的経営の成立の指標になっているのです。だから機械ではなく器械を使っているような産業でも、機械制大工業が成立しなくても、資本家的経営が成立することになります。大事なことは機械という技術体系の変化ではなく、社会の構造が変化することであり、資本主義経済社会の特徴である急激な成長をもたらす源泉になる効率性を生み出すために、生産現場で労働力が経営側の計画に沿って働くような仕組みができることです。

質問　**中林さんの研究との関係**はどう考えればよいでしょうか。

武田　中林さんが石井説に付け加えている論点と批判している論点の両面があります。まず、商標の議論では、石井さんの議論は粗製濫造的な製品輸出のイメージになりやすいのですが、品質にも配慮して商標を守ろうとする輸出努力を指摘したこと、次に売込問屋の前貸金融については、一方的な支配関係で描かれすぎていて、もう少し製糸家が自立性を持っていたと評価したことなどが実証的な批判点です。それらの議論は研究史に新たな面を付け加えているといって良いと思います。

石井さんの本は、製糸業ではなく蚕糸業として捉えることが特徴の一つであることは間違いないのですが、これは確立期の日本資本主義の構造的特徴を論じたいという意図を持っているからだと説明しました。これを批判している中林さんが「近代資本主義の組織」というタイトルをつけて製糸業から日本の近代を論じる意図を示していることとは、メンタリティが似ていると感じています。

近代の組織という議論はともかく、製糸業の分析として見たとき重要な分析視角にかかわる批判点が提示されていると思います。中林さんの石井批判のポイントは、石井さんが資本主義の確立を論じるために確立期の蚕糸業を論ずることに強く傾斜していることです。だから中林さんが一八八〇年代や九〇年代はどうなるのかを再検討し、それぞれの時代の変化を段階的に議論すべきだという趣旨で石井説に疑問を呈しています。このことは妥当な面があります。だから等級賃銀制の形成とか、製糸家の類型が明確化するのがいつ頃なのかというような疑問を石井説に対して読者がもったとしても、仕方ないところがあります。分析の目標、意図していることに沿って描くために切り捨てられている部分があります。また、中林さんの方が産業固有の発展史を追うという関心が強いと思います。

石井さんの議論は、あくまで後進資本主義国としての日本を論じる性格を持つものです。その際に当時の問題関心に沿って国際的契機に注目しています。この点は矢木さんの議論が局地的市場圏論の枠組みに沿って内発的な展開に議論が絞り込まれているのとは違っています。小生産者たちが製糸業の発展を担っていることは事実なのですが、その小生産者が粗製濫造の傾向にある理由は、世界市場での日本生糸の売られ方にあるというのが石井さんの捉え方になります。このような世界市場での位置づけから議論を展開するというのは、石井さんが明確にした方法的な視点です。石井さんの意図は、山田『分析』の半封建的な構造を大塚さん的な下からの発展の議論を組み込みながら全体像を示すことだと思いますが、結果から見ると下からの発展を強く否定する印象を与える著作になったと思います。その理由の一つが、一八九〇年までの原始的蓄積期をきちっと議論していないことにあります。つまり、それまでの議論でも、下からの発展が萌芽的にせよ可能性を持っていたのは松方デフレの開始まで、つまり一八八〇年代初頭までと考えられていましたから、石井さんの本来の意図にそって下からの発展が上から絡め取られていくという過程を描こうとすれば、中林さんが批判するようにもう少し前から議論した方が良かったのでしょう。可能性の問題ですが。

他方でこの本が時間軸を重視した議論を抑制して一九〇〇年代に焦点を絞ったことの意味も大きいと思います。高村さんの本と対比すると、紡績業の確立期についての一つの章に該当する主題が一冊の本になっています。時代を絞り込んだことによってその時代が細部まで構造的に明らかになったと評価すべきだと思います。

以上

この講義は二〇〇九年六月一五日と一二年六月一一日に行われた講義の録音記録をもとに作成したものです。講義資料の作成には荒木幹雄さんの書評を参考にしました。

【近代編7】

第7章　賃労働史研究の問題提起
――隅谷三喜男『日本賃労働史論』――

テキスト　隅谷三喜男著『日本賃労働史論』東京大学出版会、一九五五、第二版一九七五

1　労働問題への関心

隅谷三喜男さんは労働問題研究や産業研究においてユニークで大きな影響を与えた研究者です。石炭産業などの産業研究・産業史研究の方法についての議論は、別に紹介しますが、今回は、もう一つの重要な研究分野である労働問題研究について、初期の問題提起的な著作である『日本賃労働史論』を取り上げます。

隅谷さんは、東京大学経済学部では産業論の担当教官として採用されたという経緯があって助教授になってから産業研究について本格的に勉強を始めたという話を伺ったことがあります。この時代には、特定の分野での研究実績があってそれに対応した担当教官として採用されるとは限らなかったようです。そういう不思議な時代で、これは隅谷さんに限らずほかの方の例もあるようです。

大学での担当科目とは別に、労働問題についての関心は、その経歴との関係もあって一貫して強く持っていたようです（『隅谷三喜男著作集』参照）。経歴というのは、東京のスラムを身近に見ながら育ったことがひとつです。旧町名で「麻布谷町」というところですが、谷町という名前から想像されるように坂の多い東京の町のなかでは坂下の谷底

のようなところに、生活に困窮した人たちが集住するスラムがいくつもあり、麻布谷町もその一つでした。隅谷さんのお父さんがキリスト者として学校に行けない子供たちの夜学校を開いて住み込んでいたのです。隅谷さんは、そうした経験が「社会の底辺に近いところで働きたい」という思いとなり、大学卒業後には満州の昭和製鋼所に就職したと回想しています。こうして昭和製鋼所で労務を担当する職員になります。この時の隅谷さんが五味川純平さんの『人間の条件』の主人公のモデルだったといわれますが、その真偽はともかく、このような経緯には、隅谷さんはマルクス主義者というよりはキリスト者としての豊かな人間性が表出しているように思いますし、そのような態度は終生変わらなかったと思います。この昭和製鋼所勤務の経験をもとにして「満州労働問題序説」を書いています。それが助手採用時の応募論文だそうですから、研究者の出発点は労働問題への関心であったことになります。

もう一つ、本題に入る前に紹介しておきたいのは、隅谷さんの戦前日本資本主義に関する捉え方についてです。全体像を描くという試みをほとんどしていませんし、経済史研究が専門ではなく、応用経済学分野で産業とか労働とかを対象にして、それについての実証的な分析も方法的な問題提起も積み重ねているので、それらの著作では明確にされていません。ただ、昭和戦前期に学生時代を過ごし、社会問題への関心が高かった若者たちに共通することでしょうが、全体像は講座派的で、山田盛太郎『日本資本主義分析』を暗黙の前提にしているように思います。

もちろん、隅谷さんが『日本資本主義分析』をどのように受け止めていたのかは正確には分かりません。ただご本人からうかがった話なのですか、「満州から引き揚げるときに一冊だけ本を持って帰ってきた、その本が山田先生の『日本資本主義分析』だった」ということですから、隅谷さんの学問形成に『分析』が大きな影響を持っていたことは確かだと思います。この点は、第一章の「賃労働の原始的蓄積過程」における明治維新期の経済状態の説明や、豪農から寄生地主へという変化などの説明が、当時としては通説的な講座派的明治維新論、日本資本主義史の理解に立っていることからもうかがい知ることができます。

2　出稼ぎ型賃労働論

隅谷さんの労働問題研究のモチーフの一つは、大河内一男さんの出稼ぎ型賃労働という捉え方に対する批判ですから、大河内説をまず説明しておきましょう（大河内一男著『社会政策の基本問題』日本評論社、一九五二）。

大河内さんは、山田『分析』が描いた日本資本主義における賃労働の「型」、類型化された賃労働の諸形態を単純化し、その最も重要な存在形態を紡績や製糸の女工に見出し、その農村社会との関係から「出稼ぎ型」と特徴づけました。出稼ぎ女工こそが近代日本では典型的な賃労働者の存在形態であり、この捉え方は農民層分解が不十分で、過剰人口が農村社会に潜在し、高い小作料に苦しめられているという構図とも整合的と考えられたのだと思います。

募集人による組織的な募集によって工場に勤めるようになり、応募した女工たちは寄宿舎生活によって生活面でも自由を奪われ、それ故に組織的な抵抗ができない存在と見なされています。このように大河内さんは、女工たちは資本に完全に支配されていて全く抵抗できないまま、個々に分断され、競争を強制され、ひたすら低賃銀を押しつけられていると捉えています。こうした状態は、大河内さんの理解では資本主義の発生期に見られるようなものであり、それ故に「原生的労働関係」と表現されています。それが日本では資本主義の確立期の賃労働のあり方にも見出される、そこに日本の特殊性があることを強調しています。

イギリスの場合には、そこまで徹底的なものではなく、ギルド的な伝統を持つ労働者たち・職人たちが組合などの組織によりながら経営側の一方的な労働条件決定に異議申立てをするなどの抵抗を示し、それによって労働条件が変更されることもありました。つまり順調な発展を遂げていれば、労働者はいずれ組合などの組織によりながら自らの要求を実現するような運動主体として成長していくことが想定できる。そして、労働運動が発展していくと、明確に労働者の意思が表示されて経営との対話が進む一方で、労使間で解決できない、たとえば失業の問題などに関係して社会政策が展開される基盤も生まれるという文脈で労働運動と社会政策の関係が捉えられています。

こういう先進国のケースと対比すると、後進国であるが故に一方的な関係になっていることに特徴を見出しています。先走って紹介しておくと、大河内さんが書いた隅谷さんの本への書評のなかで、原生的労働関係について自分は原始的蓄積期の問題としては提起していないといっていますが、これは批判をかわそうと逃げている感じです。

3　隅谷さんの大河内批判

この大河内説はかなり広い影響力を持ったものでしたが、そうであるが故に痛烈な批判も浴びることになります。二村一夫さんが足尾暴動に関する研究論文で、男子労働力に注目すべきことや、そこに鉱夫社会の伝統的な組織が息づいており、それらの基盤もあって労働者の組織化が進展し、激しい抵抗が暴動というかたちで出現したことなどを示して、原生的労働関係という捉え方に異議を申し立てたのがその一つです（二村一夫「足尾暴動の基礎過程――「出稼型」論に対する一批判」『法学志林』五七巻一号、一九五九、のちに『足尾暴動の史的分析』東京大学出版会、一九八八に所収）。出稼ぎ型を典型とする捉え方が一面的であり、労働者が非組織的であったというのも全体を捉えていないというわけです。

隅谷さんの大河内説に対する批判のポイントは、このような議論とも関連しますが、労働者のあり方に関する実態把握という点では、二つあります。一つは、ある意味では山田説に戻って考えていくという趣旨が明白なものです。山田さんが賃労働について諸類型を設定していることに注目し、産業革命期にかけて日本の賃労働のあり方にはさまざまな実態があり、それらの類型差を無視して「出稼ぎ型」であり「原生的労働関係」であると一括するのは問題があるという批判です。そのことを明確にするために、松方デフレ期に地主・小作分解が進展する農村を背景にしながら形成される賃労働について、①農村マニュを基盤に周辺の農村の中貧農層から析出される通勤労働者、②中貧農の過剰労働力が単身遠隔の工場・鉱山に出稼ぎする者、③農村を離れて都市下層に流出して賃労働者化した者などを想定しつつ、さらに伝統的な都市の職人層解体によって生み出される賃労働者、また士族層の没落によって生まれる賃労働者などを、その形成基盤として検討対象にしています。また、そうして生まれる賃労働が、製糸業のようなマニュの女子労働力、紡績のような機械制工業の女子労働力、造船業のような男子熟練労働力、そして男子労働力の大半を占める不熟練労働力に区別できると考えています。ここでは、山田『分析』の「労役型」について、大枠でそれを承認しながらも、それが前近代社会の解体に伴ってどのように形成されるかという歴史的な視点が付加され、格段に事実認識が深められていることに注意すべきでしょう。これは論理的には、農民層が分解すれば自動的に賃労働者が形成されてくると考えていた大内力さんに代表される原始的蓄積過程についての理解への批判であり、同様に、山田『分析』への批判でもあります。

この歴史的形成という点では、次章でとりあげる鈴木淳さんの研究が機械工業の形成史を論じるなかで鉄砲鍛冶から機械工業の発展の鍵を握るような熟練職人が生まれてくることを明らかにして、伝統的な職人層が近代的な労働者の供給源の有力な一つであったことを示しています（鈴木淳『明治の機械工業』、本書第8章参照）。隅谷さんの議論でも、大きな捉え方でいえば、そのような経路の供給源があったことは指摘されていますが、職人層の再編成が本格的な賃労働者の形成の基盤としては不十分であったと評価しています。これに対して、鈴木さんの議論は系譜的な連続性に具体的な姿を与え、実証的な根拠を示したことになります。鉄の加工などについて新しい知見も加えて機械工業の中核的な技能者になっていく職人たちがいたこと、その重要性は間違いないことです。これに加えて鈴木さんの議論では、幕末期の技能形成が伝播していく過程を強調することで、系譜的な連続性だけでなくその質的な意味での重要性に注目しています。隅谷さんは、伝統的な職人層の解体という視点で議論を進め、不連続な面を強調しているように見えます。近代的な造船業の職工などの養成は軍工廠や官営工場が担ったという捉え方にその点が現れています。このような捉え方が一面的であるというのが、鈴木さんの隅谷さんへの批判となっているように思います。

もう一つ隅谷説で大事なことは、「出稼ぎ」という労働の移動の形態に対する批判です。形成過程を論じることによって明らかになった事実認識に基づいていますが、都市の職人層や士族層の解体を別にして、農村から賃労働者やその予備軍が都市に移動する場合にも、いろいろなパターンがあることが強調されます。そもそも農村内で賃労働者化が生じている場合もありますが、さらに「出稼ぎ」だけでなく「挙家離村」なども論理的に想定できるでしょう。農村内の賃労働者化は、大塚久雄さんが考えていたような農村の内部における農民層分解に伴うものですが、この場合には、労働力の社会的移動、居住の場所の変化がないと考えてよいものです。隅谷さんが賃労働者のあり方として「通勤」と表現しているのはそのような形態を含むものだと理解できます。ただし、現実には農村内でこのような変化が見られても析出される労働者の数は少なく、資本主義経済が発展していくために必要とされる労働力の供給の基本的なパターンではなかったと考えられています。この点は、通勤ではなくとも、谷本雅之さんのような捉え方を思い起こせば、農家経営のなかで副業的に労働力が利用されるという形態も可能であり、それが農家経営の解体を阻止し、農民層の分解をゆっくりしたものにした可能性もあります。これが農村のなかでの変化の仕方です。

「地方の工業化」という捉え方も最近では出てきていますが、隅谷さんが考えている枠組みでは、都市部に、あるいは都市を形成するようになる特定の地域に工業部門が展開するようになり、それは空間的には農村からは離れたところにあるので、農村の内部の関係ではなく、農村外の都市と農村との関係が労働力の「移動」という点でも重要な意味を持ちます。この場合、もともと都市だったところに工業経営が生まれてくることもあるし、八幡のように大規模な作業場が新設され、そこに労働者が集まり、職員なども含めて集住して都市の形を作る場合もあります。また、筑豊の炭鉱地帯や足尾などのような資源立地型の鉱工業地域の形成では、短期間に産業地域として急成長する一方で長期的にみると衰退を余儀なくされる場合もあるでしょう。したがって、工業化にとって都市であることは必要条件ではありません。中央か地方かというのも特定の時代像を投影した分類ですから、必要な労働力の確保という視点から、労働力が必要となるような地域が中央になるといってもいいのですが、地方都市であれ中央の大都市であれ、それぞれの工業化には労働力の社会的な移動が必要になります。もともと都市であったところでは多少は余剰労働力が抱え込まれているかもしれませんが、いずれにしても大量の労働力・労働者が社会的に移動してくる必要があります。なぜなら急拡大する労働力需要に対してそれぞれの地域内の人口の自然増だけでは不足するからです。他の地域からの社会的な移動による人口増加が加わっているはずです。この移動のあり方を賃労働の形成という視点で考えていこうとしているのが隅谷さんの仕事の特徴の一つということができます。

4　都市雑業層論

この社会的移動のあり方について、出稼ぎ型に典型を見出したのが大河内説だとすれば、隅谷さんはそれでは不十分と考えました。都市における大量の労働力需要の発生に対応して、労働力がどのように移動したかという問いに対して、供給源としては没落士族層という階層も考えることができます。士族層の多くはもともと市内にいますから重要な候補かもしれませんが、彼らが工場などで働いたという事例は少なく、警察官とか官吏とか教師などになっているので、これを主たる給源とするわけにはいきません。職人層の方がまだ職種によっては可能性が高いのですが、量という点では十分ではありません。だから農村からの移動とみるのが中期的な変化も視野に入れれば妥当な理解です。過剰に存在していると考えられているような不熟練の労働者でも量的には不足することが生じうるからです。それではどのようにして人は動くのか。そのほとんどが「出稼ぎ」と言ってよいとは考えにくいし、農村の過剰労働力が市場メカニズムにのって自動的に動くと考えるのも空想的です。集団就職の列車が走るわけでもありません。

隅谷さんは、農村から出てきて直接工場労働者になると考える農民層分解の理論に即した移動の形態では、実際の移動を説明できないと考えました。農村の貧窮のもとで次三男が都市に仕事を求めて出てくることはあり、また女工たちのように遠隔地の募集に応じて出てくることもある。応募して都市に出稼ぎに出てくる女工たちが一つの有力なあり方であることは確かですが、それでは次三男などの男子労働力にも同様に募集が重要な契機になっているのか。

どうもそうではないらしい。確たる当てもなく、つまり仕事があらかじめ決まっていて都市に移動するとは想定できない人たちがいたとすれば、どのようなかたちで出てくるのか。起こっていそうなことの一つは、仕事についての当てはなくとも、郷里の知り合いがすでに都市に出ていて、彼らを頼りに出てくる人がいることでしょう。

最近ではディアスポラという概念で人口の国際移動を捉えることが有力な意見として出ています。この捉え方によって、一見すると漂流するように人々が国際間を移動し、移動先で民族的にはマイノリティとなっても特有の職業分野で活躍する姿が描き出されています。在日の韓国・朝鮮人もその一つの例ですが、幕末維新期に極東地域に進出してくるスコットランド系の商人たち、そして華僑というような巨大な組織もそうした捉え方に即して考えられる面があるという議論が展開しています。

今から考えると、隅谷さんの捉え方は、このような考え方と共通するところがあると思いますが、隅谷さんが提案したのは「都市雑業層」というものです。さまざまな仕事が都市にはあります。多くの人たちは何か仕事があるかもしれないと思って都市に出てきて、そうした仕事に出会ってなんとか食いつないでいる。そうした形で都市の貧民層の中に紛れ込んで労働力プールを形成することになる。そこでは複数の仕事をこなしながらとにかく生計を維持している人たちが、部分的に賃労働者化する、あるいはその子供たちが賃労働者として工場に勤めるようになるというルートで労働者供給が行われるのではないかという仮説を提示したのです。これが「都市雑業層」論です。

都市の雑業層には、さまざまな職種が含まれています。人力車夫などはその一つの例ですが、坂の多い東京では、坂道の下で荷車引きを待ち受けて、荷車を坂の上まで押し上げて駄賃を稼ぐというような賃稼ぎ等々がありました。一つの職では食えないので、複数の仕事に従事し、家族であれば、あるいは同郷者であれば、お互いに扶助しあって暮らしている人たちが都市のスラムを形成していたのです。この状況は、第二次大戦後の発展途上国に見出されるようなインフォーマルセクターとも共通する特徴を持つように思います。

この都市雑業層を経由地にして、農村から過剰な人口が少しずつ流出していく状況があり、これはいわば農村の過剰人口を押し出す側の論理に対応しています。それは生まれ育った麻布谷町の風景に重なっているのでしょう。それは都市の労働力人口、とくに工業労働者の雇用増加などの引っ張り出す側の論理とは独立に説明されています。もちろん、大都市にはさまざまな雑業的なサービス労働の機会などがあったという意味では、雇用機会が存在したことになりますが、それは労働力市場の理論が想定するような直接的な関係ではありません。この経由地が存在することが男子労働力を中心とする都市への移動を可能にする社会的条件を与えたのです。

この都市雑業層論に関しては、その後、牛山敬二さんなどの農業史の研究者たちが農村の労働力移動の研究を通して、農村から直接に都市の雑業層になるよりは、いったん農村内の雑業層となる、あるいは近傍の町場で雑業的な職業に従事するというケースがかなり観察できることを明らかにしています（牛山敬二『農民層分解の構造――戦前期　新潟県蒲原農村の分析』御茶の水書房、一九七五）。地方的なレベルでの雑業層の存在を強調する説明モデル――農村雑業層という議論――は、新潟県の実証的な研究に基づいたものです。隅谷さんの議論を補完するものと考えるべきでしょうが、そこに見出されるのは、人びとが生まれ育った土地を離れて社会的に移動することが大きな困難を伴うことです。社会的移動は移動する人たちにとって負担の大きなものだったのです。

隅谷さんは雑業層を「細民」とか「貧民」としてひとくくりの集団としてみています。それは横山源之助が描いた『日本の下層社会』（岩波文庫、一九四九）に重なるものだと思います。そこでは、多就業という特性があり、男でも女でも同時に複数の仕事に並行して携わっています。そうでなければ生存を維持することができない条件下にある人たちなのです。雑業層の多就業が意味するのは、一つ一つの仕事が職業としては成り立たず未分化で生計を維持できない状態ですから、それは賃労働者としては未熟なものです。そうした貧困層のあり方は、明治末くらいに分化し、都市の工場労働者家族の形成へとつながっていくと想定されています。このような点は、隅谷さんの研究では必ずしもていねいに論証されていないのですが、これも、中川清さんなどの後続の研究者たちが、都市下層社会の研究を掘り下げて、下層社会の変容について工場労働者が階層的に分離されていく、言葉を換えると、下層社会的な生活条件から解放されるような所得水準に工場労働者が到達していくことを実証的に明らかにしています（中川清『日本の都市下層』勁草書房、一九八五）。こうした議論が、隅谷さんの都市雑業層論から生まれています。

5　賃労働の理論

　このような隅谷さんの捉え方には、重要な特徴があります。それが隅谷さんの労働問題研究を支える基盤になっている考え方だと私は思っています。何かというと、労働者の生活過程への関心です。都市雑業層という言葉から直接的には、その階層の人たちの就業のあり方、つまり多就業という特性に基づいていることは理解できます。しかし、こうした労働者の生き様に注目している隅谷さんは、経済学が労働者を労働力としてしか捉えようとしないことに疑問を提示して、賃労働の理論を提唱しています。その点が『賃労働史論』の序章で明らかにされています。すなわち「賃労働とは特殊な商品としての労働力と、労働力の生産者であり販売者である労働者との統一体として把握さるべきもの」と主張されています。「労働力の生産者」という表現には、労働力の再生産過程である労働者の生活過程に着目して分析する必要性が強調されているのです。

　これは歴史研究者への根源的な問いかけでもあります。近代社会が生み出したものを労働市場、労資関係、労働運動などに限ることなく、労働者の生活世界の変化にまで拡げて分析することを求めているからです。こうした視点をとることによって、賃労働の理論は、古典派経済学が労働力として把握した限界を乗り越えようとしています。社会政策学などが人格をもつ主体としての労働者を労働運動の担い手として捉えてきたことだけでは不十分だといっているのです。言い換えると、経済学では労働者を労働力という商品としてしか捉えられないので、労働力の売り手としての賃労働者、その生身の人間の存在を対象にして議論する必要性に注意を喚起しているのです。このように言ったときに、後でもふれるように労働運動の主体として、その意味で労働力ではなく労働者として捉えることを思い起こすかもしれません。それも大事な側面ですが、隅谷さんが問題にしているのは、それ以上のことです。つまり、労働者の消費生活について分析しなければ、資本主義経済に不可欠の労働力がどのようにして再生産されるのかが明らかにならないのだから、生活世界が対象化されるべきだということなのです。

この方法的な視点の新しさ、斬新さは隅谷さんの研究全体を通してみられる特徴で、たとえば一九六〇年代末くらいには零細工業論という問題を取り上げて都市内部の中小工業の特質を論じ、産業集積論の先駆になるような問題提起をしています。産業分析でも第23章で詳しくお話ししますが、産業組織論などの分析方法を取り入れています。大事なことは、こうした生活過程まで含めた捉え方が生活そのものを対象化することを通して、経済学の分析、歴史学の分析が人間存在に迫ろうとする意図を持つべきだと考えていることだと思います。隅谷さんは、自らの学問経歴を振り返りながら、「経済学のなかに人間の問題をどう導入すべきか」を考え続けてきたと語っています。労働経済学などの理論的な進化に期待していた時期もあったようですが、それらの議論は「人的資本論」などに代表されるように、結局のところ人の生き方の問題を掘り下げる方向には進展しませんでした。そこでは、経済人として個々の主体が、たとえば生涯所得を最大化するように行動し、そのために教育の機会などを得ようとするなど、消費生活の一部分を切り取って議論に取り込むこと以上の成果はなかったからです。「経済人」という外被を脱ぎ捨てた生身の人間像に迫るような方法的な深化を遂げることはできなかったのです。賃労働の理論に基づく『日本賃労働史論』は、日本における労働者階級の形成過程を論じながらも、そのような広がりをもつ書物だったのです。

6　労働者の組織化と労働運動

先ほどもふれたように、労働者という存在は歴史研究や社会政策研究などでは、労働運動の担い手として捉えられてきました。この点は隅谷さんも当然のことのように踏まえて労働者の組織化を問題にし、鉄工組合につながるような同職組合にふれています。

この問題はかなり難しい論点を含んでいて、一般的には日本では欧州のようなギルド的な伝統が弱いために、同職組合の歴史的な役割をあまり高く評価しない傾向にあります。そうした理由もあって労働者の組織化が遅れていて、萌芽的に労働組合運動が見られるとはいえ、第一次大戦期までは本格化しなかったというのが通説です。この点について岡田与好さんが疑問を呈したことがあり（「歴史における社会と国家」佐々木潤之介ほか編『日本史研究入門』東京大学出版会、一九八二）、より本格的には、東條由紀彦さんの研究では、同職組合の伝統を再評価すべきだとの意見が出されています（「明治二〇～三〇年代の「労働力」の性格に関する試論」『史學雜誌』八九巻九号、一九八〇）。この批判は、労働運動問題研究が日本の特殊性を企業別の組合組織に見出していることを踏まえながら、そうした現状認識を歴史に投影するバイアスが労働運動の理解にあるという批判的な問題提起が込められており、傾聴すべき点があります。隅谷さんの議論は、どちらと判断できるものではありませんけれど、隅谷さんが同職集団に注目して第三章でふれていることは見逃すべきではないと思います。

日本について、通説でも大工などの職人層の同職集団などがあり、まったく存在していなかったと主張しているわけではありません。鉱工業労働者の系譜をさかのぼって同職集団的な特徴が見出されるかが問題なのですが、そこでは技術的な断絶性などもあり、簡単に結論を出すことはできないようです。ただし、少なくとも鉱山では「友子同盟」という組織の存続が知られています。この金属鉱山の採鉱夫（金掘坑夫）による同職組織は、伝えられている話によれば、江戸初期に起源があり、名字帯刀も許された特別な存在であり、相互扶助などの機能も持っていました。労働社会学の調査によると、昭和戦後期にもその伝統にそった取立式（一人前の鉱夫として承認する儀式）などが残っていたことも知られています。明治四〇年の足尾暴動については、友子同盟の組織を利用して足尾に移動してきた永岡鶴蔵という人物が足尾の労働者を組織して、結果的には「暴動」と表現されるような労働争議になりますが、そうした労働者の動きに指導的な役割を果したことを二村一夫さんの研究では注目しています。つまり企業を越えた横断的な繋がりを労働者が組織的に持っていたことは、少なくとも部分的には見出されることなのです。

この組織については大山敷太郎さんが封建的な伝統に基づくもので、日本の労資関係の前近代性を示すものとして取り上げています（『鉱業労働と親方制度』有斐閣、一九六四）。他方で松島静雄さんのように社会学分野の人が特異な労働者の慣行として注目した研究も出しています（『労働社会学序説』福村書店、一九五一、同『友子の社会学的考察』御茶の水書房、一九七八）。また、最近では村串仁三郎さんが、精力的に資料を集め、まとまった研究書を出しています（『友子制度史の研究』世界書院、一九八九、同『大正昭和期の鉱夫同職組合「友子」制度』時潮社、二〇〇六）。その評価はともかく、こうした例もあるので、頭ごなしに同職集団の存在を否定するのは少し問題があるのですが、日本の労働問題研究ではギルド的伝統が弱いことが労働者組織の弱さにつながっていると通説的には考えられてきたのです。そうしたなかで、隅谷さんはある種の連続面を認めながら、職人集団の解体のなかから近代的な労働者が出てくることを論じています。議論の性格からいえば隅谷説は解体、つまり断絶面を見ている議論だという点で、連続面を見出そうとしている東條さんや鈴木淳さんなどとは意見が異なっています。つまり隅谷さんは伝統的な職人たちが同職集団的性格を帯びていたことは否定しないものの、彼らは幕末維新期に離散して没落していると捉えているのに対して、鈴木さんは、幕末期の兵器生産に従事した熟練工の離散過程で各地域に機械工業の端緒が開かれるような条件が作られていくとみています。現在の時点では鈴木さんの捉え方が妥当だろうと思います。

【質疑】

質問　**労働政策**についてはどう考えればよいですか。

武田　労働政策についての議論はそれほど立ち入った検討はないようですが、それは、農商務省が企図した職工条例制定の動きにもかかわらず、明治政府が労働者保護立法に消極的だったからだと思います。隅谷さんは、この職工条例について、その本質は資本制生産を軌道に乗せるための「絶対主義の政策」であったと捉えています。

やや例外的なのは鉱業条例です。これは、高島炭鉱問題を背景としています。日本坑法という鉱業条例に先行する鉱山関係の基本法令は、法制史の通説では鉱山王有制という近代的な鉱山経営が成立するには制約の強い法令で、外国資本の排除などを主眼とした急造の法令であったことから不備が多いものでした。これに対して、鉱業条例は近代法の性格を持つようになったといわれていますが、それはプロイセンの法令を下敷きに作られています。このプロイセン法に鉱山従業員に対する保護規定があったことから、高島炭鉱問題への批判などを背景にして明治維新政府は鉱業条例に保護規定をそのまま取り入れました。隅谷さんは、この鉱業条例による労働者保護も絶対主義的な政策と見なしているようです。保護規定の導入などの点から形式的にはかなり進歩的なものと私は思いますけれど……。

こうした事情から、工場労働者については保護規定がなかった時期に鉱山労働者については保護規定が早くも制度化されました。そのために、鉱山労働者は、形式的には直接雇用を義務づけられます。つまり制度的には鉱山経営における雇用契約や労働条件などは近代的な雇用制度と共通するような規制が設けられました。ただし、実際に鉱山では親方子方関係に基づく鉱夫の雇用慣行が一般化していましたから、この法令の実効性については吟味の余地はあります。

これに対して工場労働者については、保護立法がなかなか成立しませんでした。明治末にようやく制定された工場法は、児童や女子労働の雇用について制限を設けるものでした。『賃労働史論』では議論が及んでいませんが、この問題については、石井寛治さんが製糸業者が工場法制定に関して紡績業者とは異なる立場、制定を容認する立場を表明するようになる経緯を分析した論文を書いています（石井寛治「工場法成立過程の一断面」高橋幸八郎他編『市民社会の経済構造』有斐閣、一九七二）。紡績資本は一貫して工場法による深夜業禁止に反対したのに対して、製糸業者は長時間労働による労働の質の低下に注意を払うようになり、石井説では優等糸生産に取り組む製糸家を中心に態度を変えていったということです。

質問　検討の時期が原始的蓄積期に集中していることはどのような意味を持ちますか。

武田　時期的には資本の原始的蓄積期、資本主義経済への移行に議論が集中している理由はよく分からないのですが、隅谷さんは石炭産業分析でも資本家的な経営の確立期前までに実証的な検討に費やしているので、できあがった構造それ自体を議論するよりは、その形成過程を見ればよいと考えていたのかもしれません。つまり作られ方を見れば構造が明らかになるというような考え方かもしれません。そういう解釈はもちろん可能ですが、本当のところは分かりません。あえて言えば基本的な日本資本主義の捉え方は山田説ですから、産業資本確立期の構造を改めて隅谷流に書くよりは、そこに至る道筋を明確にすることに意味があると考えたということでしょう。

ただ、少なくとも都市雑業層という存在は、原始的蓄積固有の問題とは考えていないと思います。都市で労働者家族が形成され、その子女が労働者になっていくというような再生産の構造ができあがるのは、かなり先ですし、そういう状態になっても農村からの移動のなかで都市雑業層という受け皿、漂流する人たちの都市への着地点として重要であることは変わらないと考えていますし、その考え方は妥当なものだと思います。現在でも、発展途上国の都市の下層社会（スラム、インフォーマルセクター）が地方から都市に仕事を求めて出てくる人たちのプールになる、受け皿になっていることはよく知られていますから、それと同じような状況を明治の日本に見出しているのです。隅谷さんが、そうした途上国の状態をこの本を書くときには知らなかったはずです。一九五五年に『日本賃労働史論』は書かれていますので経済発展論などでインフォーマルセクターというような捉え方がまだ認識されていなかったはずだと考えると不思議な気もしますが、その辺の着眼の鋭さは隅谷さんならではのものです。

以上

この講義は二〇〇九年七月六日に行われたものを基礎にして、論点を追加補充して作成したものです。

【近代編8】

第8章　産業革命像再構築の試み

――鈴木淳『明治の機械工業』――

テキスト　鈴木淳『明治の機械工業――その生成と展開』ミネルヴァ書房、一九九六

1　機械工業史研究の問題関心

テキストは、鈴木淳さんの『明治の機械工業』です。これを手掛かりに明治期の機械工業史の研究について議論し、そこから産業革命についての新たな捉え方を展望してみようと思います。一九九六年に出た本ですから、これまで取り上げてきたようなカビが生えていそうな古い本と一緒にすると鈴木さんにはいやがられるかもしれませんが、挑戦的な実証研究ですから、この講義では見逃せない研究だと思います。

機械工業は、日本の産業革命期研究のなかで生産手段生産部門としての重要性が指摘されてきました。そのため、戦前期からさまざま研究が重ねられてきていましたが、私たちが勉強を始めた頃には、豊崎稔『日本機械工業の基礎構造』（日本評論社、一九四一）とか、小山弘健『日本軍事工業の史的分析』（御茶の水書房、一九七二）を読んだ記憶があります。また、機械製造のための機械ということで『日本資本主義分析』が注目していた工作機械については、やや分析の角度が違いますが、一寸木俊昭『日本の工作機械工業の発展過程の分析』（一九六三）がまとめられていました。この工作機械については、ごく最近になって沢井実『マザーマシンの夢』（名古屋大学出版会、二〇一三）が

出ています。さらに造船業については、寺谷さんや井上さんが論文を書いていて、それらは寺谷武明『日本近代造船史序説』（巌南堂書店、一九七九）、井上洋一郎『日本近代造船業の展開』（ミネルヴァ書房、一九九〇）として刊行されました。また、沢井さんは、『日本鉄道車輌工業史』（日本経済評論社、一九九八）という著作もあり、現在ではこの分野で最も活発に研究業績を積み重ねています。

これらの研究史の紹介からも分かるように、かなりの研究蓄積がありますが、それらは機械工業全般を取り上げているわけではなく、機械工業という産業分類に含まれる産業分野がかなり広いので、その中の特定の分野に絞り込み、あるいは小山さんの本のように軍事工業としての機械生産を問題にするというものでした。それらは何を作っているかという製品の特性に即した分類による対象の設定と分析です。

鈴木さんの課題設定は、このような研究状況に対して少し見方を変えて、同時代の諸産業の発展に必要とされていた生産手段としての機械設備がどのようにして供給されたのかを検討するというものです。そのためにさまざまな産業分野でどのような機械が必要であったのかを大小の規模を問わず、また機械の種類にこだわらずに検討の俎上にのせていくことに特徴があります。鈴木さんは、「機械工業の活動は生産手段となる機械類の生産や輸入機械の修理を通じて、鉱工業や運輸業など機械を用いる全ての産業の展開に密接な関係を持っていた。それゆえ、日本の工業化の初発の時期の状況を把握するにあたって、機械工業の検討は大きな意味を持つ。そしてこれは各国の工業化との比較においても重要な論点となろう」との視点から、「機械工業の同時代的意味」を検討すると課題設定をしています。これが鈴木さんの機械工業史に関する基本的問題関心です。この関心に沿って、全部で十一章にわたる丹念な実証が重ねられます。それは先端的な事例を取り上げて機械製造の到達点を論じるというような従来の手法とは距離を置いて、機械工業の全体像を捉えようという意図に貫かれています。そうした意図に沿った実証に基づいて、それまでの研究では相対的に発達の「遅れ」が目立つと考えられてきた機械工業について、「産業革命の進行に並行して順調に発展した」との印象的な言葉で、鈴木さんは本書を結んでいます。それは、冒頭でも話したように、通説に大きな反省を迫る挑戦的な試みであったという意味で、とりあげるにふさわしい内容をもっています。

2　『明治の機械工業』の要点

さて、鈴木さんは、第一編から時代を少しずつ後ろにずらしながら、さまざまな産業分野との関係で機械生産の展開を論じています。その内容を少し追いかけてみましょう。

第一編では、日本においていかなる経緯で機械工業が生み出されたかとの観点から、幕末維新期の機械工業の展開過程が取り上げられます。分析の主たる対象は、幕府や諸藩が展開した兵器製造事業であり、これが起点となった機械生産です。国内における政治的対立と攘夷運動に伴う対外的緊張などが背景になってのことですが、幕末期には鉄砲鍛冶などの職人たちが熟練工として大量に軍事生産に集められ、それらの技能が諸藩にも伝播していきます。幕末の貿易では大量の兵器の輸入が記録されていますが、これに並行して国内でも銃器などの生産が行われたのです。兵器生産としては限界が大きかったこれらの事業は、部分的な洋式技術の導入や汽力機械工場の移植による在来技術の改善や、鉄砲鍛冶などの熟練工の技能の変容をもたらすなど大きな経験になります。これを通して、近代的な機械工業形成の基盤が形成されたというのが鈴木さんの指摘です。

この幕末期の兵器生産は、明治維新による幕府諸藩の兵器工業の停止に伴う規模の縮小に見舞われます。その結果、それまで兵器生産に従事していた熟練工が移動したり、転業したりすることを通して、新たな機械製造事業への技術・技能の移転が可能になりました。熟練工の手に技能が集約されていますから彼らが移動して需要に出会う、つまり腕をふるうことのできる働き場所を見出して作業場を構えていく。技能が携行可能《ポータブル》だからこそ起こることだと考えると面白い歴史的な出来事です。こうした機械製造の経験者たちは、一方で外国技術者が指導する官営工場における高度な製品の製造を支えることになりますが、他方で独立した小経営を起業して機械の修理や比較的簡易な構造を持つ機械の国産化を推進して機械工業のすそ野を形成することになったのです。官営工場では、自前で機械を製造することが企図されましたが、そこまでの技術水準がなかったことから、輸入機械との補完的な関係のなかで機械生産がスタートしたことになります。

続く、第二編では、こうした条件の下で形成された機械工業が、産業革命期に著しい発展を示したさまざまな産業分野の機械需要にどのようにして応えていったのかが分析されています。輸入に強い制限はありませんでしたから、紡績機械などは輸入に依存していますが、それ以外の分野では、そもそも先進国でも良質の機械が大量生産体制によって作られていたわけでは必ずしもないので——そうした水準に達していた機械生産の分野は限られていたので——低賃銀を基盤に国内で模造された構造の簡易な機械が作られることも可能になったのです。

この結果、この時期の機械工業では、第一に紡績機械や蒸気機関車、大型汽船など「輸入した最新の機械を取り扱い、修理し、関係機械器具を生産した」「移植産業関連部門」と、第二に「器械製糸用の汽罐や器械、力織機、中小汽船、中小炭砿や鉱山用の機械類、精米機、製茶機等を生産した」「中小機械供給部門」という二つの流れが形成されていたことが明らかにされています。前者は、学卒の技術者が活躍する大規模な機械製造工場として成長を始めます。陸軍工廠などの官営工場を別にすれば、造船工場がその代表格です。これに対して、後者は外国品の模造、簡易化など折衷型の機械を在来の技術を生かしつつ製造する個人経営の中小工場でした。

このような二つのタイプの機械製造業者を担い手として機械生産がゆっくりと拡大していくようですが、鈴木さんが明らかにした重要な事実は、次のようなことです。すなわち、炭砿用機械や器械製糸用汽罐の製造業を具体的に検討することを通して、(1)需要地近傍の「地方工業」や京浜・阪神などの都市の中小機械工業が、輸入品より安価な機械を供給していたこと、(2)それらの製品は資金が不足し機械を運用する人・技術・燃料に制約のある「当時の産業の需要」に見合った水準のものであったということです。最先端の高級な機械だけが必要であったわけではなく、それぞれの産業分野で調達する側の企業の条件に合うような機械生産が実現していくわけです。製糸器械が木製の模造品として作られたことはよく知られていると思いますが、器械製糸業では汽罐の供給も行われています。このほかに筑豊炭田で使われた簡便な排水ポンプなどもその良い例のようです。基本的には受注生産であったようですが、中小の経営も、相互の競争を介して技術水準を向上させていくことになります。機械の修理に携わったことなどが、新しい機械の技術を習得するうえで大きな意味を持っていたことも強調されています。需要地に近いところで展開することになったことから、これらの機械生産は地方工業として性格づけられていますが、それとは別に東京などの大都市にも機械工業の集積地が作られ、輸入品の模造などを通して国内市場に広く対応していたようです。

第三編では、日露戦後の造船・内燃機関・力織機の製造業の分析を通して、この時期の諸産業の機械利用の拡大と輸入代替の進展のなかで機械工業が到達した水準が明らかにされていきます。この時期の特徴は、電力業の普及によって幅広い分野での機械利用が可能になったことですが、他方で日露戦争の経験から、それまで軍事工廠に依存していた広い意味での軍事生産が造船・鉄鋼などの民間企業を巻き込んで展開するようになったことです。そうしたなかで、造船業では大型の貨物船の国産化が実現していきます。このような動きを促進したのは航海奨励法、造船奨励法など政策的な助成が進められたことに加えて、一九一〇年の関税定率法改正で中古船の輸入税が引き上げられたことなどが効果的であったとされています。もちろん保護的な措置だけが重要であったわけではなく、低賃銀基盤があるとはいえ技術的には非効率であった生産体制が革新されていったことも強調されています。

また、内燃機関は中小規模工場の動力化や漁船の動力として普及しつつありましたが、鈴木さんによれば、小工場用の石油発動機・吸入瓦斯機関や漁船用の石油発動機は明治末くらいには国産化が可能になったと評価されています。小型内燃機関については、輸入品を模造していた熟練工が需要を開拓しつつ生産を拡大していましたが、日露戦時の鉄工業の急拡大と戦後の収縮で大量に職工が放出されたことや、中小工場が軍需生産の下請け作業が消滅したことなどの事情から、熟練職工が移動しつつ技術を普及させたとされています。他方で漁船用の石油発動機については、高等工業教育を受けた人たちが活躍して会社形態の高品質の製品を製造するものも現れています。

各種の製品開発が進むことになる力織機は、もともと在来的な技術との連続性が強い部門でしたが、兼営織布など輸入力織機による製品製造が行われる一方で、輸入力織機とは別に、各種の織物生産に適した機械が、たとえば木綿用の豊田式力織機や、津田式などの羽二重用の力織機などが作られるようになっていきます。これは、鈴木さんによれば各地の織物の特性に対応した織機が地方機械工業を担い手として供給され始めた事例とされています。

続く第四編では互換性生産を中心にして、「明治末年に機械工業に現れ、輸入代替を進めつつ次の時代に引き継がれて行く新たな動向」が検討されています。その中で著者が強調するのは、移植産業関連部門の輸入代替が進展する一方で、地方機械工業の展開により中小機械供給部門がますます量的な発展をみせつつ、その製造技術水準を向上させていたこと、その結果、両部門の境界が不明確になり、「機械工業もかなりの厚みを有しながら、断絶のない、ひとつの世界に変容した」という点にあります。この一つの世界が形づくられる過程を、鈴木さんは「互換性生産」の進展というかたちで説明しています。

どういうことかと言うと、輸入機械と代替可能な品質が求められるような、それまでの二つの流れを結びつける中間の市場が拡張してくるということなのです。これについて炭鉱用機械を例としてみると、日露戦後の炭鉱経営規模の拡大とともに電気機械や鋼の利用が拡大し、それまでより高度な機械需要が発生していきます。多くの場合には、大都市の機械供給業者や輸入品を購入するようになり、これに対して地方工業ではこの技術向上に追随することができるかどうかが経営課題になり、その結果、それまでセグメント化されていた市場が統合されていくことになるというわけです。また、有力需要家のなかには企業内に修理工場を設立し、それらが次第に製品製造にも乗り出すことによって近代的な工場組織の下での生産が拡張していきます。こうした経緯から地方の機械工業も再編を余儀なくされ、技術者が関与して製品製造にあたるような機械製造企業へと展開していくことになるのです。

もう一つの事例として力織機についても豊田式力織機が互換性のある織機の製造に乗り出し、兼営織布でも利用可能な、つまり品質でも価格でも輸入品と対等な製品が作られるようになります。製造された織機は在来産地での織物製造に使われ、製品の広幅化を促して輸出品としての条件が備わっていくなどの効果をもっていました。これらの製品には、鋳造部品などが多用されるようになり、それまでの木製の織機とは品質面でも一線を画すような機械となっていきます。そうした製品の製造のためには技術者が重用され、定着的で学理を理解するような職工が養成されるようになったのです。こうした事実から輸入品と代替しうるような製品が技術者などの指導のもとで工場組織のもとで製造されるようになったことに注目し、それまで機械の利用でも機械の製造でも分離されていた二つの部門が統合されていくと評価しています。

以上の検討を受けて、終章において、鈴木さんは、日露戦後・明治末の日本の機械工業について、通説が指摘する「生産手段生産部門の消費資料生産部門に対する遅れ」を、「日本に特有な」ものではないと否定し、二つの流れが合流しつつ「互換性生産を開始し、また機械製造業として自立した」と積極的に評価し、冒頭で紹介したように機械工業は、「産業革命の進行に並行して順調に発展したのである」という印象的な文章で本書を結んでいるのです。

3　機械工業の全体像の提示と産業革命研究への貢献

鈴木さんの研究の第一の特徴は、広範な資料収集に基づく実証的な検討の詳細さにあることはいうまでもありません。産業史や地方史の研究を手掛かりにしながら、鈴木さんはこれまで顧みられることの少なかった「地方工業」としての機械工業の展開の跡を明らかにしています。そして、それが各地域での工業発展に不可欠の役割を果たしていたこと、それによって産業革命の展開を下支えしたことを指摘しています。炭砿用機械の供給や器械製糸用の汽罐の製造などがどのような技術的・経営的基盤のもとで可能になったかはこれまでの研究で検討されることもなく放置されてきた事柄ですから、この面での実証的な貢献だけでも極めて大きいということができます。私は、かつて産銅業史の研究をまとめたときに、鉱山用機械の供給については、各鉱山付属施設での修理・自製以外には、供給業者の実態を明確にはできませんでした。その時の疑問に、本書は直接的ではありませんが十分な解答をあたえています。また、幕末から維新期にかけての幕府・諸藩の兵器生産のもとで、在来的技術の基盤に立っていた職人たちが、洋式の技術や技能などに出会い、これを国内に広く伝播する役割を果たしたことも、鈴木さんの丹念な資料検討から明らかにされています。こうした細かな史実を掘り起こし、「明治の機械工業」という主題に全体としてまとめ上げたことは、鈴木さんの豊かな才能を示しているのだろうと思います。

もう一つ、それ以上に注目しなければならないのは、こうした実証研究を通して鈴木さんが提示した「明治の機械工業」に関する斬新な歴史像です。これがこの研究の最大の特徴点であり、研究史への際立った貢献です。繰り返しになりますけれど、鈴木さんは機械工業が「産業革命の進行に並行して順調に発展した」と主張しています。この言葉に要点が集約されています。この主張は、イギリスの産業革命における機械工業の発展が、先行する産業発展によって喚起された機械需要によって促されたものであり、その限りで繊維工業などの発展に対してある程度の「遅れ」を伴ったという歴史認識に基づいています。考えて見れば当たり前のような話ではあるのですが、それまでの産業革命論が二部門定置説などの影響もあって、機械工業を中心とする生産手段生産部門の発展に注目してきたことなどから、イギリスの産業発展についての歴史認識がゆがみをもっていたことを考え直す契機となるものです。イギリス史研究では、二部門定置説との関係では機械工業ではなく鉄鋼業における生産技術進歩などに即して議論が進んでいましたから、決して機械工業で早い時期に資本家的生産が確立していたと説明されてきたわけではありませんが、通説はイギリスのような自生的な発展において「並行して順調に発展した」と捉えてきました。

鈴木さんは、このように機械工業の発展を先進国でも「遅れ」をもったことを指摘する一方で、さまざまなレベルで各地域に展開する産業活動に規定されながら、それらの産業によって喚起される機械需要の水準に見合った機械生産が日本でも展開したことを強調することになります。それが広範な史実発掘によって実証的に裏付けられています。その場合に、後発資本主義国としての日本では、輸入機械の利用も視野に入れることができた「移植産業関連」の機械需給と、基本的には国内生産に依存することになる「中小機械供給」との二つの流れが形成されていたことは認めています。しかし、基本的なスタンスは、日・英の機械工業の発展のあり方の同質性を指摘することにあるように思います。

これまでの研究は、軍需工業を起点に展開する移植機械工業部門のみに注目し、高度に近代化された工業が移植されながらも、軍需など国家市場への高い依存度、技術や基礎材料の海外依存、国際競争力の欠如などの理由によって、手厚い国家保護を必要とする孤立した存在であったと機械工業部門を見なしていました。これに対して、鈴木さんの眼は、より広いすそ野を形成する国内の機械生産全体に向けられ、諸産業の発展との市場的関連を形成し産業革命を支えるに十分な役割を果たしたと、新たな機械工業像を描き出しているのです。

もちろん、こうした斬新な主張が十分に説得的であるかどうかについては、実証的な面からも、今後、さまざまな議論を必要とするのではないかと思います。また、取り上げられた機械生産が、どの程度の代表性・典型性を持つかについても、議論の余地があるかもしれません。鈴木さんの主張に対して、機械工業の限界面を強調してきた通説への批判に急なあまりに、「地方工業」としての発展が過度に強調され、その限界面の分析が不十分ではないかという批判もありうるでしょう。いずれにしても、これからも議論を重ねていく必要があることは確かで、都市の産業集積についての今泉飛鳥さんの研究などの新しい研究をはじめとして、都市の機械工業の役割を再検討する必要もあり、「地方の工業化」との関連では、そうした工業化を支えた機械生産についても検討する必要性が増すと思います。

4　二部門定置説との関係

しかし、この本の問題提起に即して考えていく時には、そのような実証的な問題を検討するだけでは不十分だろうと思います。この書物の最も重要な研究史上の貢献が通説的な機械工業像を書き改めたことにあるとすれば、それとの関係で日本の産業革命をどのように捉え直すのかを考えていく必要があります。地方的な展開を見せる機械生産が、日本の産業革命を支えたとの鈴木さんの主張は、それに基づいて産業革命の全体像を描くことによってより実り豊かなものになると考えられるからです。本章のタイトルはそうした可能性に注目したものです。

かつて、この本の書評で私は、鈴木さんは講座派的な産業革命論というよりは、大内力さんや高村直助さんの「綿業中軸説」に近いのかもしれないと書いたことがあります。すなわち、「論点の外見的な近似性とは反対に、著者の視点は『綿業中軸説』にたつ論者が共有する資本主義発達史に関する労農派的な見解に近いと見なければなるまい」と書いたのです。まず、この点を少し説明しておくことにしましょう。機械工業の「順調な」発展を描くことで、日本の産業革命が生産手段生産部門の発展をともなったことを確認したということができるとすれば、鈴木さんの議論は講座派的な産業革命論であるかのようにも見えます。山田盛太郎『日本資本主義分析』で提示された、よく知られた「見通しの確立」という主張以来、機械工業の評価は、日本の産業革命の到達点を明らかにするうえで重要な論点となっていました。鈴木さんの議論は、機械工業の「順調な」発展によって産業革命の終期には二部門が、これまでの研究以上に、より高い完成された水準で定置されたことを指摘しているように見えるからです。しかし、他方で、鈴木さんの議論の仕方は、さまざま形で展開する「地方の鉱工業」によって発生する機械需要が国内の機械生産でかなり満たされていたことを示すという論理に立っています。これは産業発展が進めば、波及的に機械生産が拡大することになるというような自動的なメカニズムを想定しているようにも見えます。もしこのような理解が鈴木さんの意図に沿うものとして適切であれば、綿工業の機械制大工業が成立すれば、それに先導されて資本主義化が進むはずだという論理に立つ綿業中軸説に対する批判とはなりません。むしろ綿業中軸説の論者たちにとっては、彼らが綿工業の機械制大工業化が農民層分解を促進する面を強調してきたことに加えて、産業発展の有機的な連関による発展という側面を追加すればよいからです。繊維工業の発展が農業社会を突き崩すとともに必要な生産手段の供給者を育てるとすれば、産業革命を論じるうえで重要なのは繊維工業であり、それ以外ではないと言い切ることも可能でしょう。

このあたり鈴木さんがどのような産業革命像をもっているのかは、禁欲的な叙述に徹していることから、よく分からないのです。もちろん、先端的な工業技術の発展に注目して「見通しの確立」をあれやこれやと議論していた二部門定置説に対する批判にしても擁護にしても、今後の議論の仕方は変わらざるを得なくなるでしょう。議論を進めるためには、二つのことが明確にされていく必要があるように思います。一つは、機械生産における資本家的な経営体の成立についてどのように考えるかです。そして、もう一つは機械生産の拡大は日本経済の産業構造などをどのように変化させていくものであったかという位置づけに関わるものです。

一つ目については、移植産業部門における資本家的経営の成立を前提として、鈴木さんの言う二つの流れが統合される明治末くらいには機械生産全般に資本家的な経営が普及したということかもしれません。造船工業の大経営や織機製造企業が設立されるなどの状況はそれを示しているということはできるでしょう。本書第4章の産業革命論で話したように、二部門定置説が問題にすべきことは、本来は生産財というモノの側面だけではなく、その生産が資本家的な経営によって担われてくる側面も問題にすべきだとの主張と研究史上では理解されてきました。大石嘉一郎さんたちの議論を私はそのように受け止めているのですが、残念なことにその後の議論は、モノのレベルの問題に傾いていたようです。理由がないわけではなく、貨物船の製造を担う三菱の造船所や川崎造船所、あるいは工作機械の池貝製作所、そして鉄道車両工場などが明治後半期に資本家的な企業経営のもとにあることは疑いのないことと考えられてきたからだと思います。この場合、それでは機械生産における資本家的な経営とはどのような指標によって捉えられればよいのでしょうか。例示した大企業・大工場のような場合には、企業内の分業の体系が組織化され、技術者の指導などの下に労働者たちは工程の一部を担う専門工に転化していきます。鈴木さんもそのように考えて不必要な言及をしなかったのかもしれません。これに対して、中小の工場ではどうでしょうか。渡り職工などの慣行が明治後半期でも広く存在したことはよく知られています。一人の熟練工が徒弟たちの助けを借りる場合があったとしても、最後の工程まで一人で仕上げていたとすると、そうした働き方を経営はコントロールできたのでしょうか。職人的な熟練工が渡り歩くのは、新製にせよ修理にせよ受注生産の機械生産では、受注に繁閑があり特定の地域・作業場で継続的に仕事があるわけではなく、その繁閑を働き手の側の移動で調整しているという意味では、状況の困難を克服する知恵ということができます。渡りをする職工もそれによって技能を向上できるメリットもあります。モノや注文が移動できるような市場のネットワークが形成されれば、こうした問題は小さくなるでしょう。産業集積などの形成もそれへの対応のかたちかもしれません。考える必要のあること、調べるべき課題はつきないようです。

それに関連して、考慮しなければならないのは、イギリスでも日本でも機械生産の現場は、熟練工の恣意性をなかなか排除できなかったという歴史的な事実です。小野塚知二さんが明らかにしたイギリスの自動車工業では、第二次世界大戦期まで生産現場に対する管理が行き届かず、時間通り、作業計画通りには進まなかったようです(「管理の不在と労使関係」大河内暁男・武田晴人編『企業者活動と企業システム』東京大学出版会、一九九三)。日本でも生産現場での職人的な熟練の排除は第二次大戦後の経営課題です。フォードシステムがこの条件を満たしていくのですが、それが普及するまで機械生産の熟練工依存は簡単には払拭できないのです。だとすると、資本家的経営の成立について産業革命期について用いられた「熟練の恣意性の排除」という指標は、機械工業については適用できないのかもしれません。量産型の機械が自動車とか時計とかで登場するまで、機械生産は熟練職工たちの活き活きと自由な働きぶりが発揮できる世界であったのかもしれません。この問題は、そうした意味で資本家的経営の成立についても新たな課題を歴史研究に提示しています。

もう一つの機械生産の位置づけについては、理論的な問題と事実認識の問題とを両方とも考えることが必要になります。わかりやすいのは事実認識の問題ですが、これについては私が「産業革命期の市場構造と需要構造」という論文で、産業革命期の諸産業の生産拡大について検討し、機械生産だけではありませんが、鉄鋼や電力などの新興産業が明治後半期には紡績業に変わって成長が著しい産業部門として登場していることを指摘しています。これは、二部門定置説を念頭に置いて、産業構造上の基軸産業は紡績業であるとしても、経済成長をリードする主導的な産業部門は重工業部門に移動しつつあったことを主張したものです。鈴木さんが同意するかどうかは分かりませんけれども、このような視点から見ると、移植産業関連と地方工業関連の両面で「順調な」発展を遂げたといわれる機械工業が主導産業の一翼を担っていたということはできると思います。それは、産業構造の変化をもたらすような相対的な速いスピードで機械工業の発展が実現していたことを意味します。つまり、諸工業の発展によって発生する機械需要に応じて機械が作られているという受動的な関連だけではなく、技術的な蓄積によってより性能のよい機械が作られるようになると、この機械生産の進歩によって諸産業の機械導入が促されるような能動的な側面が強まっていたのではないかということになります。そうだからこそ、機械生産が一つの流れに合流していくような産業発展が見出されるのだろうと私は考えています。

ただし、これは単にそうした解釈が可能な事実があるということに過ぎません。理論的に見ると、特定の産業分野の機械工業化が連鎖的に機械生産を促して産業構造を高度化していくということが必然的な発展経路として想定できるかどうかは明らかではありません。自動的な発展メカニズムが想定できないのは、インドなど日本より先行したアジアの紡績業が植民地という条件もあって関連産業の発展による資本主義的な経済構造へと転換するのに随分と長い期間を必要としたことを知っているからです。だからこそ機械工業が主導産業化したことによって、資本主義経済の確立を論ずることができると思います。したがって、なぜ日本では「順調な」発展が可能になったのかを理論的な側面からも考えておく必要があります。そのためにはプロト工業化論なども含めて、産業革命に先行する手工業的な発展のあり方などを視野に入れて考える必要があるようです。手工業的な発展のなかで必要とされる生産手段としての機械の生産が行われており、機械生産のために有益な熟練技能の形成があることが前提条件だろうと私は考えています。イギリスの毛織物工業の発展、ヨーロッパ大陸の織物工業の展開は、そうした条件を生んでいた可能性があります。日本では、鈴木さんが明らかにしたような幕末期までの鉄砲鍛冶などの職人たちの鉄を加工する技能などが少なくとも部分的には機械生産を実現できる前提条件を満たしたと考えたいのです。ただ、これは思いつき以上のものではありませんし、前提があれば自動的というわけでもないので、これからの研究でもし関心があれば、議論していく必要があり、それが鈴木さんの問題提起を活かしていく方向ではないかと考えています。

【質疑】

質問　第四編で登場する「**互換性生産**」という概念については、通常の機械生産における互換性生産の問題として考えてよいのでしょうか。もしそうだとすると随分と早い時期に互換性生産が可能になったということになり、通説的な理解とはずいぶんと異なることになりますが。

武田　鈴木さんが使っている「互換性」という言葉は、機械組立ての大量生産条件として議論されている意味とは少し違うと思います。互換性という視点は、どのように使うとしても生産物が維持すべき品質を意味しているわけですが、それは現代の大量生産を可能とする条件とされる互換性を意味しているものではないと受け止めています。

製品の品質の問題について、そもそも互換性を機械生産の側からのメリットとして考えるのか、使う側のメリットなのかによって意味が違っているからです。たとえば、鈴木さんは、テキストの二五一頁で「製品には輸入機械に慣れた紡績会社の技術者が期待するような互換性はなかった」と明治後半期の国産機械の限界を表現しています。これは素直に読めば需要者、機械の使用者側の視点です。

機械生産の技術的な条件などにかかわって互換性が問題になるのは、銃器の大量生産などで加工組み立てが効率的に行われるために、各組み付け部品に互換性がある。つまり組み付けに際してすりあわせるような追加的な加工の必要がないことが要件です。その結果、組み立て生産の効率性が格段に高まるからです。この要件が満たされると、需要者側でも故障修理の際にもその組み付け部品を取り寄せれば修理できる、修理に出しても短時間でできる。そういう両側のメリットがあることになります。修理部品などが共通の規格で作られていれば、規格に沿ったものであれば、他社の製品でも修理可能であり、さらに修理の可能性は広がるし、需要者側のメリットは大きいでしょう。

しかし、鈴木さんがここで問題にしている互換性生産とは、その水準にまで達したことを意味しているのかどうか、と考えながら読んでみると必ずしもそうではない気がします。力織機の生産に関する豊田商会の試みは、工場の設計や輸入機械の設置、ゲージの採用などを通して互換性生産の基礎的な条件を備えようとした先端的なものであったことは事実でしょう。しかし、そのことは互換性生産が、生産側の要件として広く達成されたことを意味するわけではありません。需要サイドの問題としては、一連の機械装置のなかで、部品だけではなく一部の機械が故障などで取り替える必要が生じた場合を考えてみると、互換性の問題について別の側面が分かります。たとえばコンピュータのプリンターとかハードディスクが故障して取り替えるときに、コンピュータ本体まで交換しなければならないとか、その本体と同じ会社の製品でないと接続ができないと不便です。しかし、現在では接続の部品も装置を動かすＯＳなどにも共通性があるので問題はありません。こうした状態も互換性があると言います。このような意味での互換性を考えてみると、鈴木さんが注目した問題が分かるような気がします。

つまり、鉱山でポンプが故障して取り替えなければならないときに、それが輸入品でたとえばドイツのシーメンス社製だから、同社から取り寄せなければならないという状況が初期には生じていた可能性があります。修理部門が国内で発達するのは、そうした理由だろうと思いますし、仮に量産品であっても、すりあわせて修理してきたのはそうした事情からでしょう。もし国産のポンプがあったとしても、それを取り付けるために接続するパイプの太さが違っているというのでは、置き換えるのに追加的な作業が必要になります。

紡績会社の技術者が嘆いていたのは、そうした意味で国内供給品に問題があったということではないでしょうか。特定の機械を並べる織物工場のような場合は、それぞれの機械がすべてすりあわせでできていると修理などの問題に大きな制約ができる。だから、そうしたところでは互換性が必要になります。しかし、注文生産の製品であれば、互換性はメーカー側からのメリットはあっても需要者側では小さいのです。だから互換性も製品の分野によって違います。鈴木さんの議論について、機械生産の発展の次のステージを互換性生産に置いて、それを展望して、明治末にはそうした条件が整いつつあることを主張していると読み取るのは、読み方としては少し違和感があります。

質問　その場合には、働き手の**熟練労働者として求める労働者像**については、どのような理解になりますか。

武田　鈴木さんのお仕事ではなく、大東英祐さんが服部時計店の工場生産について労務管理の観点を交えて議論されています（大東「わが国における時計工業の発展」中川敬一郎編『企業経営の歴史的研究』岩波書店、一九九〇）。この議論は一九二〇年代に入ってからの話ですが、時計のような量産品になってくると、生産面でも互換性を求めていく必要があり、その場合には熟練工の働き方も変わるということです。この時期になると電気機械におけるモーターなどの量産品では作業時間の計測などの科学的管理が導入されて工程の管理に経営側が強い関心を抱くようになります。工場の仕組みができ、作業場内の分業が進めばそうした変化がもたらされていきます。それによって万能工から専門工への転換という作業者の性格変化が生じますから、伝統的な親方職工に委ねられていた作業場が変化することも確かでしょう。これは兵藤釗『日本における労資関係の展開』（東京大学出版会、一九七一）でも間接管理から直接管理へというかたちで大経営の変化が描かれています。その意味では、鈴木さんの議論に即していえば、二つの流れが合流した頃から機械工業における熟練労働者の姿が変わってくるということかもしれません。

しかし、このような変化のあとでも、大量生産に対応した互換性生産を実現できる生産現場ができあがったとは言えないようです。最近の研究ですが、三品和広さんが第二次大戦中のアメリカの航空機工場でも互換性が十分ではなかったと指摘しています（三品「アメリカの経験――軍用機生産に見る米国戦時生産体制の合理性」柴孝夫・岡崎哲二編『講座日本経営史4』ミネルヴァ書房、二〇一〇）。自動車で実現できていたと考えられるフォードシステムといわれる大量生産方式が航空機生産では機能しなかったというのです。こういう議論がある一方で、早い時期から銃器の生産などでは互換性生産が進展したという議論がありますから、互換性という問題はその時代の、それぞれの生産品の備えるべき技術的条件に即して議論すべきだということだと思います。規格の問題もそうした意味で時代とともに変化します。そして、そこでは技能者として熟練した専門工を如何に組織的に働かせるかが課題になるのです。日本ではトヨタでも一九五〇年代に熟練工の排除が問題になっていますから、熟練工のコントロールはかなり時間のかかる問題でした。モノのレベルの問題ではなく、労資関係の問題ではさらに後の時期まで視野に入れる必要があります。

質問　これまでの産業革命論では生産手段生産部門の「**国産化**」が指標の一つとして議論されていますが……。

武田　生産手段の国産化という視点では、中小部門の生産手段はもともと国内で生産されていたということですから、問題は「生産手段の国産化」が何時であったかという一般的な問題ではないのです。産業の発展に即して必要な生産手段需要が満たされていく、そのプロセスが鈴木さんの研究課題ですが、この課題を追求することを通して、二部門定置説が理論的な要請から出発して証拠探しをしていた方法的な問題点を明確に示したのです。

ただし、先ほども申したように、このようなかたちで国内において「地方工業」が発達するとともに移植産業も発展して、産業構造が変わっていくことの意義を見逃すわけにはいかないと思います。機械を必要とする企業・産業側のあり方、その求める機械の水準との関係で機械供給を考える必要があることはもちろんですが、他面で技術的に不連続な産業発展が生じることもあります。移植産業がその代表的なものですが、それが国内の有機的な関連を作り出していくメカニズムにも関心を向けなければならないと思います。これまでの「国産化」という議論は、技術的な水準の達成度に強い関心があったということができるかもしれませんけれど、鈴木さんの議論は使われること、使われる現場で起きることに対応できることを供給側の問題として論じているということです。

質問　地方という言葉の使い方は適切なのか、地域的という意味ではないか。

武田　明治期の産業発展はかなり広い地域に分散しています。とくに製糸業、織物業、鉱山業などには広い地域的な分散がありますから、生産手段としての機械需要は各地域に分散しています。それを「地方」と表現していますから、地域でもよいでしょう。「地方」というのは、機械需要の地域的分散を強く意識した言葉で、「地域」と表現すると、その空間内の機械需要と供給の関係に視野を定めているような印象になります。いずれにしても、各地で小規模な機械生産が展開していることを「**地方機械工業**」と表現したことから疑問が生じるのだと思います。とくに、「大都市の地方機械工業」という表現が、一般的には分かりにくい表現なのでしょう。大都市という空間のなかにも、その域内の機械需要に対応した機械生産があり、それらは「大都市の」「地方機械工業」ということです。

ただし、鈴木さんも認めているように東京などの大都市の機械生産にはそれ以上の役割を果たす供給者も含まれています。「大都市」の機械生産では、地域内にある機械需要に直結しているだけではなく、もう少し広い範囲の機械需要への対応も見出すことができます。鈴木さんの分析でも、筑豊の石炭鉱業が神戸あたりまで機械の調達を試みている実態が指摘されていますから、それほど閉じた関係ではありません。したがって、島のように点在する機械需要が全国的にどのような形で満たされるかは、すべてが直結型ではない。大都市などの他地域からのつながりもあり、その延長線上に開港場を経由して海外の供給者からの輸入も視野に入るということになります。

そうだとすると、大都市という島のなかに機械需要があるという側面と、全国的な流通の中心になるような都市部では、広い範囲の販売ルートをもちうることも考えられます。このように機械の流通という問題を考えると、さらに機械問屋とか中古品市場などの機能が組み込まれていく必要があることが分かります。大都市の機械工業のなかには、東京の芝浦地区のようにいくつかの大工場が稼働しつつあり、それとの関係を持ちながらも国内の多様な需要に対応する側面もあるので、その技術・技能の水準は地方機械工業として鈴木さんが特徴づけているようなものとは違うかもしれません。技能水準が高ければ、製造する機械の範囲は広がるはずです。もちろん技能者が養成されて、地方に出て行って機械を生産するという人的な資源面での役割もあります。鈴木さんは、この面に注目しているようですが、同時にある種の産業集積ができ上がってくる。そうした集積が全国的な市場との関係でどのような意味を持つのかを視野に入れて議論できるようになっていくと、唐突に日露戦後に統一的な市場が形成される、産業組織が変わってくるというような議論にはならないかもしれません。

明治末に産業発展のあり方が変わるという捉え方は、沢井さんの機械工業史研究などでも階層性のある機械生産の変化が指摘されていますし、谷本さんの「在来的経済発展」論でも、議論の的になっていますから、鈴木さんの出した問題は単に機械工業史の問題以上の日本の経済発展にとって、重要な論点になるように感じています。

以上

この講義は二〇〇九年六月二二日の講義記録及び武田の書評（『経済学論集』六三巻一号、一九九七）などを材料にまとめたものです。

【近代編9】

第9章　歴史制度分析と経済発展論
——岡崎哲二著『日本の工業化と鉄鋼産業』——

テキスト　岡崎哲二著『日本の工業化と鉄鋼産業——経済発展の比較制度分析』東京大学出版会、一九九三

1　比較制度分析という分析視角の導入

鉄鋼業についてはたくさんの文献があります。

技術系の飯田賢一さんなどの研究がかなり良い成果を残しています（三枝博音・飯田賢一編『日本近代製鉄技術発達史』東洋経済新報社、一九五七）。産業論としても一九七〇年代から八〇年代に戦間期の研究が進むなかで、鉄鋼業をとりあげる人たちが出てきますが、それらが奈倉文二さんの鋼材市場の分析、長島修さん、安井国雄さんの研究などです。長島さんは日本鋼管などの民間製鉄業を、最近では官営八幡製鉄所の研究を続けています。安井さんは戦間期の製鉄合同政策などです。やや異色なのが堀切善雄さんの仕事で、この人はいずれかといえば技術史の系譜をひいている研究者です。詳しい文献リストは省略しますけれど、簡単に検索できるはずです。こうした人たちがたくさんいるなかで、一世代後の岡崎さんが鉄鋼業史研究に参入したのです。

ただし、本が出版されたら予想しない副題がついていて、鉄鋼業史を研究するつもりはないのかもしれないと思わされたというところです。鉄鋼業を素材として、戦前の日本経済を論じるという意図があるらしいということを読み

取って、橋本寿朗さんとか米倉誠一郎さんが書評を書いています（それぞれ『経済学論集』六〇巻二号、一九九四、および『経営史学』二九巻二号、一九九四に掲載）。この受け止め方は、本書の実証的な部分については、すでに実証分析としての個別論文に対する高い評価が定まっていたからという側面もありますが、研究史からいえば、岡崎さんが比較歴史制度分析を自らの研究のスタンスとして本格的に取り組むことを宣言したものと理解されたことを示しています。私はこれとは反対に、一つの書物としてまとめられると、どのように鉄鋼業史の全体像が描かれるのかを期待していたのですが、そのような書物ではありませんでした。高村さんや石井さんが産業を素材にして日本資本主義を論じようと意図したのと、方法的な視点は異なりますが、同じような意図を持つものだろうと思います。しかし、これからお話しするようにその面ではまだ成功したとは言えないようです。少し準備不足だったという印象です。

全体は六章構成で最後に結語がついていますが、第1章の序論で、岡崎さんは二つの視点を提示しています。つまり第一に、比較制度分析の観点を取り入れて日本の経済発展を再検討すること、第二に、経済史と経済発展論との連係をはかることです。

このような問題が提起された理由、つまり、この比較制度分析の視点を導入した経済発展メカニズムの分析という基本的な枠組みを採用した理由は、第二次世界大戦後の歴史研究のなかで、従来のマルクス経済学的な発展段階への批判であり、発展段階論という見方自体の現実性が疑わしいものとなった研究状況に対する岡崎さんなりの第一次的な解答を提示したいと考えたからと受け止めることができます。

この当時、それまで日本の発展段階についての伝統的な理解に対する部分的修正がはじまっていました。それは一九八〇年代に日本が経済大国として称賛をうけるようになったことに対応して、そのような高いパフォーマンスを示す優等生の日本を、それまでのように「遅れた」「歪んだ」「特異な」国と見るわけにはいかなくなったことに由来しています。このような状況をこれまでの議論を踏まえて整合的に理解するために、ドイツ歴史学派に起源をもつ経済発展段階論が基本的には単線型の発展論であったのに対して、複線型の発展を考えることが提案されました。複線型の経路を考えることで、それまで日本の目標となっていた欧米型の経済発展とは別に日本の経済発展も資本主義経済の発展の一つの類型とみることができます。日本経済の現状も一つの類型として合理的に理解できる、異質な歪んだものではないということです。社会経済史学会の全国大会でのテーマとして取り上げられたこともありますが、この大会報告で岡崎さんが比較制度分析を紹介しています（社会経済史学会第六〇回全国大会共通論題「経済史と現代」『社会経済史学』五八巻一号）。

このような岡崎さんの議論の背景になっていたのが、経済学の分野でこの時期に注目されるようになった分析方法です。青木昌彦さんなどが中心になっていますが、ゲーム理論を理論的な基盤として国民経済のあり方や経済主体の行動のあり方が、それに強い影響を与える複数の制度の組み合わせによって決まり、その組み合わせによって類型差が生まれると捉えるものです。制度の組み合わせは一義的には決まらず複数の均衡が成立する。制度的な補完性が成立する複数の組み合わせがあるということですが、なぜその均衡が選ばれたかは、「経路依存性」という概念で説明する。制度についての歴史的な経路依存性があると同時に、ある特定の安定的な状態が実現する時にはそれを支える複数の制度には強い補完性があるという枠組みで異なる特徴をもつ経済構造を、それぞれ経済合理性があるものとして捉えようとしていました。この枠組みは、日本的経営の特質、競争優位を説明する論理として有力な仮説となり、一世を風靡するようになります。この制度の比較分析の方法を使うと、それまでは後進的で異質とされていた日本的経営の特徴、たとえば協調的な労資関係と経営者資本主義、メインバンクシステムなども合理的なものと説明できるからです。経路依存性は歴史研究から見れば当たり前のことですが、経済学のように時間軸の扱いが下手な理論体系では、とても重要な理論的な前進をもたらす可能性があるものだったと思います。

この分析方法を歴史研究に適用するということですが、経済発展論——経済発展段階論ではなく——と比較制度分析とはもともとは少し異質な論理構成をもっています。経済発展論が問題にしたのは、途上国が経済発展を遂げるためにはどのような政策が適切かについて、たとえば輸入代替戦略とか輸出志向とかを産業レベルで議論し、それだけでなく教育水準（人的資源）、社会インフラの整備など広い範囲におよびます。この議論の起点にはロストウの経済発展の諸段階があり、発展段階論的な捉え方があるのですが、ロストウの表現を使えばテイクオフ（工業化社会への移行）に焦点を絞って、冷戦体制下のアメリカの経済援助政策の方向づけを模索する政策の学だったのです。したがって、比較制度分析を使って経済発展を論じるというのは、概念としては本論中に鉄鋼生産の輸入代替などが使われているとはいっても、必ずしもつきつめて二つの学問領域の融合を測るような視点として導入されているのではなく、分析を進めるうえで必要な道具として、第2章を中心に経済発展論の概念を借りてきているだけのようです。本筋はあくまで比較制度分析を導入することによって何が説明できるかという試みであったと思います。

2　経済発展論的な観点の借用

さて、以上のような枠組みで、第2章以降の議論が始められています。この章については経済発展論の道具立てがかなり意識的に使われています。

岡崎さんは明治政府の工業化政策を、不平等条約によって関税保護などの政策が選択できない、そういう対外的な関係の制約から、輸入代替的な工業化政策をとれなかったと認定した上で、輸出志向型のレジームのもとで繊維工業が発展し、このような軽工業を軸とする工業化が始動し、鉄鋼国産化の市場条件が形成されたと説明しています。このあたりは、先ほど説明したように経済発展論の概念を利用しています。

輸入代替工業化政策がとれないために、鉄鋼業も自力で国際的な競争力を持つ必要に迫られたことから、鉄鋼の国産化には大きな困難がたちはだかります。そうしたなかでやや例外的に、釜石製鉄所は、政府の保護育成政策なしで、小規模な製鉄設備を稼働させ、賃銀水準の低さを要因として輸入銑鉄に対して競争力を持つにいたったことが明らかにされています。競争力を持ったという意味は、価格面でも品質面でも輸入品に対抗できる――輸出競争力はもっていないとして——水準に達したことによって明示されています。

この釜石の成功は限定的なものであり、日清戦後には鉄鋼業をめぐる産業発展の枠組みは大きな転換点を迎えます。すなわち、「日清戦後経営」を起点として、明治政府は輸出志向型の体制を修正し、政府の保護育成による輸入代替工業化戦略に乗り出したという理解が示されます。この方向に沿って、航海奨励法や鉄道国有化、官営製鉄所の建設などを通して海運・造船・鉄道・鉄鋼など関連する戦略産業の同時的発展を通じて、より望ましい「均衡」への移動を試みる「big push と呼ばれる経済発展戦略」の一種が採用されたと、岡崎さんは論じています。

しかし、このような試みは十分な成果をあげることはできませんでした。日露戦後期に鉄鋼業の国際競争力が不十分であることが明白になっていったことがそれを示しています。発展を制約していた条件は、①鋼材市場が規模の経済性を発揮できるまでに成長していなかったこと、②国内競争の欠如が効率性向上へのインセンティブを弱めたこと、③資本コストが相対的に高かったことの三点に求められています。ただし、これらの制約条件の実証は必ずしもていねいに行われているわけではありません。そしてまた、それほど斬新な問題を指摘しているわけでもありません。もちろん、論理的に考えれば妥当な指摘であることは間違いないでしょう。

このような制約の下で、第一次大戦は日本経済にとっていわば非人為的な big push として機能したというのが岡崎さんの次の主張点です。具体的には①マクロ的成長と関連重工業の発達、②鉄鋼企業の新規参入、③資本市場の発達によって、先ほど説明した三つの制約条件が緩和されることになったからです。その反面、賃銀水準の上昇が労働集約度の高い産業の競争力を低下させる方向に働き、その結果、日本における諸産業の比較優位構造を一挙に変化させたと捉えられています。この比較優位構造の変化も鉄鋼業の発展の条件になります。

さて、ここで用いられている big push という考え方は、もともとは開発途上の国々が陥っている低所得→低教育→低所得という「貧困の罠」から脱出する手段として、海外からの大きな一押し（big push）があればテイクオフできるというものです。具体的には先進国による援助や、民間資金の直接投資、貿易の拡大、技術の移転、人口の移動

(国内の余剰人口の海外への移動や海外の優れた人材の受入）があれば良いというかたちで議論が進められていました。それは先進国からの開発援助政策を正当化する論理といってよいものです。このことからも明白なように、この捉え方は、第二次大戦後の南北問題の解決を課題とする政策学的な思考ですから、これが一九世紀後半の日本のケースに適用できるかどうかなど検討すべき余地は大きいものです。岡崎さんの論理のなかでは、このような捉え方が比較制度分析による経済史分析に不可欠の要素となっています。どのように比較制度分析と組み合わされているのかというと、比較制度分析がある種の均衡論であることは説明した通りですが、均衡状態を説明する論理では変化が生まれにくいので、制度的な補完性が崩れる局面でこの議論はしばしば外生的なショック、たとえば政治的な構造変化とか戦争とかを要因として外挿する必要性が生じるのです。したがって、日本の経済発展を比較制度分析に基づいて論じるためには、その意味で外生的なショックの一つとして、政策的な枠組みの大胆な変更とか、第一次大戦というような状況が生じることが必要であり、これをbig pushという捉え方で説明できると岡崎さんは考えたのだと思います。借り物というのは、政策学的な経済発展論では、経済状況の分析に基づいて罠から脱出するための必要な施策を考案することの合理性を説明するための概念であるのに対して、ここでは、日本経済にとっては外生的な戦争という事象まで含む概念として拡張されているからです。

3　資本市場の役割への注目

第3章の「国際競争の再開と輸入代替の開始」以降の各章の分析は、岡崎さんが大学院時代から集中して実証的な研究を重ねてきたものです。この実証研究は先行研究の資料を読み直したり新しい資料を発掘したりして高い実証レベルを達成し、個別産業のモノグラフとして発表当時から高い評価を与えられてきました。岡崎さんは理論的なスマートさが際立っているように見えますが、この実証研究はかなり泥臭い地道な作業が重ねられているもので、それが彼の仕事の特徴の一つでもあります。前者だけに目を向けて真似ようとすると、実証的な力強さが備わらない上滑りの議論になってしまいます。

具体的な成果について簡単に振り返ると、第3章では後続する分析の前提となる市場の分析にあてられていて、一九二〇年代の日本鉄鋼業は長期の不況期（価格の低迷により低利潤を余儀なくされた時期）に入ったと考えられています。第一次大戦のブームを介して国際競争力を向上させる条件を得たはずの鉄鋼業が、低い利益率しか実現できなかった理由が、①マクロ経済政策の影響による実質為替レートの上昇、②賃銀と資本の相対価格に対応すべき資本集約的方向での技術の切り換えの遅れ、③小型棒鋼需要の拡大に対する圧延設備の不備などに求められています。

このような不利な条件下で鉄鋼企業は②③の問題に対処するための合理化投資が必要になりますが、その際、合理化投資の資金源泉は、第一次大戦期に発達した資本市場、つまり財閥などの内部資本市場と外部資本市場による調達によって賄われることになります。合理化投資により銑鉄・鋼材コストが低下し、輸入代替が進展しますが、このような量的な拡大が利益率の回復には結びつかなかったことが問題でした。この問題に対処するために、製鉄合同論が提起され、さらには銑鉄関税の引き上げが問題になります。

鉄鋼業の重要性を国策的な視点から議論してきた通説に対して、ここでの説明の特徴は、鉄鋼業の保護政策の選択に際して、「資本市場が発展すべき産業と企業において主導的な役割を果たしたこと」を強調していることです。当時の鉄鋼業は戦後のような一貫メーカーではなく、鋼材生産の原料として市場から銑鉄とくず鉄を購入することを主要な事業形態とする一群の民間企業があり、他方で八幡製鉄所は、銑鉄市場では鋼材メーカーの原料供給者であると同時に鋼材市場では競争相手にもなり得る存在でした。しかも、満鉄の鞍山製鉄所の発展によってその生産品の日本国内市場への輸入圧力が高まり、満鉄という国策会社の経営と日本の鉄鋼国策にどのような一貫性をもちうるのかも問題になってきます。かなり複雑な関係があることによって選択肢が多元化していきます。その中で当初考えられていた企業合同による合理化という方向から、片岡直温などの判断にそって関税改正で問題をまずは解決しようとします。鋼材メーカーが期待しているインド銑鉄などの安価な輸入銑鉄の確保のために銑鉄関税の引き上げは断念して、満鉄には補助金を出すことになりました。鋼材については関税を引き上げたうえで企業間競争に委ねる。そこではカルテル活動を前提にして合理化投資が進みますが、このような状態を捉えて、関税引き上げ政策を前提に産業企業の存続の判断が資本市場に委ねられたと考えているのです。ただし、この資本市場には、財閥の内部資本市場による資金配分も含まれているので、それらを一括して資本市場が機能したというのは問題が残っていると思います。

4　鉄鋼カルテル分析

第４章以下は、一九二〇年代後半のカルテルによる市場機構の変容分析で、それは資本市場のテストと対になっている議論ですが、カルテルによって市場競争がコントロールされた面が論じられていくことになります。それまでの議論――たとえば『現代日本産業発達史　４鉄鋼』（飯田賢一・大橋周治・黒岩俊郎編、交詢社出版局、一九六九）など――では、この時期の鉄鋼カルテルはほとんど機能しなかったとされていました。通説では、カルテルは輸入価格の変動に即して国内価格を操作していたに過ぎない、したがってこのような状態を国内価格の管理ができているとは言えないだろうと評価していました。外銑相場追随主義と表現される価格政策をとっていた銑鉄カルテルは、カルテル機能を果たさなかったというわけです。鋼材についても輸入価格追随であることは変わりなく、同様の評価が与えられていました。

このような評価に対して、岡崎さんは、カルテル内部でどのような協調的な企業行動が模索され、価格に対する操作が試みられていたのかをカルテルの内部資料を用いて明らかにしています。国内の銑鉄供給量の不足からインド銑鉄を輸入しないという選択肢がないという条件の下で、国内の銑鉄メーカーとしてはインド銑鉄と協調しながら市場をコントロールしようとしています。国内メーカーは、手元の銑鉄在庫が急増するようなインド銑鉄の輸入増加の結果として銑鉄共同組合側の販売が不振に陥ることは阻止するが、そうでなければ許容するという対応をとっていました。このような日本側の動きに対して、インド銑鉄（その輸入商）側は、敢えて競争を挑んで価格が下がるよりは、国内のカルテル活動と同調的な価格行動をとったというわけです。これが産業組織論的な認識枠組みを使って、寡占的相互依存関係として岡崎さんが説明していることです、

棒鋼・厚板では、超過供給が発生した場合、数量調整に吸収することによって、価格を人為的に輸入採算点に一致させるという新しい価格裁定の仕組みが形成されています。輸入採算点とは、商社が欧州から鋼材を輸入したときに採算のとれる価格水準で、これには海外相場に輸入費用が含まれています。この採算点をにらみながら国内価格を操作すれば輸入を抑制することができるわけです。このような価格の決定の仕組みによって、鋼材メーカーは、輸入代替を通じて拡大しつつある国内需要を掌握し、増産を実現することになりました。市場が管理され、国内鋼材メーカーが国内市場を確保したことが、合理化投資による製品コスト低下を可能とします。このコスト低下による国際競争力の確保が一層の市場掌握力をもたらし、収益性を改善させて資金調達を可能にし、一層の合理化投資を促すという好循環が生じたと描かれているわけです。

ところが、このような動きが昭和恐慌によって一時的に頓挫します。その時期のカルテル活動の推移が第5章の分析の対象です。恐慌によって市場条件が変わっています。つまり、恐慌による需要減少のために銑鉄共同組合はインド銑輸入商との暗黙の協調方針を捨てざるを得なくなり、外銑市場に追随した価格設定を強めながらインド銑輸入排除を追求することになりました。その結果、インド銑輸入は激減していきます。しかも、一九三〇年代の高橋財政期には為替の下落によって輸入価格が大きく上昇したことによって景気回復に伴って価格が上昇してもインド銑鉄の輸入は阻止されることになりました。他方で、鋼材カルテルは、数量と価格の双方をコントロールすることによって市場価格の低下を抑制し、利益を確保しながら、ほぼ完全な輸入代替を実現させたと評価されています。

5　製鉄合同問題

このように第5章から第6章にかけてカルテル活動の有効性が強調されながらも、同時に鉄鋼業の発展にはそれだけでは不十分という認識が生まれてきます。とくに問題になっているのは銑鉄と鋼材の生産が分離されている状態が望ましいかどうかということです。これが製鉄合同問題につながる課題になります。ただし、この合同が本格的に議論されることになる時期に、鉄鋼業の市場環境は大きく変わっています。昭和恐慌期には厳しい需要減退に直面していたわけですが、高橋財政期にはいると、為替下落によって、日本の鉄鋼価格が国際価格を下回り、インド銑輸入を抑えただけでなく、鋼材輸出が輸入を上回って鉄鋼産業が輸出産業に転換するからです。そのために当初の合同構想とは異なる製鉄合同が実現することになり、そうして設立されたのが日本製鐵です。

合同計画は、その本来の趣旨から見ると銑鉄と鋼材の分離状態を解消して一貫メーカーを国内供給の主力に据えていこうというものでした。一貫メーカーはエネルギーコストの節約などコスト面では有利と考えられていたからです。ただし、日本では鋼材メーカーが輸入の安い銑鉄とくず鉄を使ってコスト面で一貫メーカーとの競争に耐えうる条件を持っていました。そうした相対的な優位性が失われ、一貫生産が鉄鋼業における最適な生産方法として認識されるようになったのがこの時期です。しかし、この選択肢が適切であったとしても、民間メーカーが外部資本市場によって、あるいは財閥系企業が内部資本市場によって資金を調達して一貫生産をめざすことは難しいと判断されていました。民間側にはそれだけの投資ができない、資本市場はそのような投資計画があってもそれを支えるような資金を提供できない、これが岡崎さんの評価です。固定投資の大きさから見てリスクが大きいということだと思いますが、そのために国が政策的に主導する製鉄合同が追求されていくと合同政策の背景が説明されています。

このような説明だけでは、鋼材メーカーが製鉄合同に参加しなかったという事実が残ります。これは資本市場のテストという論理に即してみると、鉄鋼業としては合理的と判断される生産方式に参加しない企業について資本市場が存続を認めたことになり、それは資本市場として適切な評価であったと理解していいのかという問題が残ります。他方で、そうした企業が高橋財政期の景気拡大、鉄鋼需要の強含みという見込みのなかで独自の存続が可能だと判断していたとすると、なぜ財閥系の製鉄企業はそうした見込みにもかかわらず合同に参加したのかという問題が生じます。岡崎さんの論旨に即して考えると、財閥の内部資本市場がネガティブチェックをして、とても資金を調達できないと判断したことになりますが、それは内部市場の封鎖的な調達構造を前提としたからということのようです。ただし、その説明は必ずしも明快ではありません。

この製鉄合同については、それまでもたとえば奈倉文二さんが軍事的な意図を持ったものという側面を強調した議論を展開しており、あるいは財閥系の大企業が破綻しかかっていたのを救済する目的で合同が計画されたという長島修さんの議論などがありました。これに対して鉄鋼業をめぐる時代状況や技術的条件などを考慮すれば、資本市場による投資制約を解除する上で合同を実現することが必要であったと岡崎さんは考えています。合同会社の資金調達には再び資本市場の役割が期待されるのですが、「内部資本市場と政府現業という固有の制度」の「有効性の限界」を解決するものとして、合同によって資本市場で資金を調達できる事業体の設立を果たすことが合同政策の意義と考えられているのです。

このような議論を通して、岡崎さんは、資本市場の意義を結語では強調しています。つまり、第一次大戦後の日本では、産業・企業のスクリーニングないし長期的資源配分に関する制度として資本市場が中心的役割を果たしたというわけです。そしてこの資本市場の機能を有効なものにした基盤として、これと補完性を持つ企業制度が、「古典的ないしアングロサクソン的な株主主権の性質が強い」ことが指摘されます。この指摘は、戦後の日本との差異を視野に入れた論点であり、その後の一九四〇年源流論の原点になっているものと思います。

6　残されている課題

鉄鋼業の固有の問題、たとえば鉄鋼関係の諸カルテルの活動や製鉄合同などの論点について、説得的な実証分析をしたことは間違いないと思います。細かな論点でも、「八幡製鉄所が合同に消極的だったこと」を発見したこと、また製鉄合同に関する「三二年計画案」の分析によって「製鉄合同」が産業合理化案ではなく、「合同による収益性回復の限界を関税引上げによって補いながら、新合同企業をいわば受け皿として与えられる政府の金融的補助に依存して銑鋼一貫化の方向をもつ拡張的合理化投資を強気の需要見通しの前提の下で行うこと」と解読したことなどは、三和良一さんが書評で高く評価しています。

そうした点はこれ以上繰り返しませんが、それではこの書物全体をどのように評価すればよいでしょうか。まず誰でも気がつく問題は、いわば「外被と内実の不十分な接合」とでもいうよな、カルテル分析や製鉄合同の検討などの実証的な研究と、比較制度分析とが乖離している印象が強いことです。この乖離は、中林真幸さんの製糸業の分析と共通するものです。岡崎さんの場合には、鉄鋼業の分析を通して関心を集中しているのは商品市場の問題ですが、全体の総括として取り上げられるのは資本市場です。市場も制度だということですから、ここで制度的な補完性をもっているのは、寡占的な価格統制が行われる商品市場と資本市場との間で考えているのではないかと思います。ただ、その補完の関係が必ずしも明確ではありません。鉄鋼企業の収益性がともかくも保証されるような価格コントロールが制度化されていたことと、資本市場が資金調達に有効に機能しうることとは、どのように関連しているでしょうか。資本市場からの資金調達が可能になったのは、確かに収益性の回復に一つの要因があったと考えることができますが、それだけでは補完的な関係を示したとは言えません。価格規制のない場合でも、資本市場は同様に機能します。価格管理を欠いた低収益では資本市場は資金供給に資することはないでしょうが、それが一般的な資本市場の機能なので何か特定の類型の資本市場が想定されていない限りは補完関係は明快ではありません。一義的に両者の関係が成立するわけではなく、補完性があってもそれほど強固な関係とも見えないのです。資本市場への関心は、この本の刊行当時、日本は直接金融か間接金融かという論争があったことに影響されていると思いますが、その資本市場が重要だというメッセージと、実証分析で対象となっている商品市場の価格決定メカニズムへのカルテル的な介入の問題の解明が明らかにずれているように見えるのは私だけかもしれませんし、誤解かもしれません。

岡崎さんは、「結語」において鉄鋼業を素材としながら資本市場の機能の重要性を主張しています。しかし、この主張はそれほど明確ではありません。しかも、資本市場には通常の資本市場だけでなく財閥の内部資本市場も一括されています。そのどこに市場としての共通性があるのかを明確にする必要もあります。内部資本市場は財閥本社による人為的な資金配分であり、市場メカニズムの特徴とされるような自律的な調整とは異なる調整メカニズムだと私は考えていますので、それを資本市場として同一に取り扱い産業企業を選別する役割を果たしたというのは、単に資金が成長企業・成長産業に配分されているという結果から見ているだけに過ぎないという気がするのです。

後に財閥の内部資本市場について論じた本では、直接金融の主役となる株式市場について、高橋亀吉の「株主亡国論」を引き合いに出して株式市場では株主の近視眼的な利益追求が経営の健全性を損っているのに対して、財閥の内部資本市場では専門経営者が本社の直接的なガバナンスによって規律づけられながら、高い健全性を傘下企業にもたらしたという議論をしています。ですから、後には両者の違いを強調するようになるのですが、こちらの方の主張に沿って考えると、本書の鉄鋼業に対する資本市場の役割という議論は成り立たなくなるような気がしますし、同時にアングロサクソン型という主張とも齟齬を来すように見えるのです。

この本の出版時点に戻って、そうした問題の検討が不十分なままに「比較制度分析」の導入によって、日本経済を戦前期における「アングロサクソン型」として理解すると主張したことは、論理的に見てもかなりの飛躍があり、そうした主張の根拠となる事実が明らかにされたわけではなかったと思います。実証研究の成果に即してみたとき、たとえばアングロサクソン型というのが市場の調整を本位とするようなものだとすれば、資金調達面での市場の役割だけではなく、商品市場にも通底するものではないのかというのは、直ちに思いつく疑問です。その疑問に即して、カルテルによる価格機構の変容は、どのように理解すればいいのか戸惑います。たぶん、アングロサクソン型は資本市場、資金調達の特徴づけに限るのだということなのでしょう。カルテルの本場はドイツですから、もし限定的な意味で使われるとすれば、資本市場はアングロサクソン型で、商品市場はドイツ型ということかもしれません。

ただし、アングロサクソン型という概念についても、イギリスではそもそも株式会社制度の発展が遅れていますから、資金調整面での株式市場の役割は小さく、直接金融が市場経由というわけでもありません。また、アメリカの場合には戦間期にはバーリとミーンズの共同研究でよく知られているように経営者資本主義的な姿であり、株式市場のガバナンスではなくて経営者の専門性に支えられた産業企業の発展が主流でした。ですから、アングロサクソン型という類型自体がそもそも特定の時代、具体的には一九七〇年代以降のアメリカに準拠したもので、歴史的には異なる姿をとってきていることになります。株式市場を介したガバナンスが効いていること、直接金融によるガバナンスという限定的な意味で「アングロサクソン型」と規定するのは、類型の命名としては適切さを欠いていて、戦間期の経営者資本主義も戦間期の現実に即してみれば「アングロサクソン型」になります。現状分析での議論をそのまま受け入れたことによる問題点だと思うのですが、歴史研究における概念設定として、あるいは名称の付け方として考えると、誤解を招く問題をはらんでいると思います。

【質疑】

質問　方法的な視点として導入されている**経済発展論**はどのような意味を持ちますか。

武田　経済発展論との関係については、あまり有効な議論とはなっていないと思います。明治初めの企業活動の動機が輸入代替であったことは、関税の保護の有無にかかわらず事実ではないでしょうか。政策的に輸出志向になったといっても、それは輸出が拡大しつつあった生糸などの製品に対する政策金融などには見出されるとして、殖産興業政策として展開する官営工場などが輸出志向であったとの主張はユニークではありますが、説得的ではありません。

もちろん意図されているような、これまでの「マルクス経済学のフレームワーク」が分析道具としては不十分となっており、そのために「豊かな成果は新しい問題設定とフレームワークに基づく研究に継承される必要がある」という主張には傾聴すべき点があります。ただし、経済発展論から借用してきたbig pushという概念による説明も成功してはいないのです。この点は一九四〇年体制と戦後改革との関係を考えるとわかりやすいかもしれません。敗戦とそれに伴う混乱や改革が、なぜbig pushとして作用しないのでしょうか。作用を認めれば一九四〇年体制論が霧散するかもしれませんが、もしそうであれば、何をbig pushとするかの評価は結論が先にある恣意的なものと批判されても仕方ないでしょう。そうしたことも含めて議論すべきは比較制度分析という分析枠組みの有効性だと思います。

質問　それでは**比較制度分析の有効性**についてはどのように考えていますか。

武田　これは何か発見できる道具というよりは、経済合理的に説明する枠組みとして使い勝手がよいと考えたのではないかと受け止めています。

比較制度分析の論理構造は、「存在するものは合理的」といっているのと似たような論理的なスタンスになります。そのために、論理的な枠組みに適合的な事実だけを拾い上げるような議論になり易いことに用心深くなければなりません。新しい枠組みに基づいて史実を読み替えることによって、歴史的な認識に前進があれば良いのですが、それはどのような方法的な枠組みを使っても難しいことで、比較制度分析にだけに向けられるべき批判ではありません。気をつけなければならないことは、理論の正しさを確認するために都合の良い事実を拾い集めるという逸脱に陥り易いことです。このことを心に留めておく必要があります。

さて、比較制度分析の中心的な問題となる、制度の補完性とその変容の可能性については、とりあえず外生的なシヨックによる以外に説明の原理がないことが問題です。たとえば、幕末開港によって日本経済は大きく制度的な枠組みが変わったとか、敗戦による戦後改革が戦前と戦後を分けたというような議論の程度であれば、比較制度分析という枠組みを援用する必要も経済発展論を援用する必要もありません。そうしたときに大きな変化が起こることは誰でも感じているし、それを経過すると異質な経済システムが誕生するという程度の枠組みであれば、そうしたものは経済史の求める新たなフレームワークではないと思います。

したがって、この枠組みは、ある構造を描くと同時に、内生的な変化の累積によって構造変化が生じるという説明ができるように進化することが求められていると思います。もともと補完的であるという制度間の関係をあまり強く考えると難しいのかもしれませんが、そもそもハメあわせのルースな状態を想定すれば、そのルースなハメあわせは摩耗で外れるかもしれません。摩耗で外れるというのは、累積的な変容で崩れるということです。講座派が強調した地主制と資本主義の相互規定的な関係もある種の補完性を示しているはずですが、これは労働市場に注目すれば低賃銀と高率小作料という形で補完性が強いとしても、農産物市場について資本家が求める低米価と地主が求める高米価という視点を入れれば両者は矛盾する側面がある。そのどちらがより重要な争点になるかで補完性は崩れるだろうと理解するのは一つの例です。つまり、ルースな補完性というか、補完性を崩しうる要素を含んだ構造として捉えることができれば、内生的に構造それ自体は変化しうる。少しずつ異なる構造（均衡状態）に移ることがあると考えることもできる。私はこうした構造変化を視野に入れるために「遷移」という表現を考えてみたのですが、あまり評判は良くないようです。

それはさておき、岡崎さんは、経済発展論の big push という概念を借用することで変化の要因を説明し、構造それ自体は比較制度分析の枠組みで説明しようとしているのだと思いますが、それが成功してはいません。本書をまとめるに際して、方法的な視点として新たに比較制度分析を導入するというのではあれば、既発表論文をその視点に即して書き直す必要があったのかもしれませんが、そうした工夫の跡は希薄で、そのために実証分析を比較制度分析で上手に包み込むことができていないということだと思います。その点では、中林さんが、もとの論文からほとんど書き直して比較制度分析の方法に即して制度を議論し、それに沿って論文を再構成したのとは少し違います。個別の論文のよさを活かすというのも意味があるし、大きな枠組みに即して書き改めることにも意味はあります。書き直して実証面でのよさが希薄になることもあるので、そのどちらがよいのか何とも言えません。私であれば、外在的な印象を与えるような形で理論的な枠組み持ち込んで整理するのは好みではないので、実証的な成果のなかから提示できるような枠組みを可能であれば述べるという程度にとどめるだろうと思います。好みの問題ですけれど。

質問　それでは、**第一次世界大戦期のブーム**の意味はどのように捉えれば良いのでしょうか。

武田　大戦期の新規参入は技術的にも規模から見ても劣位の企業でしたから、これらの企業は恐慌後には退出を迫られています。したがって、新規参入企業が分析の対象としては重視されているわけではありません。岡崎さんの論理にとって重要なのは、第一次大戦がマクロ的な観点で見て big push としての意味を持ったことです。ただし、これも指摘されていることは特別に目新しいことはありません。第一次大戦期の急激な経済構造の変化は、経済発展論が big push と表現するものと性格が同一であり、そのような見方をすれば経済発展論の理論的な枠組みを利用可能になるという限りのものです。このように概念化することが積極的にどのような意味を持つのかが明確に示されているとは思えないのですが、比較制度分析という視点からは、この big push は制度的な補完性を大きく変えてしまう状況を作り出した外生的なショックとして、論理的なレベルではつながる議論をしていると考えていると思います。

ただし、もしこのような捉え方からアプローチするのであれば、第一次大戦前後で鉄鋼業の発展を支える制度的な枠組みが、どう変わったのかを明確に提示する必要があったと思いますが、この点では必ずしも成功していません。著者の意図を読み込んでみると、大戦前には政府が長期的な視野から軍事的な要請などに従った方向に戦略的な資源を配分していたのに対して、大戦後にはそうした側面も残しながら、貯蓄率が向上し民間資金を基盤とする資金調達が可能になったので、資本市場が戦略的な産業の選択に有効な意味を持つようになったということではないかと思います。これが鉄鋼産業の分析を通して明らかにされる結論だとすると、それは日本資本主義の構造自体の変化を議論するものであり、鉄鋼産業発展の制度的な枠組みの変化という限りのことではないのでしょう。そうだとすると、もう少しほかの複数の産業が資本市場の発展による制度的変化にどう反応したのかを議論する必要があります。また、アングロサクソン型という特徴づけを第一次大戦後に限定するのかどうかも考える必要が生じます。

付け加えると、政府の戦略的な資源配分などの政策的な関与が第一次大戦後に後退したとして、そのことと鉄鋼政策、製鉄合同政策の評価がどうつながるのかも微妙な問題を残しています。確かに岡崎説は製鉄合同論については、それまでの国策的な、軍事的要請が前面に出るような議論からは距離をおいて、製鉄合同の意味を明らかにしています。しかし、それによって実現したのが国策会社日本製鐵でしたから、そこから直ちに政府の戦略的な関与の内容が大きく変わったことを強調するのは少し無理がありそうです。官営製鉄所時代には考えられなかった民間資金の導入が株式や社債などの発行によって資本市場から可能になったことは事実でしょう。政府の関与の後退は資金面での問題に限られるということなのでしょうか。

以上の議論に関連して、**資本市場の機能**については、最近の資本市場の捉え方と、この時点での岡崎さんの捉え方は違っているということは注意しておく必要があります。とくに最近議論されているのは、岡崎さんもそうですが、企業統治（コーポレートガバナンス）という視点からみた資本市場の役割です。象徴的には「会社は株主のもの」というタイプの議論で、その考え方に即して資本市場を介した株主の企業経営への関与、監視が問題になります。どのような名前をつけるかは別にして――そのネーミングの問題点はすでに指摘しましたから――ガバナンスに絡んだ資本市場の機能は、企業を規律づける役割に注目しています。そこでは、資本市場が個別の企業を評価、選別するという機能を果たしていくことに注目しています。

これに対して、この時には企業統治という視点が問題になっているというよりは、「鉄鋼産業」が産業としてひとまとまりになっているようにみえます。つまり、電力とかの他の産業との比較のなかで議論されているのです。したがって、この場合には、資本市場の役割は、産業部門間の資金移動を通して戦略的な産業を選び出すことにあります。部門間に利潤率の不均衡があり、その不均衡は資金移動によって平準化されていくと考えているような資本市場の資金の再配分機能に注目しているようです。この資金移動をスムースにするのが資本市場の役割であり、それを介した資金移動が産業発展の主導的な部門に必要な資源配分を可能にしていく。スクリーニングは鉄鋼業のなかで閉じているわけではなく、日本の産業発展のなかでどの産業が選び出されてくるかという形で問題になっています。もちろん鉄鋼業のなかには財閥系の内部資本市場に資金調達を依存している企業もあるし、公開市場に依存している企業もあることは認めていますし、それらの企業が選別されていくことも重要な意味は持ちますけれども、資本市場のマクロ的な役割に注目しているように見えます。

質問　釜石の分析など**実証面での成果**について……

武田　釜石の議論は、とてもユニークで重要な貢献をしているところですが、ここでも品質を含めた価格面で民間鉄鋼業が相当良い水準にあったことを実証しています。このように具体的に企業活動の成果を分析するという考え方は、カルテル分析などの市場の捉え方にも通底していて、もともと銑鉄とか鋼材とかの市場を漠然とひとかたまりで捉えるのではなく、産業組織論的方法を学んで、分析を精緻に進める努力をしています。資料的には大倉財閥関係の資料が東京経済大学で公開されるようになっていて、そこに重要な手掛かりになる資料があったことも手伝って、それまでの鉄鋼カルテル論を完全に乗り越えるような成果をあげたと評価できます。

その成果を踏まえて、カルテル論では、カルテルの価格管理によって製鉄企業に一定の利潤が確保されれば、その利潤が合理化投資に向かうという論理展開になります。つまり内部資金により着手された合理化投資が進めば資本市場はこれを評価して資金を提供してくれると考えられています。資本市場を介した資金調達とカルテル活動による収益の確保とはマイクロなレベルでの企業の収益性の回復のメカニズムとして理解されています。

この一九二〇年代の状況について、岡崎さんはあまり強調していませんが、有力企業の設備稼働率がかなり高くなっていきます。収益性は高くないのですが、量的には拡大が続いていたからです。装置産業の操業率は計算が難しいのですが、私が以前に推計した結果では操業率が高くなり、だから設備の拡張が必要になっていました。このタイミングで金融恐慌によって金融面での問題が解決し金利が低下しますから、設備の拡張には好機となったわけです。私はそのように捉えていますが、実際にはそれが本格化する前に昭和恐慌になって一端頓挫してしまいます。

ただし、岡崎さんが論じているのは、拡張的な設備投資ではなく、合理化投資です。それが生産性の上昇を伴うものであることは確かですが、そこで明示されている論理は、カルテルによる利潤確保が投資資金をもたらすというもので、カルテル活動によって価格が安定することによって企業はコスト削減に向かう、そうした企業行動が生産性の上昇を実現するような「革新の制度化」をもたらすという私たちの理解とは異なった論理です。

いずれにしても、産業史の本としては良い実証的な成果があるので、きちっと評価する必要がありますが、表面的な枠組みに目がいってしまうと読むのが難しい本です。

以上

この講義は二〇〇九年六月二九日と二〇一二年六月二五日に行われた講義の録音記録をもとにまとめたものです。

【近代編10】

第10章　在来的経済発展論について
——谷本雅之『日本における在来的産業発展と織物業』——

テキスト　谷本雅之著『日本における在来的産業発展と織物業』名古屋大学出版会、一九九八

1　織物業史の現在と在来的経済発展論の分析視角

織物工業史は数多くの研究蓄積がある分野です。研究史的に見ると、この分野では厳密な意味でのマニュファクチュア段階論という服部之総の問題提起を受けた幕末維新期の研究以来数多くの研究がありますし、近代については、阿部武司さんの『日本における綿織物工業の展開』（東京大学出版会、一九八九）という大部の実証研究があります。この阿部さんの研究は、産業史分析の方法を論じた第23章でもふれますが、産地に注目し、泉南産地の帯谷商店という成長企業の分析などを通して日本における綿織物工業の研究水準を一挙に引き上げた研究です。谷本さんは、阿部さんに兄事して産地間競争などの問題に関心を持ちながら独自の捉え方を構築してきました。

このほか、谷本さんよりあとのことですが、田村均さんの『ファッションの社会経済史——在来織物業の技術革新と流行市場』（日本経済評論社、二〇〇四）というユニークな視点をもった書物などが出ています。さらに、橋野知子さんの『経済発展と産地・市場・制度——明治期絹織物業の進化とダイナミズム』（ミネルヴァ書房、二〇〇七）、そして湯澤規子さんの『在来産業と家族の地域史——ライフヒストリーからみた小規模家族経営と結城紬生産』（古今書院、

二〇〇九）と続きます。橋野さんの研究は経済発展論や産業集積論という研究分野からの接近が問題意識の背景にあります。湯澤さんの場合には、経済地理学からの接近です。

このようにさまざまな研究分野から学際的な関心も含めて現在でも活発な研究の蓄積がある分野が織物業史研究です。谷本さんの研究も、在来的経済発展という捉え方を提起するなかで、これまでの経済発展についての考え方に修正を迫る意図を持っています。それだけでなく、その論理には農家家族のあり方とか、その中での女性の働き方などにも注目すべき議論を提示していて、最近では家族とか女性労働などを扱う共同研究などに谷本さんも欠くことのできない論客の一人になっています。そんな研究の広がりを作り出す基盤となったのがこの書物です。

谷本さんは、この本の分析視角を明確にするために、まず近世後期における非農業部門の発展をめぐるさまざまな研究を振り返り、それらがいずれも農村工業や「在来産業」を「産業資本」「工業化」の前段階として認識していることに問題点を見出しています。その意味で「経済発展の帰結」を工業化においている点で共通しているこれらの研究は、移行過程が連続的であるか否かという点で見解が分かれているにすぎないと評価しています。このような研究史の理解に基づき、谷本さんは、幕末から大正期を一貫した展開過程と捉え「農村に広範に存在した織物業の展開過程分析を通して、日本経済は『在来的経済発展』と称されるべき経済発展のパターンを、その発展過程の内に含んでいたことを明らかにすること」が課題であると宣言しています。この課題設定によって、織物業の分析を通じて「工業化」をゴールと見るような「近代的」発展パターンとは異なる経済発展パターンを検出して、日本経済の構造的特色を論じる手がかりを得ようとする試みとして自らの研究を位置づけています。

この課題に迫るために、谷本さんは、①生産者と市場を結びつける「商人」の評価の重要性、②農家経営内「副業・余業」としての製織への労働力供給、③日本の織物業を特徴づける「問屋制家内工業」形態への注目を三つの視点で分析を進めるとしています。これが序章の「在来的経済発展の視角」で述べられていることです。

2　幕末明治前半期の再編成

第Ⅰ部「綿布市場の展開と商人・小農家族」では、幕末維新期から明治前半期を対象として、この時期を「開港・明治維新の環境変化に対する織物業再編期」と捉えて、三つの生産地の実態を分析し、産地間の盛衰の要因を明らかにしています。

まず、綿布市場が東北などの後進地域を中心に拡大したことによって全国的な綿布市場が形成されたこと、その要因として、①需要面では地租改正による農家への貨幣経済浸透および西南戦争後インフレを要因とする農家所得水準の上昇が、②供給面からは輸入綿糸導入による綿布価格低下が指摘されます。

このような変化を捉えて、各地の在地商人層が、新たな原料・製品流通経路を開拓し、積極的な輸入綿糸導入と販路拡大活動を行ったことが重視されています。つまり①②の要因によって発生した潜在的な需要を具現化したのがこの商人たちの活動だったわけです。当然のことながら、そうした商人たちの活動がすべての産地で有効に展開されたわけではありませんから、産地ごとに差が生じます。そこで、分析対象は、産地間競争のなかで、この時期に見出される各綿織物生産地域の変容にかかわる四つのパターンに沿って選ばれています。四つとは、①生産地域数が増加し、各地の生産拡大傾向が続く各種木綿生産地（入間など）、②明治初年に衰退する白木綿生産地（紀州・因伯など）、③明治一〇年代まである程度の地位を保持し、以降衰退する白木綿生産地域（新川など）、④幕末から明治一〇年代前半に発展し、松方デフレ期の停滞後に急速に生産を伸ばして他の産地と隔絶する地位に到達する生産地域（和泉など）です。

①の事例である埼玉県入間地方の縞木綿織物業では、在方商人が八王子商人への一括販売というルートを開拓したことを通して縞木綿が全国市場に進出し得たこと、在地綿糸商が輸入綿糸などを買い付けて農民機業家に販売され、この地域の畑作農家にとっては都合のよい副業として農家経営に組み込まれていったとされています。

③の事例としては、富山県新川地方の白木綿織物業が取り上げられています。入間地方では、紡糸と製織が分化していたのに対して新川の場合には、未分化な状態で自給的に衣料生産活動の一部をなしていたようですが、原料は高岡の綿問屋から供給されていました。製品の販売は高岡や松本の特権的な地位をもつ商人たちに委ねられていました。もともと藩の施策によって形成された仕組みは、明治一〇年代までは新川の競争力の源泉だったようですが、養蚕業が興隆したことが原因となって松本への販売ルートが衰退して新川は発展的な展望を失ったとされています。

④の事例としては、和泉地方の白木綿織物業が取り上げられています。この地域は綿作先進地として知られていますが、在方仲間や綿作農民による抵抗から流通規制は希薄であり、また工程の分化が進んでいたようです。そうしたなかで、在村有力仲買商の主導の下に一八七〇年代後半には輸入綿糸導入が進み、松方デフレ期には彼らによる生産者の「純然たる問屋制家内工業」形態へと組織化が進められたと説明されます。

以上の検討を踏まえて、在来綿織物業の再編成について、各織物生産地域の明暗を分けた条件が考察され、第一に、輸入綿布がもたらした影響については、国内木綿との品質・用途の差異から、それは全面的なものではなく、白木綿生産地域②を除けばその直接的影響は少なかったと評価されています。この評価は、綿布市場が拡大していたことを考慮すれば極めて自然なものですが、谷本さんが強調するのは、そうだからこそ産地ごとの対応が盛衰を分ける要因となるということです。状況への対応力の差をもたらす一つの要素が在方の商人たちの果たした役割です。入間や和泉の発展はそうしたかたちで説明されています。産地を全国市場に結びつけたのは、彼らを起点とする流通ルートが開かれたからでした。

3　明治後半期の問屋制家内工業の形成

第Ⅱ部「生産の組織化と家族経済」では、入間地方を例にして問屋制家内工業の形成・存続の論理が検討されています。谷本さんが描くのは、幕末期に農家経営内の副業として営まれていた綿織が、産地間競争の激化を背景に「問屋制家内工業」として組織化され、普及していった姿です。

入間地方では、一八八〇年代後半から在村仲買商が生産者を組織する出機経営形態が一般的となり、原料糸供給と織物集荷が同一商人によって担われるようになりました。在村仲買商による先染原料糸の供給を通じて、品質・品揃えなど織元の販売方針が各生産者に徹底されるとともに、高度化する製品市場への柔軟な対応が可能になったことが発展の条件です。それだけでなく、織元が出機経営において生ずる製品市場・労働力調達市場間の季節的なズレを調整する機能も果たしたことが強調されています。

また、織元と賃織との関係については、近隣の賃織とは長期的に密接な取引関係、周縁の賃織と小規模かつ短期的取引関係を繰り返す傾向が見出されていますが、このような異なる性格の取引関係の併存は、需要変動のリスクへの対応とともに、原料糸着服や納期遅延といった集荷管理問題に対しても有効であったと評価されています。同時に重要なことは、賃機を行う農家の側でも、農業労働との組み合わせが容易なことから、雇用労働に従事するよりは農家の経営戦略からみて適合的なものであったと捉えられていることです。

以上の検討を通して谷本さんは、問屋制家内工業の成立・存続を支えた論理を「在来的経済発展の論理」として提起しています。重視されていることは、織物業における問屋制家内工業が農村社会や小農世帯の再生産戦略と、農村に密着した在地商人層の積極的な状況対応が合理的に結合して選択されたものであること、それ故に持続的な産業組織として機能したわけです。谷本さんの見通しによれば、一九二〇年代に力織機工場が一般化することで在来的経済発展パターンは衰退していくようですが、それまでは移植産業を中核とする近代的な産業発展とは独立に日本の産業発展・経済発展の重要な要因となったものだったとされています。

4　谷本説の特徴点

駆け足で主要な実証的な成果を見てきましたが、谷本さんの議論の特徴は、従来の段階論的な考え方に対する強い異論を提示したことです。ポイントは問屋制のもつ近代経済社会での柔軟な対応力の強調です。農家の立場から見ても問屋制が好都合であったことは、谷本さんの議論ではポイントの一つです。問屋の側から見た合理性は中林真幸さんの桐生産地の研究（「問屋制と専業化」武田晴人編『地域の社会経済史』有斐閣、二〇〇三）でも指摘されていますが、農家の労働力配分という視点をもつことによって、世帯内の分業が経済合理性を持ったかたちで選択されていて、それが農家の側から問屋制を支えているのです。

問題は、この説明において、農業からは離れないモメントが強く働く農家の労働力配分をどのように説明できるかです。これについて、谷本さんは、農家経営を一つの生産の単位として考えたうえで、農業に優先順位があると捉えています。もちろん、機織に専念できるような女性労働力を生み出しうるという点では、生業としての農業だけを重視しているわけではありませんが、少なくとも一つの世帯全体が農業からは離れていかないという論理が、日本の小農経営のなかに埋め込まれていると想定しているのだと思います。そこでは、農業から離れることが明らかに所得増加など利益をもたらすとの見込みがあっても簡単には農業からは離れないと想定されています。言い換えると、農業経営がアプリオリの前提になって、そういう制約下で行動原理が設定されているのです。

この前提はかなり微妙な問題をはらんでいます。たとえば、農村に在住する職人たち、たとえば大工などで手作地をもっているケースを考えてみると、彼らの主業は職人的な手工業、大工仕事などであり、農業が副業になることもありえます。そう考えてみると、工賃が安いから賃機は主業になり得ないとあらかじめ想定してしまうのは、問題があります。だから機織経営を拡大する方向に進まないことは、簡単に結論できないと思います。

このような視点で見たとき、谷本さんの議論のベースにあるのは、農業労働のもつ季節性への注目ではないかと思います。谷本さんは、都市の家内工業では、賃機と同じように副業的な労働力を使うと考えているわけではないようですが、少なくとも賃機と内職的な都市の労働者家族の就業とは類似性が高いと考えています。それでも両者には季節性という点で違いがあります。つまり、農業労働には季節性が高いので、家計内の家族労働力を繁閑に応じうるように維持することと、副業的な就業が都合のよい組み合わせになっているわけです。

季節性という点では、都市の就業機会にはそのような特徴を持つものは少ないかもしれません。確かに雪国の除雪作業など数少ない例を除けば、季節変動は小さいかもしれませんけれど、たとえば都市の商業者たちの労働は、一日のサイクルのなかでかなり時間帯によって繁閑があります。また、職人たちは受注での仕事をしている限り、仕事がいつもあるとは限りません。つまり、都市の労働のあり方にも簡単に平準化できない労働の機会はたくさんあり、そのために所得の安定性にも乏しいと考える方が適切だと思います。

だから、家族労働力をどのようにして完全燃焼させるかという問題は、農家固有の問題と考える必要はなく、もっと広い範囲で考えることのできる問題だと私は考えています。そのように拡張したとき、小経営では、家計維持のために副業的な機会を持つことは重要であり、積極的に意味があります。谷本さんの在来的経済発展論では、そうした点をもっと強く主張したほうがよいと感じています。

ところが、谷本さんの議論は農業の季節性にこだわりすぎているようです。農業、農家経営という視点に引っ張られすぎているということかもしれません。これが問題点の一つです。

もう一つの論点ですが、産地の織物業に即して見たときには、織物に従事すること以外の選択肢が農村内にあるかどうか、選択肢があればどうするかということも、もう少し考えていく必要があります。谷本さんほどに確定的なことは言えないのですが、他の就業機会がなければ、賃機が選択されることは考え得ることです。谷本説は、その理由を農家経営の主体的な選択として説明できる論理を示したことに意味があります。問屋の側から見て工場を作るという選択が生産性などの問題で制約があったからです。もちろん、その制約が解除されると工場制に移行することができるようになり、そこに通勤するということも選択肢の一つになります。そうした条件がなければ、工場に就業することが選択されることはないことを強調したのが谷本さんの説明です。繰り返しになりますが、そこでは、労働集約的な技術的条件と農家の労働力配分のあり方とがうまい具合に結合しています。

しかし、そうした場合でも、農家経営の側に、たとえば養蚕経営の拡大などによって現金収入の機会が生じれば、農家はこの仕組みから離れることもありうるかもしれません。もちろん養蚕は季節性の強い農業経営ですから、そこから直ちに谷本さんの説明を崩すことはできませんが、他に機会があれば、賃機から離れうるということは、農家経営の独自の論理を前提とすれば当然想定しなければなりません。そして、そうした農家と対峙しながら問屋制家内工業として賃機を一定の規模以上確保しようと思えば、工賃の上昇という圧力を問屋は負うことになると思います。これを抑制することができなければ、問屋制家内工業としての経営形態は限界に達するでしょう。その意味で、谷本説は在来的経済発展の柔軟な対応力を強調しているように見えますが、工賃上昇という問題をどのように処理するかを検討する余地がありそうです。

やや逆説的ですが、産地として成長した地域はともかく、衰退地域でも織物に代わる何かに稼ぎ場所を探し出しているはずです。そこでも農家経営の論理が働いて、家族労働力を完全燃焼しようとするのであれば、他の就業機会を探すことになり、都市の出稼ぎなども選択されることもあり、そうなれば農業労働力の確保が優先されて出稼ぎなどの機会が断念されると断言することはできないでしょう。つまり、家族労働力を自律的に配分するという論理を強調すると、農業経営に優先順位を置くという条件そのものも怪しくなる。そこに問題が残っています。

5　在来的経済発展とは何か

もし、副業的な機会が織物業以外にはないとすると、在来的な産業発展が織物業的な発展と同義になってしまいます。在来的経済発展という主張をより広く説明できる仮説として提示するためには、副業的な機会の意味をあまり厳密に定義しない方が良いと私は考えています。

もちろん、そのような機会は、時間で区切れる作業であり、単独でできる作業であるなどの特性をもつ必要があり、その限りで限定的な労働の機会になるだろうと思います。労働の質という点でも、高級品の西陣織のような絹織物を織るような高度な熟練を必要としないものでしょう。賃機の場合には、親から習った程度で出来るようになるのが標準的なケースでしょうから、そのくらいの熟練で十分であるという条件があると思います。

現実には、賃機の場合には、作業者の熟練度に差があってそれが製品の品質に影響したとしても、問屋たちはそれを価格に反映して売りさばいたのかもしれません。日本の産地織物業はこの時期には国内向けの生産品ですから、品質差があっても売ることのできる市場を探すことができたのではないかと思います。出来高に製品品質の質的な評価が加わっていれば、そうしたことは可能です。

それでは、これが「発展」と呼ばれるのにふさわしいのはどのような意味でしょうか。素朴に考えれば、経済発展は何らかの意味で生産性の上昇を伴うものではないかという疑念が湧きます。これは当然の疑問です。

これについての谷本さんの考え方は、基本的には生産の量的な拡大によって「発展」を捉えているという印象が強いものです。技術的な条件が変わらないことが前提にされていますから、織物生産の生産性上昇を強調するのは無理があります。売るために作るようになったことで生産性が上がること、自分のために作る時代よりは上がることは主張できるかもしれませんが、それ以上は難しいでしょう。もちろん、農業における生産性の上昇などが織物労働への投入労働量を増加させる余地を与えて農家経営としては所得拡大が可能になるというような経営的な発展はありうるかもしれません。つまり、量的に織物生産が増加していれば「発展」ということができるという立場もあり得るし、農家としての所得増加を基準に「発展」をいうこともありうるので、このような立場に立てば、必ずしも生産性が上昇しなくてもよいのだろうと思います。

しかし、そのような捉え方にとどまっていては、近代的経済発展と対比して在来的経済発展を唱えることの意味はないように思います。いくつかの拡張的な解釈が可能だとは思いますが、その一つは、産地間の競争を介して生産性の高い産地が選択されているということですから、国民経済全体では生産性の上昇をもたらしていると主張することはできます。それでも、力織機という既知の技術が産地の織物生産では使われなかったことによって、繰り返しになりますが、力織機などの技術導入による生産性上昇は実現しませんから、その限りで国民経済レベルでの生産性の上昇には限界があります。

したがって、生産性の上昇という視点で詰めていっても在来的経済発展という問題提起を正当には評価できない気がしています。つまり、技術が問題ではなく、技術進歩による経済発展という通常のイメージと異なる事柄を問題にしていると理解しなければならないと思います。たとえば、少し後になって電力が普及したことによって、農家の納屋などで小型のモーター付の力織機を空いた時間に農家の女性が動かして機を織るという状況を想像してみると、このような生産のあり方も谷本さんの定義では、「在来的」という特徴を帯びているものと考えるのだと思います。

そこで、在来的経済発展という議論を積極的に受け止めるとすれば、それは近代化・工業化を遂げていくときに、農業生産が広く存在している後進国でも、農業生産と結びついたかたちで手工業的な発展が可能であるということではないでしょうか。そうした経路を在来的経済発展と考えるとどうでしょうか。

この発展経路の起点は織物業のような特有の条件がある副業的な機会でもよいのですが、ポイントは、農家経営が所得を最大化するような努力を続けていて、そのために家族労働力を完全燃焼しようとする。それによって所得が増加することの意味、その影響を考えることです。場合によっては家族のうち子供たちが学校にいられる時間を増やすなどの選択もあると思いますけれど、それを除けば所得が増えて消費が増加する。その消費は生活用品などの購入に向かうのでしょうから、もし消費が拡大すれば、生活用品を副業的に作っている農家の在来的な生産も市場拡大の恩恵を受けることになる。そういうかたちで在来産業をめぐる連鎖的な市場拡大・生産拡大が見出しうるとすれば、それは近代的な移植部門とは独立に起こりうることであり、この面をクローズアップするのが「在来的経済発展」ということを、主張するとすれば意味のあることではないでしょうか。ただし、谷本さんの意見は、このような視点に立っているのかどうかは必ずしもはっきりはしません。

このような捉え方は、たとえば中村隆英さんが『戦前期日本経済成長の分析』（岩波書店、一九七一）において（次章参照）、農業部門における生産性の上昇が明治期には見出されていて、それに注目すれば明治期には均衡的な経済発展と評価できると言っているのと通底するところがあります。ただ中村さんは農業そのものの生産性上昇が主因とみているのに対して、谷本さんが提起したのは、工業生産における在来的な部門の積極的な役割、農村手工業生産の役割に注目すべきだということです。そして、その方が二重構造の底辺部分に存在する都市の在来産業など、その後の在来的な経済発展との連続面を考えることができる、農業ではなく、小経営に注目するという意味で重要な問題提起になると思います。

ただし、このような発展が独立したものなのかどうかは、問題が残っています。たとえば生活資料の生産を刺激するような市場拡大をもたらすのは、単に農家の購買力の増大だけではありません。近代的な部門の雇用労働者の増加は、都市などの工業地域の生活資料の需要増加を不可避としますから、実は在来的な経済発展の重要な市場的な基盤としては、近代的な経済発展もカウントすべきでしょう。もともと、谷本さんの織物業に絞り込んだ議論でも織物消費の拡大は都市及び農村のいずれの地域でも起きていると想定されており、消費需要の拡大まで独立した循環があると考えているわけではありません。そのため近代的経済発展との関係を論理的にも実証的にも詰めていく余地はありますし、詰めていくことでより説得的な議論ができるかもしれません。

【質疑】

質問　**農家の労働力配分**が決定的な条件ということですが、その基礎になっている論理をもう少し説明してください。

武田　つきつめていくと農村から労働力を引き出すことに強い抵抗線があることを谷本説は重視していると受け止めることができます。それ自体は、低賃銀と高率小作料の相互規定関係を前提に農村から余剰労働力が潤沢に供給できると考えていた通説に対する批判を内包しています。通説では農村に日本資本主義の低賃銀基盤があり、低賃銀労働者の供給に制約はない、無制限供給状態を想定しているからです。

しかし、批判といっても、谷本さんが提示したのは、農家経営のなかで賃機などの機会をえられるところでは、そのような機会によって農村外への流失に対する抵抗が生じることです。だから、谷本説の範囲内でも、産地間競争によって衰退する産地が都市への賃銀労働者の供給基盤となり、問屋制のもとで発展する成長産地との併存状態が生じるということもできます。こうした理解であれば通説と大きな矛盾はないと主張できるかもしれません。

このように解釈し直すと、農家経営が固有の論理で賃機に従事しているというのは、内在的な論理なのか、そうした機会が提供されている産地内に所在しているという環境条件によるのかを区別して考える必要が生じてきます。この区別を重視すると、賃機の機会がないところでは他の就業機会を利用するはずだということで、在来的な経済発展に閉じたかたちでは説明しきれない関係まで視野に入れることになります。だからこそ、そうした産地の形成に重要な役割を果たした在地問屋などの商人たちの活動、機能が重要なのです。この点では、産地が問屋制家内工業のもとで発展しえた基本的な理由は、商人の活動にあり、農家経営の論理は、そうした条件の下ではじめて意味を持ったという谷本さんの議論は理解できます。

議論が少し前後しますけれど、農家の経営に注目して、労働力を完全燃焼させることが所得を最大化することにつながるという視点で議論することにも固有の意味があります。ただし、このような行動原理を農家がとっていたとして、子供がたくさんいる場合には女工の出稼ぎとか奉公とか、次三男が都市に出稼ぎに出るなどのこともあるはずです。谷本さんの議論の進め方は、どのような雇用機会を選択するのかという決定は、農業経営に必要な労働力量を確保することが大前提になっています。この必要な労働力量は季節性があるので、上限を確保することを前提にすると、季節的にあるいは一日の時間配分でも発生する余剰労働力を利用するには賃機は好都合な労働機会だったと捉えられているのです。

この議論には一つの特徴があって、農家経営の労働力配分は誰かが、実際には農家の当主が差配していることが論理的に前提とされていることです。誰かが意図的に配分しているのです。一人一人が独立した経済主体だという経済学のお決まりの前提に従うと、農家のなかの労働力配分が農家経営に最適な対応を実現するとは限らないからです。なぜかといえば、一人一人の家族にとって自宅で働くことによる報酬額は明確ではなく、それ故、一人一人が家計の外の稼得の機会との比較のうえで去就を決められるような合理的な根拠は見いだせないからです。したがって、農家家族一人一人は、独立した経済主体ではないと考える方が実態に即して理解する上では、適切だと思います。少なくとも、谷本さんの捉え方は、一人一人が独立した経済主体だと考えるようなアプローチよりはずいぶんとリアリティがある議論です。そうした非現実的な論理的前提で押し切っている研究もありますから。

そのような意味で、農家は一つの経営体として、当主の差配のもとに意識的に経済資源を配分している経済主体として機能します。したがって小経営といえども現代的な企業と似たような仕組みとして理解されているようですが、これはアプローチとしてはともかく、家族という紐帯のある社会集団を近代的な企業と全く同質のものと考えるのではあれば、さすがに行き過ぎになってしまうでしょう。

同時に、この労働力の配分について経営体のなかに閉じこもって外に出にくいと決めつけてしまうと、そのような捉え方から出てくるのはかなり停滞的なイメージになります。そうした状態を「発展」の類型とするのには躊躇せざるをえません。もちろん、そのような行動原理の下でも所得の増加が発生し、それによって農家経営の拡大が企図される、つまり土地を買い増したり借り増したりすることもあります。ただし、その場合にも、農業生産に優先順位が置かれているという前提で考えると、賃機の余裕はなくなってしまうこともあり得る。つまり、在来的な経済発展は賃機を縮小する契機にもなり得るということかもしれません。それも発展というべき状態なのかどうか、よく分からないところはあります。他方で、高村直助さんが谷本さんの本の書評で、賃機に専業化するということも論理的にはあり得るのではと指摘しているのですが、これも当然生じる疑問だと思います。これについての谷本さんの考え方は、おそらく専業化の可能性は極めて小さい、なぜなら農家は常に農家であり続けることを選択する、賃機は何時までも副業でしかないからというものの様な気がします。谷本説は、農家経営の原理を重視することによって変化の契機が乏しい小経営の実態を強調しているのです。しかし、そうした一方向だけを強調するのではなく、もう少し広く農家経営の変化の可能性を残していた方が私は適切な気がしています。

付け加えておくと、この家族労働力の配分に関連した議論では、家族労働力（年季奉公人なども含めて）によって農業生産の繁忙期の労働量を確保するといっても、その労働力量も絶対的なものではないと思います。広く知られている農村の慣行では、農業生産に必要なピーク時の労働力量は、村落内の共同作業などで補われる面があるからです。そうした面を考慮するとピーク時の労働力量がどのくらいかというのは明確ではないのです。そう考えると谷本さんの説明の論理はかなり観念的な面があるという気がします。

質問　生産性の上昇などが乏しいなかでの「**発展**」は本当に「発展」と評価するに値するものでしょうか。

武田　谷本さんの説明は、まずはじめのところで市場の拡大が説明されています。さまざま理由から農家を含めて民衆レベルで所得の増加が生じて織物消費が拡大しているというところです。この実証はかなり細かい、ていねいな実証ですが古着の流通なども含めて消費が拡大していることを明らかにしたことは注目すべき成果です。永原慶二さんの『新・木綿以前のこと』（中公新書、一九九〇）に江戸時代の織物消費水準が示されているのですが、それが明治期にどのくらい拡大したのかが明らかにされました。ただし、どのようにして拡大したのかについての説明は十分ではありません。解答の一つは、田村均さんが毛織物業の研究で示したような捉え方に見出されるかもしれません。羊毛は発色性のよい繊維なので、それが鮮やかさなどで消費者の購買意欲を刺激したというような説明ですが、所得が増加していれば、そうした新しい製品に市場が開かれていくし、そうした状況が発生すれば、勘のいい問屋たちが地元の賃機にそうした新しい特徴を持つような製品を作らせて生産規模を拡大するということもあるだろうと思います。工場生産だから安くて良質だからとの説明は、産地織物業では適用できませんから、商人たちの市場との掛け橋としての役割が重要になります。そう理解しても、谷本さんの議論ではなぜ売れたのかについての説明はあまり明快ではありません。そのために「発展」というイメージを損なっているのです。

一般的にはある産業で何らかの技術革新によって新製品が開発され、あるいは新しい製造方法が採用されて拡大の機会をつかむとか、いずれにしてもその産業に内在して発展のメカニズムが説明できると考えられていますし、そうしたかたちで産業発展を質的な側面に注目しながら議論することが多いようです。これに対して谷本さんの議論では、どのような内的なメカニズムで拡大再生産が実現するのかについては、かなり強い制約をおいたうえで議論が進むのでわかりにくいのです。つまり農家経営の余剰労働力の利用の範囲内だけしか経営規模は拡大しない、という説明だからです。それでは発展していないのかという疑問に対して谷本さんは「産地によっては発展している」と答えると思います。産出量が増加している産地については在来的経済発展と考えている。この発展の鍵を握る経済主体として注目しているのが在地の問屋です。したがって、問屋制の下での発展とは、賃機の数が増加していく、その限りで織物生産が量的には増大する一方で、直接生産者の姿はあまり変わらないというイメージになるのです。

もちろん技術的な変化と無縁ではありません。ただし、技術的な変化は良質で安価な原料糸が供給されたという前工程での変化の影響の方が明確なのです。そしてあり得るとすれば産地内での一定の分業関係、たとえば整経工程の分離などによっても生じます。しかし、それらはいずれも小経営としての農家にとっては、外在的なものでしかありません。そうした条件の変化も助けになって小規模な賃機でも商品生産が可能になったというわけです。だから、在来的経済発展の内部に明確な技術進歩などは想定されていないと理解しておく方が妥当だと思います。

だからこそ、力織機を利用できるような経営環境が生まれれば工場制の作業場に織物生産の中心は移動し、そちらに収斂していくというストーリーになっています。終章では、織物業で収斂が起こったとしても都市の商工業などで在来的経済発展に見出されるような小経営における家族労働力の完全燃焼という現象は継続的に意味を持つとされています。そうした分野があることは確かでしょうが、それらを「在来的」というべきかどうかは迷います。

もともと織物業では、国内において木製の織機が手に入るという条件があり、しかもその性能は国際的に見てもそれほど見劣りする水準ではない織機が、力織機ではなくても供給されていました。つまり製織という工程における技術の劣位は小さいのです。工場生産に適合的な力織機の採用、その後の自動織機の採用の時に生じる生産性のジャンプがそれほど大きくないということかもしれません。その点が紡績における機械化技術のもった生産性上昇の衝撃とは大きく違っています。もちろん織物でも白木綿のような簡単な織り方であれば、機械化の影響は大きいのでしょう。織物の種類によっては手工業的な熟練が必要になる場合もあります。

生産性のジャンプがそれほど大きくないといっても、手機では織機一台に一人の織り手が必要になりますが、力織機では少なく見ても一人で四台くらいの織機のシャトルの交換を行うことができるようになります。つまり外見的に四倍くらいの労働生産性の上昇があります。したがって、それだけの生産性の差があっても、工場作業場が優位を発揮できないことを説明する必要があるという谷本さんの問題意識はうなずけるものがあります。ただ、それに答えようとしてすこし農家経営の論理を強調しすぎた面があり、問屋制家内工業の優位性を力説するために、専業化などの可能性、これについて谷本さんも分析対象にしている和泉地方のなかでも泉南地域で阿部武司さんが実証したような産地大経営が出現する可能性に否定的な印象を与えてしまったという気がします。

最後に強調しておきたいのは、ここまでの議論はいずれかといえば農家経営というミクロの単位を分析対象とし、その論理を明確化する方向で進められていることが谷本さんの特徴になっているのです。谷本さんの意図しているところは、江戸期からのゆっくりとした工業化が進んでいるという議論に対しては、幕末維新期の綿糸輸入を契機に産地間競争を引き起こして再編成されていくというものですから、伝統的な産業発展からは構造的に断絶しているとみているなど、より広い視点を含んでいます。

その再編成のなかで産地として生産を拡大している地域を在来的経済発展の典型的なケースとみていることになりますが、それでは、織物業以外に同様の経済発展を実現していく産業分野があるかという問題も、経済発展という視点から立論するのであれば必要になります。つまりミクロの論理だけではなく、経済構造を変えていくような変化をもたらす「発展」がどのように生じているのかを、マクロ的な視点でも考えていくことが必要でしょう。別の産業としてすぐに思いつくのは、農家副業的な生産が輸出雑貨として注目された花筵の生産がありますが、そうした産業の発展が通説の産業革命論に対してどのような問題を提起したのかがマクロ的な視点では問題になるでしょう。

明治の終わり頃の説明の仕方は、いずれかというと二重構造論的な捉え方に近くなっていて、近代的経済発展が中心的になると説明されているようでもありますが、この本を通して一貫して主張されているのは、在来的も近代的も併存しているということです。だとすれば、両者はそれぞれ独立の論理に従って発展していると主張できるのかどうか、さらに在来的経済発展は、近代的経済発展にとって代わることができる経済発展の可能性であったということなのかなど気になるところです。谷本さんが言いたいのは二頭立ての馬車だと思います。これは、次章でお話しする中村隆英さんの明治期における均衡的な発展論に近いということでしょう。

両者の関係について、私は「産業構造と金融構造」に関する論文（『経済学論集』七一巻三号、二〇〇五）で、①一八九〇年くらいまでは在来的な産業と近代的な産業分野の産業成長率に連動性がないこと、ところが②産業革命期に在来的な部門の産業成長率は経済成長率に平準化することなどの事実に即して、一八九〇年くらいまでに両者が独立に産業成長する可能性が拓かれていたと認めた上で、産業革命期にはすでに在来的な産業部門の市場拡大は近代的な産業部門による所得の増加分に規定されるように変化したのではないかとの仮説を提示しています。これについての谷本さんの反批判はまだうかがったことがないので分かりませんが、論理的な可能性があるのは、繰り返しになりますが、織物業の量的な拡大が農村内の所得増加の重要な要因になって、在来性の高い日用生活必需品の生産拡大をもたらしていくような連鎖が生まれており、このような連鎖の存在が国民経済の発展に重要な貢献をしているということを明確化するような議論をすることではないかと現時点では考えています。それは農業部門における所得拡大が国民経済レベルでは資本蓄積の重要な源泉となるという経済発展論の捉え方の一つとも対話可能な議論だとも思います。

以上

この講義は二〇〇九年一〇月一九日と一二年七月二日に行われた講義の録音記録をもとにまとめたものです。二〇〇九年の講義には谷本さんが出席されて大学院生の質問にも答えてくださいました。その時の質疑応答も参考に作成しました。

【近代編11】

第11章　経済成長の長期的把握
――中村隆英『戦前期日本経済成長の分析』――

テキスト　中村隆英『戦前期日本経済成長の分析』岩波書店、一九七一
参考文献　山崎広明ほか『講座帝国主義の研究　6　日本資本主義』青木書店、一九七三
武田晴人「産業革命期の需要構造と産業構造」『経済学論集』七一巻三号、二〇〇五

1　研究史的背景

これから二つの章では、「近代編」という括りをこえた長期的な視点で戦前期の日本経済の発展について論じた著作を取り上げます。その第一が、中村隆英さんの『戦前期日本経済成長の分析』です。この本は日本経済史のオーソドックスな研究者の仲間うちから出てきた本ではなく、その外側にいた人たちからの発言の一つです。もちろん大川一司さんなど日本の経済発展に関する長期の経済統計の推計を基礎に分析するという流れがなかったわけではないのですが、一九七〇年代初め、歴史の研究者がまだそれほど注目していなかった長期統計などを利用した数量経済史研究の流れの中から出てきた非常に重要な文献です。

この本には、二つの研究史上の背景があります。一つは、日本の近代化論に関するいくつかの研究が一九六〇年代になって急激に展開したことです。きっかけになるのは六〇年安保以降に、ライシャワーが駐日大使として来日し、

その前後に箱根で日米の学者による会議があって、アメリカの世界戦略に従って南の諸国への援助政策を立案する一環として日本の近代化を研究する、日本をモデルにして南の国の工業化を促進するプランを考えようということでした。経済発展論という視角からの研究が推進されようとしていました。その理論的なベースには、ロストウの『経済発展の諸段階』(木村健康ほか訳、ダイヤモンド社、一九六一)があり、開発経済論のオーソドックスな、しかしまだ、プリミティブな議論がありました。そうした研究を参照しながら、どういう形で日本は工業化し、経済成長を実現したのかを議論しようとしたのです。

もっとも、近代化論それ自身は、経済分析に限定されずに、むしろエートスの分析とか、教育論とか、いろいろな議論に力点を置き、論点が拡散していきます。ベラーが儒教倫理や心学の議論を介して江戸時代の商人の商業倫理の研究などを展開するのはその一つの例です(『日本近代化と宗教倫理』堀一郎・池田昭訳、未來社、一九六六)。これに対して、例えば日本の経済史学界では、大塚久雄さんの『近代化の人間的基礎』(筑摩書房、一九六八)とか、高橋幸八郎編『日本近代化の研究』(東京大学出版会、一九七二)という本が出て、近代化論が批判されています。

そうした流れとは別に、もう少しさかのぼっていくと、統計の研究者たちが、戦前期から国民経済推計とか、鉱工業生産の指数化を試みてきていました。戦前に名古屋高商で行われた推計、山田雄三さんの仕事が中でも先駆的なものです(山田雄三編著『日本國民所得推計資料』東洋経済新報社、一九五一)。そして第二次大戦後に「経済成長」が重要な政策目標となるにつれて、一橋大学では国民経済計算の推計値が作られることになります。いくつかの推計が生まれ、そうした成果をくみとるかたちで私たちは現在『長期経済統計』という貴重な成果を利用できるようになりました。そうした時代の先駆けとして、この中村さんのお仕事も出てくるわけです。

この書物の出版当初は、特別に注目を浴びたという印象を私は持っていないのです。非常に専門的によく勉強されている何人かが「これはすごい仕事が出たぞ」と認めていたに過ぎなかった。だから、例えば一九四〇年体制論というようなブームを起こすものではなかった。しかし、この仕事は、一九七〇年代から後の日本の経済史研究、とくに戦間期の経済史研究に非常に大きなインパクトを与えて、研究の方向付けをする作品の一つになりました。中村さんの議論を批判するにしても、それを通過点にしない限りは基本的なメッセージを出しにくい状況になったのです。

2　中村説の新しさ

この『戦前期日本経済成長の分析』には手法の新しさがあります。つまり国民経済計算のような、それまであまり経済史が取り扱ってこなかったデータを積極的に取り入れて、それを用いて「経済成長」という視点から日本の経済発展を解き明かそうとする手法の新しさです。そして、それ以上に重要だったのは、そうしたデータの分析に基づいて、それまでの日本経済史の常識についていくつかの点で異論を唱えた点です。

異議申し立てのポイントは、大きく分けると二つあります。一つは、第一次世界大戦前の時期について、「均衡成長」という捉え方をしていることです。それによって、幕末維新期から明治期にかけての日本の経済が在来産業も移植産業も、あるいは農業も工業も、ともに速いテンポで――しかもそのテンポにも大きな差は見出せないくらい、つまり均衡した形で――成長した、と主張したことです。

もう一つの重要なポイントは、第一次大戦後について、大戦前とは対照的に不均衡成長に転換したと捉えたことです。この捉え方が大戦を画期に日本の経済構造が変わったことをある意味では暗示しています。しかし、同時に成長の水準に関するマクロベースの観察結果でみると、日本の経済成長率が極めて高い、国際的に見ても非常に高い水準にあるという事実が強調され、それによって「高成長の日本経済」というイメージを打ち出しました。こうして不均衡成長という内実を伴いながら、国際的に見ると高成長を実現していたことが明らかにされました。それは、第一次大戦後の慢性的な不況というような通説とは全く対照的な捉え方でした。

3　国内市場狭隘論批判

それぞれもう少し詳しく説明すると、第一の均衡成長論は、講座派の日本経済の発展に関する考え方への明確な批判を意図しています。

どういう意味で講座派批判になるのでしょうか。講座派は産業革命期以降の日本経済について、例えば、帝国主義の同時転化という議論をする。この捉え方は実は、講座派であろうと労農派であろうと、事実認識や評価に関して共通するものです。つまり、それまで主流派の経済史家たちは、日本は産業革命を経ると同時に、植民地支配を開始し、帝国主義的な経済システム、あるいは政治体制へと移行したと考えている。それを説明するために使われたロジックが二つあって、それが国内市場の狭さと国内資源の不足というものでした。

とくに有力だったのは「国内市場が狭い」という議論（国内市場狭隘論）で、だから過剰な製品の販路を海外に求めなければならない。つまり対外侵略の衝動が国内資本に強く埋め込まれることになるというわけです。そして、なぜ国内市場が狭いかというと、人口の大部分を占めている農民の生活が、農村の商品経済化の進展の中で地主的支配に基づく高率小作料を負担しているために貧しい。したがって小作農を中心とした農民の低い消費水準という状態が国内市場を狭くする原因となっていると説明されてきたのです。

つまり、「高率小作料と低賃銀の相互規定」という有名な表現の仕方は、裏返していえば、労働者も農民も非常に制限された所得しか得ていないこと、したがって彼らの消費水準が低いことを意味していました。その低い消費水準がマクロ的に意味していたのは、狭い国内市場というものです。それ故、産業革命が進展し、国内産業が発展していけばいくほど、発展しようとする産業部門は、商品の実現の問題――つまり、市場で買い手を見出すこと――で困難に直面する。国内では買い手を見出すことができない。なぜかと言えば、国内市場の最大の買い手になる肝心の農民たちが充分な所得を得ていないからだという構図が描かれていました。

産業化の進展の原動力の一つが低賃銀であるとはいっても、同時に、低賃銀であるが故に、実は買い手を見出せないような経済構造上のジレンマを持っている。だからこそ日本の資本主義経済は、いち早く過剰な生産能力を生かすために海外市場を求めて帝国主義的な侵略への衝動をもっていたのだ、というわけです。ここでイメージされているのは、都市の工業発展と農村・農業生産との間における農工間不均衡発展です。この農工間の不均衡発展が国内市場の狭さを規定しているという議論が通説でした。

中村さんはそれに対して、在来産業と移植産業――この区別には生糸を在来産業としているなどの問題があるのですけれども――明治期以降に技術などが移植されて新しく発展した製造工業部門とそれ以前からある産業部門とを区別して、それら二つの産業部門の成長率を測る。測ってみるとこの二つはほとんど同じくらいのテンポで成長しているから、農工間不均衡ではなくて、実際には農工間均衡成長だと主張したのです。もし農業生産が順調に拡大しているのだとすれば、農業部門の実質所得が一方的に抑圧されて貧困のままということはないだろう。農業部門に生産拡大に伴う所得増加があれば、国内市場はその分だけ拡張したはずだというわけです。

もちろんこれに関しては、いろいろな反論があり得るわけですが、在来産業と移植産業の分類の仕方がまずいという批判が一つある。

それからもう一つは、GNPの推計が基礎になっていますが、そこでは、新しい財が産み出されてくるような成熟した資本主義経済の成長局面と、自給自足経済が商品経済に置き換わることによる、見かけ上の成長局面の、両方が混在している。つまりGNPが増加する時に、GNPは貨幣で計られた、支払われた財やサービスの対価だから、自給的な生産が商品経済化していくときには、それ自体として市場が拡大しているように見える。あるいは商品やサービスの生産が拡大しているようにみえる面がある。在来産業の成長には、そういう面が当然ながら反映している。農村の自給的な生産が崩れていくことによって、農村が商品経済化する。それによって、消費水準の変化が乏しいままでもGNPは成長する。移植産業は全く新しい部門が多いので、その発展が追加的な生産の増加になるという意味で成長の実態を表している面が強いのと対比すると、在来産業の成長は、過大評価になる可能性があります。

さらにいうと、移植と在来の対比では――分類の問題があると言いましたが――、在来産業部門に生糸を含めるかどうかで、ずいぶんとイメージが変わる可能性もあります。この産業がもたらした輸出拡大を通した経済発展をどのように全体の中で位置づけるかは、明確にしていく必要があることがらです。その点についても疑問を残していますが、そうした点を割引いたうえで考えても、中村さんが、二つの部門の成長率がそれほど変わらないことを強調することによって、それまでの通説――産業革命期に関する通説的な理解に対して、明確な批判を意図していたことは間違いありません。だから、その後の主流派の著作には、例えば石井寛治さんの『日本経済史』の教科書もこのイメージに対してどう反論するのかに留意して書かれています。きちっと読めば、見つけることができる、気がつくかどうかは別にして（笑）。

それでは実態としてどうかというと、例えば農業に関して言うと、米の反当たりの収穫量は明治期に急激に――急激にとは言っても農業生産性はそれほど簡単には伸びないのですけれども――それまでの時期に比べれば上昇していった。明治農法が土地の生産性の上昇に寄与したことは、一般的によく知られている事実ですから、もちろん農業で生産性が上がらなかったとはいえない。

他方で、部門ごとの生産性の変化に注目することには限界がある。なぜなら、例えば移植産業である紡績業の発展は、在来部門の織物業の成長――産地間競争における再編成という新しい捉え方も含めて――を通して織物の国内販売量を拡大している、つまり織物消費量は増えている。この関係は、安価な綿糸が大量に供給されることによって、それまで紡績部門の低い生産性がボトルネックになって発展が阻まれていた織物生産が拡大できるようになるということを意味しています。つまり、この場合には二つの産業成長は連動しており、移植部門と在来部門が相互に強い影響を持ちながら発展している、独立の要因でそれぞれがそれぞれの道を歩んでいるわけではないのです。産業化・工業化はそうした形で成長を促しています。

だから、移植産業部門と在来産業部門の相乗的展開が全くなかったとか、あるいは移植産業だけが一方的に成長したというのは、ミスリーディングな議論であることは間違いないのです。そんな議論は実は誰もしていないと私は思っていますが、中村さんは通説をそのように理解して批判しています。

阿部武司さんの「産地大経営論」（『日本における産地綿織物業の展開』東京大学出版会、一九八九）や谷本雅之さんの「在来的経済発展論」（『日本における在来的経済発展と織物業』名古屋大学出版会、一九九八）などは、この中村説の強い影響下に生まれているといって良いと思います。

主題に戻ると、均衡成長という中村説にも弱点があります。それは在来産業の発展をあまり強調すると、明治期の農業経営・農家は極めてハッピーだったように語られることになりますが、事実は全くそうではなかったからです。つまり中村説が提出した問題は、生産力の変化あるいは、生産性の上昇の問題であり、部門間での均衡成長ですが、講座派を含めて伝統的な歴史研究者が問題にしていたのは、生産力の上昇そのものというよりは、生産関係に関わる問題、具体的には地主制の問題でした。そこでは、効率ではなく、公正とか分配とかが問題になっていました。だからそれだけ急激に伸びた生産力がいったい誰の所得増加に寄与したのか、そのことによってどういう変容を経済社会にもたらしたのかを問題にしなければならないはずです。その点について中村説は、明確にはメッセージを持っていないように思います。少なくとも、五〇歩でも一〇〇歩でも譲って、講座派のイメージが正しく、寄生地主制的農村支配が一般的だったとしても、そういう中で、農業生産性は確実に上がり、その農業生産性の確実な上昇はトータルで見て農業部門――地主の所得となったか、小作農の所得となったのか、それはわからないけれども――の国内消費水準を着実に上げることによって消費財工業部門の成長を助けたという面がある、これが中村説から導かれる結論になる。これでは通説批判としては不十分です。この議論から、われわれは効率の問題と分配の問題とを、ともに一方にかたよることなく論ずべきことを学ぶことができると思います。なお、私の「産業革命期の需要構造と産業構造」（『経済学論集』七一巻三号）は、中村さんの均衡成長論への批判を意図したものです。

4　第一次大戦後の不均衡成長

第一次大戦後の不均衡成長という捉え方は、また別の意味で強烈な通説批判でした。第一次大戦後の資本主義経済に対しては、マルクス主義的な歴史観の影響もあって戦前の講座派とか労農派を中心として、ロシア革命以降は資本主義の没落期だと強調する論調が強く、これ以上は資本主義経済に発展はない、という大枠の捉え方をもっていろいろな議論が展開されていました。

戦後になっても、戦間期は第二次大戦へ至る道であり、その前提として世界大恐慌があり、そこに至る一九二〇年代については慢性不況だという認識が通説の位置を占めていたのです。一九三〇年代については確かに経済規模が拡大している、景気も回復しているけれども、準戦時から戦時経済へという暗黒の時代と評価されている。ちょうど日露戦争から第一次大戦期が労働運動の暗い谷間であったのと同じように、日本の経済の発展の中で戦間期というのは暗い谷間の時代というイメージでした。

もっとも、戦後になって積極的にこの時期を分析した議論は数少なく、安藤良雄さんの先駆的なお仕事とか、原朗さんの戦時経済研究くらいしかありませんでした。一九七〇年代初頭に、例えば石井さんが日本経済史のゼミで戦間期をとりあげるという時、テキストになったのは、宇佐美誠次郎・井上晴丸著『危機における日本資本主義の構造』（岩波書店、一九五一）でした。これが講座派のオーソドックスなテキストだといわれていました。この本に出てくるのは侵略と不況であり、「不況のもとでの侵略」、つまり国内市場の狭さとか資源の乏しさとかが強調され、それが侵略の原因となっている構図が描かれています。慢性不況から大不況にかけて日本の産業は市場を外に求め、侵略への誘因をもっているから、外への軍事侵略が必然的になる、という筋立てで説明されています。

そういうイメージに対して、中村さんが出した論点は戦間期の日本は「成長している」、しかもそれは「非常に速いスピードで」、「国際的に見ても高い」成長率だというものです。実質成長率が高いという観点から、慢性不況という通説の捉え方に対する批判的な見方が提示されたのです。

ちょっと勉強したことのある人なら、一九二〇年代にアメリカが例外的な高成長をしていたことは、世界経済論などのレベルではわかっていました。しかし、世界経済論ではヨーロッパの国々とアメリカの経済成長率を比べるだけで日本は視野の外でした。比較しようにも、使えるデータがありませんでした。そうした限界を乗り越えて国際的な視点から経済成長率を比較して論ずべき点を明確にしたのが中村さんの仕事だったのです。

そこでは、一九二〇年代にはアメリカと比べると、日本の成長率はさすがに低いがヨーロッパより高い。二〇～三〇年代を通してみるとアメリカより高い。データが取れる国で日本より上だった国は一つしかない。それは、革命後のロシア、ソビエト政権であることなどが示されています。

そういう事実の確認から始まって、それをどう説明するかが問題になりました。そのときの中村さんの説明の仕方は――これは明白にケインズ経済学がベースだと思うのですが――政府による需要創出政策が経済成長を牽引したというものになる。この主張が基本的なメッセージです。

具体的には、戦間期の前半である一九二〇年代には都市化関連の政府投資であり、そして一九三〇年代には軍需投資関連の政府支出がまず景気を回復させた、というようにです。これは、産業の国際競争力などを別問題にすれば、資本主義経済が政府による需要創出政策によって急激に成長を加速できるような構造を持ち始めていることを意味しています。とくに通説と異なったのは一九二〇年代です。中村さんは都市化と電力化という特徴に基づいて一九二〇年代の経済発展を説明したからです。この説明は、それまでの日本史研究と整合的な面がありました。例えば軍事史とか、財政史のような政治経済史部門では、第一次大戦後のワシントン体制により例外的に軍事支出が制限されて、日本経済の中では財政に占める軍事費が低い時代と評価されています。宇垣軍縮とか、山梨軍縮と呼ばれる陸軍の軍縮がワシントン条約による海軍の軍縮と並行して行われていました。それはちょうど大正デモクラシーという政治状況とマッチした形で、日本の経済や政治、社会全体のあり方の変化を示すものと考える人たちもいました。

それに対して、中村さんが出したイメージは、第一次大戦期に急激に都市化が進んだ結果として、軍縮によって余裕が出た財源によって、都市化に対応した社会資本の整備に政府支出・投資を向けることができるようになったというものです。つまり、大戦期の急激な都市化——第一次大戦期の工業発展あるいは、都市への人口集中という意味での都市化——に対して、社会資本整備の遅れがあり、都市問題が発生したが、軍縮はその問題への対応の余地を作り出したという関係になる。

戦争のショックをどのように受けたのかについても、中村説は重要な示唆を持っています。アメリカは第一次大戦中の財政膨張で貯蓄が政府部門に吸収され、個人消費支出が抑制されています。それが戦後、大戦期の所得上昇と併せて、繰り延べ需要として爆発して、一九二〇年代の繁栄をもたらしたといわれていたのです。この繰り延べ需要に対応して花形産業になるのが自動車であり、家電などでした。つまりアメリカの一九二〇年代の経済発展は、個人消費の爆発があり、それに引っ張られて産業が成長してくるものでした。そういう形で繁栄の二〇年代——禁酒法の二〇年代でありますが——が到来したのです。

日本にもそういう面はありますが、しかしそれはかなり部分的です。都市の「文化生活」といっても、全体としてみると都市化が進んで都市問題が発生し、それに対して財政支出の拡大が行われる。そうした形の投資が成長を引っ張るのが基本で、個人消費主導ではない。その点では、経済発展の主導要因が日米では大きく異なっています。

のちに持田信樹さんなどが地方財政史研究でこの点をもう少し整理して都市財政の拡大の仕組みを説明しています（『都市財政の研究』東京大学出版会、一九九三）。都市化に対応する財政支出の拡大を必要とした時に、一九二〇年代の都市財政は、財源の不足に直面します。そこで市街鉄道や路面電車を走らせるとか、市が電力供給事業者になるなど都市の公益的需要を充たす収益事業を推進していきます。そのこと自体が、この財政支出の増大を支えるような財源確保になっています。こうした関連が一九二〇年代の成長を支えているというわけです。政府部門の事業というと不採算というイメージを持ちがちですが、この時代の電気電鉄事業は都市財政にとっては財源だったのです。

一九二〇年代については「不況から不況をよろめいた」という捉え方が通説的で、今でも有力な主張ですが、中村さんは、この慢性不況というイメージとは全く異なる高成長が一九二〇年代日本の特徴だと主張したことになります。もちろん不均衡成長ですから成長一色で塗りつぶされるわけではありません。都市化・電力化に主導された成長部門があり、それがマクロ的には高成長になったといっているのです。

この議論の影響は、かなり大きかったと思います。本書の後半でとりあげる研究のなかにも大きな影響を受けているものがいくつもあります。例えば山崎広明さんたちが書いた『講座帝国主義の研究　6　日本資本主義』（青木書店、一九七三）がそうです。この本のなかで一九二〇年代について山崎さんは「慢性不況」と括弧をつけて表現しています。この本が出た直後に、大学院のゼミで議論したことがありますが、なぜ括弧つきなのかという質問に対して、山崎さんは「中村説を受けて分析してみると、二〇年代を通説のように慢性不況といえるかどうかに確信をもてなかったからだ」と説明されていました。

それまでの研究では例えば大内力さんの仕事などでも安藤良雄さんの本でも慢性不況と書いてあります。それには、理由があります。企業の利益率は下がっているし、価格は低迷し失業問題も顕在化していたからです。

ところがマクロの成長率をはかってみると、少なくとも実質的には成長していることが明らかになります。この「実質的に」というのが問題で、そのからくりの一つは、物価の緩やかな下落です。物価が緩やかに下がると、マクロの成長率は実質ベースで高くなりますが、そういうときには、ミクロで見るとものすごく不況感が強くなります。収益力がどんどん落ちるからです。そういう意味で、慢性不況というイメージも間違っていない可能性はあります。しかし中村さんは明確に慢性不況ではなくて「不均衡成長」という成長面を強調したわけです。こうした議論の影響で、例えば、山崎さんは括弧付きの「『慢性不況』といわれていた時代」と書いたりしているのです。

そういう形で、「慢性不況」とは何であったか、あるいは不均衡成長とは経済実態としてどういう意味を持ったか、などの問題を中村さんはその後の人たちに問いかけたのです。後続する研究者たちはこれに対する答案を書くことが求められました。この謎解きにみんな苦労するわけで、三和良一さんもいろいろな議論をしている。『一九二〇年代の日本資本主義』で、私も「恐慌」という章を書くことになって、要するに、「マクロの成長とミクロの不況感」――ミクロの不況ではなく不況感です――という解釈を加えています。

それと関連して重要なことは、第二部の不均衡成長論を通して日本経済に二重構造が生まれてくるという捉え方を明確にしたことです。それは第一部と第二部が対象とする時期の間で、経済の構造が変わることを意味しています。つまり、均衡成長である限りは、二重構造（dual economy）にはならないはずなのです。みんな一緒に成長していくわけですから。ところがそうではなくて、戦間期には不均衡成長になり、ある部門は停滞部門、しかもそれが広い経済基盤を形成する一方、高い成長率を示す部門がでてくることで二重構造が生まれると考えられている。このように戦間期に経済構造が変わりながら、経済成長が続いていくというのが中村説になります。

ただし、この場合に不均衡成長がどのような部門間で生じているのかについての説明の仕方は曖昧です。第一次大戦後の不均衡成長は、明治期の均衡成長の主張を裏返したようなところがありますから、農工間の不均衡成長が二重構造形成の基盤のはずですが、中村さんの議論はその点についてあまり多くを語っていないのです。不均衡成長の根拠になっているのは、製造工業部門間の成長率の違いで、それを都市化に関連する部門であるかどうかなどから説明しています。しかも、この製造工業部門間の不均衡成長は構造的なものというよりは、ある時期の需要構造に対応したものに過ぎない可能性もあります。実際、この後の話にも関連しますが、一九三〇年代にはいれば異なる部門間の成長率の差異が観察されるからです。こうなると時期によって製造業のリーディングセクターが代わること以上の意味をもちませんから、この「不均衡成長」から直ちに二重構造につながるかは不確かです。

もちろん一貫して低成長部門となる産業があれば、そうではありません。後のことになりますが、この問題に関連して中村さんは「新在来産業論」を提起して、第二次大戦後の二重構造の底辺部分を形成することになる都市の中小工業の発生の根拠をこの一九二〇年代の都市化に関連した消費需要に求めることになります。これは傾聴すべき点ですが、論理はかなりねじれています。都市化に関連する限り、この都市の消費財工業は成長に関連する部門のはずですが、それがいずれは二重構造の底辺に位置するというわけだからです。

もう一つ不均衡成長論のポイントは高橋財政の解釈です。先に述べたように一九二〇年代については、都市化に関連した形で成長を引っ張る一方で、高橋財政期には、軍需を中心にした財政支出の拡大が重要な意味を持ってくると考えています。そしてさらに細かく言えば、円の切り下げによる為替、輸出ドライブがかかった。こういう一九三〇年代固有の経済発展の構造を大雑把ですけれども描き出しました。ここに中村さんの議論の特徴があります。財政の役割が重視されているという点では一貫していますが、その関わり方は大きく変わります。

均衡成長論に関しては論点が二つに絞られているのですが、不均衡成長論に関しては非常に多面的にいろいろな議論が中村さんの問題提起を起点に出てくることになり、さらにそれを受けて議論が展開することになりました。

先ほど述べたように、財政の問題で言えば、都市財政の問題を持田信樹さんがやりはじめたというのも、中村説の影響下にあった重要な仕事ですし、それより少し前ですが山崎さんが「慢性不況」と言う議論を括弧付きで使いながら産業レベルでそれがどういう意味をもつかを議論したというのも同じです。中村さんの場合には、マクロ経済的なつかまえ方ですが、セミ・マクロの産業レベルまでブレイクダウンして、その産業ごとの成長とか独占形成を宇野理論的な独占論を念頭において解釈し直していくという仕事が山崎さんの仕事になりました。

それから三〇年代の回復のメカニズムについては、三和良一さんに引き継がれて、三和さんが井上財政から高橋財政にかけての、回復のメカニズムをかなり詳しく議論しています（本書第20章参照）。三和さんの場合、中村さんと違っているところは、国家独占資本主義とか現代資本主義という視点から、構造転換をどう解釈し直せるかを理論的にも実証的にも検討するという方向性を持っていることです。そして慢性不況論ではなくて、成長のメカニズムをさらに詳しく検討しイメージとして結晶化させたのが、橋本寿朗さんの大恐慌期の研究です（本書第21章参照）。橋本さんは日本資本主義は遅れていたがゆえに、成長力が持続していたのだと主張しています。これも、中村隆英さんのこのお仕事をどう取り込んで議論するかに苦心しながらまとめられた業績だと言うことができる。

こうして大きな影響をとくに戦間期の研究については残したのが中村隆英さんの経済成長論だったのです。

【質疑】

質問　**在来部門と移植部門の均衡成長**についてもう少し説明してください。
武田　在来と移植の分類は中村説の一番弱い所だと思いますが、分類の基準がはっきりしないのです。
たとえば、造船業や車輌工業はその外業部として電気機械工業などの近代産業もあり、木工・家具工業などもある。造船を支える木工・家具工業は、近代的に造船業に牽引されて発展している限りでは、移植産業関連の産業ですが、これがその使われている技術から在来産業とされる部分もある。しかし、その産業の位置からみると、なぜ在来産業なのかわからない。確かに伝統的な社会から木工や家具は生産されているけれども、その製品も、使われる技術も少しずつ移植技術の影響も受けながら、変化しています。
作っているものが同じでも、作り方が変われば在来ではなく、移植と評価する必要も出てきます。典型的には綿糸は、手紡ぎであれば在来、機械紡績であれば移植ですから、財で分けるのは意味がなくなる。これほど明確な例でなくとも、例えば鈴木淳さんが『明治の機械工業』(本書第8章参照)のなかで書いているような、移植部門として高い技術を駆使している生産現場、企業がある一方で、中小規模の機械工場ではトップレベルをまねながら、町の鍛冶屋さんのような規模と技術で小出力の汽罐などがつくられていました。こうした生産は在来産業なのでしょうか。作っている製品は全く新規のものだから、そういう視点から移植とすべきなのか。簡単に答えは出ないのです。そんなに隔絶し、伝統技術から断絶した技術が移植されることは、現実には少ないでしょう。だからこそ、産業発展の過程には、移植産業とは言い切れなくとも、それまでの生産者が新しい製品分野に対応していくものがたくさん見つかる。

それを二分法で分けるのは難しい。

一九九〇年前後に岩波書店から刊行されたシリーズ『日本経済史』以来、江戸時代からあった産業を在来産業、新しく出てきた産業を近代産業とするような考え方も出ていますが、これだと、同じものを作っている二つの産業があるということにしないと、先ほどの綿糸の例など処理できなくなります。それらを統計的に分類して成長率を比較するのはとても難しくなる。何かだんだん分類することに意味がなくなって来ているようにさえ思えます。

この二つは、均衡成長を論じるために統計的な処理に必要な範囲で設定された「操作概念」に過ぎないので、これをあまり詰めて論じても議論が発展するとは思えません。大事なことは、産業間の発展のテンポが異なる、あるいは同期している、ということが統計的に観察できたとすると、それは経済発展のメカニズムとしてどのように説明できるかということです。中村説は事実の発見に優れているとはいえ、そのメカニズムの解明という点では不十分だと思うのです。産業革命期にすべての生産活動が一挙に機械制大工業に委ねられるというような非現実的な仮定を置かない限り、産業革命期には技術的・生産力的には、かなりの階層性が産業諸部門にはあって、手工的な熟練に依存する産業もあるし、突出した先端的な部門では機械制大工業が成立してくるものもある。資本主義的な経営、機械化された工場生産はかなり部分的な存在ですから、もしそれが経済成長を支えるリーディングセクターであるといえるとすれば、そのリーディングセクターであるゆえんを説明しなければならないのです。そうした課題が移植と在来という対比の中で発見されていると考えるべきなのでしょう。

以上

この講義は一九九七年七月一二日に行われたもので、その録音記録から作成したものです。

【近代編12】

第12章　経済発展と産業資金
——寺西重郎『日本の経済発展と金融』——

テキスト　寺西重郎著『日本の経済発展と金融』岩波書店、一九八二

1　寺西説の特徴点と設定された課題

今回は、日本の金融史の研究のなかでは比較的長期間にわたって、戦後まで含めて金融の観点から日本の経済発展を論じている寺西さんの本を取り上げます。ただし、ここでは、第7章以下は省略して、序章の「金融と経済発展の長期過程」から第6章「銀行集中と戦間期経済」までを議論の対象にします。

全体は省略する部分が第二部といってもよいものですし、本書では第二次大戦前の日本資本主義を対象とする研究を対象としてきましたから、このように絞ることにします。寺西さんには長期的な視点での議論はいくつかありますが、日本の経済発展と金融については、その後、『日本の経済システム』（岩波書店、二〇〇三）、『戦前期日本の金融システム』（岩波書店、二〇一一）、さらには『経済行動と宗教——経済システムの誕生』（勁草書房、二〇一四）が出版されています。このうち『日本の経済システム』は、コーポレートガバナンスなどの視点も入れ、いずれかといえば戦後と戦前とで異なる経済システムが機能していたとする点で、たとえば岡崎さんが戦前はアングロサクソン型の直接金融、戦後は間接金融という見取り図を書いているのと親和性の高い議論です。

さて、あらかじめ寺西説の立脚点の特徴を指摘しておくと、金融論の専門家ですから、事実発見において顕著な貢献があるというよりは、既知の事実などについて理論的な視点から論点を整理して新たな解釈を示すところにあります。このような研究が出てくる背景には、前章でもふれたように、一橋大学の経済研究所が取り組んできた「長期経済統計」の整備という大事業があり、そこにかかわった理論家たちを含めて、歴史への関心を高く持っていたことがあります。大川一司さん、篠原三代平さんなどが代表的ですが、そのほかに梅村又次さん、尾高煌之助さんなどの人たちがいて、そうした人たちの議論の特徴として、何か対象に密着して長期に変遷を追いかけていくという歴史家的なアプローチではなく、その時代その時代の論争点を取り出して、それを議論するというスタイルをとっているのです。この本もそうした傾向があります。結果的にこの本全体を通して一つのテーマが繰り返し追求されているというよりは、それぞれが切り離されています。そうした点では、一つの物語として語っているのは『日本の経済システム』の方ですが、こちらは全体を描くことを優先したために、かなり粗っぽい議論の印象です。

もちろん、「はしがき」では、「本書の目的は、明治以来の長期発展過程および高度成長期経済の現状の双方を貫く基本的な金融のロジックを析出し、それに基いて歴史的・現代的な金融諸現象に統一的解釈を与えることにある」と書かれています。統一的な解釈を与えたと言えるのかどうかは、簡単に評価できるものではありませんが、次のように指摘することはできます。

まず、注目しておく必要がある議論は、銀行部門が日本の経済発展において果たした役割が極めて大きいことが、日本の経済発展の特徴や、日本銀行が資金の量的な供給で果たした役割に注目して明らかにされていることです。これは基本的な視点として維持されています。これらは漠然と理解されてきたものでしょうが、それを数量経済史的な視点にもとづく実証によって確認していくかたちで研究が進められています。

具体的な分析視角としては、長期的な金融面と実物面（とりわけ投資の問題）の関係を論じるにあたって「貨幣と資本の代替・補完関係のみに注目する既存の理論的枠組の射程はひどく限定的なものである」との批判に基づいて、

「資本蓄積・金融構造・金融制度の相互依存的」な関連性を一貫して重視するというものです。少し説明すると、資金の供給と実態的な投資との関係を論じることに焦点を当てて、そこで資金が資本に転化していく過程を抽象的な理論に基づいて議論するのではなく、資金の実際の流れに沿って解明することが必要だということです。ただ、このような説明の前提にどのような先行研究が念頭に置かれているのか、よく分かりません。おそらく経済史の分野ではないところで、具体的には金融論の研究のなかで論じられていた研究が対象ではないかと思いますが、寺西さんは、制度的な側面も含めて資本蓄積のあり方と金融構造・金融制度との総合的な関係を議論すべきだと主張しています。

2　資金供給・資金仲介としての金融の役割

この問題提起は、金融史の研究に対してとくに新しい視点を出したという印象を与えるものではないように私は感じています。もともと銀行制度の発展とか、金融構造の特徴などについては、戦前以来の研究である程度は論じられてきたところですし、同時代の現状分析的な研究でも重要な論点であったように思います。金融史では、加藤俊彦さんの『本邦銀行史論』（東京大学出版会、一九五七）以来、銀行制度のあり方は最重要の論点でしたし、資金の流れについては産業ごとの差異に注目した白井規矩稚『日本の金融機関』（森山書店、一九三九、一九七二年に柏書房より復刻出版）や山口和雄さんを中心とした産業金融史研究（『日本産業金融史研究』製糸金融編、紡績金融編、織物金融編、一九六六〜七四）があり、このほか高橋亀吉『日本金融論』（東洋経済新報社、一九三一）などがありました。白井さん以下の研究は基本的な視点として産業への資金供給に注目するという点で共通する面がある研究の蓄積です。そうした研究が寺西さんから見れば、長期的な視点が不十分だと判断されているものかもしれません。

この本でとくに新しい点は、①農業部門と非農業部門、さらにはこれに政府部門を加えて、その間の資金の流れをマクロ的な視点から捉えていくこと、②近代産業と在来産業とに分けて、それぞれの発展に対応した金融機関、資金供給の仕組みを捉えようとすること、さらには③工業内部の投資財部門と消費財部門という異なる部門を資金需要側において、単純に金融理論で考えるような「本源的な貯蓄主体」と「投資主体」との間にある金融仲介機能から論じるのではなく、資金がどこから来て、どのチャンネルで投資主体の手に渡り、どう使われるかを明らかにすることなどを分析する視角を持っていることです。この分析視角は重要なものだと思います。

ここでは、部門別・期間別の資金需給が金融構造として捉えられ、金融制度とは、さまざまな範疇の資金需給を結びつける制度的仕組みとされています。そして、そうした枠組みで捉える際に、順調な展開を妨げる制約条件として金融資産の蓄積水準とか、金融仲介技術とか、市場の地理的な拡がりとかが考慮されている点からは、時代の変化に即して捉えることが強く意識されていることが分かります。

第二に大事なことは、日本の経済発展との関係、それを推進する工業化との関係を考えるという問題意識から、投資資金、投資のための長期資金に分析の焦点を絞っていることです。だから、単に銀行の金融仲介や資本市場の役割を比較考量するのではなく、明確に「長期資金の供給」について、工業化を金融的な側面（産業資金の供給）から説明するうえでの重要度に着目して論ずることになります。この視点からは、資金供給のもつ短期性という特徴と資金需要のもつ長期性という特徴との間に生じる「期間転換リスク」をどのようにして負担したのかが問題になります。この点に着目して、これについての説明ができない限り課題に答えたことにはならないことを明確に意識しているのです。したがって、銀行の貸出しなのか、株式なのかというような形態上の特徴から直ちに議論するのではなく、外見的には株式投資という証券市場を介した直接金融であっても、銀行が株式を保有していれば、これは一種の間接金融になりますから、そのようなことも含めて、投資金の源泉と投資主体との結びつけられ方を実態に即して分析することが求められています。「直接金融か間接金融か」という議論は、単純明快で図式的でわかりやすいかもしれないのですが、ここでは排除されています。

3　金融仲介機能の転換点はいつか

寺西さんによると、このような期間転換の課題が認識されてくるのは世紀転換期（一九〇〇年前後）であったようです。それまでの株式会社などへの出資は、主として商人とか華族によるものだったわけですが、彼らは長期的な視点から資金を供給しており、需給両面の期間は一致していました。ここでは期間転換は生じないのです。その意味では直接金融だったのですが、このうち鉄道会社などは政府の配当保証がある場合もまれではありませんから、こういうケースでは投資家は長期資金供給のリスクそのものを軽減されています。

他方で、国立銀行制度が伝統的な金融ネットワークなどの基盤のもとに発展していくと、手形割引などの商業金融が重要な業務として展開しますが、こちらの場合には、当座性の預金などの資金源泉と資金需要との間に大きな期間の差はないので、こちらでも期間転換のリスクは小さいのです。

そうしたなかで、中央銀行としての日本銀行の設立を前提に国立銀行が発券銀行としての機能を失い普通銀行化していく一八九〇年代の後半から一九〇〇年代にかけて普通銀行のあり方が変わってきます。それまでの国立銀行などは官公預金なども重要な資金源泉でしたが、これが日銀の業務に集約されますから、銀行経営の基盤に預金吸収が不可欠となる。一般預金を預かって運用する普通銀行としての業務では、資本蓄積が不十分な状況下では預金基盤はそれほど広くはありません。預金の主体は商人たちが決済資金として預ける当座性預金になります。これは典型的な短期預金ですが、それに対して工業化のための資金は設備資金であれば長期性の資金になる。これが株式で調達できればそれはそれで収まりはよいのですが、このような状態は、銀行が金融仲介機能としては、短期金融に特化し、期間転換のリスクを負わないということになります。実際にこの問題を検討していくと、事実の問題としては、銀行の長期資金供給の意味は無視し得ないし、何らかの方策で期間転換のリスクを処理する仕組みができあがってきたと考えなければならないのです。

4　預金銀行化という考え方

当時の通念で言えば、銀行は普通銀行として発展する際には預金銀行化するとともに商業金融を主務とする短期資金の仲介機関になり、他方で証券市場が長期資金を仲介するという分担関係が正常な状態ということでした。しかし、証券市場は発行市場も十分でなく、流通市場は未発達でしたから、そちらから工業化資金が十分に供給できたとは言えません。なぜ流通市場が問題かというと、長期資金を供給する投資主体にとって、株式などへの投資が期待に沿わない時に、株式を売却して資金を回収するとか乗り換えることができるような流動性が確保されていれば、大きなリスクを回避することができるからです。株価の下落によって損をするかもしれませんが、持ち続けることで生じる損失は売却によって抑えることができます。他方で、下落した株価で購入する新しい資金の出し手は、改善された利回りでの投資の機会が与えられるからです。このように流通市場が発達することによって直接金融がはらむ高いリスクを投資家の側から見れば緩和し、企業の側から見れば資金調達が容易になるのです。こうした機能をもって長期資金供給に対応すべき証券流通市場は、戦後まで一貫して未発達という認識に基づいて、これに代替する役割を果たした銀行部門に着目せざるを得ないというわけです。

この寺西さんの証券流通市場の評価については、本書第15章で論じる志村嘉一さんの『日本資本市場分析』（東京大学出版会、一九六九）では流通市場が第一次大戦期の株式ブーム以降にはそれなりに機能し始め、大企業部門の株式については流動性が高まると評価されています。したがって、寺西説では、すこし証券市場の過小評価があるのですが、それでも長期的な視点で見れば、流通市場の発達が不十分な状況下で長期資金供給が問題になっているという捉え方は、大きく間違ってはいません。付け加えると、寺西さんは、この本では戦前から戦後まで一貫して銀行部門の重要性を強調しているようにみえますが、『日本の経済システム』というあとの著作では、直接金融から間接金融へという形で戦前から戦後への転換を強調する考え方に歩み寄っているので、少し長期的な変化の捉え方が変わっているようです。

それはさておき、中心となる銀行部門は、当初、官公預金に依存していたという経緯もあって預金銀行化を徹底できず、日本銀行からの借入に依存する「貸越セクター」としての機能を基本的な性格としていると捉えられています。日銀から資金を借りて貸し出す、「鞘取り銀行」といわれた特徴を普通銀行は持っていたのです。そういうなかで、寺西さんは一九〇〇年代くらいから財閥系銀行は預金銀行化を通して自律セクターとして発展する一方で、中小の銀行が「貸越セクター」としての性格を持続させていると捉えています（第1章、第3章）。

ただし、この評価も少し問題があります。財閥系銀行は第一次大戦前には財閥内の機関銀行としての役割、つまり財閥系企業に長期の資金を提供する役割を果たしていたからです。三井銀行が益田孝などの意見で預金銀行化をめざしていたことは事実です。この動きは、中上川彦次郎が三井銀行の経営を指揮していたときには、保有株式を基礎に産業銀行化を図っていたことに対して預金銀行化を掲げて経営方針の転換を企図していたものであることは間違いないとして、目標が達成されたことは意味していません。三菱については、かなり重要な役割を資金供給面で果たしていたことを私も書いたことがあります（「産業革命期の三菱合資会社銀行部」『三菱史料館論集』六号、二〇〇五）。

付け加えると、「預金銀行化」という言葉の意味は、資金源泉を預金におくようにすることを意味するもので、それは日銀借入からの脱却とか、自己資本の貸出しというような高利貸し的な資金源泉とは区別される金融仲介機能をもつようになったことを表現するものです。そこに資金の運用としての短期金融なのか長期金融なのかの区別までは含まれていません。だから、本来的には寺西さんの議論で問題にする必要があるのは預金銀行化それ自体ではなく、その進展を前提にして、銀行の貸出しの特質が商業銀行化なのか産業銀行化なのか、あるいは加藤俊彦さんが日本の普通銀行の特徴として使った「機関銀行」なのかという運用面での問題です。

先ほども言ったように、当時の通念としては預金銀行化と商業銀行化が対になっています。それが健全な普通銀行のあり方と考えている面があって、だからこそ、松方正義が特殊銀行を設立して銀行分業体制をつくるのです。普通銀行が長期資金の供給を担うことが難しいという前提で、工業化の長期資金を供給する日本興業銀行を設立し、土地担保金融によって農業資金を供給する日本勧業銀行や北海道拓殖銀行を作りました。そうした政策構想に対して、普通銀行が長期資金の供給をしなかったかといえば、実態はそうではなかった。そういう実態からいえば、預金銀行化をめざした財閥系銀行も長期資金の供給などの産業金融に乗り出している。寺西さんはこの点について明確に議論していませんが、銀行部門が重要であるという基本的な視点は妥当なものです。

その上で寺西さんの「自律的セクター」と「貸越セクター」を区別していることの意味は、前者では期間転換のリスクを金融仲介役の銀行部門が負うことができるようなったということを意味しているのに対して、後者は日本銀行からの鞘取りであるとすれば、リスクは軽減されているのでしょう。

5　銀行制度の形成と金融市場の統一性

さてここからやや各論的に注目すべき点についてふれると、

第一に、寺西さんが示した全体の見取り図のなかで興味深いのは、四八頁の図に表現されている「政府資金」の果たした役割の重要性に着目し、そこから銀行発展の三類型を明らかにしていることです。つまり、①政府資金供給の補助効果によって設立されたもの、②産業の資金需要によって設立されたもの、③資産保有者の預金需要の展開に支えられて設立されたものという三つの類型です。国立銀行は①の類型ですが、近畿など比較的経済発展が進んでいる地域や在来産業が発展している地域では②の類型でも銀行が設立され、そうした条件がなくとも資産家たちがいれば③の類型の銀行もできてきたわけです。

第二に、第2章で論じられている日本銀行を中心に銀行制度が整備されている過程については、制度変化のきっかけとなった松方デフレについて、大隈財政期までのインフレに対処して必要となった調整期と位置づけ、循環的な景気調整という側面を強調した評価になっています。そこでは、松方財政期の財政余剰と政府紙幣整理を大隈財政期と比較検討し、松方財政それ自体のデフレ効果は、通説に比べると低く評価されています。いずれは必要とされる調整が制度的な変化と重なって起こっているという理解であり、正貨と紙幣との価格乖離が問題にされているとはいえ、実態的に見るとそれほど重要な問題ではなかったと解釈しています。

第三に金融市場の統一性という論点を明示的に取り上げたことです。言い換えると地域格差の問題を初めて取り上げ、市場統合が国立銀行条例改正後を起点として、一九〇〇年頃に実現したことを主張したことです。それには日本銀行を中心とするコルレス契約などのネットワークの形成が意味を持っていたようですが、そうして国内金融市場は一つの市場へと歩んでいくわけです。この根拠になっているのは、預金金利の地域間の偏差が小さくなっていくことです。手法は単純なもので、最近になって試みられている動態的な変動を計量的に計測するようなものではありませんが、結論は変わりません。しかし、預金金利については市場が統合の方向にあることを明確に示唆する変化を示すのに対して、貸出金利は必ずしも同調していないことについては留保しておく必要があります。貸出金利は景気循環に感応的であって、その循環的な変動の中では地域間の差は残り続けているようにも見えるのです。少なくとも、二一八頁のデータから貸出金利の地域間格差が縮小していると大胆に結論づけられる人はそうはいないと思います。もちろん、最近の研究では地域間の金利変動が連動していることを検出して市場の統一性が実現しつつあるという議論もありますが、連動していることが金融市場での資金の配分・移動にどのような影響を与えているのかは、十分に吟味されているわけではないようです。

6　産業間資金移動について

次に産業間の資金の移動では、農業部門の余剰資金が工業化の原資になる回路があったかどうかを検討しています。

この議論の背景には、開発経済論などがこのような枠組みで途上国の経済発展を論じていることがあります。たとえば、植民地期朝鮮の経済発展を論じた金洛年さんの『日本帝国主義下の朝鮮経済』（東京大学出版会、二〇〇二）はそのような枠組みで、日本の産米増殖計画に基盤を与えられた農業部門の成長が在来的な工業化を可能にするような経済発展の道を独自に準備しつつあった――日本からの投資による植民地工業化とは別の発展の可能性があった――と論じています。そういう開発経済論的な考え方が反映している可能性があります。

もう一つは、一橋大学経済学部の中村政則さんが山田『分析』の分析枠組みに依拠しながら、「地代の資本転化」を強調しています。中村さんは地主制史研究者ですが、地租が政府に納入されて政府主導の工業化、殖産興業などのための資金源泉になっているだけではなく、地主が小作料として稼得した資金が株式市場などを介して工業化の資金源泉になっている。この両方の回路で土地収益＝地代が資本転化する、地主制は高率小作料と低賃銀の相互規定関係を介して資本主義を支えただけでなく、資本蓄積面でも支えになっているという理解です。このように捉えることで資本主義と寄生地主制の構造的な関係を強調したのです。同じ大学内の研究交流もあったでしょうから、このような中村さんの捉え方を吟味することも、意図されていたかもしれません。

結果から見ると、寺西さんは、「農業余剰資金を原資とする工業化論」を農家・農業部門と工業部門の資金流出入という視点から分析し、それを否定しています。この分析の仕方はとても面白いものですが、それまでの議論はミクロのレベルでの議論、たとえば株式会社の株主の属性が商人なのか地主なのかというような議論だったのですが、マクロなレベルで検討しているところに特徴があります。マクロ的に見て、農業部門からの資金流出を評価するということで、資金移動の概念的枠組みを国際収支勘定とのアナロジーから設定しています。そのために農家貯蓄・農家余剰・農業余剰を定義したうえで、独自の推計に基づいて、「戦前期において、農家部門の貯蓄・投資はほぼバランスして」いたこと、「農家貯蓄の純流出入は設備循環に対応した景気循環を示して」いたことを発見しています。後者は工業部門の設備投資がブームによって盛り上がったときには流出が見られるということですが、全体としては純流出が構造的に生じてはいないというわけです。

それでは資金供給の主体は誰かというと、それは「商人」と「華族」だと捉えられています。商業部門は一貫して資金供給の重要な主体であったとされています。このようにして中村政則さんに代表される講座派的な「地代の資本への転化」という仮説はマクロ的には否定されることになります。

この点については、講座派的な資本主義論に沿った考え方の中でも、中村説とは異なる意見があり、その代表者は石井寛治さんです。石井さんは、大株主の分析というミクロの分析を通して中村説を批判して、株式会社企業の出資主体は、近世期以来の系譜をもつ商人たちであり、彼らが明治維新の激動をくぐり抜けて蓄積してきた資金が使われたと指摘しています。つまり、商人的な蓄積資金が原資というわけです。

その意味で言うと、寺西さんの捉え方は、石井説の事実認識と整合的です。寺西説は、マクロ的な資金バランスという独自のアプローチによって石井説と基本的には同じ実証的な結果を確認したことになります。なお、寺西さんは、税を介して農業部門の余剰資金が政府部門に移転したことは認めていますが、この回路についても、工業化の資金となったことについては否定的です。その理由は政府の経常支出では産業化のための資金がとくに高い比重を占め続けていたことはなかったからです。その点では、地租も工業化のための投資には繋がっていないという認識です。もちろん、この議論については、八幡製鉄所などの国営企業などの役割をどう評価するかという問題は残っているように思いますが、明治期の政府財政が国民経済に占める比重が概して小さく、その中で産業補助などの資金も目立つほどではないことは、寺西説の妥当性を示唆しているのだろうと思います。

ただし、もう少し突っ込んで生産者の税負担という視点で見ると、農業者の税負担が重い一方で、商工業者への課税は営業税にしても企業への所得税（現在の法人税）にしても課税がはじまるのが遅い上に、税率が低く抑えられていたことが知られています。この国の財政需要を賄うべき税制度が農業に重く、工業に軽いという関係は、公平に負担すべき産業部門間での税負担が均等ではなく、実質的には工業部門に補助金を与えるのと同じ役割をしていたと解釈することは可能です。そのような微妙な問題が残っています。

7　銀行集中と貿易金融

次の論点は、戦前の銀行集中過程を「銀行業産業組織の変動」との関連でとらえて、金融恐慌後の財閥系銀行への預金集中を背景に銀行合同が進んだ理由について、中小銀行の経営的なリスクが高くなって預金者が預金を引き上げて財閥系銀行へ預けた結果ではないかという加藤俊彦さん以来の通説を、資金移動の三分の一くらいしか説明できないものであり、引き上げられた預金の過半は郵便貯金に預けられているとして批判しています。だから、金融恐慌で財閥系大銀行の覇権が成立したのは中小銀行のリスクを回避する預金者の行動によるというのは過大評価だというわけです。寺西さんは、銀行業内での預金シェアの変動を説明要因の一つとして認められるとはいえ、それだけでは不十分と考え、資本集中仮説と機関銀行仮説をともに一面的把握として批判しているのです。

ただし、もう少し議論を多面的に展開する余地があって、仮に郵便貯金を介して預金部の資金になったとすると、それらの資金が農業部門への補助金などになることもあるし、地方債の引受などにも使われましたから、より広い意味での財政の金融行為が拡張していることになります。そうした点を掘り下げる必要があります。財閥系大銀行の覇権だけを強調すると資金配分がそうした銀行との取引先に傾斜する印象を与えてしまいますから、マクロ的には必ずしも適切ではないということでしょう。

最後に第一次世界大戦のインパクトについて貿易の影響が最も大きいとの理解を示したことは、本書第16章でとりあげる伊藤正直さんの対外金融に関連する研究と問題関心において共通するものだと思います。伊藤さんは、そこから貿易商社の資金を提供する貿易金融の仕組みが作り出されたものの、それが安定しないままに戦後恐慌から一九二〇年代の金融構造の不安定さにつながると捉えています。これとの関係で見ると、寺西さんが検討しなければならないことは、そうした貿易を介した金融の制度的な変化と巨額の資金供給の発生が国内金融にどのような影響を与えたのかということだと思います。端的に言って商社金融の問題が残るわけですが、一般的に商業史や流通史では第一次大戦期くらいまでは、問屋卸商はかなりの自己資金をもっていて、流通の円滑さを信用供与によって支えていたと考えられています。ところがこのような問屋卸商の自己資金は、一九二〇年恐慌期の投機的な破綻によって大きく毀損し、その信用力が失われて、銀行に頼るようになっていくのです。この点は、綿製品市場の投機にかかわった大阪の有力綿糸布商人の地位が低下したことなどから知ることができます。そうしたことが国内の金融にどのような影響を及ぼすかなどが興味ある論点なのですが、これは今後検討を要する問題のようです。

【質疑】

質問　**農業部門からの資金移動**については、地主の株式投資などが広い範囲で知られているのではないですか。

武田　ミクロのレベルで観察すれば、その通りだろうと思いますし、階層に分ければ資金の出し手と借り手がいた可能性はあり得るので、それを農業部門という形で一括して純の資金の出入りを観察すれば寺西さんの説明が妥当するということではないかと思います。

実際、第一次大戦前後くらいからは小作料の引き下げなどが生じて土地投資の収益性が落ちてきますから、資金の余剰を農業の外に投資運用するというのは自然の成り行きでしょう。もちろん、西田美昭さんのように農業部門のなかで自小作前進層が余剰資金を経営の拡大に使うような行動も見出されることは事実です。そうした階層もいることは認められるし、反対に小作料が払えなくて高利貸しなどから資金を借りる人たちもいる。そうした動きが全体に相殺されて、農業部門から工業化の資金が供給されていたという評価はできないという理解が示されているわけです。農業部門のなかの資金関係については、ここでは問題にされていないのです。したがって限界のあるアプローチですが、描かれている全体像は、農業部門では停滞的な状況を脱することができず、工業化は工業部門内での資本蓄積によって進展する、その原資をたどると、商人的な蓄積や華族の資産にあるという見取り図です。

質問　**直接金融と間接金融の問題**はどう考えればよいですか。

武田　序章の補論で間接金融比率についての検討が行われていますが、これは信頼できる推計だと思うのですが、これで見る限りは戦前が直接金融で戦後が間接金融だということを主張する根拠は乏しいと思います。少なくともそういうかたちで対比的に説明することに積極的な意味があるとは思えないのです。確かに間接金融比率が戦後の方が少し高くなっているとは思いますが、こうした分析があるのになぜ直接・間接という議論をするのかよく分かりません。ガバナンスの議論は金融の議論ではなく、企業経営のあり方、意思決定への影響力を問題にしたいのでしょうが、その前提となっている事実認識が問題だと思うのです。もっとも寺西さんがあとになって意見を変えているのですが、この推計が間違っていたということではないようです。

株式会社の長期の資金の大半が株式で賄われていること、不足分が銀行を介した「融通手形」とか「支払手形」とされるような手形形式のものであったことなどの事実認識に大きな違いはありません。後者は形式的には短期の貸し付けですが、実質的には手形の借り換えの連鎖でつないでいる長期貸し付けの変形です。

問題は前者の株式の出資金が、金融機関に株式を担保に入れた借入れを株主が行って払込資金を得ている、これが株式担保金融です。この形式だとすると、株主は金融機関からの信用によってはじめて投資ができたことになる。株主は配当を返済に充てる約束で借り入れています。金融機関が直接株式を購入すればよいのでしょうが、金融機関から見ると企業の株式を購入する、株式に投資するよりも、株主に対して貸し付け、その個人保証も得られる株主向けの貸付けの方が安全だと判断されていると見ることもできます。家計部門の余剰資金が金融機関に預金として預けられ、金融機関が投資リスクを分散させるように投資先を選別するような資金の運用を行っているということだと、これは家計の側から見れば、リスクを金融機関に委ねているので、直接金融とは言えないことになります。企業の資金調達が株式に依存しているとしても、それを直接金融というのは、金を借りて投資をしている株主が発言権を有していることを指しているのでしょう。したがって、これは金融システムとか金融構造の話ではないのです。

ただし、おカネの流れという点で見ると微妙な問題があって、株主になるような資産家が銀行を設立して、出資者でもあり大口預金者でもあるということが、加藤さんの「機関銀行」論では想定されています。機関銀行の場合は、資産家が自ら設立した銀行の資金を自ら経営している事業会社に融資するなどの「癒着」関係にあることを問題にした捉え方ですが、その融資が株主としての資産家に対する株式担保金融という迂回路をとることもあるとすれば、自分のカネを銀行に預金して、その預金を貸し付けてもらって株式払込に使うということになる。もちろん、使われている資金は全額が自分の預金から出ているわけではなく、より広い基盤から預金を吸収して運用しているのですから、このような関係は、資産家は出資者としても、さらに株式担保金融の個人保証を介しても、銀行の資金運用について責任を負っていることになる。奇妙に見えるかもしれないのですが、たとえば金融恐慌で中小銀行が破綻したとき、出資者である資産家は出資を放棄しただけでなく大口預金者として預金の大きな割合を放棄し、さらに必要があれば個人資産を提供して小口の預金者の預金の払い戻しに応じようとしたことが記録として残っています。だから、機関銀行と特徴づけられたような銀行をめぐる資金の流れは、かなり複雑で入り組んだ関係だということができます。こんな関係を議論するのに使えるような分析枠組みは、そんなに単純なものではないはずです。

少し角度を変えて考えると、より積極的に議論すべきなのは、寺西さんの金融市場の分析と志村さんの研究とを合わせて経済発展を支えた金融のあり方を論じることではないかと思います。寺西さんは資本市場の役割に対する評価が低いように見えるのですが、その見方を補整するためにも両者の議論をつきあわせてみる必要があると思います。つながりの一つは石井寛治さんが強調している株式担保金融ですが、これは株式の発行市場の話です。それはそれで意味はありますが、志村さんが指摘したように株式の流通市場が第一次大戦期以降に発展してくれれば、株主にとっては株価の変動に伴う利得の機会も増大し、株式の売却という手段で投資リスクを軽減する手段を手にすることもできるようになります。こうした条件は、家計部門が直接に証券の保有というような、文字通りの直接金融の可能性を拓くことになりますが、このような想定自体にはすでに問題があります。

第一次大戦後になると株式市場は発行市場も流通市場も低迷し、企業の資金調達では同じ証券でも一九二〇年代には社債が主流になる、しかもその社債の保有者として銀行が有力な地位を得るようになる。株式保有には慎重だった銀行も社債投資には積極的になった、ならざるを得なかったということです。一九三〇年代には株式ブームが起きますが、志村さんによれば、この時期には株式の大口の保有者は「法人化」しています。保険会社や持株会社、さらには事業会社が株式の保有者として大きな地位を占めることになるのですが、個人投資家なども「法人成り」して会社形態で資産保全を図るようになります。こうして直接間接という単純な議論では済まなくなっています。

これに加えて、手形形式の長期資金の供給の問題があります。この形式は金融機関と企業の関係が良好であれば、相対取引として継続が期待されている一方で、手形の期限が来れば金融機関側からは返済を求めることのできる法的形式をとっています。ですから、金融機関が経営悪化した企業から資金を引き揚げやすい形式をもっているために、不良債権がたとえば鈴木商店と台湾銀行などの関係のように固定的に累積する結果をもたらした可能性が高いのです。その意味では、企業と金融機関の関係を時期的な変化も含めて慎重に検討する必要があります。寺西さんもこうした事実は分かっているはずなのですが、この本では戦間期については銀行合同の問題などに焦点を絞っていく傾向にあるのではっきりとしないため、残された課題として私たちがこれから議論すべき点です。ものすごく手間暇かけないと結果が出ないこともあって、最近はこうした金融の話に関心を持つ人が少ないのが残念です。

以上

この講義は、二〇〇九年一二月一四日に行われたもので、その録音記録から作成されたものです。

戦間期編

【戦間期編1】

第13章　帝国主義の経済構造について

テキスト　山崎隆三『両大戦間期の日本資本主義』（上巻、序章）大月書店、一九七八
武田晴人「β型帝国主義論をめぐって」『歴史学研究』四八二号、一九八〇
参考文献　武田晴人「一九二〇年代史研究の方法に関する覚書」同、四八六号、一九八〇
浅井良夫「従属帝国主義から自立帝国主義へ」同、五一一号、一九八二
橋本寿朗「戦間期日本資本主義分析の方法」同、五〇七号、一九八二
桜谷勝美「日本資本主義史の分析方法」同、四九六号、一九八一
山本義彦「戦間期日本資本主義に関する若干の理論的諸問題」同、五一一号、一九八二

1　帝国主義史への関心

テーマは、一九八〇年前後に日本経済史研究でさまざまな議論が展開した「帝国主義」についてです。基本的な問いは、「帝国主義とは何か」です。漠然としているかも知れませんが、より正確に言えば、伝統的な経済史学のなかで考えられてきた資本主義の発展段階としての帝国主義段階とは、どのような特徴を持つのかということです。この問題に深く関連するのが独占資本主義という捉え方です。その両者の関連を、私は、帝国主義段階を議論する上でもっとも重要な概念の一つに独占があると考え、二つの論点を連携させて考えているのですが、研究史上では必ずしもこの点は明確ではありません。

帝国主義を政治的な概念としてみると、植民地支配などに強く関連しており、そうした視点を重視した場合には、経済発展の特定の段階・時期を指す概念としては不適切になります。こうした批判は、自由貿易帝国主義論などで表明されていますし、その指摘の通り植民地支配は、産業革命の時代に先行して開始される歴史的な事実に誰も異論を申し立てることはできないからです。

そのことを十分に認識したうえで、ここでは帝国主義を資本主義の発展段階を示す概念として用いています。その理由は追々説明していくことにしますが、一九七〇年代後半から八〇年代にかけて日本経済史の研究は、両大戦間期の研究に重心を移して、帝国主義段階や独占資本主義を盛んに議論していました。そうした議論の中で、新しい問題提起として論争の的になったのが、山崎隆三『両大戦間期の日本資本主義』で提唱された「β型帝国主義論」でした。ここでは、それをきっかけとして、主として『歴史学研究』誌上で展開された論争を中心に帝国主義段階論が提起した方法的な問題の研究史上での意義を考えていくことにしたいと思います。

2　背景としてのファシズム論・国家論

β型帝国主義論が出てくる背景の一つは、国際的契機の重視という当時の研究潮流です。このことは、第5章で紹介した産業革命論に関する大石嘉一郎さんの問題提起に国際的な関係の重視があったことにも示されています。つまり、日本の産業革命にしても、その後の経済発展にしても国際的連関を含めて問題にしなければいけないと考えるようになっていたのです。だから国際的契機とか、世界的な編成とかの視角を重視する限りでβ型帝国主義論は、当時の研究がめざしていた「ある方向」をかなり極端に追い求めたものだったのです。

β型帝国主義論が出てくるもう一つの背景は、ファシズム論ないしは十五年戦争論です。こちらは経済史というよりは歴史学全体の流れから出てきたものですが、十五年戦争という言葉が定着し始めるのもちょうどこの時期です。

それまでは満州事変、日中戦争、太平洋戦争と区分して捉えていたのを、一九三一年から四五年にいたる一五年間にわたる長期の戦争の時代と捉えるものです。その考え方は、一方では経済史研究における国家独占資本主義論と対応した議論ですが、他方では戦争への道をどう捉えるかという歴史学の広い問題意識から出てきたものです。

歴史学研究の分野では、この当時、山口定さんとか安部博純さんとかが天皇制ファシズムとは何か、ファシズムとはそもそも何であったかを議論しはじめていました（山口定『ファシズム――その比較研究のために』有斐閣選書、一九八〇、安部博純『日本ファシズム研究序説』未来社、一九七五）。つまり、ファシズムの同時代性に注目し、ドイツとイタリアと比べてみよう、比較したうえで日本の独自性は何か、あるいは日本を含めた共通性・普遍性は何かをファシズム概念で捉え直してみようという研究潮流が出てきたのです。この流れに呼応するように、経済史でも十五年戦争がなぜ起きたのかを説明できるのかという問題が意識されるようになります。この問題提起にダイレクトに応えようとしたのが、β型帝国主義論だったのです。

ただし、この歴史学の問題提起には、かなりねじれた関係が含まれています。一般的にいってファシズムは、大衆民主主義とか大衆化された社会状況を前提にしています。これが欧米におけるファシズム研究の根底にある社会状況の認識であり歴史認識です。そういう出発点から考えてみると――大正デモクラシー状況をいったん括弧に入れておいてのことですが――大衆民主主義という基盤と、天皇制絶対主義という、それまで日本近代史研究の体制認識なり国家認識とは、明らかにずれがある。端的に言えば、近代国家以前の過渡的な国家形態である絶対主義体制と評価されている国家体制の国に、なぜ近代的な国家を経過したあとの大衆民主主義化した時代に生じる政治システムがつくられたのかという難問が生じます。そこには国家体制の理解についての明らかなずれがあります。

それ故、明治維新で天皇制絶対主義が成立したことを認めたうえで、ファシズムが成立する一九三〇年代までの間のどこかに、日本が近代国家に変わるところがあるという捉え方も出てきます。この議論の特徴は、すべての国が基本的に同じ道をとる、という単線型の発展を想定していることです。こういうかたちでこの頃の研究者の多くは考えて議論をしていました。この前提に立つと、大衆民主主義状況のなかで生まれる政治形態としてファシズムが成立する以前に、近代的な民主主義的国家が成立している、あるいは市民社会が成立しているはずで、それを真正面から論じ始めると天皇制絶対主義という捉え方と整合性をとることが難しくなる。そこで、大正デモクラシー期に擬似的にせよ立憲君主制に基づく近代的な政治体制への移行が進展したという議論も出てきたわけです。これが一つの解答でした。大石嘉一郎さんが「近代的絶対主義」という捉え方を提起したのは（高橋幸八郎他編『日本近代史要説』東京大学出版会、一九八〇）、このような文脈に基づいていましたが、これを支持する研究はそれほど多くはありませんでした。これに対して歴史研究、とりわけ大正デモクラシー研究では、その問題関心がもともと戦後民主主義の源流を探るところにあったことから、大正デモクラシーの民主主義的な特質に関心があるために、経済史研究者ほどには天皇制絶対主義論に拘束されずに議論が進んでいたようにも見えることは注意しておく必要があるかもしれません。

解答のもう一つは、日本のファシズムは、ヨーロッパ型のファシズムと全く違う「擬似ファシズム」であり、天皇制絶対主義のもとでの強権的な統合だというものです。これは「上からのファシズム論」と呼ばれました。これは事実上、国際比較という点では、ファシズムとしての普遍性を追求することを断念すること意味していました。

このような歴史研究の全体状況からは、国家形態あるいは国家の具体的なあり方とその本質的な規定を、日本の近代社会の歴史的な変化、段階的な変化を踏まえてきちっと捉え直さなければならない、そうでないとこのような問題にも答えられないと考えられるようになってきます。ファシズム論に対して明快な答えを出すためには、段階的な変化の認識、段階的な変化をとらえる視角が重要だと考えられるようになってきたのです。

ファシズム論には、ここではこれ以上は立ち入りませんが、東京大学出版会から刊行された『大系日本国家史』（一九七五～七六）というシリーズで、中村政則さん、鈴木正幸さんなどがこの問題と格闘しています。これと並行して経済史の研究でも段階的な認識の重要性と、国際的契機あるいは世界的編成を論じることの重要性に留意する研究史上の潮流を反映してβ型帝国主義論が出てきたのです。付け加えておくと、この時期の国家論的な議論は、マルクス主義的な経済決定論の影響が強く、型にはめた議論だったという意味では大きな問題をはらんでいたことは間違いありません。しかし、同時進行する研究分野で、このような議論が進んでいることは、ファシズムをどのように捉えるのか、という問題を考えるうえでは無視できないことであり、新しい議論をするためにも段階的な変化をどのように捉えるかが問題になっていたということになります。

3　帝国主義段階研究前史

山崎隆三さんのβ型帝国主義論は、世界編成を議論する限りで「β型」という捉え方にウエイトがあり、段階的な認識という点では、帝国主義段階を論ずるよりは、帝国主義＝対外侵略と捉えたうえで、十五年戦争の必然性を説き、その限りで段階的な認識を示すものであることは、議論の前提として理解しておく必要があります。

このような注釈をするのは、この議論がそれまでの段階的な把握との継承性が明確ではないからです。日本経済史の研究では、それまでも帝国主義概念などを用いて段階的な変化が論じられていました。「帝国主義」という言葉が段階を画する重要なキーワードであることについては歴史研究者も経済史研究者も共通の基盤がありました。しかし、それをどう適用して段階をどう区分するかに関して議論が分かれていました。そこで本題に入る前に、それまでの経済史研究において帝国主義段階への移行をどう考えていたのかを話しておきましょう。

初期の一番素朴な議論は、帝国主義＝対外侵略と捉えるものでした。この議論では、帝国主義の成立をかなり早い時期に考える可能性があります。一九五〇年代の終わりから六〇年代くらいにかけてそういう議論が展開するのですが、日露戦争が帝国主義的侵略戦争であったことに関してはあまり異論がありませんでした。問題は、それでは日清戦争はどう評価するかになりますが、この点では議論が分かれました。朝鮮半島をめぐる侵略戦争だと評価する人たちがいる一方で、帝国主義候補国の争いであって敗者は半植民地化し、勝者は帝国主義国になる岐路になった出来事と位置づける主張もありました。仮に侵略＝帝国主義だという立場から、日清戦争を侵略戦争と認めると、この時に日本は帝国主義化したことになる。それではその前の何度かの軍事進出はどうか。たとえば、一八七五年の江華島事件はどうか、あるいは七四年の台湾出兵はどうかということにもなりますが、侵略戦争から帝国主義を論じるのは、このような難しさを伴います。まだ近代化も工業化も進んでいない国を帝国主義国として捉えることには躊躇せざるを得ないからです。すでに指摘したように植民地の領有は帝国主義時代に固有のものではないというのは、世界史の常識ですから、日本についても同じことだと思います。しかし、歴史家たちはどうしても戦争に対する視点が非常に強く、帝国主義＝侵略という図式の議論をするものも少なくはありませんでした。

しかし、経済史の研究では「帝国主義＝独占資本主義」という時期区分の捉え方が大勢であったと考えてよいでしょう。史的唯物論が有力でしたし、それに基づくと経済過程が政治構造などを規定すると考えられていました。経済史による時期区分に従って帝国主義という政治経済的な特徴を捉えていましたから、歴史研究者もこれを尊重していました。この捉え方を私は宇野弘蔵の三段階論を通して学びましたが、その理論的な基礎になっているのは、ヒルファディングの『金融資本論』とか、レーニンの『資本主義の最高段階としての帝国主義』（以下単に『帝国主義』）などのマルクス経済学者にとってみれば古典の中で出てくる資本主義の段階的変化についての認識です。

帝国主義という言葉が人口に膾炙するようになるのは、ホブソンの『帝国主義論』からだと言われていますが、そこでは植民地支配や対外侵略＝帝国主義と考えています。これに対して、マルクス経済学、あるいは史的唯物論の立場にたつ人々は、歴史学派の考え方をとりいれて資本主義の発展段階の一つとして帝国主義を改めて定義し直し、侵略一般ではなくて、「資本主義の最高の発展段階としての帝国主義」と捉えたのです。

必ず参照されたのはレーニンの『帝国主義』ですが、そこでは帝国主義について五つの指標があげられています。それらの中には、世界分割とか植民地領有とかの問題も含まれますが、経済学的認識としてより重要なのは、産業部門における独占の形成と、その独占の形成を前提にした銀行資本と産業資本の癒着による金融資本の形成を重視したことです。この金融資本概念はヒルファディングの業績を継承したものです。この議論に沿って経済的な構造の段階的な変化が植民地支配や侵略戦争を必然化するようなメカニズムを生むと考え、そのような構造変化を捉えて帝国主義段階への移行を論ずる、これがレーニンによって明確化された段階的な把握なのです。この問題提起は、傾聴に値するものだと思います。しかし、そこから先の実証に向かう人たちの論理が逆転してしまうのです。

このフレーム・ワークに沿ったと思われている議論のなかで、たとえば日清戦争＝帝国主義戦争論を主張する論者は、大日本紡績連合会という同業組織ができて、操業短縮によって在庫の調整や間接的な価格規制をしているのはまさに独占の成立を意味するから十分な根拠がある主張しました。だから、日清戦争期には、日本はすでに独占資本主義に移行しており、したがって日清戦争も帝国主義戦争だ、というわけです。

これに対する批判は、紡績業における紡連の活動だけをとりあげて独占資本主義というのはいかにも根拠が弱すぎるというものです。今までのところ、日清戦争は国民戦争であり、国民国家が成立してくる過程での戦争とみなし、日露戦争が帝国主義戦争と評価するのが通説化しています。

しかし、日露戦争が帝国主義的な侵略戦争だと特徴づけられるとしても、帝国主義＝独占というロジックからみると、侵略戦争はしているけれど、帝国主義と特徴づけるべき経済的な内実があるのかという疑問は残る。そういう論理的なずれを認めざるをえないのです。この点は、産業革命期の実証研究が積み重なっていくことによって、はっきりとしてきたことです。もともとこの種の議論では戦争という歴史的事実を侵略と言わざるを得ない。だとすれば、そこにはそれを必然化する経済的な特質があると考えている面があり、「理論的なモデル」が当てはめられているだけなのです。この型にはまった捉え方に問題があるというべきかも知れませんが、そうした形でこの議論に乗らないとしても、資本主義の発展段階を捉えるという方法的な課題は残ってしまいます。段階的な構造変化を認めない単調な経済成長論に立つのであれば別ですが、私は、段階的な変化を考える方が歴史的な認識としては適切だと考えています。研究史の大勢は、この方向で進んでいました。

4　帝国主義侵略と経済的内実

侵略の開始という事実と、帝国主義と規定できるような経済構造の内実の未熟さというずれを、多くの人たちはどう整合的に説明するかに苦労していたのです。この点について、研究史上で一応の結論が出たのは、石井寛治さんの『日本経済史』だと思います。石井さんは、対外的な侵略の問題と国内の経済構造には乖離があるということを一応認めた上で、日本の場合には後進国だから対外的な対立関係から帝国主義的な行動をとったとしても、その経済的内実が備わっていない可能性がある、内実は遅れて形成されるという捉え方を提示したのです。この考え方に沿って、次の問題は、それでは日本における帝国主義的な経済構造の内実形成をどのように説明、理解したらよいかと議論が展開することになりました。

ただ、この議論は問題をはらんでいました。どういうことかというと、帝国主義を仮に対外関係の問題からまずは考え、独占資本主義をその経済的な内実だと石井さんのように考えると、日本帝国主義がいつ成立したかという時期区分の問題に一義的には解答できない可能性があるからです。つまり、経済史研究では、独占確立の時期について、一九一八年確立説、二七年確立説、三〇年代確立説がありますが、これと侵略＝植民地支配という指標からみた帝国主義成立とは時期がずれてしまう。別の問題の立て方でいえば、独占が確立すると、すでに成立している「帝国主義」はどう変わるのか、変わらないのか、こういう問題についての説明が用意されていないのです。すでに対外的には帝国主義になっているから、時期区分は侵略の方で確定しているというのでは、結局のところ経済構造の変化は、時期区分に関しては付随的な論点ということになる。それで良いのかということになります。

この説明の仕方では、日本は日露戦争を契機にすでに帝国主義になっている、その証拠探しをするというのと似たような論理になってしまうのです。これでは歴史認識としては十分ではなく、むしろシェーマに添ってそれに合う事実を探して、あらかじめ想定されている結論に達するのと区別がつかないような気がしていました。

もともとの出発点は帝国主義という言葉を、経済的な発展段階を示す概念として使うということですから、このままでは問題があります。その結果、帝国主義と独占資本主義を明確に分けるとともに、段階的な変化を示す概念としては「帝国主義」を放棄するというのが、一九七〇年代の経済史研究ではいずれかと言えば有力な議論になっていきました。分けたということは実は帝国主義を独占資本主義と言い換えてその言葉の中に問題を封じ込めたということです。この時期の代表的な著作のなかで、たとえば高村直助さんや石井寛治さんは、帝国主義段階とか、帝国主義という概念・言葉を積極的に使うことをさけるようになりました。この高村説や石井説では帝国主義という言葉をもっぱら政治世界の世界編成とか、侵略の問題などに限定して使い、経済的な発展段階を認識する、あるいは表現する言葉としては、「独占資本主義」を使うというものです。

石井さんは、一九七〇年に出版された永原慶二編『日本経済史』(有斐閣)という教科書では「独占資本主義の確立」を論じています。そこでは、発展段階というか、資本主義の段階区分としての帝国主義を使っていない。高村さんの岩波講座日本歴史の論文(一九七五)もタイトルは「独占資本主義の確立と中小企業」(後に同氏『日本資本主義史論』(ミネルヴァ書房、一九八〇に収録)です。七〇年代には独占資本主義論が主流だったといってもよいでしょう。もともとは帝国主義論争でしたが、経済史の領域のなかでは「帝国主義」を使わない方が日本経済の実態を論ずるうえではより有効で明確な分析ができるだろうという方向に進んでいました。これが一九七〇年代のひとつの到達点です。

ところがこれに対して、もう一回、やっぱり帝国主義だ、しかも侵略が問題だという、ある意味では出発点に戻るような問題提起にみえたのが、一九八〇年前後に登場する「綿業帝国主義論」や「β型帝国主義論」です。そこでは改めて経済構造の方から侵略まで視野に入れながら説明が提起されました。

5　綿業帝国主義論

西川博史さんの「綿業帝国主義論」は、明示的に宇野弘蔵さんの段階論を使って、帝国主義段階のロジックを重化学工業化、固定資本の制約、独占形成、過剰資本の形成、資本輸出から論じようというものです。

宇野さんの帝国主義段階についての認識は、次のようなものです。産業革命を経た自由主義段階の産業資本は、自由な市場競争のもとで経済発展を遂げる。資本の移動も比較的自由であり、労働の移動にも自由があるからですが、労働力の供給には社会的な限界があり、技術水準に大きな進歩がなければ、この限界に直面すると賃銀上昇によって資本の蓄積が阻害されて資本蓄積が停止してしまう。だから、ほぼ一〇年ごとの周期的恐慌を介して生産力の限界が克服される。宇野理論の独特の表現ですが、この制約条件を「労働力の商品化の無理」と言いますが、この「無理」のために発生する労賃上昇は恐慌によって相対的な過剰人口が作り出されることで解決される。ところが、重化学工業が発展して産業構造が変容してくると、自由主義段階のような周期的な恐慌は資本蓄積にとって大きな問題になる。なぜなら、恐慌が発生して企業破綻に追い込まれると、それまで蓄積された資本価値が破壊される、大規模な固定資本が一挙に資本的な価値を失ってしまうからです。

固定資本の制約があると、資本は、自ら価格をコントロールすることによって景気変動を調整しようとする。もう少し具体的にいうと、固定資本の制約から逃れるために恐慌期に発生する価格の乱高下を避けようと独占組織が登場する。しかし、その結果、景気変動が調整されると、恐慌を介して生み出されていた相対的な過剰人口によって解決されていた労働力の商品化の無理、つまり労働力供給面の制約が解消できない。しかも独占が形成され、これを維持すると、その部門内では投資を制限しないと独占組織の機能が発揮できなくなる。こうして産業部門の中心部に次々と独占組織が作られていけば、国内に有利な投資先がなくなり、投資先を失った過剰資本が形成され、これが資本輸出される。資本輸出をするためには、帝国主義的な支配がその安全装置として必要だというロジックです。

これが宇野理論で定式化されたマルクス経済学の帝国主義段階論です。それなりに美しいロジックですが、このシェーマに添って日本について説明したのが柴垣和夫さんの『日本資本主義の論理』（UP選書、一九七一）です。柴垣さんは宇野帝国主義段階論のロジックに忠実に従いながら、産業構造が重化学工業化して固定資本の制約が生じた第一次大戦後に独占が形成されていくと捉える。この独占形成には日本では二つのタイプがあって、一つは資本独占を中心とする財閥、もう一つは産業独占を中心とする紡績業独占資本で、後者が同一産業部門での過剰資本形成に基づいて資本輸出を代表するような金融資本の消極的なタイプになり、前者が資本独占を構築し、資本の商品化をすすめて、帝国主義段階の金融資本の積極的な典型、支配的資本となるという議論を展開します。この積極的タイプと消極的タイプという構図は、宇野段階論が帝国主義段階における金融資本の積極的なタイプをドイツに、消極的なタイプをイギリスに求めたことを転用したものです。

それに対して西川博史さんが、「綿業帝国主義」という言葉を用いて柴垣説をさらに徹底していきます。西川さんの議論は、帝国主義＝侵略という立場に近く、侵略戦争の要因となる経済的な問題としての資本輸出と、これをめぐる対立を決定的に重視します。もちろん、西川さんも帝国主義段階の資本蓄積を問題にする限りですぐれて経済的な視点に立っています。その上で、柴垣説は宇野理論の機械的適用であり、日本の経済実態に即していないと考えて、第一次大戦後の一九二〇年代における日本の産業・貿易構造に即して問題を検討すべきだと主張しました。

ただし、西川説には重要な問題の限定があります。西川さんは宇野理論に忠実に従って、私的資本の蓄積様式を明確にすることが重要であり、国家資本などを対象からはずします。資本輸出の具体的なあり方を実態に即して議論するためには、国家資本の位置も重要なはずです。そうでないと満洲の問題が説明できない。「実態に即して」分析すべきことを主張している西川さんの立場からみると、明らかに矛盾したものだと思いますが、彼はそうしたかたちで現実の国家資本輸出の重要性を分析対象の正面から外してしまいます。

国家資本、国家セクターの部分を切り離すと、資本輸出を担っているのは紡績業です。紡績業では、大戦ブームの利益を持ち越して膨大な過剰資本が形成され、在華紡と呼ばれる中国市場への直接投資が展開する。その基盤は、大日本紡績連合会を中心とするカルテル活動のゆえに国内への再投資の余地が小さいことだと説明する。

他方、資本輸出を担う紡績業が日本の産業構造・貿易構造のなかでどのくらいのウエイトを占めているかというと、少なくとも製造工業のなかでは最大の部門である。それは雇用者数の指標でみても資本金額などの指標でみても紡績業以上に主要な産業部門はない。輸出についても生糸をのぞいては、綿工業のウエイトは一番大きい。輸入についても棉花の輸入が非常に大きい。つまり、紡績業の動向が日本の産業構造にも貿易構造にも非常に大きな影響を与える位置にある。それ故、紡績業こそがこの時期の経済構造の中核にあって資本主義経済全体を支える基軸産業であり、紡績資本こそ支配的資本であり、同時に日本の帝国主義的侵略に繋がる対外投資を支えているというわけです。

実は西川説は宇野段階論の論理の前半の重要な部分を括弧に入れています。つまり、産業構造の重化学工業化は問題にしていない。重要なのは侵略に繋がる資本輸出が行われることだというのが彼の議論です。そのためには独占が成立していればいいので、独占が成立するために重化学工業化が基本的な前提、要因ではないというわけです。具体的に日本の事実に即して忠実にみていけば、綿業が重要だというのが一番素直な答えだというわけです。ありもしないとは言わないが、まだまだ非常に競争力の弱い重工業をとりあげて、産業構造の重化学工業化から帝国主義を論ずる方がおよそひねくれている。先進工業国における段階的な変化から抽出された特徴を探している、一種の「犯人探し」の論理にすぎない。これが西川さんの問題提起でした。

6　β型帝国主義論とその批判

綿業帝国主義論につづいて、一九七八年に山崎隆三さんを中心とした研究グループによってβ型帝国主義論が提起されます。この二つの発想は論理的には共通性が高いと思います。つまり、外の関係をまず重視する。あるいは戦争とか侵略を説明しなければいけないという論理的な要請が強いかたちで問題が設定されている。だから議論が外側から発想されているのです。

西川さんの綿業帝国主義論では対外侵略戦争を、経済学のツールをつかって経済史的に説明する場合には、資本輸出がキー概念だと考えている。これに対してβ型帝国主義論では、十五年戦争がなぜ起こったかについて、世界大恐慌の中で日本の世界編成上の位置が変わったからではないか、という視点で考えようとします。そこで、第一次大戦期から二〇年代、あるいはそれ以前の世界編成のなかでの日本の位置を論じることになります。山崎隆三さんは山田盛太郎『日本資本主義分析』の批判的な継承を意図して、産業革命期の軍事的半封建的な資本主義という規定を受け入れたうえで、昭和恐慌前後に日本資本主義が構造変化を遂げるという構想の下に、議論を組み立てています。基本的な枠組みは、産業資本確立期の日本が対外的には「金融的従属」という特徴を持っており、そのような対外関係が世界大恐慌で崩壊したことが、軍事的な侵略へと駆り立てることになったという捉え方です。この金融的に従属する位置にあるという捉え方、つまりβ型という規定は、レーニンが『帝国主義論』を執筆するうえで作成した「ノート」の中に出てくるものです。一流の帝国主義をα型として、これに対して二流の帝国主義がβ型というわけです。山崎説以前にも安藤彦太郎『満鉄——日本帝国主義と中国』（御茶の水書房、一九六五）で参照されていますが、山崎説では、産業革命期の日本が貿易収支入超のために外資輸入が不可欠であったことが強調され、これによって金融的従属という規定が与えられています。そして、世界大恐慌によって国際金融体制が大混乱に陥り、外資の導入が不可能になったことから、資源確保や市場確保などを軍事的に追求せざるを得なかったと、金融的従属の崩壊から十五年戦争の必然性が説明できるというわけです。

この議論が登場したとき——研究者の間で注目され、議論を呼ぶことになりますが——、私はそもそも経済史で戦争の必然性を説明できるのかという点に疑問を持ちました。このような経済決定論的な捉え方には同意できないというか、——本音レベルで言えば、戦争は人がするもので、経済過程から必然性まで説明するのは、たとえば反戦運動は無意味だというようなものだから——歴史認識として不適切だと思うのです。

それだけでなく、入超構造から金融的従属を主張する論理にも疑問がありました。貿易収支の入超構造を強調する議論は宿命論的で、たとえば高度成長期の日本が貿易収支の天井を抱えていた状態（つまり放任すれば貿易赤字になりやすい状況）から一〇年余で脱却した歴史的な事実を説明できなくなります。だから、それが克服しがたい構造的な特徴であることを論証できなければ、この論理は成り立ちませんが、そうした説明はありませんでした。むしろ、論証が足りないところは、レーニンの権威に寄りかかっている——こういう権威主義的な議論を私は単に嫌いなだけですが——と思いました。帝国主義論の執筆のためのノートに、つまり完成した帝国主義論にも採用されなかったような、メモのようなものを神棚にまつるように読み込むことに意味があるとも思えなかったのです。こうした思いから書いたのが、『歴史学研究』四八二号の論文であり、単に批判するだけでは不十分だから、それでは帝国主義段階への移行を私はどのように考えるかをまとめたのが「一九二〇年代史研究に関する方法的覚書」（以下、「覚書論文」）になります。後者は一九七九年の歴史学研究会大会近代史報告では尽くせなかった議論も含めて、やや方法的な観点から問題を提起し、それに添って一九二〇年代の日本資本主義をどのように捉えるかを試論的にまとめたものです。

β型帝国主義論については、私だけでなく何人かの論者が批判を展開しています。批判の方向の一つは、β型帝国主義論は「帝国主義段階」を論じていないということにあります。橋本寿朗さんとか私は、日本帝国主義が帝国主義たるゆえんについて経済学的な観点から問題にしていました。これとは異なって、侵略戦争や植民地支配をしているということから帝国主義を規定できるという立場に立つとしても、「β型帝国主義論」は十五年戦争によってはじめて日本が帝国主義となったと言う主張でないとすれば、帝国主義として二流の国家が「金融的従属」という支柱を失って戦争に突入することを説明するものと受け止める以外にはなく、そうだとするとなぜ帝国主義といえるのかは、説明されていないことになります。

帝国主義日本の経済的内実を捉えようという問題提起以後、私たちは、そこで独占資本主義論として議論されていた問題群を、どちらかといえば宇野段階論にそったかたちで整理し直し、新たな視点を加えて段階的な変化を議論すべきだと主張しています。この立場からも、昭和恐慌は重要な時期区分の画期になるのかは論点の一つでした。そうした関心もあって独占の確立期は、第一次大戦期なのか、一九二〇年代末か、一九三〇年代かというような議論をしていました。結果的には帝国主義的な経済構造の確立はいつかという論点に関して橋本さんと私の意見は分かれていきますが、この点は別の機会に説明します。

この時まで、多くの研究者が、大内力さんが主張した一九三一年の管理通貨制移行によって国家独占資本主義へ転換するという議論を念頭においていました。つまり、昭和恐慌は国家独占資本主義への移行の画期であることについて、緩やかな合意があったのです。この点について講座派に近い中村政則さんや大石嘉一郎さんは、日本では典型的な意味での国家独占資本主義は戦前期には成立せず、戦時国家独占資本主義（戦時国独資）として成立すると主張していましたが、この議論でも三〇年から三一年が時代の切れ目の一つだと考えていました。

したがって、帝国主義段階論として昭和恐慌に注目するのは、帝国主義段階への移行を国家独占資本主義への移行との二重の過程として捉えるか、そうでなければ、それ以前の時期に帝国主義への移行を考えることになります。今から考えると、典型的な「単線型の経済発展論」――つまりすべての資本主義国がほとんど同じ経路と段階を経て経済発展をするという考え――に拘束されていますが、そうした捉え方の中で経済的な構造変化を明らかにする分析方法が研ぎ澄まされていく必要性を感じていたのです。

つまり、一九二〇年代と三〇年代の間に段階的な区切りがあることについて認識は一致しており、段階的変化を議論し、三〇年より以前のどこかに構造変化があるのかを議論していた。だからβ型帝国主義論に対しては、ファシズム論とかの歴史研究の潮流とか十五年戦争論に対応する意味では非常に重要な問題提起ではあったようにも思いますが、経済史研究者としては、今更なんだという感じがあって、内部的な構造変化をきちっと議論すべきだという点を中心に批判したのです。

β型帝国主義論に対する批判として決定的だったのは、その依拠している世界編成の認識に即して、事実認識としての誤りを指摘した浅井良夫さんの論文（「従属帝国主義から自立帝国主義へ」『歴史学研究』五一一号、一九八二）です。少なくとも第一次大戦を画期に日本の帝国主義の、世界システム上での位置は「自立した」帝国主義に転換したといわざるをえない、従属という言葉の質的な意味を考えたときに、第一次大戦後の日本を金融的従属と評価するのは無理だというのが浅井説です。

従属というのは単に債務国であるということと同義ではありません。もし債務国が従属国であれば、アメリカ資本主義はいま日本の従属国になる。誰もそうとは考えていないわけですから、債権債務関係があることと、従属とは別です。従属を議論できるのは、たとえば戦前の中国のように対外借款の見返りに関税収入をすべて担保にとられ、しかも税関のトップの地位をイギリス人に奪われるケース。主権が侵害され、何らかの支配・被支配関係に近いものが生じた場合が典型的には「従属」だと考える。

そういう観点からみると、日露戦時・戦後の日本は、自立を志向していたけれども、日露戦争自体が日英同盟という枠の中で、日本を極東の憲兵という矮小な役割に押しとどめるということをねらいとしたものである限りは帝国主義国としての自立を制約しようという条件を伴っていた。そうした点も含めて日露戦争期には日英同盟を前提として日本はイギリスに従属した側面を残した。それに比べると、第一次大戦後には、借りなければならない国という面はあるが、借りられる国になったという面もある。電力会社がニューヨークで社債をかなり自由に発行できるような国を従属しているといえるかが、浅井さんの出した問題です。

そこから「自立している」という評価が出てくるのですが、それは債権・債務関係は対等な取引関係だと考えるということでもある。経済的な制約面では、「自律」性が問題なのですが、それは帝国主義が植民地を含めて自給的な経済圏を作ろうとしても、植民地が狭すぎて、自給的であり得ないという点です。自給的であり得ないために自立できないという限りで、「自律」を制約している。しかし、これは一般的には重大な問題ではないはずです。自給的でなくても、国際貿易が順調であれば資源の制約は克服できるし、その際には貿易のバランスがとれればいいだけのことですから自立的でありうる。このように考えれば従属を説明することは簡単ではないのです。

こうしてβ型帝国主義論にかかわる論争は終わりました。世界編成の問題が浅井論文で一応の決着がついたと考えられるとすれば、実証的な問題としては、帝国主義＝独占資本主義という問題提起、あるいは石井さんの帝国主義的な対外政策が先行し、経済的内実があとから形成されるという認識から出発して、戦前の日本資本主義の歴史的な発展をどう段階区分するか、その区分の方法的な視点と実証に絞り込まれ、そういう意味では独占論争につながっていく必然性をもつものだったと思います。こちらの論争は、私も当事者ですが、いつ終わったかわからない。文献的にみていくと、『社会科学研究』三九巻四号の論文で、性懲りもなく私が書いたのが最後です。きちっと論争が終わったかどうかわからない状態で一段落しています。以上が研究史的な説明です。

7　帝国主義経済構造と労使関係

帝国主義段階の経済構造について、橋本寿朗さんや私が提起した問題の一つは労働力の質の問題に関連して、それまでの宇野理論などの段階的把握ではこの点が軽視されているというものでした。

発想の原点は、産業構造の重化学工業化のなかで重要な労働力をどう捉えるかでした。産業革命や産業資本の確立を論じる際には、第5章などで説明したように、生産現場で労働力に対する資本の専制的な支配が成立すること（資本家的経営の成立）がもっとも重要なポイントだと考えています。そこでは熟練労働力を排除して代替可能な不熟練単純労働力に置き替えるような機械制大工業の意義が強調されてきました。これは紡績業で典型的に見られることですが、製糸業では等級賃銀制によって熟練を相対化するということで可能になるというようにです。

ところが、重工業部門、たとえば機械工業を考えてみると、機械生産では初期には万能的職工が自分の腕を頼りに完成品を作る。徒弟に手伝わせながら、労働過程全体が職人の側に完全に支配されている。こういう状態は資本家的経営が成立するうえでは、大きな制約要因です。熟練労働者が、「今日の仕事はこれでおしまい、これ以上は、もう嫌だ」といわれたら、作業してもらえなくなる。大工さんの機嫌をとりながら家を建てるような話になる。

そういう属人的――つまり、ある特定の人に帰属するような――熟練労働・技能を「旧型熟練」と捉えます。それに対して、機械制大工業については、資本主義経済の発展にともなって機械化が進むと熟練労働が解体されて、不熟練の単純労働になると、原理的な世界では考えている。しかし、これはたぶん歴史的な事実ではない。現在にいたるまで、大工場の現場にもある程度の熟練労働が残っているし、技能の重要性も認められている。この問題を考えていくときに、そうした技能とか熟練の変化を問いかけてきた研究史に注目しました。たとえば、新しい熟練を山本潔さんは「半熟練」という言葉を使って表現していましたが、ここには古いタイプの熟練と資本主義社会で残る熟練とを区別する問題意識が明白に表明されています。新型の熟練はいわば資本主義社会に固有の熟練労働、資本家的に編成された労働過程の中で必要とされる熟練労働力であって、要するに企業特殊的、機械化された労働過程に特殊的な技能をイメージすればよい。違いはというと、ある装置とか機械設備とかを前提にして、しかもその中での一定の分業体制を前提にして、自分の請け負っている労働の範囲に対して技能を要求されていることです。その技能だけをとりだしてきて独立に何かできるかというと限界がある。その前後の工程を分業関係や、市場を介して繋がる別の人がやってくれなければ、自分の働きも何の意味ももたない。万能的な職人的熟練工は工場を出ていって自分で工場をつくってもいいし、ほかの会社に移ってもいつでも対応できる。ところが、新しいタイプの熟練については必要とされている装置体系を労働者の側は自分では準備できない。鉄鋼生産では、非常に重要な熟練労働者に炉前工がありますが、その人は熔鉱炉のあるところに連れていかなければ何の役にもたたない。ただのでくのぼうになってしまうと言い過ぎかも知れませんが、この違いを旧型と新型という区別をすることで考えていこうということです。

この捉え方は、第17章でも説明しますが、生産現場の現実を見ていた労働問題の実証的な研究から出てきています。

論理的演繹的な議論ではないのですが、そのような実証的な観点から日本の歴史的現実を見ていくと、第一次大戦期にかけて現場の熟練のあり方に変化を認めることができます。もともと職工の移動率は非常に高かったのですが、そこでは、日露戦争後まで万能的な熟練工（旧型熟練）がかなり重要な意味をもっていました。

ところが、兵藤釗さんの研究で明らかにされたように、第一次大戦期にかけて間接的管理体制から直接的管理体制に変容するという労資関係の変化が進みます。私たちは、この変化に注目し、その基盤には熟練労働の質的変化があると理解して議論しています。

一般的な状況でみると、第一次大戦中に友愛会の基本的な支持層が親方職工層から平職工層に変わる時点で現場の労働力のあり方も変わってくる。親方の生産現場の支配が効かなくなったこと、そうだからこそ現場の平職工が自発的に組合に参加して運動していると考えて、この時期の労働者意識の変化と生産現場の変化とが対応している、そして労働力の質的な変化が進行したと考えています。

大事なことは、この変化が資本主義の資本蓄積構造に重要な影響を及ぼすからです。一連の変化は同時進行しているのです。つまり産業構造の重化学工業化は、独占への契機でもあると同時に、労働の質的な変化を通して資本蓄積に変容を迫ると考えています。産業革命期のような循環的な恐慌が回避される理由として、労働力の量的な制約だけでなく、生産現場にいる労働者の技能が変わることの意味を考えようとしたのです。

もちろん、親方職工の万能的熟練を基盤とする間接的な雇用システムは、労務管理費用を節約できるという限りでは利用できれば最大限利用したいものだったと思います。たとえば、労働者の移動率が高い状態の下で労働者の募集などの新規雇用確保のコストは親方の負担として、企業の費用を最小化することができる。しかし、そうした生産システムでは国際競争力を備えた産業としての発展に限界がある。生産性向上の観点からは、間接的な管理に弊害があると考えられるようになったというのが、日露戦後の重化学工業部門や鉱山部門で見出された事実です。生産の現場を直接管理することによってはじめて、学卒の技術者たちが新しい技術の導入に取り組むこともできる。そこで生産現場を改革しようと試みるわけですが、採用される新しい技術とそれまでの職工たちのもっている技能とがずれがあり、それまでの生産管理の仕組みでは対応できなくなったということです。

このように間接的管理が解体されていくときに、企業内の労使関係が現場の管理だけでなく変容を迫られてくる。それまで、間接管理体制では、生産現場をコントロールしていただけでなく、労働者の管理を親方が担っていたのです。そのコントロールが弱まっていくことになり、これに社会主義の影響とか労働組合の影響が加わって、親方の支配から自立した新しい熟練を備えた労働者たちが、直接的な管理体制の下で労働運動にも参加し、労働運動が急激に盛り上がると考えることができる。

資本主義体制への批判を内包しながら労資関係は、一般的に見ると帝国主義の成立期には労働組合の結成を前提とした労働力の集団的な取引が行われるようになる。このことは、雇用契約が労働力市場を介した調整だけでなく、労働組合による制約を受けるようになることを意味する。つまり、こうした変化は、労働力市場で想定される企業と労働者の個別的な取引関係について、それが実質的な意味では対等な取引関係にならないことから公平性を担保するために労働者の団結権を認めるようになってきたという歴史的な変化に現れていると思うのです。しかし、この変化は、労働組合の組織的な活動によって労働力市場の機能をゆがめ、制約しているということになる。その限りでは、独占段階において市場メカニズムが制約を受けるようになる、具体的に独占組織によって価格変動が人為的に管理されるようになるのと同じ方向の変化を意味するだろうというわけです。それが第一のポイントです。

もう一つは、直接的な管理のもとで必要となる「新型熟練」がすべてではないということです。企業の側からは、学卒の技術者が新しく導入した技術体系に基づく生産システムに対応した新しい技能ですから、その熟練者が基幹工となる。そしてこの新型熟練が誕生すると同時にそれを如何に維持するかが企業にとって重要になる。ここが産業革命論特有の機械制大工業のロジックとは全くひっくり返っている点です。機械制大工業論では、労働力が代替可能でいつでも取り替えられるモノとしての労働力ですが、重化学工業化にともなう労働力の質的な変化は、それとは違って、あまり長く養成期間はかからないけれども、腕のいい新しいタイプの労働者を企業内に取り込む必要がある。代替可能でないばかりか、彼らは労働組合を通して発言する労働者でもある。モノではなく人格のある、人権を認められた存在なのです。そうだからこそ、労働運動の抵抗の下で労使協調を目指す企業では、基幹工を企業内へ取り込むことが最大の課題になる。そういう関係になっていると考えることができる。

しかし、このような視点から企業内の労使関係をこえて資本主義体制の根幹となる資本賃労働のあり方（労資関係）や労働力の質を問題にしていくと、このような論理では説明できない事実も無視することはできなくなります。それが、基幹工と臨時工という、二重構造の形成です。私は、このような二重構造に注目し、そのなかで全体として独占的な、帝国主義的な経済構造を議論したいと考えています。これが第二のポイントになります。

この発想を支えているのは、帝国主義の対内的面への注目です。帝国主義の対内的面と対外的面とについて、石井寛治さんが前者を侵略で代表し、後者を独占で代表したのに対して、仮に帝国主義をすぐれて政治的な概念だと考えると、帝国主義は外に向かって侵略するシステムであると同時に、帝国主義は国内的な政治システムとして、国内統治支配を通して民衆を抑圧しているシステムだと考えるべきではないかということです。国内統治の特徴に帝国主義段階に固有のものがあると考えるのは、きわめて自然な考え方だと思います。そこで、対内的な支配システムとして帝国主義をとらえたとき、どういう特徴があるのかを議論していくことになります。

帝国主義支配の国内的なあり方が独占資本主義論とか経済構造の変容の議論とどうつながるか、どこに接点があるか。これを議論するのであれば、やはり労働者をまず考えるべきだろう。もちろん農民のことも考えなければいけないし、それ以外のさまざまな階層の人たちのことも考えるべきだろう。しかし、資本主義社会である以上は労働者をまず問題にすべきだろう。だから、労資関係の変化が、独占資本主義論と帝国主義論を、国内の政治支配システムと経済システムをつなぐ鍵になると考えたのです。この点にこだわっているので、私の議論は独占資本主義論としては余分なものが付け加わっているようにみえるかもしれません。独占資本主義論では産業部門の独占だけを議論すればいいのに、労資関係を論点に加え、さらに調停法体制というような捉え方、アイデアにまで行くからです。

この問題にこだわった背景には、理論的な面でそれまでの議論に対する批判という側面もあります。それは、第一に帝国主義侵略などの対外関係と国内の資本蓄積のあり方との関連が直接に説明できないことです。宇野段階論に代表されるようなマルクス経済学の帝国主義段階論では、独占形成に基づく過剰資本の発生までは論理的に説明できても、過剰資本が資本輸出に繋がるということは直接には説明できないと考えています。なぜかといえば、独占は特定産業部門で起きることですから、仮にその部門で投資制限が必要となったとしても、他の産業部門でより有利な投資機会が存在することは排除できません。したがって、過剰化する資本にとって、資本輸出は資本市場に提供される投資機会のリストの一つに過ぎないのです。あらゆる産業分野で独占的な構造が形成され、投資機会が制限されるという極端な状態を想定しない限り、国内で過剰になるということはできません。つまり独占論を基盤とする帝国主義経済構造の把握は、帝国主義侵略についても資本輸出についても、内と外との関係を一義的につなげる論理を構築できないのです。そうだからこそ、内部の構造として経済構造と支配システムというか国民統合のシステムを論じることができるよう枠組みを考えることに意味があると考えたのです。

批判の第二はより直接的に宇野理論の論理構成への批判です。宇野理論には強い影響を受けていますが、その特徴となる「労働力商品化の無理」にこだわってみると、そのような特徴が段階論を構成する際に活かされていないと感じていました。労働力商品化の無理は、段階的な変化の中でどのように発現するのか、資本蓄積にどのような制約となるのか。この点を気にして読んでみても明確には書かれていない。この論点を積極的に取り上げて、段階論に組み込もうというのが、橋本寿朗さんや私が考えようとしていたことです。先ほどもふれたように恐慌現象が回避されるという限りでは、失業の問題を通して議論されているようにも見えますが、実際に雇用されている労働者のあり方こそ問題にすべきではないか、ということです。この点について雇用労働者に関心を集中させたのが橋本さんで、私はそれだけでなく失業した人の生存をどのように保障したのか、どうやって食わせたのかも資本主義体制にとって重要ではないかと考える範囲を広げていきます。その先に基幹工以外の労働者などの「周辺」に関する論点が浮上し、それを議論することによって一国資本主義が帝国主義として成立する理由が説明できると考えていったのです。

【質疑】

質問　武田先生の**調停法体制論について**ですが、それまでも指摘されていた普選治安維持法体制でとらえる方がより広く、一般的な捉え方だと思いますが。

武田　普通選挙の経済的な意味をどう説明するのかが問題でした。政治的なシステムと経済的なシステムの両方を統合的に理解できる捉え方、言葉が必要だったのです。普選・治安維持法体制は政治史の捉え方として広く受け入れられた通説です。それを百も承知のうえで、普選治安維持法体制が経済的な独占資本主義、あるいは帝国主義的経済構造の成立とか金融資本的蓄積様式の形成とかにどうつながるかを問題にしたかったのです。そのつながり方を調停法体制と表現して追究しているわけです。「調停法体制」が、普選治安維持法体制と独占段階の資本主義をつなげる媒介環の位置に置かれているのです。適切であるかどうかは別として両方に橋をかけたかったので、片一方に寄った言葉では困るのです。

普選治安維持法体制に経済的インプリケーション、経済史的段階把握につながるインプリケーションがあると主張できれば、私はそれに反対しません。私にはそれがとても思いつかないから、別に考えることになっただけです。独占が成立すれば必ず普通選挙ができたわけではないことは歴史的事実が示しています。独占が成立すると反体制運動を弾圧する法令が制定されるのかも事実に即して評価される必要があります。どうつながっているのかという問題を考えるときに、独占的なシステムは、中核部分の安定装置を独占とか基幹労働力を内部化・内部市場化というかたちで取り込む。しかし他方で周辺部分には常に紛争を残す。労働運動が残るし、小作争議というかたちで農民たちの不満もでる。そうした問題に、本来であればそれぞれの権利を認めた上で紛争解決の手段を用意するはずです。ところが、日本の場合は権利関係を定めた法律を定めないまま、小作調停法とか労働争議調停法とか借地借家人調停法とかを制定して、問題が起こるとその法律に基づいて処理できる。そんな調停を拒否する人は、左翼の運動に流れていくので、それは弾圧する。そこに治安維持法は構えている。そして体制の内側に戻ってきた人たちには選挙権を与えて内側につなぎ止めようとする。外にはみ出す人々に対しては厳しく弾圧するし、内側に戻ってくる人は普通選挙法でとりこむということになる。このよう普通選挙と治安維持法という仕組みと紛争調停のシステムがセットになっていると考えればよいと思います。

質問　武田論文では、それまでの研究で用いられることが多かった「独占資本」ではなくて**「金融資本」という概念**を使っていますが、これはどんな意義があるのか。

武田　金融資本という言葉を具体的な資本を規定する概念としては使っていないことが重要なのです。その点が柴垣さんたちまでの議論と私とが違っているところです。

それまでの研究が金融資本概念を使わなくなった理由は、この概念がドイツ固有の概念で、明快ではないということでした。金融資本は「銀行資本と産業資本の癒着」と規定されていたのですが、「癒着とは何だ」と問われたら説明が難しい。どういう状態が癒着というのかもわからないし、そのために先進資本主義国であり、帝国主義体制にあるといわれていたイギリスやアメリカについて実証的な研究をする際に、どのような基準で分析するかも曖昧になる。ヒルファディングの『金融資本論』では特殊ドイツ的なものを一般化した面があると批判して、スウィージーが資本主義の発展段階を論じるうえでは「独占資本」を用いるべきではないかと指摘していました。

石井さんや高村さんは基本的にはこの考え方を支持するかたちで、独占資本主義という概念を使って議論を展開しました。しかし、この独占資本主義論の最大の難点は、産業における独占と、独占資本主義とを、独占という同じ言葉で表現するので、体制概念としての独占資本主義と産業部門での独占を区別しにくいことです。すぐ混同される。混同の最大のものは、いくつかの産業部門で独占が成立すると独占資本主義になると捉えるものです。それは混同ではないかもしれませんが、いったいどのくらいの産業で独占が成立すれば独占資本主義といってよいのかは、明示的ではありません。高村直助さんの独占資本主義論では主要な特定産業において、あるいは産業部門横断的な独占体が成立することをもって独占資本主義の成立を論じています。ここでは産業における独占と独占体を区別していますが、高村説では各産業部門の生産集中度が高まって独占が成立するとともに、綿工業と財閥と電力独占体という三つの独占体が成立し、それを通して独占資本主義が確立する。ここでは三回も「独占」が出てくる。これではわかりにくいから、それを分けたかった、単純にそういう発想です。

もちろん、一つの捉え方として尊重されてよいとは思います。しかし、提示された範囲では正しい歴史認識だとしても、それに対して帝国主義段階の経済的内実としての独占体制が主要な産業部門における独占の成立を最大の特徴とすることに問題を限定してよいのかという疑問は残る。資本主義の段階的変化としてはそれだけではないということです。具体的には資本主義の発展に伴い、独占組織形成とともに株式会社制度が普及し、特定の有力な株式会社は資本市場に上場され資金調達ができるようになるなどのおカネの市場のあり方が変わる。労働力市場では労働組合による組織的な規制によって柔軟な賃銀変動も労働力調整もみられなくなるし、部分的には内部労働市場が成立する。こうした市場のメカニズムの変化を統合的に捉えたい。単純に製品市場のメカニズムが独占によって変わっていったわけではなくて、お金の面でも労働力の面でも、マーケットのメカニズムが変わってくるところに特徴がある。

こうなると従来からの独占論は製品市場にかたよった考え方なので十分ではない。何か新しい言葉を考えてもよかったのですが、マルクス経済学の古典に戻って「金融資本」という言葉を引っぱり出してきて、それを「金融資本的蓄積様式」という帝国主義段階の資本蓄積の特徴を総体として表す概念として使いたいと考えました。「癒着」という形態的な捉え方ではなく、資本蓄積という機能的な意味を持つ言葉として使うことを考えたのです。そのキーワードには独占もあり、労働市場の変化とか、社会的資金の動員とかを入れて考えたいと提案しました。

独占という概念では産業部門の独占と体制としての独占資本主義との区別が混同される危険があるので、これを分けて考えられるように違う言葉を使おうとして、そのときに既存の言葉を定義し直して使っただけなのです。それが「金融資本的蓄積」という概念です。それまでの研究史のなかでの批判をふまえていますから、具体的に銀行と産業での癒着があるどうかを問題にするものではありません。また具体的に財閥が金融資本であるかどうかという議論をする必要もありません。財閥に注目するとしても、財閥を中心として構成されているある段階の資本主義が金融資本的蓄積様式として構造的な特徴を備えているかどうかが問題だというスタンスに立っています。その時には、中心にいるのは財閥だから、財閥は金融資本かと聞かれても答える必要がないというわけです。

質問　β型帝国主義の基盤にある**入超構造に関する批判点**はどのような意味を持っているのでしょうか。

武田　対外関係については、たとえば貿易の問題が実際には経済問題としてクローズアップされながら、最終的には純粋に経済的な合理性によって解決されるとは限らないということに留意する必要があります。国の威信とか、政権安定性とかの経済的な問題を超えた政治的な要請によって最終的には妥協がはかられるからです。それは、世界貿易・国際貿易によって得られる貿易の利益を明らかにゆがめるかもしれませんが、その反面で国内的にはある種の安定性をもたらすかもしれないし、国内に対立を生むかもしれない。いずれにしても貿易を中心にした対外関係は経済問題でありながら、経済問題として純粋には取扱いができない政治経済的な問題だということです。

そのために、何か貿易上の対立点が侵略の最終的な発火点になっているように見えることはあります。しかし、だからといって侵略が貿易問題から説明できるわけではありません。貿易摩擦が侵略戦争になるとしたら、一九六〇年代以降の日米関係は何度も戦争をしなければならなかったはずでしょう。そうした論理は現実的ではありません。

β型帝国主義論では、金融的従属は、貿易の入超構造に規定されていると考えています。簡単に言えばそういうことですが、その時に、入超構造が脱却不可能な固定的な構造だと評価したのでは、それは山田『分析』が提示している資本主義の「型の編成」と同じ論理であり、山田『分析』を段階変化が捉えられないと批判している山崎さんたちも、批判している相手とほぼ同じ論理に立っていることになります。

これが私のβ型批判の第一の理由だったわけですが、質問されている貿易の入超構造についても、本当に構造的なものなのかが疑問でした。これが第二の批判点です。構造的だというのは何か外側から大きなショックでも与えられない限り変わりようがないということでしょうから、それを説明する必要があるわけですが、指摘されているのは明治期を通して貿易収支は赤字基調で、外資の導入がなければ対外関係は破綻したであろうという事実です。

これに対して、私は事実として変わりつつある、入超はある時期の過渡的な現象だと捉えていた。つまり、貿易構造は変化しつつあるけれど、ある時期までは入超を余儀なくされている。その時には深刻な問題となるが、それが克服できないとはいえない。別の言い方をすると、β型論で考える限り、入超構造を変化させるような経済的なメカニズムを内包していないことになる。これに対して私の場合には、変えるだけの内在的な力はあったが、入超という現象を一九二〇年代にはまだ解決していない。そのどちらが正当な評価かで論争していたのです。

三和良一さんの研究や私が『一九二〇年代の日本資本主義』に書いた「国際環境」という論文で具体的分析をしてみると、一九二〇年代前半には、加工貿易型の貿易バランスが崩れることと、食料品輸入が増大していることとの二つの要因に入超の原因を分解できる。ところが、二〇年代の後半になると、食料品の輸入増加は続いているが、加工貿易型の収支がバランスし始める。五年くらいで急激に変わっているので、そうした変化を見ずに、なぜ構造的という表現で克服不可能な状況のように捉えるのか、とても納得できない。これが実証的な批判です。

それに外資が輸入された意味が問われていないことも問題でした。それがもし積極的な意味をもつとすれば、国内の投資資金の不足を補うような資金が外国から供給されて投資が拡大することになるわけですから、その結果は国内産業の競争力を上昇させるはずです。そうすれば貿易収支を改善することになるはずです。外資導入を経済の論理だけでつきつめて考えていけば、入超構造を改善することはあり得る。もし、それが改善につながらないとすれば、外資導入は生産的でないところに使われていると考えざるを得ない。そう考えてβ型批判の論文で私は皮肉を言っています。もし入超が構造的であり外資依存が克服できないものであるとすれば、せっかく導入された外資を軍事費などに費消して生産力上昇につながらなかったのにちがいない。そうだとすれば外資導入をもたらしたのは軍事的半封建的資本主義のはずだから、山崎隆三説は山田説と同じだと書いています。いずれにしても、貿易の入超というのは何らかの条件の中で過渡的に生じているものと考えないと資本主義的な経済発展を考えることもできないのです。

β型帝国主義論は、入超をカバーするためには外資が必要で、この入超が重大な構造的な欠陥と指摘しています。分かりやすく説明すると、たとえばある家庭に、もう歯止めのきかない放蕩息子が一人いて、とにかく家に金さえあればどんどんギャンブルなどに勝手に使ってしまう、そのために、その家庭では稼いでも稼いでもずうっと貧乏なまだ。私は、その放蕩息子が陸海軍だとすれば、山田説も山崎説も同じだといっているわけです。

たまたま子供の成長のプロセスでいまは教育費がかさんでいる。これに対してそのために奥さんがパートに出ないと家計がバランスしない。だけど、その教育成果、投資によって、その子供が就職して稼ぎを少しでも家に入れるようになる。そうならなくても、支出がゼロになってくれればいい。輸出産業にならなくても、内需産業化すれば、その家計はバランスして、パートへ出ないでもう少し余暇を楽しめるかもしれない。

そう考えると、後者は明らかに過渡的な変化です。一時的な構造問題と言ってもいいが、全く変わらないというようなものではない。ところがβ型論ではもし急に外資がとぎれたら、侵略的になるという。比喩的に言えばパートの口が切れて困ったので、泥棒に入ることにしました、というわけです。しかし、泥棒に入るかどうかは、経済合理性とか経済システムの問題ではなくて、人間の問題です。支出を減らそうとしたっていいわけで、子供が一時的に休学してバイトをし始めるかもしれない。何でもいい。解決の仕方はいくらでもある。それを、なんで泥棒に結びつけるか、これが分からない、そんな気分なのです。

質問　**武田説と橋本説**の違う点はどこにあるでしょうか。

武田　この点については、いずれ橋本さんの『大恐慌期の日本資本主義』を素材に詳しく説明したいと思います。とりあえずここでは次の点だけは指摘しておきましょう。まず、橋本さんの方がたぶん厳格に宇野理論を適用し、生産力的基盤としての重化学工業を問題にしています。つまり、ある国の経済構造を特徴づけるような生産力的基盤、要するに産業構造を考えた時に、その産業構造でのリーディングセクターで独占が形成されるというのがもっとも素直な評価の仕方だと考えている。そういう意味では、一九三〇年代になってはじめて鉄鋼業などの重工業が基軸になる産業構造ができたと橋本さんは理解している。これは、橋本さんの「内部循環的拡大」論につながっています。これに対して、私はマーケット・メカニズムが変わることのほうが重要だと考えている。そうした視点で一九二〇年代末までに産業独占が普及するだけでなく、労働力市場や資本市場の変化が進展するとともに調停法体制という形で支配構造の再編が進むと捉えている、そういう違いがある。

もう一つは、鉄鋼業の位置づけとそこでの独占形成について評価が分かれている。私は岡崎さんの鉄鋼カルテルの評価を支持しているのですが、橋本さんは一九二〇年代のリーディングセクターは電力であり、鉄はまだ多軸的な産業構造の周辺にいると理解しているので、帝国主義段階への移行の時期についての見解が完全に分かれています。あまり突っ込んでこれ以上は議論していないのですが、これ以上は「違うねえ」って話がそのままになって議論していない。多少違うところを残しておいた方がいいかもしれないので。

以上

この講義録は一九九六年五月三一日と六月七日に「β型帝国主義論」と題して行われた講義の速記録に加筆したものです。

【戦間期編2】

第14章　財閥をめぐる研究
――柴垣和夫『日本金融資本分析』――

テキスト　柴垣和夫『日本金融資本分析』東京大学出版会、一九六五
森川英正『財閥の経営史的研究』東洋経済新報社、一九八〇
橘川武郎『日本の企業集団』有斐閣、一九九六

今回のテーマは、柴垣和夫さんの『日本金融資本分析』のアプローチの方法と、その対極的な位置にあるともいえる橘川武郎さんの方法です。橘川さんの考え方は、森川英正さんと近い関係にありますが、いずれにしても、ある一つの対象について、異なった視角からアプローチしている人たちの議論を取り上げます。橘川さんの整理によれば、私はたぶん柴垣さんの側ということになります。

1　財閥研究前史

柴垣さんの『日本金融資本分析』が刊行されるまで、日本の経済史研究では、財閥という非常に特異な性格を持つ経営体に関して分析的に議論したものはありませんでした。何の研究もなかったというわけではありませんが、ほとんどは現状分析的な調査報告に近いもので、その時代ごとに財閥がどういう役割を果たしてきたかを検討していました。その典型的な事例であり、代表的な作品は、高橋亀吉が中心となって作った日本コンツェルン全書（春秋社、一九三七～三八）という書物であり、それに先行する高橋さんの『日本財閥の解剖』（中央公論社、一九三〇）でした。ま

た、戦争中から戦後にかけては、樋口弘さんが『計画経済と日本財閥』（味燈書屋、一九四一）とか『財閥の復活』（内外経済社、一九五三）とかを刊行しています。このようにその都度その都度、財閥がどういう動きをしているかを議論しています。もう一つ大きな山になってくるのが、『日本財閥とその解体』（一九五〇）という財閥解体に絡んだ調査が持株会社整理委員会でまとめられているところです。この関係ではGHQにいたエレノア・ハードレーさんが『日本財閥の解体と再編成』（東洋経済新報社、一九七三）という書物を出しています。

しかし、そのほとんどが歴史の分析というよりは現状分析的に、財閥がどういう役割を果たしていたかの検討です。さかのぼって考えると、財閥が社会科学に近いジャンルで議論されはじめるのは、通常は山路愛山の『日本金権史』（服部書店、一九〇八）という、ジャーナリズムの側からの財界批判の中でだと言われているわけですが、そういう議論があったとしても、経営者だとか企業の個性を捉える方法を日本経済史は、きちんと持っていませんでした。

最初の試みは、土屋喬雄さんの手で行われています。日本における企業家の発展について議論を試み、経営史に先鞭をつける仕事を土屋さんが戦後になってから展開しています。その成果に『日本経営理念史』（日本経済新聞社、一九六四）などがあります。この一連の著作は、例えば由井常彦さんとヒルシュマイアの『日本における企業者精神の生成』（東洋経済新報社、一九六五）につながります。

そういう作品群の中で政商論というような視角で議論されたのが、楫西光速さんの『政商』（筑摩書房、一九六三）です。この議論は、要するに資本家の系譜論です。どういう出自のどういう人たちが、日本の近代化の担い手になったか、それは近世からの商人だったのか、あるいは動乱期に成り上がった者であったのか、あるいはもっと別の種類の人たちであったのか。楫西さんは、基本的には二つの系譜を示し、近世以来の商人の連続性を代表する三井・住友の存在と、三菱のような動乱期に成長した財閥があるという。これは、別に楫西さんの創見というわけではありませんが、現在まで財閥論の底流をなす通説に従ったものです。つまり財閥には系譜的には二つのタイプがあり、その一つは近世からの豪商に関しては、かなり強い連続性を認めるという説が一貫して有力でした。

この議論が見直され始めるのは、一九七〇年代の終わりから八〇年代にかけてですが、特に石井寛治さんが『三井文庫論叢』一七号に書いた三井組とオリエンタルバンクの関係についての論文（「銀行創設前後の三井組――危機とその克服」一九八三）が転機です。明治七年の抵当増額令に関連した論考で、あの時点では、どの政商にも相当危ない状態に陥る可能性があったことを明らかにしたのです。

さて、財閥論に戻ると、現状分析的な研究が注目した戦間期の財閥がどういう役割を果たしたか、日本経済でどういう意味をもったか、どういう経営的発展をしたのかについては、経済史研究ではほとんど掘り下げた議論がありませんでした。せいぜい社史とか伝記の記事に依存した叙述でお茶を濁されていたというのが実態でした。最初に未公開データを使って分析をはじめたのが、柴垣さんの『日本金融資本分析』です。当時まだ見ることができなかった『三菱合資会社社誌』という――今では東京大学出版会から再版されましたから、誰でも手に入れることができますが――資料の発掘があり、同じ時期に、三井文庫でも研究的な仕事が始まって『三井文庫論叢』が創刊されました。そのほかにも『三井金属修史論叢』という雑誌も刊行されていました。

こうして三井に関しては、加藤幸三郎さん、岩崎宏之さん、松元宏さんという人たちが具体的な研究を始めます。他方で、中川敬一郎さんを中心に経営史学会創立メンバーになっている、由井常彦さん、森川英正さんなどが経営史研究を開拓していきます。この動きは昭和史論争などを時代背景としています。歴史の中に人間を描くにはどうしたらいいかという問いが、マルクス主義的な歴史学に対する批判として、一九六〇年代に登場していたことが新たな研究分野の開拓への推進力になったと思います。

2　柴垣説における金融資本概念と自己金融

柴垣さんのこの本は、宇野経済学の影響を強く受けてその論理に沿って財閥を分析するという視点を強く出したものです。資料の発掘は歴史的な叙述にかなり影響しているとはいっても、柴垣さんが本来やりたかった構造分析の基盤になっているデータのほとんどが高橋亀吉の調査です。そういう限界をもちながら、つまり、別にそんなに新しい資料を見たわけではないにもかかわらず、宇野理論の金融資本概念とか段階論を使うことによって、財閥論を位置づけ直すという、実証的というより理論的な整理の仕方なり切り方に特徴があり、研究史上で大きな画期となる作品と評価されている理由があります。だから、森川さんがこの柴垣さんの本について、あれだけ良い資料を見ながら、何ら新しいことを発見していないと指摘したのは、正当な批判とは思いません。

柴垣説の一番の特徴は、金融資本概念に関して宇野・大内説に沿って、とくに大内さんが典型的に示した段階論的な把握を適用する方法をとったことです。段階論の単なる適用という点だけでなく、金融資本の捉え方についてのアイディアにも影響がみられます。宇野段階論では、イギリスとドイツを両方睨みながら、ある段階（自由主義段階とか帝国主義段階）にはこちらが積極的典型で、こちらが消極的典型というように典型規定を融通無碍に使い分けるところがあります。このアイディアを借用したのが、財閥と綿工業独占体についての柴垣説です。

柴垣さんは、財閥論の専門家だったわけでは必ずしもなく、『現代日本産業発達史　繊維　上』（楫西光速編、交詢社、一九六四）では「綿工業」を執筆しています。その意味では、柴垣さんは財閥も綿工業も両方ともに見たうえで、さらに、財閥については新しいデータや高橋亀吉さんの調査などを検討し、段階規定と金融資本概念を分析の基本概念として使っています。それが財閥の構造分析と段階的な変化に沿った歴史分析です。そして、ここがアイディアの借用だと思うのですが、自由主義段階での「支配的資本」の積極的な典型は紡績資本で消極的な典型が財閥、帝国主義段階では支配的資本となる金融資本の積極的な典型は日本では財閥で消極的な典型が綿工業独占体だという。ドイツが帝国主義の積極的な典型だと言うのと同じような意味で、財閥を積極的な典型と考えており、財閥はそういう対象の設定、理解から選びだされています。

ところで、一つつけ加えると、方法的には、宇野理論でぎりぎりつめていくと、金融資本とは資本の商品化であり、商品経済化が行き着くところ資本そのものまで、株式などの証券の形で商品取引の対象としてしまうのが、資本主義のもっとも純粋な形での完成された形態であり、これを資本の商品化と呼んでいます。形態的にいうと株式形式、株式会社の採用が重要だと宇野弘蔵さんは理論的には議論しています。株式会社制度の下では、実態的に投下された実物資本と乖離した形で資本そのものが売買される。つまり、固定資本の制約が解除された形で資本の移動が自由になる。だから、資本の商品化はマーケットのメカニズムが有効に働くためには重要な条件になるのです。そういう形で、株式会社制度の普及を念頭に置く、資本の商品化を念頭に置くことを理論的には想定しています。

このことを強調するのは、実物の資本――設備などの固定資本を典型として――は、流動性に制約がある、つまり儲からないからといって直ちに別の用途の資本に転換するわけにもいかないなどの問題がある。宇野理論が問題にしていたのは、こうした投下資本の流動性――これは新古典派の経済学が前提としている「生産要素の可塑性（マリアビリティ）」と同じことですが――という条件が満たされないと、資本蓄積は制約される。だから資本主義経済は、原理的な世界では資本の商品化を不可避とするのです。それは、宇野理論にとってだけでなく、現代の経済学を考えるうえでは重要な問題だということもできます。ちなみに、このマリアビリティという視点から新古典派を批判し社会的共通資本の重要性を強調していたのが、宇沢弘文さんです。

柴垣さんは、原理的な世界ではなく、資本主義の段階的な変化を考えているのですが、そうした分析を進めていくために、実際には財閥を金融資本として分析していくことになったのです。ただし、この本を最後まできちんと読んでもらえばわかるように、資本の商品化という捉え方は、必ずしも明示的に出てこない。日本の財閥では、資本そのものが商品化することまでは言えないという事実を発見していくことになったというべきなのでしょう。

柴垣さんは、歴史的な分析では産業革命期に綿工業独占体が積極的なリーダーになり、財閥がその周辺を支えていて、帝国主義期になると、その地位が逆転すると議論します。財閥が金融資本の積極的典型として帝国主義段階の支配的資本となるのです。そして、構造分析において強調される点は、財閥は「資本そのものの独占体」であるという点です。これに関連して財閥は、自己金融という特徴をもち、さらに独占形態としてはコンツェルン組織の優位（カルテルに対して）という特徴をもつことなどです。

基礎となっている理論的な視点から言えば、財閥の自己金融を強調することは、資本の商品化とは整合しない、極めて奇妙なものになります。ある企業が自己金融化することは、外部の資本市場に依存せずに資金を調達できるということですから、資本の商品化とは別世界の話になる。資本市場が発達してこそ資本の商品化がクローズアップされるはずだからです。

自己金融化が強調されたことには、いくつかの背景がありますが、一つは、戦間期から一九六〇年代のアメリカ経済についての認識に関連しています。もっとも経済発展が進んでいるアメリカでは巨大企業は自己金融化していました。この事実をどう理解するかについて、資本そのものの商品化を前提としながら、段階論の具体的な規定に戻って議論を組み立て直すことになるのですが、柴垣さんの論理は段階論の中にある過剰資本論に直結させています。つまり、独占が形成されて、独占利潤が取得されるとともに、独占の形成は、国内市場の拡大を抑制する可能性がある。こうして資金と投資機会のバランスは明らかに資金過剰になる。つまり、柴垣さんは、帝国主義段階に入ると独占的な大企業は、国内市場をコントロールするために投資を抑制し供給を制限する一方、その供給の制限の結果として高い利益を得るから、自己金融化する、と同時に過剰資本化すると考えたのです。

過剰資本化論は資本輸出につながる議論ですが、柴垣説では消極的な典型となる綿紡績独占体が帝国主義段階を理解する特徴を示すものとして強調されます。つまり、綿工業では独占形成に基づく過剰資本の形成が在華紡という資本輸出に結実するというわけです。この議論は前章でふれた西川博史さんの議論にもみられますが、こうした位置づけを与えることによって、他方で積極的典型である財閥では独占という面での典型性が強調され、過剰資本形成・資本輸出という面では典型的な存在ではないために、自己金融と過剰資本との関係もつきつめて考えられることもなく、それ故に資本の商品化、資本市場との関係を問われることがなかったのだと思います。

実際には、マクロ的なレベルで過剰資本化するという理論的な想定と、企業レベルないしは企業グループとしての財閥の自己金融化が同義としてとらえられることになっているわけです。そこに論理的な難点があります。しかも、そこでも、柴垣説は、資本そのものの商品化論は、念頭には置かれていても、あまり論理展開に有効な概念にはなっていません。金融資本についての議論としては基礎となっている理論との関係で整合性を欠いていると思います。

独占形態に関していうと、コンツェルン形態に財閥の独占形態上の特別な意味があるのか、そして、カルテルとの関係はどう位置づけるかが問題となっています。もちろんこの特徴は戦前以来指摘されていることで、高橋亀吉の議論もそうでしたし、同じ時代に鈴木茂三郎とか美濃部亮吉の書いた財閥論、日本の独占資本主義論も、ほとんどがこの立場に立っています。その意味ではこの点にオリジナルな論点はないのですが、資本そのものの独占体だからこそ、コンツェルン化し、つまり産業横断的ではなく産業縦断的に日本経済の組織化が進んでいると言っているところに、柴垣説の最大の特徴があります。

3　柴垣説への批判の展開

これが、柴垣説の極めて重要な特徴ですが、それ故に、いくつかの批判を浴びることになります。自己金融化については、例えば、一九三〇年代の財閥の転向といわれる時期の株式公開を、どう評価するのかという問題が出ています。さらに、柴垣さんのいう「資本そのものの独占体」とは何だ、資本が資本を独占するというのはどういうことかという疑問も表明される。資本というのは、柴垣さんたちのマルクス経済学の定義から言えば「運動体」ですからおかしな話なのです。この「資本そのものの独占体」を「独占的資金集中者」と言い直したのが山崎広明さんです。ただこの点についてはあまり論争にはなりませんでした。

こういう構図を描いたことに対して、良い史料を使っていながら財閥そのものを明らかにしていないというのは、すでに指摘したように正当な批判ではありませんが、森川さんが意図していることは、財閥そのものの形成・発展を財閥の内側に目を向けて具体的なプロセスとして議論することです。そうした視点が柴垣説に希薄だと言っても、それは何を明らかにするのかという課題設定の違いに過ぎませんから、批判としては妥当しません。もちろん、財閥の内側に関心を向けることはそれ自体としては重要ですから、実証的に検討すべき課題です。森川さんの課題設定の特徴は、財閥を封鎖的資本所有と多角経営で捉えた上で、封鎖的資本所有は企業成長にとって一見すると制約条件になるはずだ、なぜなら社会的な資金を吸収できる方が成長資金を獲得しやすい、とすれば、なぜそういう制約をもつ企業体である財閥が一貫して日本の経済発展をリードできたのか、というところにあります。専門経営者の役割など経営の内側に、制約を打ち破って成長につながる要素があると考えているのです。

そういう経営の内側にこもって具体的に議論している人に対して、それでは財閥が日本の経済の中でどういう役割を果たしたのかと設問を返せば、同じような構図を描くか別の構図を描かざるを得ない。そもそも次元の違う問題になる。この点について、森川さんが唯一対置していることは、財閥という企業組織が日本の経済発展のリーダー役だったということに過ぎないのですから、ここは議論があまりクロスしていません。

その後、コンツェルンについての理論的な想定とのズレを高村直助さんが岩波講座の論文（「独占資本主義の確立と中小企業」『岩波講座　日本の歴史18』一九七五）で指摘しています。もしコンツェルンとか資本そのものの独占体という概念で、帝国主義論的な資本の商品化とか社会的資金の集中を問題にする、あるいは宇野理論がいうように株式会社が重要だというのなら、社会的な資金を何らかの意味で集中したということを論証すべきだ。これが岩波の論文で高村さんが明示的に指摘した柴垣説への批判点です。これは、柴垣批判としてはかなり重要なポイントです。

高村さんは、批判はしたけれど、最終的にはやっぱり実態としての自己金融は承認しているように思います。つまり第一次大戦期に本社傘下の財閥系企業がそれぞれに株式会社化し、非直系企業まで含めれば社会的資本の利用も進んでいることを指摘したにとどまり、財閥の特質が自己金融であることは否定しなかったからです。それに対して、第一次大戦期から、二〇年代も三〇年代も区別なく外部資金をどんどん入れていると、社会的資金の集中の方を強調する議論を提起して柴垣説批判をしているのが、私の『日本帝国主義史』（大石嘉一郎編著、東京大学出版会、一～三巻、一九八五、八七、九四）や『企業者活動と企業システム』（大河内暁男・武田晴人編著、東京大学出版会、一九九三）などに書いた一連の論文です。これも、自己金融論にかかわる柴垣説批判の流れの中にあるものです。

他方で、橘川武郎さんの議論は、議論のスタンスが多少異なっています。とくに『青山経営論集』に八〇年代に書いた「第一次大戦期の日本におけるコンツェルン形成運動の歴史的意義」という論文では、柴垣さんが構造としてとらえた戦間期の問題について、財閥を中心に日本経済の構造的変化とかかわらせて議論するのであれば、この時期の特徴としては持株会社制度が急激に普及したことに注目すべきだと主張しています。これがこの論文での財閥研究への橘川さんの批判点です。持株会社という視点で見れば、それが同族の封鎖的所有であるかどうか基本的な属性ではありませんから、新興財閥である日本産業などの持株会社も含めて広く対象を捉えることができる。それに対して、これまでの議論は、第一次大戦前の封鎖的所有支配を特徴とするような財閥に分析対象を限定してしまって、かたよったイメージをつくっているというのが橘川さんの基本的な主張点になるわけです。

これが研究史上どういう意味をもつかというと、橘川さんが議論しているベースにある財閥の概念というのは、具体的に定義をすると、おそらく森川さんの定義にかなり近く、①封鎖的所有支配、②多角的事業経営体の二つで構成されている。しかし、第一次大戦以降の企業の発展では、この二つの特徴のうちでは、あえていえば、経営の多角化が重要であり、しかもその経営の多角化を持株会社的な制度、あるいはコンツェルン的組織を利用しながら、急激に進めたというところに特徴がある。だからこの点に焦点を絞って議論をすることに、積極的な意義を認めている。財閥にこだわると、封鎖的な所有支配をしている企業グループに対象を限定してしまうので望ましくないというのが、橘川さんの批判なのです。

この批判は、私のような議論には有効な批判という面がありますが、例えば柴垣さんや、山崎広明さんの議論を想定すると、そんなに意味のあることではありません。なぜなら、財閥の形態的な特徴、つまり封鎖的な所有支配と多角的な事業経営体を強調しておきながら、実際に財閥の日本経済における構造上の地位とを議論するときには、柴垣さんや山崎さんは、一〇大財閥くらいまで対象を拡げている。だから、橘川さんが対象として含めるべきだと考えている工業財閥とかがほとんどはいっています。そこが難しいところで、非常にいじわるな言い方をすると、橘川説では、一回相手方の対象の設定のルーズなところを、「対象の設定がルーズだからまずい。もっと厳格にすべきだ」といって縮めさせておいて、縮めると大事なものが抜けるからまずいと言っているようにも聞こえる。定義のところが問題なのか、実際の分析対象の選択が問題なのかはっきりさせないといけないと思います。山崎さんや柴垣さんにしてみると、自分は具体的な分析で対象としてとりあげているのだから批判をされてもと当惑しているかもしれませんが、そもそも論理と実証がずれているのだから反論のしようがない。そういう論争になっています。

私は三大財閥しか議論していませんから、橘川さんの批判は私への正当な批判として受けとめていますが、橘川説では持株会社制度を重視することを通して封鎖的な所有支配という財閥論が強調してきた特徴にこだわらないのに対して、私の方は、現実に封鎖的な所有支配を持株会社はその資産運用を通して崩しつつあるとしている点に違いがあります。同じ方向を向いているようにも思いますが、敢えて付け加えておくと、財閥という具体的な対象を論じるためにどのような枠組みを設定するのかが、私の議論では考慮されているのに対して、橘川さんのように戦間期の日本経済の分析のためには、財閥論を越えた枠組みを示す必要があるということだと思います。

4 経営史研究と財閥論

それでは、橘川さんのような議論がなぜ出てきたかというと、それには、森川英正さんの財閥研究が非常に大きな影響を与えていると思います。森川さんや安岡重明さんを中心に始められた初期の経営史学の研究は、企業の内部の構造や、意思決定のメカニズムを明らかにすることに関心を集中していました。この問題提起は、現在のミクロ経済学中心の近代経済学の流れよりもはるかに先行していて、企業論とか、企業分析の重要性を明示した意義をもつと思います。橘川さんはこの企業のあり方についての経営史的な問題提起にこだわって考えているのだと思います。

ところで、意思決定のメカニズムの議論をする際に、財閥に関する経営史研究が最初に注目したのは、経営者でした。この経営者に注目するという研究の流れが、アメリカの経営史学の潮流の一部と融合するかたちで日本の経営史学を形成することになります。アメリカの一部というのは、チャンドラーを中心とした経営者の職能や、経営者の個性を論じるという方向になるということです。

アメリカの経営史学は、もっと広い幅をもっていて、例えば政府・企業間関係を議論するとか、広い意味での環境と企業の関係、企業と企業の関係を議論するなどの視点があるのですが、日本ではチャンドラーが問題にするような経営者そのもの、経営者がつくる王国としての企業、という視点が強調されるようになりました。

森川さんは、『経営志林』の「日本財閥史における住友と古河」という論文で――『財閥の経営史的研究』の中に入っている主論文の一つですけれども――なぜ明治期にほとんど同じ規模か、あるいは古河の方が優位にあった鉱山資本家の古河と住友が、昭和期にはあれほどの規模の格差、つまり片方は三大財閥の一つであり、片方は二流といわれるような岐路に立ったかという設問をたて、その解答として、実は非常にクリティカルなポイントのところでの専門経営者の判断の差があったことを指摘しています。そこで議論されているのは、経営者間のコミュニケーションの問題であり、あるいは経営者の資質の問題であり、経営者の決断の問題です。つまり、この二つの財閥の軌跡を分けたのは、経営者の優劣であり、産業の基盤が違っていたわけでも何でもない、というのが森川説です。こうした経営者の役割に注目するのが、森川さんの議論です。森川さんは、その後、三井の組織などを議論しますが、一般的に経営史学では、この森川さんの議論のように経営者史学が中心になっていきます。

注意深く読んでいけば、例えば中川敬一郎さんの経営史学は経営者論ではないことがわかります。例えば、財閥商社論では、産業のオルガナイザーとしての商社を問題にすることによって、企業と企業との関係というのが経済発展とか産業発展にどういう意味をもつかをきちっと議論すべきだと言っています。その限りでは、経営者だけを問題にしているわけではない。ところが、二代目、三代目になると、経営者史学に傾いていきます。

森川さんは、先ほどもふれたように、財閥を日本の経済発展の担い手と位置づける。そして、その特徴を封鎖的所有と多角的事業経営体という二つのポイントにまとめています。しかし、こういう二つの特徴は、ある意味ではどこにでもあるわけです。しかし、それが経済発展の中心的な担い手になったのは、世界中を探してみても、日本が最も典型的だと考えています。日本に先行する資本主義経済と比べて、なぜ日本だけ財閥が経済発展の担い手として登場したのかを議論しているのです。だから、こうした特徴をもつ事業体がどのくらい存在していたかが重要になるので、森川さんの研究では対象をできるだけ拡げるという方向になり、地方財閥論なども問題にすることになる。

ちなみに、ちょっと言い忘れましたけれども、財閥の定義について議論するのは生産的でないというのが私の意見です。何を分析するかが一番重要なことで、森川さんは経済発展の担い手がどういう特徴をもっていたか、あるいは封鎖的所有などの特徴をもっていながらそれにもかかわらずなぜ経済発展を担えたかを分析したい。それならば、対象を広げればいいと思う。柴垣さんは、戦間期の日本経済の構造を分析する時に、その中心的な位置に共通性をもったいくつかの資本グループが存在するので、それを財閥として議論しているわけですから、当然のことながら財閥の定義が異なる。定義で争っても、何の意味もない。そう思います。

【質疑】

質問　まず、今の**財閥の定義**についてもう少し説明してください。

武田　我々は、例えば、カエルの定義をしようとする時に、オタマジャクシの議論をするのか、オタマジャクシからしっぽがなくなって、両手両足四本になったカエルを議論するのかを考えてみて下さい。森川さんの議論は、オタマジャクシの特徴こそが重要だって言っているにすぎない。ところが、私が分析したいのは、財閥が財閥として日本経済の中で最も成熟した段階のことです。その前のオタマジャクシの時代の特徴が消えていても仕方がない、カエルとの共通性がなくてもいいというのが私です。

つまり、ある歴史的な個性を対象とするときに、その対象を限定したいから定義をするのです。その時に、特定の時代のあり方に即してリジットに問題をたてるのも一つのやり方だと思う。たとえば、政商を議論する時に、明治の初めの政商と、現代の「政商」とを同じように議論できるかというと、たぶんできない。ある時代を政商の時代と特徴づけて議論するのであれば、その時代に特徴的なポイントに即して議論をせざるをえない。

財閥の議論でも財閥の時代がいつかを考えたら、私は戦間期だと思う。明治期は綿工業が有力な時代だし、企業としても財閥だけが代表的な時代だとは思わない。とすると、経済全体からみて代表的な時期に、どういう特徴をもっていたかということを説明できる方がいい。

もちろん、森川さんの定義が間違っているわけではなくて、森川さんの定義は、経済発展という流れの中で、発展を推進する主役として財閥を議論するわけだから、最初の時期から入らないと意味がない。その場合は森川さんの定義でいい。だけどこちらが言っていることに文句をつけないでほしい。もともと違う課題を論じているのだから、私のような捉え方では、財閥の定義としては不適切だというのは、おかしいと思う。単純にそれだけの話です。

少なくとも時代によって財閥と呼ばれる事業のあり方がどんどん変わる。例えば、明治の前半期の一〇年くらいについては、三井でも三菱でも住友でも、財閥より政商という捉え方を使う。それは、財閥という一般的な言葉よりは、時代やそのビヘイビアに即して、政商という方が適切な評価であり特徴づけだと思うからです。住友の場合には多角的事業経営体であるかもあやしいし、明治一〇年代までの三菱も海運が中心ですから、これも多角化という財閥の特徴は弱い。いずれはなるのだからというのではまずいのは明らかでしょう。それなら私だってもしかしたらいずれはなるかもしれないから、私も財閥といえるのか（笑）。

だから、時代によって対象の特徴が変わっていくことを認めた上で、自分の課題設定に沿って、それに一番都合のよい定義をするのが大切だと思う。オタマジャクシを研究したい人はオタマジャクシを定義すればいい。カエルを研究したければカエル、両方を一つのものと捉えたければ、それができる定義にすればよいということです。

質問　橘川先生が**コンツェルン論**と財閥論を峻別すべきというのは、どういう意味か？

武田　森川さんの定義では、組織形態の特徴について明示されていない。つまり、多角的事業経営体であったとしてもコンツェルン型の組織でも構わないし、企業集団型の場合もあり得る。多角的事業経営体と持株会社組織、コンツェルンとに同一性があるというのは保証されていない。そこで、おそらく橘川さんは「コンツェルン論として峻別すべきだ」と指摘することで、第一次大戦期から日本の経済構造が変わったが、その時の主役は、いわゆる封鎖的所有支配を特徴とする財閥だけではなくて、新興財閥とか大正財閥とかいろんなネーミングで出てくる別のタイプのものも含めるべきだと主張しているのです。それらを共通する軸でまとめるとしたらコンツェルンとしか言いようがない。これらをコンツェルンとしてとらえないで財閥としてとらえると、対象とされる企業群のいくつかが見落とされることになる。大事なものが落ちる。これが橘川さんの言いたいことだと思う。

そこで橘川さんが含意しているのは、たとえば第一次大戦前後に全体的に経済の独占段階が確立されたというような段階的な変化が生じていることだと思います。このような段階論的な把握が前提になっていないと、コンツェルン化運動に注目する意味はないと思う。そうでなければ組織形態としての持株会社組織といえばいい。持株会社は組織形態の選択の問題ですから、経済全体の独占化とは違います。だから、橘川さんは、独占段階への移行のような議論を想定した上で、コンツェルン化運動といっていると受け止めています。持株会社化という表現でも、純粋持株会社だけでなく事業持株会社まで入れれば、日産など全部対象にできたはずですから。

質問　**封鎖的所有について**、持株会社は封鎖的に所有しているのに対して、直系会社は公開することもある。どこまでが封鎖的所有支配だと言っているのか。

武田　もっとも厳格なのは、同族が本社株を一〇〇％所有していて、有力子会社についても全部一〇〇％を本社が持っている場合です。三井だと、三井同族が合名への出資を一〇〇％負担していて、物産と鉱山については一〇〇％合名がもっている。銀行については一部公開していて、信託については大蔵省の方針で一部公開している。だけど、コアの部分については、完全に封鎖している。ただし、一〇〇が例えば、八〇になったら外部資金を導入になるのかというと、その程度の差は重大な問題ではなく、比率だけの問題ではないと思います。

有力財閥は、本社への封鎖的出資を一九四〇年代の初めまで崩さない。資本そのものの独占体と柴垣さんが言ったような巨大財閥になればなるほど、封鎖的所有が貫徹していることが重要なのです。なぜなら、本社の資金力が豊かだから、子会社に対する支配は外部資金に依存しなくてもできた。しかし、浅野とか大倉とか下位のところでは株式を公開していますから、そういう意味では、封鎖性が薄くなる。程度の問題だと思うのですがどこで線を引くかが重要で、私は、巨大財閥でかなり封鎖性が高いこと、高くてもなおかつ大企業として日本経済を支配できたことに重要性があると思います。

一般的にみれば、封鎖性を維持するのは、そんなに難しいことではありません。自分の出せるお金の範囲で仕事をやればいい。中小企業は、簡単に封鎖的にできる。貸してくれないし、出してくれないからです。だから、小経営が封鎖的であるのは当たり前のことです。資本市場に株を上場できるのは、企業として名声が確立しているものに限られる。同族とか、家族の中に出資が封鎖されている会社はたくさんある。それらも封鎖的所有支配だからと議論しても意味はない。逆に、本来大経営になじまないような出資形式をもっていながら、なぜこれほどまでに発展したのか、多角的な企業形態になれたのかという問いには意味がある。あるいは、ある時期までそういう特質があって、それが大戦以降に封鎖性を少しずつゆるめながら対応せざるをえなかったとすれば、経済発展に伴ってどういう変化が生じたかを議論すべきだ。そういう思いから対象を限定的に絞っていくと、対象は三つくらいしか残らない。

質問　封鎖的所有支配と多角的事業経営体という**財閥の定義**について、先生は、この二つの要素だけでいいと考えられているのですか

武田　私は寡占的という点は、定義からはずさない。しかし、一般的には財閥の研究者の共通項はこの二つしかないので、これで説明しています。安岡さんが寡占的とはいわなくなったので、寡占的な地位を持つことを財閥の必要条件とする研究者で残っているのは、私一人くらいです。寡占を条件に入れるので地方財閥は私の定義からいえば財閥には含まれません。

質問　一般的には地方財閥も結構重要で、地域にとっては大きな役割を果したという議論もありますが。

武田　財閥と言わなくてもいい。地方事業家といえばいい。実業家でもいいし、事業家でもいい。工業財閥とか、産業財閥とかいう必要はない。なぜ、工業財閥といわなければならないのか、なぜ地方財閥といわなければならないのかよくかわからない。もちろん財閥という言葉を使用することの積極的な意味が説明できれば、使っても構わない。繰り返し言いますけれど、小さいものになればなるほど、封鎖的なのは当たり前だと思っていますから、封鎖的所有という側面からそれらの対象を財閥と呼ぶ理由を説明するのはかなり大変なことです。

質問　財閥の位置づけについて、国民経済的な影響力が大きいとか、地方経済に及ぼす影響が大きいとかについて、橘川先生も、それを測るのは難しいといっていますが、シェアとかで議論できるのか？

武田　それも相当あやしげな話です。なぜかというと、量が大きければ重要だとは、必ずしも言えない。つまり、何を議論するかによって、質的なウエイトづけが出るはずで、我々は、そういう方法をとっていると思う。

例えば、経済成長を議論するときに、重要なのは設備投資の動向だという。しかし、国内需要構成でも見たときに、

設備投資は量的にはたいしたことがない。半分以上は、個人消費です。量だけでいえば経済成長は個人消費を問題にすればいいということになる。しかし、そうではなくて、全体のメカニズムを説明しようと思ったら、例えば、高度成長期には設備投資の動向を説明するのが一番重要で、それより後になると政府支出・政府の資本形成が問題になる。それは、量ではなくて、全体のダイナミズム、メカニズムを説明するためには、ある特定のところに注目することによって全体がみえるということです。だから、日本の企業成長を説明したいときに、財閥という言葉を使って括ったらよさそうな特徴点をもつ企業形態が比較的どこに行ってもみられて、それが地方経済の発展を支えているし、日本経済の発展を支えているんだということが言えると判断するならば、そういう形で説明してくれればいい。

ただ、もう一歩ふみこんで批判すれば、そういう研究では財閥的な特徴をもった企業がこんなに成長していました、ここでもこんなでした、と繰り返し例が出てくるだけで、全体像がわからない。私の関心はそういうケーススタディにはありません。私の関心からいえば、資本主義的な経済構造の段階的な変化を議論したい。その時には、戦間期を財閥の時代と捉えられるというのが私の基本的イメージですから、対象としては三井、三菱、住友くらいをまずきちっと議論しておく方が重要だと考えている。それで十分だとは思いませんけれども、まずそこがいわば核になって議論すべきだというのです。

それに対して、橘川さんが提示した方法は、コンツェルンという形の組織形態をとった一連の企業群をすべて対象に入れて議論したらどうなるかということです。それは一つのアイディアだと思います。それで、やってみるとどうなるかというのは、言い出した人に責任があると思います。

だから明治期の経済発展について、地方経済とかあるいは国内市場とかを議論する時に、地方が重要だという視点にたって、そこに現れる一群の企業家たちを地方財閥と命名するのであれば、それに反対する気はない。困るのは、だから財閥はこう定義すべきであって、お前のやっていることは間違っているという批判になることです。

質問　**総有制の意味**について説明して下さい。

武田　所有権には、いくつかの要素があって、排他的な占有権と、それから用益権、処分権などがある。ある土地をもっていると考えると、その土地に他人が入ることを拒むことができる。それから、その土地から得られる収益を完全に自由にすることができる、そしてその土地を売ったり買ったりすることができる。占有し、収益を取得し、そして処分することができる。このくらいの要素がある。財閥の総有制は、ある営業資産に対して、出資者の持ち分を定めるのだけれども、その意味は収益の配分比率です。他方で総有制では処分権を認めない。つまり、所有権としては不完全なのです。

一般的には、一〇〇%出資者は営業資産を完全に占有し、処分もできるし、その収益を独占することもできる。共同出資になったときには、具体的に営業資産のどの部分についての所有権ではなくて、その営業資産をどういう形で運営するかについて発言権を保障するという形で、所有権が行使される。

これに対して、財閥では処分権を制限しながら同時に発言権を封じ込める。同族が子会社の経営に具体的に口を出さないようにすることで、完全にレントナー化する。レントナー化するということは、経営に対する発言権を失うということとほぼ同義です。これが橘川さんが「制約された所有」と表現していることだろうと思います。

共同出資の営業資産に関する個別的な処分権を、近代化のプロセスのなかで財閥などは認めませんでした。外見的には近代的な法制度に合わせながら、家憲などで内部的な規則としては制限した。だから、相続などの時には困る。近代法に基づく相続制度は個人の完全な所有権を前提としているからです。

この総有制に注目して、企業を所有することは一体どういう意味をもっているかをきちっと考える必要があります。我々は、アングロサクソン的な株式会社制度を前提にして、企業の所有者は株主・出資者であり、企業の経営者は株主のエージェント、株主の代理人であるというモデルに依拠して、企業は株主のものであると議論している。しかし、日本の総有制的なシステムは、外見的には、企業は出資者である同族のものにみえるが、よくよく考えてみると、完全に同族のものではない。イエという連綿とつながるものが所有していて、まさにゴーイング・コンサーンとしての性格をもつ。同族は、一時それを預かっているにすぎないので自由にはできない。とすれば、その企業は誰のものかという問いかけよりも、どう運営されていたかの方が重要かもしれない。

企業とは一体何だったかということを議論するときに、出資関係がどの程度まで意味をもつかということを、もっと考えなければだめなのです。戦後の日本企業では、出資関係や株主はそれほど重視されていません。したがって、何時から株主や出資者が果たす役割が大きくなるのかは歴史的に検討すべきことです。また、専門経営者の役割についても、番頭任せの商家経営は以前からある。三井は、伝統的にそうだった。なぜかというと、要するに、同族の中に有能な専門経営者が必ず生まれるわけではなかったから、事業を熟知している人たちを登用するというシステムを構築する方がはるかに同族にとっても望ましかった。単純にただそれだけなのです。

質問　同族の所有権が限定されていることの意味はどこにあるのか。

武田　重要なポイントですが、それは、今までの議論ではあまり明示的ではないところです。私の理解している限りでいうと、総有制という財閥固有の所有システムは、家産の維持ないし拡大ということを至上目的とすることが重要で、その目的に全てが従属する。つまり経営者の登用とか、同族の発言権の制限とかも、さらに利益配当の制限も行われている。つまり、平たくいえば大金持ちがいて、非常にもうかる事業をやっていた。彼らがもしその得た利益を遊興、放蕩に使い込んでしまっていたら、一体どうなっていたかを考えると分かりやすい。三井や三菱は、事業利益をできるだけ再投資することを基本的な原則とする総有制の原理に従った。利益の社外流出を制限しているから、巨大な事業体に成長する。そうして自己増殖していく性格をもたされたことが、財閥の特徴だった。だから、収益の配分は保証されているといっても、高配当は厳格に制限されている。例えば、三菱合資会社は、一九一八〜一九年くらいに純粋持株会社になって、一九四〇年になるまでに、平均配当率が一・五％。銀行に預けたって六％から一〇％の時代に同族にはこれしか配当しない。しかも、この配当のほとんどを三菱合資会社が増資する時に、再投資させるわけです。三井も似たようなものです。

そのことが何を意味しているかというと、事業投資が利益を生むが、この利益は再投資されるから多角化が進みやすい。総有制的な封鎖的所有支配の場合、多角化を進めやすい、投資機会をつねに探さざるを得ない状態になることが明治期の特徴になる。それ以降になると、同族と本社の資金調達機能が限定される面も生じる。その結果、封鎖的所有を前提にすると、追加出資が期待できないので子会社は自らの利益を再投資することが主となるため、自己金融化する。封鎖的所有を前提にすると、本社がたくさんの子会社をもつよりは、子会社には一〇〇%という原則を崩したかたちで投資させるほうが、支配関係が広がる可能性がある。子会社の持株会社化をとおして、このシステムは経済全体のなかで影響力を拡大することができる。子会社の持株会社化を促進する条件を内生化していることによって、財閥は、戦間期の経済構造のなかで巨大性を維持できるメカニズムをもっていた、というのが私の理解です。財閥そのものの もっている組織の特性と、その特性をベースにしたときの企業経営の発展、企業の集団的な発展が、なぜこれだけ、大きな影響力を経済の中でもったかということを説明するためにはこんな捉え方が必要だと私は思います。

以上

この講義は、一九九六年五月二五日に行われたもので、これをベースに加筆修正しています。

【戦間期編3】

第15章　資本市場と金融市場の発展
――志村嘉一『日本資本市場分析』――

テキスト　志村嘉一『日本資本市場分析』東大出版会、一九六九

参考文献　武田晴人「大正九年版『全国株主要覧』の第一次集計結果」『経済学論集』五一―四、五二―一、一九八六

「資本市場の発展とその意義に関する覚書」『経済論叢』一八〇巻一号、二〇〇七

「戦間期日本資本市場における生命保険会社の投資行動」『金融研究』二八巻二号、二〇〇九

「戦間期日本企業の資金調達と投資行動」『金融研究』三一巻一号、二〇一二

1　資本市場史研究の開拓的業績

私がこの志村嘉一さんの研究をとりあげる理由は、日本経済史の研究の中での評価が低すぎるからです。例えば財閥を研究する人は柴垣和夫さんには論及するけれども、志村さんが資本市場という観点から株式所有のあり方を分析し、そこからコンツェルンのもつ意味を議論したことについては、ほとんど論及しないのです。経営史的な観点が財閥史研究では優位なことが、資本市場というマクロ的視点が弱い理由かもしれません。

この本は、実証研究として非常に優れていて、『日本金融資本分析』などと比べても、ものすごく実証密度の高い、手間暇をかけたものになっています。しかし、それだけではなくて、理論的にも、戦間期のとらえ方とか、あるいは

財閥のとらえ方、独占のとらえ方を明確に意識しながら、それを具体的なレベルでどう展開するかという強い問題意識に支えられている。そういう点では、例をみない良い仕事だと思っています。志村さんは、お酒の飲み過ぎで五〇歳過ぎに亡くなられたのですが、これは三〇歳代半ばの業績です。

この講義でしばしば言いましたように、戦間期に関する研究はある時期から急激に数多くの業績が生まれるようになりました。すでに取り上げた代表的な研究の中でも山崎隆三さんたちの『両大戦間期の日本資本主義』が七八年、我々の世代が多少とも関わっているものでは『一九二〇年代の日本資本主義』が八三年、同じ年に『一九三〇年代の日本経済』が出ている。その翌年の八四年に橋本さんの『大恐慌期の日本資本主義』、八五年に私と橋本寿朗さんが作った『両大戦間期日本のカルテル』と続きます。つまり、産業革命期の研究からみると、ちょうど一〇年位遅れて戦間期の経済史研究が刊行されているわけです。

日本経済史の研究分野で、どちらかといえば講座派に近いところという狭い視野からみるとそう言ってよいのですが、宇野経済学の段階論に依拠した研究の成果や応用経済学分野の研究などを含めると、いろいろな研究がすでに発表されていました。私たちが戦間期の研究に移っていった時に直面した状況は、そうした形での先行研究がすでにあるということでした。

一九六五年の柴垣和夫さんの『日本金融資本分析』が比較的早い例ですが、志村さんの本が六九年、七一年に兵藤釗さんの『日本における労資関係の展開』が出ていて、同じ年に中村隆英さんの『戦前期日本経済成長の研究』が出ている。それから三年遅れて、山崎広明さんたちがまとめた『講座帝国主義の研究　6　日本資本主義』と続き、経済政策史論の三和良一さんが精力的に論文を発表する。中村隆英さんや兵藤さんのように宇野理論とは距離のある研究も含めて、後の戦間期研究に大きな影響を与えた重要な研究の一連の流れがあり、そうした流れに沿った代表的な作品は一九七〇年前後に出そろっていた感じがします。

しかも分野的にみても、ほぼ出そろっていた感があります。柴垣さんは財閥論・独占形態論で、兵藤さんは労資関係論、中村さんは長期の経済成長、山崎広明さんは産業構造論、三和さんは経済政策論、そして志村さんが資本市場です。農業分野では、七〇年に暉峻衆三さんの『日本農業問題の展開』上巻が出ている。段階論的な発想から整理してみると、コアになるのは柴垣さんの議論です。柴垣さんは、支配的資本のあり方について、財閥を念頭において、これを「金融資本」概念から議論した。これを前提にして、その基盤となる産業構造から資本輸出への連関が山崎さんの手で明らかにされる。その山崎さんの研究が産業構造の変化のメカニズムを説明する時に使っている需要変動とか成長メカニズムの議論は、中村さんのアイディアが基礎となっているという関係です。そういう産業構造の変化と資本主義経済の変化の中で、どういう労資関係の変化がみられるか、あるいは背後にどういう労働問題が存在するかが兵藤さんの研究で論じられている。三和さんが、独占段階からやや後の時期に視点を移しながら、それに対応した経済政策について論じ始めた、というわけです。

ところで、段階論のレベルでは、柴垣さんも『日本金融資本分析』の序論でいっているように、支配的資本形式を抽象的にいうと「株式資本」だというのが、宇野理論に属する人たちの共通理解です。その株式資本は、どのような形で形成され、どのような意味で実物資本から遊離した形で資本の商品化を実現するかを議論したのが志村さんです。だから、論理的に考えて志村さんの研究を、この世代の人たちの研究の中で落とすわけにはいかないのです。

柴垣さんが独占形態の側から支配的資本のあり方を議論したのに対して、志村さんは理論的に考えて、独占段階、帝国主義段階の支配的な資本は、株式資本形式であるという認識に即して資本の商品化という資本主義経済の行き着く先を示していく。それは、商品化された資本が取引される場としての資本市場はいかなるプロセスで準備され、日本における独占的な経済構造の中でいかなる機能を果たしたかを明らかにすべきだという問題関心であり、柴垣さんと志村さんの仕事は、補完関係にあります。

2　『日本資本市場分析』の問題意識

さて、『日本資本市場分析』の問題意識は、繰り返しになりますが、理論的枠組みでは、帝国主義段階論の中で、資本の商品化を念頭におきながら金融資本のあり方を論じたいというところにあります。ただ、評価が難しいのは、この本がそのことをあまり表に出さずに、ただひたすら事実をきちっと書いていることです。

さて、志村さんの研究には四つくらいのポイントがあります。

一つは、資本市場論ですから、産業資金、産業への資本供給を問題にしているわけです。これを株式と社債という直接金融の側から検討しようとしている。この議論の前提には、五〇年代初めに出された加藤俊彦さんの『本邦銀行史論』があります。つまり、「機関銀行」をキーワードにして、日本の銀行の特徴を整理した研究です。これは、間接金融の側から日本の産業と資金供給者との関係を論じようとした重要な研究です。銀行論・銀行史からいうと、本来の銀行というのはイギリス型の商業銀行、つまり手形の割引とか短期の資金を扱う金融機関である。それに対して類型的にいえばドイツのような――この本の言葉でいうと資本信用を媒介とする長期資金を供給するような――金融機関があって、それを投資銀行とか産業銀行と名付けるとすれば、その銀行の業務は長期の貸付金と証券発行の仲介業務を通して産業資金を供給することになる。このような類型として先進国のモデルを描いた上で、日本の銀行（機関銀行）はその中間にあって、一面で商業金融に関与しながら同時に特定の企業に対する貸付け、つまり企業にとっては資金の供給機関である銀行が資金供給に関して長期的に固定的な取引関係にある。銀行からみるともっぱらメインの貸付先がある、企業からみると資金の主たる借り手がある特定の銀行に固定するような関係にあった。そうした役割を果たす銀行を加藤俊彦さんは機関銀行として議論している。これに対して機関銀行論は、長期の資金供給の一部しか論じていないというのが志村さんの考え方です。資金供給、資金市場のあり方を全体として考えるためには、資本市場のあり方を議論する必要がある。資本市場における株式や社債の発行つまり直接金融の問題です。

二つめは、この議論をする時に、志村さんが産業別の類型を問題にしていることです。産業別の類型論に関しては、白井規矩稚さんの『日本の金融機関』、高橋亀吉の『日本金融論』などの先行研究があることは第12章で紹介したとおりです。おそらくこの二つの研究が産業別の資金類型を設定した研究として前提になっています。

三つめは、資金の出し手については、株式の所有構造を検討したことです。資金の供給機関に関するそれまでの研究では、例えば小野清造さんの『日本における生命保険の金融発展史』（栗田書店、一九三六）、山中宏さんの『生命保険会社の金融的発展』（有斐閣、一九六六）など、個別の金融機関に限った分析はありました。しかし、資本市場に対してどういう参加者がいて、それぞれがどういうウエイトをもち、どのくらいの役割を果たしていたかを明らかにしたのは志村さんが最初です。株式や社債を問題にするというのは、銀行史研究と補完関係に立って資金供給の全体像を議論するということなのです。

四つめは、株式や社債など証券の市場を議論する時に、従来はいわば「発行」市場（株式会社がどのように発起されたかという、最初の出し手のところ）――そこが一番わかりやすかったという面もあるからでしょうが――を議論していたのに対して、いったん発行された株式がその後どのように持ち手を替えていったのか、つまり、そのあとの売買が行われる流通市場を重視したことです。これが志村さんの研究の特徴だと思います。株式の最大の特徴が、資本が商品化されていることだとすれば、転売するなどうまく売り逃げられるというチャンスがあるという裏づけが必要で、発行市場そのものが十分に機能するためにも、流通市場の形成が不可欠の条件となる。株が売買できる、独立した商品として取引ができるという点で流通市場を重視するわけです。

それは、一つには志村さん自身が証券経済研究所で仕事をしていて株式市場について他の研究者に比べて具体的なイメージをもつ機会があったということに加えて、帝国主義の段階的な認識から提起されている「資本の商品化とは何か」という問題を問いつめた時に到達する課題意識、視点が活かされたからだと思います。

実証研究面でいうと、それまででも伊牟田敏充さんの仕事とか、野田正穂さんの仕事など、明治期については株主の分析とか発起人の分析とか、あるいは証券取引の分析などがありました。それは、いわば部分的に、例えば発行市場のあり方とかを議論していました。渋沢栄一などが発起人になる意味とか、そうした私募にちかい株式形式の資金集めのほかに、新聞広告などを使った「公募」があったことなどが事実の問題として明らかになっていました。

そうした研究を前提にしながら、志村さんは具体的にどのような形で証券市場が発展してきたのか、それが株式の発行なり社債の発行をどういう形で条件づけ、それがどういう流通市場によって裏づけられていたか、あるいはどういう流通市場の発展が株式ないし証券の発行を助けたのかなどの発行市場と流通市場の両者の関係を問題にしながら証券市場そのものの成長を論じていく。明治期の研究は発行市場に注目したものでしたから、それでは志村さんの問題関心には不十分でした。ですから、志村さんの研究の中心は第一次大戦期の株式ブームやその後の展開へと、つまり戦間期を対象とするものになります。そうした研究を通して、資本がどういう形で商品化されてくるかを、歴史的に跡づけようという問題意識が明確に設定されている。これは、宇野理論的なフレームワークを出発点としていますが、そこから具体的に明らかにされた事実の方が、大変な重みをもっているように私には思えます。

3　全体の構成

主な論点を少しだけ敷衍しておきましょう。前編は、それまである程度の研究蓄積があった領域を、資本市場論という観点から再整理しながら過不足なく議論しているものです。例えば、銀行論でいうと、資金の市場を問題にする時に証券市場が視野に入らなかったことを反省して、金融市場全体としてながめ直す。そして、各資金供給者を位置づけ直すとか、あるいは産業の側からみてどういう資金ルートが重要であったかを確認し直すというような作業をしています。すでにふれたような戦前期以来の先行研究がここでは見直され論点が明確化されていきます。

第一章は、日本における株式会社制度がなぜ、どのようにして定着したのかを問いかけています。それは序論の最後でふれているように、彼らの理論的関心からみると、株式会社制度とか株式市場は、帝国主義段階に固有の特徴とされるものですが、日本の場合には、帝国主義段階であるかどうかを論じることのできる時期よりはるかに前から制度として、会社形態としての株式会社が導入されてくることに着目する。そして、こういう事実の問題を「後進性」という形で処理・説明していくわけです。この制度そのものが外国から導入されることが、資本蓄積が不足している日本あるいは企業の発展にとっては重要な意味をもったということです。今日からみれば常識的だと思われるかもしれませんが、そういう分析が本格的に始められたのが、一九六〇年代だったのです。

例えば、この分析とほぼ前後して、中村政則さんが資本主義セクターの投資資金は地主から出ているのではないか（地代の資本への転化論）とか、石井さんが、いや商人から出ているのではないかと明治期の株式会社について議論し始めている。後の研究ですが、高村さんの『会社の誕生』（吉川弘文館、一九九六）ではそういう株主の動きが紹介されています。株式会社の資金源泉についての研究は、産業革命期研究では階級構造などの観点も含みこみながらさまざまな論点が提示されつつあったのです。そうした研究も志村さんの研究がまとめられるのとあまり違わない時期に進んでいます。その意味では、志村さんの研究は、研究史上でこの形成期の株式会社について一つの明確なイメージを出した研究だと思いますが、その後の研究ではあまり言及されることはないようです。通説化したことで、そのようなイメージがいつ誰によって明確化されたかを問うことがなくなっているということかもしれません。

この本のユニークなところは後編の株式と社債、とくに社債の分析をていねいにやったことです。

この本に唯一問題があるとすれば、この後編に関連しています。たとえば、社債市場論を例にとると、産業への資金供給から問題を設定しているために、資本市場論が国内に視野を限定する傾向にあります。たとえば電力外債についてみると、一九二〇年代には電力への資金供給が国内的には十分ではありませんでした。電力企業の企業金融という視点からは、国内の資本市場・証券市場は資金供給能力が十分ではなくて金利が高いので、外国で調達する方がよかったから外債を発行しました。借り手の側、調達する側からは、そういう説明で十分ですが、日本の経済全体から考えると、そうした電力企業の行動自身が、当時の地方公共団体、主として市レベルの外債発行と併せて、外貨不足を補う、在外正貨の不足を補う、そういう構造的な役割を果たしたという特徴があります。志村説はこうした視点との関連が、必ずしも明示的ではありません。つまり、資本市場論として問題を設定したことによって、積極的に論じているのは事実上国内のマーケットでの資金配分、調整です。資本市場というのは、国内のマーケットであるのと同時に、国際的なマーケットでもあるので、外国から資金が導入される、あるいは満州に資本輸出されるという資金の流れがある。資本市場がそうした資金の流れをどう媒介するかが全体像を結ぶうえでの鍵になっているわけです。この本では、対外投資についても電力外債についてもかなり書かれており、事実としてはその問題をおさえていながら、それを帝国主義論としてどう評価するかとか、資本の商品化の中で帝国主義的対外進出というのをどうやったら関連づけられるのか、そういう理論的な整理は明示的には行われていない感じがします。

その理由として、一つには、この本が資本市場そのものの特徴を描き出すことに専念した面があるために、日本経済の構造をどう把握するかについての関心が薄くなってしまったということが考えられます。もっとも、志村さんの議論と補完関係にある柴垣さんの独占形態に関する議論も、対外投資・対外関係に関する関心が希薄なので、その点では共通しています。このような分析になっている理由は次のようなものだと考えられます。つまり、これらの議論では、日本における帝国主義段階というのがすでに成立しているということを前提にした上で、そこでの支配的資本は何か、それは財閥に違いない、財閥は資本蓄積上どのような特質をもっていたか、どのような独占形態上の特徴をもっていたかを明らかにすると課題が設定されていく。もともと宇野さんは帝国主義段階では経済政策が変わっていくことを中心に描いていて、それが侵略のメカニズムにつながるのだという議論にとどめていることも関係しますが、帝国主義的な侵略との関係は独占体制の成立から過剰資本の形成、対外資本輸出が自動的に展開するかの印象を与える論理になっているので、帝国主義であることを前提とする議論では、そうした問題まで説明しなくとも、当然のことながら説明できるはずと考えているということなのでしょう。そうした意味で帝国主義的な侵略の問題に経済面から積極的な分析をやらないという共通性が、志村さんと柴垣さんにはあるようです。

これに対して私は、過剰資本の輸出は直接投資に結びつくかどうかは論理的には説明できず、「独占的な過剰資本」がどのように投資先を見出すかは、まさしく資本市場における裁定によってその都度決まってくる、そうした論理をもつことによって初めて、柴垣さんと志村さんの研究は明確な連関を議論しうるだろうと考えています。

4　時期区分と社債市場

実証的な捉え方に関連した論点では、第一に時期区分とその時期の評価について独自の捉え方をしていることが見逃せないポイントです。たとえば、第一次大戦期です。一方では、第一次大戦期は「バブル」だという捉え方があります。「から景気」と言われていました。戦時の特殊な条件の下で急激な経済拡大が進みますが、それは一時的なものだということです。第一次大戦期は異常な時期で一九二〇年代にはバブルがはじけて元に戻るという捉え方です。もちろん、第一次大戦期が日本近代史の中で重要な画期であったことは誰もが承認するのですが、経済発展という視点に限定した場合には、大戦期は異常な発展を示した時期であり、例外的な時期だとみる考え方があります。この考え方では、日露戦後の慢性不況期にみられる変化のなかにむしろ一九二〇年代につながる動きがあり、経済発展のあり方からみると大戦期のような異常な状態を除いた方が正確な評価ができることになります。これは安藤良雄さんのテキストなどを通して、一九七〇年代までの研究では、現代日本経済史の通説の位置を占めていました。だからこそ、中村隆英さんが一九二〇年代を「不均衡成長」と主張したことに大きなインパクトがあったのです。

これに関連して、たとえば、橋本さんや三和さんは、一面では異常な時期であるということを強調しながら、そこでの産業構造の変化が二〇年代につながるということを議論しているので、この点では微妙な位置にいますが、山崎広明さんは第一次大戦期を異常な状態と見ているようで、二〇年代に本来の日本経済の姿が明確に出てくるという評価です。柴垣さんに至っては、第一次大戦期の意味すらよくわからない、そういう叙述の仕方をとります。

　これに対して、日露戦後、第一次大戦、二〇年代を連続的な発展過程と捉えているのが志村さんのように思います。資本市場の発展という観点から言えば、大戦のショックというのは非常に重要で、そこで急激に成長した資本市場が——株式から社債へというように発行される証券の構成が少し変わりながらも——二〇年代にも持続的に発展する。大戦期はその発展の基礎になるというわけです。そうした意味で大戦期の意義を強調しているのが志村さんの捉え方です。

　もう一つ、時期の捉え方では、二〇年代を社債優位の証券市場という形でやや特異な時代として位置づけたうえで、重化学工業化、資本の商品化とか、社会的資金の集中、あるいは支配・集中という側面からみると、三〇年代に本格的な意味で資本市場が機能し始めたと評価していることも特徴です。その点では、三〇年代帝国主義確立説、つまり、三〇年代に独占的な経済構造ができあがったという山崎広明さんや橋本さんの議論と整合性の高い議論です。満州事変期以降の株式公開とか、そこで生じた社会的資金集中のメカニズムとか、新しいコンツェルン形成の動きを積極的に評価しています。これに対して、一九二〇年代は、電力業を中心にした、中村隆英さん流にいえば不均衡成長が資本市場を育てた時期ですが、財閥を支配的資本とするような日本の帝国主義的な経済構造の形成という視点からみると未完成の時期という評価になります。その点では、二〇年代末に日本型の金融資本が確立するという柴垣さんとは完全にずれています。やや強引に整理すれば、志村さんは三〇年代帝国主義確立説になる。

　この時期区分に影響を与えている実証的な論点として第二に重要なのは社債市場の分析です。社債に関してこれだけていねいに検討・整理した研究はありませんでしたから、それ自体重要なファクトファインディングが詰め込まれています。その後、橘川武郎さんの若い頃の仕事が、それを実証的なレベルで部分的に補完・修正したというくらいで、これらを乗り越えるような仕事は出ていないと思います。

5　株式所有構造の検討

第三に事実確認としておもしろいのは、資金の供給側に注目する視点から、株式の所有構造を問題にしたことです。この分析はこれまでほとんどなされたことがなかったものです。この研究の後になって明治期について石井寛治さんが『時事新報』の記録をベースにした株主の分析を発表していますが、志村さんの戦間期の株式所有構造の分析は、先駆的で大変重要なものです。この分析によって、大恐慌をはさんで所有構造がドラスティックに変わっていることが明らかになりました。

その根拠になっているのは、一九一九年版の『全国株主要覧』と三六年の『株式会社年鑑』の分析です。『全国株主要覧』は、当時上場されている株式会社五〇〇社余りの株主名簿を、ダイヤモンド社が名寄せしたものです。一人一人がどこの株を何株もっているかを、株主名簿から全てピックアップして個人別に表示しています。志村さんはこのデータから持株数でみた上位者――一〇〇〇株以上だと思いますが――だけを抽出して、この基準に合う大規模な株式所有者がどういう属性をもっているかを調べる。そうすると、テキストの三八九頁からの表に示されているように、一九年の時点では圧倒的に個人が優位だということが明らかになったのです。この時点では集計した大規模所有者のうちの四分の三ほどは個人の株式所有者でした。

志村さんが集計しているのは約八五〇〇人ですけれども、元のデータに記載されているのは二万四〇〇〇人ほどです。だから集計されていない一〇〇〇株以下の小さいのを全部加えてみたらどうなるかは気になるところです。ちょっと考えれば小さい株主ほど個人名義だろうと推測はつくのですが、そういう徒労をやったのが、私の資料分析（「大正九年版『全国株主要覧』の第一次集計結果」）です。やってみると、結果はほとんど変わりませんでした（笑）。個人が非常に多い。もちろん、この分析結果にはいろいろな制約があって、この時期にはまだ財閥系の企業の株式がほとんど公開されていないので、上場会社の中に含まれていない。こういう限界もありますが、株式市場論としては、第一次大戦期の株式ブームがかなり広い範囲の富裕層を株式市場に引き入れる契機になったということはいえるなど、それなりの意味をもっているわけです。

これに対して一九三六年についてみると、比較されている表が四〇九頁にありますが、一九年に七四・四％だった個人の比率が、三六年には一六・二％に落ちています。一七年が経過する間に、これだけ大きく変わっています。どこが所有を増やしたかというと、圧倒的に大きいのは「法人会社」という分類の株式所有者です。つまり、株主が法人化した。法人化という点では、保険会社や信託会社の保有増加もその傾向を上積みしています。この株主の法人化とは一体どのような意味を持つのかが問題です。志村さんによると「法人会社」の保有株式は、いわゆる持株会社と事業会社とが半々の割合になっています。そのことは、持株会社を頂点とするコンツェルン的な事業組織の存在意義が大きくなっていることと同時に、持株会社や事業会社が他の会社の株式を持つことを通して他の会社を支配下に置く、経営への介入の権限を持つような階層構造が形成されていることを意味しています。資本市場の発展によって、事業会社などはこのような形で産業内での影響力を高めることができる。あるいは経営の多角化の手段の一つを獲得しているなどのことが反映していると考えられます。事業そのものに直接投資をするのではなくて、他の会社の株式をもつことによって事業分野を増やしていることは、実物投資ではなくて商品化された資本（株式）を購入するという形で事業活動のあり方が変わってきていることが明らかにされたことになります。従来からの独占支配論などで想定されていた状況ではありますが、株式所有の法人化は、一般的には、持株会社の展開と同時に進んだと思われていました。それと同等の規模で事業会社の株式保有が拡大していたこと、それが大企業の支配力を強めていたであろうことが、このような形で確認されたというわけです。

この後、日本の株式所有構造は第二次大戦後の財閥解体によってもう一度大きく変わったと考えられています。財閥解体に伴う株式処分は個人株主の拡大を狙いにしていたと言われていますが、実際には第二次大戦後には別の形で株式の法人化がすすみます。その理由は企業集団の形成に伴う株式持ち合いや機関投資家の成長の結果と考えられています。ただし、アメリカでの経験も含めて当時の認識では、独占的な大企業が成立してくる時代には株式所有は分散し、分散することによって所有者の権限が弱まって専門経営者の時代になるという経営者資本主義論が有力でした。このような見方との関係でいうと、日本では有力株主は大企業の成長の中で法人に集中している（法人化が進展した）という、経営者資本主義論とは逆の特徴が明らかにされたことになります。株式所有構造からいえば、経営者資本主義論は株式所有の分散、つまり小規模所有の個人株主が大量に発生していることが前提になりますから、持株会社や事業会社の保有比率が大きく、経営への介入が可能な状況にある、経営者に対する影響力が強いという状態とは正反対の状況を想定しているのです。アメリカではそうした変化がみられるというバーリーとミーンズの研究がよく知られていますが、これと比べてみたときに、日本の一九三〇年代はずいぶん違います。財閥史研究を中心に日本の経営史研究では、専門経営者への経営委任が早い時期から見られると言われていますが、このような形で成立する経営者資本主義的な経営のあり方は、その背後の条件から見れば、アメリカとは異なっていたのです。

株式所有構造に関する研究は、独占支配論とは別の文脈ではすでに議論されていました。それは第二次大戦前にバーリーとミーンズの研究がアメリカで発表された直後から、つまり一九三〇年代の半ば以降に日本でも経営学を専攻する研究者が株式会社論をさかんに議論し、個々の企業について株式所有構造を論じていました。例えば、西野嘉一郎さんとか増地庸二郎さんなどの経営学者が、大企業の株主名簿を調べることによって、この会社は専門経営者支配——つまり株式が分散して所有者の発言権が弱まっている——とか、この会社は少数の特定株主に集中しているために株主の意見が反映しやすいとか、そうした所有構造のタイプ分け、類型論を提起していました。その意味では、ミクロレベルでの株式所有構造の分析は、戦前にもかなり蓄積がありました。

これに対して志村さんの研究は、ある時代を横断的に見て、どのような属性の株主が支配的な位置にいるのかを分析してみせたわけです。ある特定の会社についてではなく、日本の有力企業の株を一体どういう階層の人々がもっているか、成長してきた中間層やサラリーマンたちが貯蓄目的で株を所有し始めているのか、銀行が投資目的でもっているのか、それとも地主なのか商人なのか、他の企業への影響力を行使するために持っている事業会社なのかなどです。第一次大戦期に株式市場が急激に拡大するときには、商人とか地主とかいろいろな階層の個人が資産投資目的で株への関与を増やしたように見えます。しかし三六年になると、そういう人たちの地位は低下します。低下した理由の一つは、節税目的だと私は思いますが、資産保全会社を作ったりして法人会社の所有に名義を換えていることです。しかし、それだけではなくて、財閥などの大規模な持株会社の所有も大きくなっているし、事業会社もどんどん持株会社化している。その結果として所有構造が変わったのです。こうした変化は、日本の資本主義のあり方を変えているのではないかということを、この株式所有構造の分析から志村さんは問いかけているのだと思います。

【質疑】

質問　武田先生の研究は、志村先生の研究とはどういう関係にあるのでしょうか。

武田　私自身の研究は、一つは志村さんの**株式所有構造**についての補足的な研究になります。それが本論中でも言及した株主要覧の分析です。この作業の成果の一部を使いながら、一九一七年版の要覧のデータと部分的に比較して第一次大戦期の地方における株式ブームについて「日本帝国主義の経済構造」という論文で言及しています。この研究のためのデータはまだだいろいろな分析ができるもので、たとえばA社の株主とB社の株主に相関関係がないかなど検討してみるとおもしろいはずですが、未着手です。相関が強いという結果がでる可能性が高いのですが、どのような産業分野でどの程度明確に確認できるかはやってみないと分かりません。それでも、もし相関関係が高いとすれば、外見的な市場の発展にもかかわらず、いまだ発行市場では顔の見える関係での株式勧誘などが大きな意味を持ち続けたことなどが推測できるかもしれないとは思っているのですが、処理すべきデータ量が大きいので簡単にはできないと、半ばあきらめています。

もう一つは志村さんの資本市場論を補完するために、機関投資家としての保険会社の資金運用状態を検討しています（「戦間期日本資本市場における生命保険会社の投資行動」『金融研究』二八巻二号、二〇〇九）。これは集計量としては、すでに志村さんの本に出てくるのですが、機関投資家がどのような条件で資産運用しているのか、それは時期ごとにどんな特徴を持つのか、あるいは本業の保険営業の規模などとの関係ではどのよう類型差を生むものなのか、などは検討すべき課題と考えてやったものです。この点では麻島昭一さんによる生命保険会社の資金運用についての研究（『本邦生保資金運用史』日本経済評論社、一九九一）などで個別企業の運用実態が明らかにされたことにも背中を押されています。ただし、この研究で私が重視しているのは、個々の保険会社の特性というよりは、その運用実態から見ることのできる、資本市場の資金配分に関わる機能がどのようなものであり、それはどのように変化しつつあるかという、あくまでも資本市場論としての問題関心からです。

補完的な関係にあるという点では、一番最近になってまとめられている「戦間期日本企業の資金調達と投資行動」（『金融研究』三一巻一号、二〇一二）が、資本市場での資金の取り手の側についての包括的な分析を意図したものです。これも志村さんがある程度整理された事実が私たちの共有財産としてあるのですが、資金需要側から資本市場はどのような意味を持ったのかを明確に問いかける必要があると考えたのです。というのは、直接金融によって調達するというのは、企業金融から見れば調達手段の一つであり、間接金融による、つまり銀行から資金借り入れもあり、さらに自己資金（この場合、減価償却や利益留保により確保される内部資金であり、市場から調達される株式資本を含む自己資本とは別の捉え方ですが）があります。とくに内部資金については、企業の財務情報からは減価償却額などがわかりにくいために過小に評価されていることが研究史上では問題だと考えていたのです。この点に注意して統計的な整理をして、戦間期の企業金融の実態を明らかにしました。自己資金の企業金融に占める役割が極めて大きいこと、財閥系と非財閥系の恐慌期における資金調達に差異があることなど、これまでのイメージとはかなり異なる結果が出ていると思いますが、その具体的な論点については、論文を読んでいただくようにお願いします。

以上は、直接間接に志村さんの研究につながっているものですが、それだけではなく、本人の意図としては、志村さんの研究と柴垣さんの研究を両睨みにした議論をしたいと考えているものがあります。志村さんの研究は市場を問題にしますから、市場に登場しない、参加してこない経済主体は対象に入れようがありません。他方で柴垣さんは、財閥の自己金融を強調しますし、経営史の一般的な理解でも有力大財閥は封鎖的所有であり、株式公開は一九三〇年代以降に生じる部分現象ということになります。やや極端に言えば、この二人の研究は一九三〇年代まで交わることのない対象を論じているように見えるのです。同じような理論的な基盤に立って同じ対象を分析しながら、なぜこのようなことになるのでしょうか。最大の問題は、この二人がともに、日本が帝国主義段階へと移行したことを前提にして、議論を組み立てていることのように思います。帝国主義段階に何時いかなる条件の下で移行していくのかという課題設定があれば、両者の論点はもう少しクロスする形で提示されたのではないかと思うのです。

そんなことを気にしながら、財閥論への問題関心を展開していったのが内部資本市場論ということになります。第14章の財閥論で指摘したように柴垣さんの財閥論には宇野理論の固有の主張である「資本の商品化論」が明示的に説明されていません。金融資本の積極的な典型だと主張しながら、個々の産業分野での独占利潤の吸収以上に、それ以外にというべきかもしれませんが、財閥がコンツェルンという独占形態をとりながら、独占利潤を獲得しているということも説明されていないのです。そこで、財閥持株会社がその組織形態の特徴から独自の収益基盤を持っているとすれば、持株会社の保有する金融資産（主として株式）の操作を通して利益を獲得することではないかと考えてみたのです。この金融資産操作は財閥外部の資本市場における資産評価などを基準にしながら行われる、その限りでは外部の資本市場と密接に関係していると考えて、これと対比して「内部資本市場」という概念で検討したのです。内部資本市場の考え方は、鈴木良隆さんから学んだものですが、このアイディアと麻島昭一さんが財閥の金融構造に関連して発表したいくつかの論文で明らかにされた事実――財閥が第一次大戦期から内部資本市場での資金の配分を有効に行うために、所有株の放出（公開）などの金融資産操作を盛んに繰り返していたこと――とをつなぎ合わせて、財閥持株会社が備えていた独自の収益基盤を明らかにしようというわけです。

質問　最近の議論では、資本市場に関してはもっぱら**コーポレートガバナンス（企業統治）との関係**で論じられているようですが、そうした議論との関係はどう考えれば良いでしょうか。

武田　企業統治との関係を議論するのは、一つの見方ではあると思いますが、まず歴史的な分析視角という点から言うと、現代のような企業統治に関する理論がない時代について、つまり同時代的には意識されていないような経済学の理論的な枠組みがどのくらい説明力があるのかを考える必要があります。

株主が総会などを介して発言権があり、あるいは株式の売買の自由を持っていることは間違いないでしょうが、そのことに基づいて「会社は株主のもの」と考える現代的な考え方と同一の考え方と断定するわけにはいかないと思います。株主のものという考え方を支える概念として「残余財産権」というものがありますが、これはもともと株式会社制度が導入されたときには、株式会社には営業期間の定めがあり、その定めに従って定款でそれぞれの会社が定めた営業期間の満期に達して会社を解散する場合にはどのような形で法的処理をするかが定められていたことに由来しています。法的な処理の対象となる資産が残余財産であり、それについては出資者の権利が保障されていただけなのです。決して、営業中の事業資産の処分権を含むものではありません。処分が認められているのは証券化された株式という金融資産だけです。それ故、配当に対する請求権やこれに基づく発言権は、残余財産権の処分権と結びつけられるものではないのです。もし残余財産権に基づく所有権を重視するのであれば、解散時の出資者にこそその権利があり、事業の存続中には確定し得ない残余財産について権利をその時々の出資者が主張しうるものではありません。比喩的に言うと、相続財産について資産の保有者に対して、相続権をもつ子供などが、相続時には自分のものになるはずだからといって生存中にその資産を自由に処分できる、自分が所有していると主張するようなものなのです。

もちろん、現在では「会社は株主のもの」という考え方が、法的に制度化されています。それは、会社制度が作られたときの趣旨にはなかった議論・解釈がなされ、その解釈を法的に安定させるために会社法改正が行われた結果です。制度はそのような選択の結果として異質なものに変わることがあります。それは投資家優位の経済社会を作り出そうとする要求によって新たに追加された現代の産物です。それ故、会社を株主のものとして考えていることを前提に、戦前期の株主の行動を議論するのは、分析者の都合で設定された非歴史的なアプローチだと思います。

もちろん、それでも配当の多寡を問題にし、発言権を行使する株主たちが企業経営に影響しなかったというわけではありません。出資に伴う発言権は、通常の資金貸借とは異なって、リスクを負うという出資の形態に由来していますが、それは、出資資金がもともと自分のものだと言うことに過ぎません。出資している会社が株主の集合体の所有物であるということは意味しません。このリスクを負う出資に関連して大事なことは、問題になる会社の株式が資本市場で売買可能でなければ、株主は「退出」を選ぶわけにはいかないが故に「発言」に固執するということもありうるということです。ですから、株主が活発な参加をしていることがあったとしても、それが資本市場を介した企業統治が行われている証拠にはならないのです。別の角度から言うと、資本市場において株式が転々売買されるような流動性を保証する流通市場の発達が十分ではない場合には、株式を介した効率的な企業統治それ自体が成立するという論理が適用できるような基盤はないのです。志村さんが流通市場にこだわって議論を展開したことは、そうした意味では現代的な問題関心に読み替えることが可能な事実をいくつも提供していると言ってよいでしょう。結論的に言えば、戦前期の資本市場において株式や社債の流通市場の発展は限定的であり、資本の流動性を保証しうるものではなかったのです。そして、そのために株式所有を介した企業支配というような側面が際だってくるということも時代の特徴となっています。

その意味では、たとえば第二次世界大戦前の日本では直接金融が中心で、これに基づく企業統治が行われるようなアングロサクソン型の経済構造を持っており、これに対して戦後は間接金融によるそれが支配的になった、というような対比で議論することも現代固有の認識枠組みの型にはめてしまうような無理をしていると思います。

資本市場のあり方は、経済発展の程度に応じて段階的に変容してきたと考える方が、歴史認識としては適切だと思います。その一つの考え方については、「資本市場の発展とその意義に関する覚書」という小論にまとめて書いたことがありますから、参考にしてください。

以上

この講義録は、一九九七年一二月に行われたものを基礎にしていますが、資本市場に関する武田の研究は、その後、いくつかの進展がありましたので、これを参考文献リストに追加し、その追加を反映して内容についても加筆しました。

第16章　戦間期日本の対外金融
――伊藤正直『日本の対外金融と金融政策』――

テキスト　伊藤正直著『日本の対外金融と金融政策』名古屋大学出版会、一九八九

1　遅れていた対外金融研究

テキストは伊藤正直さんの対外金融に関する研究ですが、この書物は第一次大戦期、一九二〇年代、昭和恐慌期、一九三〇年代と時期を分けて、それぞれの時期の国際収支、対外金融、金融政策について節を分けて論じるという構成をとっています。

この本を理解する上では、背景となっている金融史の研究状況を理解しておく必要があります。それについては、東京大学出版会から刊行された加藤俊彦編『日本金融論の史的研究』（一九八三）でおおよその概観を知ることはできます。すでに三〇年以上前のものになっていますが、その時期までの研究については、金融機関や領域別に研究史をサーベイしている本ですから、これを読めば一応のことは分かります。その後のことだけは自前でやる必要はありますけれど、その本では朝鮮銀行や台湾銀行という特殊銀行でも、無尽などの庶民金融機関でもすべて網羅的に書かれていますから、参照する価値はあります。また日本銀行については、石井寛治さん編集で『日本銀行金融政策史』（東京大学出版会、二〇〇一）という本も出ています。

そういうなかで、戦後における日本金融史研究の出発点になったのが、加藤俊彦さんの『本邦銀行史論』（東京大学出版会、一九五七）というものです。一九五〇年代初めのものですが、これは書名からも分かるように、銀行史・金融機関史研究というべきもので、金融政策や金融構造についての分析は必ずしも十分ではありません。これを受けてその後、銀行史の研究が研究者によってもまた銀行社史の形でも刊行されるようになり、地方銀行については地方銀行協会の支援のもとに地方金融史研究会が組織されて長く活動を続けることになり、そこからたくさんの研究成果が『地方金融史研究』に掲載されていきます。また、このような動きとは別に産業金融史の研究が山口和雄さんを中心に進められていきます。さらに、金融立法史や植民地金融史などにも研究対象が広がり、また日本興業銀行などの特殊金融機関や三井銀行についての実証研究などが積み重ねられていきます。このように金融機関の研究や国内金融に関する研究が積み上がるなかで、為替取引とか対外的な金融問題についての研究は手薄な分野で、伊藤正直さんのこの本は、最初の本格的な「戦間期対外金融史研究」と研究史上で位置づけることのできるものです。

2　第一次大戦期

全体が四章に分かれていますが、とくに新しい論点が出ているのは第一次大戦期ではないかと私は考えています。第一次大戦期については、大戦によって対外収支が大幅な黒字に転換するという状況が、大戦を契機とする国際環境の変化から説明され、この変化が日本の対外金融と金融構造に与えたインパクトを、貿易金融・外国為替、正貨蓄積、資本輸出の各側面から分析しています。

まず、貿易金融については、横浜正金銀行優位の構成（残余の部分は香港上海銀行などの外国銀行の取扱）の下での日本の金融機関によって外国金融機関が駆逐されていきます。その理由はアジアを拠点とする外国銀行がロンドンからの資金供給が途絶えることで経営的に行き詰まったからでした。これと並行して本国との関係が戦争の影響で途切れたために外国商社の地位が大きく後退します。貿易活動が活発化してビジネスチャンスが拡大しているなかで、有力な競争相手であった外国商社が市場から消え、そこに日本の商社が進出する。たとえば財閥系の商社、三井物産や三菱の販売部門（大戦中に三菱商事）などが急成長する。鈴木商店も急拡大する。久原や古河などが商社を設立して新規参入した。そうした商社に日銀から横浜正金を介した貿易資金が提供されるわけです。

貿易金融は、急激な拡張に対応せざるを得なかった側面があるために制度的な整備は不十分なままに進むことになります。そのなかで、第一次大戦以前の日本銀行―正金銀行―財閥商社という一元的な対外金融ルートとは別に、アジア市場圏の拡大を背景とする台湾銀行、朝鮮銀行ルートが創出されます。為替資金の源泉は日本銀行からの資金融通で、正金や台銀の為替業務はこれによって支えられています。貸付資金が外貨で為替銀行に返済され、それらの環流した外貨は正貨準備となります。為替市場でのもう一つの特徴は、普通銀行とくに財閥系銀行が対外金融機関として本格的に登場したことですが、この外為業務への進出は大戦期には試行錯誤の段階にあったと評価されています。

正貨政策では、大戦直前の正貨危機から第一次大戦期の正貨累積へと転換し、債務国から債権国へと日本は転換していくことになり、累積された正貨の一部は、日銀所有の在外資金ではなく、政府所有の在外資金として蓄積されます。これはあとで説明するように大戦期に政府資金で在外正貨を買い取ったからですが、その保有形態は、国際金融センターのロンドン・ニューヨーク市場への二元化を反映して、戦前のポンドからドル・ポンドへと二元化したことが指摘されています。政府資金の買い取りが行われたのは、事実上の金不胎化政策、つまり国内通貨供給の抑制政策を意図したからとされています。

このような対外関係の変化を背景に、はじめて本格的な資本輸出が展開しますが、この資本輸出には二つのルートがありました。つまり、対先進国公債投資と対中国借款・事業投資です。対先進国向けは連合国を支援するという意図をもつ短期の証券投資（国債引き受け）です。他方で中国向けは西原借款を中心として大規模に展開します。こうして対外債権残高が対外負債を越えて債権国化しました。

このうち中国向け投資の拡大に重要な役割をしたのは、日本興業銀行・台湾銀行・朝鮮銀行の三特殊銀行の活動であり、これを支えたのが大蔵省預金部です。これらの機関が大戦期資本輸出において重要な位置を占めることになりました。このようなルートが作り出されたのは、国際的な制約があったからです。第一次大戦前に主要国間で対中国投資については共同歩調をとることを約束していて、その実施機関が横浜正金銀行だったことから、同行の自由がきかないという事情もあったようです。預金部と三銀行という新たなルートでは経済借款の形態で、たとえば交通網の整備を名目とした投資が行われる一方で、満鉄や中日実業、東亜興業等の対中国投資機関や、三井物産、大倉組等の商社資本による投資も行われ、投資額が大幅に拡大し、多様化しました。この投資活動で重要なことは、対外投資は国家がいろいろな形で関与して国家主導下に進められているのですが、資金の基礎は国の保証のもとで市場（＝都市銀行団）資金を動員したことです。この市場資金を基盤としているという点は、私が「帝国主義の経済構造」という歴史学研究会報告で「自前の資本輸出」と表現したことに対応したものです。

このような投資が活発化した背景として、第一次大戦期に日本銀行の内国金融の問題が論じられます。輸出拡大に伴って内国金融も拡張しますが、その特徴は「金不胎化政策」です。輸出拡大にともなって急増する国内通貨供給により金融緩慢が進み、投機的な取引を介して物価上昇につながることを抑制するため、正貨を政府が財政資金で買い上げて発券準備から外していく方策が「金不胎化政策」です。寺内内閣は国内金融についてはあまり積極的な政策を展開していないように見えますが、この措置は物価に配慮したものであったし、そうした視点で見ると、積極的な対外投資も流入する正貨が通貨膨張につながらないようにする方策という意味も持っていたことになります。もちろん貿易金融が阻害されることは避けなければならなかったので、日本銀行は外為貸付金の供給を通じて資金を散布し、さらには日本を国際金融センターの一つに育成する方向を追求する側面もありました。そのために日銀による手形割引市場創出の試みも行われますが、これは戦後恐慌によりほぼ完全に破綻したとされています。

3　一九二〇年代

一九二〇年代になると、第一次大戦終了とともに赤字となった国際収支に対して赤字分の決済は在外正貨の払い下げでカバーされ、さらに正貨保有額に限界が見えてくると外資導入を選択的に行って決済資金を獲得することになります。この間、第一次大戦中の対外投資のうち、英仏への投資は短期に償還されますが、対露投資はロシア革命の関係で回収不能になりました。さらに対中国投資は実質的に政治借款であり、内戦の軍事費などに費消されてしまったので、それらの対外投資が元利払いという形で一九二〇年代の国際収支の悪化を改善するような要因にはならなかったのです。この時期に在華紡への投資が展開し、満鉄への投資が追加されるなどの実質的な意味のある直接投資も進みますが、大戦中の多額の投資が不良債権化して国際収支の改善に貢献できない状態になりました。

こうしたなかで積極政策を展開するためには金本位制への復帰は望ましくないという高橋是清大蔵大臣の判断もあって金輸出禁止措置は継続され、蓄積された在外正貨は、対外不均衡と国内不均衡の両面をともに調整する緩衝板としての役割を果たします。為替市場に対しては、一九二二年九月からの正貨払い下げに相場低落防止という目的が付与されたことからも知られるように、一九二〇年代後半にかけて為替投機のために円相場が乱高下することに対応して、為替相場安定のために通貨当局の介入が必要となり、正金銀行は介入的な対応を積極化します。

外国為替・貿易金融では、①為替相場維持を図らなければならなかった横浜正金銀行のシェアが低下したこと、②台湾銀行のシェアが激減したこと、③普通銀行のシェアが二〇年代に急上昇し、二〇年代後半に正金銀行を凌駕したこと、④復活してきた外国銀行の比率は日露戦後期と比べれば著しく低下したことなどの諸点が特徴です。こうして一九二〇年代の外国為替取扱銀行の基本構成は正金銀行と普通銀行となりました。

これらの為替銀行のうち、正金銀行の外国為替業務は貿易金融を主軸としながらも、ロンドン・ニューヨークの国際金融市場で円滑な資金循環を実現することを主たる任務としています。これに対して財閥系銀行は系列内の貿易商社への貿易金融も行いますが、それよりはむしろ外貨証券や外国為替の売買、すなわち広義の為替市場での投機取引を基軸としていたことが明らかにされています。

大戦期に中小貿易資本に対する貿易金融業務によって台湾銀行も朝鮮銀行も従来の植民地中央銀行としての役割をこえてその機能を一挙に拡大していました。しかし、いずれも一九二〇年恐慌を境に、まさにこの対外金融機関としての伸張のゆえに経営を極度に悪化させ、いずれも数次にわたる整理を余儀なくされることになります。

一九二〇年代にもっとも問題になったのは台湾銀行です。鈴木商店関係および対南方中小貿易商に対する貿易金融を主軸にした事業展開が大きな躓きにあったのです。これが金融恐慌につながる問題です。ちなみに、鈴木商店などの新興貿易商社の破綻が台湾銀行の破綻につながるという説明は、加藤俊彦さんが『本邦銀行史論』で提示して以来通説となっていた説明と少し違っています。通説では植民地中央銀行として設立された台湾銀行・朝鮮銀行はそれぞれの域内の内国金融だけでは銀行としての経営的な発展に限界があるので、台銀を例にとれば東京支店を開設し信託預金を集めて日本の国内への金融を拡張した。これが後々の破綻につながるという説明でした。つまり、台湾銀行は、利潤動機にそって国内金融に進出し、その際の投機的な取引拡張によって破綻したことになります。伊藤さんはそれに加えて、台湾銀行が大戦期に拡張した外国為替業務にも破綻の原因があったと考えています。南方に向かっての支店拡張の過程で投機的な新興商社との関係を強めた面があり、この繋がりが台銀・鈴木商店の破綻、金融恐慌を引き起こす経営悪化要因であったとの説明を追加しています。台銀の外国為替業務の拡張の理由は、第一次大戦期に国際決済に支障が出るなかで、台湾銀行が南方に向かって輸出入為替を取り扱うことを任務とされたこと、つまり政策的に推進されたものであったという話です。政策的関与が強調されているのです。

一九二〇年代の日本銀行の金融政策については、貿易金融から内国金融へ、それも国内向けの救済的な融資にシフトしていくわけですが、この融資の固定化が不可避となり、全般的に見ると金利の操作などを通して国内金融市場をコントロールする力を失ったと評価されます。一九二〇年代の外国為替銀行からみると、為替資金問題は基本的には国際収支入超によって生ずる外貨資金問題でしたが、この国際収支調整・対外金融の調整の政策主体は、一九二〇年代には政府・大蔵省に一元化されています。こうして通貨統制力を喪失していった日本銀行のもとで金融恐慌が発生し、その後金解禁に対する国内的・国際的圧力が強まり、在外正貨の枯渇によって金解禁は不可避となったというストーリーになります。

4　昭和恐慌から一九三〇年代

次に昭和恐慌期についてみると、恐慌のインパクトのなかで金本位制維持政策が展開することになりますが、予想通り金解禁後に正貨が流出します。それでも一九三〇年八月から翌年九月までの時期には、横浜正金が無制限為替統制売を政府・日銀との協議に基づいて実施したことから、為替相場は金現送点の範囲内で一応の安定をみせていました。しかし、その後、ロンドン市場の閉鎖・イギリスの金本位制離脱などのなかでドル買が殺到して、莫大な量の正貨が為替投機によって流出し、金本位維持策は破綻しました。

金解禁時の国内金融については、正貨を日銀へ一元的に集中することで金本位制のルールに従った通貨政策により通貨量が絞り込まれます。デフレ的な政策ですが、この政策は資金量を抑制し不況をもたらし、投資的な資金需要が抑制されるため、金融恐慌後に預金量を増やしていた財閥系銀行などでは資金が過剰になってしまいます。これが一因になってドル買いなどの投機的な動きが発生すると理解されています。

このように金解禁政策の維持は、イギリスが金本位制の停止後には都市銀行の資金過剰などの要因もあって、客観的な条件を欠いていたと捉えられています。

第4章の一九三〇年代について特徴的なことは、金本位制維持政策が破綻して一九三一年一二月に金輸出再禁止措置をとったこと、為替相場については円相場の低落を放任したのち低位安定化をはかったこと、制度的には外国為替管理法を制定したこと、日銀の保証発行限度を大幅に拡張したこと、日銀による赤字公債引受を開始したことなどがあります。こうした一連の金融措置の実施とブロック経済化の進行が基盤となって、日本は国際的にみて早期の景気回復を実現することになります。

ただし、国際比較の視点で見ると、一連の政策措置のうちで外国為替管理についてはイギリスが早期に管理に取り組むのと比べると、日本の為替管理への移行はゆっくりとしたものでした。為替管理・貿易管理の厳格な発動までには一定のタイム・ラグが存在し、為替市場統制が強化されるのは日中戦争後であったことが強調されています。

対外的な資本移動についてみると、外資導入が停止する一方で、満州・朝鮮に対する植民地投資が累積的に増加し、国内重化学工業の発展と植民地工業化が進んだという捉え方を追認しています。外貨問題としてみると、このような投資は外貨を必要としないとはいえ、他方で外資導入が絶望的であるために正貨の枯渇が深刻化することになり、一九三七年には外貨資金がほぼ食い潰され、国際決済の危機が顕在化します。これが戦時統制経済への転換点になるというわけです。

5　成果と残された課題

第一次大戦が国際金融面においても大きな不可逆的な変化が発生した時期であったことを明らかにしたことが研究史に対する大きな貢献の一つです。これはこの世代の戦間期研究では共通認識になったものだろうと思います。

実証的な面では、大蔵省財政史室の資料を渉猟し特殊金融機関（台湾銀行・朝鮮銀行・預金部）の活動や財閥銀行などの為替市場への進出を明らかにしました。それと同時に鈴木商店の活動などについても、その実態にある程度迫ったこと――未だによく分からないところはありますが――、しかも鈴木商店だけでなく、いろいろな新興商社が活躍し短期に破綻していったことを明らかにしたことも見逃すことはできません。個別の商社では私が古河商事の大連事件についての論文を書いたりしていましたが（「古河商事と大連事件」『社会科学研究』三二巻二号、一九八〇）、新興商社群の存在をクローズアップした意味は大きいでしょう。ついでに付け加えておくと、最近の研究では三井物産でも、三菱商事でもこの大戦後の恐慌発生に絡んで、それぞれ厳しい経営状況に追い込まれ、表に出なくとも多額の損失を出した支店などがあったことが明らかになっていますから、こうした点から考えると、鈴木商店にしても古河商事にしても、あるいはその他新興商社にしても、確かに投機的な性格を帯びたのでしょうが単に経営担当者たちの失策というようなレベルで説明できる問題ではないような気がしています。

金融政策については、日本銀行の位置付けが論じられています。大戦期については政府の意向を受けながら貿易資金供給と金不胎化政策を実施する機関であり、一九二〇年代には救済融資を実行することによって結果的には金融市場への統制力を失います。そして一九三〇年代には国債引受機関化するなかで市場オペレーションによって国内通貨の管理をする主体になっていきます。このようなかたちで、この時代的な変化が描かれていきますが、この時代の日本銀行は、中央銀行としての独立性というような現代的な問題関心から見れば、明らかに異なる性格を持つ中央銀行であり、大蔵省日銀局という性格が強かったようです。唯一例外なのは浜口内閣期ですが、それが時代の特徴でもあるということだと思います。

敢えて問題点をあげるとすれば、財政史との関係についての検討が不十分ではないかということはできます。この点では、日銀の外為貸付金によるファイナンスと建値の円安化により正金に大量に集中した正貨を、第一次大戦期に政府が買い取って金不胎化政策を実施したことを指摘したことは重要なのですが、これを財政面から見るとどうなるかということについての検討が不十分だったようです。

輸出の拡大によって輸出代金が国内に流入して通貨量が増加したとき、それが物価上昇につながるのは、供給に何らかの制約があるからです。なぜかといえば、輸出拡大が新規参入や既存企業の拡張をともなって進展して通貨供給量が増えるのであれば、こうした経済活動のための資金は、「成長資金」として使われるだけですから、「金余り」になって投機的な活動をもたらすことは原理的には考えにくいからです。多少のタイム・ラグ（拡張的な投資が実際の供給の増加に結びつくまで）があっても中期的には物価上昇が深刻な問題になることはないでしょう。供給の増加、つまり国内生産活動の増加が順調であれば輸出拡大による通貨供給の増加それ自体に問題はないはずなのですが、第一次大戦期はそうではありません。海外の物価高騰と為替市場の機能停止という外生的な条件に加えて、国内的な制約がありました。この点では、橋本寿朗さんが指摘した設備投資制約が存在し、供給制約の強い経済になったということが、伊藤さんが問題にしている通貨量の増大に対処してインフレを回避しようと取り組む政府や日銀の対応を必要とした国内要因です。つまり投資制約があるから、国内金融市場は異常な緩慢状態になるのですが、それを緩和するためにたとえば特殊銀行が発行した金融債で市場資金を吸収して対外投資をするという方策が通貨管理政策として意味をもつ。そうした仕組みは中国における利権確保と国内金融対策の一石二鳥の政策だったとしたわけです。

この範囲で話はまとまってはいるのですが、正貨の買上げという点に注目すると、その買上資金を日本政府はどのようにして手に入れたのか。そして保有正貨を一九二〇年代に払い下げるというのは財政的な問題としてはどのような意味を持つのかというような点がふれられていませんでした。平板に在外正貨の払い下げは正貨危機を回避し、対外不均衡によって生じるデフレ圧力を遮断する役割をしたという、それまでの議論を越えられていないように思います。もちろんその議論にそって正金銀行が円相場維持のため為替市場に介入したことや、救済融資を行うなかで日銀が統制力を失ったことなどが全体として議論されていることは伊藤さんの大きな貢献なのですが、金融の問題に限定したために、金不胎化政策が一九二〇年代の財政にどのような遺産となったのかという問題が視野に入らなかった気がします。これについて伊藤説を補完する形で財政面からの役割を含めて論じたのが、私の「景気循環と経済政策」(石井・原・武田編『日本経済史3』東京大学出版会、二〇〇二）です。

【質疑】

質問　**「自前の資本輸出」の意味**とはどのような研究史に対する批判なのでしょうか。

武田　仕組みは説明した通りですから繰り返しませんが、第一次大戦前には、日本興業銀行が海外で金融債を発行して得た資金を投資するというようなかたちで、資金源泉は海外にあり、実行しているのは政府機関、国家主導でした。だから、外資の転貸であり、民間の過剰資金の輸出ではないという限界があると評価されていて、在華紡が出てくるまでは過剰資本輸出という帝国主義論の図式に適合的な事例はないと考えていたのです。それに対して、私の議論は資金の源泉から見れば、第一次大戦期の資本輸出は国内金融市場から調達された民間資金であり、それまでの転貸形態ではないから、「自前」の資本輸出と評価してよいとしたのです。この議論に対して、伊藤さんは自前の資金であることは認めたうえで、そうした資本輸出が実施されたのは、政府がつくり上げた仕組みのなかでのことであり、それも対外投資と金不胎化政策の二つの狙いを同時達成することを意図したものであることを強調して、資本輸出論としては「国家の主導性」を第一次大戦期の資本輸出についても確認する主張をしています。つまり経済的なメカニズムから自動的に発生する過剰資金ではないのだろうと思います。その点では伊藤さんの議論の方が日本資本主義の特質について山田盛太郎以来の講座派的な考え方に近い評価になっていると思います。

「自前の資本輸出」という議論の特徴は、資本輸出が行われるかどうかについて資金源泉に注目したということと、それまでの資本輸出が産業における過剰資金の形成から議論していたのに対して、過剰資本という問題が仮に議論できるとすれば個別産業レベルではなく国民経済レベルの問題と捉えたことです。産業内で過剰になったとしても直ちに海外に目が向くわけではなく、他分野への多角化ということもあるし、証券投資などの投資機会を選ぶかもしれず、その投資先が必ず海外になるとは限らない、という理解がベースになっています。この議論が多少ともそれまでの捉え方に対して利点があるのは、国家主導かどうかという従来の議論とは交わりにくいかもしれないのですが、一九二

○年代に満鉄への追加投資という海外投資がどのようなメカニズムで可能になったのか——これは実際には国内市場での株式・社債による資金調達なのですが——などの問題と連続的に議論ができるところだと思います。

質問　**金不胎化政策**のプロセスがすこしわかりにくいのですが。

武田　通貨量を減らすために、政府に納められた税金、これは日銀券で政府に支払われるものですが、この税収の一部を使って日本銀行の保有する正貨を買い取るのです。実際には、税収は日本銀行の政府預金に入金されるわけですが、この預金を日本銀行のもっている正貨と交換して、日本銀行が保有している内外正貨の一部を、発券準備から外して、日本銀行が政府保有の正貨を現物で預かっている形にかえる操作をします。正貨を買うことによって税収の一部が凍結されるので、その結果、財政支出による通貨供給の増加が抑えられる。似たような政策は、大戦期のアメリカでもとられていますが、その狙いは通貨量を管理してインフレを抑制することです。

それまで、第一次大戦期のブームについて橋本さんや私は、従来の「から景気」なのか「構造的発展期」なのかというような議論に対して、両面があったということを実体経済の構造から説明していました。そのキーワードが先ほども少しふれましたが「設備投資制約」というわけですが、これを指摘することで「金余り」から投機の発生、物価上昇という連鎖で「から景気」を説明して、経済の実態的な拡大との両面を一つの枠組みで捉えようとしたわけです。これに対して、伊藤さんは、その物価上昇に対して政府が手をこまねいていたわけではなく、海外投資を推進したり、政府が正貨を買い上げたりしたことを指摘し、大戦期の全体像をさらに明確にしていったのです。

大事なことは、政府が買い上げることができるのは、政府に資金があるからです。大戦期のブームで税収が急激に伸び、財政収支が黒字になって発生する多額の剰余金で買い取るので通貨政策として意味を持つのです。ここでは、財政の黒字が前提になって国際収支黒字にともなう悪影響（物価騰貴）を排除しようとしています。

一九二〇年代になると、この政府が保有していた正貨が為替銀行に決済資金として払い下げられて、貿易収支の赤字を補塡することになることは、それまでも、そして伊藤さんも強調しています。しかし、それだけではなく、在外正貨の払い下げは、日本銀行への正貨の払い下げによって財源を得て政府財政収支の赤字を埋め合わせているという意味もある。過去の税収を取り戻しているので、貯金を下ろしているようなものですが、この後者の側面に注目したのが先ほどの私の「景気循環と経済政策」です。財政黒字と貿易収支黒字がセットになった時期の遺産が、財政赤字と貿易収支赤字の時代を支えています。実は、この在外正貨の問題を対外金融と財政との両面で捉えることが必要だというのは、能地清さん――私たちの世代の人ですが――が研究会などでよく話をしていて、その時にはきちっと説明できていなかったし、こちらも理解できなかったのです。彼がこの問題を解き明かさないままに不慮の事故で亡くなったので、私たちに残された宿題になっていたものです。それに答えようとして考えたこと、私なりの解答がその論文です。能地さんの仕事は構想のレベルにとどまっているのですが、西原借款の位置づけとか、それが満州事変につながっていく独自の説明の論理とか学ぶべき点が多いものです（能地清『日本帝国主義の対外財政』一九八五）。

ついでに説明しておくと、この一九二〇年代の特徴は、政府所有正貨を基盤に貿易収支の悪化によって金本位制に復帰していれば生じていたデフレ圧力を緩和しながら、税収を超えるような財政支出を行うことで、国内経済に対して拡張的な経済政策が続けられていたことです。拡張を可能にしたのが大戦期の遺産ですが、この遺産が枯渇したのでやむを得ず財政面からも対外収支面からも政策転換が迫られ、均衡財政と金本位復帰という政策のセットを選択したのが浜口内閣になります。浜口内閣の選択については、単に対外金融面の問題だけではなく、財政面にも理由があるということになります。ただし、この短期の中断期間を挟んで、高橋財政期になると国内対策としては緊縮ではなく、再び拡張の方向に向かうという点では似たような性格の政策が採用され、その手段が正貨払い下げではなく、日銀引受けの国債に変わるわけです。高橋是清は借金をすればよいと考えたのです。そういう見方で、段階的に異なる構造として論じることの多いそれぞれの時代を貫くような特質があることも見えてくるように思います。

この時の浜口内閣の選択が時代の趨勢を見誤ったと評価するのは適切ではないと思います。岐路に立っていて、それまでのような政策の枠組みを大きく変えること、それが軍縮や中国政策の見直しなども含めた政策パッケージで提示されていますから、そうした方向が引き続き追求されるような政治的な判断が下されれば、十五年戦争につながる一九三〇年代の日本の歩みも異なっていた可能性を否定することはできません。必然的な道ではないのです。

質問　伊藤先生が一九二〇年代には**日本銀行の金融統制力**が失われたと指摘していることの意味は？

武田　歴史研究からの議論というよりは金融論、金融政策論からの評価ですけれども、中央銀行が金利操作などで金融市場に影響を与える力を統制力と捉えるようです。その意味では統制経済の統制とは意味が違っていて、一九二〇年代には金本位制から長期に離脱していて為替相場は変動相場制で、これに対して円相場を維持するような介入が行われています。そのため金本位制の自動調節が効かない分だけ、国内的にも政策的調節が必要になっています。現代であれば、金利のほかにも保有証券の売買などを通して通貨量を調整することができるなどの政策ツールもありますが、当時の主要手段は公定歩合の操作です。これが効果的なのは、日本銀行の金利変更に国内金融市場の金利が連動すると考えられているからです。正常な市場のメカニズムが働けば自然の成り行きとして想定できます。

ところが一九二〇年代には二〇年恐慌時の救済融資に伴う不良債権の発生、震災手形の滞りなど、次々と債権債務関係が固定化しています。そして、資金繰りに困った鈴木商店・台湾銀行などは短期資金であるコール市場で大量の資金を吸収してその場をしのいでいます。相対的に資金が過剰になっている――財閥内での投資の停滞と自己金融化によって――財閥系有力銀行などは長期資金の貸出に慎重で、コール市場での資金の出し手として、その場しのぎを支える役割をしています。こうした関係があるために、本来的には短期資金の貸借のために低利であることが自然なコール市場の金利が、長期金利よりも高いという逆転現象も起こっている。そんな異常な金融市場の状態のために、一九二〇年恐慌前に投機の抑制の意図もあって引き上げられた公定歩合が、その後長い間不況にもかかわらず引き下げることもできない状態になりました。金融恐慌によって大規模な破綻が生じるまで、金利政策が発動できないし、発動しても効果がない状態だったことが、ここでいう金融統制力が失われた状況です。

最近の研究では、この統制力の回復のために証券売買によるオペレーションという政策手段を確保する方向を日本銀行が一九二〇年代末くらいから模索していたと指摘されています。しかし、そのためには日本銀行が保有する公債の残高が少なすぎました。だから、高橋財政における日本銀行引受の国債発行という仕組みは、新たな金融調節手段を持ちたいという日本銀行内部の動きにマッチしていたわけです。これが井出英策さんの『高橋財政の研究』（有斐閣、二〇〇六）の明らかにしたことです。この本については書評（『歴史と経済』五二巻一号）を書いています。要するに突如として禁じ手のような日銀引受が実施されたわけではなく、中央銀行としては、それによる金融市場への影響力の回復を期待していて、財政インフレにつながる懸念よりも勝った可能性があるというわけです。

質問　**金本位制が停止**されていたことの意味はどのように捉えればよいでしょうか。

武田　金本位制のルールと呼ばれる自動調節作用は、歴史的に検証すると経験的な事実には反することがすでに指摘されています。ブルームフィールド『金本位制と国際金融』（日本評論社、一九七五）によると、金本位制を採用した国は、景気の拡張期には金本位制のルールに従っているように見えるけれど、景気の後退期には、不況の影響を緩和するような政策を採用し、デフレ圧力を回避しようとする限りでルールに従ってはいないことが確認できます。なぜそのようなことが可能であるかというと、どの国の金本位制でも正貨保有額に対応して通貨量が調整されるという原理に基づいて制度が作られてはいても、厳格に正貨準備に比例して通貨量が決まるわけではないからです。保証準備発行をはじめとする弾力的な運用を可能にする発券制度ですから、自動的に通貨量が減少するというのはフィクションです。弾力性があるので、信用収縮にも政策的な拡張の手段で信用を緩和することはできるのです。

質問　**在外正貨**の特徴について。

武田　正貨が在外保有であることには論理的な必然性はありません。通常の金本位制であれば、外貨を金に兌換して中央銀行の発券準備に収納するのですが、日本は、ロンドンで受け取った外貨をロンドンにおいたままで、中央銀行の発券準備とした。在外であると同時に、外貨資金はロンドン市場で証券などに運用されていますので、形態としても金ではなく、外貨建ての証券などであることに特徴があり、金為替本位制と表現される場合もあります。

発生史的にいうと日清戦争賠償金がロンドン市場においてポンドで支払われた、清国がロンドン市場で外債を発行して調達した資金で支払われたことが起源で、日本政府はこれをそのままロンドンにとどめた。賠償金ですから、政府が受け取ったものですが、日銀の発券準備とするために、政府が日本銀行に預け入れ、同額の政府預金を受け取ることになります。国内に現送されなかった理由の一つは、政府はいずれは軍備拡張の費用として兵器等の輸入代金の支払いに使う考えであり、その支払いのためにはロンドンに留め置いた方が便利であったことと、もう一つは、賠償金が巨額であり、これを日本がロンドンで金兌換した場合には、ロンドンの金市場が大混乱になる懸念があって、国際金融市場から圧力がかかったことです。それはともかく日本のような小国にとっては、国際金融の決済センターに正貨を置いておく方が合理的だったということが在外正貨となる基本的な理由です。

第一次大戦期には、日本の輸出代金がロンドン市場で正金銀行などの為替銀行に支払われ、これに見合った円資金が為替銀行の国内支店から輸出業者に支払われる関係があって、外貨がロンドン市場の為替銀行に蓄積され、この外貨を日本銀行に売り渡して、その代金を国内で円資金として受け取るという操作が行われます。この結果日本銀行の保有外貨は、在外正貨として増加し、それに見合った円が国内に供給されるわけです。

この一連の過程について伊藤さんは、政府が輸出振興を狙った資金供給政策を展開した結果として輸出が拡大している面があるので、その政策的に上乗せされた分だけ輸出が伸び、その結果、過大な通貨供給に帰結したのではないかと考えているようです。この部分の伊藤さんの評価は私にはよく理解できないものです。流動性が過剰になったかどうかについては、金融のなかで閉じて議論できることではなく、もともと輸出が拡大しているという限りでは、実態的な拡大があるのでそれと通貨供給量が著しく乖離するというのは考えにくいからです。だから、貿易金融を介して必要資金が供給されるという事実は、直ちに物価騰貴につながらないと思います。仮に貿易資金が円滑に供給できなかったとすると、輸出に制約がかかるわけですが、そうした供給制約によって輸出価格が上昇して国内物価に悪影響を与えるかもしれないので、簡単には貿易金融の拡張的な側面を伊藤さんのようには評価を下せないように思います。この点については、寺西重郎さんが書評で疑問を呈していたように記憶しています。

以上

この講義は、二〇〇九年一二月七日に行われた講義の録音記録をもとに作成したものです。

【戦間期編5】

第17章　労働問題と労資関係研究
――兵藤釗『日本における労資関係の展開』――

テキスト　兵藤釗『日本における労資関係の展開』東京大学出版会、一九七一
参考文献　山本潔『日本における職場の技術・労働史』東京大学出版会、一九九四

1　労働問題研究の展開

大河内一男・氏原正治郎両先生の下で労働問題研究者がいわば団塊の世代として生まれています。今日はその世代の歴史研究を代表する兵藤さんの仕事を中心に山本潔さんの仕事も重ねながら検討します。この二人がまとまったお仕事を出していて、とくに兵藤さんの方は比較的早くに著書としてまとめられて骨格もはっきりしていたので、歴史研究へも大きな影響を与えています。

この研究だけでなく、この時期の労働問題研究の共通の基盤は、氏原正治郎さんや隅谷三喜男さんが東大社研をベースにしながら一九四〇年代末から五〇年代にかけて、広く労働の現場に対する実態調査をやったことです。これは労働組合に関する調査が中心ですが、同時に当時の作業現場の具体的なあり方とか、ようやく問題になりはじめた技術革新の影響を詳細に調べています。そういう調査活動によって得られたさまざまな知見が歴史研究に反映され、歴史研究の視点を豊富にしていくという双方向の交流が起こりました。付け加えると、例えば、小池和男さんの日本

的労使関係についての議論は、これらの労働調査に参加したことで着想を得ています。この調査によって高度成長期にかけてみられる企業別組合や終身雇用などの日本の労使関係についての特徴が浮かび上がってきます。小池さんのシェーマの骨格はこのようにしてできあがったようです。また、このときの調査の成果は、最近では調査個票を再検討するなどの研究によって再発見され、新たな視点からの研究も生んでいます。

労働問題の実態調査作業に参加した労働問題研究者は、理論的には、宇野理論的なものにも影響を受けながら、大きな流れとしては講座派の潮流に属していた人が多いと言うべきでしょう。それは講座派の内部批判者としての大河内理論――実際には補完関係にあるというべきかもしれませんが――をどう批判的に継承するかを全体としては考えていると位置づけることができるものです。

兵藤さんの本の方法論を論じている序章からも明瞭なように、山田盛太郎『日本資本主義分析』では労資関係をどう捉えているのか、あるいは大河内一男さんはどう考えているのかを示し、それに対して自分はどう考えるかというスタンスで議論が展開されます。山田盛太郎、大河内一男の二人が批判のターゲットになって次の世代の課題が開示され実証的な調査研究に基づく議論が展開されています。

この人たちが最初に向き合ったのは大河内理論だと思うのですが、その大河内理論は第7章でも説明したように、「出稼ぎ型論」と要約されていました。この議論の源をたどっていくと山田『分析』が低賃銀と高率小作料の相互規定というかたちで日本資本主義の構造的把握を提示したことに至ります。大河内さんはこれを「出稼ぎ型」賃労働として定式化していったわけです。このことは、第7章でお話ししました。

ただし、山田『分析』の特徴は、その分析を通して日本資本主義を変革する革命的な主体がどこから生まれるかを考えていますから、関心のあり方が少し違います。革命的な主体の形成だけを考えているといってもいいほど、この問題にこだわったのが山田『分析』の特徴です。だから、山田さんの目は女工などには向いていかない。京浜工業地帯にいる重工業労働者たちが労働貴族化せずに革命の主体として成長することを期待している。そういう視点から、とくに重工業労働者のあり方について独自の位置づけを与えようと努力しています。それが「型の分解論」という難解な議論です。

しかし、重工業男子労働力の捉え方、関心のもち方は、山田『分析』の論理からいうと微妙な問題を含んでいます。重化学工業部門は産業としては脆弱だと考えているわけですから、そうした脆弱な産業部門では労働力の結集力は弱くなるはずなのに、そこに期待せざるを得ない論理だからです。こうした捉え方が良いかどうかは別にして、兵藤さんたちの世代に影響を与えた理由は、労働問題・労働運動の主体として労働者を分析の正面に据えていくところだと思います。ここが大河内理論とは異質なところです。

大河内理論における出稼ぎ労働者は原生的労働関係の下にあると理解されていますから、運動の主体として捉えることは難しいものです。日本の資本主義、賃労働の基本的な基盤を提供している農村からの出稼ぎ労働力は、低価格で供給されるだけでなく、労働者としての階級意識がなかなか育たないと特徴づけられている。つまり階級意識の低さが、労働運動の発展の未成熟に結びつくという形で、山田『分析』の革命勢力の形成への展望・期待に含まれている非現実的な認識を正そうとした。そこが大河内理論を講座派の内部批判者と評価する理由です。その上で日本の労資関係の後進性、封建的特徴を強調して、労資関係の特徴を原生的労働関係であるとまとめたのです。雇用契約が女工の場合には、本人ではなく女工の親権者との間で結ばれ、前貸金などの慣行もあったことなどが、このような理解を補強する事実として見出されていました。女工たちが、なぜ階級意識が希薄であったかの理由の一端は、出稼ぎ労働者が短期に消耗され、労働市場から消えてしまうような存在だったからだとも考えられています。このような捉え方は、日本の賃労働の実態についてのイメージとして広く受け入れられ、その後かなり長く影響を与えています。今でもそれは日本の賃労働のあり方の一面を表していると考えられてきています。

兵藤さんたちはそれだと労働問題の全体像を描けないという問題を感じたのではないかと思います。実際、労働の主体として労働運動を担っていたのは男子労働者ですし、その現実と戦前の大河内説的理解とは距離があった。この点が兵藤さんの序章で強調されていることです。

出稼ぎ型という捉え方に対する批判には、二つの流れがあったと思います。一つは、二村一夫さんが、一九五九年というかなり早い時期に書いた「足尾暴動の基礎過程」という論文です。もう一つは都市雑業層論です。これらの議論については、第7章で紹介したのでここでは省略します。

いずれにしても労働力市場の議論と労資関係の双方から大河内理論に対する一定の疑問・批判が出てきて、それが一つのまとまったかたちになっていくのが、たぶん一九七〇年代初めからです。こうした動きに先鞭をつけたのが、労働問題文献研究会が一九六六年にまとめた『文献研究日本の労働問題』（総合労働研究所、一九六六）です。もう五〇年前になってしまったので、最近の研究史を議論する人たちによって引用されることはありませんが、当時の問題意識がかなり鮮明に出ています。この本で二村一夫さんが「労働運動史・戦前期」についての小論を書いていて、労働問題・労資関係は段階を追って変化していくから、これをどう捉えるかが重要であり、そのためには、労働争議を分析すべきだ、あるいは労働争議分析によって、労資関係の変化が明らかになると提唱しています。

この方法的な提起は、かなり大きなインパクトを与えていて、次章でお話しする若い労働問題研究者による争議史研究を促すものともなりましたが、研究すべき焦点として提示されているのは、争議それ自体ではなくて労資関係の段階的な変化であることは理解できるでしょう。このような問題提起に対応した研究として兵藤さんたちの労資関係史研究、労働問題研究が展開したと研究史を理解することができます。

2　熟練の問題

労資関係の段階的な変化を明らかにするという視点で研究を進めていくうえで、まず問題になったのが、理論的には「熟練」の問題ではなかったかと思います。これについては、山本潔さんの本では「万能型」から「養成型・ＯＪ

T型」へという図式が示され、熟練の型の変化が議論されています。同じように兵藤さんも熟練労働力について、万能的なものが職種別に細分化されて変質していくことを技術の変化とともに説明します。初歩的な教科書的理解では、産業革命は労働力を単純不熟練化することになり、熟練労働力を排除して、機械に従属した労働力にしてしまうと捉えてきました。ちょうど紡績労働力としての不熟練の女工とか、チャップリンの「モダンタイムス」で描かれる流れ作業の中での単純化された労働とかを典型として、単純・不熟練化する労働力が近現代の特徴と見做されてきました。それはマルクスが描いた産業革命像でもありましたが、広く受け入れられてきた見方であったと思います。

ところが実態として、例えば自動車工場の労働の現場を第二次大戦後に調査してみると、そこで働いている人たちは極めて腕のいい、高い技能をもった労働者だった。そうした人たちが機械体系のなかに埋め込まれて、技能と機械との組み合わせがうまくいったときにはじめて高い生産性が実現できる状態だったのです。

それでは、ここで観察される技能＝熟練とはどういう性格のものなのか。将来、より技術が進んで流れ作業のなかでの労働の単純化が進むかもしれないけれども、戦後の労働現場で観察できるということは、こうした熟練はかなり長い期間意味を持ち続けていたことになる。それを産業革命によって排除されたと考えられてきた「万能型」の熟練と異なるものとして捉えるべきだとの論点が浮上したのです。それは、労働者の主体性を保障する、資本からの自立性をもつ熟練として説明できるのかどうかという問題を含んでいました。

この問題について比較的早くに答えを書いたのが山本さんなのです。山本さんは、当初は「半熟練」という言葉を使ってそれまでの熟練とは異質なもの、新しいタイプの熟練労働力が産業革命以後に誕生してくるという捉え方を提示しました。これが重工業の労働力編成のカギを握る存在であり、彼らはある種の知的な能力を要求され、図面を読みとり、指図書を理解し、機械体系を操作する新しいタイプの熟練労働者となる。これは近代社会において発生する組立型の機械作業とかにみられる熟練労働力であり、古いタイプの熟練労働と区別すべきものと考えられました。つまり、古いタイプは万能型熟練であり、ある種のセルフマネージメントが可能であり、労働者個人の固有の技能になっているのに対して、「半熟練」はさまざまな機械装置が備えられている分業的協業が成り立っている職場で培われる熟練・技能であり、工場システムを前提にしていて、工場システムがなければ意味を持たない。その意味では自立性をかなり制限された存在になる。こういう違いが強調されることになります。

3　労使関係の分析へ

橋本寿朗さんとか私がそれから一〇年以上たって、改めて、雇用されている労働者を議論し分析すべきだという問題を提出したのは、こういう熟練の質の変化という山本さん、兵藤さんなどの労働問題研究の問題提起を継承したものです。それは単に熟練の問題だけでなく、企業内の労使関係を視野に入れるものでもあったことが重要です。研究史の流れから言えば、橋本＝武田が注目したのは、大河内理論への批判のうちで、労働運動の主体としての男子労働者を取り上げるべきであり、その労資関係を課題とすべきだとした主張の線に沿うもので、もう一つの労働力市場のあり方についての批判とは距離のある問題提起です。後者の問題を無視するつもりはないのですが、資本主義体制の下での労働問題に注目するのではあれば、まずは雇用されている労働者のあり方が分析される必要があり、それが宇野理論などの段階論批判の手掛かりになると考えていたからでした。

熟練の問題については、さらに「新型の熟練」と呼ぶべきだという議論等が出てきましたが、どのように名付けるとしてもポイントは伝統的な社会に見出されるような熟練とは異なる質の技能が重要になっていることです。兵藤さんは、そうした変化が発生していることを想定して労資関係論を展開している。そこに私たちは手掛かりを見出したのです。ただし、山本さんとは少し異なって、兵藤さんは熟練そのものの特質は何かというような、見分けにくいものを議論したのではなく、企業側の労務管理システムがどう変わるかを検討することを通して同じ問題に迫ろうとしています。つまり労働力が資本の管理対象になっていくプロセスです。機械の付属物としてしか技能を生かせない、職人のような主体性をもてなくなるプロセスを明らかにしようとする。したがって資本の支配の下に熟練工たちがいかに編成されていくのかを分析する。その意味では問題に対してより直接的な接近法をとっているわけです。

こういう問題設定に基づいて、二村一夫さんの「足尾暴動の基礎過程」などの先行研究による出稼ぎ型論批判にも学びながら、重化学工業部門の労働者を対象として本格的な分析が進められました。兵藤さんは、明治期には万能的熟練をベースにした作業現場に対応した「間接管理体制」が一般的であり、そこでは内部請負制、団体請負制がとられていたのに対して、日露戦後から第一次大戦を経て企業内の生産現場の管理システムが「直接管理体制」に移行すると主張する。その結果として、資本による労働力の掌握が確固たるものになっていく。変化の起点は日露戦争による機械工業の膨張と日露戦後の争議だったということですから、日露戦後の鉱山争議の画期性を主張していた二村説とも時期的な変化の理解には共通点があります。

ただし、この時期に関しては二村さんと兵藤さんとでは微妙に違っています。二村さんの場合には二〇世紀にはいって進んでいる急激な鉱業生産の拡大が管理上の問題を生み、これに関連して顕在化しつつあった労資の対立が日露戦後争議につながると理解されている。これに対して兵藤説では日露戦争期の拡大が起点になる。つまり鉱山業と機械工業という二つの産業では市場拡大の影響の受け方、そのタイミングが少し違っていることが論点のずれの基本的な理由と考えられます。そのために、兵藤説では、急激な日露戦時の生産拡大のなかで生じた熟練不足とか労働のダイリュージョンが新しい技術の採用のきっかけとなり、そういう状況のなかで経営側が作業現場の管理問題に注目し始めたという説明になる。そして、日露戦争から第一次大戦期を転換期として第一次大戦後に直接的管理体制が出来上がると考えています。兵藤さんは労務管理という視点から接近することによって、古いタイプの熟練に依存していた機械工業がいかにして近代的な企業経営に転換していったのかを明らかにしたことになります。つけ加えておくと、二村さんの議論では、もう少し前から経営側から生産現場への関心が高まり、間接管理の要の位置にあった飯場制度を改革しようと試み、これに反発した飯場頭の扇動などが争議の背景として指摘されています。

この兵藤さんの議論の最大の問題点は、機械工業で見られる変化が産業革命期に生ずるものなのか、それとも一段と規模を拡大していく時期、いわば帝国主義的な経済構造の形成期に生ずるものなのかが不明確なことです。つまり、段階的な区分の仕方が必ずしも明確ではない。兵藤さんは極めて実証的なスタンスを踏み外さず、日本では直接的管理体制への移行が、第一次大戦後に完成することを丹念に跡づけるだけに止めている印象があります。

この点は、微妙なずれと評価した二村さんの捉えた労資関係の変化の時代的な背景と対比すると明確になります。鉱山業はもともと明治初期の貿易拡大に刺激されて近代産業へと発展の道を歩み始め、海外市場の拡大や内需の伸張とによって産業成長を遂げています。二村さんは、このような産業発展が明治前期には飯場制度などの間接的な管理に基盤をおいていたのに対して、明治半ば以降に一層の生産拡大が求められる中で新たな管理技術の導入や操業方法に適合的な直接管理への移行が試みられ、日露戦後争議を契機に直接的な管理への転換が進むと考えています。通説的な日本経済史の理解では、日露戦後は日本資本主義の確立期とされることを思い起こすと、この説明は、産業革命期の資本主義的な経済構造が確立していく過程で生じていたとも評価できるものです。このことを考え合わせると、一般論として産業革命期の重工業では間接管理であり、帝国主義的な経済構造への移行が進むとともに直接管理に移行すると断言することは難しいでしょう。そうした事情もあってか、兵藤説でも資本主義の段階的な変化との関係は明確ではないのです。しかし、このことは別の角度から見ると、産業によって変化の時期が異なっており、それは資本主義の全体的な構造、産業から見れば環境条件から変化がもたらされる側面よりは、当該産業の急激な生産拡大が生じたときに生産現場で起きている技術進歩やそれに対応した労働者の技能の変化、労務管理のあり方の変化という側面がまずは注目されるべきだということになります。ここに兵藤説が技術変化を起点に議論を展開していると評価される理由もあるようです。

段階的な変化との関係についての不分明さという問題点が残っているとはいえ、調査研究に由来する、すぐれて現代的視点を、山田『分析』で提示された階級構造論的な視点も念頭に置きながら、他方で大河内「出稼ぎ型」論を批判する形で、日本の資本主義における労働問題、労資関係の問題について、明治後半から昭和恐慌期にかけての具体像を明らかにしたことは、兵藤さんの研究の貢献として認めなければならないでしょう。繰り返しになりますが、重工業大経営に注目することで明らかにされた骨太の論理、あるいは団体請負制度の内部的変化は、鉱山業における請負労働の変質なども説明できるシェーマとなっています。その点でも面白いと思います。

このシェーマを改めて整理すると、何らかの理由での市場の拡大を契機とする産業それ自体の成長がまず注目され、それに対応するための技術の導入・発展を契機に労働過程に変化が生じる。労働の質が変わり、労働の管理の仕方が変化する。この視点が技術的変化を重視していると先ほど評価した特徴点で、これを継承して強調したのが三菱造船所の労資関係に関する西成田豊さんの研究です（『近代日本労資関係史の研究』東京大学出版会、一九八八）。労資関係の変化を労働運動などの主体的な取り組み、意識の変化などから説明することも必要なのでしょうが、そのことをひとまず置いて、より客観的な条件としての技術変化に注目することがポイントです。こうした条件の変化、生産技術の変化そのものが経営側に対して現場へ直接的に介入する必要性を高め、労務管理の技術が蓄積されていくことになる。こうして労資関係の変化を資本・経営の論理として説明できることになっているのです。

もちろん、そうした管理の手が伸びていくときに、かなり重大な争議が起きており、その争議の解決のされ方が労使関係を規定することも重視されています。この点は日露戦争後の争議でも第一次大戦後の争議でも重要なポイントになっています。単に客観的な条件だけで決まるというのではなく、労使紛争の解決の仕方を当事者たちが選び取っていく中で労使関係が変化するという構図になっているのです。しかも、それは個別経営での労使関係ばかりでなく、国家の労働政策にまで影響を与えていくことになります。だから労資関係の分析を通して支配システムのあり方、国家のあり方を浮き彫りにできると、兵藤さんは考えています。

日常的な労働の現場での管理のあり方は、日常性のなかに埋没しているわけですが、それに注目する一方で、非日常的な出来事としての争議を分析することによって労資関係の全体像に迫ろうとする。この両面を包摂しているという点でも、兵藤さんの研究は大きな意味を持ちます。だから新しい論点として養成工の問題とか、親方職工の権限などの問題も視野に入ってくるし、親方職工の下にいる平職工たちが現場では力を持つようになると同時に、労働運動の面でも主体的に影響力を高めていくことが立体的に書かれることになります。さらに労働組合運動の体制内化が議論され、運動としての萎縮も視野に収められているのです。その到達点として「工場委員会」が問題とされ、日本における協調的な労使関係の形成の起源が説明される。このように労働問題研究に関して検討すべき論点はほとんどがここで出されています。もし、論点として追加するとすれば、労働市場論が不十分だということはいえるかもしれませんが、それはやや欠如論的批判だと思います。

【質疑】

質問　**間接的管理から直接的管理への移行**の理由について、技術的な変化だけで説明要因は十分なのか。

武田　難しい問題です。機械工業での技術の変化は、本来、漸進的なものですから、どこでどう変わったかを説明するのが難しい。そのために、兵藤さんも西成田さんも技術の変化が決定的に重要な要因だと考えてはいるのですが、あまり説明に成功していないと思います。私が、きちっと現場をみているのは鉱山に限られますが、金属鉱山だとかなり明確に技術変化が最大の要因だと説明できるようです。典型的には二村さんが分析した足尾銅山よりも、彼が対象とはしていない別子銅山の暴動に至るプロセスの方がはっきりしています。別子銅山では飯場頭をベースにした作業請負制の改革が一九〇〇年代初頭に問題になります。なぜなら作業請負制では採鉱の計画が立たないこと、それから、現場の技術向上に限界があったことなどが理由です。そのために大学出の技術者たちが坑内作業に直接命令できる方式へと転換しようと計画を進めたのが反発を招くのです。二村さんの足尾の分析でも、急激な生産拡大の中で熟達した坑夫たちが、次第にその誇りを奪われるような処遇におとしめられていくことが労働者の反発の基盤にあったことが指摘されていますが、それは坑夫の技能に対する評価が経営内で低下していたことに対応しているのだと思います。技術の改善の度合いは、別子銅山のケースではそんなに大きなものではありませんが、操業の計画化を進めるために、現場の技術というよりはソフトな管理技術の改革が求められることになったのですが、この坑内作業の計画性を図るうえでの重大な障害が飯場頭だったことが明らかにされています。そしてその処遇を経営側が変更しようとしたことから、激しい暴動が起き、労働側が敗北した暴動後により直接的な採掘作業管理に移行していきます。

このように作業請負を担う「親方」的な鉱夫の存在が問題になったのが鉱山でおきたことです。ただし、彼らは作業請負と賃銀管理だけを担っていたわけではなくて、就業の督励をやっていたし、不足人員の募集なども担っていた。さらに、日常的な生活の管理までしていたわけです。そういう役割のどこまでを剥ぎ落とせるかが鉱山の労務管理の改革では問題点になります。結果的に、飯場の生活管理や募集機能などは残しながら、間接的管理から直接的管理へと移行する。したがって、作業現場を離れたところでの間接制、飯場頭への依存は残っていくことになりました。

これに対して機械工業の現場を考える時に重要なのは、作業全体のマネジメントを親方職工が完全に握っている点と、職長が現場の労働配置や作業遂行について一定の権限をもっていることが外見的にはよく似ているのですが、それを区別する必要があることです。親方職工の場合には完全な作業請負制を想定すると、工場をもっている経営者の下で、その工場の中に下請会社がいくつもあるのと同じなのです。下請会社であれば、その中で何をどのようにするかは親方職工の裁量に委ねられています。経営から見ればブラックボックスになる。それに対して、直接的管理ではそういう下請会社が全部なくなって、作業についての裁量権が制限された職長が現場責任者として、工場のトップマネージャーの意思の下に作業を遂行する。広い意味での技術変化とも言えるのですが、工場全体の生産の計画化とか原価管理について責任を持つ経営側の技術者の権限が強くなり、彼らを中心にした効率性・経営合理性の追求が、階層的な組織のもとで進むことになる。職長はこのヒエラルヒーの中の一つのポジションになると考えればよい。そういう幅の広い意味での技術、管理技術も含めれば、技術の変化から説明できるのではないかと思います。

それぞれの「下請会社」＝親方職工の作業現場で完全な完成品が作られていたわけでもないとは思いますが、作業請負ではある塊の作業が丸投げされています。それはそれで管理費用などを節約できる側面がありますが、生産拡大が求められ、それに伴って従来の技能を基盤にしてでも、工場内での分業の仕組みや協業の仕組みを再編成すれば、より高い生産性を実現できることもあり得る。そうした要請に直面したときに、この再編成を経営が主導して実現し、親方職工の裁量権を制限する方向での生産現場の改革が進んだということではないかと思います。

技術変化と労資関係の変化は以上のように説明できると思います。橋本さんは重工業が拡大の緒に就く帝国主義段階への移行期の特質として、この労働力の質の変化を強調しています。その点では橋本説はここで説明した論理に沿っているのですが、私はそうした労働力の質的変化を同時に、労働力の主体的成長、つまり、労働運動の発展を要因として考えた方がいいと思っています（「日本における帝国主義経済構造の成立をめぐって」『社会科学研究』三九―四、一九八七）。産業構造の変化との関連を重視する橋本説は、すでにふれた産業ごとに異なる変化のタイミングについて、資本主義論としてはどの部門が重視されるべきかという問題の側から考えて、重工業の発展とその部門での労使関係の変化から労資関係の構造的変質を説明するわけですが、それに対して私の方は、帝国主義段階への移行期には資本主義体制への批判的な勢力としての労働者階級の成長も同時進行していることを視野に入れているという違いがあります。そして、そうした違いを認め合いながらも、両者とも労資関係の変化が帝国主義段階への移行期に進展していくこと、ここでの議論に即して言えば、直接的管理への移行を論議する必要があると考えているのです。

質問　**直接的管理への移行**というのは、経営にとってものすごく管理コストがかかるものだし、それだけコストをかけても争議が起きたりして、良い結果を生んではいないのではないか。なぜ直接的管理に移るのかの説明が別の角度から考えられるべきではないか。

武田　テーラーなどの科学的管理法などの影響もあるかもしれませんが、鉱山などで問題となっているような管理上の変化が一九〇〇年代から起きていることを考えると、外国からの管理技術の導入が大きかったとは考えられません。だからこそ技術変化と内部請負制の関係に注目してこれを分析してきたのだと思います。もちろん直接的管理はコストがかかるのと対比して、それ以前はコストがかかっていなかったというわけではありません。親方に払われる請負価格の中に管理のコストは埋没していたので、実証的に比較することは難しいと思います。直接的管理へ移るということは、その埋没していた管理コストを直接生産費から分離させて経営者が認識できるようにするものだったのです。中間での搾取や請負に伴う不透明な労働のあり方からくるロスなどを考えると、ある技術的な段階に達すると直接的管理のほうが丸投げして請負にするよりも、トータルのコストも安く、したがって合理的な方法になったのではないかと思います。この場合、ある技術的段階というのは、明示的な技術進歩を伴わないとしても、生産規模の拡大に伴って生産現場の組織の仕方——分業による作業の専門化の程度を変え、協業の体制を再構成する——というような変化も含んでいます。こうした形でコストが節約されれば、増加する管理コストはまかなえると思います。

いうまでもないことですが、そうした変化は労働者にとって直接に経営側との関係が見えてくることになりますから労使の対立も鮮明になることが多い。だから労働争議などの問題が生じたことは事実ですが、一概に直接的管理が高コストというわけではありません。管理という視点でいうと機械工業などで受注生産を前提とすると、価格は事前的に予定されるので、経営から見ると利益を大きくすることと、原価を下げることは同じことになります。だから原価の内容がつかめるという直接的管理にはメリットがあると考えることもできます。

それから、鉱山などで直接的な管理へ移るといっても、労働者の募集とか生活面の世話とかの機能は飯場頭に残る。全面的な直接化ではなく、問題になっているのは生産現場の労働の管理です。この点は通勤工が多い機械工でも同じで機械工の方が募集・生活という面で親方職工の機能が小さいだけ変化がはっきりしているかもしれません。もう一つ、技術者が経営側にいて独自の役割を担う点で欧米とは違う。このことも留意しておいた方がよいと思います。

質問　同じ時期に**アメリカ**では直接的管理に移行する際に**横断的労働組合**が出来上がり、先任権制度が整ってくる。日本ではなぜ、別の道を進むのか。

武田　横断的労働組合が成立するかどうかは職種別の入職規制があるかどうかにかかわることがらです。だから質問に答えるためには労働市場が分析される必要がありますが、それについて、この本は不十分です。渡り職工とか、渡り坑夫の例を見ると横断的労働市場が職種によっては存在したことは認めて良いのですが、それが入職規制という点では弱かったと指摘することはできます。

友子同盟など坑夫では横断的な労働者組織が存在したが、これに注目するともう一つの論点が出てくる。つまり、友子同盟は共済機能をもち、失業者に一定の給付ができたといわれています。奉加帳を持って鉱山を渡り歩き、労働能力を失った鉱夫が生活・生存を保障されていたのです。横断的組合ができ、先任権が制度化されていく時には、雇用調整時のバッファーを組合が担いうる条件が必要ですが、日本ではそうした機能を持つ労働者組織は例外的な存在でしかなかったのです。

何が違うのかについては、アメリカの特殊な事情が考慮されなければならないと思います。移民に追加的労働力供給を大きく依存したアメリカでは、雇用調整時のセイフティネットになるような社会構造を持っていないからです。つまり日本の労働者の相当の割合は解雇されると実家の農村に戻ることができるというバッファーがあった。そうした条件を持たないアメリカの労働者たちが母国の入職規制のある労働者組織をまねて組織化を図り、共済機能を持つようになっていったという面があるのではないかと考えます。これに対して、日本の場合には、急激な工業化によって離村者を給源とする労働者階層が形成されますが、その変化が早く、しかも新しい職業分野も少なくなかったことから、職種ごとに彼らが組織されることはまれだった。むしろ雇用調整時には転職が容易であるような入職規制の弱い労働力市場の方が、このような工業化には適合的であった可能性が高いし、農村が広大なバッファーを提供している限り、組織化に参画して――つまり組合費を払って――共済機能を期待することが有力な選択肢にはならなかった

ことはなかったと考えてもよいと思います。
ための機能を期待しなかったし、大戦期には労働力の売り手市場であったことも影響してそうした機能が重視される
のではないかと思います。そのために、人格承認を要求して成長してくる第一次大戦期の労働組合にこうした共済の

質問　兵藤さんが各章のまとめに近いところで「**生活構造**」を問題にしているのは、大河内批判とみてよいのか。

武田　それは、おそらく隅谷三喜男さんの賃労働の理論を意識しているのだと思います。隅谷さんは労働者のあり方について、単に生産現場における労働力としてだけでなく、その再生産を可能にする労働者生活にまで賃労働の分析は及ばなければならないと指摘しています。こうした指摘に加えて、すでにふれたように、労働力の供源として都市雑業層が重要な役割を果たしたわけですが、そうした視点に基づいて、労働者の生活水準が都市雑業層のなかに埋没していることは、労働力の再生産を保障しうる生活条件を持っていないこと、そのために労働者が労働者として自立した主体となるような成長を妨げられていると考えています。この議論を受けた形で兵藤さんは労働者の生活が都市の下層社会からいつごろ離脱するかに注目しているのだと思います。これは貧困研究などにも影響を与えた論点です。家族が形成されること、都市における労働者家族の再生産が可能になることは、もちろん出稼ぎ型論の批判になるという関係にもなりますが、それだけでなく、家族形成は、前の質問との関係で考えると、社会的なセイフティネットとしての農村から労働者が自立してくる側面を持っているという評価も可能なものですから、そうした生活条件を獲得することによって労働者の階級意識の形成にも影響を与える要素でもあると思います。

質問　**下層社会からの離脱**が、さらに本工部分労働者の貴族化に帰結することはどう考えるのか。

武田　二段構えで変化が進んだということかと思います。つまり労働者の下層社会からの離脱、そして本工と臨時工の二重構造の成立、その中で上層の労働者の貴族化ということになるのだろうと考えています。しかし、他方で臨時工部分は下層社会から完全には離脱しきっていないので、この変化は、二重構造の形成という一段階の変化というべ

きかも知れません。

質問　昭和恐慌前後の意味はどうなるのか。

武田　それはこの本の兵藤さんの記述でははっきりしていません。昭和恐慌期について別の論文を兵藤さんは書いていますが、全体としてどう考えているかはよく分かりません。この本は面白い本で結論がありません。四章、五章とあとが続いてもよさそうな書き方をしているので続篇を書くという考え方をもっていたのかもしれないのですが、実際には書いていないので、一九三〇年代への展望は明確ではないのです。あとの時期についてはむしろ佐口和郎さんなどの仕事につながっていくということだと思います。ただし、兵藤さんは一九三〇年代については加藤栄一氏の国家独占資本主義的なアプローチで考えていくようになっているようです。

以上

この講義録は、一九九六年一一月に行われたものを基礎にしていますが、その後の研究の進展を反映して加筆しました。

【戦間期編6】

第18章　第一次大戦前後の労資関係
――二村一夫「労働者階級の状態と労働運動」を手掛かりに――

テキスト　二村一夫「労働者階級の状態と労働運動」『岩波講座日本歴史』18、一九七五
参考文献　安田浩「日本帝国主義確立期の労働運動」『歴史学研究』一九八〇年別冊
　　　　　武田晴人「労資関係」(大石嘉一郎編『日本帝国主義史』第一巻、一九八五)

1　労働運動史研究

本章でとりあげるのは、一九七〇年代に進展した労働運動史研究の成果をどう継承して、それを資本主義の段階的な把握にどうつなげるかという問題意識に基づく研究です。

この研究分野の展開の前提は前章の労働問題研究です。重複をできるだけ避けて進めたいと思いますが、日本の労働問題研究が大河内一男さんの議論を出発点に、それへの批判を通して労資関係にかかわる課題設定が明確化していくことになります。その中でこの講義の出発点に置くべき問題提起は、これもすでにふれた二村一夫さんの「労働運動史・戦前期」という小論です。二村さんは、労資関係を捉えるためには労働争議を分析すべきだと提言しました。

労働争議史研究では、一九二一年の三菱川崎争議が重要な画期であること、それとの関係で一九〇七年に勃発している大争議が運動史の段階を画するものだと、多くの人たちは考えていました。運動史の起点は日清戦後の鉄工組合などでしょうが、日露戦後から第一次大戦後にかけて一〇年ほどが注目されていました。この時期については、社会

主義への弾圧などもあって労働運動は「暗い谷間」にはいったとする大河内一男さんの捉え方があり、その一方で大正デモクラシーを背景として鈴木文治の友愛会の結成を起点とする労働組合運動の急激な発展という異なる二局面があることも知られていました。

こうした変化と資本主義の段階的な変化との関係は必ずしも明確ではありませんでした。その手がかりを与えたのが兵藤さんであり、こうした捉え方を前提にして、自らの問題提起に対する回答を試みたのが、二村一夫さんの『岩波講座日本歴史』の論文です。そこでは、直接的管理への転換という労使関係の枠組みの変化と関連させて第一次大戦期の労働争議の高揚を論じています。その後、隅谷三喜男編『日本労資関係史論』（東大出版会、一九七七）に収録された中西洋「第一次大戦前後の労資関係」が、神戸造船所ではどのような労使関係の変化が労働問題を契機に起こったかを、個別的な賃銀データなども使いながら論じています。なお、「労資関係」と「労使関係」は、論者によって使われ方が異なっていますが、ここでは原則として、資本主義経済社会の階級構造を視野に入れて使うときには前者を、企業内の使用者と従業員との関係に焦点を当てる時には後者を用いることにしています。

このように一九七〇年代は、第一次大戦期を焦点として、かなりの数の労働問題研究が出てきました。ただし、不幸なことは日本経済史研究と労働問題研究に十分な交流がありませんでした。労働問題研究は別の特別な領域のような状態になっていて、産業史や経営史の人たちも労使関係に立ち入ることは少なかったのです。最近では人的資本の蓄積などの視点からの経済史研究が一つの潮流になっていますが、それらの人たちも労働問題とか労働争議には依然として踏み込んで議論することがないのは残念なことです。

ただし、一九七〇年代終わりから八〇年代にかけて、当時の若手たちのなかでは歴史学研究会などを中心に経済史の研究と労働史、運動史の研究が相互に意見をぶつけ合うような関係が生まれていました。若手の非常に小さなサークルでの議論でしたが、なぜ、そういうことが起こったかというと、経済学の領域における労働問題研究の流れが、日本史の研究者にも大きな影響を与えるようになっていたからです。当時、歴研を中心に日本近代史研究では「人民闘争史観」が有力で、階級闘争を通して労働者や小作農民が社会を変えようと、新しい社会を夢見て一生懸命に闘った姿を明らかにすべきだという主張がありました。

政治史研究がそれまで、政治過程を議論していたのに対して、新しい世代が、金原左門さんの大正デモクラシー論（『大正デモクラシーの社会的形成』青木書店、一九六七）などの影響の下で、農民たちが何をしていたか、労働者がどうしていたか、中間層がどうしていたかという階級構造全体を明らかにしていくようになりました。こうして、小作争議研究とか労働争議研究に、どんどん若い日本史研究者が入ってきます。彼らは、戦後改革の影響下で日本史研究が大正デモクラシー研究を焦点の一つとして大正政変とか護憲三派内閣とかの政治過程の議論が進んできたことを踏まえて、政治的な民主化の流れを支えた主体を草の根の大正デモクラシー論に見出すことに惹きつけられていきました。これを代表するのが金原さんの仕事ですが、こうして政治史的な研究が農民運動史、労働運動史につながっていったのです。

経済史の方では、地主制の後退が議論されて、小作争議が議論されていましたから、大正デモクラシー論が草の根の運動を掘り起こし始めた研究と議論が融合しはじめ、運動史研究と経済史の研究が交流し始めるようになりました。そうした動きを加速するように、二村論文や中西論文が生まれ、若手の方では、労働運動史の安田浩さん、農民運動史の林宥一さんなどが歴研近代史部会で議論をリードして論文を発表し、そういう背景の中で私も「労資関係」についての論文を書いたのです。

2　二村論文の論点

とりあげた三つの論文のなかでは、二村論文が基本的な考え方を出していて、そのイメージがかなり大きな影響を与えています。前回と少し重複しますが、一九〇七年の争議が重要だと二村さんは主張しています。おもしろいのは、一九〇七年争議は大河内説では原生的労働関係の下での労働者たちの不満の爆発であると評価されていたのに対して、二村さんは、恐慌後の物価の下落で生活が維持できなくなった職工が不満をもったことは認めたうえで、その職工たちが恐慌前には「下層社会」的生活水準を抜けだしつつあったことを強調していることです。言い換えると、生活水準が改善されつつあり、豊かさへ向かって夢を抱き始めていたときに、その道が閉ざされたことに怒りを表していると解釈できるということが第一のポイントです。これは大河内説とはイメージが全く違うわけで、労働者意識の変化、モチベーションの変容に注目することで労働争議の主体性を問題にしているのです。これについては第17章でも説明しましたから、二村説に興味がある人は、『足尾暴動の基礎過程』を参照してください。

第二に、二村論文の論点として重要なのは、この論文では、一九二一年ではなく一七年が労働問題の展開の画期だと主張したことです。それまでは争議統計そのものが疑わしいのではないかという議論すらあって曖昧だった労働争議の動向を月別のデータに戻って確認することによって一七年から労働争議が急増していること、そして、このような状況を政府も認識していること、そこには何らかの理由があると指摘したことです。そして、そのような認識を基盤に、二一年にかけての高揚期の労働運動が日本の労資関係を積極的に変えたことが主張されています。例えば、組合運動は事実上公認されたこと、労使が団体で交渉する慣行も受け入れられつつあったこと、八時間労働制が採用されるようになったことなどです。要するにそれまで労働運動の画期と考えられていた一九二一年の三菱争議以前に労資関係が転換しつつあったと論じたのです。

第三に、それまではロシア革命の影響が強調されていたのに対して、むしろＩＬＯを批准したこと、そしてＩＬＯへの労働代表を選ぶためには組合が必要だということから、労働者たちは改めて組合を認識したと捉えたことです。

第四に、それまでの通説では一九二五年から二六年にかけての普選・治安維持法を契機に日本の労働問題のあり方が変わったと捉えていたのに対して、その直前の二三年から二四年にかけて労働問題についての政府の対応の仕方が明確に変わってきたこと、そしてこの路線の変更に対応する形で、総同盟が内部分裂を始めたことが強調されています。そこに、第一次大戦期に激化した労働問題の一応の帰結点があると二村さんは考えています。普選以前に決着がついているというわけです。行政主導で労働問題の、あるいは労使関係の安定化をはかるような装置が組み込まれつつあったことに引きずられて、総同盟の右派は、体制内化していくことを強調したのです。

3　第一次大戦期の労働力市場

こうした枠組みにかなり影響され、基本的にはこれに沿って、私は論文を書いています。『日本帝国主義史』の武田論文は、二村論文に対して労働市場論をつけ加えてみたら、何かわかるかもしれないとの着想から執筆されていますが、議論の枠組みは基本的には同じです。そこでは、歴研大会報告（「日本帝国主義の経済構造」）で、第一次大戦期の人口の社会的な移動、農村から都市への労働移動のあり方がそれまでとは違っていると指摘したことがベースになっています。そこでは、労働組合運動がなぜ成功したかについて、労働運動が要求した「人格承認」が人々の心をとらえたことは基本的要因だとしても、もう少し現実的には賃銀が上がったこと、要するに「騒げば金がもらえた」という結果が大きな影響力をもったと考えています。その発想を明示的に出した論文です。

「騒げば金が出る」という環境とは、労働側にとって労働市場がタイトである、つまり売り手の力が強いマーケットの環境になることとです。だから、どういう因果関係で労働市場が逼迫していくのかが論点です。その議論の前提は、安田論文の前半にある労働市場の議論です。第一次大戦期に賃銀格差が小さくなっていくと指摘する安田説と、帝国主義的な経済構造では労働市場が二重化するという武田説をどうつなげるかは、私にとって明確に説明すべき論点でした。安田説を念頭におきながら、武田論文では、人夫賃銀の上昇率が高い時期と低い時期があり、一九一七年くらいに状況が変わったと捉えています。大戦の前半期は、直接に戦争の影響を受けていない軍需産業部門以外のところでは、比較的賃銀の上昇率が低く、つまり戦争の影響は緩やかでした。だから造船などの重工業では急激に熟練労働者が足りなくなり賃銀が上昇したが、それ以外では必ずしも明示的には賃銀上昇は観察されない。また、物価は大戦の一年目には明らかに下がっているので、大戦の当初から賃銀が物価によって上がる可能性は少ない。こう考えながら資料を追いかけていくと、大戦前半に賃銀はかなり不均衡に、産業ごとにバラツキをもちながら動いている。そして、その後、後半期になって一斉に賃銀上昇が始まる。賃銀上昇が始まった理由の一つは、労働争議ですが、もう一つは、農村と都市との関係がタイトになったためと考えることできる。

そこで農村から出ていく人の出方を見ていくと、次・三男ではなくて一家あげての離村がかなり増えています。こういう状態は、第一次大戦期に急激に都市の労働需要が伸びて、農村にいる過剰人口を一挙に引っ張り出し、それでも足りないためにかなり強い力で都市に引きずり出していることを意味します。これには、都市の賃銀上昇がなければだめなので、農工間の賃銀格差がかなり広がったと考えたわけです。つまり、一時的にルイス・モデル的な無制限供給の状態ではなくなった可能性がある。そこでは、出稼ぎ型の大河内説が想定する労働市場とは違う環境が生まれてきている。私は、完全に不可逆的な変化だと考えていたわけではなく、つまり、そういう短期に集中した労働移動は、社会構造の許容範囲をはるかに越えてしまうことがあると考えていたのです。だから、そういう意味で生じた一時的な状況と考えていました。これに対して『経済理論の歴史的パースペクティブ』（岡崎・吉川洋編、東大出版会、一九九〇）の岡崎哲二論文は、雇用調整率の検討から、第一次大戦期にはルイス・モデル的な世界から明らかに離脱したという議論をしています。私が想定している以上に変化が大きいことを、岡崎さんは主張しているのですが、考えているポイントは同じです。

ところで、この非常にタイトな労働市場を想定した時に、それではその中で何が起こっていたかが問題です。組合運動が強い影響力を持ち始めたこと、そして、その背景・基盤には、兵藤さんが想定するような間接的管理から直接的管理への転換がありました。その中で平職工に現場の実権が移り、労働争議の主体として親方職工ではなくて平職工が表に出てくるようになります。友愛会加盟の中心が普通職工たちになる。つまり直接的管理の中心的な労働現場の担い手になる。こういう一連の変化が生じています。

そういう雇用関係の変化を前提として労働争議が起こりました。労資関係を変えていく力は、労働者が争議を成功させたことですが、実は賃上げ要求が簡単に通ったことが、労働組合への参加率を高めて組織を成長させ、労働運動をさらに活発化させ、成果を上げて組織率をさらに高める、そういうスパイラルな関係があったのです。

もちろん、成功の背景には企業が支払い能力を高めた側面も見逃せません。つまり、当時の経済環境からいえば、企業の側は、労働争議で工場が三日も四日も止まるのを避けたかった。物不足で物価が上昇してモノが売れる、作れば売れる時代だった。だから工場を止められるのは避けたい。たくさん作って利益が上がれば、その一部を労働者に賃銀として払っても十分儲かる。つまり、大戦期には物価と賃銀では、大雑把に言って、物価の動きの方が少し先行する。まして、労働争議の圧力が強くなったのは、どちらかというと軍需産業部門、重工業部門が中心でしたから、製品価格の上昇の方が、賃銀の上昇よりも早くなる。したがって、大戦の初期から半ばにかけて、株主と労働者の利益の配分の比率をみると、国民経済計算での大きな意味での労働分配率ではありませんが、企業利益の労働への分配比率は、明らかに下がっている。だから、企業の支払い能力が高い時に、労働者が賃銀を上げてくれと言ってきたことになる。多少要求を容れれば、工場の操業がストップすることを避けて操業を継続することができる。経営者は極めて合理的な判断として、操業の継続を選ぶ。経営者も騒がれて工場が止まるよりは、賃銀を上げる方が望ましかった。つまり、労働者が騒げば、賃銀は上がった。そのことが、労働組合をさらに活発にした。こういう関係が大戦中には存在したのです。それが賃銀上昇のメカニズムにとっては大きかったと私は考えています。

4　実質賃銀は上昇したのか？

こうした説明をしていくと、ちょっとやっかいな問題が次にでてきます。何かというと、賃銀は、運動の成果として、物価に対してやや遅れたにせよ実質賃銀水準を回復する形で上方へ修正されていったことになります。だとすると、熟練労働者の激しい争奪という賃銀上昇要因も考慮に入れたら、実質賃銀は上がらなかったと説明することができるのかという問題です。

通説では、第一次大戦期には実質賃銀の激しい低下があったと捉えてきました。このイメージは、非常に抜きがたいイメージで、その基盤には米騒動という暴動事件があります。なぜ、このような暴動が起こったかの理由は、資本家が儲けすぎて、庶民が苦しんでいたからだ。「儲けすぎ」と「苦しんでいる」ことの間をつないでいるのが、実質賃銀とか実質所得の低下です。そうした通説に対して私の議論は対立する可能性があります。そこで、実質賃銀の動向について非常に丁寧に具体的な検討を論文では重ねています。その結果、正直に言って、わけがわからなくなった。つまり、いろいろな系列の時系列データがあって、その系列一つ一つを追いかけてみると、あるデータでは実質賃銀が下がっている。あるデータでは、実質賃銀が上がっている。あるデータでは実質賃銀が上がったり下がったりしている。それでは、どのデータが一番適切かなのですが、自分の結論に一番都合のよいデータを選ぶわけにはいかないので、要するにいろいろなケースがあり得た、いくつかの時系列データで、いろいろな判断ができるような状況とみなしたのです。つまり、実質賃銀については、少なくとも一方的に下がったといえる根拠はない。論理的には上がったかも知れない。そして、その方が二〇年から二一年の恐慌期に雇用を失いつつあった労働者が大きく反発した理由を説明しやすいと判断しています。

そのロジックは、一九〇七年争議について二村さんが言ったことと似ているわけで、実質的に賃銀が上がり、生活の改善が期待されるようになったこと、その期待が裏切られる状況に立ち至ったことが不満の爆発の背景にあるというわけです。安田論文は、この枠組みの中で二村さんが問題にした二三年から二四年にかけての労働組合の事実上の分裂の議論を、右派の組合の動きに力点を置くかたちで議論しています。それと同時に、もう一つ、「帝国主義的社会構造」を「帝国主義的経済構造」と対になる社会構造として議論しています。具体的なイメージがよくわからないのですが、言われているのは、ある種の階層性と植民地流入労働力などの存在です。

最後に、関連する論点で比較的重要なのが、二村説が二三年から二四年にかけての労働運動の分裂を議論する際の条件として強調している労働政策です。そうした労働政策の転換がいつ始まったかということに関しては、上井喜彦さんが、第一次大戦直後の労働政策についての論文「第一次大戦直後の労働政策」（『労働運動史研究』六二号、労働旬報社、一九七九）を書いています。この論文で、内務省官僚が治警法一七条の適用をいつ頃緩和したのかについて、かなり詳細な実証をして、一九一七年に画期があると指摘しています。労働政策は二村論文でも言われているようにかなり恣意性が強く、官僚側のスタンスの違いによって変わるわけですが、この点を明確にした実証論文です。

【質疑】

質問　**植民地労働力の位置づけ**についてですが、武田論文では、「労働力の追加的供給として、植民地・朝鮮から労働力が流入してきた、その意味において低賃銀供給源としての植民地を……」としている。他方、安田論文では、「労働者の最底辺として植民地からの移民労働力が組み込まれるという帝国主義に特徴的な事態が」という捉え方をしている。安田論文では、朝鮮人の移民労働力を帝国主義の構造として極めて重要視しているが、武田論文では、「植民地としての意義が高まったと書くにとどめる」と位置づけが弱いのではないか。

武田　事実の問題では、二人の認識の差はないと思います。帝国主義固有の特性としてとりあげるか、単なる事実として指摘するにとどめるかの違いです。違いが生じた理由は、帝国主義国の構造的な特質として植民地からの低賃銀労働力流入を論理的に説明できるかについて、私には自信がないからです。植民地に入植するという方向での人口移動もありますが、帝国主義国では低賃銀労働力が不足することが論理的に説明できない限り、安田さんのような評価はできないのですが、武田説では、国内における二重構造を想定しますから、このような説明は難しいのです。

それから、朝鮮人労働者の流入に関しては、通説では二〇年代には政府の判断が明らかに揺れていたと評価されています。これは戸塚秀夫さんの論文がありますが、政府は一貫して流入促進政策をとっていたわけではありません。二〇年から二二年にかけて、朝鮮人の流入に対して、入り口を少し広げたためにかなりの流入があったことは認められます。筑豊を中心とした炭坑の労働者や都市の雑業層にかなり入ってきました。しかし、関東大震災時の虐殺事件が、底辺にある非常に強い民族差別の問題を明るみに出したために、政府は流入に関して慎重な姿勢をとらざるをえなくなります。そういう意味で言うと、帝国主義国日本の政府が、一貫して低賃銀利用のために植民地労働者を利用しようとし続けたという主張については、事実の問題としても疑問があります。

ただ、二〇年代の問題として日本の植民地政策が朝鮮の経済状態を悪化させたことは無視できません。産米増殖計画による影響で朝鮮人農家の再生産が非常に難しくなっていました。それ以前の土地調査事業で強権的に土地を囲い込んで耕地を朝鮮人から奪ったうえに、産米増殖計画が飢餓的な輸出を促すことになったからです。そういう状態ですから、植民地経営の展開によって、朝鮮の人たちが雇用機会を求めて日本に渡航するチャンスを探さざるをえないような環境に追い込んだことは間違いないのです。その限りで植民地支配の影響は大きい。そうした事実関係を考えると、帝国主義的な植民地支配と低賃銀労働力の植民地からの流入とに強い関連があったことは認めざるを得ないのです。それを「帝国主義的社会構造」と規定するほどの元気が私にはありません。こうした点は、当時から歴研の内部でさんざん私が批判されていたことです。どうして外と結びつけないのだというわけです。歴史学者の大勢は、帝国主義は植民地支配だと捉えていますから、そういう批判が出ていました。私は、帝国主義を国内の独占的な支配構造から論ずることの方が重要だと思っていますから、そこの視点の違いが埋められなかったのです。

質問　二重構造が問題となる**一九二〇年代の労資関係**は、第一次大戦期の「労資関係」に関する論文の議論とはどうつながるのか？

武田　本当は、私が二〇年代についての論文を書くべきですが、イメージを説明すると、まず、議論の前提として、休戦反動後、あるいは戦後ブームをどう位置づけるかが、大正デモクラシー論などの議論を含めて広い視野でみて重要な論点になります。

研究史の流れで、大戦ブームと戦後ブームとを分けて考えた方がいいと強調したのは橋本さんですが、それより先、高橋亀吉『明治大正昭和財界変動史』にもそうした視点があります。そうした指摘がすでにあったにもかかわらず、一般的には大戦ブームとして、二〇年の恐慌までを一括して議論してきました。二村さんの議論も結局はそういう枠組みです。しかし、リーディングセクターの変化などの休戦反動の影響を考えるべきこと、また、大戦中の物価上昇率と戦後ブーム期の物価上昇率では、戦後ブーム期の方がはるかに大きいことなど、見逃せない違いがあります。この二つの時期を比べて、ごく素朴に考えて、なぜ戦後ブーム期に米騒動が起こらなかったか、米価の上昇率ははるかに戦後のほうが高いのになぜ起こらないのかという疑問がわきます。

その説明として、戦後ブーム期には、実質賃銀を落とさないようなメカニズムが働いたと考えるより仕方がないと考えました。米騒動では、最初は漁村のおかみさんたちが動き出したけれど、その後に都市の雑業層の暴動にもなるし、それに工場労働者も加わっているし、鉱山でも起こっている。つまり、労働者と都市の雑業層が一体になっています。日露戦後の日比谷暴動から米騒動にかけては、都市騒擾期と評価されるような混乱の時代でした。その原因が生活苦であったことが強調されてきています。ところが、米騒動の前年くらいから労働争議が急激に発達してきたとき、労働争議に都市雑業層が同調することは少ない。すでにふれたことですが、労働者は都市雑業層的な生活から抜け出しつつあり、利害が一致しなくなったと考えるべきだろう。そうした形で分化し始めた理由は、生活条件が階層化されたからだろう。つまり、生活条件の違いが生じ、物価変動の影響の受け方などが異なったと解釈しています。

その中で、休戦反動後、労働運動の舞台の中心は機械器具工業ですから、その機械器具工業において休戦反動のショックを受けて、雇用の調整が始まったことが重要だと考えることができます。その調整過程で首切り反対という、いわば消極的な姿勢での労働運動が一方で組織されますが、それと同時にマクロ的な状況はすぐ転換します。半年くらいで、急激な物価上昇を伴う戦後ブーム期に入り、そのために賃上げ圧力も強まりました。しかも、その間にＩＬＯの批准があって、労働運動が公認されるべきだというイデオロギーが入ってきた。ロシア革命もかなり影響を与えた。こうして運動の主体的条件からは有利な側面も生まれていたのです。しかし、客観的な労働市場の条件は、労働運動の主な舞台となっていた機械工業などでは条件は不利化しています。そういう中で、平職工を中心とした基幹的な労働者は自らの雇用を確保することに妥協点を見いだすという選択をしたと捉えています。

その意味を説明しますと、大戦ブーム期には急激に労働需要が伸びた時期であり、同時に間接的管理から直接的管理に移ったとはいっても、親方職工的な旧型の熟練労働者たちも主役の座を奪われながらも雇用を失うことはなかったのです。彼らを活用しなければ、膨大な労働需要を満たすことができなかったからです。ところが、労働力需給関係は反転して、雇用調整が必要になります。整理しなければならないとすれば、まず大戦中にかき集めた熟練度の低い労働者が候補になります。次の候補が、新しい技術体系に対する不適合が明白に見えはじめていて、しかも年齢も上で賃銀も高い労働者であった旧型の熟練労働者です。そういう人たちの解雇が進んだとすれば一九年から二一年にかけての労働争議に伴う雇用調整は、旧いタイプを排除しながら、新しいタイプを中核に据えていくものであったと考えることができると思います。これは平職工の側からも受入可能な調整だったと思います。労働者側の妥協点とはそういう犠牲を伴った処理を意味しています。

しかし、この雇用調整に企業も高いコストを払わされました。三菱・川崎争議では、参加人数が一万七千人とか二万人とかの大争議になって、工場が何カ月も止まる。この時には作っても売れない時代だったから経営側も操業継続に固執しなかった。だから経営側も争議に対抗しますが、結果的には川崎造船所の争議では松方社長は八時間制を導入することに同意し、それで進歩的経営者としての面子を保ってストライキを収拾することになります。大きな譲歩を強いられた経験から、あまり野放図に雇用を拡大することはまずい、雇用量を調整しようとの考えが生まれますが、その調整に際して生産現場で基幹的な役割を果たす新型熟練を持つ労働者を定着させる必要性も認識されるようになります。こうして一九二〇年代には資本家側は二重構造を前提とするような労資関係を作り始めます。基幹的な新しい熟練工達を温存し定着させるシステムは、激しい労働運動という環境の中で作られたわけです。

そのシステムが、彼らを定着させて基幹的な熟練工として体制内化する一九二〇年代の枠組みになります。彼らの組織を認め、人格も承認して、懇談の場を設ける方向で譲歩する。しかし、雇用全体の数を限る。そういうシステムへと転換していくというイメージです。その点では、休戦反動後に機械器具工業で経営環境が変わっていることが大きな意味をもっています。二村論文は、どちらかというと、労働者意識の方が高まっていって、二一年に団体交渉権要求まで到達したというスタンスで運動の意味を強調しますが、捉え方の違いは理解できるだろうと思います。私が労働市場という視点を加えることによって、新しいイメージが出るのではないかと指摘しているのは、そういう時期的な変化があることを想定してのことです。

「帝国主義的経済構造」とのつながりは、ここまでの説明に加えてもう一つは実質賃銀の上昇の評価に関係する問題で、この実質的に上がったグループは、一九二〇年代に基幹的となる部分だけだと考えていますが、この点が大きな枠組みでは重要な意味をもっています。例えば、この実質賃銀の上昇によって家計貯蓄の可能性が出てきます。工場労働者は宵越しの銭は持たないという話がありますが、それではいつまでたっても家計部門からの貯蓄によって資金市場の裾野が広がらない。そうなると、資本市場とか資金市場は企業間信用の範囲内の資産家と企業だけで構成される世界になる。けれども、現代資本主義的な社会に近づいていくということは、もっと広範に社会的資金が資金市場に投入される可能性を生み出すはずです。そうでないと社会的資金の集中がすすまないからです。だから、資本市場論との関連でも、上層の基幹的な労働者はある程度の貯蓄が可能になるくらいの生活水準の向上が第一次大戦期を通して可能になったとすれば、その変化の意味は大きい。労働者がそうであれば、ましてや中間層とか、ホワイトカラーとかについても同じように考えていいだろう。そうなれば、資本市場の発展が促される。私が「帝国主義的社会構造」というとしたら、こうした意味で使います。

質問　**工場委員会**というのは、基幹工だけで構成されているものですか？

武田　一般的にはそうです。男子常傭工だけです。その代表者が委員会に出る。ただ、バリエーションが多くて、工場委員会はワイマール型の労使協議制だという議論がある一方で、実質的な意味は何もないという議論があります。

安田さんの研究では海軍工廠などでは、かなり協調的だが、イデオロギー的には国家主義的だったと指摘されています。それから、財閥系ではかなり徹底した労使協調的な工場委員会が作られますが、その実質は「労資懇談制」に近いという議論が多いようです。労資懇談制という捉え方では佐口和郎さんの研究が代表的なもので、協調的な面を強調するのは西成田さんなどです。この評価の違いは、工場委員会と称して作られた各種の意思疎通機関が、現場の状況によってかなり個性的な存在だったからだと思います。

その点に関して言うと、私は、協調的であるか、懇談的であるかという性格規定は重要ではないと思っています。そういう機関が作られて、同じテーブルにつくことが認められることで、労働者は年来の要求であった人格が承認されたと受け止めたことの方が重要です。つまり、対等なテーブルにつくことが認められたことを、労働者は、自分たちの存在が社会的に、あるいは企業内で認知されたと考えた。対等に話し合うことによって問題を解決しようとする経営側の姿勢を評価したことが、二村さんの言うような右傾化とか体制内化とかの現実的な基盤だったと考えています。しかも、それは外側の紛争の解決に調停というシステムを組み込んだという議論になっているのです。

実際の工場委員会の代表的な例をみていくと、労働側がいま現場で問題になっていることを示すと、それに対する対応がある程度出され、不満を吸収することが可能になっています。労働者の側からいえば、とにかく自分たちの言うことをまじめに受けとめてくれるようになった限りで前進だ。労働争議という高いコストを払わずに可能になったという限りでは前進だと考えたと思います。その時に、それに参加できる労働者は大戦期に運動に参加した膨大な労働者数に比べれば、明らかに限られていました。つまり、選ばれた労働者、限られた資格をもった労働者たちだけが、これに参加できるようなシステムを作った。だから、経営側からみると、対等というのはある種のフィクションです、同意をとりつけるためのフィクションです。

質問　工場委員会は主に基幹的労働者にかかわることですが、**下層の労働者**も問題にしなくていいのか？

武田　問題にしなくていいというわけではありません。工場委員会が取り上げられたのは、国家独占資本主義論と関係があります。第一次大戦期に先進資本主義国は戦争遂行のために、労資同権化を進めました。この労資同権化が一九二〇～三〇年代にかけて、加藤栄一さんなどの国家独占資本主義論の事実上の柱になっています。そして、それを現場で支えたのが工場委員会という枠組みです。そうした捉え方にたって現代的労資関係が日本で形成されるのはいつ頃かを、議論する人たちが工場委員会に着目したのです。こうした視点からみると工場委員会制は一部の労働者に関する問題ではないのです。

それとは別に例えば西成田さんは、共産党系の評議会の影響下にあった中小工場の労働運動でも、三〇年代に労働協約が結ばれることによって、彼の言葉でいう「協調的労資関係」が日本でも成立したという筋で全体を示そうとしていますが、あまり賛成できません。私は、その評議会系の左派労働運動に関して政府は治安維持法の弾圧で応えたとみています。それと調停法です。私は工場委員会という大経営の枠組みからはずれたところに関しては、弾圧と調停が意味を持ったと考えています。中小経営では、労働争議はかなり破滅的な様相を呈する可能性があり、労働運動は左傾化した。そういう部分に対しては、政策的対応の必要性があった。それなくしては体制の安定を実現できなかったと考えています。

質問　二村さんの研究では**直接的管理への転換**という視点がはっきりしないのではないか。

武田　二村説では、第一次大戦期に間接的管理から直接的管理に転換したことは大前提になっていて、それが一九一七年の労働争議の昂揚の基盤をなしています。二〇年代に団体交渉権要求が意志疎通機関の設置に置き換えられてしまったという議論は、当然のことながら、直接的管理を前提としているわけです。

むしろ、問題なのは、労働者がなぜそれを受け入れたかということについての説明が十分でないことです。二村説では、団体交渉権要求が、二一年の大争議を経て結果的には工場委員会の名の下に意志疎通機関の設置に矮小化されて終わったという議論しています。二村さんは、企業レベルの労使関係についてそうした議論をした上で、そのあとに続けて労働運動の諸潮流を問題にする。産業横断的な労働組合運動が分断されて、労働者が企業内での意志疎通に関心を集中し、産業横断的な組合が求心力を失うという筋道になります。その理由は主として思想的対立・運動路線の対立であり、その対立を促す重要な要因として、労働政策が第一次大戦末から二〇年代前半にかけて、急激に右派の労働運動をとりこむような形で展開したことを重視しているのです。

この右派がとりこまれたことに示される労働運動側の弱さについて、私は十分に説明できていないと感じていました。要点は、人格承認要求から出発したことの限界性をどう評価するかです。労働者は本当に先端的な団体交渉権や争議権を要求するほどの高い労働者意識に達していたのか。それはいわば指導部だけであって、労働者大衆が要求していたのは、もう少し人間レベルの、人間として人並に扱えという意味での人格承認要求だったのではないか。その区別が必要で、二村さんの議論は、労働運動の闘った最先端の人たちに注意が向いていて、そのために指導の失敗という議論に傾いている気がしていました。つまり、本来、大同団結してでも労働者の階級の利害のために闘うべき人々が四分五裂していったことに対する義憤がふつふつ沸きでながら書いている感じなのです。

それに対して、天皇制の枠の中に包み込まれていく労働者をどう理解するかが、きちんと議論されないと労資関係とか、帝国主義支配という議論をするのは難しいのではないかというのが私の問題意識でした。そこを説明できないままで、天皇制に最後まで闘った人がいたことを示しても仕方ないと考えていました。その点では安田さんと意見があいませんでした。もちろん、闘争することを否定しているわけではありません。それぞれの人たちが自分の思想信条に従って闘うわけで、それを肯定するにしても否定するにしても、それは社会科学としては踏み込み過ぎなのです。社会科学がやることは一人一人の人間の行動規範をしばることではありませんから。闘った人を英雄視したりすることも慎むべきだし、特定のレッテルをはる必要はないと思います。

要するに、人格承認要求のもっている思想的な弱さをどう理解するか。確か、その頃から、東條由紀彦さんが言っていたと思うのですけれども、「天皇の赤子」というような形で労働者自身も自己認識してしまうような状況、そういう階級認識とは何か。つまり天皇の下でみんな横並びに一線で同じだと認められればいいのだとすれば、それは天皇制の枠を出られない。天皇制を批判するという視点にはたてないからです。

それと同じように、それまでの親方職工がいなくなり、その上にいた経営者による直接的管理に移行したときに、とにかく同じテーブルについて議論しましょうと言われた。企業内ではそう言われ、社会的には成人になれば選挙権が認められるようになったことで、社会的に平等の権利をもった人間として認められたと受け止めた。そういう仕組みを提供された時に、彼らはみごとに変節していくのです。それ以上の要求ができない。その権利を行使することによって自分たちの生活をよりよいものにするために、社会システムの改造とか改革へ乗り出していく人たちはきわめて少数になってしまうのです。そこに、人格承認要求のもっていた弱さがあると考えています。

そうした問題関心から「調停法体制」を議論し、これに治安維持法・普選という政治的な枠組みをセットにして考えているのです。その時のキーワードは「人格承認要求の限界」です。人格承認要求という外見的にはマイルドで、誰でも反対できないような、ある種の夢を与えるようなスローガンがなければ、たぶん友愛会が数年の間に急激に組織をのばせなかったと思います。その意味で、非常に重要なスローガンだったのですが、そこから抜けきれなかったという限界があったのです。

一九二〇年代に実現していたのは、闘争を起こさないという限りでの合意です。日常的な問題であれば、そのテーブルの上で不満を吸収することによって労働争議が激発しないようにすることが最大の目的のシステムになります。中核の有力企業や大規模な事業所で争議が起こらなければ、社会体制全体からみると、労働問題は孤立分散化する可能性が非常に高いために押さえ込みやすくなる。そういうシステムを作ろうとしていたのではと考えています。

この状態は、第一次大戦期のドイツにみられる「**同権化**」とはだいぶ意味が違います。それが日本で実現されなかった理由は基本的には労働側の弱さです。つまり、労資同権化は、要求によって実現するという面もありますが、権力の側が体制の安定のために譲歩せざるを得ないと判断するかどうかによります。ドイツの場合は労働に対して一方的な譲歩を続ける。それにもかかわらず、一八年には革命の危機が迫る。要するに権力の側が、同権化を進めなければならないと判断するような状況を労働運動が作れたかどうかなのです。日本では、せいぜい米騒動で寺内内閣がつぶれた程度であって、労働運動ではつぶれない。反体制思想を持っている人たちもたくさんいますが、とりあえず問題にしているのは賃銀引き上げで、しかもそれも「わっ」と声を上げるとすぐに実現してしまうような状態の中でのことですから、運動としての外見の昂揚とその質的な内実というのか、社会主義的な運動としての質の高さ、反体制運動としての質の高さということで評価すると、日本の労働運動の第一次大戦期の到達点は、争議の数ほどのものではないのです。労働史の人に怒られると思いますけど。

質問　どうして日本の労働運動は、「**天皇の下での平等**」に甘んじたのか。これは、労働運動が普遍的にもつ問題なのか、それとも日本の民衆運動が伝統的にもっていた特質なのか。

武田　学部学生の頃、民衆運動史を勉強していた時の感じでいうと、上級権力、権威への強い依存という性格が日本の民衆運動にはある。例えば幕末の信達の一揆とか、世直し一揆などを見ていると、彼らの要求は、要するにお代官様が悪いからお殿さまに何とかしてもらおうというタイプのものです。この点は自由民権運動の限界として第2章でもふれています。その限界とは、現在ある矛盾とか困難などの問題を解決するために、君側の奸をのぞけば、君子が出てきて必ず望ましい治世に変えてくれるという発想から抜けきれないことです。そういう精神構造が自由民権運動でも出てきます。秩父騒動でも同じように、最後は上級権威へ期待している。足尾鉱毒事件で田中正造は最後の解決策として天皇に直訴する。それに失敗して彼は民衆の中へ戻っていくわけですが、繰り返しそういう精神構造が運動の中にみられるのです。そういう意味でいうと、最上級の権威に対する依存、あるいは幻想から抜けきれないというのは、民衆運動史の中に刻印されていると思います。これは民衆のなかにある「通俗道徳」の拘束性という点から考えるべきことでもありますし、同時に近代日本における「抵抗権の不在」という問題としても議論しなければならない問題です。そしてそれは現在の私たちの生き方にもかかわっています。

ただ、これは思想の問題なので我々はそういうことがあるかもしれないけれども、経済的なロジックの中でどこまで説明可能かということをまずは議論すべきだと思います。少なくとも私は、日本的特殊性とか、日本文化の特殊な要因とかをできるだけ説明要因としては排除してやれるところまでやってみたいと考えています。それで討ち死にしたら、金庫に入れておいたそういう要因をちょっと出してくれればいいかなと思います（笑）。

以上

この講義は、一九九六年六月二一日にわたって行われた講義の速記録をもとにまとめたものです。

【戦間期編7】

第19章　農業問題と地主制
——暉峻衆三『日本農業問題の展開』——

テキスト　暉峻衆三『日本農業問題の展開』上下、東京大学出版会、一九七〇・一九八四
参考文献　中村政則『近代日本地主制史研究』東京大学出版会、一九七九
西田美昭『近代日本農民運動史研究』東京大学出版会、一九九七

1　農業史研究の分析視角

農業史・農業問題の勉強をしたことがない人がその勉強をしようと思ったら、入門書としても最適な文献が暉峻衆三さんの著書だと思います。農業についてだけ書いているわけではないので、日本資本主義史のなかで考えることができるからです、そこが暉峻さんの方法の特徴でもあります。

『日本農業問題の展開』はこのような方法的な特徴を持つものですが、この上巻が一九七〇年に出版されたころの農業史研究のなかで位置づけてみると、その特徴点が明確になるように思います。当時の農業問題研究の中心は地主制史研究でした。古島敏雄さんとか近藤康男さんとかの農業経済研究などの先行研究が貴重な成果を生み出してきたことを基盤にして、地主制史研究を含めた農業史研究には、七〇年代から八〇年代前半にまとまった仕事をした人がたくさんいました。経済史分野での代表格が、安良城盛昭さんや中村政則さんで、それから少し遅れて西田美昭さんなどが研究史に足跡を残しています。

安良城さんは、太閤検地論争で学界にデビューしたことからも分かるように、地主制史プロパーの研究者ではないのですが、日本における地主制の成立についての論争では、かなり重要な貢献をしています。地主的土地所有それ自体の成立は一八八〇年代の松方デフレ期と捉えるべきだというのが安良城説です。それに対して、中村さんは、資本主義と地主制との関係をどちらかというと地主制の側から検討するという分析視角をもっていて、しかも、階級構造論とか国家史というような領域を視野に入れる志向が強いところに特徴があります。西田さんは、地主制の問題を小作争議史研究という方向から検討しています。そして、その小作争議の分析は小商品生産者としての自小作層の主体性を重視するという視点で一貫しており、理論的には栗原百寿さんの研究からの影響を強く受けています。

こうした研究状況の中で暉峻さんの占めている位置は、農業問題を資本主義の農業問題として捉えるという視点に立つという点で独自なものです。暉峻さんの先生である大内力さんの議論に学びながら自らの視点として定めたものと思います。この点では、中村さんの議論と逆というべき捉え方になっていて、暉峻さんは常に資本主義の側から地主制とか農業問題を摑まえようとしています。

もちろん、暉峻さんと中村さんには資本主義と農業の関係に関心があるという点では共通性があります。これと対比すると、安良城さんは地主制が、いかにして、いつ頃、歴史的に形成されたかに強い関心をもって分析を進めています。この議論は、ある意味では山田盛太郎的でもあるし、そうではないところがあります。つまり安良城説をつきつめていくと、一八八〇年代にすでに寄生地主制が成立していることになります。それは地主制と低賃銀労働の相互規定関係という山田説の枠組みとの関係でみると、相互規定をする片方が先に制度的に固まっているということになります。それは、山田説の解釈としては、経済構造の「基柢」としての農業のあり方、土地所有のあり方が資本主義の構造を特徴づけるという考え方に整合的なものです。

山田『分析』の農業問題の捉え方は、人によって多少は理解に差がありますが、講座派の人たちの多くは、土地所有制度が——この場合には寄生地主制ですが——一方的に資本主義のあり方を特徴づけてしまうと受けとめています。

この基柢論に沿って、安良城さんは、八〇年代に寄生地主制的な農業構造、土地所有の構造が決まり、それに規定されながら産業革命が進展していく、資本主義経済が歪んだ形で形成されていくと理解しています。その限りで安良城説は、山田説のある側面を明確に強調した議論になっていると言うことができます。しかし、この議論は、突き詰めていくと、低賃銀と高率小作料の相互規定という捉え方について、専ら土地所有制度から説明できるという立場に立つことになります。

それに対して、暉峻さんや中村さんの議論は、資本主義と農業との関係を地主制と資本主義の相互規定的な関係として論じています。そのため資本主義の確立にあわせて地主的土地所有も安定的な経済制度になるという捉え方になります。ただし、中村さんはどちらかというと地主制の方に足場を置いて資本主義を考えています。この点は、地主によって取得された小作料が所得として地主の懐に入り、その所得は資本市場を介して工業投資に向かったとか、あるいは農業部門から高い租税収奪が行われることによって、それによって得られた財政収入が政府の工業化投資に向けられた、というような農業から工業部門あるいは資本主義部門への資本転化という形（地代の資本転化）で考えているところに現れてきます。両者の関係は労働力市場における相互規定関係だけでなく、資金・資本市場や財政収奪を通して地主制が資本主義の発展を支えると考えています。さらに、中村さんは地主制それ自体が戦前日本資本主義の構造の一環になっている限りでは「基柢論」に近い捉え方をしながら、その視点を活かして、戦前の日本の階級構造を論じ、地主小作関係を位置づけ、日本の国家体制が非常にグロテスクな専制的な性格をもっていることへと議論を展開していくことになります。なお、寺西重郎さんが中村説を批判していることは第12章で紹介した通りです。

中村さんと比べると、暉峻さんは、まずその時期の資本主義がどういう特徴をもっていたのかを詳細に議論していきます。ある意味では教科書的ですが、この本一冊を読むと日本経済史の教科書を読むのと同じくらいの情報量があります。資本主義経済のあり方をまず議論して、その後で例えば農産物価格市場がどういう影響を被るかとか、労働力市場がどう変化するかを問題にします。つまり、両方のつながりを、資本主義の側から考えたうえで、そういう条件の下で農業問題がどう展開していくかを分析するという手順になります。その場合、寄生地主制という農業の生産関係を規定しているような状況が、一体どう変革されたのか、されなかったのかを問題にするわけです。

その点では暉峻さんは、農業問題を捉える時には、資本（資本主義）の動きが農業問題を規定し、能動的に経済構造を変化させる力を持つものと位置づけて議論するという視角を持っているのです。その場合に、大内力さんのように高率の小作料は土地供給の不足に対する小作人の過剰というような土地市場の需給関係から説明する伝統的な労農派の考え方はとらず、経済的取引としての分析視角では説明できないような「経済外強制」が働いていることを認める立場に立っています。それは資本主義に規定されているとはいっても、農業における地主的土地所有とその下にある小作経営が資本主義的経済原理では説明できないような、異なる特質をもつ独自な経済制度であることと認識すべきだとの立場に立っていることを意味しています。

西田さんは、この二人の仕事より少し遅れて登場しますが、暉峻さんの資本主義の農業問題という捉え方と、中村さんの地主制論を継承しながら、小作争議史を対象に研究をリードすることになります。そこでは、変革の可能性、戦前の日本の経済システムを改革し改良する可能性があったのはいつ頃であって、それはどういう条件に基づいていて、それはなぜだめになったかという、いわば運動論的な視点を前面に出した形で議論をしています。この問題提起自体は独自のものというわけではありませんが、その点を突き詰めていったところが特徴になります。

2　地主制と経済社会構成体（ウクラード論）

暉峻さんは、地主制の問題は資本主義の農業問題として規定されるものと考えていると説明してきましたが、この議論ではたとえば二つの制度が「補完的な関係」にある制度として安定しているという考え方とは違いがあります。両者の関係は内在的には対立する要素をはらんでいることを認め、資本主義が小作農とか、プロレタリアートのあり方に影響することによって、地主制の基盤そのものを掘り崩していくことを明らかにしていくのです。

暉峻さんは地主制の成立について、それがいつであるかという安良城・中村論争にはあまり強い関心を払っていないようです。それは、資本主義によって農業問題や地主的土地所有などの特質が規定される面を強調する限りでは、地主制が固有に成立するという議論をしにくい論理構造になっているからという面があるからだと推測できますが、この点はあまり明示的ではありません。この点が安良城さんや中村さんの議論の仕方と違います。

こうして紹介したのでは、少しわかりにくいのですが、それまでの経済史研究を通して論争の的の一つであった明治日本は「絶対主義か資本主義か」という論点に関わって共通認識となってきた考え方がありました。それが「ウクラード論」というものです。これは第4章末尾の質疑のところでも少し説明しましたが、マルクス主義的な歴史理論のなかで生まれたものです。もともと「ウクラード」とは経済制度と訳するのが適切な概念ですが、これを特定の経済社会には「支配的な」ウクラードと、そうでないものがあると考えているような捉え方に用いています。

日本語では、経済社会構成体と訳されることもありますが、それは経済社会の全体を規定するような資本主義とか封建社会という枠組みから生まれたものです。この議論に忠実に考えると、一つの経済社会には一つの経済社会構成体が対応することになりますから、この図式的なマルクス主義的歴史理解では、初期の資本主義論争に登場するように、明治維新後の日本は、欧州経済史のなかでは近代への移行期に発生する絶対主義と比定可能な、その意味では近代的資本主義への移行の過渡期に生じるような発展段階にあるという意見が有力なものでした。上部構造（政治制度など）は土台となる経済構造によって一義的に決定されるというマルクス主義的な考え方に立つ議論に即して捉えると、天皇制のような専制的な性格の強い権力構造を持つ限り、その土台が資本主義ではあり得ないと論じていたのです。これが講座派の主張でしたが、これに対して労農派は、現実に資本主義経済が発展していることを受け入れて、天皇制も近代的な政治制度として認めることになります。どちらにも無理があります。天皇制が近代的な政治制度として民主主義的な性格を持つ権力であったというのも無理ですし、他方で資本主義的な経済発展が進展しているにもかかわらず、その経済制度全体を絶対主義、つまり資本主義以前的なものとするのも無理があります。

この硬直的な考え方に伴う経済発展と政治制度との「ずれ」を解消するために、国民経済などを単位として見たときに、一つの経済制度が経済社会全体を完全に覆い尽くすと考える必要はなく、複数の経済制度が存続しうること、その中で支配的な経済制度がその経済社会の発展のあり方などにより強い影響を持ちうるが、他方で政治制度は支配的とはいえないと考えられる経済制度からも重要な影響を受けるという捉え方が主張されるようになっていたのです。これがウクラード論と呼ばれるものです。

この考え方に即してみると、ある経済社会を分析する時には、その経済社会には基本的な性格が異なる複数の経済制度が併存している状態がいくらでもあり得るということになります。それは、例えば資本主義的な経済が発展していく中で地主制というような完全には商品経済的な関係とは言えないような制度が存続するということを認めようという立場に立つことを意味します。今では当たり前のように聞こえるかもしれないのですが、そうした捉え方によって、それまで研究史が陥っていた教条主義的とも言えるような固定的な考え方からの脱出が可能になったのです。地主制が持っている経済外的な強制ともいえそうな関係に目をつぶってそれを市場経済メカニズムによって作り出されたものという必要もなく、他方で、営利企業の活動を基盤に工業化が進展しているにもかかわらず、それを資本主義経済ではない、と強弁する必要もないというところに到達していました。

この到達点をここで取り上げている農業問題研究、地主制史研究は前提として共有しています。したがって資本主義と地主制との関係についても、一方が他方を規定する関係になっていることもあり、あるいは相互に補強・補完し合っていることもあり、対立する契機もはらんでいると考えることができるようになりました。だから、ある社会全体の構造の特質を基本的に決めているのが、複数の経済制度のうちで優越的で支配的な経済制度であるということを前提にして、戦前日本ではそれは資本主義的な経済制度だとしても、それとは異なる特質を持つ、より自給経済的で前資本主義的な経済制度が存在することもある。そのように地主制を位置づけることが基本的な認識になりました。

念のために繰り返すと、この考え方は、たぶん講座派主流の山田説解釈とは論理構造が異なっています。なぜかというと、主流派の解釈では、山田説では土地所有制度が経済構造全体を決定づける重要な要素であり、これによって資本主義の構造的な特質が規定されると考えてきたからです。これに対して、暉峻さんをはじめとする、このころの地主制研究は、経済制度が複数存在することを前提に、戦前の経済社会を規定している支配的な制度が資本主義経済の方であるとしても、経済社会全体を考えてみると、そこには資本主義的な経済制度としては理解できないような異質なものが含み込まれ、それが重要な要素となっていることを認めようとするものになります。暉峻さんの議論も中村さんの議論も、そして西田さんの議論も、そういう意味では、ウクラード論に近い立場に立っています。

ウクラード論という言葉を持ち出すと、皆さんのような若い方にはわかりにくいのかもしれません。しかし、最近の言葉でいえば比較制度分析が問題にしていることと類似性が高い論理です。ここでは、資本主義と地主制という異質の二つの経済制度が存在する経済社会を考え、その相互規定関係を比較制度分析の「制度補完」と考えればいいのです。つまり、近代日本農業を特徴づける地主制という制度的な枠組みが資本主義的な経済制度のあり方に対して、戦前日本では制度補完的であって、資本主義的な経済発展を促すような関係になっている。少なくとも、ある時期まではそのような関係が成立しているのです。そして、地主制に関する日本経済史研究では、この補完的な関係がある時期からきしみ始めた、補完的というよりは対立的な矛盾する関係に立つようになったという説明になります。比較制度分析が適用できるのかどうかは議論の余地があるかもしれませんが、歴史制度分析が提起している方法的視点が決して新しいものとは私が考えていない理由は、日本経済史の研究がそうした議論を積み重ねてきたからです。ただし、ウクラード論の場合には、制度間の関係は補完性を必ずしも意味せず、矛盾しない限りは併存が許容されるという程度の捉え方になっています。と同時に、講座派由来の枠組みに基づく議論では、あれやこれやの経済制度を無差別に取り上げうるような構図は描かれていません。資本主義とか封建制のような、経済制度の基本的な構造を示す制度的な概念だけを議論しているという点では、制度の理解に大きな開きがあります。

なぜ、伝統的な議論では、土地所有制度とか農業問題が特別に問題になるのかは、基盤となっている資本主義観に由来するものです。つまり、資本主義以前の経済社会は社会的再生産の基礎が農業生産にあり、その主要な生産手段として土地の所有のされ方が前近代社会の基本的な枠組みを作り出すと考えていました。資本主義経済社会が成立するために、その基本的な生産手段であった土地の私的所有が認められ、それに基づく商業的な農業の発展に伴う富の蓄積などを介して、資本主義経済制度が生み出されていくと考えられています。それ故に、土地所有制度が近代的なものに変わっていくこと、それによって小経営の発展が可能になる一方で、無産の労働者が生まれてくるという原始的蓄積の過程を想定する資本主義観では、土地所有の変容のあり方が、資本主義の類型差を生み出すと考えてきたわけです。言葉を換えると、先行する社会である封建制が解体していくためには、封建的な土地所有、つまり土地に対する支配関係のあり方が崩れ、土地に対する私的所有権が成立してくることが重要である。その私的な土地所有権が成立してくると、結果的には農民層の広範な分解が発生して、少なくとも分解の下層からは広範なプロレタリアートの供給源が発生するだろうし、上層からは資本家的な経営の萌芽が出てくるだろうと考えている。もしそうであるとすると、その農民層の分解のあり方、あるいは古い社会の壊れ方が新しい時代の経済制度を特徴づけるだろう。壊れ方をもっとも典型的に示すのは、農業について決定的な意味をもつ土地という生産手段の所有だということができる。それが本当に近代的なものであるのか、資本主義的な農業経営の下で事業が経営されるようなところまで近代化されるのか、あるいはそうではないのか。大土地所有制度は残るのか、残らないのか、というところが重要だと考えています。そういうことを念頭に置いている限りではこの捉え方は土地制度史観なのです。

少し横道にそれましたが、他の経済制度とは全く別個の重みを持っていると位置づけられている限りでは、比較制度分析的な視点とは違っていることを理解しておく必要があります。比較制度分析が方法的におもしろいのは、そういう制度間の重みの差をある意味では全部とりはらい、議論できる範囲内を研究者の視点に従って広げることができる点にあります。しかし、分析方法としてみると、こういった伝統的な考え方に対して、何が前進しているかについて明確な説明が必要でしょう。いくつかの制度の何から何をとりあげるかについて、分析者が恣意的に決定できるのではないかという疑問が入り込む余地があれば方法的に後退した感じを与えるので、この点を掘り下げて検討していく必要がある、そうした課題が私たちには突きつけられているように思います。

3　暉峻説の特徴点

以上のような問題を念頭においた上で、暉峻さんの議論をもう少し掘り下げて考えてみることにしましょう。暉峻さんは、土地所有制度そのものの規定的な役割を重視していることは間違いないとは思います。そのことが『日本農業問題の展開』の上巻では、第一章において明治維新期の農業問題に関連して、成立してくる土地所有は半封建的であったのかどうかについて議論をしていることにも現れています。

ここで、暉峻さんは、一方で山田説の捉え方を突き詰めていきながら、大塚久雄さんのような小生産者の発展とそれを促しうるような制度変化が生じているという捉え方を批判しています。また、大内さんに代表されるような割り切り方についても批判的です。つまり市場による競争で高率小作料が実現する（農地には限りがある一方で零細農家が多数存在し、その零細農家間の競争によって自ずと小作料は高くなっているに過ぎない）という考え方に対しても強く反発しています。結論的には地主的土地所有のもっている実態としての「前近代性」を浮き彫りにしようと意図しているといってもよいと思います。このような理解の仕方は、同時代の研究者のスタンスと共通するものです。ウクラード論的な理解がこうした捉え方の基礎になっています。

このように土地所有制度のもつ前近代制を前提にしながらも、暉峻さんの議論がもっとも精彩を放つのは、農業経営の分析視角を明確化し、それによって第一次大戦後の小作争議の発生を経済的な条件から分析可能にしたことです。この点は、後続する研究者である中村さんや西田さんが非常に強く影響を受けているものです。暉峻さんが提起したのは、農家経営を成立させる条件は何かという論点でした。

資本主義の発展に沿って農業問題が変質していくことに注目する暉峻さんの議論では、言うまでもなく、農産物価格がどのような要因で決まってくるのか、あるいは農外の雇用機会がどのような形でどの程度開かれているのかなどが、農業を取り巻く環境条件としてはきわめて重要な意味を持っています。そうした外的な条件をとりあえず与件として、その変化に農業経営、農家経営が対応していくときには、一方で農外就労の機会にいかに対応して農外収入を増やすかとか、農産物価格の変動に対応しながらどのような作物を選択し栽培するかなどが問題になります。他方で、そうした小経営が存立し再生産が可能になるために、それらの収入によって家族の生活費が賄われるだけでなく、農業生産に必要な費用が賄われなければなりません。こうした点から暉峻さんは、農業経営において費用価格（マルクス経済学的な表現で言えばC＋V、投下資本と労働）が賄われるような状況にあるのかどうかを考えていくのです。

それによって、農業（経営）を資本主義的な経済制度に即した論理で、つまり経済学的な論理でどこまで説明できるか、という方向に道を開いていったのが最も重要な点です。この点は、農家の経営主体である農民が費用価格を捉えようとするなかで、自分自身の労働の評価が適正かどうかなどを考えるようになると捉えるところに明確に現れます。そして、そうした自己認識を通して、今度は正当な労働の評価が得られない理由が何かを考え、その制約要因になっている小作料などを問題にすることになり、そこから小作争議の運動主体として成長していく道筋が説明されることになるのです。こうした論理を用意したことが大きな意味を持ったと思います。

とくに問題にされたのは、自己労働の評価（V）についての認識がいつ頃でてくるか、という点でした。Cと表現される費用の部分は農民たちの頭の中に経験的に入っている、つまり次の年の生産に必要な種籾の量とか肥料の量とかについては誰でも意識している。これに対して、自分や家族の労働の対価が適正であるかどうかはつかまえにくいものです。しかし、農家経営が自立していく上で重要なのは、一年間働いてどれだけの所得になったか、自分の所得がいくらかということではないかという問題を提起したのです。さらに、その所得のうちどのくらいが生活費でどれだけが剰余となって、経営拡大が可能になるのか、あるいは経営に失敗して借金地獄に陥るのかという問いかけなのです。所得概念というのは、VとM（剰余）を合わせたものですが、剰余部分が確保できなくとも最低限、自分が働いた分が確保されることは、農家の単純再生産が持続するためには不可欠の条件になります。これが問題でした。

たぶん暉峻さんの発想の由来をたどると、提示された論理の叙述とは逆転しているのだろうと思います。どういうことかというと、小作争議の時に小作人たちが書いた要求書の中に、俺達の収入は労働市場の評価と比べるといかにも少ないと主張しているものがあります。これは当時の農業の運動家たちが出した抵抗の論理、小作人の要求が正当であることの理由付けの中でかなり重要な意味を持つものでした。それを読むことを通して、暉峻さんはそういう意識は一体いつ頃成立したものなのか、を考え始める。そこで出てきたのが、ある時期まではCの意識しかない、そしてだんだんVまで意識されるようになる。そのVの意識が生まれる理由は、実際には農業そのもののなかでの変化によるというよりは、都市の労働市場など資本主義との接点の中で農民たちが自分の労働が都市の労働市場ではどのくらいの賃銀で評価されるのかを認識するようになっていったからではないかと考えています。

労働に対する評価は、農業内部で客観化されたのではなくて、農業の外側にあって農業問題そのものを規定している資本主義経済のあり方、とりわけ労働市場のあり方によって説明できるというわけです。その着想が、この本全体の構想の骨格を決めたのではないかと思います。

運動主体の主張の合理性が明らかにされることによって、この本は、農業問題研究のなかでは、小作争議史研究を志していく西田美昭さんとこれに続く人たちに大きな影響を与えました。同時にその考え方は、資本主義的な合理性を追求する限りでは、小作農民はかわいそうだ、というある種の心情論に傾いた農業問題の理解や運動論から脱却するための強固な論理的基盤を提供したのです。その限りでは、暉峻さんの仕事は、日本における農業問題の展開、とくに地主制の問題、地主・小作関係の具体的なあり方を経済学的な枠組みで議論しうる基礎を提供する重要な役割を果たしたのではないかと思います。

確かに、大内力さんも同じ方向性を持っているのですが、大内さんの場合はやや観念的で、高率小作料は小作人がたくさんいたのだから高くなるのは当たり前だと指摘する。これは事実関係を飛びこして論理的な妥当性があるのだから、それ以上説明する必要ないという割り切りをしてしまっているように見えます。

暉峻さんは、そうではなくて、それぞれの経済主体がどう考えていたかを視野に入れ、そしてそれを第一義的には経済的なメカニズムで説明することができるような論理構造を考えています。それも事実に即した実証的な研究の成果を踏まえてのことです。この事実に即して帰納的に論理をあぶり出していく姿勢は、近藤康男さんとか、古島敏雄さんの農業研究に関する実証主義の影響も受け、その長所を取り入れた仕事を生み出したのだと思います。

以上のように、暉峻さんの仕事は、農業を農業それ自体の内側だけで自己完結したかたちで捉えることを徹底的に排除しています。そういう方法的な認識によって農業問題プロパーで育っていない人たちにとっても、日本の農業問題を理解できる研究業績になりました。他方で、農業問題研究者から見ると、自分の研究は資本主義発達史の中でこういう意味をもつのだという全体像、見取り図を与えてくれるものになったのです。

この点は、石井寛治さんの蚕糸業史研究や高村直助さんの紡績業史研究が、産業論・産業史研究を試みているのではなくて日本資本主義の全体像を議論しているのだと繰り返し指摘しているのと同じように、暉峻さんも農業問題を議論しながら実は日本資本主義論を議論していると理解することができます。そういう共通の問題意識・課題意識を、この時代の先端にいる研究者たちは共有していたことを示しています。

それ以降の研究史にもふれておくと、一九八〇年代の初めから若い研究者のなかでは、労働問題における労資協調という考え方に影響されながら、農村における協調体制論という捉え方が出てきます。ただし、「協調」という特徴が共通していることから時代認識に共通の基盤があるように見えるのですが、残念ながら農村における協調体制がどのような資本主義像を想定しているのかが、ほとんど見えなくなっているという問題があります。そういう人たちがしばしば描くのは、村落共同体の中にみられる地主と小作の協調体制なのですが、その小宇宙的な状況がどのくらい普遍的なものなのか、日本経済全体の構造がどうかかわるかが明瞭ではないのです。この点に疑問を感じざるを得ないのですが、分離された小さなコスモスだけに閉じこもった議論をするだけでは、方法的には後退したということになります。実証研究が進むにつれてそういう研究が増えた感じがするのは残念なことでした。

ところで、暉峻さんの仕事というのは、大石嘉一郎さんの仕事の性格とよく似ています。大石さんの仕事も山田説というか講座派の議論を基本的な骨格にしながら、自分の直接の先生であった大内力さんの影響を強く受けて、大内説と山田説の両方をどうやって批判的に継承するかに苦労しています。

暉峻さんも、基本的なスタンスとして農業それ自体で起こっている現象については、講座派的な視点を大切にしたいと考えています。しかし経済外強制だと割り切って、レッテルを貼って済ませようとしているわけではなくて、現実の農民たちの生き様を考えて、彼らがとらわれている社会のあり方をきちんと説明せずに戦前の日本を語れるのかという問題意識を強く持っているのです。多分これは、暉峻義等さんというお父さんから受け継いだ実証主義であり、目線の低さだと思います。庶民と目の高さを同じにして考えていくところから学ぶべき点があります。上から見て、こうだろうと決めつけるようなタイプの学者ではありません。そういう立場に立ちながら、経済学的な論理でどこまで説明できるかと考えている点からいえば、宇野理論の影響を強く受けています。

その両方のバランスを取っているために、場合によっては歯切れが悪いように見えます。妥協的だとの批評を受ける可能性がある部分があることは否定できません。例えば大内さんなどの競争的高率小作料に対しては、〝論理的にはそれでも説明できるかもしれない、だがしかし……〟とつながるわけですから、論理だけを追う人からは曖昧だと決めつけられることも起こりうるからです。事実に即して考えていくということを大切にしながらも、このような点は、まだまだこれから議論の余地があるかもしれないと思います。

4　暉峻説の問題点

暉峻さんの議論で、一番問題があると私が思うのは、費用価格の形成という論点そのものだと思います。どういうことかというと、これは論理の世界では全くその通りだという気がしますが、暉峻さんが気にしているような主体としての小作農がそんなことを本当に考えたかなという点に確信が持てないのです。これが私には実感としてはわからない。つまり、農民運動家がそうした点を指摘したのはそれなりに重要な意味を持ったし、説得の論理として有効性が高いと思います。しかし、小作農・自小作農が日常的に農業経営に従事しているときに、そこまでの自己認識があったかどうかはよく分からないのです。

現代の社会でも自分の労働の成果に対する報酬が正当な水準で支払われているかどうかは、確信を持っていえる人は多くはないでしょう。たいていは周りと比べてというようなことになると思うのです。だから、職種による賃銀の相場のようなものがあれば、それを基準に考えることになります。例えば労働者が、製罐工なら製罐工として、電気工なら電気工としての相場観みたいなのをもっているということはできるでしょう。それは単に職種だけでなく、経験の積み重ねによって技能が向上するとともに割り増しが行われることも計算にはいるでしょう。つまり、雇用労働者に限ってみても、賃銀がどのような水準であれば適切であるかは、明快ではありません。このくらいが当然という水準は仕事の中身によって決まるとは思います。他方で、農業労働による所得の水準について、どのくらいが適切であるかは、その人の経験とか、どのような作物をどのような農作業によって実現しているのかに依存するかもしれません。長時間労働であったことは事実でしょうが、所得が個人で決まるというよりは、農家経営の所得としてしか計算できない状況のなかで、都市の賃銀との対比の持つ意味は限定的です。

もちろん機会費用というような概念を想定することはできます。小作農民が都市で働く機会を得るとすれば、対比できるのは日雇い労働の賃銀であり、それと比べて低すぎる収入という議論は分かりやすいものかもしれません。しかし、この対比も日雇い労働が天候などに左右されて労働の機会の持続性が不確実であることを考慮すると、年の所得として計算される農家経営の所得水準と簡単に対比はできないだろうと思います。

私の知り合いには小売業者とか自営業者がいますが、現代に生きている彼らの話を聞いていても、自家労賃の評価がきちっと出来ているとは思えないのです。商店だったら、C部分にあたる仕入額はわかるでしょうが、問題は家族を含めた労働の評価であるVの部分です。ただし、観念的には、この部分は売上げから仕入れを引いた差額に、さらに単純再生産に必要な費用部分を差し引いた残額として認識されているのではないかと思うのです。米を作るだけの単純な小作農家であれば、年の米の生産量から小作料を差し引いた残りを販売した売上げから、肥料代の支払いを済ませ、次年度の種籾をとりおいて残った手元の残金が生活費に充当される部分になる。米の一部を飯米として残すと考えても、計算上は同じでしょう。

分かりにくい話かもしれませんが、この場合手元に残った金額が代表するのは、個々の家族の労働の対価というよりは、家族の年間の生活費に充当できる資金の大きさということです。ここでは、賃銀が労働者の個々人のものとして決まるような労働市場の原則とは異なっていることが気になっているのです。原理的には労働者の賃銀を示すVは労働力の再生産の費用と考えられていますから、そこにはその個人の生活費だけでなく、労働者の家族の生活費用も含まれているということはできます。対比される都市労働者も現実には多就業ですから、家族の生活費を賄う水準に達しているとはいえません。それとの対比で農家でも多就業を前提にするということであれば、賃銀の水準を問題にしていたという側面だけでなく、もう少し踏み込んで、実現される生活水準についての不満が小作争議の背景にはあったということになるでしょう。分析の論理としては暉峻さんの言うとおりで十分なのかもしれないのですが、私は、小作争議の基盤に小作人たちが生活の質が改善されていくかもしれないという希望をもっていたこと、そういう時代の変化があったのではないかと、まったくの想像ですが考えてみたいのです。結局のところ、都市労働者並みの生活条件を確保するという生活の質を問題にするような意識に、賃銀水準の多寡を問題にする以上に重要な比較の視座があるように思うのです。そうはいっても、Vの問題以上に実証できることではないのですが、比較を通して説得の論理として通用したということに農民たちの意識の変化が現れているということではないかと考えているのです。

【質疑】

質問　暉峻先生の議論は労働者と農民との運動が合流して**反体制運動**の力になるというような運動論があるのではないでしょうか。

武田　その通りだと思いますし、それが資本主義的な経済発展の結果として生じているという限りで基盤となっている要因が同じだという意味では、運動の方向性などを考えるうえでは、単に小作争議の問題を取り上げている以上に積極的にそのような動きを見通していると思います。

ただし、農民、とりわけ小作農民と労働者との差異も考えておく必要があります。それは、農家は経営の単位として、労働者の家計とは異なる原理を内包しているということです。栗原百寿さんの議論を継承しながら小作農民の運動史を展開した西田美昭さんは「自小作前進層」を運動の能動的な主体として強調しています。西田さんが意図しているかどうか判然としない部分はあるのですが、小作農民運動の特徴とその基盤となる農業経営の問題がここには明らかにされています。つまり、この議論では第一次大戦期の農産物価格の上昇などを背景として、小作ないしは自小作の上層部分が農業経営の拡大が可能と考えられる状況にあり、その経営拡大の意図を阻むものとしての土地の賃借価格の高さを批判した、という論理が示されています。それは生活を守るために収入を確保したいという要求をこえて、小経営としての農家が経営的な拡大を企図していたことが小作料引き下げ要求の基礎に据えられています。この拡大の先には規模拡大の制約となる家族労働力をこえて、可能であれば雇用労働力を調達しても経営拡大するという道筋を想定することができるわけです。したがって、小作料の引き下げを要求する「自小作前進層」と評価された農民たちは、将来の企業経営者ということになりますから、階級関係的な視点から見れば、労働者とは対極にある存在の萌芽的な姿になります。これが異質な側面を持っているということなのです。ちょうど大塚久雄さんが資本主義の形成史において独立自営農民の経営的な発展に注目したときに理念的に考えられている農民たちと、「自小作前進層」とには共通点があるのです。この点を見逃すことはできないでしょう。

もちろん、そうはいってもいまだ小経営の状態にとどまっている限り、小作人を本質的には資本家階級に属するような特質を持つといってもリアリティはないと思います。暉峻さんの議論の持つ意味は、その意味では抽象的な理念型を示したというよりは、時代状況を反映した分析枠組みとして、この時代の小作農民たちが要求の根拠とした計算書の意味を読み解くために「時代の論理」を提示したことにあると思います。時代の論理というのは、その時代の制約を負っているということですが、この時期の自小作経営では規模拡大を目指す限り、生活費の確保をこえて規模の拡大を可能とするような利益（剰余）の発生を不可欠の条件とするはずです。しかし、そこまで高い要求をするのではなく、高すぎる小作料によって労働の対価としての生活費部分が不当に引き下げられている、これを改めるべきだという要求だったことです。経営発展にはV（労賃）ではなく利益にあたるMの部分の確保が不可欠なはずですが、そうした観念は未熟であったし、貧困に喘ぐ下層農民たちを巻き込んだ広い運動基盤を構築するためには適切ではなかったのだろうと想像します。経営発展という観点からは不十分だとしても、そうした段階への一つのステップとしてVが問題であり、その自己認識が生まれてきたことを論じたということだろうと思います。

小経営ということでは谷本雅之さんの議論が思い出されますが、谷本説では、農家の主人は家族の労働力をできる限り効率的に利用する方策を講じていたことになります。場合によっては農業経営に投入し、あるいは問屋制下の機織、あるいは出稼ぎにというようにです。このモデルを前提にすると、農家の上層が農業経営の規模拡大を目指すことだけが選択肢ではなくなりますが、この点は暉峻さんや西田さんの議論とはどのような関係に立つかは考えておく必要があります。

その際には重視されなければならないのは、小作争議が頻発するようになるのは一九二〇年代、第一次大戦のブームが去った後の時期だということです。この時期は、都市の労働力市場は労働力過剰状態にあり、雇用機会が制限され、高い賃銀が期待できなくなっています。だとすれば、家族労働力という資源を農外の就労というかたちで農家の再生産に活用するという選択肢は制限された状況にあります。それに加えて、農産物価格も低落していますから、ブームを背景とした経営拡大のチャンスに反応したとしても、客観的にはそれが持続できる条件が失われつつあったときに不満をぶつけたということです。そこには労働争議の発生に際して論じたことのある特徴点と共通する、ある種の「運動の発生の論理」があるようにも見えます。改善への期待が実現しつつあるとの見通しを持てる時期ではなく、その期待が裏切られていく局面で紛争が大規模に発生するということです。

ついでながら、一九二〇年代についてはもう一つ小作争議発生を考えるうえで重要な問題があります。それは主穀を中心とした農産物の生産性の上昇が第一次大戦期を境に停滞に転じていることです。このことは、土地単位あたりの生産物収入が増加しなくなったことを意味します。それまでのように増加していれば、小作料率が一定としても小作人も地主も収入の増加が実現していくために対立が生じにくかったわけで、これと対比すると生産性の上昇が止まれば限られたパイの争いが深刻になります。これが、小作争議が発生する農村で生じていた新たな条件です。

小作人がどのようにして自己の主張を正当化したのか、その正当化の論理が資本主義的な経済発展から強い影響を受けたものであったことは大事なことです。しかし、そのような主体の認識の問題と同時に、小作争議が発生する背景となる農業生産の停滞などの理由をさらに突き詰めていく必要があるように感じています。また、そうした停滞が単に農業技術の限界という問題に帰するだけでなく、米価などの農産物価格の水準がどのような要因によって決まっているのかなどについても視野に入れていくなど、まだ構造的に解き明かすべき問題が残っていると思います。これらの点を暉峻さんが見逃しているわけではありません。だから、暉峻さんの研究が小作争議の論理に集約されて研究史上で位置づけられているのは、この研究の正当な継承ではありません。これを発展的に継承するためには、暉峻さんが視野に入れていた農産物価格の問題、農業それ自体の技術変化など農業問題に関わる多様な要因を考慮に入れて暉峻さんの研究を読み直す必要があります。暉峻さんは、昭和恐慌以後について在村地主の持つ農村支配に対する影響力を強調するなど新たな論点を提起しています。これは暉峻さんが農業問題を資本主義経済社会の全体の構造から捉えるという点で一貫した分析視角を保持していることを意味しています。宿題はたくさんあるようです。

以上

この講義は一九九六年一二月二〇日に行われたものですが、その後の研究の進展なども考慮して加筆修正しています。

【戦間期編8】

第20章　国家独占資本主義と経済政策史研究
——三和良一『戦間期日本の経済政策史的研究』——

テキスト　三和良一『戦間期日本の経済政策史的研究』東京大学出版会、二〇〇三

1　基本的視点

三和良一さんの戦間期に関する研究は、二〇〇三年に刊行された、テキストに取り上げた書物に集大成されます。収録された論文の執筆の経緯について著者自身の解説は、同書の「あとがき」にあります。また、私は『歴史と経済』(四七巻二号)に書評を書いていますので、それも参照してください。

収録された論文は一九七〇年代半ばから八〇年代初めにかけて連続して執筆された作品で、ちょうど帝国主義史研究が若手によって活発化したときに、一つ上の世代から構造論的な基盤に立った経済政策論が提示されたということです。その時期には、「日本資本主義」とか「日本経済」とかをタイトルに入れた書物がいろいろ出ています。安藤良雄さんの還暦の時期であったことも関係するかも知れませんが逆井孝仁ほか編『日本資本主義　展開と論理』(東京大学出版会、一九七八)、安藤良雄編『両大戦間期の日本資本主義』(東京大学出版会、一九七九)、社会経済史学会『一九三〇年代の日本経済』(東京大学出版会、一九八二)などですが、第13章で取り上げた山崎隆三編『両大戦間期の日本資本主義』なども同じです。

余談になりますけれど、「日本資本主義」とするか「日本経済」とするかには、それなりの思い入れがあって、日本経済という場合には歴史的規定性がない。資本主義という方が時代の限定性が入っていると考えていたと思います。日本資本主義という場合には江戸時代には使いにくいということです。もう一つは、日本経済と表現する時には経済システムを論じているかもしれないけど、経済社会全体の体制を論じてはいない。マルクス主義的なアプローチからは距離を置いて、国家とか階級とかを対象としてはいないというニュアンスが込められていたように思います。そういう時代でした。

その文脈でいうと三和良一さんの議論は、資本主義論です。マルクス主義的なアプローチのもっている構造論的な、全体像の把握を追求するという強みを正当に継承したものです。テキストで三和さんが主に論じているのは国家独占資本主義論ですが、それは特定の時代の資本主義経済を対象として、それを構造的に捉える上でどのような方法的な視点が重要であるかを繰り返し論じてきたことに特徴があります。両大戦間期については「重化学工業化と経済政策」（一九七六年）という論文から、一連の仕事が始まります。その前の明治期の経済政策史研究、その後の占領期の研究にと研究領域は広がっていきます。それらについてはこの講義では脇に置いて話を進めますが、戦間期の研究を始めたときに三和さんが持っていた視点は、少なくとも産業論ではないし、長岡新吉さんの恐慌史論のような景気循環論でもありません。昭和恐慌を問題にしているから、循環過程を問題にしているように見えますけれども、実はそうではなくて、基本的に問題にしているのは、ある時代の資本主義の構造を、政府を含めた国家体制に総括されるものとして考えて捉えることです。その国家は、階級的な構造を基礎としており、国がその階級的な構造に介入しながら、国家体制としても経済体制としても安定させる。つまり国民経済的に安定させる装置として国の役割が意味を持っている。もしそうであれば、経済政策の分析を通して国の独自の位置・役割を明らかにし、資本主義経済の全体像を描けるであろうというモチーフを持った研究を続けてきました。

これは国家独占資本主義という対象に規定されているように見えるのですが、そうではありません。三和さんは、政治過程を含めた社会経済全体の構造的な特徴を捉えたいという意図を強くもち、政策論的な視点を媒介にしながら、政治過程なり階級構造なりという問題を対象に含み込もうとしているのです。オーソドックスなマルクス経済学的な捉え方に忠実だということができます。

三和さんの研究の長所は、そうした考え方をベースに持ちながら、実際の研究については極めて実証的なところです。理論から事実を都合の良いように切り落としてしまうところがありません。三〇年代についての論文でも、政策体系論が示されていますが、その体系は演繹的に示されているというよりは、現実に展開する政策を分類して帰納し、それを再度演繹的に展開するという手法をとっているので、それだけの説得力があります。

2　第一次世界大戦後の日本

そうした大雑把な評価を前提にして、三和さんの業績全体を考えていくと、最初に注目された論文は、『日本経済政策史論』（安藤良雄編、東京大学出版会、一九七三－七六）に掲載された「第一次大戦後の経済構造と金解禁政策」（同書第六章）という論文です。金解禁論争前史を扱った論文ですが、どういう意味で画期的であったかというと、それまで金解禁論争は、民政党と政友会とか井上準之助と高橋是清というような、政治的ないしは政策思想史的な対立軸を置いて、その基盤となっている経済学的な考え方の差異を明らかにしていくというスタンスをとっていました。その議論は、個人の思想的な背景とか動機とかの議論に偏っていました。三和さんは、これに対して、一定の経済構造のなかで選択しうる政策手段が、ある意味では限定されていて、その政策にはそれなりの合理性があることを説明しようとしたのです。つまり、金解禁政策には第一次大戦から一九二〇年代の日本資本主義が抱え込んだ多様な問題点を解決しうる有効な政策手段と判断されるような条件、歴史的必然性があったということを説明しているのです。

方法的な視点でいうと、それまでの研究が思想史的な視点から経済政策を説明している、マルクス主義的なフレームワークからいえば上部構造から経済政策を説明しようとしていたのに対して、三和さんは、経済構造という土台、その構造的矛盾から経済政策の必然性を説明できるのではないかという問題を提起したことになります。

同じ頃に西川博史さんが一九二〇年代の貿易構造を議論したことは第13章で紹介しました。西川さんは二〇年代の産業貿易構造を分析するなかで綿業帝国主義という問題を提起しています。こちらも考え得る研究の展開の方向だったのですが、同じような分析を基礎に経済政策論を展開する三和さんの方法は、極めて斬新なものでした。これより前に、隅谷三喜男編『昭和恐慌』（有斐閣、一九七四）に収録された水沼知一さんの論文が本格的な意味で昭和恐慌の経済学的な分析を示した最初ではないかと評価されています。しかし、この水沼説は、生糸を中心とした「唯生糸史観」的なところがあって、生糸貿易の破綻から問題を説明しようとする考え方が強く、そこでは世界恐慌が日本に如何に伝播したのかという議論が中心になります。それに対して、三和説は経済構造と経済政策を検討することを通して昭和恐慌を論じる点で、水沼説とは違います。

この論文で出されたユニークな論点がいくつかあります。

一つは、産業構造の変化――第一次大戦期の重化学工業化――に「一定の評価」を示したことです。「一定の評価」とは微妙な言い回しですが、具体的にいうと、第一次大戦期の重化学工業化についてそれまでは、一時的な現象であり、産業構造の転換は起こらなかったという見解が強かったのです。講座派の主流の人たちがそうですし、山崎隆三さんのグループも一九三〇年を画期とするという意味では大戦期の変化について消極的な評価でした。それに対して、急激な構造変化が起こった、それは不可逆的な変化であり、ある種の段階を画するものだという意見もあった。

ちょうどこのころに、長期統計が整備されてみんなが同じデータで議論できるようになりました。もちろん長期統計そのものの吟味も必要ですが、ともかく研究のインフラが整備されてきていた。そのデータを使いながら議論をすることになるわけですが、それによれば、数字は動かしようがないのですが、評価が割れた。

この問題について三和さんが出した結論は、一九二〇年代の前半と後半で様相が違うということを示し、この違いに着目することによって、二〇年代の前半に第一次大戦のブームの反動が見られるものの、二〇年代半ばに転換点があり、後半には重化学工業化率も再上昇するし、成長率も高いというものです。

これは中村隆英さんの描いた一九二〇年代の不均衡成長論と対比すると、二〇年代を通して不均衡成長というのではなくて、都市化などは震災の影響などもあって一貫して需要拡大要因ではあるのだけれども、それが重化学工業の発展に現れてくるのは二〇年代後半だというような解釈になります。それは、明確には書いていませんが橋本寿朗さんが『大恐慌期の日本資本主義』で描いた「内部循環的な成長メカニズム」というようなものの萌芽が二〇年代後半に現れていると考えているようにもみえるものです。重化学工業化という流れに沿ってみたとき、二〇年代前半に後退がみられたとはいっても、後半にはあたらしい構造に変わりつつある。

そこでは二番目の論点になる貿易構造と産業構造のずれというような問題が重要だと指摘されることになります。産業構造が重化学工業化していくのは、その部門が国際競争力を持ちつつあることを意味しているはずですから、輸入代替によって自給率が上がり、さらには輸出産業化していく。その限りでは産業構造の変化は貿易構造を変えていくはずなのに、日本の現実は必ずしもそうはなっていない。一貫して貿易の入超が続いています。β型帝国主義論は、これを構造的な問題と捉えていたわけです。これに対して二〇年代の過渡的性格を強調するのが、一九二〇年代の産業貿易構造と金解禁政策を論じた三和論文の特徴です。この過渡的な性格がもたらす問題点が在外正貨とか通貨膨張とかに表現されており、政策的介入では支えきれなくなって登場するのが金解禁政策であるという認識です。

3　金解禁政策から経済政策体系の把握へ

さらに、金解禁政策をそれ自体だけで論じるのでは不十分であると考え、三和さんは経済政策体系の一環として金解禁政策を位置づけるという方向で研究を意識的に展開します。浜口内閣の金解禁政策は、金解禁政策が孤立的に提起されたわけではなく、その実現のために軍縮が必要であり、あるいは産業合理化政策という、対症療法的にみえるかもしれないが、金解禁政策によって生じる摩擦にどう対処するかという処方箋も用意されている。さらに失業問題への手当とか、労働組合法を制定するなどの対応策、政策手段も用意されており、それなりの体系性を持っている。少なくとも一時の思いつきでやっているわけではない。その結果が、日本経済に強いデフレ圧力をかけることを予想しなかったわけではない。そういう議論をして、高橋財政の成功と対比するのです。

そして、高橋財政を議論するなかで、さらに三和さんの議論はそれまでの国家独占資本主義論と実際の経済諸政策の関係を鮮明にする方向に展開していくことになります。そのきっかけとなっているのが、『一九三〇年代の日本経済』に初出の「経済政策体系」（同書第一〇章）という論文になります。この論文では、これまでの研究が高橋財政の需要創出政策に関心を集中していたのに対して、三和さんはそこに議論を収斂させるのでは不十分と批判する。むしろ三和さんは、その政策がどの程度有効であったかを問いかけながら、政策体系のなかでは相対化して捉えようとする。相対化のために、政策課題は短期的には景気回復であったかもしれないが、より広く世界史的な視点で見ると、資本主義体制そのものの危機という面があったのではないかということに議論の出発点を定める。そういう同時代的な資本主義の課題に対して日本がどう対応したのかを明らかにすべきだという視点を明確に打ち出すことによって、議論を大きく一歩進めたと思います。それによって、単に井上財政の失敗と高橋財政の成功を対比するとか、H・W・アーントが『世界大不況の教訓』（小沢健二ほか訳、東洋経済新報社、一九七八）で書いているような、ある国は成功、ある国は失敗、ある国はケインズ的、ある国はそうではない、というような分類をするのではなくて、それぞれの国でとられた政策の全体を捉え直すことができると考え、それぞれの国が何を課題とし、何を解決しようとしたかを論じる枠組みを作ろうとしたのです。

4　国家独占資本主義への移行の二つの契機

この前提には二つの議論――国家独占資本主義への移行の契機に関わる二つの議論――がありました。一つは大内力さんの管理通貨制についての議論です（『国家独占資本主義』東京大学出版会、一九七〇）。この管理通貨制は、直接的に財政膨張政策につながるという意味で重要な位置にたつのですが、三和さんは、それだけでは経済政策体系を論じられないと考えた。もし財政膨張によってマイルドなインフレーションが起こり、企業の業績が回復し名目的には所得も上昇するので労働者もハッピーだということになれば、国家独占資本主義はほかには何もする必要がない。国家独占資本主義の下では財政膨張だけを考えていればいいのであれば、それはマネタリストがマネー供給量だけをコントロールしていればよいといっている議論と同じで、実際に現代の経済社会のなかで採用されているさまざまな政策の枠組みを全体としては説明できないのではないか。こういう疑問をもったことが三和さんの議論の展開を促していると推測していますけれど、どうでしょうか。余談ですが、最近のインフレターゲット論は、論理としてはこの素朴な国家独占資本主義論、つまり成長の持続のためにはマイルドなインフレーションが必要だという論理と共通するところが大きいのは、どのように考えたらよいか、おもしろい問題だと思っています。

本題に戻って、もう一つの議論は、加藤栄一さんの「城内平和」論です（『ワイマール体制の経済構造』東京大学出版会、一九七三）。加藤さんの議論は、第一次大戦後に「全般的危機の時代」に入ったという、もともとマルクス経済学のなかにある捉え方を前提にしたものです。つまり第一次大戦後に資本主義は体制的な危機の時代に入ったという議論を下敷きにして、その体制的な危機をどうやって克服しようとしたのかを問題にしました。その危機的な状態が最初に最も深刻に現れたのが、第一次大戦中の戦時経済であり、そこでは資本家は労働者に最大限譲歩して外との戦いを続けるという態度をとった。つまり城のなかでは労資の平和を維持しつつ、戦争を継続するというのが「城内平和」と呼ばれた状態なのですが、その城内平和の経験が、大戦後に労資同権化という考え方を定着させていく。ドイツを例にとってみると第一次大戦の末期に革命が起こり、資本主義体制の存続そのものが危うくなる。したがって、このような社会主義革命の脅威が明確となるという危機的な状況のなかで資本主義体制が自らの延命を図るとすれば、何らかの政策的な対応を必要とする。つまり、同時代の資本主義は、社会主義革命の影響のもとで、労資の鋭い対立を内部に抱え込むことによって自らの体制が揺らぎかねない状況に陥っているという認識を示したことになる。だから、加藤さんは、国家独占資本主義という新しい枠組みを必要とし、あるいは「福祉国家」というような労働者と融和していく政策をとる歴史的必然性があると主張していた。このような条件がワイマール体制を生み出す原動力になっているというわけです。これがもう一つの前提になっている。

以上のように、国家独占資本主義という捉え方に即してみると、世界大恐慌を契機とする管理通貨制への移行という捉え方と、第一次世界大戦・ロシア革命を契機とする全般的危機の発生と労資同権化という捉え方の二つがあることになります。

5　経済政策体系の構図

この二つから直接に導き出される経済政策は、財政金融政策とか労働政策とかですが、三和さんはそれを産業政策とか社会政策一般にも拡げていく。その全体が、論文に示されている経済政策体系の図（『戦間期日本の経済政策史的研究』、三一八－三一九頁）になります。これが三和さんの描いた全体の構図でした。

この政策論は、政策論そのものとして体系的に示されていると同時に、それが歴史的な必然性、規定性を持っているということを強く意識して構成されています。だから、政策の立案の側が課題をどう認識したか、有効な対策はどんなものであったかなどを、政策主体の側からだけ見ているわけではない。資本主義が持っている構造的な矛盾は何かを出発点にして、仮に何らかの政策がとられるとしても、それはそうした構造に照らしてどのような有効性を持つものなのかを考え抜こうとしているのが、三和さんの方法の特徴だと思います。たとえば、高橋財政において需要創出政策が展開されたときに、なぜそれが有効に機能したのかと問題を設定するところに、その点が良く現れています。こういう問いかけは、それまでだれもしなかったように思います。ケインズの権威に寄りかかっていたし、現に回復したのだから問題にする必要を感じなかったのかもしれません。しかし、それでは高橋財政と同じような政策手段を一九二〇年代に展開したらどうなったのか。現実に高橋は一九二〇年代にも大蔵大臣で膨張政策を展開したにもかかわらず、「慢性不況」だといわれていた時代を変えられなかった。中村隆英さんは不均衡成長だと評価したけれども、全面的な景気回復には至っていないことも間違いない。もっと遡って日露戦後の不況期に「高橋財政」が行われたらうまくいったのか、こう考えてみると三和さんの問いかけの意味がわかると思います。

三和さんは、需要創出政策が行われても、それを受け止めて国内で生産する作り手がいなければこの政策の有効性は損なわれる、しかもそれが波及的に他の生産者に需要拡大をもたらすような乗数効果が生じないと有効ではないと指摘する。こういう構造がなければ、需要創出政策は単に輸入拡大につながるだけなのです。そう考えてくると、産業構造の変化について、第一次大戦期についても、二〇年代後半についても積極的な評価が与えられていることが、この問題の捉え方につながってくるのが分かります。なぜ高橋がうまくいったかというと、日本の産業構造における重化学工業化が徐々に進んでおり、高橋の政策の共鳴板、受け皿としての意味を持ち始めていた。だから、高橋の成功があった。そして、高橋の政策の成功が構造の変化をさらに推し進めたということになります。

別の言い方をすると、三和さんの理解では、構造と政策のミスマッチが起こってしまうと政策の有効性は損なわれるということになる。この発想は大変面白いと思っています。三和さんの研究が幅広い政策問題を議論できる、つまり為替ダンピングとか、失業問題とかさまざまな政策を視野に入れられるのは、こういう構造論から政策を考えているからだと思います。そうした視点に立って三和さんは、第一次大戦から三〇年代にかけての日本資本主義の構造変化と政策体系の関係を描ききったと思います。ここまでやれた人はたぶんほかにはいないので、その点に三和さんの研究のすごみがある。

たとえば橋本寿朗さんの研究は政策のところを完全にドロップさせているので、その分だけ構造の分析が精緻にはなっている。しかも、その構造論を循環的なメカニズムのなかで描こうとしているという違いがある。それに対して、三和さんは構造を問題にするときには、あまり時間の流れを事細かには気にしない。大きな区分に従って二つの時代の構造と構造とを比較する。もちろん、その一方で労働組合法に関する分析では日にち単位で変化を追いかけるということもやっています。使い分けているわけです。

6　国家独占資本主義論とは何だったか

国家独占資本主義について、政策体系からここまで突き詰めた議論をしたのは三和さんのほかにはいないと思います。三和さんのスタンスは、特定の理論とかイデオロギーから政策を評価しているのではなくて、ある特定の時代以後の資本主義が、実際に採用しているさまざまな具体的な政策があるとすれば、それを国家独占資本主義という政策体系の枠組みとして捉え直してみよう、どういうかたちでの政策間の論理的な関連があるかを考えてみようとする。それを批判するためではなくて、まずはそれが採用されたとすれば何らかの存在合理性があるはずだと考えて、その政策の目的を利潤保証なのか、階級融和を目的としているのかを分類してみるというところから始めている。そういうスタンスにたっているのです。

ところで、国家独占資本主義という概念については、みなさんはどう考えているのでしょうか。三和さんの議論は国家独占資本主義についての一つの捉え方ですから、他の議論を知っているかどうかで説明の進め方が違うのですが、現在ではあまり細かくこの点について研究史を追っても仕方がないようです。ただ、一つだけ現在にもつながりそうな論点を紹介しておくと、国家独占資本主義は、資本主義の発展段階としてはどのような位置づけになるのか、という論点がありました。かつてマルクス主義の強い影響力があった頃には、帝国主義段階が資本主義の最高の段階で、最高の段階というのはその先はなく、資本主義はそこから没落し、社会主義へ移行する、というような捉え方が議論の枠を縛っていました。そういう時代もあったのです。このような捉え方が歴史の捉え方として不適切であることは、今日では改めて説明する必要はないでしょう。少なくとも社会主義への移行を歴史の必然として前提とするというのは社会科学のとるべきスタンスではありません。ただし、古い研究を読むと必ず出てくる論点ですから、多少説明すると、このような枠に縛られていたこともあって、国家独占資本主義は資本主義経済が新たな経済構造へと段階的に変容したというよりは、独占資本主義的な経済構造を基盤とする帝国主義段階の中での変質——だから国家独占資本主義は新しい資本主義の段階を意味しない——という理解が強かったのです。

そして、現実には資本主義経済の高成長という第二次世界大戦後の実態を分析的に理解するために、国家独占資本主義という枠組みのもつ窮屈さから、この言葉自体を使わない、現代資本主義などの別の言葉を便宜的に使うという方向が支配的になっていきます。三和さんの議論は、このような転換期に、古い枠組みを使いながら現代的な問題関心、つまり資本主義経済の現段階を明らかにしなければならないという問題意識に支えられて、展開されています。

7　資本主義の新しい段階

この点は、三和さんが国家独占資本主義を議論することを通して、どんなメッセージを出そうとしているのかを考えてみると理解できるように思います。たとえば、資本主義そのものが変質しつつあると議論したいのか、それともそれ以外の何かがあるのか。

こういう議論をするときは、まず書いた人がどういう文脈で議論しているかを理解すること、そのうえで、その文脈（コンテキスト）に即して批判すること、そして最後にそのコンテキストにとらわれずに批判できることが大事です。一番ダメなのは、いきなり三番目に飛ぶことで、相手の言っていることは分からないけれど、俺はこう思うというタイプの批判をすることです。

三和さんの議論に即して考えていくために、経済政策体系を国家独占資本主義の政策体系であると議論しているときの課題意識は何かということをまず考えてみます。たとえば、私が独占段階の経済とか帝国主義的経済構造を議論するのは、資本主義の発展は、資本の組織化が進展するという特徴を伴っているので、その変化が単に量的なものではなく、ある時期に来ると経済の構造を根本的に変えてしまうと考えているからです。資本蓄積のメカニズムが段階的に変わると考える。だから、段階的な変化として独占とか帝国主義を論じている。それは後戻りしない変化だと考えているのです。

三和さんが問題にしているのは、これよりもあとの、もっと新しい時代ですが、現代資本主義が持っている構造的な特質を国家独占資本主義という言葉で捉え直し、そこで必要とされている政策体系です。なぜこのような議論が可能かというと、資本主義経済は市場のメカニズムで資源配分を処理するような自律的なメカニズムを持っているけれど、三和さんは危機という言葉を使いますが、そういうメカニズムが機能不全に陥ると、単に経済システムがたちいかなくなるだけでなく、最終的には国家権力のあり方そのもの、あるいは資本主義体制が危機に陥って社会主義革命が起こるかもしれないというストーリーを想定しているからです。起こるかどうか分からないけれど、体制側はそうした可能性を考慮してその危機に対応しなければならない。その対応は一見すると対症療法的に見えるかもしれないが、同時にそういう機能不全を起こす資本主義経済の固有の歴史性に規定されている。その限りでは段階的な変化が一定の段階に達していなければ、そうした問題は起こらないと考えています。

もっともわかりやすくいうと、たとえば、産業革命期のイギリスにケインズは必要であったのかといえば、答えは「NO」だと思います。現代の日本にアダム・スミスが必要だと思っている人はたくさんいるようですが、産業革命期のイギリスにケインズの経済学は受け入れられなかったと思います。需要創出政策が採用される可能性も、効果を上げる可能性もなかった。そうだとすれば、三和さんが国家独占資本主義で考えているような政策体系には、資本主義の発展の段階的変化とか、歴史的な段階に応じた適合性がある。時代の要請が合わなければ役には立たない。

つまり、ケインズ的な政策を実現しようとしたときに、それが効果を上げるためにはそれに適合的な経済構造がなければダメだということです。その経済構造はというと、産業構造の重化学工業化が進んでいる、だから固定資本の制約があり、労働者も一定の知的水準に達した労働者が必要になっている。彼らは場合によっては、反体制運動の主力のメンバーになる可能性、力を持っている。そういう経済構造を前提にしたときに、景況が悪くなって失業が増大すると、不満が爆発して一挙に体制をひっくり返すかもしれない。それではそうした労働者のいない世界を作れるかというと、産業構造が重化学工業化する限り、知的水準の高い労働者が蓄積されるのは当然の成り行きだと考えている。自分たちが発展するために必要な労働者が同時に自分たちの敵対者にもなるという関係があることに注目している。この点では、史的唯物論的な歴史的な認識を持っている。

だから、それ自体としてはこの構造を崩すわけにはいかない。そのために階級宥和政策を展開しなければ体制は維持できない。しかし、その場合階級宥和政策のコストがどのように負担されるかが問題で、実際にはその国が成長して分けるべきパイが大きくならないと宥和政策は破綻してしまう。だから緩やかな成長をしなければならない。そのためには中心になっている産業そのものの生産力が上昇しなければならない。短期的な景気後退に対して需要創出政策をとることによって景気の後退の影響を軽微にすることはできるけれども、階級宥和政策の継続は保証されていないと三和さんは考えている。その効果も保証されていない。もともとケインズ政策そのものが、ある時代にしか有効性は持っていない歴史性を持っているという認識がベースにある。

8　三和説の新しさ

これに対して大内力さんはそうした面をあまり議論しない。大内さんは、極端にいうと国内的な均衡が重視される面を強調する。それは総力戦の経験などがあって農業保護政策をとるとか、労働者に対して宥和政策をとる必要があるとしても、金本位制が機能していると、そういう国内的な要請に従った財政拡大は金本位制に基づいてチェックされてしまう。国内的な不均衡の解決を優先しようとすると、対外的な不均衡との調和が難しい。金本位制では国内の均衡を優先することは対外バランスを崩して金の流失からデフレが起こるなどの問題が生じて宥和の意味を失わせる。だから、その関連を断ち切ることができる管理通貨制が重要な意味を持つわけです。マイルドなインフレーション政策が基本的な説明原理となるというのが、大内説の骨子だというのはそうしたことを意味しています。

管理通貨制を採用すれば、どこでも需要創出政策は可能かというと、そうではないだろうというのが三和さんの考え方です。三和説では生産力保障政策とか利潤保障政策を問題にしていますが、大内さんが問題にしたのは、この後者なわけですが、三和さんはそれだけでは不十分だ、それだけでは体制的には安定しないと考えている。その中味にはいろいろなことがあり、生産力保障政策のなかには、競争促進的な独禁政策もあるし、カルテル促進的な政策も含んでいる。メニューはいろいろあり、それのどれが採用されるかはその資本主義の個性に従っていくことになる。

同時に重要なのは、こうした政策を採用することが国際的に承認されていなければ実現不可能だということです。そのことからさらに大切なポイントが導かれると私は考えています。それは、国家独占資本主義的な政策体系が展開するときには、それは国際的な同時性を持つことです。そうした政策体系を採用することを相互に承認しなければ、それ自体が成り立たないからです。それまでの独占資本主義論などでは、それぞれの資本主義の発展の程度は違っても良かった。発展の程度の差は場合によっては後進国に有利に、場合によっては後進国に不利に働いていたけれども、独占が成立してくる過程についてはその国の経済状況に即して議論できた。ところが国家独占資本主義ではそうはいかない。実際には、相互不信任が起こって、ブロック経済化が進み世界戦争へと行き着くわけですが、ここで問題にしているようなケインズ的な政策を基軸とする政策体系が有効に機能し始めるのは、第二次大戦末期の一九四四年にブレトンウッズ協定が成立し、ＩＭＦが結成されて国際的な通貨システムの安定が図られてからになる。このことは、この政策体系が持つ同時性と関係がある。ここで初めて対外均衡と対内均衡とを同時に達成することが、管理通貨制のもとでも可能になる。国家独占資本主義にはそういう世界史的な同時性があるというわけです。

戦間期の議論では、あくまでも一国資本主義的な視点、枠組みから経済政策体系が論じられていました。三和さんの経済政策体系の構図もそうした面があるのですが、その政策の有効性は、それに適合的な国際的な枠組みを必要とするものです。その点は、必ずしも明示的ではないかもしれませんが、国家独占資本主義から出発した経済政策体系を理解する上では欠くことのできない論点です。付け加えておくと、高橋財政の場合には、財政面から需要創出政策が効果的であったのは、世界大恐慌のもとで日本経済が閉鎖的な経済構造に近づき、需要拡大が内需拡大に直結するような時代であったことが重要な意味を持ちますが、その持続性は、対外的な貿易摩擦（為替ダンピング批判など）を引き起こす限りでは限界があったということも注意する必要があることがらです。国際的な枠組みが整備されることとの意味をここから考えてみてほしいと思います。

9　現代資本主義論へ

ところで、三和さんは国家独占資本主義を歴史的な分析概念として使った最後の方の人にたぶんなります。一九八〇年代後半には、橋本寿朗さんも馬場宏二さんも、加藤栄一さんも、主として東大社研のグループですが、「現代資本主義」という言葉を使い始める。その理由はいろいろあるのですが、一つの理由は、国家独占資本主義という言葉の持つあいまいさ、わかりにくさです。この言葉は、国家独占と資本主義との融合なのか、それとも、国家と独占資本主義との融合なのかと考えてみると、前者の立場に立つ人は国家独占として、そして同時に社会主義成立の前史として産業の国有化のような現象を強調する。後者では独占資本主義の蓄積構造の直面する困難に対して国家が介入していくことが大切だという議論にもなる。論者によって解釈がまちまちなのです。介入は統制と違うのかというような問題も出てきた。すでにふれた、新しい段階なのかどうかというような問題を別にしても、概念としての曖昧さが使いにくいものにしていたのです。

もう一つの理由は、一九五〇年代ころまでは社会主義の前史のような捉え方で独占資本主義の最後のサブステージだといっていても良かったのかもしれませんが、六〇年代から七〇年代と時間が経過していくなかで、資本主義の現実を明確に対象化して分析していかないとダメだという問題意識が強くなったことです。社会主義への過渡期として切り捨てていたのではダメだということです。言い換えると、現に目の前にある資本主義経済をきちっと構造として捉え直そうという試みが意識的に始まったということだと思う。そしてその時に適当な言葉がなくて「現代資本主義」という言葉で対象を表現したのです。その構造的な把握のベースになるような議論を三和さんが政策体系論として提供したのだと評価できる。三和さんは国家独占資本主義という言葉を使っていましたが、それを「現代資本主義」と置き換えれば、現状分析的な資本主義論にも使えるような枠組みを政策体系論として提示していました。そのことによって第一次大戦後から七〇年くらいの間の資本主義経済を、ある特徴的な構造をもつ、歴史的な存在として捉えられるのではないかという認識が共有されつつあるのです。その対象となっているものを、「現代資本主義」と呼んだり、「二〇世紀システム」と呼んだりしているのが現状です。三和さんもその後、現代資本主義・二〇世紀システムなどを用いるようになりますが、この仕事はその意味でいうと、イデオロギー的な殻の固かった国家独占資本主義という捉え方を、政策論的な枠組みを中心にしながら現代の資本主義経済分析につなげていく、橋渡しの仕事をしていることになります。

もちろん典型的な時代をいつにとるかについては意見が分かれるかもしれません。この点については、あまり三和さんの意見ははっきりしません。私は、大衆消費社会との関係を考えたいと思っていますし、先ほどいったような国際的な枠組みによる通貨安定が重要だと思うので、典型的な時代は第二次世界大戦後と考えています。大内説と対比するとそこで意味しているのは、単にマイルドなインフレーションだけではダメで、もっと融和的な政策を重視して、所得分配のあり方が変わるというようなことまで考えなければならないということです。大内説だと実質所得は上がりませんから、耐久消費財を買えるような労働者は簡単には出てこないからです。

こう見てくると、主として両大戦間期、とりわけ高橋財政を起点とする経済政策の新しい枠組みを実証的な研究課題としながら、三和さんの議論は、二〇世紀の資本主義のあり方そのものを構造的に捉える視点を提供するようなものになってきたと言うこともできます。現代資本主義をどのように捉えるかは、さらに検討を要する課題ですが、ここに一つの出発点にすべき研究の成果が凝縮されていることは間違いないと思います。

【質疑】

質問　三和さんは、**経済政策論の方法**として、経済的基礎過程を分析し、そこから諸利害状況、政策決定過程、政策実施過程、その効果という手順を提示していますが、これは三和さんに独自のものなのか、また、そのあとこうした方法を採用した研究があるのか。

武田　ある意味ではオーソドックスなものだと思いますが、この考え方は、安藤さんを中心にした研究グループが『日本経済政策史論』をまとめたときの議論をベースにしていると思います。実際には、長岡新吉さん、伊牟田敏充さん、原朗さんが、三和さんと一緒に知恵を出しているのだと思いますが、その議論を踏まえて、こうしたかたちで提示されたのではないかと思います。こうした議論がわざわざ出された背景には、思想史的な政策論か、階級対立というような大きな図式での大雑把な議論しかそれまではなかったからだと思います。

その後については、評価が難しいのですが、三和さん自身が、まず金解禁政策についてまだ利害状況に関して明確な分析を示していない。基盤となっている基礎過程は分析されているが、利害状況の分析は十分ではない。三和さん自身がこの方法に忠実にやったのは関税改正に関する論文ではないかと思います。個別政策についてはは使いやすいのですが、金解禁政策のように関係者が多いものについてはかなり適用が難しい。後継者はあまりいないかもしれない。付け加えると、三和さんは、二〇一二年に『経済政策史の方法』(東京大学出版会)を出版して、ご自身の政策史の研究方法について明らかにしていますから、関心のある人は読んでみると良いと思います。

質問　**経済的諸利害関係**を、政治的文化的諸要因なども絡めて実証していくのは極めて難しいのではないか。

武田　いや、これをやらないと社会科学ではない、こういう課題を放棄している学者が跋扈しているから世の中が悪くなっていると三和さんなら言うのではないかと思います。三和さんには、東大大学院で講義をしていただいたときのことですが、当時の院生を「君が経済史を研究する上での基本的視点は何か」と問いつめ、一人一人説教していたという伝説があります。経済主義的な答えをすると「魂がない」としかられるというわけで、その意味では、徹底して社会科学が果たすべき課題が何かを真剣に考え、経済という狭い枠にこだわることで歴史の認識を誤る危険があることを教えていた人だから、難しいとは認めても、課題として放棄することはできないというスタンスだと思う。

ただ、そんなに難しく考える必要はないので、たとえば「社会科学的分析能力」というのを取り上げると、当時の状況からすると、ケインズ経済学は誰もまだ知らないわけで、そうした発想で現状が分析できなかったとしても、そのことを非難すべきではないはずです。それにもかかわらず、それまでの研究では井上準之助は「バカなことをした」という結果論、あと知恵の結果論になっていた。高橋は先見の明があるという評価も同じです。実際は、井上の方が遙かに経済学をちゃんと知っていたから、一生懸命教科書通りの政策体系を書いた。これに比べると高橋の方がいい加減です。高橋の方が現実の経済は知っていたかもしれないが、井上の「分析能力」が当時の状況のなかで劣っていたわけではない。時代の文脈に従って考えなければならないということです。

利害関係とか政治的文化的諸要因とか分析能力とか書くと難しく見えるけれども、ここで言われているのは、経済政策を議論するときにどこまで視野に入れなければならないかということです。経済政策論で陥りやすい誤りは、結果論です。これは成功した政策、これは失敗した政策というような分類をして評価を下すものです。同じようなことは企業の経営戦略でも言えることで、ここでも結果論になりやすい。失敗には必ず原因があるということもはっきりとしていて、経営史であれば「経営者が無能だったから」という理由がつく。そして、そこで思考が停止するのです。しかし、そんなダメな経営者がなぜ経営者の地位を得られたのかを考えてみないと説明としては完成しない。同じように、井上がなぜ大蔵大臣として登場するのか。個人的な野心もありますが、少なくとも政治的なプロセスとしてみると民政党は三〇年一月の総選挙で金解禁政策を柱にした政策を掲げて歴史的な大勝を記録しています。そのことを説明しなければならない。そんな政策をバカげたことだと切り捨てて良いのかということにもなる。

視野を限定すべきではないというのが、三和さんの方法的な特徴でもあります。経済学を狭く考えないで、できるだけ広く対象を設定して検討していこうというのが三和さんの経済史研究の特徴です。広い視野で経済を捉えようとするのです。

そこで決め手となっているのは、一つは事実です。だから三和さんは史実にこだわります。そしてもう一つは論理です。それを媒介にするような経済学の抽象的な理論を借りてきて当てはめるというようなことはやらない。考えているときにはそうしたこともやっているのかもしれないし、大きな枠組みとして宇野経済学やマルクス主義の基本的な視点が堅固な骨格を形成していることは間違いありませんが、具体的に分析し叙述していくときに理論に頼ることはない。モデルがない世界で勝負している。モデルには限定が何らかのかたちでついているから、ある部分を説明するときにしか使えないもので、そうした道具を使うことに三和さんは消極的というか、否定的な印象がある。確かめたわけではありませんが、論文を通してそういう考え方が基盤にあるように感じる。私は、そういうモデルも場合によっては使ってもいいのではないかと思ってはいますが、三和さんは、論理的な整合性を突き詰めることだけで書いていこうとしている。そういう研究者だと思います。

質問　具体的な分析でそうした視野の広さはどういう点に現れるのか。

武田　たとえば、関税改正では、それまでは直接的に影響がある業界として、製鉄関税であれば鉄鋼業界と政府という視点で問題が立てられていたのに対して、三和さんの議論では小麦については、製粉業者だけでなく、その消費者となる食品加工業者の動きにまで目が届くようになる。あるいは労働組合法でも、それまで強調されていたのは社会局と司法省、農商務省（商工省）という省庁間の差であったのが、産業界のいろいろな動向に目配りがされる。そういう視野の拡大に努力したということではないか。

質問　三和さんの提示した分析の方法は、政策史の研究ではすべてカバーしなければならないものなのか、問題によっては利害状況の分析に重点を置き、あるいは政策実施過程に重点を置くと言うことがありうるものなのか。

武田　一般論としては、全部をカバーしたうえでということではないかと思う。ただ、むしろ大切なことは、どういう問題が選択されているかの方で、政策課題と言ってもさまざまにあるわけで、その中から、たとえば二六年の関税改正が選ばれているのは、三和さんの政策体系認識から見て必然性がある。先ほど言った産業構造と貿易構造の「ずれ」を政策的に是正しようとしても、当時の状況の下では、補助金などの財政政策は財源の関係でできないし、為替による貿易関係の調整も難しい。となれば、直接的な保護政策として関税が主要な政策手段になるからこれを焦点の一つとして論じている。時期的にもちょうど転換期にあたるという意味でも大きな意味がある。小麦が対象になっている理由は貿易構造の不均衡の要因の一つに食料品の入超が大きいという認識、位置づけがあるからなのです。さらに踏み込めば、この小麦の輸入増大というのは、在来の麺製品用の小麦粉の原料ではなくて、パン食などの増加という都市化の進展のなかで増加した新しい需要に対応している商品で、その意味でも時代の変化に対応している。そういう対象が設定されているのです。同じように労働組合法にも取り上げるべき理由があるということ、それが、三和さんの議論の強みだと思う。

質問　**高橋財政**について前期と後期と分けて、後期について軍部の圧力による高橋の挫折を指摘することは、経済的な基礎過程から経済政策を説明する方法と矛盾しないのか。

武田　難しい問題ですが、三和さんは、基礎過程から直ちに政策が決定されるとは考えてはいない。そこには広い意味での政策決定過程での選択の問題がある。

前期と後期とを分けることで三和さんが指摘していることは、井上財政からの転換のなかで高橋が景気回復に成功させるのに使えた政策手段には限界があり、後半期になると政策の転換が必要であったと言うことが第一です。その時に、三和さんが考えているのは、突き詰めていくと、まだこの段階で、高橋が考えていたように軍備拡大に歯止めをかけるような選択が行われていれば、戦争への道を避けられたのではないかということではないかと思います。基礎過程決定論とか歴史的必然性論では、何もしないで運命に身を任せるしかないというような歴史認識になってしまう。それは、おかしいと思っている。彼は人間を信じているのではないか。だから、まだ、もし、われわれが賢明であれば、戦争が避けられたと考えている。

この対極にあるのが、β型帝国主義論のような戦争必然性論なのです。もしこちらが正しければ、また同じような大恐慌が起これば世界は戦争すると言っているようなものだから、そうした立場には立たないのです。課題は景気回復だったのだから、その目標が達成されたときにそこで政策を変化させるべきだったということになる。

質問　三和さんの議論と**橋本さんの議論との関係**はどう考えたらよいか。

武田　橋本さんは、経済政策を議論していないのですが、この両者はほとんど矛盾なく議論できる。景気回復のきっかけは高橋の政策ですが、三〇年代には内部循環的な発展が全体の経済過程の説明として重要だということになる。橋本さんが恐慌に着目することによって資本蓄積構造の変化を明らかにしたのに対して、三和さんはその恐慌期の危機に対応した政策体系の変化を通じて三〇年代に新しい経済構造が形成されることを明らかにしている。それを三和さんは国家独占資本主義というタームで表現し、橋本さんは現代資本主義というタームで表現したという違いはあるけれども、問題にしていることは同じようなことではなかったかと思う。後には、橋本さんは現代資本主義というようり二〇世紀システムという概念を使うようになり、三和さんは現代資本主義という捉え方になったようですが、いずれにしても、どのような概念を使うかはそれほど重要ではないと思います。さらにいうと、この二人はその次の戦時期を議論しないで、戦後改革期に飛んでしまうところも似ているかもしれません。

質問　橋本さんと三和さんでは、一九二〇年代の捉え方はかなり違うのではないか。具体的には、三和さんは第一次大戦期以後を危機だと考えているのに対して、橋本さんは日本が体制的な危機に陥ったことはないと考えているのではないか。

武田　それはそうかもしれないのですが、橋本さんは国際的な比較の視点が強い。その視点から、第一次大戦後に世界経済が変わり始めたことについては共通認識としたうえで、橋本さんは日本では危機が微弱だった、さらに恐慌の影響も軽微で回復が早かったという議論をする。橋本さんの強調している日本資本主義の「強靭性」の議論も同じですが、資本主義の体制的な危機が日本では他の先進国に比べて弱いことが強調されている。三和さんは体制的な危機をそれぞれの国が共有している。それに対してそれぞれの国はどう対応するかで競い合っていると捉えている。

だから、たとえば具体的な労資関係の変化についてはそれほど大きな隔たりはないのではないか。違いがあるとすれば、それを全体の論理に位置づけるときに、大恐慌期という一時的なショックに対して体制的にどのように対応するかについて、理解がずれているところがあるかもしれない。

質問　三和さんが世界史的な段階的変化を前提としているとしても、日本が仮に橋本さんがいうような段階的な遅れを持っていたとすれば、その段階的な差があっても危機意識は共有されるということなのか。

武田　つまり、政策主体を議論するのであれば、彼らがどのような危機意識を持ったかが問題ですから、隣の国の革命を対岸の火事だとして済まされるかどうか。一般的にはこの対岸の火事が危機意識に反映するとすれば、もしかするとそれは過剰反応かもしれないけれども、危機として捉える主体が存在すれば、現実の歴史はそうした過程をも含んで展開しているのではないか。市場経済的に見ればまだ健全な資本主義であったという二〇～三〇年代の日本に対する橋本さん的な評価からいえば、そうした政策判断は過剰反応だったということになるかもしれない。

しかし、三和さんが主張しているのは、当時の日本人には、日本が先進資本主義のなかでもっとも「強靭」であったと思っている人はいないはずで、政策はそうした認識を出発点にしているということです。階級宥和的な政策が必要だということは橋本さんも認めているわけで、しかしながらそうした政策を具体的にはあまりしないで済ませられたところに資本主義的な「強靭性」があるというのですから、解釈というか評価の違いがある。もちろん、大恐慌期に関して体制的な危機が微弱だと橋本さんがいっているのは、明らかに三和説を意識しているとは思います。

私はあまり違いがあるとは思っていないのです。三和さんの議論があったから、橋本さんは経済政策などの問題に踏み込まずに、三和説を前提にしながら産業構造と資本蓄積のあり方とかを議論することができたと考えていました。あえて踏み込んで論争するよりは、三和さんがあまり議論していないところに分析のメスを入れる方が自分の特長も出せるし、研究史上の貢献も大きいと考えたのではないかと思う。『日本帝国主義史』の二巻で橋本さんが経済政策を書くことになったので期待していたのですが、結果的には三和さんへの批評論文というか、かなり細かいところでの論点が提示されただけだった。そういうことから考えても、大きな枠組みに違いがあるとは思えません。

質問　そうすると、たとえば四〇年体制論とかはどうなりますか。

武田　四〇年体制論というのはローカルな話で、いま議論しているのは世界史の段階的な変化の話ですから、そんな小さな話をここで相手にする必要はないのです。

質問　現代資本主義では**生産力保障政策**が共通のものとして、段階を特徴づけるといえるのか。

武田　国際競争力のない産業も保護しなければならないという考え方は、第一次大戦期の総力戦の経験以降には先進国で共通に見られるものと私は考えていて、典型的には農業保護政策ですが、それだけでなくキー産業論的な工業保護政策がイギリスでもドイツでも、そして日本でも議論されるようになっています。

その一方で利潤保障政策の中心になる財政政策も、どの国でもいつでもとられるわけでもありません。三〇年代のイギリスは基本的には均衡財政主義を崩しませんでしたし、第二次大戦後の日本でも長いこと均衡財政主義は堅持されています。だから、ケインズ的な財政政策だけを見て時代を画するというのは無理で、三和さんが考えているような政策の全体の枠組みのなかで何が採用されていくのかを考えていく方が歴史の現実に迫れるように思います。

私自身は、時代を画するとすれば、先ほどいったようにＩＭＦ成立以後でなければ、ここで問題にしているような政策体系は十分な基盤を持たなかったと考えていますから、三〇年代はその限りで過渡期です。その過渡性は、決して政策体系の中味が不揃いだということではなく、論理的に考えてみると、この政策体系は対内的な均衡を重視して、問題を外に垂れ流す、たとえば為替ダンピングをするとかというような、そういう体制ですから、そのままだと国際的な緊張が高まるだけで安定しないと考えている。この不安定さを解決したのが、国際通貨体制だと思います。

質問　高橋財政の**低為替政策の評価**、位置づけについて。

武田　政策だとはいっていますが、実際には放任政策なので、その意味でいうと、高橋は為替については市場の評価に完全に委ねようとしたという意味では、介入政策ではなかった。高橋は市場に介入し、井上は自由主義的な政策をとったという人が多いけれども、為替政策については井上は徹底的に介入し、高橋は全く非介入だったという反対の対応をとっているのです。統制売りをしたのは井上ですから。他方で高橋は、価格は市場で決まると考えている。だから、価格が低すぎるとすれば需要が不足しているのだから、需要を追加してやればよいと見ていたのだと思う。その意味でも高橋は市場経済を信頼している。統制主義者ではない。これに対して井上財政で制定された重要産業統制法の考え方は、基本的には不況対策で、そこではデフレで価格が下がったときにオーバーキルになるのを防ごうとした。そのためにカルテルを認めたのだと思う。その意味では、価格のつり上げが問題になるあとの時期とは違い、制定の意図は不況対策だったと思う。そういうと宮島英昭さんや橋本さんは反論するかもしれないけれど。

なお最近の研究を付け加えると、鎮目雅人さんが『世界恐慌と経済政策』（日本経済新聞出版社、二〇〇九）という書物をまとめて、高橋財政期の後半期には、円為替を安定化させる政策的な手段がとられたことを明らかにしていますから、高橋財政を一貫して低為替政策ないし為替放任政策というのは不適切ということになります。

質問　財政政策が需要拡大から**自立的な拡大**につながるメカニズムが明確ではないように思いますが。

武田　その点は実証的には課題だと思うのですが、むしろ問題となるのは、その自立的な成長へと転換したときに高橋がインフレを懸念して政策転換を図ったといわれる背景となっている実態が必ずしも明白ではないことです。高橋が懸念したのはいわばクラウディングアウトなわけですが、この点は資本市場をきちっと分析しないと明確なことはいえない。熟練労働不足などが問題になっていることは事実ですが、資金的な問題はもう少し検討の余地があるかもしれません。たとえば、民間設備投資の動向を見ていくと、実際にそれが爆発的にふえるのは日中戦争期に入ってからで、高橋が問題にした時期にどの程度の懸念が現実のものであったかはもっと議論できるかもしれません。よく分からないところがあって、資本市場の分析が必要だと思います。

現在までの研究をまとめると、財政政策だけで景気回復のための需要不足が解消したわけではなく、低為替・関税引き上げなどの対外関係の枠組みの変化に伴う輸出拡大、輸入代替なども重要な意味を持ったと考えられています。ただし、このような形で需要不足が解消し、景気回復が進んだときに企業利潤の拡大が投資の拡大につながって自律的な回復過程が進展するとしても、それだけでは第二次大戦後の高度成長期の経済構造とは異質であることも認めなければならないはずです。その意味では、高橋財政についても単に景気回復の成功を強調するだけではなく、その成功が随伴していた限界面も明確にするような研究が求められているように思います。このあたりのことについての私の最近の考え方は、「戦間期日本企業の資金調達と投資行動——産業別企業財務データベースに基づく再検討」（『金融研究』三一巻一号、二〇一二）、「昭和恐慌と日本経済」（『岩波講座　日本歴史　17』岩波書店、二〇一四）にまとめていますから、参照してください。

以上

この講義のオリジナルは、一九九六年一〇月二五日と一一月一日の二日にわたって行われたもので、その録音記録をベースに加筆修正しています。

【戦間期編9】

第21章　大恐慌論と内部循環的蓄積
——橋本寿朗『大恐慌期の日本資本主義』——

テキスト　橋本寿朗『大恐慌期の日本資本主義』東京大学出版会、一九八四

1　戦間期研究への転換

一九七〇年代の半ばくらいに入ってから、日本経済の開放経済への移行に加えて、石油危機があり、ニクソンショックや国際的な枠組みとか、国際経済の影響力を実感する状況のなかで戦間期の研究が一挙に花を開いていきます。しかし、私たちが「現代日本経済史」と称している戦間期以降の研究に着手したときに、ほとんどまともなテキストはありませんでした。学部講義でテキストとして使ったのは、安藤良雄『現代日本経済史入門』（日本評論社、一九六三）です。それ以外には、比較的読まれていたものの一つが隅谷三喜男編『昭和恐慌』（有斐閣、一九七四）だったように思います。このほか、演習のテキストとして使われたのは、『日本資本主義発達史論』（日本評論社、一九六八―六九、全五巻）という講座です。

そういう状況の中で明確な転換の動きを示したのが歴史学研究会（以下、歴研）だったことは、すでに第13章などで説明した通りです。この動きは帝国主義研究という方向を目指していますが、その動きに呼応しながら、経済史の固有の分野で盛んになったのが産業史の研究です。労働運動史研究、労働問題研究、地主制史研究、そして小作争議

の研究が先行するなかで、産業史の研究は相対的に遅れていました。一九七〇年代後半からの産業史の研究が戦間期に対象を移して本格化し、一九八〇年前後から続々と学会誌に公表されることで、戦間期研究の隆盛を強く印象づけたように思います。ただし、産業史研究に焦点を絞ってみると、個別企業レベルまで分析を試み始めたのですが、残念ながらその時点では、多くの研究がまだ一次資料をつかむことができなかったのが実態でした。たとえば、ここでお話する橋本寿朗さんの研究も、初期の造船業の論文で使われているのはほとんどが営業報告書とか社史という二次文献です。そういう二次史料を使いながら、やや極端に言うと、既知の情報を使いながらそれらを再構成する形で戦間期の産業史を論じ、理論的な新しさを出したところに橋本さんの仕事のすごみがあります。

2　国家独占資本主義論から現代資本主義論へ

『大恐慌期の日本資本主義』は、産業史からはじまった橋本さんの研究が戦間期日本資本主義論として研究史を大きく書き換える意図を込めてまとめられたものです。同時に、橋本さんの議論が国家独占資本主義という概念規定をやめて現代資本主義論に転換していく区切りになるものでもあります。研究者の画期を論じることにあまり意味はありませんが、橋本さんは、これを書く以前の時期には、国家独占資本主義とは何かを盛んに議論していました。それは、橋本さんが大内力さんに勧めて『国家独占資本主義　破綻の構造』（御茶の水書房、一九七三）という本を出したことにも現れています。あの本は橋本さんのアイディアでできたものですが、まとめる意味があると考えていたからだと思います。

橋本さんの議論は、テキストの序章からもわかるように、宇野弘蔵・大内力という宇野理論の直系に位置づけられるものですが、それを発展的に組み替えようとしています。その組み替えの方向について理論的な手掛かりを示しているのは、現代資本主義に関する新しい議論、具体的には馬場宏二さんの世界経済論や大内国独資論批判としての加藤栄一さんの議論などです。これを吸収しながら、現代の資本主義経済体制をどう捉えるかが最終的な課題となっています。

理論的な枠組みを特徴付けているもう一つのポイントは、徹底した講座派嫌いです。この点は徹底しています。しかし、学部演習の指導教官だった石井寛治さんは講座派に近い研究者ですし、私も石井さんの影響が強いというべきですが、だからといって「嫌われている」わけではありません。そこは切り離されています。

それはともかく、橋本さんの山田盛太郎『日本資本主義分析』批判の中心的な論点は再生産構造論が物的な体系論であって、資本主義の蓄積構造を理解していないということです。したがって、段階的な把握が欠けているという批判が主眼ではなく、資本蓄積構造をどう理解するかという理論的な視点に問題があると判断していたのです。だから、大内さんが山田盛太郎を批判する形で段階論を用いて議論したことについても、問題はその段階的把握によって描き出された構造が適切かどうかだと考えています。その点では、大内説は段階論の型にはめて日本を理解するという印象が強いという問題点を持っていますから、橋本さんは大内説をどう批判的に継承するかを課題としています。

最終的に論ずべきポイントは、資本主義的な蓄積構造がどのような形で総括できるかという論点だったように思います。その総括の仕方について、橋本説は資本蓄積のあり方の変化を最も明示的に示すのは景気循環のあり方だと捉えるものです。これは、段階論を言い替えたものにすぎないのですが、そう言い切れるところに橋本さんの強みがあります。つまり自由主義段階というのは周期的な産業恐慌が起こることによって、生産力的な発展がもたらされる。恐慌が相対的な過剰人口を作り出すことによって新しい蓄積水準を作り出す。それに対して帝国主義ではそうした産業循環を組織的な企業行動——カルテルとか——によって抑止するシステムだと考える。その限りで言えば、産業循環の自然発生的な過程が人為的に歪められている。この違いに段階を画すことのできる変化を見出しています。

現代資本主義ではどうなるかというと、そうした人為的な歪め方＝介入が、大恐慌を契機に「産業の組織化」では解決できなくなって、資本主義体制への政策的介入がフィスカル・ポリシーとかあるいはアピーズメント・ポリシーとかが必要になる方向へと転換し、政策的に景気循環をならすよう努める。こうした条件下で第二次大戦後には長期にわたる高成長が世界的に生じる。そういう形での景気循環の変容を捉えているのではないかと思います。

3　日本資本主義の「強靭性」論と方法的特徴

橋本説が抜け出ているところは、資本主義的なシステムが持っている「強靭性」とか、あるいは変化への対応力というものを議論していることです。この強靭性という言葉が意味するのは、「純粋な資本主義により近い」ということです。資本主義的な強靭性があると橋本さんが日本資本主義の戦間期を評価するときには、それは産業の組織化の程度が弱く、国家の介入の程度が弱く、より自由主義的だった、市場経済的だったということを意味しています。これは、国際比較の視点から導き出された議論です。通説的には、後進資本主義国として政府部門の役割が大きいと考えられ、たとえば山田『分析』では軍事的な特質が強く前面に押し出されているのはそうした認識に立っています。これに対して「強靭性」を指摘することは、講座派的日本資本主義認識に対するアンチテーゼだったのです。

しかし、それ以上に重要だったのは、資本主義的な強靭性を指摘することによって、橋本さんは資本主義が状況変化に対する対応力を持ちうるということを示したことです。経済の基礎的条件の変化に資本主義経済制度が柔軟に対応できることを指摘することによって、独占停滞論を批判しているのです。資本主義経済が持つ強い成長志向がここでえぐり出されていきます。それ以前の議論では、独占段階＝経済停滞論というイメージが強く打ち出されていました。この点では講座派であれ労農派であれ、マルクス経済学に影響を受けた研究者は皆同様でした。これに対して橋本さんは、社会主義経済体制の成立に対応しながら、資本主義も変質を遂げ、第二次大戦後には高成長を実現した事実に着目して、それを素直に資本主義発達史のなかで位置づけ直そうというスタンスをとった。ここに橋本説の新しさというか、画期性があったと考えられます。

別の言い方をすると、独占停滞論から抜け出すための理論的なフレームワークを用意したところにポイントがあります。だから、ここで示された資本主義経済に対する理解を出発点に、橋本さんの議論は、国家独占資本主義論が想定していた「国家と独占の融合」とか「結合」といった枠組みから抜け出て、現代資本主義という言葉でしかとりあえずは表現しようのない経済実態をどう理解するか、その枠組みをどのように考えるのかという、より現実的な関心に収斂していったと思います。

もう一つ付け加えておくと、橋本さんの議論が宇野理論のベースに立っていることが持っている意味です。たいていの人たちは段階論を使っているところに最も重要な意味を見出すかもしれないのですが、それ以上に重要なのは、宇野理論が持っている理論的性格が新古典派の経済学に近いことだと思います。もともと、マルクスに由来する政治経済学の特質は、経済学的に分析しようとすると社会経済的・政治経済的なパラメータをたくさん考慮しなければいけないかなり面倒なものです。そういう理論的なフレームワークに比べると、宇野理論は純粋な資本主義を想定する限りでは、新古典派的なモデルに理論的枠組みは近いのです。ずいぶん違うと考える人も多いとは思いますが、純粋資本主義を想定することと、完全な市場を想定することは手法としては同質的で、純粋に経済学的な原理で説明できることだけに議論を限定していく指向性をもっています。

そうした理論をベースに橋本さんは議論を展開しますから、議論の展開のなかで必要ないろいろな道具立てを近代経済学の手法のなかからも探し出して使うことが可能になる。別の言い方をすると、現状分析の中で、かつて水と油のようにみえていた「近経とマル経」という二つの経済学に、対話を可能にする議論の糸口を作っているのです。

橋本さんはかなり早い時期から、マルクス経済学にはない概念を用いた説明を試みています。たとえば「賃銀の下方硬直性」という概念は初期の造船業に関する論文で使われています。これはその後の影響が非常に大きかった議論の一つだと思いますが、こういう考え方は伝統的なマルクス経済学のなかにはありません。極端にいうとマルクス経済学者のなかには大衆は絶対的に窮乏化すると考えている人たちがいるわけで、下方硬直なんてありえないと否定してしまいます。そういう硬いイデオロギー的な認識の壁を取り払うという意味では、橋本さんの果たした役割はすごく大きいと思います。

付け加えると、最初に接点を持てる状況を作り出すのに貢献したのは中村隆英さんだと思いますが、中村さんは徹底的にマルクス経済学的用語を拒否しています。これに対して、橋本さんは、ベースはマルクス経済学だけれども、足りない分析道具は他から借りてくる、うまく組み合わせてみせるところに特徴があり、そうした点で躊躇がない。それが必ず成功するかどうかは分かりませんし、取り入れ方について近代経済学の側から見ると余計な尻尾が残っているように見えるのかもしれません。評価は分かれるでしょう。

ところですでにいろいろと話してきたことと重なりますが、方法的な面で緊張関係にある大内説との関係は、序章で議論されています。この要点は、大内理論の重大な難点は、就業労働者の労使関係の問題が議論されていない、という批判だと思います。この点については、第13章でも話しましたので簡単にしますが、私と橋本さんはほぼ一致しています。ただし、そこから先で何となく意見の相違を明確に議論し合わないままに、「お前はお前の道を行け」という感じになってしまいました。つまり、橋本さんは労働力の質の問題とか労使関係の議論を通して資本主義の変質を議論し、その資本主義の変質が景気循環のあり方とか成長のメカニズムの変化として総括されていく。そういう論理で議論が進められています。それに対して私は、就業労働者のあり方から、古い言葉で言えば階級構造という視点ですが、要するに労働運動まで視野を拡げていく筋になっている。橋本さんが経済学的な意味での労働力の問題に自己限定して議論を進めるのに対して、私は労働力の主体としての労働者をも視野に入れるので、全体を総括するのは景気循環ではなくて、国家だということになっているのです。よく考えるとこの違いはかなり重大な違いなのかもしれませんが、論争したこともないし、するつもりもありませんでした（笑）。私が逃げ回っていたのだと思いますが、残念なことに議論しあう機会は永遠に失われました。

4　大恐慌の取り扱い方

本書の具体的な叙述に即してみると、序章と結びを除いて、一九三〇年代を論ずるというのが基本的な課題設定です。本のタイトルは『大恐慌期の日本資本主義』ですが、大恐慌そのものを具体的に分析した部分というのは、そんなに長くはありません。橋本説そのものがすでに話したように景気循環の構造的な特徴のあり方を論ずることによって、結果的にはそこに資本主義の蓄積構造の特質や段階的な発展の差異が確認できるという認識に立っている。そのために恐慌でどう壊れたか、どのような悲惨な経済状況が発生したのかよりは、恐慌の前後で景気循環のあり方がどう変容したかに関心の中心がある。だから第一次大戦から二〇年代の構造を概観した後をうけて、三〇年代の景気回復過程での蓄積機構とその構造的な特質を明らかにする第四〜五章が主論文です。タイトルにある大恐慌のプロセスそのものよりは、恐慌をはさんで実現する景気循環の調整プロセスの変容、循環のあり方の変化を中心的に考えているところに方法的な特徴があります。

そのために第三章が意外と軽い印象ですが、そこには世界大恐慌の影響が相対的には極めて軽微であったという、事実の問題も影響しています。つまり、日本の大恐慌は、恐慌の落ち込みの鋭さという点では国際的な共通性を持ちますが、景気回復が早かったという比較史的な特徴から見て、恐慌過程を延々と描くことにそれほど重要な意味はない。対象自身の特異性が、本の構成に反映しているのです。

5　農業恐慌の位置づけ

そうした方法的な特徴、対象認識の結果として、これまでの昭和恐慌論と比べて一番はっきりとした違いが出てきます。この本への批判としてしばしばみられたのが、欠如論的批判ではありますが、農業恐慌をほとんど書いていないということでした。それは、橋本さんの議論自身がもっている方法的な特徴でもあるし、ある意味では限界ですが、そのことによって問題がクリアに説明できると私は考えています。

農業恐慌をなぜ書かないかというと、それ自体を具体的なプロセスとして問題にすることが資本蓄積のあり方に対して積極的な意味をもたないと判断したからです。もちろん、農業恐慌が資本蓄積機構の変化に影響したことは橋本さんも認めています。生糸の輸出が惨落し、繭価が暴落して、農家経済が破綻する。農家経営の惨状が低賃銀労働力の基礎となり、労賃水準の低下という極めて重要な三〇年代の蓄積機構の特徴をもたらしている前提条件であることは認識している。

ただし、橋本さんが理解する限りでは、そういう農業恐慌は資本そのものがその蓄積のメカニズムから作り出したものではない。外生的に与えられた要因と考えるべきものです。だから蓄積機構なり景気循環過程なりを論ずる上で、主たるテーマにならないというのが、橋本説の骨格にある捉え方になります。

これは、第二次大戦後の高度成長期の議論と骨格は似ています。高度成長期には農村から大量の労働力が出てきて、農村の経済構造も大きく変わります。しかし、それは急速な労働力の吸引が工業部門で生じたからで、資本主義の側から説明可能であり、農業独自の論理ではないと考えています。つまり、産業成長のプロセスから説明できる労働力需要の拡大の結果、農業部門の機械化が促されたという論理になる。しかし、その逆の因果関係ではない。つまり、稲作を中心とした農家経営の中で急激な機械化が進んだことによって高度成長期の日本は、過剰労働力を豊富に供給されていたとはいえない。つまり、資本蓄積が進む、あるいは一国の経済構造を変えていく時の原動力は、資本の側である。農業の側ではない。

それとアナロジカルに考えると、この大恐慌期の賃銀低下のメカニズムは、追加的な労働力の吸引が進む景気回復過程で生じています。そこでは若年の経験の浅い労働力が利用可能な新しい技術体系が準備されていました。ここに一九二〇年代からの技術改善の成果が反映しています。もちろん、農家、農業部門が恐慌の影響もあってそれまで以上に安い賃銀労働力を供給しうる状況にあったことが重要だけれども、それは資本が作り出したものではない。こういう捉え方と農業恐慌に対する相対的な関心の薄さとが対応しているので。そこにこの本の特徴があって、それが適切であるかどうかは、これからの研究が具体的に解明していなければならない課題です。

よりポジティブなかたちでいうと、橋本さんは、第四章から第五章で、一九三〇年代の日本の資本蓄積のあり方を重工業部門での自律的な、本書の表現に従えば「内部循環的な蓄積」が経済発展の原動力であったと主張している。この主張によって、農業恐慌へ言及することとの重要性がそれほど大きくないことを裏側から言っているのです。つまり、三〇年代の日本の資本主義の循環を規定したのは、重工業部門の内部循環なのだから、そこをまずは説明しなければいけないというのが橋本さんの立場です。内部循環的な蓄積が中心的な論点だとすると、その中心論点から見て、農業部門の取り扱いが相対的には軽くならざるを得ない。それが当然のアプローチの仕方と考えている。内部循環的なメカニズムを論じるうえでは、農業部門はそれほど重要な役割を果たしていないから、これを外生的な条件と考えても構わない。労働力供給を規定する一要因と考えればよいというロジックになっているのです。

6　国際経済論からの問題提起

橋本説に影響を与えた研究領域の一つは、すでにふれたことに重なりますが、戦間期の世界経済のあり方に関する議論の系列だと思います。侘美光彦さん、馬場宏二さん、加藤栄一さんなどの研究です。また、一九七八年に翻訳が出たアーント『世界大恐慌の教訓』という本などもあります。これらの研究を鳥瞰して図式化すると、世界大恐慌からの回復過程は、軍事的な財政拡大策をとったドイツや日本は景気回復が早く、アメリカは回復が遅れている。フランスはさらに回復が遅く、イギリスの回復は中間くらいという図式になる。

このような比較史の視点から考えてみると、日本史の研究者が、昭和恐慌をとくに農業恐慌に注目して、生糸輸出の壊滅、米価の暴落などにより大規模な変化が起こって、農村が大打撃をうけたから、それがファシズムの温床になり、青年将校の反乱があり、戦争への道をたどったと描いてきたストーリー全体を見直す必要がある。「世界的にみれば、日本の恐慌の影響はたいしたことはない。打撃は小さい。すぐ景気は回復した」というわけです。しかも、それまでの図式からみると困ったことには、ファシズム対民主主義という座標軸でみると、民主主義は景気回復が遅れたのに、ファシズムは早かったということになる。日本とドイツが先頭を切って回復していった。資本主義世界の外では、ロシアは恐慌の影響を受けずに急成長していたのです。

この違いをどう説明するかが、たとえばアーントの研究課題でした。アーントはその国が展開した財政政策、ケインズ的な政策の意義を議論していますが、その結果、ニューディール政策は全く成功していない、ケインズ政策の最良のサンプルだと後世の歴史家たちが繰り返し言っている政策はほとんど景気回復に役立っていない、アメリカの景気回復が本格化するのは三九年以降でヨーロッパの戦争が始まってからだと指摘している。なぜ、ドイツでは回復が早いかというと、ナチが再軍備を始めたからです。イギリスは三〇年代に基本的には均衡財政政策を堅持するのが財務省の方針になっていた。つまりケインズの母国はケインズの政策を採用していない。イギリスは膨大な貿易圏を囲い込んだことによって通貨安定を果たした。アーントの研究は日本を対象にしていませんが、この認識と対比すると、日本のケースはドイツに近似している。日本は満州事変で戦争を始めたことが回復に貢献したということではないかということになる。

議論は相当荒っぽいのですが、事実認識としては妥当なものです。そうすると、日本の景気回復を国際的にどう位置づければよいのかが重要な課題になる。この課題に対して、橋本説は軍拡の影響を認めるとしても、それは持続的な経済発展をもたらす条件としては不十分であり、産業構造の変化を伴う内部循環的蓄積が重要だと結論づけている。財政からの説明を超えていこうとしているのです。

7　高橋財政の評価

もちろん財政面での影響を無視するというのではありません。これについては、前章で議論した三和良一さんの業績が橋本説の基盤を提供しています。三和さんは、この時期の日本の経済政策を、理論的には加藤栄一さんなどの国家独占資本主義論を受け止めたうえで、単に財政政策だけではなくて、労働政策とか農業政策とか、産業政策などの全体をとりあげて、それが階級宥和的な政策であり、危機に対応する政策だと論じました。

そのなかで登場してきたのが、たとえば高橋財政による財政需要の拡大は、どのくらいの効果をもっていたのかという論点です。これについては中村隆英さんや三和さんなどの間で論争があります。さらに、高橋財政の位置づけをケインズ政策の先取りとする理解に対しても議論があります。

そういう個別的な財政政策についての評価をひとまず措いておくと、少なくともだれもが合意できるのは、財政政策の効果は一回限りだったということです。呼び水にはなったけれども、持続的には影響していないということは、共通した認識になっています。そうすると問題になる点は、アーントの議論に倣って日本は「軍拡」が回復の要因だとしても、それはきっかけになったに過ぎず、その後の連鎖的な変化を捉えないと、日本の景気回復を説明できない。

これについての一つの説明は、「輸出ドライブ」です。これはさかのぼってみると、当時のソーシャル・ダンピング論でも指摘されています。日英の綿業戦争の頃からの為替ダンピング論なり低賃銀による輸出攻勢が三〇年代の経済拡大を可能にしたのだという見方がありました。

こうした回復要因に目配りをしながら、体制的危機への対応という観点から三和さんは政策論を拡張・深化させていくのですが、これに対して橋本さんは経済構造の実態に関心を集中する。分析していく方向が決定的に違うのです。対立的であるというよりは補完的なのですが、三和説では、資本の内部的な条件からの説明が必ずしも十分ではない。財政政策の効果は一回限り、輸出は持続的には拡大しているとはいっても、需要構造の推計値から判断する限り内需拡大を景気上昇の要因として説明せざるを得ない。それは経済政策の効果を問題にする三和さんの枠組みを超えているので、この先の議論が橋本さんの仕事になる。そしてその解答が「内部循環的」な経済拡大というものです。

内部循環論は、アイディアとしてそれほど新しいものではありません。「投資が投資を呼ぶ」という高度成長期のメカニズムも内部循環的な拡大です。つまり、内部循環的な拡大とは、何らかの要因で投資拡大が起こった時に、それが生産財需要の拡大となり、それが生産財部門でまた投資の拡大をもたらしていく、そういう循環的な過程を引き起こすことだからです。それまでの議論が、需要拡大を投資拡大からではなく、輸出とか財政から説明しようとしたのに対して、それだけでは自律的な景気回復には至らない。輸出でもブロックの形成へと歩んでいる世界経済の状況を考えれば、自動的に拡大することを前提にできない。そうではなくて、生産拡大の結果として設備投資が必要になり、投資を実現するためには生産財の生産を拡大させなければいけなくなるという関係を強調しているのです。

このメカニズムで重要なのは、需要が拡大したときに国内生産の拡大に結びつかない可能性がある、輸入の増加に帰結する可能性があることです。そうなると国際収支の天井に制約されてしまいます。なぜなら、生産財生産部門の生産能力が低い場合には、国内の生産財生産の拡大にではなく、設備投資用の資材の輸入拡大になってしまうからです。たとえば、第一次大戦期はこのような状況に近く、しかも設備財の輸入が制約されたので投資拡大も制約されてしまいます。これが大戦ブームの限界と考えられています。また、一九二〇年代には投資が拡大すると最先端技術を要する上級機械については輸入が拡大するために国際収支は常に圧迫されていました。ところが三〇年代には投資が拡大すると国内生産が拡大した。輸入は為替下落や関税引き上げによってシャットアウトされていたからです。だからこそ産業構造の重化学工業化がさらに進展し、投資財の供給能力を日本は持ち始めたわけです。

内部循環的経済拡大という捉え方は、「投資が投資を呼ぶ」という議論を一九三〇年代に投射した印象を与えますが、これとは別の系列の議論もありました。それはレーニンが提示した資本主義発展のあり方としての生産財生産部門の不均衡発展というもので、再生産表式論のなかで「構成高度化表式」として提示されたものです。日本では、山田盛太郎『再生産表式過程分析序説』などでも議論されています。これは要するに投資財部門＝生産財部門の拡大再生産の条件は、生産財部門の拡大それ自体にあるという主張で、国内の個人消費が拡大しなくても生産財部門だけが自律的に消費財生産とは不均衡に拡大できること、狭い国内市場＝大衆の貧困のなかでも資本主義が発展することを理論的に明らかにしようとしているものです。

橋本さんの考え方は理論的にはこれに近い。再生産表式論に関する古い議論との類似性があると指摘したら、橋本さんは激怒するに違いありません。資本主義が生産財部門主導で経済拡大を遂げていくとき、必ずしも大衆の生活は改善するわけではないという窮乏化論はマルクス経済学者のなかでは支配的な意見でした。橋本さんがこれに同意していたとは思いませんが、論理的な構造は似ている。この点をあえて指摘するのは、そうした論理に近いということから考えると、第二次大戦後の「投資が投資を呼ぶ」と呼ばれた高成長経済と一九三〇年代の内部循環的な経済発展とは異質の経済構造だということです。大衆消費社会を作り出し「豊かな社会」への前進をもたらすような何らかの条件を一九三〇年代は欠いていたことになるからです。

おそらくそうした違いを自覚しながら、橋本さんは内部循環的な構造の結果でもあり条件でもある、産業構造の重化学工業化を論じている。そして、この産業構造の重化学工業化は、一九世紀の後半にヨーロッパの帝国主義国が作り出した産業構造の変化に近いものであり、重化学工業が産業発展のエンジンになっていれば当然その部門がもっている固定資本の制約とか、労働の質の制約とかに日本の資本主義が直面するであろうという理解を示している。しかし、それだけでなく、第一次世界大戦と世界大恐慌を経過した資本主義経済社会が直面した新しい問題についても対応を迫られるという構図になる。つまり一九三〇年代に日本資本主義は、初めて古典的な帝国主義の経済構造と比定できる特質を持つようになると同時に、三〇年代的な現代性を、あるいは国家独占資本主義的な性格を帯びるようになるという、二重の変容過程をたどった。これが橋本説の基本的な認識、結論になります。

【質疑】

質問　**就業労働者の問題**を論じなければならないということですが、テキスト六二頁では「労働攻勢に対して重工業大経営は最少の譲歩によって労使関係再編成の橋頭堡を築いた」と書いてあって、その後の二章五節でも労資関係の再構成が論じられています。ここに書かれていることは、先行研究である兵藤先生とか中西洋先生が主張していたこととあまり変わらないような気がしますが。

武田　橋本説は、国際的な位置づけをやり直したところに意味があるのです。つまり、兵藤さんは間接的管理から直接的管理への転換を基本的な認識枠組みとして、労資関係の変化が第一次大戦後に生じると考えています。それは、やや極端に言えば、それまでの労働問題研究が日本の労資関係の後進性、あるいは封建的要素の残存などを強調してきた側面があることに対する批判として、兵藤説が労資関係の後進性が克服されていく、資本主義的な労資関係へと変容していくことを明らかにするスタンスに立っていることを反映しています。

それ自体は継承すべき論点ですが、戦間期の研究において橋本さんや私などが問題にしていたのは、確かに遅れているとはいっても、橋本さんの表現を使えば「二重の後進性」、つまり段階論的に考えると二段階遅れているということです。日本の資本主義の発展について第一次大戦前に帝国主義が確立して、大戦後にさらに新しいシステムに移る、古典的帝国主義ではなくなると把握するのは、かなり難しいとみていた。これは大内力さんの『日本経済論』などで提示されている図式的な捉え方に対する批判でもあります。大内さんは、日露戦後くらいから帝国主義段階に入って、相対的な安定期を経て、三〇年以降には国家独占資本主義になると考えていた。

一九三〇年代の管理通貨制によって国家独占資本主義が成立するという大内説に対して、ドイツのワイマール体制を検討した加藤栄一さんは、第一次大戦期の「城内平和」によって実現する労資同権化が現代化の起点だと主張する。これによれば国独資への移行期が大内さんの想定より一〇年以上前に始まっていることになります。この考えを受け入れると第一次大戦期の日本は、資本主義世界が国家独占資本主義的体制への移行を進めていくなかで、自らは帝国主義的な経済構造への転換を進めるとともに、世界が直面する国家独占資本主義への移行という課題も抱え込むことになる。これが二重に後進的という意味になりますが、とくに加藤説が労資関係を重視して議論している以上、これを軽視するのは橋本説としては論理的に整合性がなくなる。そのあたりの問題をどう理解するかが問題でした。

そういう観点から兵藤説を読み直してみると、間接的管理から直接的管理へという転換のなかで指摘されている工場委員会制などは、同時代の世界的潮流の影響を受けた現代的特質を持ったものというべきだろう。しかし、世界史的な変化と比較してみると、日本では現代化が著しく遅れていることも事実であり、たとえば労資同権化が進んだかという座標軸で考えると、日本は著しく遅れていた。そういう意味では現代性が希薄だ。そういう位置づけをし直したということになります。

この点はほぼ同じ時期に兵藤さん自身が加藤説などの影響を受けながら、自説を修正しています。だから、兵藤説と橋本説が同じように見えることはそれほど重要な問題ではないと思います。その点では加藤さんのワイマール体制の研究がもっていた衝撃というのはかなり大きく、とくに労働問題については、この研究をきっかけに全体の見直しが始まったと考えた方がいい。

実証的には新しくないと言われれば、そういう面があり、たぶん実証的にかなりオリジナルな論点は三〇年代初頭に景気回復過程でなぜ実質賃銀が下がったかを説明したことだと思います。これが内部循環的な拡大が順調に進展する重要な要素だからです。そして、橋本さんにとってはこのメカニズムを説明するためには、第一次大戦期から労資関係が資本の最小限の譲歩ですまされていたという全体の構図が必要になるのです。

質問　労働問題に関して**労資関係と産業構造との関係**をどう考えているのか。

武田　一つの国の産業構造を議論するのは、その国の産業構成を通して、その資本主義経済が持っている生産力的な基礎を明らかにしていくことになります。それに対して産業構造を通して明らかにされた生産力的な水準が生産関係としてどういう意味を持っているかというのを議論するのが労資関係です。

要するに個別産業論で言えば、産業発展と労資関係の変化は対になっているわけです。だからたとえば、産業構成上どんなに小さくても重工業部門には重筋労働者や熟練労働者がいて、機械組立ではかなり高度な熟練を要する人たちがいる、印刷工業にはかなり知的な熟練労働者がいるとか、そういうようなことが見出される。しかし、そういう個々の実態と、それが資本主義的な経済発展にとって持つ意味は別の問題です。たぶん、その産業自身がある程度大きくならなければ、重工業部門の熟練がその国の資本蓄積とか労資関係にとって重大であるとはいえない。

だから、産業革命期の日本経済について鉄工や機械工たちが決定的な重要性を持っていたというのは、やや言い過ぎになる。むしろ、その時期を議論するのであれば、中心的な産業である紡績とか生糸が問題で、そこに女子労働力がどう吸収されたか、その供給のメカニズムは何であり、彼女達が再生産される条件は何かを農村との関係で議論する方がよい。そうしないと資本主義全体が見えてこない。何を選び出さなければいけないのか、どの産業を議論しなければいけないかを判断するためには、産業構造を論じざるを得ない。その時に鍵になるのは、単に量の大きさではなく、景気循環をどこの部門がリードしているかという基準だということが橋本さんの視点です。

付け加えておくと、このような視点で見たときには、産業構造上の量的な大きさだけが問題になるわけではないと私は考えています。私は、量的な地位が大きい産業は景気循環に影響を与えることは間違いないとしても、産業構造を変化させていくのは成長率の高い産業だと捉えています。産業構造上の基軸産業と産業発展の主導産業とを概念上は分けた上で議論を組み立てることによって初めて景気循環に表出するような資本主義発展のあり方の変化が捉えられると思います。

質問　この本のキーワードは「**強靭性**」だと思いますが、それではどの部分が強靭だったかという話に着目して読むと、重工業における労使関係であって、それ以外のところはとりたてて強靱性があったという記述がなされていない。日本の戦間期の重化学工業は、国際的にはかなり劣位であったといわれるわけで、日本資本主義の資本主義としての強靱性があるというのはどういう意味なのか。

武田　それは、「生産力的には対欧米劣位がはなはだしかったとしても、これは日本資本主義の資本主義としての強靱性を意味した」（六二頁）のあたりを問題にしているのでしょう。ただし、劣位であるということと強靱であることが矛盾すると考えるのは、橋本さんの「強靱性」という言葉を誤解しています。

橋本さんの「強靱性」という概念は、講座派を中心に日本資本主義は後進的であり、それ故に脆弱であると主張してきたのに対する強烈な批判という意味が込められています。脆弱であるという主張が産業の国際競争力の欠如などを念頭に置いているのに対して、それとは全く別の視角から示された認識枠組みに基づいていると思います。

講座派も含めて、それまでのマルクス経済学的な段階論の理解では、資本主義というのは「腐朽化」し、衰退・没落していくと考えています。社会主義への移行を必然と考えているからですが、資本主義経済が衰退・没落していくプロセスは資本主義が経済システムとしての自律性を失って行くことを意味していると捉えています。そうだとすると、衰退や没落から遠い確立期の自由主義的な資本主義が一番強いということになる。つまり、純粋な資本主義に近ければ近いほど、資本主義は強さを持っていると考える。これに対して重工業が発展することによって固定資本的な制約が生じる、あるいは労資関係において同権化が進んで労働から制約を受けるなど、資本主義は次第に市場のメカニズムを歪めていくと考える。その結果、市場経済的メカニズムが、経済全体の構造を律する局面が制限されるようになる。基本的な原理としての市場メカニズムの自律性が制限されることに資本主義経済体制の弱体化を見ている。これが、「弱い」という状態です。「強い」というのはその逆であって、市場経済的なメカニズムが通用する範囲が広い。だから、自由主義段階が一番強靱だと捉えるべきだということになる。独占になると弱くなって、国独資になるともっと弱くなる。こうした基準でみると、他の資本主義国が国家独占資本主義へと移行しつつあることは、資本主義として脆弱化していることを意味する。これと対比すると日本ではそうではない。労働に対する譲歩も弱いし、産業の組織化も弱い。より競争的だ。だから、資本主義としては「強靭」だということなのです。繰り返しになりますが、ほかの国に比べて競争力が強いとか、生産力水準が高いとか低いとかいう話ではまったくないのです。

質問　「強靭性」と橋本先生が言うのは、日本がうまく労働者をとりこんでいったからと考えていたのですが。

武田　協調的な関係を重工業大経営で構築していったという現象面から見ると、そのように読めるかもしれませんが、大事なことは労使協調という条件は、戦後の日本経済論で橋本さんが強調する日本資本主義の強さの源泉としての日本的経営の要素と同一視することはできないことです。この点については誤解されている面が多いように思います。一九八〇年代の日本経済の国際的な地位の高さ、日本産業の競争優位と、その基盤として日本的経営などとの関係で、「強靭性」という言葉が使われることがありますが、それは本書の主張とは別のもので、表面的な読み方によって印象に残った言葉だけを取り出して、転用しているのです。

この点を理解するために、本書の結び三八二頁を読んでいただくとよいでしょう。ここでは資本主義の「強靭性」は、単なる「後発の優位」ではなく、「一定の条件さえ与えられればいわば自立的に経済発展をなしえた」ことが重要であるとの観点から説明されます。この一定の条件は、「現代資本主義化の内圧を極小点で抑えた労資関係」であり、この労資関係は、小農が広範に残存する「労働力供給の調整源」と「就業年数との相関の高い賃銀体系」に支えられていたとされています。橋本さんは、こうした条件をひとまとめにして「日本資本主義の資本主義的強靭性」であると言い、「それは再生産の自律的調整能力が高く、拡大再生産をより均衡的に展開しうる条件」としています。

ここから分かるように本書で強調された「日本資本主義の資本主義的強靭性」の基盤には、反面で戦後の労資関係につながるような特徴があると同時に、他面では農業部門の過剰労働力の存在を前提にしており、そのことが「自律的調整」を可能にしているということですから、戦後的な条件とは異質なものです。したがって、もし戦後日本の資本主義的強靭性を主張するのであれば、それがどのような意味で自律的調整能力を持っていたのかを明らかにする必要があります。産業構造が重化学工業化し鉄鋼業が基軸産業化するなどの条件が同一でも、年功的な賃銀体系が継承発展されていたとしても、それだけで自律的であることは明確ではありません。協調的な労使関係の下で戦後の日本資本主義は労働に対する賃銀面での譲歩を強いられていますから「内圧を極小点」にとどめたと言うことは難しく、この内圧を緩和するために、積極的な生産性向上が追求されるような仕組みが制度化される必要があったと考えるべきでしょう。その点でもそのまま労使関係が強靭性を支え得たとはいえないのです。まして、産業の競争力が高かったとしても、強靭であるという橋本さんが意図した意味と共通の理解が得られるわけでもありません。

質問　本書では**段階論把握**という視点で見ると、国独資の議論ですか？　それとも帝国主義段階の議論ですか？　そのいずれとしても、それらは理念的には市場メカニズムが制限されている、人為的な介入によって歪んでいくと考えられているわけですが、それにもかかわらず、自律的な市場メカニズムが機能していると考えるのですか？

武田　そうです。橋本さんは、三〇年代に初めて帝国主義的な経済構造ができるというわけですから、それ以前の時期は、帝国主義への移行期ということになるのでしょう。そんなかたちで厳密に段階論を適用して議論することを拒否していますから、図式的に時期区分をして段階を想定するのは適当ではありません。帝国主義的な経済構造が一九三〇年代に形成されるとすると、それ以前の時期は産業発展の程度から見て固定資本的な制約が弱いし、労使関係からの制約が弱かったと評価すべきだろう。制約が弱いことは、それだけ資本が自由に活動できたということです。それが自律的な市場メカニズムが機能しているということです。労働とか実物資本の制約から自由だったことになるから、それを「強さ」と認めたらどうかと橋本さんは問題提起している。

それは、要するに講座派が「特殊で、弱くて、顛倒していて」というような議論をさかんにしているのに対する批判でもあります。「弱い、弱い」という通説に異議を申し立てているところに、この言葉の味わいがある。ところが、いつの間にかそれが、経済大国日本に関する議論のなかで日本の国際競争力の強さへの評価を表す言葉にすり替えて読まれている。
ただし、橋本説は斬新ですが、この強靱性の議論はある意味では古い枠組みにとらわれた言葉だと思うのです。資本主義没落論とか、国独資から社会主義への移行期とかのマルクス経済学的な資本主義観、そして日本資本主義は脆弱だという講座派の議論を強烈に意識しているからです。だから先程の質問で参照された文章でいうと、「最小の譲歩によって」という言葉が重要なのです。最小の譲歩で橋頭堡が築けたのだから、資本は強いと言っているわけです。ドイツは最大限の譲歩をした。同権化まで行った。この差を考えているのです。

質問　**内部循環**の説明は、生産財の生産過程と投資過程とが循環している図ですが、でも、循環がスタートするきっかけは輸出とか財政とかが呼び水的なきっかけとなっていると言う理解でよいか。

武田　その面がありますが、そのきっかけがどのような形で循環的な拡大につながるか、ていねいに考えておく必要があります。一九三〇年代には、大恐慌の影響で産業企業の設備稼働率が大幅に低下しているから、追加的な需要が喚起されたときに、直ちに投資拡大になるわけではありません。呼び水は操業率上昇という効果しか持たないかもしれない。操業率が上昇していくと、少し遅れて設備投資の必要が生じ、それによって設備財生産を増加させることになる。たとえば機械が必要なので機械メーカーに発注し、その発注の結果として鉄鋼材が必要になり、あるいは工作機械が必要になってまた工作機械を作るために鉄鋼材や機械が発注されるというようにぐるぐる回りになるという話です。このような循環が生ずる条件は、需要増加と言うよりは産業構造がある程度重化学工業化していて設備財需要に対応できる供給能力をもっていたこと、為替下落や関税引き上げなどによって輸入が制限されていて需要増加が内需拡大に直結することなどの条件が必要です。一九三〇年代の日本はそうした条件を備えていたことが、きっかけがきっかけとして意味を持ち得た理由です。
こうして生産が拡大し始めると、輸出でも財政でもなく投資が影響するところが大きい。もちろん、この当時の日本では、満州国向け重化学工業品輸出が持続的にあるから、それは内需拡大に強く効いています。ちょうど自動的にぐるぐる回わり始めた羽根車にさらに外側から力を加えて回転を早くしている、というイメージでとらえることができます。

こうなると、ほとんど消費（個人消費）の拡大を考える必要がない。個人消費の拡大を考える必要がないとすると、農村がどうなっていようが需要面での影響を検討する必要はない。唯一の問題は景気回復に伴って追加的な労働の価格が急激に上がったら内部循環のメカニズムがつぶれる。生産が拡大して投資ができるのは、その間に利潤が拡大していて資金調達が可能になっているからです。しかし、利潤拡大を労働賃銀の上昇が吸収してしまうと、投資が止まってしまう。そのブレーキがきかない状態にしている、ブレーキをはずしてくれているのが農業恐慌です。先ほどの強靱性の議論でも橋本さんはこの点が背後にある条件であることを指摘していることを思い出してください。そして、別の意味で言えば、このような経済構造であることは、第二次世界大戦の日本の高成長が大衆消費社会を作り出していったのとは別の構造的な特質をもつということも意味しているのです。これが戦前日本の経済成長の限界だということは見逃すことはできないはずです。

質問　**利潤拡大の要因**としては、賃銀よりは為替レートの低下が重要な要因ではないか。

武田　為替下落の問題は、国内価格の上昇と輸出拡大に影響しています。ただし前者は関税引き上げの影響もあわせて複合的なものです。そのうえで、価格の無制限な引き上げは、国内における重要産業統制法による監視によって抑制されていますから、価格面での影響よりは輸入を抑制した効果の方が大きいと思う。

輸出については、満州向けの重工業品輸出では為替の影響がありませんから、焦点になるのは為替ダンピングと批判されることになった東南アジア・南アジア向けの綿製品輸出への影響になる。ただし、日本の綿工業史の研究では、為替ダンピングの影響だけではなく、合理化や製品の共同開発などの企業努力の貢献も重要だと指摘されています。

そうした要因をあわせて輸出拡大したことが、需要拡大要因になったことは間違いないでしょう。それが綿工業の利潤獲得の機会を増大させたことは認められるとしても、価格の上昇によって利益が増加したということにはならないと思います。

それでは、綿製品輸出が内部循環的なメカニズムにどう影響しているのでしょうか。この点では生産拡大が設備投資につながっているという側面と同時に、外貨獲得の役割を果たしたことを重視すべきではないかと思います。つまり、生糸に代わって外貨を稼いでいた紡績業の構造的な位置、役割がクローズアップされています。なぜなら内部循環的であるとはいっても、原材料の輸入は必要になるし、それらがブロック経済下では外貨が必要とするブロック外からの輸入に直結するからです。そうすると、この国際収支面での制約をどう解除するかが問題で、この点で為替下落によって綿製品輸出が拡大して生糸輸出の崩壊に代替して国際収支の天井を高め、内部循環を外側から支えていることになります。

少し脱線しますが、橋本さんが描き出した一九三〇年代の経済構造には、潜在的には二つの制約要因があります。一つは労働力供給であり、もう一つは原材料の調達とそれを可能にするような外貨の確保、これらの要因の変化次第では構造的に行き詰まることになる。前者は繰り返しになりますが、農業恐慌後の農村が調整を可能にして制約の顕在化を防ぎ、後者はブロック化で外貨を節約しようとしながら、その制約のために結果的には経済統制の強化につながると考えることができます。

こういう構造は、一九六〇年代と対比することができます。産業の重化学工業化がさらに進んで、「投資が投資を呼ぶ」経済発展が進行するなかで、労働力の過剰経済から不足経済になって制約要因が顕在化する、他方で、高成長の前半期には国際収支の天井に制約されて拡大がスローダウンされるというわけです。そして、橋本さんの理解の枠組みからすれば、このように戦後に顕在化する制約要因に対しても柔軟に対応していくことができたとすれば、その時はじめて戦後日本資本主義の「資本主義的な強靭性」が明確になるということではないかと思います。

質問　**農業恐慌**を論じないという点ですが、農業の状態を資本の側が作り出しているわけではないから、外していいということがわかりにくい。景気循環を論じるという場合には、宇野理論的な景気循環論は、社会にどんなに資本主義化を推し進めようとしても労働力の再生産という部分だけは資本主義化できないセクターとして残っていく。だから、労働力商品化の無理というのが発生する。それをどうやって解決するかというのが、景気循環のプロセスですよね。だから、その労働力商品化の無理というのがどのように生じそれをどのように解決するかというのが宇野理論的な意味での景気循環論と考えると、どうして問題にならないのか。

武田　景気循環論を理論的なレベルで考える時には、失業者の再生産を議論しなくていいはずです。理論的には。突然生まれてきてもいいし、外国から入ってきてもいいし、それまで死んでいたのが急に生き返ってもいい。

現実の歴史分析ではそうはいかないと、私は思いますけれど、追加的な供給にある種の幅があって、その上限に到達すると、賃銀上昇が生じることさえはっきりしていれば宇野理論の景気循環論は成立する。そうすると、その幅の大きさが問題になる。その幅の大きさをこの時期だと農業恐慌が決めている。こうしたことを橋本さんは、与件として考えて構わないと判断していると思います。労働力を追加的に供給しうる量とそれから追加的に供給される価格、つまり労賃水準、この二つの条件が社会的にどう決まるかは、国民経済を分析単位とする場合には、その国の非資本主義セクターのあり方によってそれぞれ決まる。そのことを資本蓄積論として積極的に取り込む必要はないとの考え方に、橋本さんは立っていると思います。そのうえで景気循環として論ずべきことは、日本経済の景気回復過程であり、農業部門の恐慌状態ではないと判断しているのです。

それに対して、たとえば三和さんが宥和政策などを視野に入れて議論するのは、外側をどうやって安定させるかを考えないと供給価格とか量の問題を議論できないと想定しているのだと思います。私が「調停法体制」という議論をするのも、外側の決まり方が重要な意味をもっていると考えるからです。それは橋本説と多少違うところです。私はもう少し積極的に取り込んだ方がいいと思いますが、ただその場合には、資本蓄積のあり方そのものを議論するのではなく、紛争とか調停とかというものを含めて国民統合などの議論を視野に入れないと全体を描きにくいのです。経済のメカニズムについては橋本さんの切り口も説得力をもつことを承認した上で、それでもやっぱり視野を広げることが必要だというのだったら、どう必要かを説明しなければならないということになります。この点については、橋本さんの本から三〇年以上たって、私自身は「昭和恐慌と日本経済」（岩波講座日本歴史、17巻、二〇一四）という論文で恐慌の影響、とくに農業部門の回復が遅れている理由をどのように考えるかについて少し議論を先に進めたいという思いを書き込んでいますから、参考にしてください。

以上

この講義は一九九六年一〇月一一日に行われた講義の速記録を基礎に、その後の議論を踏まえて高度成長期などとの対比についての理解を明確にするための加筆したものです。

【戦間期編10】

第22章　戦時経済をどう捉えるか
——原朗『日本の戦時経済研究』——

テキスト　原朗『日本の戦時経済研究』東京大学出版会、二〇一三

1　基盤となっている資料の発掘と収集

戦間期編の最後に、原朗さんの戦時経済研究を取り上げます。原さんの研究の中心は一九三〇～四〇年代における経済統制政策だと思います。そこには三つくらいの研究領域があります。その中で、大きな塊の一つは、経済統制政策のルーツになるような満州における経済統制計画の立案過程を具体的に分析した「一九三〇年代の満州経済統制政策」(『日本帝国主義下の満州』の第一章)と、安藤良雄編『経済政策史論』下巻の「満州における経済統制政策——満鉄開設と満業設立」の系列のものです。これらはテキストには収録されていません。これについては、『満州経済統制研究』(東京大学出版会、二〇一三)として刊行されています。

二つめの塊は、比較的初期に書かれたもので、経済統制政策が展開していく中で、統制の全体の枠組みの鍵を握っている条件とは何であったかを分析したもので、第二部Ⅳ～Ⅵ章の論文です(初出は、『土地制度史学』三四号、一九六七と『経済学論集』三八巻一～三号、一九七二)。その全体像を示しているのが「『大東亜共栄圏』の経済的実態」です(第一部第Ⅲ章、初出は『土地制度史学』七一号、一九七六)。これは、土地制度史学会の一九七四年秋季大会の共通論題報

告です。

そのほかまとまった仕事としては、一九七三年に書いた「経済新体制」という『政治学会年報』に出されたものを起点として、戦時統制の全体を示す論文があります。『岩波講座日本歴史 20』（一九七六）の「戦時統制経済の開始」から、『年報近代日本研究』第九号（一九八七）の論文（本書第三部Ⅶ章）、そして九五年に刊行された共同研究『日本の戦時経済』の総論（本書、第三部第Ⅷ章）です。

戦後についても、あるいは戦時経済期以前の戦間期の研究分野でもいくつかの論文がありますが、それを別にして大きく分けると以上のように三つに分けられると思います。

この一連の仕事は、一九六〇年代という、敗戦から二〇年位しか経っていない、戦時期の資料がほとんどまだ発掘されていない時期に着手されています。それまで戦時経済の本格的な研究としては、略奪資本主義論的なものですが、井上・宇佐美『危機における日本資本主義の構造』という本があり、安藤良雄さんの「日本資本主義の展開」（のちに、『太平洋戦争の経済史的研究――日本資本主義の展開過程』東京大学出版会、一九八七年として公刊）という博士論文があった程度の時期でした。

このように先行研究が乏しいうえに資料の所在などもはっきりしないというのが、原さんが研究に着手した当時の状況でした。アメリカの資料もまだ未公開でしたから、これを打開するために丹念な資料発掘が関係者を回りながら徹底的に行われたようですが、これにもまだ関係する生存者がいることへの配慮などがあって容易ではなかったようです。その中で泉山氏所蔵の資料などが発掘されて、戦時経済の実態とか、統制政策の立案プロセスについて史料的な裏付けがある程度できるようになり、実態が明らかにされることになりました。ちなみに、安藤良雄さんの場合には、戦時中に海軍の主計に配属されていたことから、生の資料を見ていたということが研究の支えになっていますが、そうした当事者性をもたない後発の研究者は、いつの時代でも同じかもしれませんが、このように資料発掘と格闘したのです。

この資料発掘の成果は、みすず書房の『現代史資料』のなかで、中村隆英さんと原さんが編集したものに活かされています。その限りで言うと、それまでの研究を徹底的に批判しつくすことができるくらいの大量の資料を発掘しています。たぶんまだ消化しきれていないくらいの分量ではなかったかと推測できますが、それらの資料の一部は一九九六年から二〇〇四年にかけて次々と復刻版として山崎志郎さんの協力を得て利用可能なかたちになりました。私の気がついている範囲でも、『生産力拡充計画資料』、『軍需省関係資料』、『初期物資動員計画資料』、『開戦期物資動員計画資料』、『後期物資動員計画資料』、『物資動員計画重要資料』、『戦時中小企業整備資料』の合計五九冊がいずれも、現代史料出版から出版されています。敗戦後という時代の切れ目があったことが、ほかのケースに比べると資料が出やすかったのではないかと思いますが、同時に廃棄される前にかなり早い時期に集めたことも成果を上げた理由だったと考えられます。研究の実証的な成果とともに、この資料発掘・収集は原さんの大きな学界への貢献ということができます。

2　原朗さんの戦時経済論の特徴点

さて、本題にはいって、原さんの戦時経済論は、政策史としてはオーソドックスな手法だと思いますが、時間の経過に沿って政策の立案等に関わって作成されたドキュメントをきちっと追いかけながら、政策決定のプロセスを解明するというスタイルをとっています。資料に基づいて、原さんの研究は、ものすごくきめの細かい事実について、極端にいうと日付単位で物事の推移を追いかけながら、プロセスを解明していくというやり方をしていることに特徴があります。そこには理論的なフレームワークの前提があらかじめ設定されているわけではありません。戦時経済とは理念的にはこういうもので、したがってこういう問題があるはずだという事前的なきめつけ、枠組みを先に設定した議論にはなっていません。もちろん単なる事実の羅列でもなく、ものすごくていねいに資料の取捨選択が行われていて、問題を絞り込んで徹底して論理的な因果関係を説明することが追求されています。理論ではなく論理が大切にされていることがまずは学ぶべきことがらです。

それが最もクリアカットに出ているのが、テキスト第二部Ⅳ～Ⅵ章です。例えば、いろいろな統制分野について様々な計画的な統制立法が順次拡張されていって、それぞれが経済統制に一定の役割を果たしたはずだということは、やや極論すれば法令全書をずっと追いかけ、その法律を並べるだけでもわかるところがあるでしょう。ただ、それだけでは、あれやこれやの統制が行われましたとか、統制は不完全で統制の隙間ができるので、隙間ができるたびにどんどん統制の網が細かくなりましたというストーリーに過ぎないものになります。要するに経済統制は、尻抜けというか統制の網から漏れるものが多いので、もぐらたたきのように問題が出るたびにもぐらの頭をたたく対症療法というか、場当たり的な対応が行われることになる。もちろん、そのような叙述を通して計画経済といえるほど統制経済は整った立派なものではないと議論できるかもしれません。しかし、それだと、異常事態が生じたときにどう対応してきたのかという話が並ぶだけになりますし、戦時経済の分析としては不十分でしょう。

この原さんの研究でもっとも特徴的な点は、準戦時には外貨資金が問題（制約要因）であったが、戦時には輸送力、船の問題になっていくという構図を描くかたちで、日中戦争期から太平洋戦争期を統一的に理解できる視点を明確に出したことにあると思います。それが原さんの初期の研究では最大の貢献だし、それまでの研究になかったものです。そこには戦時統制をマクロ的な視点で実態に即して見渡し、経済運営上の制約要因がどのようなかたちで政策担当者に認識されていくのかを起点に統制の具体的な立案過程を追っていく分析視点が明確にされています。

その後の戦時経済統制の研究と対比すると、モノ作りの面で生産の現場で何が起こっていたか、あるいは生産力拡充計画が具体化されていくときに軍需製品の増産がどのように進められたかなどの、産業レベル、企業レベルでの話には及んでいないという課題は残されたままであったと批判することはできます。その点はまだよくわかってはいませんが、実際に計画修正の必要性などのかたちで立案過程を追っていくことで、ミクロレベルで起きていることをある程度推定することは可能な点まで、具体的に政策の立案過程での問題の把握や対応策が採られています。ミクロレベルの課題が残ったのは、ある種の資料の歪みから生じているものと考えられますが、統制経済の立案のプロセスで、全体を眺めて作成された資料がかなり広汎に出てきたのを利用しているからです。それでも計画の達成程度を数量で把握している限りで実態に近づいています。もちろん、現場でどんな問題が起こっているかまでは、必ずしも目が行き届いていません。モノが足りないとか、金がないという問題を示すデータを、政策的な対応のレベルで数字あわせをしなければならない立場からみている資料を扱っているのです。

この残された課題は、戦略爆撃調査団の資料が公開されるとか、GHQの押収文書が公開されることで、次の世代によって少しずつ明らかにされていくことになります。つまり、航空機生産の実態について山崎志郎さんなどの研究が新しく出てようやく実態的な分析になる。その後、岡崎哲二さんが計画化という視点から、もう一度戦時経済を見直す作業を進め、「戦時源流論」につながるような戦時期の企業管理のあり方とか、所有と経営の分離とか、経営者の優位とかの論点を提示することになります。ここまで現在の研究はきています。

研究のスタイルからいえばミクロ的な視点が優位になってきたと思うのですが、そのことを翻って考えると、そのベースになっているような大きな戦時経済の枠組み、マクロ的な捉え方については、原さんの議論をひっくり返すような新しい問題提起は、まだ出てきていない。ある意味では、三〇年代から四〇年代前半にかけても、マクロ的な統制政策の展開のプロセスを明らかにした研究としては、まだ空前であり、絶後かどうかはわかりませんが、今のところこれを引き継いで新しい研究を切り開いていきそうなのは山崎志郎さんだけのようです。

たぶん、個々の細かいことについては、例えば電力国家管理をどう位置づけるかを議論し始めれば、橘川武郎さんが批判できる論点はあると思います。しかし、大きな枠組みはまだまだ崩されていないのです。ただ、原さんの論文のきめの細かさが、読者にとっては非常にやっかいな代物で、固有名詞を覚えていくだけで頭が混乱してしまう。時代や対象の要請もありますが、原さんの性格もあるでしょうから、これが読者泣かせのところです。

ついでに、多少横道にそれますけれど、原さんのもう一つの特徴は、統計整理の仕方、利用の仕方です。こういう研究では記述的というか叙述的になると思いますが、それを補う形でかなり丁寧にデータを整理して、全体をみわたしています。その統計データの処理の仕方が徹底しているのです。

原さんのそういう面の良さが一番出たのは、ここでは取り上げていませんが、「階級構成の新推計」（安藤良雄編『両大戦間の日本資本主義』東京大学出版会、一九七九年）という、一九二〇年と三〇年の国勢調査を組みかえた研究です。例えば、岩波シリーズ『日本経済史』で尾高煌之助さんが「女中の時代」という論文を書いていますが、あのような把握、アイディアは原さんのこの論文ですでに提示されています。つまり、戦間期の女性の職業分布でみると、女中という家事奉公人が圧倒的に多いことが見事に描き出されます。統計整理をどうやったか理解できないくらい難しい作業をしているようなのですが、よくわからない。非常に丁寧な作業によって、私たちがやったら二〜三年かかりそうなのを苦もなくやってしまう。数字に直感的にものすごく強く、ある数字の系列を全体の流れとして頭の中でイメージできるのではないかと思います。概括的な評価はそういうところだと思います。いずれにしても、全く新しい資料群を使いこなした画期的な仕事をされたと思います。

3　戦時の断絶と連続

なぜ戦時経済論なのかは、最近の源流論とか一九四〇年体制論などと比較しても意味深長だと思います。しかし、問題なのは、むしろ源流論の人たちが原さんの研究をどう考えるかを明示せずに自分たちの主張だけを言っていることだと思います。だから、原さんは、本書の最後の論文でまとめて批判しています。そこでのメッセージは二〇年以上前のテキスト第I章の論文とほとんど変わっていません。その一貫性は見事だと思います。後から注目されることになる復員過程と戦時経済を統一的にみることの必要性という議論も、すでにこの時点で言っているわけですから。

論点としてみたときには、一九六〇年代半ばに、戦後改革の連続・断絶という論点はすでに出されていることを忘れるべきではないでしょう。山田盛太郎「農地改革の歴史的意義」に示されるように、講座派の人たちが非常に強い断絶説をとったのに対して、大内力さんたちがまとめた日本経済論は連続説を主張するようになっていました。このような論争があることは、ここでも一応前提として理解されています。

例えば、講座派は、戦前の日本資本主義の構造を天皇制と軍隊と植民地という要素で特徴づけ、それらがなくなったのだから全く新しい資本主義になったと考える。これは、戦前の日本資本主義を構造的に特徴づけていた制度的な枠組みが完全に変わったのだから、全く新しい資本主義の構造なり特徴が生まれたと考えるべきだと言っていることになります。比較制度分析の枠組みでいえば、敗戦という外生的なショックによって制度的な枠組みが大きく変わり、新しい経済構造が誕生する。そういう議論と共通性のある、断絶論になっています。

それに対しては、政治構造とか官僚機構の連続性という形ですぐ反論することができます。このほかにも生産設備能力の残存という事実から、戦時までの遺産が戦後復興以降の経済発展には重要だったという議論もできるし、資本主義的な経済構造を特徴づける上では植民地とか軍隊とか天皇制が本当に重要なのかという疑問を提示することもできるかもしれません。そこでもう一度戦前の日本資本主義にとって植民地、軍隊、天皇制の三つが重要なのかを検討したとしても、これに対してはそうした経済外的な要素をいくら考慮に入れても、経済構造の本質的な特徴は把握できないというような反論に出会うこともありうる。簡単には決着はつきにくい、そういう類の議論なのです。

その限りでは、かなり面倒くさい論争点が含まれています。連続説の側にいる大内さんも、現在の源流論もそうなのですが、特徴をいくつかあげて、その特徴的な事象はいつ頃始まったかをさかのぼって調べていく。さかのぼるのに疲れたところが源流になる。疲れたというのは適切な表現ではないでしょうが、要するに自分の論理として、その前との連続性を説明できなかったところを源流とみなし、それが比較的横並びになっている四〇年ころに注目して「一九四〇年体制」と切ってみせるのが源流論ですし、大内さんの場合には一九三一年末の管理通貨制への移行までさかのぼって、これ以降は「国家独占資本主義」という特質を帯びるようになったと捉え、戦後改革での変化は一九三〇年代から変化の延長線上にあるものを追認していくプロセスだと考えているわけです。

ただ、制度というのは、革命でも起こらない限り、徹底的に断絶的な変化というのは起こらない。何らかの連続性はもっています。だから、例えば高度成長期に起こっている変化をどう考えるかとか、戦後改革で起こっている変化をどう考えるか、戦時経済で起こっている変化をどう考えるか、あるいは、その前の昭和恐慌期はどうか、第一次大戦期はどうかと点検していった時に、そのウエイトづけは研究者の価値判断に依存してしまうようなところが残るということなのでしょう。それではどっちが重要かの論争に決着をつけられない。俺はこっちだと思う、お前はこっちだと思う、こういう議論では何も生み出すことはできないでしょう。

私は、源流論も大内説も両方とも枠組みが先行しているという点で歴史研究の方法としては適切だとは思いません。歴史研究は、泥臭くプロセスを追いかけながら構造の変化を説明することだと思っているからです。人間社会としてはつながっていること、何らかの連続性があることは当たり前です。支配構造が変化することは説明できても、社会の底辺にいる普通の人たちの日々の生活を支える仕組みなど大きくは変わらない部分が必ず残っている。連続している部分はある。だから、我々の仕事は、そういう連続している中でどこが変わり目かを時期を区切りながら、――その限りでは歴史学では時代区分をすることが非常に重要なのですが――、Aの時期とBの時期はここがこう変わりました、ということを説明する必要があるのです。

4　戦時経済分析の特質

原さんの戦時統制経済論は、対象の性格にも規定されているのですが、基本的には経済政策史的な手法であり、経済政策がどのように立案されてきたかが議論の焦点になっていますし、同時にそういう立案の思想的な背景――思想的というのは、経済理論だけではなくもっと広い意味でのイデオロギーを含めてですが――を想定しながら、様々に構想される計画とか政策の継承関係や対応関係を論じ、最終的に政策が確定されていくまでを問題にしています。

中心になるのは、生産力拡充とか物資動員の年次計画の議論ですが、その政策論の手法は、まず大きなグランドデザインが出来上がって、戦時経済を運行するあるいは戦争遂行のために何が必要であるかが設定された後で、実際に計画を立案し、これを実施していくと常に修正・改訂を迫られるプロセスを捉えていくものになります。

別の言い方をすると、統制や計画をある種の目的合理的なプロセスとして捉えた上で、計画が実施された結果を問題にすることになります。その結果を政策担当者がどう判断したか、それによって次の時期に計画がどう修正されたかを論じる。そこに当然ながら見出される未達成の部分とか、あるいは計画の齟齬という形で現れてくる問題が、日本資本主義の特徴を反映しているのだというようなスタンスにたっています。

この目的合理的なプロセスとしてとらえることによって、計画を立案し、それを達成度で図って、計画を修正するという視点が、第I章などで明確に提示されています。そのことは裏側からみると、具体的に計画が立案されて結果が出るまでの間に、より具体的な政策手段が政策担当者の間で論じられ、採用され、実行されていくという政策実施過程が続くはずです。そのなかで、政策実施について、原さんの関心は薄いようです。そこまで実証が行き届いていないというわけです。原さんがパイオニアとして戦時経済全体を議論し始めた時に、まずやらなければいけなかったことは、一連のプロセスを大きく描くことだったために、その大目標のために、実施過程の問題は二義的位置に置かれたと考えてよいでしょう。その点でいえば、やむを得ない残された課題（犠牲）であり、次の世代からいえば、その点が不十分だという批判を原論文に対して出す余地があったと思います。

さて、原さんの戦時経済論の最も特徴的な点は、戦時経済を異常期としてみながら前後の時期との差異に注目することで結果としては戦前と戦後を比べる視点を出せると考えていることです。つまり、戦時の具体的な経済運営のあり方や浮かび上がってくる運営上の制約から、それまでの日本資本主義の構造的な特質をえぐり出していくという視点を持っています。その意味で、原さんの議論は、戦時経済論を素材とした日本資本主義論という面が非常に強いということができます。これは一九六〇年代に活躍し始めた日本経済史研究者に共有する特徴です。原さんもその点では同じではないかと思います。

そのために、議論の仕方が一国史的な視点、日本に内在して日本の具体的な戦時経済のあり方を論ずる傾向をもっています。『日本の戦時経済』(東京大学出版会、一九九五)の総論で初めて国際比較の視点が取り入れられますが、それ以前の六〇年代末から八〇年代初頭にかけて書かれた主要な論文では比較史的な視点は希薄です。必ずしも明示的ではないのですが、そうした比較史的視点によらなくとも、戦時経済に見出される経済状態の歪みを的確に捉えることができれば、戦前日本資本主義の特質が明らかになると考えていると思います。戦時という計画化された経済運営が行われた時代、統制経済の時代は通観すれば異常期ですが、その異常期にこそ日本の構造的特質が浮かび上がるというわけです。

この発想は、――ちょっと話が突拍子もなく聞こえるかもしれませんが――労働運動史とか労資関係史研究で、二村一夫さんとか中西洋さんとかが労働争議を問題にしようとしたのと似たようなところがあります。労働争議を分析することによって――それ自体、資料が比較的残りやすいということもあるのですが――争議で何が争点になったか、何が解決されたか、何が課題とされたかを検討していくと、それ以前の労資関係がどういう特徴をもっていて、それに対して労働者がどういう不満をもっていたか、あるいは経営者がどういう不満をもっていたかが争議のプロセスで表出すると考えている。そして、その解決の仕方がおそらく次の労資関係のあり方を規定するはずである、と。だから、争議を分析すれば、ある一定期間の労資関係の特徴を、変化を含めて説明できるはずだというわけです。

原さんの発想は、それに近いと思います。原さんの意図は、戦時経済を明らかにすることによって、戦前日本資本主義のもっている構造的な特徴がどこにあったかを余すことなく論じ尽くすことが可能であって、そしてそういう異常期を経た後の復興過程を論じることによって戦後の出発点が明らかにできるはずだというものです。その限りでは、原さんの議論は二段構えの断絶説であり、二段構えの連続説であるように思います。

そういう議論に対して、あえていえば、戦時源流論は二段構えの一段目をとらえたのに近いわけですから、二段目のところの戦後改革期をどう評価するかを、つまりその変化に注目する必要はないと評価するのであれば、なぜそうであるのかを説明しなければいけないと思います。その説明をしないままに、一九四〇年頃できた制度が今もあると言っているだけだから、説得力が弱いのです。原さんが二十数年前に出している問題をどう考えるかということについて、源流論を支持するような若い研究者はきちっとした解答をまだ出していないということです。

原さんの視点は、山之内靖さんが戦時経済について提示した考え方、つまり戦時体制という不条理な状況の中でこそ純粋に経済合理性が追求される可能性があるというアイディアと共通するところがあります。つまり、すでに話したように、戦争のために最善の経済運営の方法は何かを政策担当者が考えていくと、そこに最大限の合理性とか効率性が追求され発揮されることがある。戦争遂行という目的に即して合理的な政策体系が求められることによって不合理な経済システムがあぶり出され改められていくことがあるということになります。

この見方には限界もあります。例えば日中戦争期の外貨決済を議論する時、その分析の前提として中国への侵略とか略奪が重要なモメントになっているとは言いながら、分析は目的合理的な政策体系がいかに立案され、実施されたのかという視点に関心を集中することになるからです。分析者の視野に軍事侵略とか天皇制、あるいは植民地支配とかの問題がはいっていないと思うのですが、そうした経済構造・経済運営から一歩足を踏み出して考えるべきことを外側に置いたままで分析が進む。できるだけ経済統制政策の枠組みで説明できる範囲内にとどまるスタンスを堅持しているところが、原さんの戦時経済論にはあるように思います。井上・宇佐美の『危機における日本資本主義の構造』のような著作では、なぜ資源略奪が不可避であったかについて、絶対主義的天皇制との関連で論じているわけですが、原さんは、資源制約が非常に強くて、戦時経済を実現していこうとすると輸入が必要になる、その輸入が外貨決済の問題で制約を受け南方への資源の略奪を始めると輸送力が問題になる、というように、それ自体は経済メカニズムの中で説明していくわけです。戦争という目的が与件になっていることは、戦時経済を論じていくうえでは、これからの研究において見直していかなければならない問題点のようです。

5　変化の不可逆性

もう一つ考えておくべきことは、戦時の変化は不可逆的なものかどうかということです。第Ⅳ章の注3（二八四頁）で原さんは「戦時経済は経済発展にとって不可逆的な変化をもたらさずにはおかない」と書いています。これについて、戦争経済は不可逆的な変化を必ずもたらすのか、日本だからそうだったのかなど考えておくべき問題があります。イギリスやアメリカの戦時経済では、生産力的な面、技術発展とかは蓄積されて、不可逆的な変化をもたらしています。ただし経済統制という面でいえば、return to normalcy（正常へ戻れ）ということで、統制をどんどんやめて戦争前の平時に戻ることが追求されています。そうしたことがどういう意味をもつかは比較史的にはまだ検討すべき点が多いようです。たとえば、イギリスでは、小野塚知二さんによると（「管理の不在と労使関係」大河内暁男・武田晴人編『企業者活動と企業システム』東京大学出版会、一九九三年）、戦間期のイギリスの自動車工業で、GMやフォードの工場に比べてもイギリス独自のメーカーがそれなりの競争力をもって発展していた。その理由の一つは新興産業ではクラフト・ユニオンの伝統がなくて労働組合の制約がなかったことだという。ところが、戦時立法で全ての産業企業に組合を作ることが義務づけられて自動車でも作られ、戦後になるとこの組合が制約条件となり企業合理化が進まなくなり、フォードやGMに負けたという。これは完全に不可逆的な変化ですから、戻ろうというスローガンを額面通り受け取るわけにはいかない。全てが戻ったわけではないでしょう。

日本の場合は、産業報国会ができて、それが企業別組合につながるという話がありますし、戦時源流論が好んで指摘する企業システムにおける経営者の地位向上なども不可逆的な変化とみていることになります。ただし、これについては、財閥系企業を中心に日本企業はもともと専門経営者の地位が高かったという捉え方も有力ですから、戦時の変化が定着したのか、戦前平時のシステムに戻ったのかは簡単に断言することはできません。あるいは、戦争のために生産管理責任者制度がつくられ、戦争中に指名された人が戦争終結後も自分は経営トップにいられると思っていたかという認識のレベルで考えても簡単に答えは出ないでしょう。一時的なことと受けとめ、今は軍の命令に合わせるけれども戦争が終われば元に戻ると考えていた人の方が多いのかもしれません。たとえば戦時の企業整備の研究では戦時統制措置を受け入れながらも戦後を視野に入れた企業行動も見出されています。どうしてこうした違いが生じるのかは明確ではありませんが、いずれにしても戦時の変化が大きな意味を持つこともあるし、復員といわれるような正常状態に戻るモメントも必ず働きますから、不可逆的という評価には慎重になる必要があるでしょう。

この点では原さんは、先ほど二段構えの変化を想定しているのではといったように、戦時経済での変化の中で生じた不可逆的な変化が、戦後改革で追認される場合も、あるいはさらに別の方向に改革が進む場合もあり得るというように考えているのではと思います。このあたりの柔軟さは原さんの特徴だろうと思います。

6　時期区分の問題

この柔軟さに関連して、あと二つほど、戦時統制経済に関連した原さんの特徴点があります。

一つは、戦時期の時期区分に関するかなり独自な視点が提示されていることです。戦時経済への移行の時期について、漠然と考えられていた時期区分を統制の展開を論じるなかで明確化した点で、原説は通説を形成していると思います。それだけではなく、例えば「戦時経済統制の一考察」（逆井孝仁他編『日本資本主義――展開と論理』東京大学出版会、一九七八）という論文で、戦時の動員期から復員期までを、つまり三七年から四九年という一三年余りの期間を戦時型国独資体制という言葉を使って表現しています。そこでは時期の区分として基本的には戦時統制から戦後統制まで、つまり日中戦争期から戦後のドッジ・ラインの開始までを一つの時期と考えるという見解を提示しています。これは、それまでの戦後改革についての連続とか断絶という論争を思い出してみると、破天荒で大胆な提言だったと思います。

この原さんの考え方は、徐々に受け入れられてきています。例えば、大石嘉一郎編『日本帝国主義史』の第三巻は、ほぼこの構想に沿った時期区分によって第二次世界大戦期という時期設定をしています。また岩波のシリーズ日本経済史7巻は『「計画化」と「民主化」』（一九八九）も同じような時期区分に従って編集されています。四〇年体制論は、この時期区分の始期の側だけを重視しているように見えます。その意味で、四〇年体制論は、原さんが構想していた時期の捉え方についてどのようなスタンスをとっているのかを明示する責任があります。

もう一つ重要なのは、上記の「一考察」という論文では「国家独占資本主義」という言葉を使っているのですが、それは安藤良雄さんが（戦時）国家独占資本主義を論じているということに基づいています。論文の中でこの言葉を多用してはいるのですが、原さんの業績を通してよく読んでみると、このような用語がほとんど出てこないのです。原さんは統制の時代を一つのまとまりとする時期区分をしながら体制的な概念、独占体制とか国家独占資本主義体制とかの議論を極力回避しています。「戦時統制経済の開始」でも、その時代をどういう体制的な概念で捉えるかについては関心が希薄であるようにみえます。戦時統制の時代は、資本の側のあり方とか市場メカニズムのあり方から直ちに資本主義経済体制の段階的な規定を出しにくいからかもしれませんし、戦時経済統制ということ自体がある種の体制的な概念として経済システム全体を表現するので、それ以上考える必要もないと考えているとも解釈できます。

ただ、そう解釈はできるとしても、そのうえで安藤さんの業績に対する原さんの評価の仕方を追っていくと、原さんは、体制的な概念によって規定することにどのくらい意味があるのか疑問があるというスタンスをとっているのではないか、という気がします。どう名前をつけるか、つまり、どうレッテルを貼るかを極力回避するという方法、叙述のスタンスが原さんの議論の特徴だろうと思います。

7　その後の戦時経済研究

原さんが切り開いた戦時経済研究を追いかけて出てきた議論の中で注目した方がよいものは、二つあります。原さんの戦時経済統制論に対する明示的ではないけれどもかなり重要な批判の一つとなっているが、社会科学研究所編『戦時日本経済』（東京大学出版会、一九七九）に収録されている山崎広明さんの戦時経済に関する二つの論文です。

そこで山崎さんが明らかにしたことは二つあります。一つは、統制の客体になった最終的な消費者、国民生活が一体どういうものであったかということを明らかにしたことです。つまり戦時経済によって目的合理的に経済的な資源がある分野に集中されていったとき、どこにひずみが起こったかについて国民生活水準に視点を置いて議論し、なおかつその実態を国際的な比較から明らかにしたのです。これは、原さんの研究とは補完的な関係になるものですが、同時に批判を意図したものでもあります。

山崎論文のもう一つの貢献は、戦時経済期の資本構造とか独占構造を議論することによって、同じく統制の客体になった企業の側を分析し、資本蓄積構造というような資本の側の分析を政策史に対置したことです。ここで戦時における独占的組織について、その強化と弛緩とが議論されています。このような分析を示すことによって、山崎広明さんは原さんの仕事を批判的に継承して、戦時経済の立体的な像を明らかにしたのです。

もう一人は岡崎哲二さんの仕事です（「第二次世界大戦期の日本における戦時計画経済の構造と運行――鉄鋼部門を中心として」『社會科學研究』四〇巻四号、一九八八）。基本的な構造については原さんの考え方を継承している面が大きいようですが、岡崎論文は太平洋戦争期を主たる対象として日本の戦時経済を計画経済としてとらえることを明示的に提起しています。経済統制というそれまでの捉え方に対して、市場経済システムを基盤とする自由主義経済なのか、計画経済なのかという対照的な捉え方を理念的に設定したうえで、計画経済の側から接近していきます。そして計画達成の無理がどのようにして生じたか、それに対して政策側はどう軌道修正をしていったかを考えて、政策手段として価格インセンティブが導入されるというように議論を進めていきます。原さんは計画経済とは言っていませんが、経済統制を目的合理的に組織されたシステムとして考えるという大きな枠組みでは岡崎さんの考え方と原さんとは共通するものです。そのうえで、岡崎さんは、原さんが統制の深化と捉えている面が強いのに対して、実施過程での手段の選択の問題に焦点をあて、市場経済メカニズムを抑制する統制の本来の姿とは逆行する側面をえぐり出したわけです。この手段の体系の選択や枠組みを論じる時に、「計画化と市場」が対比される、つまり計画的な手法と市場メカニズムの利用という枠組みを対置することによって、原さんの仕事に欠けていた部分を補ったのです。これは原さんの戦時経済の運営に関わる政策決定の目的合理性を追いかけていくという側面を継承して、さらに議論を徹底させたものです。経済学的な分析枠組みを明確化したのは岡崎さんの貢献です。もちろん、岡崎さんも計画経済と規定しているわけではなく、仮に計画経済と見なしてみると何が見えてくるかという論理的な設定に過ぎないのだろうと思います。それでも、この議論はあえて言えば戦争という時代状況の分析からはますます遠くなっているように思うのは私だけかもしれません。

　岡崎さんの批判を受けて原さんがどのように考えているのかは、必ずしもはっきりしません。テキスト第Ⅷ章に収録されている論文では、計画化という視点を受け入れているようにみえますが、はっきりしません。それは、岡崎説との関係でいうと、原さんが戦時統制経済を計画経済と考えているかがはっきりしないということです。戦時経済を計画経済として捉えているのか、市場経済への介入と考えているのかが問題なのですが、そこが判然としません。

　計画経済だと割り切ってしまうと、経済の基本的なメカニズムが大きく異なることを認めるわけですから、そうなると原さんが強調する戦時経済を分析する意義に関する視点が無意味化してしまう気がします。つまり、戦時経済を通して平時の日本資本主義が明らかにできるためには、戦時・平時を通じて共通する市場メカニズムの基盤があり、市場でのプレイヤーたちの行動パターンの特徴が貫かれたことを前提にすると考えるからです。そうでないと、構造的な特質というより、単なる生産力論的な劣位論——単に鉄の生産能力が低かったとか飛行機が作れなかったとか、技術が低かったという物的な能力の比較――になってしまうでしょう。

　オリジナルな視点に戻れば、かなり鋭く対立しそうな議論が、あの師弟関係では展開されていると思います。理論的に考えるとかなり異質なものです。しかし原さんの議論の中にそういう岡崎さん的な考え方――つまり、ある部分をぎりぎりつめて純粋化していくと、岡崎さん的な議論を可能にするような、よく言えば幅の広さ、悪く言えば曖昧さがあるということでもあります。

　それから、計画という視点、あるいは目的合理的と捉えたこととの関連でもう一つ補足があります。この視点では計画はある政策的なターゲット・目標を設定して、その目標の達成のために、様々な産業を動員するものになる。計画の側からみていくと、ある種の重要度の序列が示されるわけです。その結果、そういう視点から書く限りは、その重要度の序列に従って叙述の密度が変わる。例えば太平洋戦争期になればますます航空機工業生産に重点が置かれるので、その記述が重要になり、その素材としてのジュラルミンと生産の分析へというようになる。その反対に周辺の部分をどんどん切り落としていくことになります。

　例えば、山崎志郎さんは、太平洋戦争期の戦時経済の焦点は航空機生産だから、そこを分析すれば太平洋戦争期の戦時経済の特徴が明らかになるとの意気込みで研究を始めていきました。こんな仕事が出てくるのは、原さんが構想した戦時経済論では自然な流れだったと思います。もちろん山崎志郎さんは、その後戦時経済に関するより多面的で実証的な研究を積み上げていますから、議論が絞り込まれてしまうと心配する必要はないかもしれません。

　それに対して、渡辺純子さんとか坂本悠一さんとかのように戦時期の繊維産業の議論をする人は、そうとうひねくれ者です。統制の優先度の序列を逆転させて、プライオリティの低い産業や犠牲を強いられた側に一体どういう形で何が起こったかを考えるのは、戦時経済像を豊富化していく上では、不可欠な論点であろうと思います。

【質疑】

質問　**戦時経済が平時経済の特質を表す**という議論について、原先生が想定している日本の特質とは何か。

武田　原さんの基本的なスタンスは山田盛太郎『日本資本主義分析』に沿っていると私は受け取っています。その限りでは講座派の正当な継承者の一人です。石井さんと原さんはその意味で非常に近く、原さんの方が、講座派的なイメージが強いかもしれません。

例えば、未成熟な産業構造、山田さんの表現で言えば「顚倒的な矛盾」といっている国家資本主導型の重工業の発展があり、それは、原さんの戦時経済の議論に即して言えば、民間企業を動員してもなお軍需生産の目標が達成できない生産力水準として現れ、それは産業の国際競争力の弱さとして外貨獲得の脆弱性、要するに国際収支の基盤的な弱さに現れていて、そのために統制の問題は外貨の問題に集約されるという議論になる。単純な資源制約論でないことだけは確かです。まずは外貨の問題だったという捉え方が意味しているのは、資源制約があったとしても、戦時経済の統制経済を拡大しようと試みる上では外貨さえ十分にあれば問題は小さかったはずだという認識を基盤にしているのです。それが、戦争の進展とともに輸送力の問題に転化しても同じです。

やや極端に言うと、原さんの戦時経済論は、目的合理的なものとして考えるため、何らかの政策的な必要から課題が与えられた時にどうなったか、どうしたのかという問題に絞り込まれています。それでは、その目的はどう与えられたかは問題にされない。つまり、統制経済の内的な必然性から侵略が説明できるとは考えていません。その点では戦争必然論ではありません。戦争遂行という目標設定を強権的に行う主体や事情が論理の外側にあるわけです。

つまり、ある政策課題が設定されて、そのために政策ないし統制が行われる、統制のグランドデザインが描かれる、それに従って手段の体系が考案される。その結果に対して未達成の部分がクローズアップされる形で計画が再修正されていくプロセスを計画主体に内在して議論していったときに、この未達成部分に実態としては計画が前提する資源の賦存状況とか生産力的水準がもっている限界がにじみでるという論理的な想定をしている。そこに、日本資本主義の構造的特質が見出されると考えています。

原さんの議論を矮小化することになりますが、課題とか計画はどのように与えられたかを社会工学的な視点で考えたときには、最大の制約は外貨ではなくて、実は経済実態に合わないような課題を設定する権力がいたからだ、と言ってもいいわけです。あるいはそういう不可能な戦争を遂行する勢力を押さえきれない、経済が政治に従属している状況こそ問題だと批判してもいい。戦時経済が直面する最大の制約は外貨ではないかもしれないというわけです。それは政治史などの課題であるかもしれませんが、目的設定のもつ無理を経済の現実に即してフィードバックし目的の改訂を認めることがないという政治体制の特質を示しているということなのかもしれません。

原さんの議論の仕方は外から何らかの形で課題が設定されたと考え、その上で、その制約条件の中で何が起こったかということを議論するというものです。原さんはそのプロセスを通して、ある構造を破壊するような危機的な状況が起こることを明らかにし、その危機的な状況に陥ったときにはじめて日本資本主義にとって一番弱い部分とか、特徴的な部分が浮かび上がると考えています。そうなると、構造論ですから、段階的な把握になじみにくくなります。つまり、それまでと共通した特徴が出ると考えるわけですから、論理的には段階論的な把握になじみにくい議論であって、それを「戦時国独資」と規定するためには、比較史的な視点を入れるか、あるいは時代の構造変化をどこで説明するかが次の問題として残っていくように思います。

質問　岡崎さんが提起した「**計画経済**」という視点から戦時経済を捉えることについて先生は批判的に見えますが。

武田　一つの見方としては成り立つと思いますが、同時に限界もあると思います。もともと「計画経済」という視点は、理念的に設定されています。理念的というのは、計画経済が中央指令に従い、個々の経済主体は与えられた計画に沿った執行主体に過ぎないという極限的な状況を想定しています。同じように極限的な状況を想定すれば市場経済は自律的な調整によってすべての均衡が成り立つ、その場合には個々の経済主体は自らの効用の最大化を追求しているだけということでしょう。この大局的な状況に対して戦時経済は、計画的な統制手法によって戦争遂行の目的に沿った経済成果を上げようとしています。その際、制度的には、私的財産制度は否定されていませんから、計画経済の極限状態のように、企業を計画に従うだけの執行主体と想定すること自体が、もともと状況をやや極端に単純化して成り立っている議論です。それは、岡崎さんの責任ではなく、それまでの統制経済論があたかもソ連型の計画経済、中央指令に基づく経済運営が実現していたかのように議論を重ねていたからだろうと思います。

現実には徹底した計画実施のための統制的な手段が展開していたとしても、闇市場などの存在が問題にされるような状況があり、物資ごとのリストに基づく計画が策定されていても、その対象とならない経済活動が広く残存する経済システムです。これを計画経済というフィルターを通した時に見えることがあることも間違いありませんが、同時にそれによって見えなくなることもあり、別のフィルターも必要と考えているのです。

価格インセンティブというかはともかく、総動員計画を実施していくための手段として、そうした手法が働く余地があったことが、戦時経済が計画経済ではなかったことを示しているということもできるかもしれません。そんなことで論争することはあまり生産的ではないと思いますが、大事なことは、そうしたインセンティブを与えることによって実現したかったのは、戦争遂行のための増産であり、議論されているのは政策手段、企業活動に介入する手段の選択問題に過ぎないということです。それは戦時経済論としては、本質的なことがらではないと思います。

以上

この講義は一九九七年一二月一三日に行われたものを基礎としていますが、その後原朗さんは、その戦時経済研究を著書としてまとめられたことから、参照すべきテキストとしては、これを用いることとし、必要に応じて初出の論文に言及することにしました。また、その後の研究の進展なども考慮して加筆修正しています。

産業史の方法

【産業史の方法1】

第23章　産業史分析の方法

テキスト　隅谷三喜男『日本石炭産業分析』岩波書店、一九六八
高村直助『日本紡績業史序説』（上・下）塙書房、一九七一
石井寛治『日本蚕糸業史分析』東京大学出版会、一九七二
山崎広明『日本化繊産業発達史論』東京大学出版会、一九七五
武田晴人『日本産銅業史』東京大学出版会、一九八七
阿部武司『日本における産地織物業の展開』東京大学出版会、一九八九

1　産業史研究のはじまり

産業史の主要な文献を取り上げますが、リストでは山崎広明さんから武田や阿部武司さんまで一〇年くらいあいだが空いていますが、この間に何もなかったわけではありません。第一世代ともいうべき石井寛治さんたちに近い世代の人、例えば滝沢秀樹さんの『日本資本主義と蚕糸業』（未来社、一九七八）が出版されていますし、それより若い方では奈倉文二さんの本（『日本鉄鋼業史の研究』近藤出版社、一九八四）などが続々と出ているのですけれども、産業史の方法としてみると大きな変化はないと考えています。むしろリストの最後に岡崎哲二さんの『日本の工業化と鉄鋼産業』（東京大学出版会、一九九三）を入れると、だいたいこれまでの産業史の方法が網羅されると思います。

経済史の分析が深化していくにつれて、個別産業の歴史をかなり具体的に分析することが課題として浮上してきま

す。その成果が一九六〇年代の終わりから七〇年代初頭にかけて続々と本にまとまりました。それをきっかけに産業史というカテゴリーが日本の経済史研究のなかに一つのジャンルを占めるようになってきます。どういう意味かというと、それまで産業史というと、例えば、農業史、工業史、あるいは商業史というような分類だったのに対して、産業の中分類くらいを対象にして、それぞれの産業の特性に注目しながら、具体的分析を進めていくという手法が明確に意識され始めたのです。このことが産業史の方法を考えるうえでは重要なポイントになります。

そのきっかけとなった歴史研究では、山口和雄さんを中心とした産業金融史研究の流れが重要な意味をもったように思います。東京大学出版会から三部作で『日本産業金融史研究』、製糸金融篇、紡績金融篇、織物金融篇が刊行されていますが、そこでは個別の産業について具体的な企業に即して、例えば、どういう形で資金を調達していたか、など経営の内容に立ち入った分析を試みています。横浜市史の第一期の編纂研究活動の中で出てきた開港場からの生糸売込金融、売込商金融体制というようなシステムに対する検討などを含む産業発展への注目でした。この研究に関しては、石井さんが「産業金融史研究の方法に関する覚書」(『社会経済史学』三三巻三号、一九六七)を書いていますが、そういう形で個別の産業金融に関して議論が進められ、その中から個別産業の分析が進んできたのです。

2　隅谷三喜男さんの石炭産業分析

それと時期的にはほぼ平行していますが、それとは独立に隅谷三喜男さんが、東大経済学部で工業経済論という授業を担当されていたこともあって、工業分析・産業分析について、その分析方法を強く意識しながら、具体的には石炭産業についての古い資料を集めて研究をまとめていきます。それが『日本石炭産業分析』です。一九六八年、東大紛争が始まる直前に出た本ですけれども、産業史の研究としては記念碑的な作品だと思います。

その目次をみるとわかりますが、「日本石炭産業の史的分析」という第一部では、産業発展の段階的な変化を時間軸に沿って追いかける構成をとっています。第一章で幕末・維新期の石炭産業、それから第二章で鉱山王有制といわれる明治初期の日本の鉱業法制度の下での炭坑のマニュファクチュア、それから第三章の石炭産業における資本制生産の展開という順です。産業における生産様式の深化を段階的な変化としてきちっと捉えるという、マルクス経済学的な手法からいえば極めてオーソドックスな方法をベースにしながら議論を展開しています。しかし、この議論は、実際には資本制生産の展開の叙述が明治二〇年代末で終わってしまって、あとが続いていない。そういう意味では、今からみると中途半端なものです。こんなに早い時期で叙述を終えずに、もっと後の時期まで分析を進めてもらった方が、隅谷さんの構想がわかりやすかったと思います。

ただ、具体的な分析をする代わりに、隅谷さんは、第二部で「石炭産業分析の方法」を、総括的に論じています。この「石炭産業分析の方法」で隅谷さんは、あとに出てくるいくつかの産業研究と対比してもらえるとよくわかるとは思いますが、とても特徴のある方法的な提言をしています。第二部全体を三つの章に分けて、「生産分析」「市場分析」、それから「資本制生産の展開」という構成で議論が展開します。そのなかで、もっとも力を入れているのが「生産分析」であり、その「生産分析」は、「労働過程」「労働手段」「労働力」「鉱区所有と資本」と分かれています。それに対して、「市場分析」では、「市場と価格」「企業と市場」となっています。

ここには、いくつかおもしろい論点があるのですが、それを議論するためには、その直後に出版された高村直助さんの『日本紡績業史序説』と比べてもらえればわかります。この目次の部分だけをとりだしてみると、序章が「紡績資本形成の前提条件」、第一章が「紡績資本の形成と構造」、第二章が「紡績資本の確立過程」、第三章が「確立期紡績資本の再生産構造」、第四章が「確立期紡績資本と日清戦後恐慌」、第五章が「紡績独占の形成過程」、第六章が「独占形成期紡績資本の構造」という順です。

これは、第5章でも説明したように、過渡的な変化の時期とある時点での構造とを組み合わせながら、段階的な紡績資本の発展を追いかける、という叙述の方法をとっています。ある時期の構造が形成されるダイナミズムを議論し、その次にその構造を議論して、またダイナミズムを議論するという形に基本的にはなっています。これが、高村さんの本の特徴です。

また、高村さんの本の目次を見て気づくことは「紡績資本」とか、「労働力」とか、「労働条件」とか、「労働の生産性」とか、そういうような言葉がたくさん出てくる。それから、「生産過程」という言葉も出てきますし、「流通過程」という言葉も出てきます。ただし、隅谷さんの第二部の叙述の仕方と外見的に大きく異なっている点が、用語上では二つあります。もちろん、具体的な本文の叙述に徹底されているわけではないのですが、一つは「企業」という言葉を明示的に使うかどうか。言い換えると、「企業」か「資本」かです。「企業」と捉えるのか、「資本」と捉えるのかでは、市場構造の捉え方とか、あるいは資本の蓄積とか、資金循環とか、いろいろな意味での経済主体の捉え方がずいぶんと変わるはずなのです。産業を構成するコア・メンバーを、企業であるとみるのか、資本であるとみるのかの違いです。資本という一般的な性格で捉えるのか、個々に対立し競争する主体としての企業としてつかまえるかの違い、そのもつ意味については追々明らかにしますが、まず一つ、「企業」という言葉が、高村さんの本の基本構成には出てこないことを確認してもらえればいいでしょう。もし気になるのでしたら、ついでに石井さんの目次も見てみましょう。こちらにも企業という言葉はありません。

この時期には、マルクス経済学だけではなくて、近代経済学でも企業というのは面積をもたない点でしかなく、その内部を検討することは経済学の視野に入っていなかったのです。そういう意味では、企業を分析するという視点が産業史の中で希薄だったことは無理のないことです。これに対して、企業の成果だとか、企業の行動様式とか、隅谷さんが「石炭産業分析の方法」の中で、その項目をたてて分析の必要性を明示したこと自体が、大変先駆的な慧眼であったということができます。ただ、それがどう生かされるのかは別問題です。実際の分析では、隅谷さんの分析はそうした企業の行動様式を分析できる時期に及んでいないために、これがどのような分析を付け加えることになるかはよくはわからない。後続の研究者に課題として残されていたというべきでしょう。この方法的提言に関連して隅谷さんは同じ時期に書かれた『鉄鋼業の経済理論』（日本評論社、一九六七）などでは市場分析の必要性を強調しています。このような視点は、隅谷さんが産業分析に産業組織論などの成果を取り入れる必要があると考え、この点に方法的なブレークスルーを期待していたことを反映しています。その点については、詳しくは隅谷さんの『産業分析と技術革新』（通商産業調査会、一九九八）の解説に書きましたので参照して下さい。企業という捉え方も、そうした視点と共通する基盤の下に提唱されていたということです。

もう一つ、高村さんの議論と隅谷さんが違っていることは、「生産過程」と捉えるのか、「労働過程」と捉えるのか、という問題です。――この用語法に微妙な捉え方の違いが現れています。隅谷さんは、産業というのは、自然に対する働きかけの中で行われる人間の労働、活動の一環であり、それらのなかである種の類型化されたものが産業と捉える対象となる。しかもそれは別に資本主義的生産であるかどうかを問わないという意味では、労働過程一般に還元される。そして、その労働過程そのものの中に、産業の個性とか特性があると考える、という基本的な立場にたっていると言うことができます。

それに対して、高村さんは、産業の個性については関心が薄く、そうしたものが仮にあったとしても、それが資本によって担われることによって、どういうような発展過程をたどり、それはどのような特徴をもっていたかを問いかけます。さらに具体的には、日本においてとりわけどのような歴史として描けるかを議論します。だから、これは労働過程ではなく、資本による「生産過程」と捉えることで十分と考えています。

そういう意味でいうと、隅谷さんの『日本石炭産業分析』のもっとも際だった特徴――とくに最初の三人（隅谷、高村、石井）を対比したときに浮かび上がる特徴ですが――は、モノをつくるプロセスに非常に重要な分析すべき課題があると考えることです。だから、分析方法でも、生産の分析をまず行う、そしてその中で労働過程を問題にし、採取産業における生産の特質を議論して、これを出発点に据えるのです。

どういうことかというと、例えば、資本一般の運動を議論するのであれば、資金をどう調達したか、生産手段をどう調達したか、そして製品をどう販売したか、労働力をどう調達したか、というようなさまざまな生産要素をどう調達したか、そしてその結果として利益はあがったのか、という一般的な形式で議論することができるかもしれません。しかし、例えば、石炭産業を石炭産業らしくしているのは、石炭を売るところでもないし、資金を調達するところでもなく、まさに石炭を掘るところだと考える。石炭産業と石油産業は、同じように掘る産業でも、掘る対象が違う。そして、対象が違うと、当然必要な道具も違う、機械も違う、技術も違う。金属鉱山でも違いがある。こうして労働過程そのものの違いに即して考えることによって、その労働過程が必要とする技術の差異などに立ち入って議論ができると考える。そこに、隅谷説のもっとも特徴的な考え方＝方法があります。

ですから、例えば、採取産業における生産のあり方＝労働過程の特徴として、隅谷さんが強調するのは、石炭採掘は穴を掘るという非常に単純な労働にみえるけれども、この単純な労働が備えている他の産業とは異なる特徴です。すなわち、製造業では購入された原料や資源を投入することで繰り返し生産することができる。また、採取産業でも、養殖の漁業とか農業であれば、乱獲などの弊害さえなければ、毎年繰り返し生産を続けることができます。ところが、石炭の生産では、一回掘ってしまうと労働の対象がなくなってしまう。つまり、生産をすればするほど、将来の生産の可能性を小さくしてしまうのです。それから、石炭の生産はただ穴を掘ればいいというのはなくて、石炭は外に運び出さないと意味をもたない。運搬作業は、掘れば掘るほど、長い距離を運ぶ必要が生じる。もしそうだとすると、石炭産業にとって、掘ることと、運ぶことの両方を重要なプロセスとして考察しなければいけないこともポイントになります。さらにまた、石炭企業・資本は、いつ無くなるかわからない労働対象を鉱区として保有することになります。固定設備もいずれは古くなりますが、鉱区の場合には採掘が可能な場所を改めて探す必要があり、鉱区は固定資本投資一般では説明できない問題をかかえています。こうして考えていくことによって、石炭産業の分析にとって重要なのは、鉱区の所有であり、採掘手段であり、運搬手段だ、と具体的に生産そのものの特徴から分析すべきポイントを定めていくことができます。

したがって、石炭産業分析の方法は、視点の上では極めて汎用性は高いのですが、具体的に言われていることは他の産業を分析する人にはあまり役にたたない。運搬と採掘という労働過程と、労働対象となる鉱区を主として問題にすることが必要だという視点はほかの産業には役にたたない。隅谷説は、産業には極めて個性的な技術が必要だ、モノをつくるところに産業の個性がある、と考えるところにポイントがある。だから、最初に労働過程を問題とし、それに対応した労働手段が問題になる。そして、それを動かすことのできる労働力とは一体どういうものであるか、議論されるのです。

3　高村直助さんの紡績産業分析

この方法のもっている特徴は、実際には、この後に続く高村さんが定式化された産業分析の方法と対照すると、よくわかります。高村さんは、著書のはしがきで次のように書いています。

「紡績資本の史的分析の方法としては、次の二つの方法を組合わせて用いることにしたい。

横断的分析――紡績資本の形成期（一八八九年前後）、紡績資本の確立期（一八九七～一九〇〇年）、紡績資本における独占形成期（一九一四年前後）、この三つの時点を設定し、各時点における紡績資本の再生産構造と拡大再生産＝蓄積の方式を、他の時点と対比しつつ解明する。その際、資本の基本的形式である貨幣資本の循環形式

G―W (A, Pm)……P……W′―G′

に即しながら検討を進めたい。

縦断的分析――対象時期を、紡績資本の形成過程（一八八三～九〇年）、紡績資本の確立過程（一八九〇～一九〇〇年）、紡績資本における独占形成過程（一九〇〇～一四年）の三つの時期に区分する。」

ここでいう「横断的分析」は、Gから始まる。つまり、最初に貨幣があって、それで原材料・生産手段を買って、生産が行われて、製品ができたら、それをまた貨幣にする。『資本論』で定式化された資本の循環形式に準拠する、というわけです。

ただ、この資本の循環形式に関していうと、『資本論』では、これは社会的総生産を示すものではなく、個別的だが一般的な資本の再生産を示していると言われているものです。ですから、個別の産業を分析する上では、いい着想かもしれません。高村さんが実際に分析する時は、資金を集めて原材料や生産手段を買うところから始める。もし対比することが許されるとすれば、隅谷説は、Pと表される生産過程に、どういう要素が必要なのかをまず考える。つまり、――こういう類型化は意味がないかもしれませんが――、高村さんが貨幣資本の循環形式に即して分析を試みているとすれば、隅谷さんは生産資本の循環形式に即して議論しているのです。

この高村さんの方法のメリットは、資本が蓄積されていくプロセスを論ずる上で、何が必要不可欠な論点であるかを過不足なく確認できることにあります。原材料を購入する、設備を購入する、それを償却する、あるいは労働力を調達する、そして生産が行われ、その製品を販売する、そういうプロセスに即して、どんな産業でも具体的な事実を追いかけることができます。高村さんは、これにかなり忠実に分析を進めていて、例えば第一章の大阪紡績の設立の分析では、創設資金の調達、その時の技術水準と労働力、原料綿花製品の綿糸という順に議論していきます。

この方法がもっている特徴は、結果としては、あらゆる企業活動がこの過程のように全て一般化できますから、やや極端に言えば、個々の企業をとりあげて議論する余地がほとんど残されていないくらい徹底的に分析できる。それが資本という概念で分析する理由であり、個性的な側面を持つ企業として対象化する必要がないのです。だから、個別の事例は一般的なあり方を示すための例証として使われることになる。

そのために、企業間の競争の構造を議論しにくいことが問題になるかもしれません。あるいは、市場での競争構造がとらえにくい、という言い方をした方がいいかもしれません。さらに、産業分析の方法としての難点は、労働者を労働力として、あるいは、資本家を機能資本家として、要するに人間的な側面をまったく捨象してしまっていることです。労働力が労働者として資本蓄積の制約要因として現れてくるということを、この方法では議論しにくいのです。例えば、労働力ではなく労働者としてみることができれば、労働者が組合を作って賃上げを要求した、そういう階級対立の側面を議論することはできますが、高村さんの方法的な視点では、調達される労働力価格の上昇をもたらす外生的な条件として労働組合運動を説明要因にする以外にはないからです。この循環の形式に即して問題となるのは、労働力の価格だけであって、それがどういう特質の人間によって売られているかを問題とする余地を残さないくらい洗練された方法になっています。そのことが、非常に明晰な論理で紡績資本の動態を分析することを可能とした面がありますと同時に、これはおそらく日本の紡績業がもっている歴史的な個性、つまりミュールからリングへという機械の導入を通して女子の不熟練労働力を大量に導入して労働者を没個性化した、代替可能な完全な歯車化したという現実を考えると、それには非常に適合的な方法であったということができます。労働力の人間的側面を問題にしなくてすむ研究領域であるからこそ、この方法が活きているようにみえます。

高村さんの分析は、このような方法的な特徴を持つことによって、資本――拡大再生産を常に志向するような――の側からみた紡績業の分析としては、非常に優れた成果をあげることになったわけです。しかし、紡績業が当時の日本の産業の発展の中に占めたその高いウエイトのゆえに、実は隠されていた問題があったということもできます。それは、もし分析が産業構造上ではもっとマイナーな産業を対象としていたとすると、それではその産業は日本の産業発展にあるいは産業革命にどういう意味をもったのですか、と問われるからです。「いろいろな特徴が、こういう時期区分のなかで検出されました」というモノグラフではたぶん済まない、歴史家に対する問い返しが起こったはずです。隅谷さんのように産業の個性を重視する分析はそれ自体としてはモノグラフにとどまるということを承知の上で、その産業の位置づけは別のかたちで与えられると考えているのだろうと思います。これに対して、高村さんは、資本蓄積のあり方一般を紡績業の発展から明らかにしようとしているわけですから、その方法的な視点では産業発展はいずれも資本主義発展の特徴を表現すると想定されているのです。

もちろん、『日本紡績業史序説』は、紡績業が当時の日本経済に占めていた圧倒的なウエイトから、産業史であると同時に、日本の産業革命論であり、明治期日本の資本主義論であるという外観を呈することのできる書物です。紡績業だから可能であったということもできるでしょう。だからといって貨幣資本の循環形式に即してまとめれば、どのような産業を対象としても、そのまま当時の日本資本主義を明らかにすることができるのかというと、そうでもないだろうという疑念が残ってしまうのです。

4　石井寛治さんの蚕糸業分析

高村さんが紡績業史を通しておそらく日本資本主義論として分析しているという問題意識、課題の捉え方は、石井さんも共通しています。第6章で説明したように、石井さんが対象とした蚕糸業は、外貨獲得産業としては最大の産業ではあるけれども、技術的な限界から産業革命の担い手としては脇役と見なされていました。ですから、そのような位置づけが与えられる蚕糸業からどのようにして日本資本主義を論じるのかという問題を考えざるを得なかったのではないかと思います。そのために石井さんの分析には、さらにもう一工夫加わることになります。石井さんの目次構成は高村さんとは全く違っています。高村さんは、時間の順序に従いながら議論を展開し、その間に構造分析を入れている。ところが、石井さんは、幕末維新期から独占段階へ移行する一九〇〇年代の終わり頃までの状態を視野に入れながら、時期区分を章だてには明示していない。

高村さんが貨幣資本の循環形式だとすると、石井さんが出発点にしているのは、日本の製糸家が生産した生糸が世界市場でどう売れたか、というところから始めているので、先ほど話した資本の循環形式に則していうと、W′から始めている。W′から始めて、Gに戻る。そこに違いがあります。この三人はまったく三者三様です。高村さんはGからはじめた。隅谷さんはPから。石井さんはW′からです。これ以外には、この循環形式に則してみれば別のやり方はありません。あとの人は、このどれかを援用するか、あるいは、これをやめるかという選択になります。

さて、石井さんは、まず、どのように売れたかということを問題とする。市場の分析を通して、実は産業全体を捉えることができる。貨幣資本の循環形式だと個別資本の運動としてしか考えられないけれど、世界市場でどう売れたかということを出発点に考えることによって、結局、いろいろと競争を展開している資本が――ここでは、企業ではありません――市場で「命がけの飛躍」といわれる商品の実現、つまり販売を通してどういう問題に直面しているかを分析しています。その分析を通して資本家類型論を出しているのが重要な特徴点です。

この類型論を起点に議論していくアイディアは、たぶん大塚史学的な考え方に影響されていると思います。注意しなければならないのは、第Ⅰ類型資本家と第Ⅱ類型資本家ということを議論しながら石井さんがこの『日本蚕糸業史分析』で試みているのは、蚕糸業の個別産業史分析ではないということです。なぜかというと、この産業は外貨獲得という、日本の経済発展にとって最重要の役割を担っている。その製糸業の分析において、市場（製品販売）の実態、そして、それによる制約条件が、製糸家の資金の調達や、原料繭の調達にどういう影響を与えたかを論じ、さらにこの産業のあり方が原料繭や労働力の調達を通して、その調達先である農村にどういう影響を与えたかに議論が展開していく。こうした形で、日本の資本主義社会の構造を農村、製糸家、あるいは居留地にいる外商や政商たち、そういう層をなす階級的な構造の重層性の中に全部を描き込もうとしているからです。つまり、『日本蚕糸業史分析』は、蚕糸業という串を一本使うことによって、日本資本主義全体を貫き通すような視点を定めたことに特徴があります。だから、売込問屋支配体制という、すぐれて金融的なあるいは流通論的なシステムをまず問題にしながら、その中から横浜の売込商と銀行との取引関係、横浜の売込商と諏訪の製糸家との関係が議論される。そして、諏訪の製糸家がどういう形で委託販売を介して売込商に金融的に支配されていたか、あるいはそこからどう抜け出したかが論じられる。委託販売のために非常に強い金融的制約をもった製糸家達が、女工をどうやって集めたか、そしてどうやって陶治し、どうやって彼女たちのもつ熟練の制約から解放されたかが論じられる。さらに、優等糸を生産する、あるいは普通糸を生産する、ということに関連して決定的な影響をもつ原料の繭の問題について、その品質をどう管理したかを問題にすることによって、農村に対してこの産業が与えた影響、山田盛太郎さんがいった相互規定的な関係がどういう形で貫かれたかまでも描ききろうとした。

その意味では、資本主義論争の問題意識を継承し、その熱がこもった本になっているわけです。『日本蚕糸業史分析』で強調されているのは、次のような論点です。すなわち、当時、大塚久雄さんの影響で、下からのブルジョア的発展が局地的市場論的な考えのもとで議論され、その典型として蚕糸業をとらえる議論が矢木明夫さんを代表として明らかにされていた（『近代日本製糸業の成立』御茶の水書房、一九六〇）。石井さんはそれを批判する形で、下からの道と上からの道の双方に目配りしながら議論を進める。そうして日本の資本主義化についての論争に一つの考え方を提示するというのが、この時の石井説の基本的な立場です。そういう方法的立場に立つものとして、この本の課題を次のように限定したい、としているのですが、「本書は、主として産業資本確立過程（一八八七年前後から一九〇七年前後まで）における日本蚕糸業（製糸業と養蚕業）の階級構造――その重層的な特質――を、日本資本主義の産業＝貿易構造ならびに財政＝金融構造の分析を基礎としつつ、製糸資本の蓄積様式の分析を中心に、できる限り実証的に解明し、もって戦前日本資本主義の構造分析の一基礎とすること、を課題とする」、こう宣言されているわけです。石井さんの方法もすぐれて資本主義論として構想されている産業分析の大きな成果であると思います。

石井さんは、階級構造を議論することによって、高村さんが陥っていた問題のいくつかをある程度解決します。労働力という表現は、ここでは女工と表現され、人格をもった主体としての捉え方が可能になります。しかし、それは多分に、対象に規定された面もあります。製糸女工は、間違いなく熟練労働者で、製糸資本家にとってみると、この熟練労働者をいかに資本主義的なシステムの内部に取り込むかが重要だったからです。この産業の分析にとってキーポイントになったのは、賃銀制度でした。いわゆる相対等級賃銀制によって、資本は熟練の制約から解放される、労働者たちは常に最大限の努力を引き出させられる、という条件に置かれる。こうした論理で、製糸業、蚕糸業が資本主義的な生産として確立することが、明らかにされてきたわけです。産業史という視点で考えると、この資本主義的生産の確立、資本家的経営の確立を論ずる分析基準が資本・賃労働関係に即して定式化されたことが主要な貢献だと思います。

5　山崎広明さんの化繊産業史

そういう研究史を受けた形で、山崎広明さんの『日本化繊産業発達史』という本が作られます。この本は、その「はしがき」を読むと、一頁目で、「日本の化繊産業を論じたこれまでの類書と異なる本書の特徴は、第一に、欧米の化繊産業の展開との比較を念頭におきながら、資本の運動の各局面を分析対象として取り上げ、その分析結果を高成長要因と企業間競争の構造の競争的性格という二点で総括したことにある」、と書いてあります。このあとに続く「第二の方法的な特徴」として明らかにされていることは、ヒアリングを重視したことですから、ここで第一の点の「資本の運動の各局面を分析対象として取り上げ」て、「その分析結果を高成長要因と企業間競争の競争的性格という二点で総括」することに注目しなければならないでしょう。その意味について、山崎さんが次のように書いています。「資本の運動の各局面を総合的に分析するという方法は、高村直助氏が大著『日本紡績業史序説』上・下で紡績業を対象として適用されたものと基本的には同じであるが、……氏のばあいには、総合的分析の結果をどのように総括するのかが必ずしも明確ではなかった。私は、総合的分析とともに比較産業史的視点を導入することによって、日本化繊産業発達史の国際的にみた特徴を浮きぼりにし、総合的分析の結果をそこに集約することができるのではないかと考えた」。競争構造を論じる、あるいは高成長要因、つまり国際的にみた高い成長がなぜ可能になったかを明らかにすることなどは、いろいろな局面で出てきた特徴をどう総括するかにかかわる問題です。そして、それを企業間の競争の条件を左右した要因という形で総括するのが、山崎さんが『日本化繊産業発達史』で示した方法です。

山崎さんの本の目次は、ある意味では、大変システマティックに出来ていて、章のたてかたは時代順になっています。時期区分に即して、第一節で、環境の要因とか企業の市場環境の変化をまず問題にする。それから、第二節で用途とか産地、さらに国内市場の問題が議論される。第一章はもう少し広い視野ですが。それから、第三節では、流通機構とか特約店の問題。それから、第四節では技術の問題、生産の問題。第五節では労働の問題、労働市場と労資関係の問題、生産手段の調達の問題を議論する。それから、第六節では企業間の競争と資本蓄積が問題になる。

この構成のしかたは、表現のしかたを変えれば、高村さんの紡績業史序説とそれほど大きく変わっていないということもできます。原料調達とか、生産手段の調達を論じているところはそんなに変わらないようにみえる。けれども、一つは、製品市場の状態を重視して議論していることと、その製品市場を議論する時に、新規参入とかあるいは技術の変化とか、そういった市場の競争条件を変えるような要因をとりあげて論じることに配慮していることに特色がある。市場分析に比べれば資金の調達とか生産手段の調達については、やや取扱いが軽いようにみえますが、そういう方法的な特徴を持っています。そのうえで、全体としては、この構成に即して各時期について過不足なく論じようという努力がなされている。そして、この本の一番特徴的なところは、各章の六節に、「企業間競争の構造と資本蓄積」という節を置いて各章の分析を総括しようとした点です。

これにあたる節が高村さんにはありません。高村さんの構造分析では、構成する要素を分析していって、これはこうでした、これはこうでした、これはこうでしたという形に、それぞれの局面ごとに要因が分解されて示される。そういう要因分解的になることを避けるために、山崎さんは資本蓄積という節を入れる。資本蓄積と企業間競争――この言葉は隅谷さんも使っていたのですが――から説明しようとしたのです。企業という言葉が、山崎さんのところで明示的に使われていることに注目しておきたいと思います。ここに至って資本という視点ではなく企業の内と外とを議論する可能性がひらかれたのです。ただ、一言だけ付け加えると、第一次大戦後の成長産業ということもあって、山崎さんには「資本家的経営の成立」という視点はありません。自明とされているのだと思います。

6　どのように継承するのか

およそ産業分析の方法は、この四人の先駆者たちによって開発された視点によって、ほぼ尽きていると、私は考えています。ちょうど私たちが勉強を始めた頃、これらの本が続々と出てきて――しかも、一人一人みんな違うことをやっているので、とまどったことを覚えています。みんな同じやり方をしてくれれば、それをまねればいいわけですが、どういう方法をとっていけばよいのか、わからずにかなり混乱した面があります。

例えば、私は鉱山史ですから、一番強く影響を受けたのは隅谷さんです。阿部武司さんは、高村さんとか山崎さんとかの先行研究を一生懸命読む。一番読む本にやっぱり影響される、自分の師匠であるかにかかわらず（笑）。

そういう面が多少あって、混乱しただけでなく、次の世代が直面したいくつかの問題がありました。例えば、石井さんとか、高村さんは、産業分析の方法というのをそれほど意識してはいないので、正確には、隅谷さんから山崎さんへという方がいいのかもしれないですけど、こういう人たちが議論している産業は、化繊産業もナンバー・ワンになる時期があるから、全てが基幹的な産業と言っていい。その限りでは、その産業の歴史的分析をやる意義に関して、それほど説明をする必要がない。ところが、例えば私たちの時代には、「君は、なぜ鉱山を研究しているのか？」と追及された時に、「そうですね〜、誰もやってないから」と答えたら、ぶん殴られそうな雰囲気があったのです（笑）。初めはそうそぶいていたのですが、「おまえ、そういうことでいいと思っているのか」と橋本寿朗さんにすごまれると、だんだん言い訳を考えないといけない。そういう風に、マイナーな産業をやっている人間には住みにくい時代になってきて、産業史は産業史として方法や意義を考えなければいけない時代になってきたのです。

それぞれの人が思い思いにいろいろな産業の研究を始めていましたが、例えば、橘川武郎さんが電力業の分析を始めたとき、同世代のほとんどの人たちは、橘川さんが電力産業の専門家になるとは思っていなかったし、その後も電力産業の専門家だと思っていなかった。彼の関心はいずれかといえば資本市場の発展にあるように見えました。外債を募集し、それから国内で社債を募集する最大の産業である電力を対象とすることによって、戦間期の資本市場のあり方を具体的に分析する、そのことを通してマクロに戦間期の日本経済像を書き直す人だろうと思っていたのです。そしたら、いつの間にか、経営史の領域で研究を発展させていく方向に転換していくことになったのですが……。

だから、産業を素材・対象に研究していることと産業分析の方法を具体的に考えるということはまた別な話です。そうしたなかでいろいろな人が悩みながら、産業史の方法を具体的対象に即して分析しながら、先行研究を学ぶことで、なんとか見出そうと考えていたのです。

その中で比較的ユニークだったのは、阿部武司さんのお仕事です。阿部さんの研究は、たぶん発想としては中村秀一郎さんの中堅企業論、要するに、戦後の二重構造論の批判として出てきて、中小企業の中にも急激に成長して大企業の仲間入りをしてくるような高い成長性のある産業企業があるという主張を思い出させるものです。そういう議論を歴史に適用した形の議論です。戦前の織物業史の中から、帯谷商店という有力な経営を摑み出すことによって、これまで紡績と織物の二重構造と捉えられていた繊維産業史の常識を覆す業績を書きあげたのです。

そういう意味では、阿部さんのお仕事は大変画期的な仕事になるわけですが、まとめる段になって、かなり苦労しています。なぜかというと、一つは、彼もほとんど自分の分析方法については語ってはいないのですけれども、目次でわかるように、構成の仕方は石井さん的なものです。まず類型論を出す。市場を問題にして、全体を見渡すために、日本綿織物業全体の市場を問題にして、類型論を議論する。そして類型論を議論した後、そこから先は石井さんとは少し違っていて、山崎さん的な枠組みの議論になる。つまり、高成長の原因を究明する方向で進むことで山崎さんの叙述の方法に近いものになります。山崎さんの方法は、高村さんの方法を継承しているわけですから、そして対象とした産業からみても、この二人の議論が阿部さんのベースになっているのは当然かもしれません。目次からわかるように、阿部さんは「発展要因」として輸出の拡大を指摘し、それではなぜ価格競争力が上昇したのか、その要因は何か、賃銀なのか、安い綿糸の購入なのか、それとも合理化なのかを分析していく。そして、資金調達にどういう特徴があるのかを議論することになります。

彼の議論は、そういう形で続く。しかし、資料の不十分さもあって、資本の循環形式に即して再構成することが難しいという面もあったために、結果的には、企業間競争を十分に議論できないまま、資本蓄積に現れた高成長の要因をいくつか並列的に指摘することになります。これだと明らかにされた要因を全体として、構造としてどう捉えるかが問題として残ります。つまり、安く糸が入ったことも重要だし、賃銀がそんなに高くなかったけれども熟達した織り手がいたということが重要だったとか、資金調達面でいろいろな便宜があったとか、播州では、工業組合で組織的に製品開発をしたとか、マーケティングをしたとかいうことも重要だったと指摘される。あるいは、帯谷の場合には、ある製品分野に特化したことが重要だったといわれた。

これらのなかでどの要因が、一番重要で、あるいはAとBという要因はどう関係しているのかを説明するのがこのままでは難しい。叙述に際して、要するに文章でどう表現するか考えると、AとBとCというようなにいくつかの要因があって、それぞれの重要性を指摘していくことはできるが、箇条書き的になって、読み手には疑問が残る、関係がよくわからないという疑問が残る。この点は、そのころ、阿部さんとかなり議論をしたのです。その議論は、『日本産銅業史』に、当然はねかえってくる。日本の産銅業も、第一次大戦期まで非常に高い成長力を示した輸出産業だったわけで、そういった産業について、どういう枠組みで議論するかが問題になる。

山崎流に分析していって、それぞれの局面で、例えば生産過程では技術の進歩が重要だった、それから市場面では製品販売チャネルが重要だったというところまではできる。問題は、例えばその二つの要因が一体どう関係しているのかという問いに、「困ったな〜」、答えられないというのでは、まずい。それらを統一的に表現できるような方法が組み立てられないのかが問題だった。

7　コストへの注目

この方法上の難問に答えようとして、完全には果たせなかったという限界が私の研究にはある。『日本産銅業史』では「はじめに」をみていただければわかりますけれども、ほとんど何も書いていない。「一つの産業の歴史的な発展を分析するうえで、定形的な手法が確立しているとは思えない。正直に言って、本書は、一つの方法的な枠組をもって産銅業の分析を試みたと主張できるものではない」。――こんなこと最初に書いたら、誰も読まない、って言われました。いま考えると私もそう思います（笑）――「採取産業としての鉱山業の分析方法としては、隅谷三喜男『日本石炭産業分析』に展開された方法論が重要であ」るけれども、金属鉱業では、採取産業の側面と、製鉄と同じように製錬部門の装置産業としての特性を加味しなければならない。だから「二つの異質の生産過程を内包する産銅業の特殊性に留意して、市場構造の変化や技術進歩の経済的意味、労資関係の変容、企業間の競争構造を、できるかぎり実証的に検討することにしたい」。もともと事実がよくわかっていないから、実証的にやるだけでも意味がありますと居直った「はしがき」を書いています。この居直りに対して、日経の図書文化賞の選評で「ヴィジョンが見えない」とおしかりを受けて落選しましたけれども、そういう限界を持ったものです。

ただし、目次からわかるように、第一章の「歴史的前提」を除くと、第二章と第三章とで対をなすような叙述の方法をとっています。最初にまず、市場が分析され、次に生産のプロセスが製煉と採鉱に分けて分析される。次いで飯場制度などの労資関係が問題にされる。その次に、企業間競争の問題が議論される。第三章では、最後に、独占の問題がさらに議論される。このように外見的には山崎さんの節の構成と似ている。

ただ大きな枠組みとしては、隅谷さんの『日本石炭産業分析』で労働過程の具体的なあり方に注目するという視角と石井さんの市場から分析をはじめるという視点とに影響を受けています。だから最初の第一節の一項目は、必ず世界市場から書き始められる。この点では石井説に準拠している。蚕糸業も産銅業も世界市場向けの輸出産業だったという特性があるから、その同一性は重視した方がいい。世界市場でどう売れたかが、銅の生産の仕方にも、影響を与えたと考えている。

ここで明示できなかった――というのは、当時、そんなに自信がなかったので書けなかったのですが――、阿部さんと共有していた難問に答えを出そうとしていました。繰り返しますが技術の革新が重要だった、労資関係が改善して例えば飯場制度が解体することによって労働者を直接掌握した、間接雇用から直接雇用になったことが重要だ、ということがひとつひとつ言えたとしても、それらをどういうふうに、日本の世界市場での輸出競争力に集約していくのかという問題です。それに答えなければ、要因分解的な叙述、要因の羅列に終わると考えていました。

この点について結局やれたことは、わかる範囲で徹底的に指摘されるべき諸要因がコストにどういう影響を与えたか、それぞれの変化がどれだけコストに影響を与えたかを論ずることでした。例えば、労資関係はどれだけコストに影響を与えたかという形で、『日本産銅業史』では、製錬のプロセスでのコストとか、採鉱のコストがどうなったかとかをいろいろな時点で繰り返し問いかけ、さまざまな条件とか要因を一つの座標におさめようとする努力をしたことになる。もっとも、これは明示された方法ではなくて、叙述の際に著者は注意していたが、どこにも方法論としては書かれなかったし、どこでもしゃべらなかったのですから、特に注目されたわけではありません。

なぜそんなに慎重であったかというと、コストというのは一番つかまえにくいデータなのです。生産量とか、販売量とかはそんなに難しくはない。輸出量とか、輸入量には公的な統計がある。ところが、企業がいったいいくらで作っていたかという点は、いくらで売ったかというのを知る以上に難しい。

ここまで問題にしてきた諸先生たちだって、おそらく、コストがわかればコストを分析しただろうと思います。阿部さんもやろうとした。隅谷さんも、方法の提起は生産価格を問題にすべきだ、つまりコストを問題にすべきだ、と言っています。しかし、実際にはどうやれるのかは、見通しがつかない。私の場合には、幸運にもたまたまコストに関するデータを多少もっていた、というのがたぶん最大の強みだったのです。

なぜ、そういうことに興味をもったかというと、山崎広明さんに刺激されたからです。『講座・帝国主義の研究 6 日本資本主義』で、山崎さんが、第一次大戦期に日本の産銅業は実質賃銀の上昇によるコスト上昇から輸出競争力を失ったと、当時のデータを使って論証したところがあるのです。この議論は、もともと論理的におかしい、実質賃銀の上昇は労働コストに直接影響しない。問題になるのは名目賃銀率と労働生産性のはずです。そのうえ実態としてどうだったかに対しても疑問があった。

一九七七年だから、もう四〇年前、その本が出た直後くらいに『土地制度史学』に書いた小さな論文があるのですけれども、そこで批判したことがあります。それ以来、コストということを議論しなければいけないと考えて、そういうデータがあると一生懸命に必ず集めていた。それを、並べるだけの努力はしたのが『産銅業史』なのです。だから、『産銅業史』が方法的にもしそれ以前の本と比べて新しいとすれば、構成の仕方はそれほど変わらないけれど、叙述していく時の焦点のあて方、絞り方が違うことになる。山崎さんは、企業間の競争のあり方、その結果として出てくる業績、つまり資本金利益率とか配当率とかいう外見的に観察できる企業の業績によって、最終的にはそれまでの分析によって明らかにされてきた成長要因とか、企業と企業との関係とかを位置づけようとした。

阿部さんは、そういう分析方法を前提にして、高い成長という事実を前提にこれをもたらした要因を列挙し、それらをできるだけ論理的にウエイトがつけられるように実証しようとした。それとの対比で言えば、『産銅業史』は、そうした要因、つまり、技術の変化とか、労働市場の変化とか、製品市場の変化というのを、コストという一つのものさしの中に入れ込んで、それが国際競争力にどう影響したか、という形で議論することによって産銅業の歴史的な変化を論じようとしたところに特徴がある。

もともと、『産銅業史』を書く以前には、私は例えばカルテルの分析を一生懸命やっているわけで、コストよりも価格に関心があったわけです。ところが、別の言い方をすれば最終的には価格に関心を集中し続けることが、この本では出来なかったわけです。企業の中まで入り込んで分析し、それぞれの企業が技術の革新にどう努力しているか、そのことが一体どういう形で現れたかを描こうとしたら、マーケットでそれがいくらで売れるかではなく、むしろ自前のコストが下がるかどうかを目標にしていることの方が重要だと思うようになったからです。そういう企業行動、企業の行動原理を書いた方がわかりやすそうだ、と判断した。だから、カルテルの分析は、この本ではほとんど使えなかった。それで論文を集めたかたちの著書にはならなかったものですから、「既発表の論文を集めただけ本は作らない」と居直って書いたら、後で橘川さんに（笑）「論文っていうのは発表して批判を受けてから、本にするものだ」と批判されて困ったのですけれども。まあ、そういうことです。

これに対して、価格分析に純化しながら、たぶん一番方法的に徹底したのは、岡崎さんのカルテルの分析です。そこでは、産業組織論の枠組みを使って、歴史的なデータもある程度は分析の対象にできることを明らかにした。これが到達点です。鉄鋼のデータが非常に使いやすいデータであったことは確かですが、たぶん彼が提示した双方独占とか、あるいは価格分析の手法を、あるいはその評価の基準は、産業組織論のベーシックな枠組みを利用した分析が歴史分析の中で生かせる、産業組織論的な方法が生かせることを明示した意味があったと思います。

そういう意味でいうと、岡崎さんが出す鉄鋼産業の分析は、それを方法的に純化したものになると期待していた。ところが、第9章でも紹介したように、『日本の工業化と鉄鋼産業』が出版されて読んでみると、全然違ったものになっていました。私としては、経済発展の比較制度分析にはいる前に、産業分析、産業組織論の産業史分析への応用という副題の本をまず書いてから、先に進んでほしかったのです。そうすれば、たぶん、産業分析の方法として我々が議論すべきものは一段落し、先例になりそうなメニューがそろったと思うのです。ちょっとそこが残念ですが他人がやることに文句をつけるわけにもいかないし、そんなことといったら、自分でやればいいと言われるに決まっているわけですが、これは、岡崎さんにしてはじめてできることです。

一つだけ補足すると、私は『産銅業史』を書いているときには、気が付かなかったのですが、この生産費分析に面と向かって、直接の対象とした書物がなかったわけではありません。『日本鉄鋼産業分析』（日本評論社、一九八二）

という松崎義さんが出した本があり、その第一編が生産費分析です。松崎さんは、労資関係論の専門家で、戦後の日本の鉄鋼業を分析していくなかで、生産性の上昇と賃銀上昇とかが繰り返し実証研究のなかで問題になったことから、鉄鋼のコストがどのくらい下がったか、どう動いていたか、そのことが労使協議にどういう影響を与えているか、労働条件の改善にどういう意味をもったかなどに注目して分析したのです。生産費の分析という点で、——成功しているかどうかは別にしてですが——、戦後の限られたディスクロージャーの資料に基づいて試みられた本格的な分析としては、例外的に早い時期のものと思います。

本章では具体的な中身に全然入らずに目次だけで説明しましたが、別の言い方をすると、目次は重要なのです。目次をみることによって、その著者の叙述の方法とか、構想力、構成力というのが、かなり理解できる。あるはもう少し立ち入って言えば、方法が明示されている場合がある。あるいは、いいかげんな目次をつくる人は、ろくな方法をもってない、という面がある。

つまり、ある本を作るとか、比較的長い論文を書く時に、どういう構想をもつか、どういう叙述の形式を与えるか、当然それに即した方法的な裏付けを必要とする。とくに歴史を文章で叙述するようなスタイルのものでは重要なのです。数学の証明のようなものだったら、仮定があって、証明の手続きがあり、結論があればいいという、お定まりの構成になるかも知れませんが、ここで問題にしているのは、そういうことではありません。

たぶん、高村さんが蚕糸業を書いて、石井さんが紡績業を書くと、まったく別の本になるだろう、隅谷さんが産銅業をやっても違っていただろうと思います。ここでとりあげた四人は、それぞれ非常に個性的な方法を提示して、産業史の分析としては学ばなければいけないいろいろな要素を議論のテーブルに乗せた。技術とか生産の要素が重要であるということではなく、企業とか資本とかの活動のあらゆる局面を議論した。それは少し脱線しますが次のような話にも表れている。山崎さんがヒアリングの方法について話したことですが、ヒアリングに行って何を聞くかという時に、朝、仕事を始めてから、つまりタイムカードを押してからタイムカードを次に押すまでの間に、何をしたか全部順番に聞き出すことを勧めています。平均的な日について、日常的に何をしているか、全部を聞くのです。自分が知りたいことだけ聞きに行って、「これについて資料ありますか？」「ありません」「あ～そうですか、じゃあ、さようなら～」って帰ってきてはだめです。結局は、すべての活動をカヴァーした上でどこを強調するかが著者の仕事です。そのようなかたちで、産業というのを歴史的にどう描くかが繰り返し問題になってきたわけです。

【質疑】

質問　武田先生ご自身が産銅業史を分析された際に、**隅谷先生の方法**を取り入れた面が大きいといわれたが、これから例えば新たに（ここであげられている紡績業、蚕糸業、石炭鉱業、産銅業の四つの産業以外の）自動車産業や電機産業を分析する場合でも、高村先生の紡績業についての方法を用いることができるのか？

武田　できるでしょう。私の場合は資本主義論とは区別された意味で、産業史です。そこで産業史とは何かを考えなければならない。A産業とB産業では違うのは、何なのか。金を集めてくる話ではないから、技術とか生産過程とかに注目すればよい。その違いが資本の運動とか、企業行動にどういう影響を与えるかをまず考えればよいと発想しています。だから、例えば自動車なら組立加工という生産過程にはどういう技術が必要で、どういう特性があるかを考えればいい。そう考えていくと簡単になる。

質問　武田先生も「**近代の産業と資本**」という論文で書かれていますが、この四つの産業の場合には、企業と産業がほとんど重なっています。そこに大きな成功の要因があったと考えられます。ところが、戦後の産業史をやろうとする場合には、例えば電機機械のように多角化している、こういう場合には、どう分析したらよいのか。

武田　それは、理想的にいえば、資料的制約がなければ簡単なのです。資料的制約がなければ、山崎さんのように企業間競争から企業業績の分析という手順ではなく、私のようなコストで分析すれば、コストは製品単位でしか出てこないから問題は生じないのです。問題は、そこまでディスクローズされた資料がないことなのです。そういう制約の下でどこまで議論できるか、だと思います。

コストを問題にすれば、そこには、原材料も、労働力も、労働生産性も、いろんな要因が全部入る。ある製品を作るために必要とされる労働力についても賃銀水準についても問題になるし、労働生産性も問題になる。だから、コストに焦点を合わせるような格好で議論していければ、全体を議論できる。もしデータが限られていても、事業部ごとの収益とか、事業部ごとの労働条件とか、事業部ごとの生産性とかがわかれば、近似的にはできます。

はっきりしていることは、そういうデータは実際にあるが、外部からは見えないということです。我々が知らないだけです。企業は、そういうデータを毎日作っています。花王の社史を書いた時にみた資料で、製品開発に関する稟議書がありますが、それによると少なくとも大体二年に一度くらいは、製品のスペックを変える。その時には細かく原材料から機材、容器などのコストを全部計算して、洗剤一箱あたり例えば一銭利益が増えるというような文書が作られる。工場の月次の報告書ではどの製品がどれだけの量、いくらの原価でできたかが報告されている。だから、企業内では間違いなく、コスト意識が非常に強く、これに沿って製品についての企画や計算が行われている。それによって、どの部門がどれだけの利益をあげているかがわかる仕組みになっている。

もちろん、こうしたコストの問題だけでは企業のトップが戦略的にどこにどれだけ投資するか、その判断は明らかではありません。多角化の程度が強ければ強いほど、どのような選択が行われるかを説明することは難しい。だからこそ、企業をどうつかまえるかが、改めて問われていると思います。そこでは、産業史に包摂されるかたちでの企業史ではなくて、産業史とは独立に相補う形での企業史というのが必要になると考えています。そのために、きちんとした企業分析の方法が、単純な経営者論とかではなく、組織としての企業の分析方法が必要になります。

質問　関連産業の発展によってその産業の発展が規定されるという側面があると思うのですが、それについて方法論として明確に位置づける必要があるか。あるいはその産業の特性の一つとして、前提として議論することが可能か。

武田　一般的にいって、例えば、国内に供給する機械メーカーがないために、機械を輸入に依存していると、輸入に依存することによって投資の自由度が低かった、設備投資が遅れがちであるとか、あるいは間欠的になりやすくて、思うタイミングでできなかったとか、という制約条件があったとすると、それは、生産手段の調達のところで議論する制約条件として、外生的に挿入される条件になるのだろうと思います。

この問題もある程度はコストの問題として議論できます。それが制約条件となっていれば、例えば高い償却費になるとかの形でコストに反映できると思う。コストのことをなぜ強調するかというと、企業が自律的な行動をとるときに、唯一、自ら目標を設定して、操作することが可能な変数なのです。価格というのは、協定していたとしても、協定して自分で動かしているように見えても、相手のあることだから、完全に自律的には決められない。したがって、価格が決められないということは、利益も決められない。しかし、仮に価格にある程度、幅があったとしてもこの辺で価格帯が決まるとなれば、企業にとっては、利益をふやすうえで、一番いいのはコストを切り下げることです。これほど確実な方法はないわけで、切り下げられたら利益が出る。だから、例えば蚕糸業だったら、原料繭の買い叩きということが非常に重要な要素になる、原棉価格の操作というのが紡績業で非常に重要な要因になるというのは、コストを切り下げるということです。コストをコントロールしようということなのです。

以上

この講義は一九九六年七月一二日に行われたものです。

【産業史の方法2】

第24章　国際的視点とコスト分析
——山崎広明「日本綿業構造論」を手掛かりに——

テキスト　山崎広明「日本綿業構造論序説」『経営志林』五巻三号、一九六八

1　日本綿業への国際的関心

本章では、山崎広明さんの「日本綿業構造論」を取り上げて、戦間期の産業研究に対する分析視角について考えていきたいと思います。この論文は実証的な論文ではなく、サーベイ論文ですが、そのサーベイによってとても大事な問題を提起しています。皆さんがいつも読んでいるような実証的な研究とはずいぶんと趣が違いますが、読む価値が十分にあるものだと思います。そのため、中林真幸さんと一緒に編集した『近代の経済構造』（東京堂出版、二〇〇〇）という論文集にも収録しています。この書物は、伊牟田敏充さんが重層的金融構造という問題提起をした論文など、近現代史研究における重要な成果を収めていますから、機会があったら読んでいただきたい書物の一つです。

さて、山崎さんは中小企業研究を起点に研究者の活動を始めた人です。大学を卒業後一度農林中金に勤めたという経歴があって、そうした背景から中小企業研究が入り口に設定されたようです。アメリカの中小企業についての論文（「一九三〇年代におけるアメリカの中小企業金融問題」『経済貿易研究』三号、一九六六）もありますけれど、そうした研究関心に沿って遠州とか知多の産地織物業の研究論文（「両大戦間期における遠州織物業の構造と運動」『経営志林』六巻

一号、一九六九、「知多織物業の発展構造」『経営志林』七巻二号、一九七〇）をまとめていくことになります。

「日本綿業構造論」という論文は、産地の織物業研究の意義を明確にするために書かれた論考という性格のものです。ただし、これは綿工業だからできたという面があります。というのは、サーベイで取り上げられているのは戦間期のイギリスを中心に行われた日本紡績業研究ですが、日本の産業に関する外国語文献が同時代の研究としてこれだけの数が残っているのは、綿工業だからです。なぜかというと、一九三〇年代に日本綿工業はイギリス綿工業と深刻な貿易摩擦を引き起こしていました。イギリスの側から見ると、なぜ世界の工場であったイギリスの代表的な輸出産業だった綿工業が世界市場で日本との競争に直面して市場シェアを失っているのかが問題になっていました。そうした現実の問題に対して日英の比較を通して原因を探るようないくつもの研究が発表されました。その中でよく知られているのは、フレッド・アトリーの『日本の粘土の足——迫りくる戦争と破局への道（Japan's feet of clay）』（石坂昭雄・西川博史・沢井実訳）で日本経済評論社から一九八八年に翻訳が出ているものです。日中戦争直前の時期の日英間の貿易摩擦とその背後の経済的な事情が検討されています。

こうしたことが問題になるほど日本のアジア市場への進出が急激だったのです。これについては、日本でも同時代の調査報告書がたくさんありますし、経済史研究でも西川博史さんとか籠谷直人さんがまとまった仕事をしています（西川『日本帝国主義と綿業』ミネルヴァ書房、一九八七、籠谷『アジア国際通商秩序と近代日本』名古屋大学出版会、二〇〇〇）。この状況は高村直助さんが議論していた確立期の綿工業の状態とはずいぶんと様変わりしています。山崎さんは、日本の進出ぶりについての研究をサーベイすることによって、同時代のイギリスのエコノミストたちが日本をどのように見ていたのかを明らかにし、その中から日本の競争力の源泉が何であったかに注目して論点を整理しています。その一方で、その後の阿部武司さんや谷本雅之さんの産地織物研究の先駆けになるような研究を問屋商人たちの資料を発掘して実証的に進めているのです。この論文は、まさに構造的な捉え方にかかわる試論として産地織物業の研究を切り拓くことになったわけです。

2　日本綿工業の国際競争力を評価する

この論文を取り上げた理由は、日本の産業発展を国際的な競争関係のなかで位置づけ直す視点の重要性を明確化しているからです。それまで国内市場とかせいぜい植民地や近隣の中国市場が視野に入ればよいという程度のことで議論されています。もちろん、初期の輸出産業になった生糸についてアメリカ市場での位置などが石井寛治さんの研究で検討されていますから全く海外市場が視野に入っていないというわけではありません。しかし、国際競争のなかで日本の産業を考える視点は、それほど強くなかった。そうした面が取り上げられるとすれば、輸入代替される製品群で海外競争圧力が問題になるなどの場合でした。

しかし、一九三〇年代の綿工業についてみると、そのような視点では産業発展を考えることは難しい。国際競争が輸入圧力という形で問題になるだけではない産業の発展の局面を論じることの意味が問いかけられています。そうした視点はおそらく第二次世界大戦後に経済大国化した日本にとっては不可欠のものとなります。そうした問題との類似性がここには観察されていますから、その意味では現代的な問題関心にも通底するものです。それは日本産業の製品輸出が経験した最初の貿易摩擦であったからです。

さて、方法的な側面で重要な点は、産業発展について検討されている議論を整理するなかで、コストの比較を通して競争の優位劣位を論じていることです。この時点で山崎さんが、その意味をどれほど自覚していたのかは分からないのですが、コストの差はどのくらいあるのか、それはどのような理由で生じているのかを問題にしていることは確かです。つまりコストの比較分析を通して競争優位の要因を抽出するというわけですが、前章で紹介したような『帝国主義の研究　6　日本資本主義』（宇野弘蔵監修、青木書店、一九七三）で山崎さんが大戦期の実質賃銀の上昇に注目して、それが産業成長の制約要因になると議論したことにもつながるものだと私は考えています。ただ、この『帝国主義の研究　6』での議論の展開の仕方を見ている限り、山崎さんはコストの分析方法について明確な枠組みをもっていなかったように思います。もともと、このコスト分析という視点は山崎さんの創見というよりは、イギリスの研究者たちが、自国産業はなぜ国際市場で敗退しているのかについての理由をコストから判明する競争力の優劣というなかたちで考えていたことに基づいています。当時、「ソーシャルダンピング」というような指摘があったことに関連して注目しているのです。その限りでは言説レベルの問題ですが、それを実証的に確認することがイギリス側の研究者の関心を引いた論点の一つだったのです。つまり、低賃銀による低コストが日本の競争力の源泉であるという説明の当否を確かめようとしていたのです。その結果として、分析の方法としてコストを焦点に分析することの重要性がかなりはっきりと浮かび上がったように私は受け止めています。

3　コスト分析の意義

この論文では、さまざまに言われている日本の競争優位の要因を、一つ一つ吟味していくというかたちで議論が進められています。一つ一つがコストに影響する重要な要素なのですが、それらは賃銀、生産性、原料購入、産業組織などさまざまなレベルにわたっています。研究史を振り返ってみると、日本の綿工業の競争力に関しては、山田盛太郎『日本資本主義分析』がインド以下的低賃銀を日本綿工業の特質と指摘して以来、この点を強調していたわけです。それが一般的な認識でしたが、戦間期のイギリスの研究者はそれだけでは不十分だと考えたのです。つまり、ソーシャルダンピングという説明では不十分だと気がついています。このイギリス側からの研究が指摘してきた論点を整理しながら、山崎さんは日本の綿工業を分析するためにどのような要因を取り上げていく必要があるかを明確化していくことになります。

いくつかの要因のなかで山崎さんが注目している具体的な論点は、棉花の購入です。棉花購入の工夫にコスト低下の重要なポイントがあったのではないかと考えています。原綿操作といわれるものですが、日本の綿工業では、一九三〇年代には紡績用の原料棉花をインド綿とアメリカ綿の相場変動を見ながら安いときに買入れていること、それだけでなく繊維の長さの違う棉花を組み合わせることで原料価格を引き下げているというのです。もう少し説明すると、インド綿の繊維長が少し短いのですが相対的に安価です。アメリカ綿は長繊維で価格が割高なのですが、通常の操業方法では、細い糸を紡ぐためには長繊維のアメリカ綿が望ましいとされています。しかし、それだと原料コストが高くなるので、安価なインド綿を適当な割合で混ぜること（混綿技術）で原料コストを下げることができたのです。これは日本の独自の製造方法の革新でした。

ただし、この論文にも問題が残っています。素材がイギリスの研究であるということ、イギリスの研究であるためにイギリス側の事情の評価が必ずしも明確ではないこと、もう一つは、東アジア市場内での競争関係と国際的分業という視点が不十分であることとです。このうちイギリス側の問題ですが、競争関係の逆転は日本の競争力が何らかの理由で向上したこともありますが、もしかするとイギリス側で競争力が弱体化するような何事かが起きたためということもありうるわけです。なぜイギリスのコストは日本のようには下がらないのかを先進国と後進国の賃銀水準の差で説明すれば十分なのかという疑問は当然浮かび上がるものです。この問題について当時のイギリスの研究者が全く自覚していなかったわけではありません。第一次大戦期の労働コストの急上昇が日本を遙かに超えていたことに加えて、イギリス国内での綿工業の分業関係が組織的な対応を難しくしていたからです。さらに、この問題に関連した研究としては、日高千景さんが『英国綿業　衰退の構図』（東京大学出版会、一九九五）を書いて、第一次大戦期のイギリス綿業では資本の水増しが引き起こされて、その結果、高い償却負担を課せられたことが競争力を弱体化された要因だったことを指摘しています。資本の水増しとは、第一次大戦期にイギリスの綿業では企業売買が活発化し、その際に実物資産の評価価格が水増しされた状態で企業買収が行われたのです。そのために買収によって新設された会社は、高すぎる資産評価額のもとで事業を遂行することになり、償却負担がかさんでコスト高になったというわけです。そうしたイギリス側の事情があると思います。

イギリス側の競争力の低下という問題以上に重要な問題は、第一次大戦期に急成長した中国の民族紡績会社、一九二〇年代に日本が青島や上海に進出して設立した在華紡などの新興の紡績会社による綿糸の供給などが、東アジアの市場のあり方を変えていくことになっていたことです。この市場の構成の変化のなかで、日本の綿工業では、海外市場向けの綿糸の生産では中国市場内に日本企業の生産拠点が置かれるようになり、日本からの輸出は綿布に高度化しています。綿糸では日本も戦間期には国際競争力を失っているために綿布で輸出を拡大しているのです。こういう状況の中でイギリス製品が支配的だった東南アジアから南アジアの市場へと一九三〇年代に入って日本製品が急激に進出していくのです。このほか、在華紡の製品がアジアに出て行くという局面もあり、かなり競争関係は複雑になっています。これははじめにふれました西川さんの研究などで論じられています。

日本製品の進出には「為替ダンピング」といわれたような、高橋財政期の円為替相場放任政策などの後押しもあったとは思いますが、いずれにしてもそれらの市場で競争している製品は綿織物です。競合しているのは綿布なのですが、この競争関係を規定した要因を明らかにするために日英の綿糸の生産コストが問題にされている構図になっています。その場合、日本の紡績糸の競争力を失わせたような日本国内の相対的高賃銀で織られた布が、高い競争力を持ったのはなぜかという問題が説明される必要があります。紡績工程で労賃の比率が高く、織物工程では労賃の比率が小さいのであれば、賃銀上昇の影響が小さいということはできるかもしれません。しかし、そうではないので、説明にはなっていないのです。賃銀コストが問題であるという論点は、イギリス側の研究からは明確ではありませんし、東アジアの市場構造の変化という問題は必ずしも見えていないのです。もともと、糸も布も原料費のコスト構成上の比率が大きいので、賃銀コストに注目するのは問題があります。但し原料綿花は国際商品であり、日英ともに輸入原料として取得していることは共通しているので、この点の差が生じにくいと考えていたのでしょう。だからこそ、山崎さんが原料の購入の仕方に競争力の差異が生じる原因があるのではと論じたことには大きな意味があります。

さて、糸のコストという点では、アジア市場で競争している紡績業のうち、おそらく在華紡が競争優位を持っていたのだろうと思います。イギリスで開発され日本が改良した技術が移転され、中国の低賃銀と組み合わされているからです。それに比べると日本の賃銀水準は中国よりも高く、イギリスよりは低いわけですから、その面だけ見れば在華紡が強いのだろうと思います。日本の綿布輸出はこうした状況の中で日本国内の綿糸を原料とする綿織物ですから、綿糸のコスト差が本当に重大であったのかどうかは慎重に検討する必要があります。

山崎さんよりあとの研究では、阿部武司さんが産地織物業の展開を議論した場合には（『日本における産地織物業の展開』東京大学出版会、一九八九）、産地でも規模の経済性を活かして少品種大量生産を行った泉南という産地が見出されています。ここでは織物業の生産のあり方が重要な意味を持っています。阿部さんはそれだけでなく、輸出市場の分析によって売れそうな製品を開発する産地内の共同・協力関係が試験研究機関などの支援も受けて競争力を高める、そうした産地があることも明らかにしています。こうした点は、山崎さんの綿業構造論ではまだ見えていません。そこに問題にすべき論点についてのずれがあったという気がします。

4　戦間期産業研究の進展

この山崎さんの論文は具体的な論点がどのように議論されているかを読み取る必要があるのですが、ここではあまり詳しく話す余裕はないので戦間期の産業史研究のなかでの意味を次に考えていくことにしたいと思います。

この論文が書かれた前後の時期くらいから若手の研究者たちが戦間期の産業史研究に雪崩を打って出てくるという研究状況が生まれます。たとえば、橋本寿朗さんが造船業や電力業の研究をする、奈倉文二さん、長島修さんが鉄鋼業、先どもふれた阿部さんが織物業、橘川さんが電力業、長谷川信さんが電気機械、沢井実さんが工作機械や鉄道車輌製造、下谷政弘さん、鈴木恒夫さんなどが化学工業というように、いろいろな産業に若い研究者が狙いを定めて研究を進めていくことになります。伊藤正直さんや浅井良夫さんのこの頃の研究も銀行業の研究ですし、私の産銅業も同じです。このほかにも経営史的な研究も盛んになってきて、産業を素材としながら、産業史・経営史の研究がたくさん発表されるようになってきました。

そこでの焦点は、なぜ戦間期にこれだけさまざまな産業が日本国内で発展していくことになったのか、その特徴は何か、という問題です。十分に自覚されていたとは思いませんが、戦間期の産業研究では、日本経済が一九二〇年代には入超構造であり、どのような競争圧力を受けて、それをどのように克服したのかが議論されるという形で国際的な競争関係が組み入れられていきます。広く見れば輸入代替ということです。たとえば長谷川さんが重電気機械の国産化の過程を追跡していくときには、明示的にドイツとアメリカのメーカーの世界市場分割などが示されて、その中での日本の電気機械工業のあり方が説明されていくことになります。国際競争のもとでの先進国巨大企業の世界市場分割が日本という国の企業に影響を与えていくことになりますが、国産化のための技術導入を受ける代わりに海外市場への進出を断念させられることが明らかになっていきます（「一九二〇年代の電気機械市場」『社会経済史学』四五巻四号、一九七九）。硫安工業でも国際カルテルとの交渉によって日本品の輸出を自粛する一方で日本向けの輸出を段階的に制限する合意が成立したことなど、世界市場のなかでまだ弱小な日本企業・産業の置かれた状況が論じられるようになったというわけです。これについては橋本寿朗・工藤章・中村青志の共同論文「両大戦間期における硫安工業」（『協同組合奨励研究報告』三号、一九七八）があります。戦間期産業研究のなかで国際競争圧力を意識しないですむのは電力業ですが、その電力を対象とする橘川さんの場合には、資金調達における外資導入を論じているように、世界のなかの日本の産業という捉え方が、共通項になっているのです（一連の研究は後に『日本電力業の発展と松永安左ヱ門』名古屋大学出版会、一九九五年に収録刊行）。

対外競争圧力が強いという条件が、関税による産業保護の問題とか、そうした障壁を前提にした国内の産業組織に関して独占が論じられるようになる上で重要なポイントになります。ただし、これらの研究では山崎論文で浮かび上がってきたコストの問題を正面切って論じることはできなかったのです。山崎論文自体があまり注目されていなかったということもできますが、そうでなくとも実証できるようなデータに乏しかったことや手法の未確立が影響していたと思います。たとえば阿部さんの研究では、すでにお話ししましたが、産地織物業が競争力を備えた要因をいくつか取り出すことに成功して説得的に説明できるようになります。しかし、それぞれの要因のウエイト付けははっきりとさせることは難しかったのです。対象としているのが中小経営だったということもあって経営的な資料がコストを分析する上では十分ではなかったのだろうと思います。国際的な視点で考えるという意味では、山崎さんがイギリスの綿工業研究に注目して提起した問題が継承されていくのですが、抽出された諸要因を国際競争力の規定条件として、産業レベル・企業レベルで分析し、総括する方法については十分な進展を見ることはなかったのです。そうしたこともあって、山崎さんの問題提起が継承できずに途切れてしまい、重要な論文だと思うのですが、このままでは埋もれてしまいそうな気がしていて残念に思っています。

山崎さんは、その後、実証的な基礎をもった綿業論をまとめてはいません。若手の研究に道を譲った感じで、代わりに『日本化繊産業発達史論』（東京大学出版会、一九七五）をまとめています。この本については前章でふれていますから、ここでは省略しますが、レーヨン工業の国際的な展開を論じているところは、この論文以来の課題設定・方法的な問題意識が踏まえられているように思います。

5　綿業生産費分析について

ところで、紡績業についてはコストをきちっと計算しようという研究が、今日お話ししている山崎さんの論文とは別の系列で蓄積されていることは、紹介しておく必要があるように思います。

このような研究が可能になった基盤には、おそらく生産現場でコストを把握しようとする考え方があって、それを試みていたことです。そして、そのデータが残っていて研究資源として利用できることになったようです。紡績業についての代表的な研究が守屋典郎さんの『紡績生産費分析』（日本評論社、一九四八、増補版が一九七三年に御茶の水書房から刊行）という仕事です。守屋さんは、帝国大学を卒業後に弁護士を開業しながら左翼活動に入ったという経歴の人で、一九三八年に人民戦線事件などで検挙され、一九四〇年に出獄してから大日本紡績連合会に入り、綿スフ統制会を経て繊維統制会価格課長を勤めています。この最後のポストにいたことから手に入った資料が、この分析の基礎にあると思いますが、紡績糸のコストが分析課題になっています。講座派の影響を受けた活動家でもあったので、山田盛太郎『日本資本主義分析』で指摘されている「インド以下的低賃銀」という評価についての論争史から、この指摘の真偽を確認しようという問題関心に突き動かされて書かれたもので、五〇〇頁を超える大著です。

資料があればできるだろうと考えるかもしれませんが、生産の現場でも紡績糸の生産費を分析することは、それほど簡単なことではありません。なぜかというと太さの違う糸を作ったときに、同じ長さの糸を作るのに必要な原料棉花の量は違います。細糸の方が棉花の量は少なく済みますから、そのぶん原料代が安くなるはずです。しかし、細い糸を作る方が難しいとされていますし、細い糸は棉花の質も選びますから、原料の選択にも工夫が必要になります。そうすると原料の単価は割高になります。それぞれの糸のコストを計算するためには、それぞれの糸の生産にどのくらいの労働の投入が必要であったかのデータも必要です。機械の機構からいうと、細い糸を引くときに糸切れが起こりやすいことから機械の回転のスピードを落とすかもしれません。だから、それぞれの労働生産性をきちっと評価するなどのデータが必要になります。このように一つ一つの条件が異なるので、たとえば二〇番手の糸と四〇番手の糸とではコストが異なります。これに工場の共通経費などを加算して単品のコストが計算できるようになりますけれど、それだけでは日本の紡績業とインドの紡績業とのコスト比較にはなりません。すべての製品で個別に比べて見ることはもちろんできるかもしれませんけれど……。

紡績業のコスト計算は、その意味では複数の異なる製品を製造している企業の競争力を測るために企業レベルでの総合的なコスト計算をする必要もあるのです。また大規模な紡績会社では、複数の工場を経営している場合も少なくないので、管理会計的な視点からは複数の製品を作っている工場の全体の原価をどのように捕まえるのかは重要な課題になります。そんな事情もあったのでしょうが、紡績業ではすべての製品を二〇番手の糸として換算したときに、どれだけの手間暇がかかっているのかという計算の手法が生み出されていました。これを使うとかなり一般的な比較は可能になります。そうしたデータを使って、守屋さんは紡績業の生産費分析をしていますから、こうした仕事を視野に入れれば、少し別の角度から研究が進むかもしれません。

6　産業企業のコストを探る

コストについての関心は、経営側の管理的な視点からは紡績に特別のことではありません。紡績業の分析ができるのであれば、ほかの産業でもどんな情報が得られればよいかを研究者である私たちでもある程度想像することはできます。しかし、それ以上に経営者は関心を持っているはずです。それぞれの企業ではそうした情報を把握し、それによって経営の方針を決定する重要な基礎にしていたはずです。コスト意識がない経営者は、いたとしても成功はしないでしょう。だから経営のなかにはそうしたことを把握する努力の痕跡が残るはずです。私の産銅業史の場合には、工程ごと、つまり採鉱とか製煉とか、選鉱とかの工程ごとに計算した書類が鉱山の記録にも、実習報告にも断片的に残っていたのを並べただけですが、そうした資料からでもおおよそのことは分かります。この場合には、電気銅という単一の製品を作るための工程ですから、最終製品単位で計算するのは比較的簡単なのです。

工程ごとの計算ができなくとも、たとえばアメリカの連邦取引委員会は、アメリカ産銅企業の調査に際して損益計算書に基づいて、売上げから利益を引いた差引額を生産数量で割り算してその決算期のコストを算出し、長期的な趨勢を明らかにしています（米連邦取引委員会調査報告『銅産業』日本伸銅協会、一九六二）。これは間接経費（とくに金融費用、販売活動の費用など）を含むものですから、製造原価ではありませんが、これでも十分に批判にたえうるようなデータが得られるのです。とても素朴な方法ですが、これでもコストをトータルでは論じることはできます。直接的にコストを計算しているような資料は外部の研究者には簡単には手に入らないかもしれませんが、だからといってあきらめる必要はないという良い例です。電気銅の場合は、単一の製品を製造していることが分析を容易にしています。さらに、損益計算書に製造原価の項目ごとの支出額が示されていれば、原料費や労賃や償却費や金融コストなどごとに計算もできます。

このやり方を試みたのが、韓載香さんの戦後復興期のセメント産業の研究です（武田晴人編『戦後復興期の企業行動』有斐閣、二〇〇八）。この場合は有価証券報告書という公表資料から得られるデータがあること、セメント企業がほぼポルトランドセメントという一品種の製品しか作っていないことが分析を可能にしています。しかも、有価証券報告書所載の損益計算書、製造原価計算書などのデータによってはかなり詳細な費目ごとの支出額がわかりますから、コスト分析としてはかなり行き届いたものです。その後、韓さんは高度成長期の自動車工業については、紡績業が二〇番手生産に標準化してコストを計算している手法と共通するような方法で自動車のコスト分析をしています（韓載香「自動車工業」武田晴人編『高度成長期の日本経済』有斐閣、二〇一一）。自動車の場合には、乗用車とトラック、それもエンジンの大きさなどが異なる多数の品種の車を作っているので、簡単ではありません。そのために、やや大胆に最も生産台数の多い乗用車を基準に、トラックを生産するのに必要な労働時間と乗用車のそれとを比べて、この労働時間比でトラックの生産台数を乗用車の生産台数に換算していくという方法をとっています。このような計算法で、分析対象の会社が、あたかも一つの乗用車を生産しているかのような想定をできるように生産量を推計し直して、この生産量を使って一台あたりで賃銀コストがどのくらいかかっているのかとか、原料コストがどのくらいという計算をしています。内部での計算資料はあるはずですから、これは外からの手探りの接近方法ですから限界はあります。しかし、こんな工夫をすれば外部の研究者が公表されているデータでも企業コストの分析についてできることがあるというよい実例です。

コスト計算というか原価計算という管理会計の手法は経営にとって企業の現状を知る上では決定的に重要なツールです。制度的に整ってきたのは日本では戦時経済期ですが、それぞれの企業で、たとえば紡績会社でも兼営織布部門を持っている場合には、織布部門に紡績部門が原料を渡すときに、どのくらいの価格で引き渡すのか、これを仕切り価格などと呼んでいますが、この仕切り価格を決めるのは重要な意味を持ちます。この価格の設定が不適切だと、紡績と織布とで本来的にはどちらが利益を上げているのかというような問題が正確に把握できないからです。そうしたことも考えると、コストを把握するというのは、企業にとって死活的に重要な意味を持っているので、これに注目せずに企業行動を議論するのは肝心の部分を見逃すことになると思います。

【質疑】

質問　戦間期に産業研究が盛んになった背景はどのようなものだったのでしょうか。

武田　当時の研究関心としては、帝国主義段階への移行という視点で産業ごとの独占形成に注目したのが一つの理由だろうと思います。このような関心からの研究が、産業史の研究として結実するとともに、独占的な大企業の分析の必要から経営史的な視点を導入した研究の蓄積へと進展して多数の成果を生み出したのだろうと思います。

ただし、このような研究の視点が初心を忘れたというか、もともとの帝国主義段階の経済構造をどのように捉えるのかという全体像への関心を次第に失っていったのは、その後の研究の展開に大きな禍根を残したような気がします。この動きは、経済学におけるミクロレベルの分析方法の開発、たとえば企業の経済学とか、取引コストの理論とかによって加速されていったようです。

質問　コスト分析を強調されますけれど、それが産業分析の目指すべきものになりますか。

武田　それは少し意味が違います。産業発展を明らかにするうえで考慮すべきさまざまな要素を総合的に判断するための物差しにコストがあるという意味に過ぎないのです。この物差しはとてもわかりやすいものですが、それができれば分析が終わるというものでもありません。コスト分析が役に立つのは、まずは同一産業間での企業の競争優位の比較を明確化できる点にあります。競争関係を明らかにすることは、市場の働きを知るうえでも重要ですし、企業という組織のもつ可能性も限界も知ることができます。もう一つ大事なことは、もともと産業への関心は、その産業の発展がどのような条件によって可能になったのかを明らかにし、発展への制約がどのように生じるのかを論じることです。そうした問題を論じることは、しかも自己完結的に閉じた議論ではなく、そうした発展の条件、制約の条件が、それぞれの時代の国民経済のもつ問題点も可能性も示すという意味で、より広い視点で経済分析を進めていくための手掛かりになるものです。したがってそれは通過点という意味でしかないのですが、重要な通過点でもあります。

したがって、コスト分析を通して産業発展を論じることは、第一に、コストを論じうる企業というミクロレベルにまで分析を進める必要性を明示していること、そして第二にそれらを国際競争という制約下で展開する国民経済の発展、資本主義経済の変容を論じるうえでの橋頭堡を作ることだと考えています。

以上

この講義は、二〇〇九年一一月一六日に大学院講義（学部上級科目と共通）で行われた講義の録音記録をもとにしています。この大学院講義は、武田晴人・中林真幸『近代の経済構造』（東京堂出版、二〇〇〇年）をテキストにして行われました。

【産業史の方法3】

第25章 『日本産銅業史』の作られ方

テキスト　武田晴人『日本産銅業史』東京大学出版会、一九八七
参考資料　三枚のプリント（いずれも手書きのもので読みにくいために作り直したものを添付しています）

1 最初の構想

ここでは、産業分析の方法に関連して、『日本産銅業史』がまとまっていく過程を素材に、そこで著者が何を考えていたのかを説明して参考に供したいと思います。まず、どういう経過で出来たかという、書き手の方の問題意識から始めます。参考資料1（七二年に書いた学部ゼミ論文の目次）をみてもらえばわかりますが、『日本石炭産業分析』の影響が大きく、これを下敷きに第1部として分析の方法を論じています。その意味では、私の産銅業史の研究は、分析方法を、生産、市場、資本という三本の柱に即した形で採鉱を含む鉱山業の特殊な生産のあり方から出発して分析していこうというものでした。

この時の第一部では、隅谷三喜男さんが『日本石炭産業分析』で分析方法について論じているものをベースにして石炭と金属鉱業ではどこが違うかを、論点として明確にしていくことを意図しています。その上で、歴史分析だから時期区分をしてまとめようと考えました。そこで、歴史的概観というタイトルがついている第二部では、時代区分に沿って、鉱山王有制の時期、資本制生産が展開する時期、独占資本の展開期を議論する。ただそれだけでは多少論点

参考資料1　1972年のゼミ論文目次

第1部　日本産銅業分析序説――鉱害問題との関連から
Ⅰ　問題提起及び対象の設定
Ⅱ　分析方法
1）生産分析
①金属鉱業の特殊性
i. 鉱石の賦存状況及びその物理化学的性質
a. 鉱石の賦存状況　b. 鉱石の物理化学的性質
c. 日本における銅鉱床の分布・分類
ii. 労働対象の移動性と消滅性
②労働過程
i. 基本的労働過程　a. 採鉱と運搬　b. 製錬
③労働手段
i. 技術と労働手段
ii. 労働過程と労働手段
a. 坑道とその体系　b. 基本的労働過程と労働手段
c. 製錬用労働手段　d. 補助過程における労働手段
④労働力
i. 労働過程と労働力編成
ii. 基幹労働者　a. 採鉱夫・運搬夫　b. 製錬夫
iii. 労働組織
2）市場分析
①商品としての銅　②商品としての銅鉱石
③市場構造　i. 輸出依存性　ii. 銅価の変動　iii. 市場構造
3）資本分析
①資本の投機的性格　②鉱区所有と資本
③資本制生産の展開
i. 鉱区所有の近代化　ii. 生産力の発展　iii. 市場の形成
④独占（産銅業における）
i. 採掘資本における独占の形成
a. 鉱区所有の拡大　b. 資本の集積と集中　c. 市場の独占
ii. 金属鉱業における独占の形成
a. 買鉱と独占　b. 製錬独占から採掘独占へ
［注記］方法論の問題点

第2部　日本産銅業分析――歴史分析
Ⅰ　時期区分
Ⅱ　歴史的概観（未定稿）
1）鉱山王有制期
①前史　②鉱山王有制の成立　③官営鉱業の発展
④民間鉱業と借区制　⑤市場構造
2）資本制生産の展開
①鉱区所有の近代化――鉱業条例の意義　②鉱山払下げの意義
③運搬過程の機械化と製錬法の改良　④伸銅業の展開と市場構造
⑤買鉱制度の開始　⑥友子同盟と鉱山労働
3）独占資本の展開
①採鉱の機械化　②第一次大戦と産銅業――買鉱の発展
③市場独占の成立と銅輸入関税引上げ　④工場法と鉱山労働者
⑤鉱区独占
Ⅲ　各論（未着手――項目のみ）
1）勧業政策と産銅業　2）鉱業条例、鉱業法をめぐる諸問題
3）友子同盟と鉱山労働、労働運動　4）買鉱制度の展開と独占
5）伸銅電線業の発展　6）生産費、市場価格、世界市場
7）産銅大資本の成立過程――比較分析

第3部　鉱害と産銅業
Ⅰ　日本産銅業発展の総括（第2部のまとめ）
Ⅱ　事例研究
Ⅲ　鉱害と産銅業

が残りそうなので、各論的に七つくらいの論点を付け加えてあります。さらに、私自身の産銅業史研究のもともとの問題関心が鉱害問題ですから、それに関する分析をつけ加える構想でした。未完の構想で、鉱害に関しては依然としてまだ何もやっていません。時々、石井先生に「君は初心を忘れたのかね？」と言われます。そういう気持ちがあったことは、忘れてはいないし、大学院時代には、公表はしていませんが三本ほど論文を書いています。ただ、鉱害については、ちょうど私と同世代に一橋大学に菅井益郎さんがいて、彼に任せてしまった感じです。

なぜそういうことになったかを、問題関心との関連で説明しましょう。足尾鉱毒事件などは産業史のなかではかなり特殊なテーマであり、例外的なケースとみて考察するのが当時のスタイルでした。私もそういう関心から問題を設定して、鉱山史の資料を集め始めてみて、その結果、いろいろな鉱山で鉱害事件がたくさん起こっていることに気づいた。当時は、別子と足尾と小坂、日立という四大鉱害事件だけがクローズアップされていましたが、もっとたくさんあるのではと考えるようになっていったのです。そしてその話を聞いた医学部保健学科（当時）の飯島伸子さんという公害・労災史の専門家から、年表を作りたいという話しがあって、その手伝いをした。その時に、もう一回資料を網羅的に読んでみました。どういうふうに読んだかというと、経済学部図書館にある地方史――市町村レベルから県レベルまでの――を全部片端から読んで、鉱山や農業の記述のなかから、鉱害に関する記述のリストと鉱山に関する記述についてのリストを作った。そういう作業を通して、ファクトとしてはたくさんあるということと、断片的にはいろいろ資料がありそうだ――まあ、断片しかないのですけれども――ということを「発見」した。もしそうだとすると、産業としての発展に伴い、鉱害が同時に発生するということは、むしろ産業としての特徴ではないか。そうであれば、鉱害史研究と産業史研究は、重なり合う筈です。それで、運動史からアプローチするよりは、産業史でやる方がいいかなと思ったのです。

2　修士論文のころ

もっとも、私の場合、根っこには運動史への関心があって、幕末維新期の民衆運動の思想とかを最初に勉強していました。そこから入って産業史を始めたのですが、その時に、方法的な手がかりとなったのが、隅谷さんの『日本石炭産業分析』だったから、その影響が非常に濃厚です。ただ、論点が整理されていくうちに、時期区分と生産、市場、労働などの大きなテーマとで作ったマトリックスに論点が並ぶようになった。それらの論点のなかで最初にとりあげたのが『社会経済史学』に発表されることになる「買鉱制度」の論文ですが、それを一九七一年の夏くらいから書き始めました。学部の四年生の時です。ただ、それはまだ具体的な資料がほとんどわかっていないものですから、かなり外在的な分析です。当時手に入ったデータは、『明治工業史　鉱業編』とか、津田真徴さんが武蔵大学にいた頃に書いた論文などがあるだけで、そういうデータをみながら論文を書き始めています。実際に、その論文を前提に大学院に入ってから、今度は個別的に――時期区分ではなく問題群ごとに――、例えば製錬過程について資料を集め分析を進めた。作業がそういう形で進んだので、七六年の修士論文では、最初の計画が完全に放棄されて、やや各論的なものが並ぶことになる。それが参考資料の2です。第1章が買鉱制度の発展ですが、これは要するに製錬技術の発展が産銅業の発展にどういう影響を与えたかを問題にしている。結果的には、後の独占論につながっていくような論点がここから出てきます。

けれども、中心的な問題関心は、最初に鉱山王有制とか資本制生産とか独占を論じていたことからも分かるように、第一義的には、ある産業で資本主義的な生産のあり方がいつ頃どのように確立するかを考えることだった。その時に、金属鉱山で、あるいは鉱山業一般で問題だったのは、基本的な生産過程・労働過程と考えられている採鉱とか採炭という「掘る」部門がなかなか機械化しないことです。要するに機械制大工業の成立による資本主義的生産の成立、あるいは資本による賃労働支配という議論が適用しにくかった。これについていろいろな議論があったのですが、それ

参考資料2　1976年2月3日大学院石井演習の発表資料

＊修士論文として提出された論文を説明するために作成された資料のうち表題の論文の構成を示すもの。オリジナルはB4の罫紙1枚にまとめられた。

日本産銅業史研究の課題
[1] 買鉱制度の発展
　I　課題（独占形成の基礎過程）
　II　鉱業条例の制定と買鉱製錬の開始
　　(1) 製錬義務の解除
　　(2) 買鉱製錬の開始（明治期の未発達を規定した諸条件）
　　　a. 古河東雲製錬所　　b. 瀬戸内製錬所
　III　製錬技術の革新
　　(1) 明治30年代の産銅業の発展
　　(2) 生鉱吹法の開発［買鉱の生産力的基礎確立］　a. 過程　　b. 意義
　IV　買鉱制度の展開
　　(1) 明治40年代の産銅業（不況下の「合理化」）
　　(2) 鉱山付属製錬所の買鉱制度
　　　a. 鉱石市場の発展　　b. 買鉱制度発展の内的条件　　c. 買鉱制度発展の外的条件
　　(3) 大戦期の鉱石市場と肥料工業
　　(4) 1920年代の鉱石市場
　V　産銅業における生産の集中

[2] 産業資本確立期の鉱業労働
　I　課題［募集と移動、労働力析出過程］
　II　概観
　　(1) 鉱業労働力群の地域的構成　　(2) 鉱業生産の発展と鉱業労働力（石炭との相違）
　III　足尾銅山鉱夫の出身地
　　(1) 人口移動　　(2) 出身地の分布の推移
　　(3) 出身地の農業構造〈実証できず、困った困ったとの本人の書き込みあり〉
　　(4) 公布募集方法の変化（鉱夫争奪）　　(5) 小括　（鉱夫家族の形成）
　IV　産業資本確立期の鉱業労働
　　(1) 存在形態　構成、賃金、移動、勤続、家族形成、募集
　　　補 (2) 統括機構の解体（飯場経営の悪化）
　V　まとめにかえて――残された問題点

[3] 日本産銅業と市場構造
　I　課題［日本資本主義における産銅業の構造的意義の検討］
　II　日本産銅業と輸出市場［明治～大戦期の輸出依存型市場］
　　(1) 世界市場の動向
　　(2) 輸出依存型市場の構造
　　　1) 貿易構成と需給構造　　2) 輸出市場における日本銅、
　　　3) 外商依存と大阪銅市場　　4) 大戦期の変化［外商依存脱却］
　　(3) 国内加工業の形成過程［軍需・造船と伸銅業、電力・電信電話と電線業］
　　　1) 日清戦後　　2) 日露戦後　　3) 大戦期
　　(4) 小括
　III　銅輸入の激増と市場構造の変化
　　(1) 銅価格の崩落と世界市場［日本の地位低下］
　　(2) アメリカ産銅業における独占の形成
　　　1) 過程
　　　2) 基礎条件（国際カルテルによる賃金引下と生産制限、生産力発展とコスト引下）
　　　3) 小括
　　(3) 市場構造の変化と日本産銅業
　　　1) 価格崩落と輸入激増（外国市場喪失）
　　　2) 国際競争力の喪失（賃金コスト上昇、生産力格差）
　　　3) 加工部門の発展（電力・電気機械業、電線業、伸銅業）　　4) 銅の需要構造
　IV　まとめ

[4] 古河財閥の形成と産銅業〈この先は下書きも未完との書き込み〉
　I　課題［自己金融の意義と銀行設立、二流財閥の金融問題と銀行］
　II　日露戦後の古河鉱業と資金問題
　　(1) 鉱源開発と起業費の増大　　(2) 営業活動の拡大と流動資産の増加
　　(3) 自己金融（破綻）と外部負債の増加　　(4) 古河銀行の設立　　(5) 三社分立
　III　大戦後の古河財閥と古河銀行
　　(1) 大戦期の拡張　　(2) 戦後恐慌と大連事件　　(3)「慢性不況」下の古河財閥
　　(4) 金融恐慌と第一銀行依存の拡大　　(5) 昭和恐慌下の業務縮小
　IV　まとめ

[5] 産銅業における独占の確立［独占体の諸活動］

について最初に明快な解答を与えたのは隅谷さんです。

隅谷さんが、採鉱過程は手労働に依存しているけれども、労働過程の中では運搬過程が機械化されることによって採炭部門では労働者の自由な労働の管理ではなくて、資本による労働の管理が成立してくる。運搬過程のスピードに依存する形で採炭現場の生産のあり方、労働のあり方が左右されるようになる。だから、運搬過程の機械化を問題にすればいいのではないか、と主張した。

製錬過程への注目

それをベースに考えた時に、それでは金属鉱業ではどういうかたちで同じ問題を議論できるか。本来であれば採鉱過程（の労働管理）の変化とか請負制の変化を議論しなければならない。けれども、それを避けて、隅谷さんとやや差別化するという意図もあって、結果的には一番扱いやすかった製錬のところから議論を始めたわけです。

製錬を問題にした理由は、『日本産銅業史』の序文でも書いていますが、金属鉱業は石炭産業と同じように採取産業として鉱山労働という特徴をもっている一方で、坑外の労働過程も重要で、そこでは熔鉱炉生産という完全な装置産業になる。外形的には全く異なる生産過程を二つ結合させた産業として、日本では発達してきた。その事実に着目してみる。これは別に産業の特性というわけではありません。あるいは、こうなることが必然的ではありません。例えば、同じ金属生産でも、鉄は、かなり早い時期に、鉱石の生産と熔鉱炉による製煉という、採鉱・製錬の二つが分離している。石油でも当初は採油と製煉は一体化しているが、後になると、精製のプロセスが非常に精緻化して石油精製業が石油採掘業から分離される。現代では非鉄金属も採掘と製錬は分離しています。

そういう意味では、ある特定の生産過程の結合によって産業が成り立っているといっても、それには何らかの技術的な理由なり、経済的な理由なりがあってのことになる。だから、日本で固有に非鉄金属鉱業が採鉱・製錬を基本的な構成要素として発展してきたとすれば、何か理由があるはずだというのが、多少後知恵ですけれども、論点となります。それで、製錬を問題にした。

そこから出てきたアイディアは、もともと隅谷さんのところにありますけれども、採鉱という鉱石を掘る部分と、それを搬出する運搬と、製錬との三つの基本的な工程を分析しながら、その相互に生産性の上昇とか技術の進歩とかにずれが存在して、そのずれが生産性を上昇させる圧力になっていくということです。

その後具体的な論点をいろいろなかたちでつめていきますが、製煉に注目した当初は製錬過程における技術的な革新が、最終的には資本家的な経営を産銅業において成立させる重要なメルクマールになると考えたのです。その時に想定したのは、製煉部門の生産能力だけが一方的に拡大してしまうと、自動的に前工程の運搬が採鉱に波及して採鉱労働も資本に従属してしまうということです。製煉が巨大化すると、必要な原料を確保するために運搬工程を改善するだろうし、運搬工程の改善が採鉱に大量の労働力投入を要請することになる、そこでは労働者の自由が失われると想定して始めました。結果的には、その議論が、もともと頭にあった鉱害問題との関連とか、あるいは買鉱の拡大によって製錬部門が分離してしまうところまで産業発展の姿が変わるという話まで展開することになります。

鉱区所有の問題

さらに、製錬を基軸にして生産の集中が起こり、生産の集中から独占の問題を展開することになりました。当時は十分には考えていなかったのですが、買鉱制度がもっていた意味は、製錬の一方的な拡大によって鉱業資本が鉱区所有の制約からかなり自由になるということでもあった。本来、鉱業経営のあり方を規定しているのは鉱区そのものなのです。この点は隅谷さんが非常にこだわっている問題ですが、資本にとって基本的な生産手段は鉱山業では労働の対象になる鉱石が埋まっている鉱区そのものだ。そしてそのあり方が重要な制約要因になる。鉱山は極めて個性的な存在で、山によって全く違っている。掘りやすい山もあるし、掘りにくい山もある。市場での価格は一緒だから、掘りやすい山では利益が大きい。だから、優良な鉱山を持つと黙っていても金が儲かるというイメージがある。優良鉱区の所有が経営発展の重大な条件になる。つまり、企業の利益率を規定する重大な要因だと考える。

通常、そうした鉱区所有の優劣は、鉱山地代という形で、地主によって吸収されてしまうはずです。土地所有権者は優良鉱区の鉱業経営者に対して高い鉱山地代を請求することができる。そのことによって、鉱山資本そのものの利益は平準化するはずです。ところが、鉱山地代が利潤を平準化するためには、土地所有権が鉱区所有権に優越しているという条件が必要で、これがないと鉱山地代の請求権が発生しない。マルクスが『資本論』で鉱山地代論を展開するときの前提となったのはイギリスの事実ですが、イギリスの鉱山法あるいは土地所有権法と、ヨーロッパ大陸や、それを模倣した日本の鉱山法・土地所有権法とは全く正反対でした。つまり、後者では基本的には鉱山所有権の方が土地所有権より優位に立っている。鉱区所有者は土地所有者に対して差額地代を払う必要がない。そういう制度的な条件があると、優良鉱区独占が鉱業権者にとって重要な意味を持つ。そうすると、この土地所有権と鉱区所有権の関係が、まず重要な論点となります。その制度的条件があって初めて、優良鉱区所有が高利潤の源泉になるはずということがはっきりしてきた。この問題は、大陸法を導入した日本では鉱区所有の意義が大きいということになりますから、さらに議論を続ける必要があり、この時点では宿題となって残りました。

それに加えて、鉱区というのは掘れば無くなるものです。非常にたちが悪い生産手段です。機械であれば磨滅していっても再生可能です。鉱山の場合には掘っていけば掘って行くほど、掘り進んだ分だけ運搬の工程は延びる特性をもっている。どんどん奥へと深くなっていくから、条件はどんどん悪くなりコストはどんどん上がる。コストが逓増していく可能性が非常に高い。しかも再生できない。再生されるためには億万単位の年数が必要になる。大規模な地殻の変動などがないと再生できないから、再生不能という制限がある。例えば、古河の足尾事業所が未来永劫事業を続けられることはまずない。鉱区の鉱石が種切れになればもうそれっきりでおしまい。ゴーイングコンサーンで事業を継続する資本にとって鉱区所有というのは非常に厳しい制限になっているのです。

これに対して、製錬部門に鉱山事業が重点を移していけば、鉱石を購入できれば事業を継続する可能性が開けることになる。イメージとしては製鉄業に近いですが、こうなると、鉱区の制約を解除していく可能性を持っている。その辺りまでが、買鉱制度を研究して何となくわかってきたことです。

市場の分析とコスト

そのあと、市場の分析を始めます。市場の分析は、いろいろな雑誌のデータもあったのですが、古河の資料に出会ったことが大きな意味を持ちました。全く偶然のことですが、古河は最大の輸出業者でもあり、同時に日本国内で現在の古河電工につながるような電線業や伸銅業を育てていった。ですから、古河のデータを見ることによって国内市場も輸出市場も分かる。そういう幸運な状態で市場の分析を始めることになりました。

その時に最初に注目したのが、輸出市場のことよりは第一次大戦前後に急激に変化が起きた国内市場でした。これを問題にしたのは、すでにふれましたが、山崎広明さんが『講座帝国主義の研究　6　日本資本主義』で、第一次大戦期の急激な実質賃銀の上昇と恐慌による実質賃銀の上昇が日本の産業の国際競争力を殺いで、一気に輸入産業化したものがたくさんある。その代表的な例が銅だというような主張をしていたからです。

その頃はもう「銅」と言われた途端にぱっと反応する感じで、ホントかなあと思ったわけです。東洋経済の雑誌記事がもとで、その後『日本経済　最近十年』という大きな本にまとめられたデータが基礎になっていたのですが、某有力鉱山の生産費が急激に上がっていたことを基礎にして、このコスト上昇は賃銀上昇によるもので、それが日本の産銅業の輸入産業化の理由になったと指摘したのです。

山崎さんはこの記事を使っているわけですが、この山崎論文に対して、要するにデータには名目賃銀の上昇がコスト高の原因だとは書いているが、なぜ実質賃銀なのかが問題でした。もともとコストを問題にするときに実質賃銀を問題にするのは奇妙なことなので、そこにかみついた。そして、そのデータを分析し直すとともに、山崎さんのロジックの全体を取り上げて批判することになります。山崎さんは、銅山というのはもともと優良鉱山の独占によって高い利益を得ていた産業であったが、第一次大戦後の実質賃銀の上昇によるコスト上昇を背景にして輸入産業化したのに対応して、カルテルを結成して、独占を再編したと議論した。

このあたりは、坊主にくけりゃ袈裟までにくいという感じで、この山崎説を全部ひっくり返してやろうと検討を始めます。まずコストの上昇というのは第一次大戦期の急激な生産拡大に際して労働生産性が低下していたことが大きいのではないか、つまり名目賃銀――実質賃金ではなく――の上昇と労働生産性の低下によって賃銀コストが上昇したと考えていきます。こうしてコストに注目すると同時に、優良鉱区独占による独占成立も批判したいと思って、独占組織による市場規制という論点を出す。これが、『土地制度史学』に掲載された論文になります。七六年のレジュメでいうと、市場分析の後段のところに当たります。

この市場分析を通して、かなり重要な分析視角が確定できるようになります。何よりも産銅業史に引き継がれている最大の論点は、生産費に着目するという手法です。生産費に着目するようになったきっかけは、山崎広明さんの研究ですが、これへの批判――山崎さんの議論のほんの一部を針小棒大にやっつけた――を通して生産費を分析しておくことが、全体を通して重要なテーマになるだろうと感じとったわけです。

それと同時に、独占をどう捉えるかについて、鉱区所有だけではなく独占組織を分析するという論点を出すきっかけにもなります。その論文が『日本産銅業史』の最後の節に要約されていますが、『三井文庫論叢』に発表した水曜会の分析です。つまり独占組織そのものに注目してその組織活動を内部の調整メカニズムに即して明らかにするというものです。これは、発想としては、そういうことが出来ればいいなと誰もが考えたことがあるはずのものですが、先ほど言ったように、古河の社史の資料の中に水曜会の議事録が八割くらい残っていたので分析が可能になりました。単純に資料依存型の幸運です。多分、そういう資料がなければ私は何もしていなかったと思いますが、そういう分析が可能になって、独占分析につながりました。

議論が積み重なって、当初は資本家的経営が成立するのはいつか、どういう風にしてか、ということを考えていたのが、次第に独占論の方に重点が移行することになります。いずれにしても、買鉱と市場の検討を通して、それまでの原始産業としてのイメージとか、優良鉱区独占による高収益のメカニズムとか言うのを再検討しなければならないであろうということがわかってきた。

3　産銅業史の構想と執筆

それからしばらく、五年くらい産銅業史の研究をしていない時期があって、大学院の最後から社研の助手時代、そして東大経済学部に着任した当初のあわせて五年間ほどは、銅のカルテルについては少し書いたのですが、それ以外は帝国主義的経済構造の議論に巻き込まれて、飛んだり跳ねたりしていました。

しかし、いざ産銅業史をまとめてみようと思ったとき、少なくとも採鉱と製錬、あるいは坑内外の生産をバランスよくかかなければならないであろうというところに立ち戻った。そこでは、技術を重視しなければならないと考えました。つまり、生産過程分析が重要である、生産過程こそが産業に個性的なものだということです。産業史をやるなら技術をやらないとダメだと当時は思っていたのです。全く生産分析をやらずに「○○業の発展と……」という本を書く人もいますけれども、私はそれではダメだと思

参考資料3　日本産銅業史の執筆プラン（1985年4月11日付）

東京大学出版会から『日本産銅業史』として出版するために提出した当初の目次案。この案は、第2章3節、第3章第1節と5節について、雑誌に掲載された論文がある以外は、全面的に書き下ろすことを必要とするものだった。

序　課題
第1章　歴史的前提
　1. 鉱山王有制と官営鉱山　　鉱区の分布、官営と民営
　2. 鉱業条例の制定と鉱区所有の近代化　　制度的変化
　3. 官業払下げと優良鉱区独占
第2章　資本制生産の展開
　1. 輸出依存型市場の定着
　2. 採鉱の組織化と運搬の機械化
　3. 熔鉱炉製錬法の改良――生鉱吹法の開発と買鉱制の限界
　4. 飯場制度の展開 or 成立
　5.（資金調達と投資・業績）
第3章　独占の成立
　1. 内需依存型市場への転換
　2. 採鉱の機械化
　3. 買鉱制度の発展と選鉱法の改良
　4. 飯場制度の解体
　5. 独占組織の成立
　6.（資金調達と投資、業績）
結語（末尾に、第一次大戦期を別にするかどうか？　という書き込みがある）

っていました。だから、技術をやらなければいけないし、同時にその生産過程を規定するような生産手段の所有に関して、鉱区の問題をきちんと分析しなければいけない。それから、技術変化・発展が労働そのものや労資関係を変えることも分析しなければならない。市場分析も考えなければならない、さらに資本蓄積のあり方を最終的には考えなければならないとなっていくのです。

こういう柱のたて方自身は、産業史の方法についての第23章でも話したように、基本的には石井寛治さんも高村直助さんもある程度考えている。かなり明確に意識しているのは山崎広明さんの本です。高村さんの場合には労資関係を捨象して労働を労働力としてしか考えていない。これに対して山崎さんは、労使関係を――自分で分析したわけではないと御本人は言っていましたが――化繊産業史に取り入れている。

こうしていくつかの柱を立てて、どういう風に叙述するかを検討したわけです。それが参考資料の3です。最初のところは、かなり機械的です。三つの時期に分けて、市場、採鉱、製錬、労働、資本と並べているだけです。それが最終的には、いくつか叙述の順番を考えざるを得なくなって、例えば第2章の2と3の順番が変わることになりました。ただし、大きくいえば市場から採鉱、製錬、労資関係、企業の成果を順に問題にするというのが基本的なパターンです。第3章については、固有のテーマとして独占の議論がこれに加わります。そして、分析の前提として、どうしても制度的な条件となる鉱山法制とか鉱区所有のあり方を議論しなければならないので、それを「歴史的前提」として第1章に置こう、という構想です。

4　主な論点

そういう構想で書き始めましたが、八五年時点で種になる論文が出来ていたのが、2章の3と3章の1と5で、半分くらい出来ていたのが3章の3だったので、かなり調べて書かなければいけない状態でした。

方法的視点としてのコスト分析

始めたときに一番問題になったのは、これだけたくさんの問題をやるとして、それをどういう順序でどうまとめるかということです。なぜ、そういうことを考えたかについては、産業史分析の方法でお話ししましたが、「この要因とこの要因が重要でした」と羅列する方法は避けなければいけないと考えていたからです。それではさまざまな要因の関係を説明することに全く可能性がないのかと考えてみると、何か一つの指標にまとめられればうまくいくはずだと考えました。その時に思いついたのが、山崎批判をやった時に使ったコスト分析に集約できるだろうということです。要するに、例えば技術の変化があって、労働生産性が変われば当然そのことによって生産費は変化するであろう。労働のあり方も同じように生産費に関わる。労資関係がうまく調整できなくて賃銀が上昇してしまえば、それは名目賃銀の上昇を通じて生産費に跳ね返るだろう。マーケットの動向も生産費に対して圧力を加えるであろう。それが資本蓄積を規定し、収益性を説明するだろう。あるいは、減価償却とか投資のあり方からも生産費の変化が説明できる。このように、ある程度収斂できそうだと言う想定があった。

やってみなければわからなかったし、データがどのくらいあるかわからなかったのですが、山崎批判前後くらいから集め始めた各大学の工学部にあった実習報告書が――これは鉱山業史をやる人間にとってはもう欠かせないデータになりましたが――手掛かりを与えてくれました。明治の初めから大正・昭和にかけて、当時の大学の工学部の採鉱学科とか冶金学科とかの技術系の学科の人たちは三年生と四年生で二カ月ずつ鉱山に入って実習報告書を書く。そこで自分たちが実際に見聞きしたものをレポートにしている。時代が下るにつれてどんどん専門的になって、だんだん我々には手におえないものになるのですが、初めの頃のはかなり詳しく経営実態に踏み込んでいて、しかも情報を提供しているのは自分の大学の先輩とかの技術者たちです。要するに、日本にいる鉱山技術者の狭いサークルの中で、先輩が後輩に教えている、しかもそれは狭いサークルの中で共有されている情報だから、コストについても何でもほとんど事実が洗いざらいわかるように提示されている。かなり信頼度が高い。学生がドジでない限りというべきかもしれないけど、一番ドジな学生が何にも考えないでただ写してきているから、一番いいデータを残している（笑）。ちょっと気の利いた学生は、データを加工したりして、かえって使えないこともありますが、とにかくいいデータがたくさんあった。それを利用すれば何とかなるかなと思って書き始めて、できたのが2章と3章になります。

鉱山王有制の問題

ところで第1章の歴史的前提で何よりも明らかにしたかったことは、鉱区所有の日本における特殊性ということです。鉱区の所有が前近代ではかなり長い間一方的に権力、王権の支配するままであったといわれている。これについては、かなり有名な論争があって、加藤幸三郎さんがこの本でもしばしば引用している石村善助さんの鉱業権に関する研究（『鉱業権の研究』勁草書房、一九六〇）をベースにして、明治の前半期に成立した鉱山の所有権制度を絶対主義的な鉱山王有制と規定した。それに対して、小林正彬さんがそんなことはない、加藤説は要するに講座派の絶対主義論を前提にした議論で、つまり結論があっての議論をしていると批判していた（「明治初年における領有制解体過程の特質」『専修経済学論集』八号、一九六九）。

最終的に私の解答は、日本坑法という法律ができるまでの間には、王有制と規定できないような「ゆらぎ」の時代がある、それまでの諸藩の優越した権利を剥奪して新しい時代に即して鉱山経営を自由化する面と、政府の財政事情から最良の国内資源である鉱区を政府の所有にしておきたいという、財政的な要請とのせめぎ合いのなかで相当揺れているというものです。ただし、制度的には、明治六年に成立した日本坑法では、少なくとも鉱区所有について、借区制という年限を区切った制度を採用したという限りにおいては、近代的な鉱区所有といえるものではなかった。つまり、一五年しか借りられない、一五年たったら更新できるかどうか保証されていないのでは――これは当時から言われていたことですが――、鉱山経営者が、長期の資本投資・設備投資に力を入れられない状況を作り出す。そうした面は認めざるを得ない。

それでは、借区制が全面的に前近代的だったかというと、かなりの自由な経営をもたらしているし、同時に税金はかなり低いから、王有制はそんなに強くない。しかし、この借区制の下で、要するに政府の意向によって場合によっては鉱業経営者が権利を取り上げられるかもしれないという、近代的な所有権から見れば相当曖昧な制度が成立していたことが問題でした。この点については、かなり後になって高村直助さんが、日本坑法下の鉱区所有を王有制とする議論について、私の研究も含めて王有制という理解は誤りだという批判論文（「明治初年の経済政策——鉱山『王有制』をめぐって」『明治経済史再考』ミネルヴァ書房、二〇〇六）を書かれていて、それに反論したことがあります。私の理解では、借区制がなくなる明治二三年の鉱業条例成立が、本当の意味で近代的な鉱山業が成立する制度的条件を整備したといって良いだろう、ということを議論しようとしただけで、高村さんの批判はそのような捉え方を十分には受けとめてもらえなかったためと考えています。

ここの記述では、通説に比べると鉱山王有制そのものの絶対主義的な性格に言及しないという点では、王有制に関する評価を弱めています。つまり、鉱山王有制＝絶対主義、絶対主義天皇制国家と結びつけるスタンスは、とらないようにしている。けれども、少なくとも資本家的な経営が成り立つためには、基本的な生産手段である鉱区が完全に所有できないのは制約だった。明治初期の混乱状態で誰がどういう権利をもっているのかわからない、非常に曖昧な状態があって、そのために鉱業経営が頓挫をきたすというような状態に比べれば、王有制の理念を導入した日本坑法の制定によってはるかにましになった。一五年という借区は前進と考えてもよいのですが、それでも制約であろうというのが私の見方です。

同時に、この王有制のところで強調しているのは、本国人主義です。つまり鉱区所有を国の所有、支配の下に組み込んだことに積極的な意味があるとすれば、日本国の所有だと政府が宣言することによって、外国人の所有を完全に排除したことが重要だと指摘しています。もし、そうでなければ、かなりの鉱業資源を外国人の経営に委ねざるを得なくなっていた可能性が高い。だから、この王有制というのは、いわば外資排除政策を大前提に考えれば、それ以外に選びようがない道であった可能性が高い。幕末期にいったん開放政策ともとれる方向に揺れているわけですから、それを排除していくためには、国権を前面に出して外国人を排除するという本国人主義を確立する、その手段として王有制は、最も適合的な方法であったと考えて良いと思うのです。

本来だと、後の時期につなげるために、序章で取り扱っている時期の鉱山操業の基本的な形態である買石制などの請負制度を分析しなければならないのですが、そういう余裕がなくて、制度的条件だけになったのが序章のすべてです。この部分は書き始める時点で書くことができるという確証があったわけではなくて、公文書館などに通って資料があるものだけで全部書くというスタイルだった。それで、橋本寿朗さんに後で、「枠組みを決めてから穴を埋めるからへんな本ができる」といわれたものです。（笑）

資本制生産の成立

第2章は、マーケットから始めて製錬、そして採鉱、飯場制と進む。ロジックは要するに製錬の技術発展が可能になった最大の前提が輸出産業として急激に伸びたことだ。それをベースに製錬とか採鉱とか運搬で様々なトライ&エラーが行われて、明治三〇年頃に製錬で画期的な技術革新が小坂鉱山を中心に完成する。そのことを通して、採鉱部門で採鉱請負労働の再編成が起こった。その請負労働の再編成が労資関係の中心であった飯場制度そのものを変えていく重大な画期になった。それらを通して、鉱山業で明治四〇年前後くらいには資本家的経営が成立したであろうと考えるというものです。

さらに、いくつかのメッセージがあって、まず採鉱労働における熟練の問題について、二村一夫さんの研究を念頭において、採鉱過程での労働現場の分散・孤立状態をどう組織したかを検討している。出来高請負賃銀ですから、制度の設計を間違えればアブセンティズムなどが生じる危険性があるのを克服するため、どうやって労働を管理して最大限の効率を引き出したのかを検討した。そのための階段法とか間切法とかさまざまな制度的な工夫が重要だったことなどを明らかにしています。

それから、採鉱の技術を規定しているのは、鉱区の差であって、それには基本的には二つのタイプ、鉱脈型の足尾などの鉱山と、別子とか日立の鉱床型がある。少々わかりにくいのですが、鉱脈型というのは、一つの山があるとその山の頂上の方からみるとフレアスカートみたいに、あるいはカーテンが広がるように布状に薄い鉱脈が向きもばらばらに広がっている。もともと基盤になっている岩石の割れ目、岩盤の弱いところにマグマが上がってきて、それが冷却する時に鉱石が凝集するのでかなり複雑な形と鉱石品位になる。これを掘っていくのはとても大変なことで、当時の日本の鉱床では一〇センチメートル幅位の鉱脈があればいい方なのです。それを人間の通れる九〇〜一一〇センチメートルくらいの穴を掘ろうとするから、ものすごく余分な金がかかる。そういう鉱山に対し、鉱床型の別子は牛の舌のような形のかたまり一つが鉱床を形成しているものです。別子銅山は、江戸時代に掘り始めていますが、江戸期に掘ったのがその舌の上の先の方（海抜では高い方）で、あとはただ昭和に向かって下に掘っていっただけです。極論すると、大きなかたまりが山の中に埋まっていて、それを上からただ削っていったという鉱山です。

だから二つのタイプでは全く掘り方が違います。そのため労働や労資関係に与える影響が違ってくる。書いているときに二つのタイプがあることを明示的に書くことも考えたのですが、ちょっと危険だと思ってやめています。タイプを出すと、当時はすぐそういうことだけに反応する人が多くて――それくらい石井さんの製糸資本の二類型論のインパクトがあって、石井さんの弟子なら同じだろうと言う人もいて――、タイプ論と思われるのは本意ではないから、それには言及しなかったので出来あがった本からはちょっとわかりにくいかもしれません。

いずれにしてもこの鉱床の差によって採掘のコストなどは全く違う。ところが、別子の山の難しいところは、こういう大きな鉱床をどんどん掘りくずしていくと、両側からの盤圧がものすごく強くなってつぶれてしまうのです。そのために坑道の維持に金がかかる。採鉱費以外の間接的なコストが高いのです。一方鉱脈系の方は細い鉱脈を追っていくわけで、その効率は悪いから採鉱のコストは高いのですが、周辺の岩盤は比較的堅固であるし、品位も高いという違いになる。

それから、もう一つ、企業行動のところを議論するときに、これはあまり気づいた読者はいないのですが、産銅「資本」という言葉・表現がほとんど出てこなくなって、五大産銅企業など「企業」という言葉に変えています。資本蓄積の具体的なあり方を、投資のあり方などと関連づけて議論するときに、企業の方がよさそうだ、資本という言葉よりは、企業という言葉で摑まえる方がよさそうだ、と考えたからです。

もちろん資本蓄積の議論で一番重要なのは、企業と言葉を変えたことではなくて、技術変化に伴い巨額の投資を必要としていることを示したことです。つまり、所有する鉱区がいくら優良であったとしても、その生産を維持するために必要な再投資、固定的な資本投資がかなり大きく、その固定投資の負担をどう賄ったのかが鉱山企業にとっては重大な問題だったことを明らかにしています。

これは、柴垣和夫さんや山崎さんが金属鉱業は原始産業で優良鉱区を独占して、掘ればそのまま利益になるというイメージを持っているのに対して、掘るためには投資が必要だと反論したものです。それが、この章でのもう一つ重要なメッセージです。

産業史と市場の問題

ところで、産業史固有の問題について、少し敷衍しておきましょう。産業の個性を記述しながら産業史を構想するということを想定した場合に、私はポイントが二つあると思います。

一つは、市場そのものが持っている個性的な性格、つまり、製品がどういう用途で使われるかによって、市場のあり方が当然のように変わる。端的に言えば、それが大衆的な消費財なのか中間財なのかによって、市場の構造は相当に違ってくるし、輸出市場なのか国内市場なのかでも違う。それをどう考えるか、あるいはどう記述するかが大事で、これは事実を正確に書けばいいとはいえ、例えば銅の製品市場を考えたときにも、鉱山会社から見ると、その鉱山会社が、粗銅で売却していると最終製品となる電気銅の市場は見えない。ある鉱山会社が鉱石の形態で売却していると、その会社は鉱石市場にしか接していない。電気精銅所をもっていても、内部化された電線会社に売却していれば、電気銅市場がみえないかもしれない。その会社にとって市場とは、線を売る、あるいは電線を販売するという市場かもしれない。このことは製品市場で産業を括る、捉えるということが適切ではない可能性を示唆しています。

産銅業という一つの産業に無理矢理まとめたのは、下流の第一次加工くらいまでを企業形態として含んでいるものもあるので、それらを全部入れて考えたいという意図からです。第一次加工までの間に市場がいくつかある。場合によってはそのなかには内部化された市場もあり、内部化された市場と外にある通常の取引市場が一体化している場合もある。あるいは、時代によって新しく生まれる市場もある。鉱石市場などは、そういう面があります。そういう市場を想定しながら、鉱山業という括り方ではなく、銅の第一次加工まで含めて産銅業という名前をつけたのがこの本の市場に対する考え方です。

その場合、私たちにとって重要な意味を持つ市場は、――いわゆる売り手と買い手が取引しているという意味ではなく――、垂直的な統合企業内での部門間の製品の受け渡しというものもあるし、なおかつそういう内部取引がある時期には外部化され、市場に委ねられることもある。こういう歴史的変化を念頭におきながら、マーケットを考えていこうとしています。

そうすると、そのマーケット（部門間取引）が内側に入ったり、外へ出たりするわけですが、そうしたプロセスを分析する時に重要なのは、経営的な組織のあり方とか、その意思決定のあり方の問題だけではなく、同時に、垂直統合が合理的である場合には、それに技術的な裏付けがあるということです。統合的な技術が採用される場合と、分離的な技術が採用される場合がある。例えば第2章に出てくるような生鉱吹というのは、ある一面では鉱石市場という市場を鉱山業の中で分離させて、そこに自律的な意味を持たせたという面があるが、実は技術そのものは統合的な企業形態を有利にしてしまうという皮肉な性格を持っていることになります。

第3章で鉱石市場について鉱石会というカルテル活動を問題にする時には、今度は製煉の生鉱吹という技術だけではなくて、硫化鉱に含まれる硫黄分を硫酸原料として使うという焙焼の技術が出てくる。そのことによって、改めて、鉱石市場が今度は硫化分を売買する市場としての意味を持つようになる。鉱石の金属分を売買する市場でもあるから、二重の意味を持つ鉱石市場が成立する。しかしそうなってしまうと、今度は鉱石市場で取引される鉱石は、硫化分を処理できる性質をもっている方が価格面で有利なのでそうした鉱石の取引が中心になってしまう。そういうように、技術や市場のあり方とは相互に関連しながら変化してきています。

最初に戻ると、まず市場でどういうふうに使われているか、あるいは市場がどういうふうに変化してくるかを重層的に考えていこうとしたわけです。それによって、産業の個性が半分くらいは明らかになってくるのですが、産業に固有の商品を作るための固有の技術があると考えた方がより広い視野を持つことができる。あるいは、固有の技術体系があり、固有の生産手段の体系があり、固有の生産物があると考えると、そこにその産業の個性、他の産業との差を見出すことができる。

もちろん、企業史や産業史を考えるときに、機械設備が次第に自動化されていく側面だけに注目するとか、あるいは組織が大きくなるに伴ってハイエラーキーの山が高くなって重層的な階層構造の組織ができるとか、――要するに、さまざまな産業に共通する側面のみに着目して産業史を書くことはできる。おそらく、組織とか資金とか、技術変化の一般的な傾向とかに注目すればかなり共通性の高い産業史を、他の産業の分析にも参考になるような視点に基づいて出すことができでしょう。

そういう共通点を出すような歴史の書き方もあると思ったのですが、この本はそうではなくて、むしろ産銅業という一つの産業の個性を徹底的に追求しています。そのために、製品を作るための技術体系とか生産手段のあり方とか、生産過程そのものに注目する。鉱山の技術というのは、そうした関心でみていくと極めて個性的だということがわかる。記述的に書けることはいっぱいあって、本人はやっていておもしろかった。いずれにしても、この技術のあり方が生産のあり方だけでなく市場のあり方を規定することがあるというのがポイントです。

ただ、私の周りで産業史をまとめた人たちのケースで考えてみると、岡崎哲二さんの鉄鋼業の研究は――彼は目配りよく技術に言及はしますが、それはターニングポイントを説明する時だけ、変化の要因として、つまり変化をもたらす外生的な条件として、技術を説明要因として加えているように見えます。鉄鋼技術史に関しては非常に分厚い研究史があって、それに依存することができたために、岡崎さんのケースでは、そういう方法が可能であった面がある。しかし、それだけでなく産業の捉え方の違いがある。岡崎さんの議論は、産業の個性を摑まえようとしているのではなくて、そこから産業発展の一般的な特徴とか、あるいは日本経済に対する貢献をむしろ積極的に指摘しようとする。そういう場合には、産業の個性にこだわることはそれほど意味のあることではありません。

それから、橘川武郎さんの電力業の研究も、もともと外資導入論からのアプローチですから、電力業の資金調達がもっている意味を問いかけることに関心が集中する。そこでの分析の枠組みは、チャンドラーの枠組みとよく似ています。チャンドラーも「組織は戦略に従う」という一般化を試みるのですが、そうした一般化を企図している場合には、共通性に注目する。これと対比すると、私の接近の仕方はかなり異質なものです。

技術の問題

もう一つ、技術について補足すると、ここで出てくる技術体系には、日本の国内でも山によってかなり差異がある。さらに国外に出ていくと全然違う。例えば、綿紡績業の場合、みんなリングの紡績機を使ったとか、あるいはハイドラフト化を始めるとか、技術的発展の同時性と共通性がある。製造業の場合には製糸業でも、器械製糸の技術は国際的にみてほぼ同じ水準です。鉄も共通性が高い。スケールだけの問題になっていて、鉄鋼業で日米間を比較するのであればトータルの生産量と炉の大きさだけを比べればよい。基礎になっている技術体系はほとんど同じです。ところが、金属鉱山業では、例えば採鉱では、露天掘りが出来るか、坑道を掘らなければいけないかは決定的な違いになる。この当時でも、中南米は露天掘りが多いから、労働者はオープンな空間、太陽の見えるところで働いている。トラックやさまざまの土木機械を本格的に使うことができる。ところが日本はそうではない。機械化の程度が全然違うから、採鉱の能率が全く違う。そういう海外の生産者と競争しなければいけないわけですが、驚くべきことに、それでもある時期までは外国市場で日本銅も競争力があった。

それから、戦前の技術でいうと、第3章に出てくるように、日米間の生産性の格差を製錬部門で決定づけたのは、第一次大戦中に開発された反射炉製錬法といわれています。これは世界の銅生産シェア五〇%くらいを占めたアメリカでしか実用化できなかったのですが、非常にスケールメリットの大きい技術です。だから、日本ではその炉一基でも鉱石が足りない状況です。そのため三菱の直島製錬所に導入されるけれど、思ったようには効率性があがらないために他には普及しなかったと言われています。全く異質の技術で、それ故に規模の経済性の効果も異なるような技術を基盤に国際競争しているのです。そういう認識を欠くと、単純なソーシャル・ダンピング論、低賃銀論になったりする危険があります。低賃銀に依存している面はもちろんありますが、非常に劣悪な資源の賦存状況のために、採用される技術に制約があってどうにもならない面がある。そこをきちんと説明しないと競争構造は説明できない。そこがこの本の技術へのこだわりです。

時期区分の問題

それから、『経済学論集』の橋本寿朗さんの書評では、第2章と第3章の時期区分の問題が指摘されています。あまり正確にはわからないようにしてあるのですが、『日本産銅業史』では一九一八年で時期を切っているのです。この点は当初の構想では第一次大戦期が第3章の時期になっていたのを大きく修正しています。もともと第一次大戦期をどう扱うかははっきりと結論が出せる問題ではありませんでした。

迷いがあるなかで、できあがった著書に即してみると、二三五頁の第3章の冒頭で書いてあるように、第一次大戦の終結を契機に日本は銅輸入国に転換したと書いて、戦争が終わったあたりから第3章を書き始めています。帝国主義的経済構造などの議論で日頃言っていることと違うじゃないかというのが、おそらく橋本さんの疑問点になったと考えられます。筋を通すのであれば、一九二〇年で時期を区切った方がいい、それが武田の日本資本主義論、日本帝国主義論ではないか、という批判です。

批判された点は理解できますが、著者はこの本で日本資本主義を論ずる気はないのです。この点が、石井さんとか高村さんの著作とは全くスタンスが違うところですが、対象に即して時期区分はすべきで、その対象が日本資本主義全体ではなく産銅業だとすれば、この対象に即して考えれば、一九一八年から一九年にかけて輸入国に変わってしまったという市場の変化を重要なポイントと考えるべきだというのが私の、ごく素直な事実に対する評価なので、そこで区分しているのです。

それはそれとして、時期区分については、「はしがき」か、どこかに書いたと思いますが、日露戦後から第一次大戦期を独立した章にした方が良かったかもしれません。ちょっと第2章のカヴァーする時期が長くて、明治二〇年代の後半から三〇年代、四〇年代と、急激な変化の時期に加えて大戦中のブームまで入っているからです。

【質疑】

質問　**独占の捉え方**ではどのような点が新しさと考えればよいですか。

武田　第3章は、前に話したように『土地制度史学』に出した論文をベースにしながら、市場の変化から議論を始めていますが、この論文を書いたのは一九七八、七九年頃です。その頃の独占論には二つのタイプがあって、要するに独占というのは平均利潤より高い独占利潤を実現することだと一般的には考えられていました。そうすると、その独占利潤は、社会的な総剰余価値の分配をゆがめる形で、他部門から利益を収奪してきているのか、あるいは高い利益は同業者の弱いところからのものなのかが論点となる。後者はある産業内で本来ならみんな平等に分けなければならないものを、独占資本が余分にとったために他の資本の利益が下がるというケースを考えることもできる。もしこうだとすると、平均利潤以下の弱い企業がなぜ残るのかという疑問が当然出てきますが、当時の独占の議論はこうした論点をめぐっていろいろと議論を重ねていました。

前者は、例えば、綿業でよくいわれたものですが、紡績部門が綿糸価格を全体としてコントロールすることによって下流の部門の織物業から収奪する。もし織物業に力があって価格転嫁が可能だとすると、最後には詰めていくと、消費者が損をするという議論をするということもありうる。

要するに、独占利潤の源泉はどこにあるか、源泉は何か、をさかんに問題にしていたのです。だから私にとっては独占成立を議論するとしてもこの問題をどう説明するか、あるいはどう実証するかが問題でした。利潤源泉を説明するのは、相当面倒なことですが、とりあえず、独占が成立することは、やや極端にいうと、ある特定の製品市場でカルテルが人為的な価格政策をとるとその人為的な価格統制は三井物産とかの非メーカーが輸入品などによって市場を攪乱するのに対抗する役割をもつ。二四木会の活動のポイントは輸入を排除する――外見的には輸入を排除したように見えるけど、要するに商社等がアウトサイダーとして入ってくることによって生ずるマーケットでの価格の乱高下・攪乱を避ける――ということに意味があったのではないかと考えるようになりました。

時間の軸を入れて考えると、価格の変動をある水準に安定させる、商社の投機的な利益の追求を押さえ込んでいくことを重視している。管理価格によって実現する市場の安定化そのものが、メーカーにとっては長期の投資計画とかに利便を与えると考えたらどうだろう、ということになる。

安定化という議論は、橋本さんが独占とは何らかの形で人為的に市場メカニズムをゆがめることだと定義したものと発想として同じです。いわれてみて、「あっ、そういう形でいえばいいのか」と思いました。これと関連してもう一つ、岡崎さんの独占分析、産業組織論も使った独占分析が、方法的には共通しています。つまり、彼の分析は買い手側や売り手側がどうマーケットをコントロールしようとしたかを産業組織論のフレームワークを使いながら説明している。そして双方的な独占が成立した場合にどういうことが起こるのかなどを整理した。取引関係の構造は銅のケースとすごく似ている。鉄でも製鋼共同購買会というものができあがってきて、共同購入システムとかできるなど、この共通性がおもしろいと思います。

質問　**日本資本主義論**ではないというのは、どういう意味でしょうか。

武田　産銅業の研究を通して、日本経済の発展全体について何かインプリケーションを与えるかという問題に関して、この本は直接答えることは考えていませんでした。そうした問題に向き合っていないのです。社会経済史学会『課題と展望』の「近代の産業と資本」という研究サーベイで私が自己批判したように、石井さんとか高村さんたちの世代が産業史を通して日本資本主義を論じたのと比べると、自分がこの産業を分析することを通して日本資本主義を論じられるかどうかに自信がなかった。銅山という小さな窓から、日本経済全体が見えるとは思えなかったので、まったく諦めたのです。よくいえば禁欲したのですけれども、実は単純に放棄しただけです。それを、「近代の産業と資本」では、最近の産業史研究が矮小化した、その典型例は武田だって自分で書いたのです。だから、産銅業が日本の重要な産業であったことは、例えば輸出とか、あるいは財閥が発展してきたとか、あるいは独占形態に特徴があるというようなことから考えれば、言い連ねることはできるけれども、この産業を通して日本の経済発展、日本資本主義の構造的な特徴が明らかにできるとは思えないというのが、書いている時の気分です。ちょっとひねくれていたというか、「きっと、だめだよ。どうせ俺のやっていることは、たいしたことない」、そういう気分が横溢していたのでしょう。

個人の研究史からいえば、この研究を通して独占論に目が開いたし、財閥論に目が開いて、それに関してはその後もそれなりに発言してきていますから、意味があったと思うのですけれども、そうした議論に立ち入れば、銅山の話だけでは説明できないという印象がむしろ強くなった。逆にいうと、産業史にはそういう限界があると考えた方がいい。例えば、戦後の自動車産業を議論するだけで日本の戦後の高度成長全体を議論できるかというと、たぶんできないと思います。

ただ、そんなにしらけたスタンスをみなさんが研究をする時はとる必要はもちろんありません。「これを通して日本のすべてがわかる」と思ってやってくれて構わないのです（笑）。そのくらいの意欲がなければきっと研究は伸びていかないし、重要な議論の芽が育たない。私も三〇歳代の初めにまとめていたら、もっと威勢のいい話になっていたのでしょうが、相当年とってから書きましたから、だんだんと「銅山ねえ……」って感じになったのだと思います（笑）。

高村さんや石井さんたちは、課題の意識として個別産業をやろうという気はほとんどなかったというのがまず第一に大切だと思いますが、日本資本主義の構造的な特徴だとか発展とかを全体として議論する、その素材として紡績業や蚕糸業を取り上げる。そこから見えてくる日本資本主義の構造的な特徴を、例えば石井さんでいえば、重層的な階級構造という議論に結びつけて説明するし、早熟的な独占の形成とか議論している。

ただ、やや外在的な批判をすれば、あの二人の仕事というのは、紡績業や蚕糸業が資本主義の構造そのものに占めるウエイトの高さに依存してそういうことが可能になっている面がある。例えば、女工の存在形態を議論することによって、日本の労働者の存在形態の半分近くが説明できるというものになっている。それでは、鉱山の労働者はどうかといわれると、やや特殊な対象を取り扱っているような気になって仕方がない、やればやるほど、なんか随分変わった連中という話になって、困ったのが実情です。

そういう意味で言うと、産業史の仕事が資本主義論に昇華していくためには、もう一段階あいだに媒介項を作って、資本主義論として自分自身で全体像を再構築していく以外ないというのが、私の立場です。だから、帝国主義的経済構造とは何かということを議論する時には、銅の話はとりあえず置いておけ、になる。

何人か、同じ時期に育った産業史の研究者の中に、我々はやや揶揄して、「唯鉄史観」とか「唯なんとか史観」、要するにある産業だけを研究しているのに、それで日本資本主義を全て語り尽くしていると考えている人たちがいた。「ここには日本資本主義の構造的特質が現れている」とか、そういう風にすぐ結論づける人がたくさんいて、それに反発していたものですから、それが、こういう形の本になってしまった。結果的には、そのために、この本はビジョンが見えないという書評をもらったのです。

最後に、『日本産銅業史』にはいくつか、修正しなければならない問題があります。論点については、議論が進めばさらに加筆が必要なのかもしれませんが、それをやり始めると切りがないし、産銅業史の新版を出版してくれるところもありませんから、論旨それ自体はそのままとして、資料の面であまり公にしたくないようなミスを犯したところがあるので、それは訂正しておく必要があると思います。

一つは、一五頁の表8の生野と佐渡のデータが入れ替わっています。これは表の鉱山名の欄を生野と佐渡とを入れ替える必要があります。幸いにデータを出すだけ出して、本文中では、官営鉱山を一括して説明しているだけなので、論旨には関わりません。これは岡田有功さんに指摘されたように記憶しています。

もう一つは、二〇八頁の三菱の鉱山別投資額のデータにおいて、出典の年報の一九一三年分のデータが抜けていて、一三年以降に表示されている投資額が実際には一四年以降のものになっています。元のデータは、当時の三菱経済研究所から提供を受けたもので、一三年分が研究所から提供されたデータで抜けていることに気がつかずに作表したという初歩的なミスです。年次の柱を一三〜一九年度から一四〜二〇年度に戻す必要があります。これは韓国放送大学の丁振聲さんに最初に指摘されたものですが、その後畠山秀樹さんが『近代日本の巨大鉱業経営』(多賀出版、二〇〇〇年)の一一〇頁注5で書かれています。弁解の余地はありませんが、三菱の鉱業部決算が九月末であり、決算後一〇月に始まる新年度の企業予算額が一二月にかけて本社で承認されていったと考えられることから、誤った表で一四年度起業費とされている金額は、一三年度の年報からとった数字ですが、一三年一〇月〜一四年九月までの決算期、つまり一四年度に執行された起業投資を意味するので、論旨に大きな影響を与えないのではと考えているものです。

以上

この講義は一九九六年七月一二日に行われた産業史の方法1を補足するかたちで、九七年一月に行われたものです。重複に配慮しながら、ここでは産銅業史という一冊の本がまとめられるうえで著者がどのようなことを考えていたかを解説することに努めています。

番外編

【番外編1】

第26章 『日本産銅業史』の先に見えてきたもの

――私的研究史の方法的な回顧――

参考文献　武田晴人「近代の産業と資本」『社会経済史学の課題と展望』有斐閣、一九九二
「はしがき」石井ほか編『日本経済史3』東京大学出版会、二〇〇二
「日本経済史研究の動向と方法的課題」韓国学会報告（日本語未刊）、二〇〇六
「企業活動の史的分析に関する方法的な試論」韓国学会報告（日本語未刊）、二〇一〇
「資本市場の発展とその意義に関する覚書」『経済論叢』一八〇巻一号、二〇〇七

1　はじめに

ご紹介いただいた東京大学の武田です。何を話すかを少し考えたのですが、個別の細かい実証的な課題を話すのは、お聞きになる人たちにとっては少し辛いことになりそうなので、私自身がどのようなことを考えながら経済史の研究を続けてきたのかをまとめてお話しして議論の種にしていただこうと思って、このようなテーマにいたしました。このタイトルは亡くなった橋本寿朗さんが「迷路の先にあったもの」というエッセイを書いているのですが、これを借りています。参考文献をいくつかあげていますが、関心があれば読んで頂ければと思います。

お話ししたいことの全体をおおざっぱに申しますと、大学院から日本経済史の研究を続けてきてすでに四〇年たちまして、その中でどんなことを考えてきて、そこから現代の経済社会をどのように捉えていったらいいと考えている

のか、ということです。私は銅山の研究——産銅業史と名付けて研究生活を本格的に始めますが、もとをたどると幕末維新期の民衆運動史、民衆運動の思想的な基盤というようなことに関心があったのです。そうした関心に沿って、その後の時期に対象を設定しようとして足尾鉱毒事件に注目しました。これを調べ始めたら、足尾だけで鉱害問題が発生しているわけではないので、鉱山の歴史をきちっと研究しないと、鉱害問題も理解できないだろうと考えて方針転換しました。そのため、師匠の石井先生には、「君は鉱害のことを忘れたのか」と叱られるのですが、そういう出発点から産銅業の歴史を研究してきました。

2　研究の出発点としての産銅業史研究

この研究をする際に気をつけていたのは、どういう方法的な接近が適切なのかということでした。私たちが研究を始めたときには、すでに高村直助さんの『日本紡績業序説』とか石井寛治さんの『日本蚕糸業史分析』などの研究が出ていました。こうした研究に学びながら、どういうことが自分たちにはできるかを考えていましたが、先行する研究に特徴的なことは、産業のそれぞれの個性に留意するとはいっても、高村さんや石井さんの議論は、素材としての紡績業、蚕糸業ではあっても産業レベルの議論をする気はなくて、その分析を通して日本資本主義を論じようとしていたことです。これに対して、鉱山の歴史から日本資本主義論を展望するのは無理ではないか、距離があって難しいのではないかということに気づかされました。

私の素材は日本資本主義論に直接つながるものではない、だとすればとりあえず迂回的かもしれないけれど、その産業それ自体の分析をつきつめて、何が言えるのかということと、日本資本主義論とかみ合うような論点に留意するということでした。具体的には、①資本家的な経営はいつどのようにして成立したのか、②独占的な産業組織への移行はどのようにして進展したのか、という産業発展の段階的な変化を明らかにすることを通して、日本資本主義の発展につながるような議論をすることです。①については、お二人の研究は産業革命期の研究ですから、いつ頃それぞれ産業が資本家的な経営のもとで展開するようになるのかを重要な論点にしています。そこでは、資本賃労働関係の形成＝資本の賃労働支配＝熟練労働力の無力化というような問題が、紡績業では機械制大工業を実現するような技術によって、製糸業では等級賃銀制によって説明されています。そして成立した資本家的な経営のもとでの産業発展がいつ頃独占段階に達するのかという問いが続いています。これらの論点は継承すべきだろうと考えて、日本産銅業史でも①と②を明らかにできるような資料を集める方向で調べ始めたのです。あまり良い資料が残っていませんでしたので、工学系の資料などを使いながら研究を進め、次第に会社史関係の企業資料が見られるようになったこともあって、何とかまとまっていきました。

方法的にいうと、①については機械制大工業による単純不熟練労働化というのはあらゆる産業で起こることではない、作業現場の機械化が資本家的な経営の成立の画期というのは、あまりに図式的で不適切だろうと考えて、それではどう理解すれば良いのかが解決すべき課題でした。この時に指針になったのが、隅谷さんの採掘工程が機械化されなくても運搬工程の機械化によって生産工程全体で熟練労働力の抵抗が弱体化できるという捉え方と、石井さんの等級賃銀制に基づく労資関係の捉え方です。前者は、運搬の機械化という点を重視している限りで機械化という従来の論点に忠実な面はありますが、言われていることは、運搬が機械化され捲揚機などの運行速度に合わせて採掘量を確保することが採掘労働者の評価基準になると、熟練坑夫といえども抵抗しきれなくなると理解しています。この考え方を援用して金属鉱山では、採掘、運搬、製煉というような工程がありますから、それらの生産性の変化をもたらすような技術革新に注目して、生産工程全体が経営の計画に沿って円滑に動くようになるのはいつなのかを考えていくことにしました。同時に石井さんの研究に学んで、切り羽の熟練労働を経営が如何に管理したのかを考えていけばよいだろうと判断していました。以上のように、生産現場で機械化が達成されるかどうかではなく、労働者の働き方が経営によって支配されるようになること――熟練労働者の抵抗が無力化する――が資本家的経営の成立にとっては本質的な問題であろうという視点で議論が進められることになりました。

もう一つは独占ですが、それまでの研究では、生産集中を基盤とする市場シェアの高さに注目して産業への支配力が高まり、それよって独占利潤が獲得される、その結果として利潤率の格差が生じることなどを問題にしていました。そして独占利潤の源泉はどこからかというような、ややこしい議論をしていました。この問題に立ち入ると実証研究のレベルでは対応できないので、私たちがやろうとしたのは、カルテルという組織によって人為的に市場の働きを変えていくことで産業が新しいステージに到達したことを示すという方向で独占を論じることでした。そうしたかたちで新しい段階に産業が到達したことを議論すれば良いのではないかと考えるようになっていきます。

そういう観点から私は、鉱山の研究を進めることになります。その際に留意したのは、研究をするといってもどうしても手に入る資料に引っ張られて、そこから分かること以外は話ができなくなりやすいことです。そういう側面が残ることはやむを得ないのですが、それでもあらかじめ分析すべき要素を考えておいて史料調査を進めることが必要と思って、市場構造、採鉱・製錬技術、労働力、資金調達（資本蓄積）と競争構造などの要点を考えて、そのすべての側面を構造的に分析することを意図し、資料も集めるということです。それらのトータルな分析が『日本産銅業史』としてまとめることになったのです。

3　方法的視点としての「コスト分析」

産銅業史のまとめに際して、一番困ったのは、さまざまに発見される産業発展に影響を与えたと考えられる要因をどのように整理し、その要因間の関係とか重要度を示すことができるのかということでした。最終的には、すでに別のところで話しているように、さまざま資料の中に散見される生産費、コストという情報で集約できるのではないかと考えました。賃銀の高さと技術進歩に伴う生産性の変化は、労働コストにまとめられるだろう、原料や燃料の使用量や節約の程度などもコストに反映される。そうであれば、産業発展に影響を与えた諸要素の変動の結果がコストの変化に示されるし、たとえばコスト削減の効果という視点から、賃銀の変化と燃料節約のどちらの影響が大きいかも説得的に示すことができるだろうということです。

この発想は、私が会社史の編纂などに参加して、企業の内側で起こっていることを見る機会がたくさんあったことからヒントを得ています。見ているのは現代の企業の現場ですが、それだけでなく企業資料として、何が重要視されていたのかも知ることになります。その中で印象的だったのが、現場のコスト意識の高さで、コストをどれだけ削減できるかということに強い関心を持っていることでした。コストは彼らにとって取り組んでいる現場での工夫や製品開発・改良の成果を測る重要な指標でした。そうであれば、私たち外部の観察者も同じような視点で企業の成果を評価できるだろうと考えて歴史の叙述を組み上げていったのです。

4　独占研究への展開

ここまでは実証研究ですが、そこから議論がさらに広がって行きます。それが「先に見えてきたもの」のです。何をしたのかというと、論文として発表した「買鉱制度」「大戦後の市場構造」「産銅独占の研究」などを書いていたこともあって――人によっては、武田ははじめから独占研究を志していたと思っているようですが、そうではないのです――、次第に第一次大戦期の産業部門における独占形成などの問題に関心を移すことになりました。ただし、これは必ずしも産銅業史から自然に出てきたわけではありません。むしろ当時の東京周辺の若手の研究者の動きに同調していったという側面が強く、つまり同世代の若手の研究者たちと議論するためには、鉱山の研究を自分の城のようにして籠城していてもどうにもならないと感じていたからです。

このころ、東京周辺の大学院にはかなりの数の経済史を志す若手がいて、それらが自主的に横断的な研究会を設けて活発に議論をしていました。そうした動きのなかから、一九二〇年代史研究会が私より少しうえの世代を中心に組織されて、かなりの期間の議論を経て『一九二〇年代の日本資本主義』（東京大学出版会、一九八三）という共同研究をまとめます。この頃には、西の方では山崎隆三さんを中心とした共同研究（山崎隆三編『両大戦間期の日本資本主義』上下、大月書店、一九七八）も進んでいましたが、そうした動きと競い合うように議論が重ねられたのです。少し遅れて大石嘉一郎さんを中心とした帝国主義史研究会が東大社研を拠点に組織されていますが、これも戦間期の研究への関心の高まりを反映した動きでした。この成果は、東京大学出版会から『日本帝国主義史』全三巻として公刊されることになります。このほかにも財閥史研究についての研究会などもあり、大学院での講義演習以外にもかなりたくさんの異なる立場での議論の機会があったのです。

そうしたなかで、私の研究に大きな変化をもたらすきっかけとなったのが、一九二〇年代史研究会や帝国主義史研究会での議論をベースにした「日本帝国主義の経済構造」という歴史学研究会近代史部会での報告です。この当時の近代史部会は、もう二人ともなくなってしまったのですが、安田浩さんと林宥一さんという東京教育大学で学んでいた政治史、運動史研究を専攻している人たちが中心になって、帝国主義時代への研究に近代史の研究をシフトしようとしていました。その人たちとの議論のなかで、経済史の殻に閉じこもるのではなくて、日本史研究全体のなかできちっと考えるべきだという気運が盛り上がって、そういう動きに巻き込まれてまとめたのが歴研報告です。

帝国主義という言葉は、今では経済史の分野ではあまり使いませんけれど、当時でも中村隆英さんはそうした概念を使うことに否定的でしたし、原朗さんも慎重でした。そういう意見がありましたけれど、私は、日本史研究の広い関心のなかで議論するのには使うことにも意味がありそうだと、頭も古いので、あまり深く考えずに使いました。当時は、大正デモクラシー研究とか日本ファシズム研究が政治史・運動史で活発に議論されていて、そうした議論と経済発展、経済構造の変化とはどういう関係があるのか、ということが問題だったのですが、そうした分野の人たちはかなり図式的な講座派的資本主義論に立っていたように思います。でも、図式的なマルクス主義理解に沿って考えると基底還元論ですから、絶対主義的天皇制の下で民主化が進むとか、大衆社会状況の下で欧米では生まれてくるファシズムと対比可能な政治システムが生まれるとか、議論は混迷していたように思います。今ほど離れてはいないですが、政治史研究と経済史研究の間に対話がないことに危機感を持っている若い歴史研究者たちがいて、そういう人たちが対話をする舞台を作ろうとしていたのが歴史学研究会近代史部会に代表される動きです。

5　国民統合にかかわる「調停法体制」論

そうして生まれた「日本帝国主義の経済構造」とか「一九二〇年代史研究の方法的覚書」で私自身は、経済史の側からは産業部門の独占形成を起点に経済構造の段階的な変化を論じて、その新しい構造的な特徴をもつ経済社会が抱え込んでいくことになるさまざまな利害対立、紛争の解決などを通して国民統合をどのようにして果たしたのかという問題を提起し、日本では「調停法体制」という独特の仕組みが作り出されると主張したのです。これは紛争の当事者となるような社会的な弱者に対して明定された法的権利がないままに、当事者間の話し合いで問題を解決する、そのために必要とあれば第三者が調停する手続きが制度化されていく状況が日本独特のものと考えた表現です。刑法がないのに刑事訴訟法があるようなもので、労働者にも小作人にも明確な権利が認められていないにもかかわらず、不満は不満として解決するためのルートは作ったというわけです。

経済史の研究の側で帝国主義段階を議論する場合には独占から資本輸出という論理をたどるのが基本線と考えられていましたが、私の場合は、独占的な産業構造が形成されるなかで変質する階級関係をどのように国家が処理していったのかという方向に進んだといってもよいかと思います。

このような把握をしたのは、一つには資本主義経済制度が経済社会を規律づけることができる、発生する問題を市場経済的な枠組みで解決できる範囲は、部分的だという認識が前提になっています。資本主義経済システムの部分性の認識ですが、もちろん独占組織は、寡占的な産業部門が中心になって循環的な恐慌による価格変動を抑制する仕組みをつくります。しかし、それは他方で非独占部門での過当競争などと裏腹の関係になりますし、賃労働者の処遇が自動的に解決できるわけでもなく、独占利潤の分け前を受けられる人たちは限定されている。そうした経済格差の発生とその中で不利を強いられる経済的弱者の不満が昂じれば資本主義経済制度を中核とする社会は不安定になる。だから、社会政策が登場することに象徴されるように、市場メカニズムによらない調整が必要になる。つまり帝国主義段階の資本主義社会は、そうした分配面での不満を吸収しうるような何らかの対策が必要になるものだと理解したのです。こうすれば、経済構造の段階的な変化を論じるのであれば、それに伴う統合のシステムの変質も論じうるし、また論じなければならないと考えていたのです。これは理論的な側面では、宇野理論の段階論の修正を意図するもので、宇野理論の場合は、産業構造の重化学工業化を起点に固定資本の制約から独占を説くという論理になっているのですが、これだけでは労働力商品化の無理という宇野理論独特の資本主義把握の特徴が活かされていないと考えていました。この点について、橋本さんは労働力の質的な変化という側面を重視して帝国主義段階への移行を説明することを提案していましたし、私はそれに加えて階級構造の変化が労働力の質的な変化から発生することまでを視野に入れようとしていたのです。それが調停法体制へとつながったわけです。

もう一つは、帝国主義が他民族支配を侵略戦争とともに重要な要素とするのであれば、そのような支配統合の仕組みにつながるような内なる支配の仕組みがあるだろうと想定していました。つまり帝国主義は植民地支配と同時に国内民衆を支配する仕組みを内包するものと考えていたのです。このように考えることによって、本国人と植民地人というような民族的な対立の図式とは別に、帝国主義に支配される民衆のレベルで本国も植民地もなく連帯ができる視点が得られるのではと考えていたのです。

そしてこうした要素を含み込むことによって、はじめて記号に過ぎない「帝国主義」という概念装置が歴史的な研究の視点を明確化できる基盤となると考えました。別の言い方をすると、こういうかたちで分析概念としての帝国主義の内容が定義されていくといってもよいかと思います。

6　一国資本主義論的アプローチの限界

この考え方にはメリットもあるとは思いますが、デメリットもあります。議論の仕方が階級構造の問題につながっていきますから、どうしても一国資本主義的な把握になります。国民国家を単位にして、その段階的な構造変化を分析している。そのため、日本史研究者からは一面では評価されることになりますが――たとえば運動史研究がどのような経済構造の変化のなかで生じた労働運動、社会運動を問題にするのかを位置づけしやすくなったとか――、他面では厳しい反発に受けることになりました。

なぜかというと、経済史研究の側からは対外的な侵略の必然性も植民地支配の不可欠性も説明はできない、と私は言い切ったからです。だから侵略戦争も植民地支配も説明できない帝国主義論にどんな意味があるのだということになりました。こちら側の考え方を説明しておくと、ヒルファディングやレーニンが定式化した帝国主義に関するマルクス経済学的な理解では、独占形成から過剰資本形成へ、そして過剰資本の輸出のための資本輸出、その輸出先を確保するための侵略や植民地化、そしてこのような動きによって発生する帝国主義国間の戦争、帝国主義と民族独立運動との戦争という順に、論理が展開されていました。ここでは、独占形成が必然化する侵略と植民地支配という関係で理解されていたのです。

それに対して、私は独占形成に伴う過剰な資金は、独占的な企業の内側で生じること、拡げても独占が形成される産業内で生じることであって、仮にそこで投資先を失った過剰な資本が形成されたとしても、その資本が対外輸出されるとは限らないと考えています。国内の他の産業分野に投資されることも十分にあり得るからです。つまり独占形成は過剰資本の形成までは説明できても資本輸出が必然的に生じることは論理的には説明できない。飛躍がある。ミクロレベルで金余りが生じても、それらは金融市場・資本市場で投資先を選択していくことになる。だから資本輸出が選択されることもあるけれども、それは資本市場の状況による。国内により有利な投資機会があれば、資金は国内に投資されるだろうし、仮に対外投資の方の期待収益率が高くても、投資リスクが高ければそれが選択するかどうかは投資家の判断に依存する。いずれにしても投資の可能性はあっても、投資が必然的だとは言えないのです。それが私の考え方でした。

したがって看板で「帝国主義」を掲げながら植民地支配も侵略戦争も説明しないということで、それ以来日本史の研究者との対話が難しくなったようです。というより彼らの関心を引くことができなかったようです。こちらとしては、必然性論に立つことは、見方を変えれば政治史や戦争史、植民地史など研究が経済的に必然と捉えられている過程を、単に粛粛と進展していることを叙述するだけのものにする、独自の視点が介在する余地がないものにしてしまうと思っていました。だから、意外な反応なのですが、そうなりました。戦争をするということを考えたとき、それが経済状態から必然的なものであると捉えることは、私は歴史研究としては堕落だと思っています。戦争は人がするものですし、そうした決定に参加したり、あるいはその決定を支持する人たちは、単に金勘定だけで判断をしているわけではありません。人はさまざま判断基準をもっているはずであり、そうした人間存在を正面から受け止めていくことに歴史の研究をするおもしろさも意味もあると思いますから、経済決定論的な枠組みに安住するのでは不十分なのです。

7　独占停滞論からの脱却と現代資本主義（国家独占資本主義）論

侵略の必然性を説明できないとしたことは、このような反応を呼びましたけれど、他方では経済史研究を前進させるうえで重要な転換点にもなりました。そもそも独占・過剰資本という議論では、独占的な経済構造が形成されると経済的な停滞に陥ると考えていました。過剰資本が形成されるということは、国内に投資機会がなくなっていると理解され、産業発展が望めないからです。これはマルクス主義者には都合がよかったのでしょうが、第二次大戦後の資本主義経済社会の高成長を説明できない論理になりました。一九七〇年代から八〇年代に研究を志している人間から見ると、「経済大国」となったと評価される日本経済が目の前に展開しているわけですから、このような独占停滞論にはリアリティが感じられなかったというのが、正直なところです。

だから私たちの関心は、資本主義がなぜ、第二次大戦後にあれほどの経済成長を成し遂げたのかということを明らかにすることに向いていました。経済史の問題領域に即していえば、そのような現状を説明することと、第二次大戦前の資本主義の展開とを連続的に説明できるかどうかということが課題でした。

この議論を主導したのが、橋本寿朗さんです。橋本さんは『大恐慌期の日本資本主義』（東京大学出版会、一九八四）を書いたあとに、これからは「成長の経済史」を研究すると宣言して、戦後の日本経済分析に突き進んでいきます。高成長の資本主義経済を分析できる論理をもたなければ、経済史研究は存在意義がないとまで言い切って研究を大きく推展させていきます。橋本さんに同意するかは別にして、彼は停滞的なイメージが強い国家独占資本主義という捉え方から離れるために現代資本主義という言葉を使い、より積極的には二〇世紀システムという捉え方で議論を重ねて、今起こっていることはどう理解すればよいかに立ち向かい、戦後史研究に重要な足跡を残しています。

この過程で独占についての理解も変化していきます。循環的な恐慌を回避するためという側面があることについては継承されますが、それを強調してきた宇野理論の独占理解は修正される必要があると考えるようになります。独占利潤を収奪する側面があることも事実でしょうが、それだけでは不十分だと考えるようになりました。そういう側面よりはむしろ、産業資本段階に発展してきている市場メカニズムがもつ不安定性を制御しようとする試みとして独占を捉える、それが価格機構の「部分的修正」という捉え方です。価格メカニズムの累積的悪循環によって生じる経済的な混乱を価格機構に対する人為的介入、私的企業の共同行為によって制御する試みと捉えるものです。

そのような議論を踏まえて私自身は、独占企業が管理価格を設定して市場を制御することは、企業行動にどのような変化を起こしたのかを考えるようになっていきます。そのことがたまたま産銅業史研究でのコスト分析とつながっていきます。どういうことかというと、自ら市場の価格変動を制御するようになると、そのとたんに企業にとって市場の価格は与件になります。この状態は、実は競争的な市場で決まる価格が個々の企業にとっては与件であると考えられているのと同じ状態です。

このように管理価格であろうと、価格設定によって価格が与件になれば、それを前提にしてコストを削減する以外に利益を増大させる方法はなくなります。共同行為に参加している企業間で競争が起こるとすればコスト削減競争になると考えるのが合理的だと思います。価格は操作できる変数ではないですが、コストは自らの努力で操作可能な変数だからです。そうした企業努力はインクリメンタルな革新を引き起こす原動力になり、そうした革新を生む組織に企業が進化していくことを示すと理解するようになります。

そして、もしそうだとすればそこから絶えざる生産性の上昇が生じるわけですから、そこから考え得ることは独占停滞論とは全く逆の、寡占的な企業間のコスト削減競争を介した経済成長になる。これであれば戦後の高成長経済と架橋することのできる帝国主義段階論になるという見通しを持つようになったわけです。

一般に経済学者は、独占的な協定によって価格が管理され、価格競争が停止すると企業はそれによって得られる独占利潤（レントといってもよいですが）に安住して生産性の上昇が停滞する、だから独占は問題だと考えています。市場の価格競争だけが生産性上昇につながるような企業行動を引き起こすという根拠はないと思うのですが、そもそも理論的にそのような前提に立っているのです。これは、大学教授になったとたんに、その地位と給与に満足して研究をしなくなるといっているような話で、そういう主張をする経済学者に出会うと、もう研究を止めたのかなと気の毒に思いますが、競争はさまざまな形で行われうるのです。この点は、あまり評判の良い本ではありませんが、『談合の経済学』という本で、外見的に協調しているようにみえる企業間にも競争はあることを強調しています。

8　組織化という捉え方

市場の組織化、共同行為が企業行動にこのような変化をもたらすことは、帝国主義段階の経済構造全体にどのような意味を持つのかが、これに関連して重要な問題点になります。

この点については、第一に「組織化」の進展という枠組みで段階的な変化を捉えうるのではないかという論点と、それでもなお第二に、私的な組織化は「部分的」であるという論点とがあります。

第一の点は、ヒトとモノとカネの市場について、それぞれ市場の組織化という枠組みで捉えうるかを考えて見ると、モノについて独占論ですが、ヒトについては労働組合の結成など労働者の組織化によって、労働力売買が集団的な交渉に委ねられることに表現されると考えられます。労働組合が労働条件にかかわって経営と交渉することが認められ、交渉手段の一つなるストライキが不法行為という訴追を免れるような労働者の権利が認められることは帝国主義段階論に移行する過程で先進国では広く見出される事実です。日本ではこの点が不十分なかたちでしか実現しませんけれど、ヒトの市場の組織化は段階的な変容の特徴と捉えることができる。問題はカネの組織化なのですが、現象的にいうと産業資本段階ではカネにかかわる資本市場の役割は不十分で、帝国主義段階に入るとようやく市場として機能しはじめるようにみえます。イギリスの産業革命期の出資はパートナーシップなどがかなり多いですし、株式会社制度が機能するのは独占段階に入ってからと考える方が適切のようです。その意味では、カネの市場は帝国主義段階で市場が組織化されると言うのには躊躇せざるを得ない。というわけで「組織化」という捉え方には限界がある気もしていたのです。ただし、とりあえずその点については、資本市場の機能を十全に利用できるのは限られた名声の確立した企業に限られていることだから、これは「会員制倶楽部」として組織化されている、つまり市場そのものが特定の企業だけを切り取って組織されたものと理解して、市場の組織化という概念で帝国主義段階への移行、そしてその後の経済発展を考える重要な視点になると考えていました。この問題に私なりの解答が出るのはだいぶ後になって「資本市場史研究に関する方法的覚書」を書く頃のことですが、それについてはあとでふれます。

第二の点、つまり革新が制度化され企業の重要な機能として内部化されるようになったとしても、そのような市場の制御が効果的に浸透するには資本主義経済制度の部分性が制約になります。資本主義経済制度が社会の全体を覆い尽くせないばかりか、独占的な規制が届く範囲はさらに小さくなるでしょう。だから、革新の制度化のなかで、生産の現場で科学的な管理が行われるようになるとか、管理会計制度が発展するとかの進化が見られるとしても、そうした進歩から取り残される部分が残る。成長に取り残される人たちもいる。経済的な格差拡大、分配面での問題の解決には、こうした市場の組織化では対応できないので、社会政策的介入とか租税制度を通した政策介入が必要となる。そうした補完的な仕組みによって安定性を保つことが必要であることが、帝国主義段階の組織化が部分的だということを明らかにしているのです。

この部分的な組織化の限界が世界大恐慌で露呈し、金融政策や財政政策による景気調整政策、反循環的な経済政策が必要になっていくという変化が次に生ずる。これが現代資本主義を特徴づけるのではないかと考えています。こういう大きな図式を描いていたのが、私の帝国主義史研究の一応の到達点でした。

9　産業から企業へ

こういうことを議論しているなかで、まとめられずに放置されていた産銅業史を一九八七年にまとめることになります。その時にこれまでの議論との整合性をとることが問題になるわけですが、その時の問題の一つは資本蓄積とか資本という言葉をどう使うかということでした。資本蓄積については、帝国主義史研究の方法にかかわって、これを特定の資本の活動に引きつけて理解するのではなく、産業資本主義的資本蓄積とか、金融資本的蓄積様式というかたちで、経済活動の段階的な変化を総括するような言葉として使おうと提唱していました。これはそれまでの研究で論点の一つとなっていた「財閥が金融資本であるのか」というような議論は無意味だと考えて、もし金融資本という言葉を使うとすれば、それは資本主義経済構造全体の資本蓄積のあり方を示す言葉として、したがって金融資本的蓄積様式というように使おうというわけです。

これについてはすでに第13章で質問に答えるかたちで説明していますが、私は、独占段階と独占資本という言葉では、経済体制の全体の変化を周辺の部分を含めて捉えるうえでは視野が狭そうだと考えて、あえて曖昧な言葉であることを承知の上で、帝国主義段階とか「金融資本的」蓄積様式という言葉を使っています。それは資本を類型化する概念ではなく、時代の資本蓄積の全体の特徴を示す概念として使われています。

その当否は兎も角として、そのような意味で資本蓄積を捉えるとすれば、個別の産業や企業の成果について、それまでの研究のように「資本蓄積」という言葉を使うのは、概念上の混乱を招く可能性もあり、できれば避けたいと考えました。結局のところ、先ほど話したような企業の革新的な行動を捉えようとすれば、資本という言葉も使いにくいので、「企業」として捉えることにしました。その方が企業活動の内側にまで入り込んだ議論ができると判断したからです。そこで、それまでの論文では、「産銅五大資本」というように「資本」として分析対象の企業活動を表現していたのを、収録した二つの論文については五大企業というように書き換えています。資本の運動というとらえ方から、企業という対象の設定へと変わったのが『日本産銅業史』をまとめたときの変化です。当時個人的にはかなり思い切った書き換えをしたのですが、誰も気がつかずに、今ではごく当たり前のことになってしまっています。

10　「市場か、組織か」から「市場も、組織も」へ

その思いを少し書き込んだのが参考文献にあげている「近代の産業と資本」という小論で、その延長線上にあるのが、同じく参考文献としてあげている二つの韓国の学会での報告です。日本語では公表する機会がないままになって

いるものですが、出したらかなりたたかれそうな気もしています。

要する資本から企業という内部構造のあるものに対象を移すということと、それによって企業の内側までも経済史の研究対象とすることが一つのポイントです。それから、独占論では市場か組織かという二元論的な捉え方が強いのですが、それを市場も組織もというようなかたちで捉え直そうとする方向を模索します。後者が意味するのは、独占組織が成立することによって経済機構全体の資源配分の機構が組織性を帯びるようになったとしても、それによって市場的な発展が阻まれるということではなく、市場経済的な機構による調整メカニズムも発展しつつあり、調整メカニズムの両輪のうち、ある時期には組織性が高まることがより鮮明であり、ある時期には市場性が高まることが時代を特徴づけるというように考えようということです。

こういうことを前提にして、企業を考えるわけですが、この問題に取り組むためには、歴史的存在としての営利企業の特性と、その段階的な変質をどのようにとらえるかを説明する論理を用意する必要があると思います。このように営利企業に注目するのは、その限りでは市場ではなく企業なのですが、それは資本主義経済社会を成立させる基本的な変化は、市場の発展にあるのではなく「営利企業の発明」にあると考えているからです。資本主義社会が成立するうえで鍵を握るもの、変革のコアにあるものは、市場経済の発展ではなく、分業と協業を組織することによって高い生産性を実現し、労働の制約から解放することを可能にした企業組織だという捉え方です。それが経済史の領域では「資本家的経営」の成立というようなかたちで論じられてきており、それを指標の一つとして産業革命の画期性、近代移行期の先行する経済社会との断絶性を示すものだと私は考えているのです。「資本主義＝市場経済」とは考えないということでもあります。

営利企業の制度化は近代を画する出来事だというわけですが、そうして浸透し始める資本主義経済制度は経済社会の一部分を覆うことにしかならない。部分性といっていることですが、広汎な共同体的な社会構造が周辺部に存在し、それがセーフティネットになって資本主義経済制度のもとでの市場メカニズムの調整の失敗を支えるような関係に立っている。しかし、そうした関係は、次第に市場の発展によって支柱となっている社会構造を根底から掘り崩す関係にあり、そのために新たに安定化のための装置を「組織化」によって備える必要がある、そういう歴史過程として資本主義経済発展を捉えてみようと考えています。この捉え方に沿って、帝国主義段階における市場の「組織化」の進展とか、現代資本主義における市場と組織の相補的な発展とかが説明できるだろうと構想しているのです。

これに沿って考えていくと、現代においては、独占による管理価格という時代状況とは異なって、独占禁止立法によって共同行為が禁止される一方で、財政金融政策などによって景気変動が調整されることによって市場価格の変動も抑制される状況に変わっている。「高成長」下で価格変動が抑制されていることは、一つには、価格変動を介して企業に自己変革を迫る市場からのシグナルが弱化したことを意味しますが、他方で、独占の時代と同様に価格が与件となることから、営利追求の手段としてのコスト削減が企業行動にとってより重要な戦略課題となり、「革新は内部化」されています。なぜなら、機会主義的な市場での取引によって収益を得る機会は極小化されていくはずだからです。これは営利企業が資本主義経済制度のもとで理念的に期待されている役割をようやく現代において具備するようになったといってもよい特徴です。もっとも蛇足ですが、現在では、資本市場での投機という本業以外の活動で利益を得る可能性が拓かれているために、企業の革新能力が劣化していくという側面も見逃せない特徴になりつつあると感じています。

11　市場の発展とその限界

それと関連しますが、私たちが現代において直面しているのは、ここでいう市場の価格シグナルの弱化という問題にどう対処するのかということだと考えています。

これについては参考文献の五つ目の「資本市場の発展とその意義に関する覚書」（『経済論叢』一八〇巻一号、二〇〇七）という小論文で少し考えをまとめています。ここで何を議論しているのかというと、現代経済社会では、経済発展によってかつてセーフティネットの役割を果たしていた非資本主義セクターが消滅しつつある、言い換えれば市場経済的関係が全面化しているわけで、このような緩衝帯の消滅による、市場の自律的調整の範囲の拡大の限界に資本主義経済制度はどのような自己修正能力を持っているかが現代的な問題なのです。

独占段階への移行における市場の組織化は、「市場機構」への介入的な政策領域――介入的な景気政策とか分配面での公平性の維持のための政策措置など――が増大しているわけですから、その結果、市場が拡大して面としての広がりが大きくなっているとはいっても、そのなかで自律的な調整だけに委ねられているという領域は限定されています。たとえば、「大企業が成長した」という事実は、組織による意思決定によって経済的資源の配分が行われていること、つまり企業の内部に調整機構が部分的に取り込まれていることになります。市場のシグナルが無意味化しているわけではないのですが意識的な調整が重要な役割を果たしているのです。また、労働者の権利を認めることを前提に規制されているヒトの市場の調整にも限界が画されています。

このように市場機構の機能に対する制約が大きくなっていることは、資本主義経済がもっている自己革新の能力が劣化していることを意味します。この点は、橋本寿朗さんの言葉を使えば、資本主義の強靱性が失われつつある局面に到達している可能性がある。

高成長期には物価上昇への強い警戒のもとで、「成長率循環」が展開したことは、強靱性の喪失という問題の顕在化を抑制していたと思います。そうした経済成長のもとで覆い隠されていた市場機能の脆弱性が顕在化しつつあるのが現代だというわけです。それが先ほども指摘した企業の効率性を担保するための商品市場によるテストの脆弱化です。このモノの市場の脆弱化のもとで、非効率な企業に対する選別の必要性が改めて課題となったのが高成長を経験したあとの成長率がスローダウンした先進国経済の直面した問題だったと理解しています。そこで期待されたのが資本市場です。経済成長に貢献するような効率的な企業だけを残すために資本市場で競争力の低い企業を排除することが、資本主義経済体制の維持には不可欠と考えられるようになったのです。

商品市場でのテストに代替する手段としての資本市場は、非効率な企業をその活動の成果である収益性によって選別することになります。商品市場でその企業の製品が受け入れられるかどうかが第一義的には企業活動の社会的有用性を明らかにするテストだとすれば、資本市場は、その第一次テストに合格したのかどうかの結果（企業が獲得し得た利益）によって企業をより分けようとしているのです。

歴史的に見れば資本市場は、小規模な資金も集めて大規模な事業活動に投資することを可能にするような資金調達の手段であり、株式という証券形態での譲渡の容易性が企業の買収などを活発化し、企業の集中など独占段階には広く見出されるような現象も生んできました。投資家にとって、証券の流通市場が機能していれば、証券を乗り換えるなどの方策で自らの投資の流動性を確保することもできるものですが、経済全体が高い成長を遂げ、それなりの高配当と株価の上昇が広く期待されるときには、投資家も企業経営に発言することは少なかったのです。ところが収益力に陰りが生じるとともに、利益の分け前を強く要求する株主が登場し、株主反革命が進んだ結果、株式市場は現在では安定性を欠いた状態に立ち至っています。過渡的な時期にあると理解していますが、資本市場が資金調達と支配集中から商品市場に代わる企業評価のためのコンテストの場になってくると、そこでは投資家たちの美人投票によって市場の動向はそれ自体として期待に依存する不安定さを抱え込みますし、情報の非対称性が払拭できないためのリスクも意識されるようになります。そのようなリスクをヘッジする多様な金融的な手段が発展するとともに、そのヘッジのための金融的な手段が新たに投機的な資金運用法を生み出していきます。そのために私たちは資本市場という暴れ馬をコントロールできていないのが現実だと思います。これが過渡的で不安定化している基本的な理由です。

このような理解は、歴史的に見れば、資本市場が企業のガバナンスに企業制度の誕生期から機能していたという平板な理解に対する批判を内包しています。それに賛成するかどうかは別にして、ヒト、モノ、カネの市場の機能がどのように変化していくのかに注目しながら、「経済発展」がどのような構造的な変化を伴いつつ展開してきたのかを論じうるような、新しい段階的な把握の必要性が増していると思います。詳しく説明する時間的な余裕はありませんが、私は今、段階的な変化と、構造的な種差とその相互関係を表現するための「遷移」というとらえ方で書き直せないかを模索中です。そうすることで経済史が歴史的な個性をもった対象、時代の制約を負った対象をきちっと分析するために、その対象が置かれている時代状況を、経済発展段階論的な枠組みで説明できるようにすること、そのために発展段階論も内在的な要因によって変化していくような、言い換えれば外生的なショックだけで説明するのではなく、あくまでも内在的な論理によって発展を描く、そうした視点から何かまともなことをこれからの残された研究人生で考えてきたいと思っているところです。

【質疑】

質問　**橋本さんと武田さんの違い**、橋本さんはエコノミストそのもので武田さんはそうでもないと思っていますが、ご本人としてどうでしょうか。

武田　橋本さんと私の違いは、橋本さんから見れば余計なことまで気にするのが私ということです。あえて私の特徴点を強調すれば、経済史研究と日本史研究との間に橋を渡すことが重要と考えていたことです。現代の経済史研究は関連研究分野との対話が十分ではないと思うのですが、それがなぜなのか。何か経済問題を語っていれば日本社会全体を語っているかのような錯覚を持てるほどに経済問題が重大化しているからだろうとは思っているのですが、でもそれは望ましくない。政治史にしても、文化史にしても、社会史にしてもそれぞれ固有の研究領域をもっていて、それらとの対話を通して歴史の全体像が描けるという関心を持ち続けています。なかなかうまくできないのですけれど。

こうした全体像への関心は、実は産銅業史でまず挫折しています。産銅業史研究からでは、日本資本主義の全体像に迫ることはできない。そのために、いったん抽象度の高い市場とか企業とかを考察の次元を迂回して発展段階などを議論しています。いずれにしても一人の研究者ができるわけではないのですが、どこまで関心の視野を広げていればよいのかが分からないので、いまだ迷っています、最近の経済史研究者は、経済学の研究についてはリスペクトして読む人はたくさんいるようですが、歴史の研究に対してはそうでもないし、歴史プロパーの人たちも経済史の研究をあまり読んでいないような気がします。私たちの時代は日本史研究でも運動史研究が盛り上がっていましたから、話がつながりやすかったという幸運もあったのですが、今はそうではない。一人でできないとすれば、共同で研究を前進できるような手掛かりを残すように論点をまとめていきたい、という思いが「調停法体制」というような議論に出ているのだと思います。

戦争の必然性が経済史の論理では説明できないといったのは、政治史・軍事史がきちっと分析しなければ戦争それ自体を説明することはできない、だから経済的な利害に落とし込んで思考を停止しないで欲しいという気持ちでいっているのですが、それは伝わらなかったようです。これに関連して、資本市場の問題が経済史としては焦点だといったのは、植民地投資が有利な条件を作り出すような出来事――たとえば政治的な介入や政府の利益保証とか、軍事的優位とかなども含めて――があれば資本輸出が行われうることを含意していますから、「必然的だ」と説明できないけれど、「説明するための論理的な可能性は残されている」ということのはずなのです。それも純粋な経済的な問題ではないということが強調されているのです。誰もそう思ってはいないようです。

どのような時代でも、時代の特徴を描くことは難しいことですが、複眼的な視点での共同作業が必要だということは強調しておきたいことです。

質問　「近代の産業と資本」で『日本産銅業史』を素朴な資料至上主義と自己評価しているのは、言い過ぎではないでしょうか。

武田　産銅業史の評価は確かに自虐的です。方法を明示していなかったということにそもそもの問題があります。読めば分かるだろうと思っていたのですが、橋本さんが書評を書いてくださったのを読んでも、それにふれていませんから、橋本さんでも気がつかなかったようです。その意味では自業自得だと思っていて、実はこういう方法で書かれた本ですと、後から言っても仕方がないから、そういう自虐的な評価になっています。方法的にセールスポイントがないとすれば、一生懸命調べて資料をたくさん集めて、ともかく書いてある本ですとしか言いようがないなと感じていました。それがこの自己評価に繋がっていますが、あえて言えば、実証的な研究水準の高まりは、同世代の研究が着実に進展しているなかで実感できてはいたのですが、それだけでは経済史研究はモノグラフの集積にしかならない、それではダメではないかという焦燥感が書かせているのです。そして、その発言は、今でも自分の研究のふがいなさを思い知らせる言葉になっている。つまり、その時に感じていた問題をいまだに克服できていない、情けないという感覚なのです。

以上

この報告は、二〇一二年七月五日に、阿部武司さん・沢井実さんなどのご厚意で大阪大学において開かれた研究会で行ったものです。同様の趣旨の報告は翌二〇一三年六月二七日に東京大学経済学部で開かれた日本経済史研究会でも行われていますが、この記録は大阪大学での報告の録音記録を基礎に適宜加筆して作成しました。

【番外編2】

第27章　夢をそだてる

――退職記念報告――

1　はじめに

最近では通常の講義で、講義における対話を重視して、学生に質問を投げかけてやりとりをすることにしています。その対話から引き出される何か新しいものに講義する楽しさを感じているからです。しかし、今日は一回限りの講義ですから、このやり方は適切ではないので、一方的に話をすることに致します。

この講義の意図は、形式主義的な最終講義はしたくない、というものです。この私の希望に添って、最終講義をやらないという選択肢を回避するために、幹事役が私の研究に対する批判的な総括をする、これを受け止めて考え、話す形式にしました。私から要求したのは、退職祝いだからといって「褒めないこと」という制約条件です。前半部分のシンポジウムは、このような事情から企画されたものです。報告を引き受けて下さった高嶋修一さん、日向祥子さん、韓載香さん、そして、私とは昨日まで全く面識もなかったのにこのシンポジウムの報告者に引っ張り出された松沢裕作さんには、心から感謝します。とくに松沢さんにはとんだとばっちりともいうべきことで申し訳なかったのですが、御願いして良かったと思っています。

前半のシンポジウムを聞かれた方はわかるように、四人の報告者は、それぞれ先ほど申した制約条件を前提に可能な限り好意的な評価を示すとともに、それをベースに、私自身が発信した研究上のあれやこれやについて、そこから拾い上げて継承できることは何かを考えているように思います。これに応答することで対話を試みようと思います。

さて、四つの報告にはいくつか共通する特徴がありました。その一つは、橋本寿朗さんという天才の影響力と、それとの連携の下に語られる「橋本＝武田説」という研究史像です。たとえば「一九二〇年代史研究の方法に関する覚書」（「覚書論文」）を取り上げた高嶋さん、カルテルや組織化に言及した日向さん、段階論を問題にした韓さんの三つの報告がいずれも、二人をセットで論じています。

このような研究史理解に対して、少しだけ異議を申し立てておくとすれば、二人の両大戦間期認識には次の二つの点で差異があります。①労働力の変質を論じながら、橋本説では労働力としての捉え方に関心を集中しているのに対して、武田説では労働力を主体としての労働者としても捉えたこと、そうであるが故に調停法体制という枠組みを提示することができたということ、②二〇年代と三〇年代との関係についての認識の差異、つまり橋本説が三〇年代帝国主義経済構造の確立を論じるのに対して、武田説は二〇年代とすること、です。なお、この点は、本書でも何度か言及がありますので、それを参照してください。

もう一つ、四報告の共通点は、歴史家としての長期的で広いパースペクティブでの議論に論点が集中していることです。それらの議論は、しばしばかなりおおざっぱで、「実証抜きの強弁」（高村直助さんの言葉）に近い議論だといわれたことがありますが、そうした議論と正面から向かい合おうと報告者たちは格闘しています。それは、通史の書き手としての経済史家を問題にする松沢さん、歴史家との対話の試みとその再開を求める高嶋さんという二つの報告はもとより、企業と市場を問題にしつつ、同時に経済発展の展望としての「安定化」の意味を問う日向さん、段階的な把握の現代的意味を問う韓さんも、いずれも資本主義発展史の理解を明確化することを求めているからです。

2　産業史という拠点

以上の四人の報告の共通点に関連して、もう一つ付け加えておくべきことは、それらの議論が、私自身の研究経過から見ると、初期の著作と、経済発展の行方を問うようになった最近の著作に向いていて、「産業」という分析単位、産業史という研究領域への言及が少ないということです。これは、趣旨説明で報告者グループが自覚的に「抽象的な問題領域」に沿った議論に絞り込んだことを明言していますから、シンポジウムの報告者の人選にもよるかもしれません。たとえば呂寅満さんや渡辺純子さんなどが登壇していれば、産業史や産業政策史にかかわる問題がより具体的に提示されたかもしれません。

私自身は、個人としての研究の本拠地は「産業史」であるとの自己認識があります。学部生の時代には、明治維新期の民衆運動・思想に関心があり、「民衆史」という関心から自由民権期を通り越して足尾鉱毒事件に注目し、結果的には『産銅業史』という領域で産業史研究に深く立ち入ったからです。この初心が運動史などへの言及などにも反映しているかも知れませんが、いずれにしても、こうした形で産業史が、さまざまな研究領域への出撃拠点となっている研究領域です。このことは私の研究を理解していただく上では必要と思います。

もちろん、出撃拠点という表現にも込められているように、産業史研究は「独占研究」としての分析視角を明確に自覚させることによって、一方で組織化論などを介して企業分析の重要性を切り拓くことになり、他方で帝国主義論、つまり経済発展の段階的把握に関する全体像を考えていく重要な基盤となっています。この後者の点が、橋本寿朗さんとの出会いを通して、宇野弘蔵が提示した段階論の批判へと発展することになります。いずれにしても、シンポジウムの四報告は、産業史から展開した研究分野に焦点を当てたものですから、正当な研究評価だと思います。

やや脱線して、付け加えると、前者、つまり企業分析への関心の広がりは、会社史との関わりを続ける中で、資料的なアクセスが可能になることで産業史・企業史の研究を進めることができたこと、同時に、工場見学やヒアリングなどを通して企業の内側で起きていることを知り、とくに現場の人たちがコストへの強い関心を持っていることに注目することを通してコスト分析の重要性という視点を育んだようです。さらにこのような関係から、たくさんの企業関係の史・資料を収集する契機にもなりました。一九八〇年代前半には経団連の石川一郎文書、日本工業倶楽部所蔵の営業報告書、二〇〇〇年前後には東洋経済やダイヤモンド社所蔵の営業報告書、証券処理調整協議会資料、そして横浜正金銀行資料などが東大経済学部資料室の貴重なコレクションに追加されています。これは私ひとりの仕事ではなく、それぞれの時代に私の近くにいた院生たちを中心とした若い研究者がボランティアで力を貸してくれたことによって可能になったことです。偶々そばにいただけで巻き込まれた人たちには、本当に申し訳ないという以外にありません。もうひとつ私が窓口になって資料整理を進めることができた閉鎖機関整理委員会資料という膨大な資料群もありますが、これは実際には首都大学の山崎志郎さんが整理し、現在では国立公文書館に収蔵されています。この資料では、それを素材とした若い研究者も育っています。

3 「一九二〇年代史研究の方法に関する覚書」について

さて、前置きはこのくらいにして、いくつかの論点についての考えを明確にしていくことにしたいと思います。

第一に、いわゆる「覚書論文」について、資本主義経済の構造的変化に着目しつつ、これまでの段階的な把握を批判して「一種の現代化論」として展開し、隣接分野との対話の道を拓こうとしたという研究史上の画期性を認めたうえで、それにもかかわらず、この論文の発表後に自ら提唱した歴史研究との対話ができなかったように見えるというのが、高嶋報告で提示された批判点の一つです。この点については、「その通りです」という以外にはないのですが、少し説明を追加したいと思います。

「覚書論文」については、発表後に歴史研究者からの言及は殆どなく、歴史学研究会近代史部会の少数の若手の間で議論が共有されたとはいえ、広い意味で「調停法体制」という捉え方についての批判的な意見は私のところには届きませんでした。確かに同時代の同世代の研究者たちが議論を交わしているという限り、そこに共有された何事かがあったはずであり、そこから新しい議論が生み出されなかったことについては、責任があります。それは弁解の余地はないでしょう。高嶋さんは、「覚書論文」などが「伝統的なコードで語っている」と評価し、その窮屈さが議論の展開に影響を与えたのではと考えているようです。そうした面もあるかもしれませんが、そのような「窮屈」な言葉遣いをしたのは、それによって、それまでの研究の延長線上で新しい議論が可能になることを示したかったからです。もっと注目を引くような大胆な表現の方がよかったのかもしれません。

ただし、この言葉遣いにも現れているように、広く歴史学研究に関わる人たちとの対話を意図していたことは間違いありません。その背景には、大正デモクラシー論やファシズム論などの歴史研究に対する私なりの関心があり――その反対に経済学は不勉強だったために大学院にはいるのに苦労することになりますが――、それ故に先ほどふれたように労働力としてだけでなく労働者という存在を対象化することになったという背景があります。労働者という形で、「モノ」としての労働力だけではなく人としての労働者を取り上げることは、経済的な紛争の解決や社会のさまざまな問題を視野に入れてきた経済史研究の伝統からすれば当然のことだと考えていました。それは単に視野の問題というよりは段階論的な枠組み、とくに宇野理論における段階論的な認識に沿うものです。つまり、「労働力商品化の無理」ということを強調する宇野経済学において、なぜ段階論認識において労働力商品化の無理が積極的な論点として取り込まれていないのか、ということなのです。

同時に、それは遠景として、山田盛太郎『日本資本主義分析』が提起した「型の分解論」、つまり変革の主体が如何に形成されるかという問題への講座派的な理解とも議論しうる地平があることを展望するものでした。このような試みが日本経済史の研究史にどのような役割を果たしたかは、皆さんの評価に委ねるべきことでしょう。

ところで広く歴史研究との対話が進まなかった理由には、提示した帝国主義段階論の側にも問題があったということも自覚しています。なぜなら、武田説では「帝国主義」を論じながらも、植民地支配の必然性も、戦争への道も説明できないと考えられていたからです。私の「帝国主義段階論」にはそういう論理的な特徴があり、それが強く影響した可能性も高いと思うのです。歴史研究者――とくに若い人たち――の当時の主たる関心は、十五年戦争への道を説明すること、あるいは日本ファシズムへの道を論じるところにあり、そうした日本現代史研究との架橋が十分ではなかったことに対話が展開しなかった原因があるからです。

こちらとしては、経済決定論的な帝国主義侵略論を拒否することで、政治史、戦争史などの関連領域の分析に独自の意味を残したつもりでした。つまり経済史で説明できるのはここまでです、あとはそちらの仕事でしょうというわけです。しかし、そうは受け止められなかったようです。もしかしたら、十分にメッセージが伝わって、そうであれば独自の領域としての政治史・戦争史・社会史などの独自な領域に没頭し、経済史研究に背を向けたのかも知れません。そうした対話の不成立という状況があったとしても、私たちは、そうだからといって、構造的な把握から対外投資の必然性を説くというヒルファディングやレーニンの捉え方に沿った、それまでの通説的な帝国主義理解には、賛成できなかったし、もどるつもりはなかったのです。

もう一つの問題点は、高橋財政の理解について、この時点で私は明確な見通しを持っていなかったことです。「調停法体制のあとが書かれていない」という高嶋報告の批判点は妥当なものですが、その基本的な理由は、この点にあると現在では考えています。この当時の高橋財政についての支配的な評価は、ケインズ経済学の強い影響力のあった時代でもありますから、高橋の景気回復政策の「成功」が強調されていました。それ以前には経済政策思想史の研究課題として議論を呼んだ経済政策について、この当時は経済実態に即した分析が進められ、中村隆英・三和良一などの諸氏によって、世界恐慌下で逸早く景気回復に成功した高橋の経済政策が、軍部によるテロによって挫折を余儀なくされたとはいえ、高い評価を与えられていました。これに異議を唱えることに躊躇していたというのが実情です。実際、その後のいくつかの研究でも、私はこのような高い評価に沿って高橋財政について景気回復の成功を指摘するにとどめています。ようやく独自の解釈を加えることができたのは、二〇一四年末に発行された岩波講座日本歴史に収録された「昭和恐慌と日本経済」になってからなのです。その新しい論文では、現代的な関心にも影響されて、景気回復が所得分配に与えた影響力の乏しさに注目し、所得格差の拡大をもたらすことによって高橋財政は、民衆生活の改善を置き去りにした、それは農村だけでなく勤労者全体についてもそうであったという捉え方が示されています。実質でも名目でも賃銀水準が景気回復過程で上昇しない、むしろ下落気味であることは、橋本さんの『大恐慌期の日本資本主義』などで論じられていました。しかし、それは企業から支払われた「平均賃銀」の推移に関わるものであり、全般的な過剰労働力を背景にしているとはいっても、下落の基本的な理由は、労働力構成が若年化し、低賃銀部分が大きくなったことによる平均水準の推移と説明されています。所得格差を問題にするためには、そうした平均値の推移ではなく、勤労者や労働者家計の収入状況を分析する必要があります。そして結論的にいえば高橋財政について限定的な評価を与えることに改めました。戦前期の日本では高橋財政のような景気回復政策のもとでも所得格差を解消することができないという限界があり、それは戦後的な経済構造とは大きく異なるというわけです。

4　『帝国主義と民本主義』における視角

以上のような問題の捉え方の変化は、現代的な問題――つまり現状の成長戦略の妥当性というような――についての私の考え方を反映したものであり、経済発展の成果として分配面の問題を明確にすることの重要性の認識にかかわっています。

この点に関連して、松沢さんは『帝国主義と民本主義』と「覚書論文」との間に違和感があると指摘し、それはどのような意図に基づくものなのか、と問いかけています。

『帝国主義と民本主義』は、「夢をはぐくむ」というタイトルの序章からはじまっています。このような時代の描き方に違和感がある人もいるでしょうが、この本の構成を考えているとき、あえて大正デモクラシーの時代の持っていた「可能性」を「夢」と「子供たちの姿」に託して語るという構想で書くことを選んだのです。それは陰鬱な昭和恐慌期以降との対比のもとで、民主化が進んだ時代が持っている可能性を示そうとしたものです。結果的には、萌芽的ではあるが、中間層の上層の生活状況が「モダン」「文化的」と評されるようなものに変質していることを強調するものになりました。調停法体制論は、労働者や農民たちのような、社会的な弱者の不満を吸収する回路の存在を明らかにすることによって国民統合が実現される、そこには古い共同体的な秩序が補完的な役割を果たしている——ただし、単に古さだけではなく、新しく登場する調停者の存在も想定されているのですが——という捉え方になる。これに対して、『帝国主義と民本主義』では、そうした人々にはまだ手の届かないものだとしても、大正のバブルから第一次大戦後にかけて、新しい生活スタイルを手にする可能性があった中間層上層の動きに叙述のウエイトがかけられています。この一群の少数者に注目したことが基本的な差異をもたらしています。描かれている「夢」は、最近の満薗勇さんの研究が「大衆消費社会の胎動」と表現したものと共通する側面を持っていますが、私の捉え方は、満薗さんの研究に比べるとかなり限定的で、富裕層に限られた可能性に過ぎなかったと見ていることにあります（満薗『日本型大衆消費社会への胎動』東京大学出版会、二〇一四）。その点では、所得分配のあり方に政策的な補整が十分にはなされず、社会的な弱者の権利の保護が不十分であった戦前の日本には夢の実現には限界があったと捉えています。

ただし、主たる対象をずらしているとはいっても、『帝国主義と民本主義』は、私の中では「覚書論文」と補完的な関係にあります。後者では殆どふれられていない中間層が統合に同意する根拠をこうした夢の語りの中で示そうとしたからです。これは主観的な意図の限りでのことで、書かれたものがどう読まれるかは別のことですが、この中間層の同意は、「調停法体制」が天皇制的な国家体制が大正デモクラシーによって再編を迫られていくなかで民衆を取り込む、民衆が取り込まれる過程を描いているのに対して、そこからはみ出すような動きを内包するものであったという捉え方を示すはずだったのです。親方子方関係とか共同体的な秩序というような明治期に形成される秩序意識から「調停法体制」は自由ではなかったのですが、中間層の体制内化は経済主義的な利害調整の原理と政治的民主主義に従っているという意味では、現代的な特質をはらむものだったということではないかと思うのです。もちろん、両方を補完的な関係として明示するということが必要だったといわれればその通りなのですが、中途半端な形で「調停法体制」をこの著作に持ち込むと、伝統的な共同体的な秩序をもつ日本社会理解と誤解されると危惧して、この面の記述が弱くなり、結果的には読者に違和感を残すことになったようです。付け加えると、こうした面で私の研究が残してしまった課題を都市に関する高嶋さんの研究や満園さんの消費に関する研究が、新しい視点で取り組んでいると受けとめて期待しているところです。

5　成長の経済史への関心の傾斜

高嶋報告では、「覚書論文」が同時代的にどのような意味を持ったのかだけでなく、それ以後に武田の研究において、歴史学研究との広い対話を求める姿勢が消極化していると批判しています。個人史的には、一九八四年に『大恐慌期の日本資本主義』を出版した橋本さんが戦後史へと舞台を移し「成長の経済史」を追求するようになったこと――ここで二人の帝国主義史研究は一段落したといって良いと思いますが――、その直後から一九八七年にかけて私が『日本産銅業史』をまとめる作業に集中することになったことなどの事情があります。

そして産銅業史をまとめた後、私は、経済史研究における「経済学の過剰進出」とでもいうべき状況に対応する必要があると感じるようになります。これが対話の途絶えた基本的な理由だったと思います。この「過剰進出」については、松沢さんが「経済史が経済学の応用分野としての自己限定性を強めている」と指摘している状況認識と共通するものです。現在ではその傾向は一層強まっているのですが、ちょうど一九八〇年代末に岩波書店から刊行された『日本経済史』のシリーズが伝統的な経済史研究から距離を置いた数量経済史などの業績を中心に編纂されたことなどの新しい研究情況の中で自覚化されたものだと思います。このシリーズが出たタイミングは、ちょうど現実の社会主義の崩壊という時でしたから、マルクス主義的な歴史観から距離を置いていた研究者たちが編纂したシリーズの登場は、象徴的な出来事であったように思います。そして経済史の研究が少なからずこのような新しい見方に影響されていく中で、それまで経済史を含む広い歴史研究の共通基盤となっていたマルクス主義的な歴史観や、言葉遣い――共通の言語――が失われていくことになります。

このシリーズに橋本さんも執筆していますが、彼はこの戦後期の研究で日本的経営とか二〇世紀システムなど次々と新しい問題提起をしながら、結果的には、経済学の応用分野としての現状分析に進んでいきます。他方で主たる研究分野として歴史研究に居残った私は、経済史研究における経済学的なツールの有効性を認めながらも、それだけでは十分ではないことを語り続けることになります。それは、歴史学との対話にではなく、経済史学の中で経済学的な方法を前面に出すような研究との対話を通して、歴史研究としての独自性を追求し続けることに緊急性を感じていたということになります。そうでなければより広い全体像も語る術を失うと思ったからでもあります。

こうして一九九〇年代以降、私は九四年に『談合の経済学』、九九年に『日本人の経済観念』を書き、さらに二〇〇八年に『仕事と日本人』と『高度成長』、二〇一四年に『脱成長神話』を出版することになります。これは、「新古典派批判」というような限定的な視点ではなく、歴史研究として独自の視点で経済発展を捉えることの必要性を問題にしています。個人的な感懐としては、かつての日本資本主義論争で『日本資本主義分析』が経済学の直接的な適用に過ぎると批判を受けたように、そこから原理論と段階論、現状分析論という宇野弘蔵の三段階論を生んだように、経済学の理論を実証研究に直接適用することは避けるべきだと考えていました。それが研究史に学ぶということだと思っていましたから、経済学の理論的な枠組みを参照するとしても、それを当てはめるような使い方は研究の後退だと感じていたのです。

付け加えておくと、この一連の仕事に加えて世田谷市民大学の講義録『日本経済の事件簿』と『財閥の時代』が一九九五年に刊行されています。これらの仕事は、専門研究の成果をどのようにしたら広く社会に知って貰えるのか、専門研究に閉じこもるのではなく、社会に開かれた研究の営為として、何ができるのかということについての自分のできる範囲での選択の結果です。つまり、専門家ではない人たちに少しでも研究の成果を知ってもらうことを意識した発信だったのです。

この発信の意図が一番わかりやすいのは『談合の経済学』です。これは「談合」という同時代的には批判の的になっている現象にも、それなりに当事者には理由があり、制度的に維持されてきた基盤があるはずであり、競争状況こそ効率的であるというような経済学の演繹的な認識に基づいて歴史的な現実をひとまとめに切り捨てる議論に対する異議申し立てでした。私自身の研究から見れば、後でふれるような企業研究や独占組織研究の延長線上にあるもので特段違和感のある主題ではありませんでしたが、周辺を含めて不評でした。談合という行為が、マスコミをはじめとする批判の集中砲火にあっている時期の出版でしたから、気が狂ったと思われたのかも知れません。その時代の支配的な主張にであうと、ついつい真逆のことをいいたくなるのは性分のようで、それは昨年出版した『脱成長神話』まで続く「悪癖」かもしれません。

『談合の経済学』が「競争に基づく自律的調整」を絶対視するような偏った意見への異議申し立てだとすれば、『日本人の経済観念』は企業を「営利を目的とする組織」とする捉え方が歴史的には妥当しないことなどを論じていますし、『仕事と日本人』では勤勉な日本人という固定観念や、経済学において労働を「負の効用」をもつと捉えることに対して異議申し立てをしています。働くことはイヤなことだから賃銀を貰えるという捉え方に対して、働くことは楽しいこともあるというわけです。

6　市場と企業にかかわる問題関心

このような歴史研究に基づく経済学批判の流れは、日向報告がていねいに紹介した「市場」と「企業」に関する私の研究の展開の中で生まれたものです。そこでは、「市場か企業か」ではなく、「市場も企業も」経済発展の原動力として重要だという考え方に従っています。日向報告は、私以上に上手にこうした問題についての私の考え方を的確にまとめ、そこから新しい研究の端緒を開こうとしていますから、いずれさらに洗練されて公表されることを期待していますが、ここでは市場と企業に関する問題領域について私の考えを簡潔に述べておきたいと思います。

もともと、鉱山史研究などの延長線上で財閥などを研究対象にして来たのですが、その財閥史の研究領域では、とりわけて「企業の境界」が曖昧なのです。この曖昧さを含めて、企業とは何か、市場とは何かが、悩ましい問題でした。私自身は、先ほども話したように、独占研究を通して企業を固有の研究対象として設定し分析の必要性を感じるようになったのですが、本格的にこうした問題に取り組むようになったのは、一九九〇年代初めになってからです。経済学部主催のコンファランス『企業者活動と企業システム』を準備する過程で、鈴木良隆さん、日高千景さんとの議論を通して、経営学・経営史学の文献を読む必要を痛感したことがきっかけでした。正直に言って。それまでチャンドラーすら読んだことがなかったので、四〇歳代になって経営史学入門を果たしたことになります。このコンファランスの準備研究会の冒頭で、鈴木さんに「武田君は、企業とは何だと考えているのか」と質問されたときの緊迫感は今でも忘れることはありません。その時は、単に「会計の単位です」と答えたのですが、もちろん問われたことに対する答えとして適切でないことははっきりとしていました。このコンファランスを契機に私の研究のなかで、企業は革新の担い手という側面が追加されることになることは日向報告が指摘しているとおりです。

企業に注目することは、繰り返しになりますが、調整の担い手としての企業という独占論から導かれる企業像を起点にしています。経済システムの全体がもつ構造的な特徴を考える時には、このような側面が取りわけて重要な意味を持ちます。それは、市場メカニズムを部分的に修正し、その働きを阻害する主体となるからであり、同時に大企業の誕生以降には、企業内での資源配分が重要な役割を果たすことになるからでもあります。日向報告が、この点について「市場と企業とが二重に対になっている」と整理したことに異論はありません。

敢えて付け加えると、資本主義経済社会を原理的に捉える上で重要なこのような視点は、同時にその段階的な変化を捉える視点も提供します。独占段階への移行は言うまでもないのですが、資本主義の確立そのものにも有効だと思います。最近では資本主義という捉え方に対して市場経済の発展という側面から評価をする人たちもいます。しかし、近代の経済システムを基本的に市場と企業との関係で通時的に捉えることによって、資本主義が産業革命を介して成立するという理解の妥当性を明確にできると思います。なぜなら、伝統的な社会でも領主的な市場経済が機能していたことなどから知られるように市場経済が経済制度として重要な役割を果たし続けていました。しかし、それが経済制度として支配的とはいえなかったのは、その市場が機能するために必要なプレーヤーとしての「営利企業」が経済主体としては十分な展開を見せなかったからです。産業革命期の資本家的経営の確立という経済史学が重視してきた視点は、企業への注目によって改めて妥当性が確認されると思うのです。

　他方で、経済構造の変化をもたらすという点では、革新の担い手としての企業という捉え方が重要なのは、シュンペーターを引っ張り出すまでもなく、理解できることだろうと思います。そして、この創造的破壊をもたらす機能が経済システムの中にビルトインされていることを明らかにすることが歴史研究の視点としては重要だと考えるようになりました。シュンペーターの議論の基礎には均衡論的な経済学のオーソドックスな考え方、つまり市場経済システムは競争を介して均衡をもたらすという考え方があり、こうした均衡状態を破壊し経済発展をもたらすものとしてイノベーションが設定されています。ただし、このような現象がなぜ起きるかについては、企業者活動に基づくという以上に説明は十分にはなされておらず、やや偶然的な条件によって外生的に発生するかもしれない現象という印象を与えるものでした。シュンペーターの晩年の著作が資本主義の将来に悲観的なのはそうした創造的破壊に関する捉え方が反映しているように思います。

　そうしたこともあって、いずれかといえばペンローズ『企業成長の理論』（日高千景訳、ダイヤモンド社、二〇一〇）の方に私自身は魅力を感じていたのです。なぜかといえば成長する企業に焦点を当てたペンローズの研究は、企業内の資源を如何に有効に活用するかという視点に貫かれていて、それは最初に述べた企業内での高いコスト意識などの理解と重なって、動態的な企業像――イノベーションを内包するシステムとしての企業像を描くことができると考えるようになったからです。つまり、企業内の資源配分・調整過程で、コストを指標にしながら問題を発見し、その解決策を探究し、解決の手段を講じていくという連鎖の中で、コストの低下＝生産性の向上をもたらす「革新」が生まれてくる、これが持続的な企業成長・拡大をもたらすというわけです。

それは、市場のシグナルと企業との関係について見方も変えることになります。一般的には企業は市場の価格低下圧力が競争を介して生じることを前提により効率的な経営に努めると考えられています。しかし、企業内に上記のような仕組みがビルトインされているとすれば、企業は営利の増加を追求する限り、価格のシグナルにかかわらず、合理化に努めるはずです。そうであれば独占組織によって競争が制限され価格が管理されていたとしても、企業がそのレントの発生に安住して効率性を損なうとはいえない。むしろ価格の変動が激しいとすれば、企業はコストの削減ではなく、利益の増加を「より安く買い、より高く売る」という市場行動に徹する誘因を持ち、効率性を高める内的な努力を怠るかも知れない。ここでは、価格シグナルの役割が企業の効率性との関係で、経済学的な議論とは真逆になるのです。これが『談合の経済学』の主要な論点の一つでもありました。そして独占的な組織が出現することは、企業に対して価格変動に依存しない、より内生的な、自らが変化させることができるコストの諸要因への取り組みを強めるからこそ、独占段階は停滞的ではなく、「成長の経済史」の前史、前提を作り出すというわけです。

7　経済発展の評価基準としての「安定化」

経済発展の方向を「安定性の増大」と捉えたのは、伝統的なマルクス主義に対する批判でもあると同時に、経済成長至上主義への批判でもあります。前者では、市場における組織化の進展は、ヒルファディングの議論に典型的に見られるように、生産の社会化を介して社会主義への接近をもたらすものと理解されています。しかし、そのような方向感覚は現実的でないし、総カルテル化というような想定は論理的にも無理があるという判断しています。他方で、成長がそれ自体として自己目的化している現実が、将来への見通しを含めた時に「時代錯誤」であり、リアリティがないという判断にも由来しています。

先ほどふれた独占組織による市場の組織化が、独占企業による革新行動を引き出すという認識は、別の角度からみると、革新的な行動によって経済発展が実現するなかで市場の価格変動は抑制され続けることになります。これが安定化への第一歩なのです。そして、その後、世界大恐慌を介して登場する反循環的な景気政策によって景気変動が抑制されることになります。こうして時代とともに経済発展は経済システムの安定化をもたらすと考えています。統計的な事実も、経済変動が抑制されていることを示しています。

このような捉え方については、日向報告が三つの解釈を示しています。すなわち、①資本主義の歴史が「社会の安定性向上の歴史でもある」、②「社会の安定化に対する経済システムからのコミットメントが強まってきた歴史である」、③「資本主義経済システム自体の安定性向上の歴史である」というわけです。そのどれなのか曖昧だ、というのが日向報告の批判点です。私の解答は、そのすべてを意味しているし、いずれも正確ではないというものです。こうした三つの解釈が出てくるのは、私自身が必ずしも明確にはできていないということだろうと思います。

私は、伝統的な社会では自然的な条件の制約もあって飢餓の恐怖を回避できず、安定的な社会とみえても、この限界を克服できなかったが故に安定的とはいえないと考えています。変化が乏しいということが「安定的」と違うのはいうまでもありません。資本主義経済制度の登場は、この飢餓の恐怖からの解放をもたらす豊かな社会への歩みを可能にしました。しかし、この解放は、失業の恐怖を伴うものであったし、なによりも市場の調整がもつ不安定性が、社会的な安定を崩すことになったと考えています。急激な経済規模の拡大をもたらす資本主義経済は、その誕生の時期には極めて不安定で、価格を指標とする市場調整は暴走を繰り返し、しばしば人々の生存を脅かしました。ただし、その時代にはまだ社会全体には共同体的な関係が残存していたことによってこの不安定性を緩和することはできました。しかし、経済発展それ自体が、そうしたバッファー、セーフティネットを小さくすることから、当初は個々の経済主体により（私的独占）、現代では政府（反循環的景気政策や社会保障）によって、市場経済の不安定性からの回復が図られてきたというわけです。

つまり、①の理解とは反対に、社会的安定を破壊するものであったからこそ、③のように資本主義それ自体の安定性を回復することが必要となったということになります。そして②の社会システムとの関係では、経済システムのコミットメントが強まったことによって安定性が回復途上にあることを認めた上で、経済システムによってだけでは経済社会の安定性を実現することはできず、社会システムの固有性を再発見することが必要だと感じているというのが現在の私の立場です。つまり経済関係によってのみ人々の関係が説明され得ない以上、経済システムが関与しうる範囲が限定されており、社会的な基盤の再構築も必要だというわけですから、ここでも経済史・経済学の分析が及ぶ範囲は限られているのです。

8　岩波新書『高度成長』の視点

この時代の変化の捉え方に関連して、松沢報告は一九九二年の『帝国主義と民本主義』と二〇〇八年の岩波新書『高度成長』とでは通史の書き手としてのスタンスが異なり、前者よりは後者の方が経済史家らしいという評価を下したうえで、その理由について①対象の時期の違い、②基調としての成長神話批判という意図、③研究情況の違いを指摘しています。いずれもおおむね妥当なものです。また、政治の記述を1章と4章に集中させて2〜3章で高成長経済を描くことによって「高度成長の時代をいわば、一つの歴史的な時代として『封じ込める』構造がとられている」という評価は、松沢さんならではの巧みな総括だろうと思います。

著者の意図に即して補足すると、1章はいずれかといえば国内問題に、4章は対外関係にウエイトをかけることで、時代の変化、つまり国際化の進展に注意した側面があります。しかし、著者にとっては、紙幅の関係で社会的な問題への言及が乏しいとはいえ――このシリーズのなかでは戦後史の社会的な側面は第九巻の吉見俊哉さんがカバーするという約束でもありました――経済史家的な分析はかなり圧縮して政治史的な問題に言及したつもりだったのですが、そうは読めないということのようです。

主観的には、このシリーズの第一〇巻にも説明していますが、次のようなことを強調したつもりでした。すなわち、政治史的な視点では、①通説的な一九五五年体制とはやや異なって、岸内閣期の憲法改正・再軍備、独占禁止法改正、日本銀行法改正のいずれの試みも挫折したことに注目し、戦後改革での民主化改革が一九五〇年代後半に改めて人々によって選び取られたことです。もっともこの指摘はあまり注意を引いていないようです。さらに、②政治的な側面については、経済成長にフリーライドしたという側面が大きく、その意味では政治の影響力の低下と捉えることが妥当だということ、そして③対外関係について、長い戦後処理（東南アジア賠償と日韓・日中の国交回復の遅れ）と対米関係の重要性です。これらに重点をおいて書いたことに特色があります。

『高度成長』の主題は高成長経済の時代を描くことですが、それを実現するために「高度成長」ではなく「高成長」と表現したところに著者の意図があります。しかし、その点がどこまで伝わっているかはわかりません。意図したことは、戦後の高成長の時代を日本の特殊な経験として捉えるのではなく、歴史的に見て特異な時代であると捉えることが必要であり、一九八〇年代以降にアジアを中心に見出される高成長との対比を念頭に置いた分析視角が必要だということです。現時点で歴史研究が高度成長に言及するためには、このような後続する高成長諸国・地域の出現という現実を踏まえて、日本の経験を相対化し、世界史的な視点から位置づけ直す必要があると考えているのです。

したがって、『高度成長』がより経済史家的であるのは、新書によって語り掛ける相手を想定しながら、時代状況に規定された主題を選択した結果です。付け加えると、ここでの問題の把握の不十分さについては、二〇一二年に執筆の機会を与えられた「企業社会」という論文で「専業主婦の役割」や統合の装置としての「企業」、あるいは共有された夢としての「大企業正社員」への上昇という、階層間の流動性の高い社会構造を描くことによって、もう少し広い視点からの戦後史像を描こうとしています（武田「企業社会」安田常雄編『変わる社会、変わる人びと』岩波書店、二〇一二）。

9　資本主義の段階的変化と現状認識

こうした中から、私は、歴史家という枠を越えて経済発展の将来像についても思いを語るようになってきました。二〇一四年の『脱・成長神話』はその現れです。韓報告は、こうした形で表明される大きな見取り図を、それまでの研究の主軸の一つとなっていたはずの資本主義の段階的な把握との関係で一貫したものかを問いかけています。それは、私が描く段階的な把握が①ある特定の時代の説明仮説か、②長期の歴史的発展の論理か、というものです。

この問いかけにきちっと答えられないとすれば、私の議論は「一国経済内に閉じこもった、素朴実証主義的な視座」（韓報告）になります。つまり日本の現実のある特定の部分に注目して過度な一般化をすることによって、歴史の論理としての普遍性を失っているということでしょう。

ここまでお話ししてきたように、帝国主義段階への注目を介して段階論を多少とも組み直し、成長の経済史への見通しを明確に持ちうるようになったことに研究経過の大きな筋道があります。そして、その際に重視されたのは段階的な変化を資本主義の構造変化――資本蓄積様式の変化として捉えるというものでした。このような方法的な視点は堅持したいと考えています。

そのような前提に立って、経済発展を繰り返される構造変動の結果と捉えることができるとすれば、段階の移行の論理は、似たようなレベルの階段を上る資本主義経済社会の変容を分析する指針となるものであり、同時に、そこに表出する差異に注目して類型的な把握を可能とするようなものになると想定されています。つまり移行の論理は、移行の同質性と形成される新しい経済構造の類型差とを両方ともに分析する指針となり得るものとして想定しています。それが独占資本主義とか、現代資本主義の構造的な特徴として論じられてきたものと考えます。分析の対象が特定の資本主義社会に限られていることは確かですが、移行の論理は類型論的な把握を伴うことによって国際的な契機も、世界史的な視点も失わないようにすることが必要なことは自覚しています。

もともと、たとえば宇野段階論でも、金融資本の積極的典型としてのドイツと消極的な典型としてのイギリスというように、類型論的な把握が段階論の中には組み込まれています。産業資本段階については、土地所有制度の解放の過程での類型差によって資本主義の「型」を設定する山田盛太郎の議論もあります。これらは、歴史制度分析が想定するような複数均衡の存在と論理的には整合的なものだろうと思います。つまり、資本主義経済は誕生から一貫して同一の構造的な特徴を持ち続けていたのではなく、段階的に変容しつつ経済発展を実現する経済制度となっていたと考えています。市場と企業、そして組織化を論じた日向報告が指摘した論点とも重なりますが、その組み合わされ方は、経済社会が持ちうる生産力の水準、あるいは産業構造によって異なる構造を生み出しうるということなのです。

こうして類型差を認めた上で、移行の論理と形成される新たな構造の共通性を問題にする分析視角から、たとえば、帝国主義論では、産業構造の重化学工業化を基盤に独占が形成され、その独占を基軸にして、一つの経済社会システムが国民統合を実現すると考えられています。いわゆる橋本＝武田説では、これが「帝国主義の内なる支配システム」であり、武田説では「調停法体制」という独特の構造が日本では出現します。

問われていることは、このような捉え方によって一九世紀末から二〇世紀初頭にかけての先進資本主義国の変容を説明できるとしても、それと似たようなロジックで戦後の経済成長の時代や、低成長に陥った現代までも説明できるものかということです。

この場合には、段階論をより抽象的な論理モデルとして構築することが問題になっているのでしょうが、それは韓報告が示したのと同じ方向で考えられています。つまり、高成長経済を実現する基盤となった産業構造の機械工業化、さらに高成長の終焉とともに見出されるサービス産業化など、マルクス経済学的な捉え方からいえば生産力のあり方、より平明な言葉で表現すれば産業構造の変化に注目することから出発するというのが、現時点までに私が示してきた見通しです。言葉を換えると、一つの経済社会の、あるいは一つの国の供給の構造が変化すること、そしてその変化がもたらす資本蓄積のあり方の変化に注目することが重要です。この分析視角は現代史にも有効だろうと考えています。説得的に展開されていないと読み手側が感じる限界があるかも知れませんが、当面は、このような方向で問題を捉えていく試みを続ける以外にはないというのが私の現段階です。

段階的な変化と類型論とを組み合わせることは、複線型の経済発展論をより柔軟に理解することを促しています。これが強調したいことです。それぞれの資本主義経済社会が特定の段階でとり得る経済構造には、特徴的な共通点と類型差があるということは、特定の段階が特定の構造を一義的に決定しないことを論理的には意味しているはずです。この類型差については、たとえば、複数均衡の存在を前提とする歴史制度分析が経路依存性という捉え方によって、その構造が安定する条件を説明しています。経路依存というのは、歴史研究者がしばしば無自覚に使いこなしている説明原理だと思うのですが、それ故にこの点を定式化した意味は大きいというべきでしょう。ただ、この論理をあまりに前面に出しすぎると宿命論的になるような気がしています。先行する時代の構造に規定されるとしても、新しい構造がどのようなものになるかには選択の余地があるはずだと考えたいのです。選択の余地があるということを受け入れ、経済決定論的な論理構成をとるのではなく、特定の段階に共通するような条件下で複数の構造がとりうると考えるのです。そうであれば、次に出てくる問題は、その選択の過程はどのようなものとして描きうるのか、ということでしょう。こうした捉え方は、経済史の研究からより広い社会史、政治史などの歴史研究へと対話を始めるための基礎となるはずです。

「遷移」という捉え方は、こうした認識の下に出てきたものです。別の言葉でもよいのですが、したがって理解していただきたいのは、この言葉に込められた私の意図です。この「遷移」という言葉は、「植生が遷移する」というように生態系の変化を示す言葉として使われたり、物理学では電子の定常状態がエネルギーの放出によって異なる定常状態に移る時に使ったりします。後者では段階が移行するというイメージにもつながるようですが、新しい言葉をわざわざ使ったときに私がイメージしていたのは、生態系の変化のようなものでした。

若い頃に信州の高原をよく歩いたのですが、その中で外来植物によって在来の稀少な植物が絶滅に瀕しているという状況をしばしば目にしました。車山近くの霧ヶ峰高原では、溶岩と火山灰土というやせた土地であるために群生する高山植物が、外来の植物の襲来だけでなく、人や動物が排出する糞尿などによって脅かされていました。やせた土地に育つ在来の植物群は土地が肥沃化しすぎる──糞尿が肥料化する──ことで生存を維持できなくなるために、地元のボランティアたちが動物の糞を集めていました。土壌が豊かになることによって植生、生態系が変わるとすれば、それは基礎的な条件の変化によるものでしょう。他方で外来植物の侵入は植物が生育する基礎的な条件が同じでも生態系が遷移することを意味しています。このような変化のあり方に関する若い頃の記憶に着想を得て、これまで説明してきたような段階的な変化について歴史研究においてより柔軟な概念として使えるようにするために「遷移」という言葉を持ち込んだのです。まだ熟した考え方ではありませんし、特段に議論が進んでいるわけではありませんが、詰めて考えていく意味はあると思います。

ある歴史的な過程で取り得る制度的な枠組みなどに選択の幅があり、そのいずれが選ばれるかは、その時代の人々の選択の積み重ねの中にあるという捉え方が「遷移」という言葉で表現しようとしている歴史の視点です。これは、決して新しいものではありません。たとえば、かつて自由民権期の研究では明治維新変革後の資本主義化の道において現実となった天皇制国家体制のもとでの資本主義化と、より民主的な政治体制のもとでの資本主義化の二つの可能性があると論じられたことがあるのはその例です。同様に可能性は、大正デモクラシー期にも、高橋財政期にもあったと思います。

いずれにしても、このように主体的な選択の余地があることを認めることによって、構造的な変化を遷移の連鎖として捉えることもできますし、特定の経済発展段階でも制度的な枠組みを組み直すような可能性を残すことができます。そして、こうした視点を持つことで、広く人文社会科学の共同作業によって歴史的な過程を描くことも可能になる、少なくともそうした論理的な可能性を残すことによって基底還元論的な、経済決定論的な「宿命論」から自由になれるはずだということを意図していました。これが遷移という考え方の基礎にあるものです。

その意味では意図するところは、長期的な変化を捉える分析視点を構築する概念装置ということになります。韓報告では、そうした考え方を受け止めて、より積極的に現在進行中のサービス産業化に照明を当てて、それが段階的な変化を意味するかどうかということを試論的に提示しています。ここで示されたことの中で、私がとくに重要だと思うのは、①サービス産業における「生産性」の相対的な「低さ」であり、②その生産と消費が空間的にも時間的にも分散し、③投資のあり方を変えるだろうという指摘です。このような認識は、今後高い成長が出現しないだろうという時代の認識と整合的なものです。そして、もしこれまでの測定の方法に沿って付加価値生産量の拡大によって経済成長を実現することを考えるのであれば、サービス労働への対価を引き上げるような、現実の非正規で低賃銀という労働の現場の変革が必要だという認識も共有できるものです。そのためには技能の向上が必要であり、そこでは人的資源への投資がますます重要になるだろうということもその通りでしょう。この時、そうした人的資源への投資は、一般的には働く人たちの生活過程の中で行われる事柄だということが見逃すことのできないことです。現場でのＯＪＴの意味が低下することはないとは思いますが、教育を受けること、職業的な知識を得ることなどはますます人々の生活過程の要素として重要性を増すだろう、その意味で、労働者が生産過程で何をするかではなく、生活過程で何ができるかという「消費」の側面に注目しなければならなくなるだろうと予測することができると考えています。

別の言葉でいうと、供給サイドではなく需要サイドの分析が重要な意味を持つような経済システムが登場することが予測できる。ところが、こうした消費の問題について経済学は十分な分析装置は持っていないのです。相変わらずおおざっぱな議論を展開しているとの批判は甘んじて受けますが、社会的な構造が大きな転換期に来ているという認識を持つことは重要だと思います。そして、それがこれまでの産業構造の変化を介して時代が大きく変わる——資本主義の経済構造が段階的に変化する——という歴史観から導き出されているということが、私の韓報告への解答です。サービス産業化が進んでいることによって労資関係に問題が生じていること、別の言い方をすると働き方と報酬のあり方の間のミスマッチが制度的に顕在化していることが問題であることは指摘されたとおりですが、それが構造転換を阻んでいる理由のように思います。こうした形で社会的な構造変化が進んでいるというメッセージは、『仕事と日本人』や『脱成長神話』などの最近の著作の中で、働き方を変えることの意義を強調してきたこととつながっています。それは人々の多様な可能性を拓くことですし、そうした人の多様な可能性を信頼しています。それが発揮できるような未来を子供たちや孫たちに残したいと思うからでもあります。

10　鈍行に乗る勇気

シンポジウムで提起された問題への応答は以上のようなものです。報告者の皆さんが適切な問題を設定することで、私のいいたいことをこのようなかたちで引き出して下さったことに感謝しています。

最後に、もう一つ二つほど申し上げておきたいことがあります。

その一つは、「時には鈍行に乗る勇気が歴史研究者には必要ではないか」ということです。経済学という特急券を手に入れれば、結果を早く出すことができるかも知れませんが、それはそうしたツールができることしかできないという限界がありますし、列車の車窓風景を、速すぎる動きのために見落とす、重要な史実を見落とすかも知れません。だから、時には鈍行に乗ってみてください。ツールに頼らずに資料と格闘することが役に立つことがあるということを研究者への道を歩んでいる若い後輩たちには申し上げたいと思います。

これに関連して、経済学というツールの特性にも敏感になることが必要だろうと思います。経済学が定量的に把握できないような問題から遠ざかることがないようにしなければならないような気がしています。適切な例ではないかも知れませんが、最近のように戦時経済の分析が進む中で、いつも気になっているのは、戦時経済の研究では戦争をしている理由が説明できるのか、ということです。説明できないように思います。つまり、戦争という国家目的が前提にされてはじめて経済システムの適合性が問われ、改革が進むプロセスが描かれるのです。しかし、歴史研究に求められている基本的な問題は、経済システムが如何に戦争という状態に対応したのかという以上に、戦争をするという政治的な決定がなぜ行われたのかという問いにあります。経済史の研究はこれとどのように取り組むことができるのかは難問なのです。それは二〇世紀の前半まで繰り返し大規模な戦争の時代が経済発展に強い影響を与えたことを考えると見逃せない論点ですが、経済学の道具箱にはなかなか適切なツールが見つからないのです。

そのことは翻って「平和」の経済的な意味をどのように評価するかという問題に書き換えてみるとより鮮明になるかも知れません。その方が現代的な意味があるというべきかも知れません。戦争は、ある見方によれば、合理性を徹底的に追求する機会を提供するともいわれます。しかし、普通の人たちにとって、戦争ほど明日の生活を予測不可能にし、不安を募らせるような状況はないということもできます。その意味では、平和は経済システムの安定性を考えるうえでは重要な問題です。

経済システムの安定性は、人々の予測可能性を高め、それによって経済的な煩わしさから離れた、人間的な解放の方向に向かう可能性を拓くと期待することのできる条件を与えます。経済的な安定性の増加は、そうした意味では平和で予測可能な時代へ近づく道筋として想定されています。そうした時代の到来への期待があり、地球環境という制約を考えたときに選択しうる道として、『脱成長神話』では定常状態に近い安定した経済状態が考えられています。経済的な基盤、土台という言い方もされますが、それが盤石であることは重要なことかも知れません。しかし、土台は高くすればよいということではありません。高くしようとすれば、台形状の土台の頂上部はますます狭くなり、限られた人たちしか自由に振る舞うことができなくなります。軟弱な土台のところ、つまり発展途上国ではまだ経済規模の拡張が求められるかも知れませんが、私たちに必要なのは、モノの豊かさではないということに気がつくべきです。

私たちにとって本当の意味で限定されているのは、個人のレベルでは時間です。命は有限であり、人の一生は限られています。その限られた時間で、私たちが何を為すのかが問題なのです。私たちはやりたいことがあれば、先立つものが必要と教えられてきました。しかし、そうした通念に拘って、金を稼ぐことだけに時間を費やして、本当の意味で人間的な生活が送れるのかどうか、そうしたことを歴史研究が培ってきた人文学的な視野の広がりのなかで考える必要があります。

やりたいことがやれるようにするために、それを個人として実現するためのさまざまな条件が必要になりますが、一人ひとりが孤立して何かをするというだけではなく、力を合わせて何かをすることが必要になります。何かをやるためには組織としての働きも必要になります。同じことですが、そうした場を提供する組織が必要になることもいうまでもありません。そこに企業という組織を越えたさまざまな非営利組織が私たちに拓いてくれる機会があります。そんなことから私は非営利組織に最近では注目しています。組織的な活動は私たちを社会のさまざまな関係の中で活かしてくれるはずです。経済的な問題は、もともと生存を保障する程度の、それだけのものでしかありません。その基礎的な条件が満たされつつあり、より快活で創造的な社会を作り出すことが、安定を基盤として求められているように思います。

『脱成長神話』において、私は「最先進国日本」という表現で現在の日本の状況を説明しようとしました。そこでは経済成長という呪縛から自由になり、もう背丈が高くはならなくなった大人として、人間的な成長が求められている時代に私たちは生きていると主張しました。より魅力的な人になることが大切であり、一九九〇年以降長期にわたって続く低成長の時代は、経済成長という神話から自由になって、新しい、人が人として自由で快活に生きられる時代を切り拓く人類史の壮大な挑戦の先頭に私たちが立っているという認識に改める必要があるということです。この時間を失われた時代と捉えることは、成長神話にとらわれた時代錯誤の認識に陥っていることを意味しています。失われたわけではなく、私たちが時代の変化を切り拓く先頭に立っていることを自覚しなければなりません。

そして新しい平和で安定的で、より人間的な社会を作り出すことは、経済発展の過程が自動的に作り出されるわけではないことも、これまでの話の展開から理解して欲しいことです。私たちが日々の行動、日々の選択のなかで新しい時代を選び取っていくものだということを、私たちは心に留めておく必要があると思います。

どうもありがとうございました。

以上

この報告は、二〇一五年三月一四日に東京大学経済学部を会場に借りて武田演習の卒業生たちなどが企画して行われたシンポジウムにおいて行われたもので、当日の報告のために用意したメモなどから再現したものです。ただし、報告の前半部分は、シンポジウム報告への応答にかなりの時間を費やしています。そのため、それらの報告を前提とした発言部分については、私なりに要約しながら、少し簡略化してまとめています。

毛利健三　14
持田信樹　205, 208
森川英正　258, 260-1, 265-7, 269-70
守屋典郎　475

［や行］

矢木明夫　109, 112, 118, 123, 452
安井国雄　158
安岡重明　267
安田浩　332, 337-8, 343, 514
安丸良夫　41
山口和雄　213, 298, 442
山口定　231
山崎志郎　420, 422, 434, 534
山崎広明　206, 264, 266, 279-80, 287, 432, 441, 453, 460, 462-3, 466, 488-9, 491
山崎隆三　230, 233, 240, 241, 256, 279, 371, 514
山路愛山　259
山田舜　23
山田盛太郎　59, 62, 69, 89, 107, 125, 148, 241, 307, 315, 350, 396, 424, 435, 452, 469, 475, 535, 549
山田雄三　197
山中宏　282
山之内靖　428
山本潔　246, 314, 317, 319
山本茂美　121
由井常彦　259-60
湯澤規子　178
呂寅満　533
横山源之助　132
吉岡昭彦　23, 61
吉見俊哉　547
米倉誠一郎　159

［ら行］

ルクセンブルク, ローザ　85
レーニン　84-5, 234-5, 241-2, 405, 517, 536
ロストウ　161, 197
渡辺純子　434, 533

庄司吉之助　23
丁振聲　506
白井規矩稚　213, 282
菅井益郎　482
鈴木淳　128, 136, 139, 209
鈴木恒夫　472
鈴木正幸　232
鈴木良隆　293, 542
隅谷三喜男　110, 124, 314, 328, 394, 442, 458, 459, 480, 511
関口尚志　14
ソロー, ロバート　67

[た行]

大東英祐　154
高嶋修一　531-2, 534-5, 539
高橋亀吉　170, 213, 258, 261, 264, 282, 340
高村直助　60, 70, 74, 89, 148, 191, 237, 265, 284, 360, 443, 447, 467, 491, 494, 504-5, 510
滝沢秀樹　441
侘美光彦　402
谷本雅之　18, 57, 102, 129, 178, 202, 365, 467
田村均　178, 191
チャンドラー　268, 500, 542
一寸木俊昭　139
津田真徵　483
土屋喬雄　259
寺谷武明　140
寺西重郎　211, 313, 351
暉峻義等　361
暉峻衆三　52, 280, 349
東條由紀彦　114, 135, 346
遠山茂樹　9
戸塚秀夫　339
豊崎稔　139

[な行]

長岡新吉　52, 102, 369, 384
中岡哲郎　92
中川清　132
中川敬一郎　260, 268
長島修　158, 168, 472
中西洋　331, 407, 427
中林真幸　118, 122, 174, 183, 466
永原慶二　191
中村隆英　188, 196, 279, 286-7, 351, 372, 376, 399, 404, 420, 514, 536
中村青志　473
中村尚史　57
中村秀一郎　456
中村政則　60, 220-1, 232, 243, 284, 349
奈倉文二　158, 441, 472
西川博史　238-9, 263, 371, 467, 471
西田美昭　223, 349, 352, 357, 359, 364
西成田豊　322-3, 344
西野嘉一郎　290
二村一夫　127, 135, 317, 320-1, 323, 330-1, 333, 337, 343, 345, 427, 495
丹羽邦男　42
能地清　309
野田正穂　282

[は行]

ハードレー, エレノア　259
橋野知子　178
橋本寿朗　99, 159, 208, 242, 245, 250, 257, 279, 286, 306, 319, 325, 372, 377, 382, 388-9, 392, 395, 455, 472-3, 495, 501, 503, 509, 519, 526, 530, 532-3, 537, 539, 540
長谷川信　472-3
畠山秀樹　506
服部之総　3, 20, 23-4, 27, 61, 107, 178
馬場宏二　382, 395, 402
林宥一　332, 514
原朗　203, 384, 418, 514
原口宗久　27
韓載香　477, 531-2, 548, 552-3
樋口弘　259
日高千景　470, 542
日向祥子　531-2, 541-2, 545, 549
兵藤釗　154, 247, 279-80, 319-20, 331, 335, 407, 408
ヒルシュマイア　259
ヒルファディング　234, 235, 517, 536, 544
福島正雄　49
藤田五郎　6, 7, 23, 24, 27
フランク, A. G.　11
ブルームフィールド　311
古島敏雄　63, 349, 360
ベラー　197
ペンローズ　543
星埜惇　23
ホブソン　234
堀江英一　6
堀切善雄　158

[ま行]

増地庸二郎　290
松崎義　462
松沢裕作　531-2, 537, 539, 546
松島静雄　136
松村敏　119
松元宏　260
マルクス　4, 81, 487
三品和広　154
水沼知一　371
満薗勇　538-9
美濃部亮吉　264
宮島英昭　392
三和良一　60, 169, 208, 255, 279, 286, 368, 404, 416, 536
村串仁三郎　136

人名索引

[あ行]

アーント, H. W.　373, 402-4
青木昌彦　160
浅井良夫　244, 472
麻島昭一　292-3
アトリー, フレッド　467
阿部武司　18, 57, 178, 193, 202, 441, 455-6, 459, 460, 467, 472, 474
安部博純　231
荒木幹雄　119
安良城盛昭　349, 351
安藤彦太郎　241
安藤良雄　203, 206, 286, 368, 394, 418-9, 431
飯島伸子　482
飯田賢一　158
井川克彦　119
石井寛治　14-6, 54, 57, 60, 74, 90, 104, 106, 137, 201, 221, 225, 236-7, 249, 260, 284, 288, 297, 360, 396, 435, 441, 450, 468, 491, 504-5, 510-1
石井孝　9
石塚裕道　58
石村善助　493
井出英策　311
伊藤正直　222, 297, 472
井上清　9
井上幸治　34
井上晴丸　203
井上洋一郎　140
今泉飛鳥　147
伊牟田敏充　282, 384, 466
色川大吉　34
岩崎宏之　260
上井喜彦　338
上山和雄　120
宇佐美誠次郎　203
宇沢弘文　67, 262
氏原正治郎　314
牛山敬二　132
宇野弘蔵　70, 80-1, 234, 238, 262, 395, 533, 540
梅村又次　212
榎一江　119
大石嘉一郎　6, 22, 46, 59, 109, 118, 121, 149, 230, 232, 243, 361, 514
大内力　62-3, 70, 128, 148, 206, 243, 261, 350, 352, 357, 360-1, 374, 381, 395, 407, 424
大川一司　196, 212
大河内一男　126, 314, 315, 331
大島清　102
大塚久雄　5, 14, 18, 38, 61, 63, 77, 86, 89, 107, 129, 197, 357, 365, 452
大山敷太郎　136
岡崎哲二　158, 211, 257, 335, 422, 432-4, 441, 461, 499, 503
岡田与好　64, 135
岡田有功　506
奥田晴樹　56
尾高煌之助　212, 423
小野清造　282
小野塚知二　150, 429

[か行]

籠谷直人　467
梖西光速　259
加藤栄一　329, 344, 374, 382, 395, 402, 404
加藤幸三郎　260, 493
加藤俊彦　213, 217, 222, 281, 297, 298, 302
加藤祐三　17
橘川武郎　258, 266-7, 271, 275, 287, 422, 455, 461, 472-3, 500
金洛年　220
金原左門　332
工藤章　473
栗原百寿　350, 364
黒沢隆文　83
小池和男　314
小林正彬　58, 493
小山弘健　139
近藤康男　349, 360

[さ行]

坂本悠一　434
佐口和郎　343
佐々木寛司　57
沢井実　139, 472
鎮目雅人　392
篠原三代平　212
柴垣和夫　239, 258, 278-9, 293, 497
芝原拓自　9, 10, 15
志村嘉一　216, 225, 278
下谷政弘　472
シュンペーター　543

費用価格 358, 362
ファシズム論 230, 232, 535
封鎖的（資本）所有 265-7, 269, 272-3, 277, 293
不均衡成長 198, 206-8, 287, 372, 376
複線型の経済発展論 159, 550
普選・治安維持法 333
プリンシパル・エージェント問題 105
ブルジョア的発展 24, 27, 32-4, 37, 39, 48, 109, 452
プロト工業化 18, 21, 36, 63, 151
β型帝国主義論 230-3, 237, 240-2, 244-5, 254, 256, 372, 388
法人成り 226
本格的過剰生産恐慌 94
本国人主義 21, 494, 495

［ま行］

マイルドなインフレーション 374, 381, 384
マクロの成長とミクロの不況感 207
マニュ段階 33
慢性不況 203, 206
綿業中軸説 70-1, 73, 75-6, 148
綿業帝国主義（論） 237-41, 371
モノカルチュア 73, 83

［や行］

山田『分析』 63, 65, 69, 74, 82, 84-5, 101, 107, 116, 120-1, 123, 126, 128, 255, 315-6, 321, 350, 397
預金銀行化 216-7
40 年体制論 390, 431

［ら行］

リーディングセクター 210, 257, 340
利潤率格差 99
領主制の有償解体 43
領主的商品経済 8, 12-3, 19
領主的土地所有 43, 52
ルイス・モデル 29, 86, 335
歴史制度分析 549-50
労資懇談制 343
労資同権化 344, 347, 374-5, 407-8
労働の単純化 93, 95
労働力商品化 70-1, 250, 416
——の無理 238, 416, 535
労働力の質 245, 249, 325

専門経営者　268, 276, 290, 430
総有制　275, 277

[た行]

大衆消費社会　383, 406, 414
大正デモクラシー（論）　24, 232, 331-2, 340, 514, 535, 538, 551
多角的事業経営体　266, 269, 271, 273
段階論　70, 73, 80, 100, 240, 243, 250, 261, 263, 280, 396, 410, 412, 532-3, 540, 549
治安維持法・普選　346
地代の資本転化　220-1, 284, 351
地代範疇　69
地主・小作関係　359
地主・小作分解　32, 34, 39-40, 48, 127
地方の工業化　57, 129
地方名望家論　57
中間的利害　76-7
調停法体制　250-1, 257, 346, 416, 515-6, 529, 532, 534, 536, 538, 549
直接管理体制　320
直接金融　214, 216, 224, 281, 292, 295
直接的管理　247, 321, 323-7, 335, 341, 344-6, 407-8
賃銀の下方硬直性　398
賃労働の理論　133-4, 328
通貨統制力　303
通俗道徳　41, 348
ディアスポラ　131
テイクオフ　161, 162
抵抗権の不在　348
帝国主義段階　229-30, 233, 237, 239, 242-3, 245, 250, 253, 261-2, 280-1, 284-5, 293, 378, 407, 478, 515-6, 520-3, 525, 535, 548
帝国主義的経済構造　236, 243, 249, 251, 287, 300, 321, 334, 337, 342, 379, 406, 412, 501, 505, 514-5
低賃銀と高率小作料の相互規定　315, 351
出稼ぎ型　126-7, 130, 315, 317, 320-1, 328, 335
天皇制絶対主義　33, 231-2
独占形成　98, 111, 238, 250, 263, 478, 513, 517
独占資本主義　229-30, 234-5, 237, 242, 245, 249, 253
独占停滞論　397, 519, 520
独占利潤　263, 293, 502-3, 512, 519
独占論　502, 504, 512, 524, 542
都市下層社会　132
都市雑業層　131-3, 138, 317, 328, 340
土地制度史観　356
問屋制家内工業　6, 179, 181-2, 185, 189, 193

[な行]

内生的な条件　6, 10
内部資本市場　165, 167-8, 170, 176, 293
内部循環　413
　——的拡大　257, 402, 405-6, 408
　——的な成長メカニズム　372, 415
二財モデル　67
二重構造　194, 207-8, 249, 456
二重の後進性　407
20 世紀システム　383, 389, 519, 540
20 世紀資本主義　80
二部門定置説　62, 64, 74-5, 146-7, 149-50, 155
日本資本主義論争　4, 42, 49, 56, 60, 81-2, 452, 540
農工間均衡成長　200
農工間不均衡成長　207
農村雑業層　132
農民層分解　29, 32, 35, 39, 70-1, 85-6, 126, 129-30, 356
農民的土地所有権　43

[は行]

買弁化　10, 16-7
半熟練　246, 318, 319
半植民地化　5, 10, 14-5, 17, 21, 40, 83, 233
万能的熟練　247, 318
半封建性　84
非営利組織　555
比較優位構造　162
比較（歴史）制度分析　47, 101, 119, 159-61, 163, 169-70, 172-4, 355-6, 424, 461
big push　162-3, 172-4

経路依存性　160, 550
原始的蓄積　17, 57, 64, 74, 356
原生的労働関係　126-7, 316, 333
現代資本主義　208, 378-9, 382-4, 389-90, 396, 398, 411, 519, 522, 525, 549
厳密な意味でのマニュファクチュア段階　3-5, 36, 178
権力的対応　14-7, 2-1
工場委員会　343-5, 408
工場法　137
構成高度化表式　68, 405
高成長経済　406, 520, 547, 549
豪農　6, 7, 23-4, 31, 35, 41, 46, 47
高率小作料と低賃銀の相互規定　116, 199, 220
互換性生産　144-5, 152-4
国際的契機　32, 39, 69, 108, 123, 230
国内市場狭隘論　199
国民的国内市場　13
国民統合　250, 417, 538
コスト分析　459, 464, 469, 477-9, 492, 520
国家独占資本主義　80, 208, 243, 344, 369, 373-5, 377-83, 389, 395, 398, 406-8, 410, 425, 431, 519

［さ行］

サービス産業化　550, 552-3
再生産構造論　396
再生産表式　65-8, 82, 405-6
再生産論の具体化　65, 69, 82
在来産業　13, 187-8, 200-1, 210
在来的経済発展　179, 185-8, 192-4, 202
産業集積　134, 147, 150, 156, 179
産業の組織化　396, 397
三段階論　80, 234
産地間競争　18, 178, 180, 182, 189, 193
産地大経営　193, 202
残余財産権　53, 294
自家労賃の評価　363
自己金融化　98
自小作前進層　223, 364, 365
自己労働の評価　358
市場の組織化　521, 525-6, 545
市場メカニズムの自律性　410
私的所有権　48, 54
地主的土地所有　52, 55, 84-5, 350, 352-3, 357
支配的資本　261-2, 280, 285
資本家的経営　63, 67-8, 75, 77-9, 82, 110, 122, 149, 246, 453, 455, 486, 489, 495, 510-1, 524, 543
資本主義経済システムの部分性　515
資本主義的な強靱性　415
資本の商品化　261, 263, 265, 280-2, 285, 287, 293
資本の組織化　379
資本の賃労働支配　74, 79, 103, 483, 511
自前の資本輸出　300, 307
社会科学的分析能力　385
就業労働者の労使関係　399
十五年戦争　230, 241, 243, 310, 536
従属理論　11, 83
自由貿易帝国主義　12, 14, 20, 230
自由民権運動　23-6, 40, 57, 347
熟練労働の無力化　74, 77, 79, 110, 511
主導産業　75, 151, 409
循環的恐慌　71, 91, 247
純粋資本主義　72
小営業段階　6, 33-4, 113
商業銀行化　217
小商品生産　8, 27-8, 350
城内平和　374, 407
商人的対応　15-9, 21
人格承認　328, 334, 343, 345-6
新型熟練　246, 248, 319, 342
新在来産業論　207
数量経済史　196, 212
生活過程　133-4, 552
生産費分析　461, 475-6, 489
成長の経済史　519, 539, 544, 548
制度的な補完性　160, 174
制約された所有　275
絶対主義的天皇制　428, 494, 515
設備投資制約　306, 308
遷移　173, 528, 550-2
1940 年体制論　168, 172, 197, 423-4
戦時源流論　428-9

索　引

［あ行］

アングロサクソン（型）　171, 175, 211, 295
移植産業　144, 200-2, 209
イノベーション　543, 544
インフォーマルセクター　131, 138
インボリューション　66
上からの資本主義（化）　3, 24, 39, 61, 109, 112, 117
ウクラード　87-8, 353-5, 357
宇野理論　52, 62, 65, 70-4, 80-1, 85, 101, 238-9, 250, 257, 261-2, 279-80, 283, 315, 361, 395, 398, 416, 516, 519, 535
営業の自由　49
営利企業の発明　524

［か行］

外圧　4, 9, 12, 15, 19, 21, 24, 32, 39, 44
外貨資金問題　421
革新の制度化　177, 522
寡占的相互依存関係　166
型の分解論　316, 535
型の編成　255
株式所有構造　288-91
株主の法人化　289
間接管理体制　320
間接金融　292, 295
間接的管理　247-8, 323-4, 341, 345, 407-8
機械工業化　549
機械制大工業　6, 33, 70-1, 73-4, 78, 82, 93, 95, 103, 121, 148, 245, 248, 483, 511
機関銀行　217, 225, 281
期間転換リスク　214-5, 218
企業間競争　448, 453-4, 457-8, 460, 463
企業統治（コーポレートガバナンス）　175, 211, 294-5
企業内の労使関係　319
企業の境界　542
企業の行動様式　444
基軸産業　71, 75, 102-3, 150, 409
寄生地主制　46, 57, 87-8, 202, 350, 352
規模の経済性　92, 96
旧型熟練　246-7, 341
強靭性　389-90, 397, 409-14, 526
協調体制論　360
協調的労使関係　323
協調的労資関係　344
局地的市場圏論　5, 8, 36, 61, 83, 107, 109, 123, 452
均衡成長　198-9, 202, 207
近代化論　11, 196, 197
金不胎化政策　299, 300, 305, 306, 307, 308
金本位制のルール　311
金融市場への統制力　305
金融資本　234, 252, 261-2, 264, 280-1
　——的蓄積様式　253, 522
金融仲介機能　214-5, 217
金融的従属　241-2, 244, 254
金融統制力　310-1
繰り延べ需要　205
経営者資本主義　171, 290
計画経済　432-3, 436-7
景気循環の調整プロセスの変容　400
景気循環の変容　397
経済外（的）強制　49, 352, 354, 361
経済原則　66, 68
経済社会構成体　87, 353
経済人　79, 134
経済発展論　83, 138, 160-1, 163, 171-4, 179, 195, 197
計算可能性　54
契約の自由　49

著者紹介

武《たけ》田《だ》晴《はる》人《ひと》

1949年生まれ．東京大学大学院経済学研究科博士課程単位取得退学．経済学博士（東京大学）．東京大学社会化学研究所助手，東京大学経済学部助教授，東京大学大学院経済学研究科教授を経て現在，東京大学名誉教授．

主要著書

『談合の経済学』集英社，1994年（集英社文庫，1999年），『日本経済の事件簿』新曜社，1995年（新版 日本経済評論社，2009年），『日本人の経済観念』岩波書店，1999年（岩波現代文庫，2008年），『日本経済の戦後復興』有斐閣，2007年（編著），『仕事と日本人』ちくま新書，2008年，『高度成長』岩波新書，2008年，『通商産業政策史 1980-2000年』第5巻，通商産業調査会，2011年，『岩崎弥太郎』ミネルヴァ書房，2011年，『脱・成長神話：歴史から見た日本経済のゆくえ』朝日新聞出版，2014年，『「国民所得倍増計画」を読み解く』日本経済評論社，2014年，『原子力安全・保安院政策史』経済産業調査会，2016年（橘川武郎と共著），『鈴木商店の経営破綻』日本経済評論社，2017年．

異端の試み

日本経済史研究を読み解く

2017年10月25日　第1刷発行

定価（本体6500円＋税）

著　者　武　田　晴　人

発行者　柿　﨑　　均

発行所　株式会社 日本経済評論社

〒101-0051 東京都千代田区神田神保町3-2

電話 03-3230-1661　FAX 03-3265-2993

E-mail：info8188@nikkeihyo.co.jp

振替 00130-3-157198

装丁・渡辺美知子　　印刷・文昇堂／製本・誠製本

落丁本・乱丁本はお取り換え致します　Printed in Japan

ISBN 978-4-8188-2475-1